中国煤炭建设年鉴

CHINA COAL CONSTRUCTION YEARBOOK

2006—2010

中 国 煤 炭 建 设 协 会　编

煤 炭 工 业 出 版 社

· 北　京 ·

《中国煤炭建设年鉴》

编审委员会

徐贵孝　山西潞安矿业（集团）有限责任公司副总经理
王锁奎　山西晋城无烟煤矿业集团有限责任公司副总经理
任月龙　内蒙古大唐国际锡林浩特矿业有限公司总经理
王　冲　中电投蒙东能源集团有限责任公司总经理
王用杰　兖煤菏泽能化有限公司董事长
陈广文　宁夏煤炭基本建设公司党委书记
李尉进　中鼎国际工程有限责任公司矿山隧道建设分公司总经理
张晋峤　晋城宏圣建筑工程有限公司董事长
于保华　江苏省矿业工程集团有限公司董事长、党委书记
吴嘉林　中煤科工集团武汉设计研究院院长
秦瑞娟　煤炭工业济南设计研究院有限公司董事长
杨　彬　煤炭工业郑州设计研究院有限公司院长
杨裕官　煤炭工业合肥设计研究院原院长
杨正东　贵州省煤矿设计研究院院长
于柏林　神东监理有限责任公司经理
许绍明　淮北矿业（集团）工程建设有限公司总经理
高晓林　中煤河北煤炭建设第四工程处处长
张晓宏　西安煤炭建设监理中心主任
马军亮　河南工程咨询监理有限公司党委书记
苏锁成　山西省煤炭建设监理有限公司总经理
姚联盟　安徽华夏建设监理有限责任公司董事长
贾希林　河南富昌建设工程有限责任公司董事长、党委书记
郑开礼　唐山开滦工程建设监理有限公司董事长
刘英杰　重庆川九建设有限责任公司董事长
于鸿雁　山东鲁泰建筑工程集团有限公司副总经理
李继平　宁夏煤矿设计研究院有限责任公司院长
吕俊高　煤炭工业四川建设工程质量监督站站长
高　康　神华建设工程质量监督站站长
蒋　利　大唐呼伦贝尔能源开发有限公司总经理
李齐斌　中煤邯郸设计工程有限责任公司副总工程师
王作成　湖南楚湘建设工程有限公司董事长、总经理
祁亮山　河南锦源建设有限公司董事长
魏延福　临沂华建工程有限责任公司董事长、党委书记、总经理
杨存部　兰州煤矿设计研究院院长、党委书记
宋子玉　长春煤炭设计研究院院长
聂光辉　煤炭工业石家庄设计研究院院长
王真奉　中煤地质工程总公司总经理
孙凤革　中煤邯郸中原建设监理咨询有限责任公司总经理

吴　毅　安徽国汉建设监理咨询有限公司董事长
任山增　山西太行建设工程监理有限公司经理
洪　源　河南兴平工程管理有限公司董事长、总经理
程怀哲　宁夏灵州工程监理咨询有限公司总经理
陶玉洋　赤峰蒙域建设监理有限责任公司总经理
李蔼春　山西嘉盛工程造价咨询有限公司董事长、总经理
李凡飞　山东润鲁建筑材料检测技术服务有限公司董事长、总经理

《中国煤炭建设年鉴》
主编、副主编

主　编：张胜利　中国煤炭建设协会
副主编：马玉龙　中国煤炭建设协会
张永成　中煤老科协工程技术咨询专家委员会
孙金铎　煤炭工业出版社
刘长安　中煤矿山建设集团有限责任公司

《中国煤炭建设年鉴》
特约撰稿人名单

颜爱华　中国煤炭工业发展研究中心
王国栋　中国煤炭工业发展研究中心
张　文　原中煤建设开发总公司
张彦禄　中煤科工集团太原研究院
刘甲铭　徐州中煤钢结构建设有限公司
刘志强　天地科技建井研究院
高岗荣　天地科技建井研究院
张云利　天地科技建井研究院
龙志阳　天地科技建井研究院
韩光利　天地科技建井研究院
左永江　天地科技建井研究院
张庆忠　中煤第五建设有限公司
冯广奎　中煤第五建设有限公司
刘晓亭　中煤第五建设有限公司

史基盛　中煤矿山建设集团有限责任公司
施云峰　中煤矿山建设集团有限责任公司
王　平　中煤矿山建设集团有限责任公司
麻　豹　中煤矿山建设集团有限责任公司
吴春杰　中煤建筑安装工程集团有限公司
盛增兴　中煤建筑安装工程集团有限公司
倪时华　中煤建筑安装工程集团有限公司
胡庆刚　中煤建筑安装工程集团有限公司
肖　峻　中煤建筑安装工程集团有限公司
王隆平　中国煤炭建设协会
许以俪　中国煤炭建设协会
刘培年　中国煤炭建设协会
马玉龙　中国煤炭建设协会
单益新　中国煤炭建设协会
白永喜　中国煤炭建设协会
勾树春　中国煤炭建设协会

编 辑 说 明

一、《中国煤炭建设年鉴（2006—2010）》（以下简称《年鉴》）由中国煤炭建设协会主办，《中国煤炭建设年鉴》编委会组织、编辑，是一部全面反映“十一五”期间我国煤炭建设行业发展状况、技术进步及取得辉煌成就的大型资料性、文献性工具书，内容丰富、数据翔实、图文并茂。

二、《年鉴》主要内容包括：

第一篇 综述。简述“十一五”期间煤炭建设行业发展概况，全面阐述煤炭建设行业各领域的发展状况与成就、存在问题与展望等。

第二篇 政策法规、标准规范。包括“十一五”期间国家和行业颁布的与煤炭建设行业有关的各类法规、标准、规范。

第三篇 大型重点项目建设。从建设规模、工程特点、技术创新、建设、施工等方面介绍“十一五”期间我国部分大型建成投产项目与在建工程项目，反映煤炭建设行业发展水平。

第四篇 重大技术装备与技术创新。以贯彻落实科学发展观为主线，总结了“十一五”期间在重大技术、装备、国家重点实验室等方面取得的新成果。并突破以往编辑年鉴的基本框架与模式，增加以专题形式总结煤炭建设行业关键技术的发展史及“十一五”期间科技创新、快速发展的状况、成果与展望。

第五篇 荣誉榜。汇总、介绍“十一五”期间煤炭建设行业各领域荣获国家级和行业级的各类奖项，反映煤炭建设行业的科学管理水平、技术创新能力不断提高，呈现煤炭建设行业欣欣向荣、蒸蒸日上的景象。

第六篇 信息资料。根据国家统计局制定的统计报表制度与煤炭建筑业统计要求，精编汇总“十一五”期间权威统计年报资料，另列出由各施工单位提供的煤矿立井冻结法施工井筒情况汇总表。

第七篇 主要企事业单位风采。

三、由于本《年鉴》时间跨度较大，且统计口径不尽相同，不同栏目的某些数据可能略有出入，以《信息资料》篇中的统计数据为准。

四、本《年鉴》在组稿、编辑过程中得到全国各相关建设、施工、设计、科研、监理、质监、地质等部门与单位的大力支持、积极配合，各位特约撰稿人和编审专家付出了艰辛劳动，北京泛地能源咨询中心、北京中安会议培训中心在本年鉴编辑工作中做了大量工作并提供了良好的服务，在此一并表示衷心感谢！

五、对本《年鉴》中的不足之处，诚请各界读者予以批评、指正。

《中国煤炭建设年鉴》编委会

目　　录

第一篇　综　　述

第二篇　政策法规、标准规范

第三篇　大型重点建设项目

第四篇　重大技术装备和技术创新

第五篇 荣 誉 榜

第六篇 信 息 资 料

第七篇 主要企事业单位风采

第一篇

综　　述

“十一五”时期煤炭建设发展综述

一、“十一五”时期发展综述

“十一五”时期是我国煤炭工业大跨越、大发展时期，也是改革开放以来煤炭工业发展又快又好的时期。在宏观经济持续向好和相关政策支持下，煤炭工业发展方式转变和结构调整取得重大进展。煤炭勘查成果丰硕，资源保障程度增强；煤炭建设投资成倍增长；煤炭生产开发西移趋势更加明显；煤炭产量大幅增长，稳居世界第一；大型煤炭基地建设稳步推进；煤炭资源整合、淘汰落后产能、企业兼并重组成果显著，大型煤炭企业集团快速发展；露天矿建设规模和产量显著提高；科技创新能力进一步增强，一批安全、高产、高效的大型矿井相继建成，生产面貌明显改观，有力保障了国家煤炭稳定供应，明显提升了煤炭行业总体形象。

（一）煤炭地质勘查

国家地质资源勘查投入体制改革激活了勘查市场，中央、地方加大了煤炭地质勘查投入，企业开展勘查工作的积极性增强，基础地质工作推进加快，为矿区开发和煤矿建设创造了条件。“十一五”时期是我国煤炭资源勘查投入最多、查明资源成果最丰硕的5年。截至2010年底，全国煤炭查明保有资源储量为13412亿吨，比2004年底增加3117亿吨，基本能够满足新井建设需要。新增查明资源储量主要集中在内蒙古和新疆，2004—2010年，内蒙古和新疆煤炭保有查明资源储量共增加2795亿吨，占同期全国增量的89.7%。

（二）煤矿建设投资

“十一五”期间，我国经济持续快速发展，煤炭需求旺盛。各类投资主体投资办矿的积极性持续高涨，煤炭采选业的投资急剧增加，是新中国成立以来投资最多、投资增速最快的时期。同时，煤炭建设项目结构多元化，煤炭投资结构发生较大变化，煤化工发展速度加快。

2006—2010年，煤炭采选业固定资产投资分别为：1459亿元、1804.6亿元、2399.2亿元、3021亿元和3770亿元，年均增长26.78%，5年累计完成固定资产投资12453.8亿元，比“十五”期间净增10190.77亿元，分别为“六五”时期的56.6倍，“七五”时期的34.1倍，“八五”时期的15.7倍，“九五”时期的16.4倍，“十五”时期的5.5倍。

（三）煤炭产量

2006—2010年，全国煤炭产量分别为：23.32亿吨、25.23亿吨、27.49亿吨、29.73亿吨和32.4亿吨，年平均增长2.26亿吨，5年累计产量138.17亿吨，是“十五”时期产量的1.47倍。据有关统计，2010年中国煤炭产量占世界煤炭产量的近45%，稳居世界第一。

煤炭生产开发逐步向西部地区转移的趋势更加明显，内蒙古、山西、陕西、宁夏煤炭产量占全国煤炭产量比重由2000年的38.5%增加到2010年的55.9%，西部已成为我国煤炭主产区，新疆煤炭产量也在迅速增加。

（四）大型煤炭基地建设

根据煤炭资源储量、开采条件、生产开发现

状、开发建设潜力、市场供应及外运条件等因素，并经过多次论证和征求多方面意见，国家确定规划建设13个大型煤炭基地，分别是神东、陕北、黄陇（含华亭）、晋北、晋中、晋东、鲁西、两淮、冀中、河南、云贵、东北（含蒙东）、宁东等。13个大型煤炭基地共涉及14个省区，由98个矿区组成，基地面积为10.34万平方公里，保有煤炭资源储量8528亿吨，占全国的83.5%。

"十一五"期间，新疆煤炭建设和生产步伐加快，2010年产量接近1亿吨，成为我国煤炭工业的重要组成部分，国家将新疆纳入大型煤炭基地范围，成为第14个基地。"十二五"期间，随着新疆经济社会快速发展，煤炭需求不断增大，出疆能源通道建设步伐加快，将为新疆煤炭工业发展带来新的机遇。

2010年，14个大型煤炭基地产量28亿吨，比2003年大型煤炭基地建设之初的13.1亿吨增长14.9亿吨，占全国煤炭产量的比重由76%提高到87%，大基地已经成为我国最重要能源生产载体。神东基地产量达到5.6亿吨、蒙东基地产量为4.0亿吨，晋北基地产量达到3.0亿吨，晋东、云贵、河南基地产量达到2亿吨以上，晋中、鲁西、两淮、陕北、黄陇基地产量达到1亿吨以上。

（五）大型煤炭企业集团

2010年，全国已建成千万吨级以上企业集团45家，产量21.2亿吨，比2000年的2.78亿吨接近翻三番，占全国比重由2000年的20.1%提高到65.4%。其中，亿吨级特大型企业集团2家，产量4.5亿吨，占全国的15%；5000万吨级大型企业6家，产量4亿吨，占全国的13.5%。大型企业集团成为煤炭开发和转化的主体，经济效益、运行质量和竞争能力明显提高。

山西、河南等省大型煤炭企业兼并重组中小煤矿取得重大进展。山西省通过大规模实施大型煤炭企业兼并重组中小煤矿，矿井数由2598处减少到1053处，将形成4个年生产能力超亿吨的特大型煤炭集团；河南省将永煤集团、焦煤集团、鹤煤集团、河南大化等企业组建成河南煤化集团，将平煤集团和神马集团组建成中平能化集团。山东省将淄博、龙口、临沂、新汶、枣庄、肥城等6家大型煤矿集团组建成山东能源集团公司，成为山东第一大煤炭集团公司，年生产能力近亿吨。2010年全国煤炭产量排名前10位的企业见表1-1。

表1-1　2010年全国煤炭产量排名前10位的企业

序号	企业名称	产量/万吨	同比增减/%	占全国比重/%
1	神华集团	35696	9.0	11.0
2	中煤集团	15370	22.9	4.7
3	山西焦煤	10213	26.4	3.2
4	陕西煤化	10039	41.4	3.1
5	大同煤矿	10018	34.5	3.1
6	河南煤化	7401	29.9	2.3
7	潞安矿业	7098	28.8	2.2
8	冀中能源	7022	65.7	2.2
9	淮南矿业	6619	-1.4	2.0
10	阳泉煤业	6100	40.3	1.9
合　计		95892.5	22.4	35.7

（六）千万吨级煤矿建设

"十一五"期间，国内涌现出一批千万吨煤矿，是我国煤矿建设新的里程碑。2010年，全国共40座千万吨煤矿，产量5.6亿吨，占全国煤炭产量的17.3%，其中矿井26处，产量3.2亿吨。千万吨矿井总体经济技术指标达到国际领先水平，并在综采工作面单产、工效，综掘工作单头月进尺、年进尺等方面突破多项世界纪录。2009年，全国安全高效矿井359处，生产原煤10.17亿吨，占全国原煤生产总量的34.2%，同比2008年增长1.55亿吨，增幅高达18.0%。2009年全国37处千万吨级煤矿中，共有22处安全高效矿井（露天），其中井工矿16处，露天矿6处；共有19处煤矿原煤产量超过了千万吨，其中井工矿13处，露天矿6处。

1."十一五"期间重点建设的千万吨级露天煤矿

1）已投产煤矿

（1）神华北电胜利能源公司一号露天矿，产能为1000万吨/年（一期），2005年开工建设，2009年12月通过国家验收。

（2）准格尔哈尔乌素露天矿，产能为2000万吨/年，2005年获得国家核准，2006年5月开工建设，2009年建成试运行，将于2011年通过国家验收。

（3）平朔煤业有限责任公司东露天矿，产能为2000万吨/年，2008年4月通过国家核准，2009年1月正式开工建设，2011年移交生产，包括露天矿、选煤厂、铁路专用线三个单项工程。

（4）中国大唐集团煤业有限责任公司胜利东二号煤矿，产能为1000万吨/年（一期），2008年12月通过国家核准，总投资29.65亿元。

（5）华能伊敏煤电公司露天矿，产能为1460万吨/年，2008年3月国家核准伊敏煤电项目三期，扩建露天矿500万吨/年，2010年露天矿产能达到1360万吨/年。

（6）宝日希勒一号露天矿，2005年12月并入神华以后，产能逐步达到1000万吨/年以上。

2）在建煤矿

（1）鲁能宝清露天矿，产能为1100万吨/年，2008年11月项目核准，2009年7月开工建设，二期扩建规模达2000万吨/年。

（2）国电内蒙古电力有限公司贺斯格乌拉露天矿（前期工作阶段），产能为1500万吨/年。

（3）中电投蒙东能源集团公司白音华三号露天矿，产能为1400万吨/年，2008年7月获国家核准，项目总投资42.26亿元。

（4）魏家峁露天矿，设计规模一期为600万吨/年，二期为1200万吨/年，服务年限104年（以一期规模计）。项目一期工程于2009年4月通过国家核准，项目总投资38.9亿元。

（5）五彩湾矿区三号露天煤（前期），产能为2000万吨/年（一期1000万吨/年），项目由神华新疆公司开发，项目总投资62.28亿元。

（6）西黑山露天煤矿（前期），位于新疆维吾尔自治区准噶尔盆地东部边缘，隶属于华电集团新疆昌吉英格玛煤电投资有限责任公司，规划建设成产能为2×2000万吨的煤矿。

（7）准东矿区南露天煤矿（前期），规划建设成产能为3000万吨/年的特大型露天矿，项目由特变电工天池能源公司开发建设。

3）安全高效露天矿

2009年度千万吨级安全高效露天煤矿有：中煤平朔煤业有限公司安太堡露天矿（2200万吨/年）、神华准格尔能源有限责任公司黑岱沟露天煤矿（2000万吨/年）、中煤平朔煤业有限责任公司安家岭露天矿（2000万吨/年）、华能伊敏煤电有限责任公司露天矿（1460万吨/年）、神华宝日希勒能源有限公司露天煤矿（2000万吨/年）、神华北电胜利公司胜利露天矿（2000万吨/年）。

2. “十一五”期间重点建设的千万吨级井工煤矿

1）已投产煤矿

（1）同煤大唐塔山矿，产能为1500万吨/年，2003年开工建设，2008年通过国家验收。

（2）山西焦煤西山煤电晋兴公司斜沟矿，一期产能为1500万吨/年，2003年开工建设，2009年投产，2010年煤矿产量为1240万吨。

（3）内蒙古伊泰酸刺沟煤矿，产能为1200万吨/年，项目于2007年8月通过国家核准，2008年8月建成投产。

（4）陕煤集团红柳林矿井，产能为1200万吨/年（初期1000万吨/年），2006年9月开工建设，2010年初通过国家验收并正式投产，年产达1000万吨以上。

（5）宁煤集团羊场湾煤矿，产能为1500万吨/年，2003年8月开工建设，2005年12月试运转，2006年11月通过国家验收。

（6）宁煤集团梅花井煤矿，产能为1200万吨/年（一期400万吨/年），2006年6月开工建设，一期工程于2011年经国家验收。

（7）宁煤集团清水营煤矿，产能为1000万吨/年（一期500万吨/年），一期投资20.06亿元，2008年7月一期项目得到国家核准，一期项目于2011年1月经国家验收。

（8）神东锦界煤矿，产能为1000万吨/年，2004年开工建设，2006年9月投入试生产。

（9）神东电力黄玉川煤矿，产能为1000万吨/年，2007年8月开工建设，2009年年底投产。

（10）神东布尔台煤矿，产能为2000万吨/年，2008年投入建设，于2011年经国家验收。

（11）华电煤业集团公司内蒙古蒙泰不连沟煤矿，产能为1000万吨/年，2007年11月开工建设，2009年试生产，于2011年通过竣工验收。

2）在建煤矿

（1）同煤国电同忻矿，产能为1000万吨/年，

2006 年开工建设，2009 年试生产。

（2）陕煤集团柠条塔矿井，产能为 1200 万吨/年（初期为 600 万吨/年），2008 年 12 月项目通过国家核准。

（3）新汶矿业集团伊犁一号井，产能为 1000 万吨/年，2009 年 8 月项目通过国家核准，2009 年 9 月开工建设。

（4）国家电网大南湖一号煤矿，产能为 1000 万吨/年，2010 年 5 月获国家能源局批准开展前期工作。

（5）内蒙古塔然高勒煤矿，产能为 1000 万吨/年，2008 年 7 月通过国家核准，同年 9 月开工建设，项目配套建设选煤厂和铁路专用线，项目总投资 35.79 亿元。

3）安全高效煤矿

2009 年度千万吨级安全高效井工煤矿有：神华神东煤炭集团补连塔煤矿（2000 万吨/年）、榆家梁煤矿（1630 万吨/年）、哈拉沟煤矿（1250 万吨/年）、上湾煤矿（1250 万吨/年）、大柳塔矿活鸡兔井（1100 万吨/年）、石圪台煤矿（1170 万吨/年）、万历一矿（1000 万吨/年）、大柳塔矿大柳塔井（1000 万吨/年）、锦界煤矿（1000 万吨/年）、神华宁夏煤业集团有限责任公司羊场湾煤矿（1500 万吨/年）、同煤大唐塔山煤矿有限公司（1500 万吨/年）、淮南矿业（集团）有限责任公司张集煤矿（1350 万吨/年）、顾桥煤矿（1250 万吨/年）、晋城无烟煤矿业集团有限责任公司寺河矿（1080 万吨/年）、中煤能源集团平朔煤业公司安家岭一号井工矿（1000 万吨/年）和二号井工矿（1000 万吨/年）。

（七）煤矿整合

“十一五”期间，我国煤炭行业加快推进结构调整，并取得了重大进展。累计关闭小煤矿 9574 处，淘汰落后产能 5.3 亿吨/年。全国煤矿数量由 2005 年的 2.48 万处减少到 1.29 万处，减少近 50%；平均单井规模达 20 万吨，比 2005 年增加了 108%。截至 2010 年底，全国共有在籍煤矿 12923 处，总生产能力 34.9 亿吨/年；其中煤矿在建项目 319 个，新增产能 6.6 亿吨/年。在建煤矿项目中，新建项目 278 个，总能力 6.2 亿吨/年；改扩建项目 41 个，新增能力 4300 万吨/年。

2006 年，山西省率先在全国开展煤炭资源重整合和企业兼并重组工作。截至 2010 年底，全省 30 万吨以下小煤矿已全部淘汰关闭。矿井数量由 5 年前的 4278 座减少到 1053 座，办矿主体由 2200 个减少至 130 个，单井平均年产规模达到 120 万吨以上，全部实现机械化开采。

二、煤炭建设企业发展情况

（一）煤炭建设企业总体发展情况

1. 人员

“十一五”期间，从事煤炭建设行业企业和人员总数呈上升趋势，但变化不大，主要以监理企业人员增加为主。中国煤炭工业协会统计数据显示，截至 2010 年底，全国煤炭建设行业共有企业约 336 家，其中：主要设计企业 67 家，施工企业 89 家，监理企业 180 家；从事煤炭建设的在册职工共计 33.25 万人，其中：设计企业人员 15249 人，施工企业人员 30.09 万人，监理企业人员 16400 人，各占行业总人数的 4.5%、90.5% 和 5%。

2. 装备

煤炭开采的大规模发展带动煤矿装备制造业快速发展，煤矿装备生产企业的数量、规模不断增加，整个行业的产值有了大幅度提高，企业的经济效益也有极大改善。2010 年，287 户规模以上的装备制造企业完成工业总产值 758.55 亿元，比“十一五”初增长 347.89%。在立井掘进方面，普通机械化凿井装备不断改进，并研制出多种型号的钻机和强力钻机等钻井法凿井设备；在岩巷高效掘进方面，研制出液压钻车与液压扒装机及可伸缩带式输送机的配套系统；煤巷综合机械化掘进装备方面，300 千瓦以上大功率掘进机的研发成功，使我国煤及半煤岩巷道掘进机水平达到国际先进水平；在露天矿设备方面，已经能生产挖掘机、自卸汽车等部分产品，大型先进设备还依赖进口。我国部分煤矿施工装备已经达到世界先进水平，但仍有部分装备停滞不前，同时国产设备的可靠性、稳定性与发达国家还存在一定差距。

3. 收入

2006—2010 年，我国煤炭建设企业分别实现结算收入 387.04 亿元、445.60 亿元、548.5 亿元、681.29 亿元和 869.65 亿元，累计 2932.08 亿元，年均增加 120.65 亿元，增幅 7.8%。2010 年，设计行业完成结算收入 79.79 亿元，施工行业完成结算收入776.18亿元，监理行业完成结算收入13.68亿元。

4. 安全生产状况

2006—2008年，随着建井技术的成熟和施工机械化水平的提高，煤炭建设行业安全状况总体稳定并趋于好转。但从2009年开始，安全形势趋向恶化。2006—2010年，煤炭建设企业共发生重大及以上伤亡事故125起，死亡人数127人。其中2009年发生事故25起，死亡人数43人；2010年发生事故21起，死亡人数60人。事故起数和死亡人数大幅上升，安全生产形势十分严峻。

5. 煤炭建设工程质量状况

“十一五”期间，煤炭建设行业施工速度不断加快，同时建立健全质量保证体系，加强建设项目全过程工程质量管理，开展QC小组活动，工程建设质量不断提高，一批项目获得“鲁班奖”、“太阳杯”等国家和行业优质奖。

获“新中国成立60周年百项经典暨精品工程”奖4项，分别是：山西晋城无烟煤矿业集团有限责任公司寺河煤矿、兖矿国泰年产20万吨醋酸和日处理1000吨煤新型气化炉工程、国投新集能源有限公司刘庄煤矿、神华宁煤羊场湾煤矿。

获“鲁班奖”7项（包括境外工程1项），分别是：2007年国投新集刘庄矿井、枣矿集团滨湖矿井、潞安集团屯留矿井主井系统、山西煤炭进出口集团公司职工集资住宅楼4项；2008年淮南矿业集团顾桥矿井、宁夏宁煤集团羊场湾矿井2项。2009年境外工程孟加拉国巴拉普库利亚煤矿1项；2010年新汶矿业集团龙固矿井及选煤厂、平顶山市行政服务综合楼工程。

获国家优质工程奖7项，其中金奖2项，分别是：2007年兖矿国泰20万吨/年醋酸及日处理1000吨煤新型气化炉工程、2010年大唐国际发电股份有限公司胜利东二号露天煤矿一期工程；银奖5项，分别是：2006年山西晋城寺河矿井、煤炭科技苑科研业务楼（煤炭大厦），2009年山东济矿鲁能煤电有限公司阳城矿井，2010年黄陵矿业二号煤矿工程、兖州煤业榆林230万吨/年甲醇工程一期60万吨/年甲醇装置。

煤炭行业共评选优质工程418项和“太阳杯”工程175项。其中，2006年度优质工程86项、“太阳杯”工程26项；2007年度优质工程74项、“太阳杯”工程32项；2008年度优质工程92项、“太阳杯”工程37项；2009年优质工程86项、“太阳杯”工程41项；2010年优质工程80项、“太阳杯”工程39项。

6. 煤炭建设科技创新

“十一五”期间，我国煤炭建设行业技术创新能力得到增强。矿井设计理念不断创新，优化开拓布局，简化生产系统，改进开采工艺，实现集约化生产；矿区总体规划设计本着统一规划，专业化协作，社会化服务，充分发挥矿区总体功能和合理布局的原则，改变“大而全”、“小而全”的建设模式和管理体制，从矿区的建设内容、工艺技术、总体布局等方面进行了综合改进创新；在引进国外先进技术和装备的同时，注重消化吸收和再创新，提高国内制造能力，促进大型矿用设备国产化；先进高效的重介质选煤工艺在选煤厂设计中被广泛应用，重介质选煤法所占的比例迅速提高，已经接近发达国家水平，我国自主研发的大直径无压给料三产品重介旋流器，在新设计的选煤厂中得到广泛应用。

“十一五”期间获得国家优秀设计奖共12项，煤炭行业（部级）优秀工程设计奖共154项；获得全国优秀工程咨询成果奖43项，煤炭行业（部级）评选出优秀工程咨询成果奖477项。

在施工方面自主研发的集钻井法、冻结法和注浆法施工于一体的特殊凿井技术与配套装备，得到广泛使用。一批影响施工质量、安全和速度的重大技术难题被攻克，大断面、大倾角斜井掘进机械化配套施工技术、平硐机械化配套快速施工技术、特大型钢结构井架加工与竖立技术、大直径千米立井机械化快速施工技术、三灰高流速地下水冻结施工技术、西部地区白垩纪红砂岩层的治水技术等趋于成熟并得到普遍使用。《煤矿深井岩巷掘进动态破岩与围岩控制技术研究》、《两淮矿区复杂地层条件下深大井筒特殊法凿井关键技术与应用》等项目获得国家科技进步奖。经中国煤炭建设协会组织、施工企业推荐，《YJGF 135—2006特大型井架竖立工法》等33项工法获得国家级工法。工法开发带动了煤炭建筑企业自主创新，形成了企业自主知识产权。

技术创新和先进设备的使用使煤矿建设步伐加快，2010年，煤矿立井最高月进尺228.2米，斜井最高月进尺312米，岩石平巷最高月进尺达342米，半煤岩巷最高月进尺920米，煤平巷最高月进尺1342米。

“十一五”期间，煤炭建设企业参与大量国家和行业的标准、规范新编和修编完善工作，成为国家和行业标准的编写主体。新修编的标准、规范更加切合工程实践，指导性增强，同时企业通过参与修编工作提高了自身在技术标准方面的话语权，推动了煤炭建设企业的持续、健康发展。

（二）煤炭设计企业发展情况

1. 设计企业基本状况

“十一五”期间，煤炭勘察设计单位按照国办发〔1999〕101号文件要求，不断深化改革，加快建立完善现代企业制度。就全国而言，勘察设计单位的改革，使国有企事业单位比重大幅下降。

目前，有资质的各类煤炭设计企业共约200家，其中煤炭甲级资质42家。主要煤炭勘察设计企业可分为以下几类：

（1）中央企业，共9家。包括：中国煤炭科工集团有限公司所属北京华宇工程有限公司、沈阳设计研究院、南京设计研究院、武汉设计研究院、重庆设计研究院、煤炭工业规划设计研究院、天地科技股份有限公司设计院；中煤能源集团所属西安设计工程有限责任公司、邯郸设计工程有限责任公司。

（2）原省部级设计企业，共22家。这其中大部分目前仍为省属设计企业，少部分已完成国有资本全部退出的整体改制，如郑州设计院、内蒙古设计院、新疆设计院等。济南设计院2007年6月整体改制完成后，由中国通用技术（集团）控股有限责任公司作为战略投资者控股51%，员工持股49%。

（3）原矿务局所属设计企业，共24家。如淮南煤矿勘察设计院、兖矿集团有限公司设计研究院、大同煤矿集团设计研究院有限责任公司、唐山开滦勘察设计有限公司、鹤岗集团规划设计院等。

（4）近年新组建的民营或外资设计企业等，共15家。如大地工程（集团）开发有限公司、北京圆之翰煤炭工程设计有限公司、中矿国际工程设计研究院有限公司、约翰芬雷华能设计工程有限公司等。

2. 从业人员及构成现状

“十一五”期间，煤炭设计企业人员规模始终保持稳中有升的状态，未出现较大幅度波动。作为技术密集的科技型企业，煤炭设计单位始终保持着较高的专业技术人员比例。但近年来，设计企业也存在着骨干专业、高素质人才及项目管理人才缺乏等问题。2006—2010年，设计企业从业人员情况如图1-1所示。

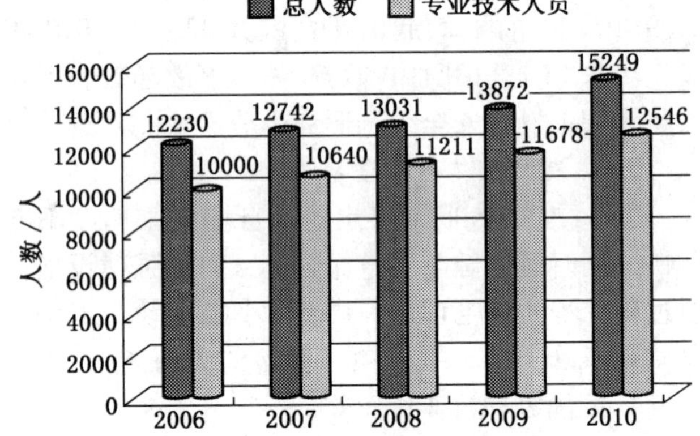

图1-1 设计从业人员分布示意图

2006年，设计企业共有专业技术人员约10000人，其中，高级技术职称人员4754人，约占47.5%；2007年，共有专业技术人员10640人，其中高级技术职称人员4947人，约占46.5%；2008年，共有专业技术人员11211人，其中高级技术职称人员5104人，约占46.4%；2009年，共有专业技术人员11678人，其中高级技术职称人员5310人，约占45.5%，2010年，共有专业技术人员12546人，其中高级技术职称人员4937人，约占39.4%。如图1-2所示。

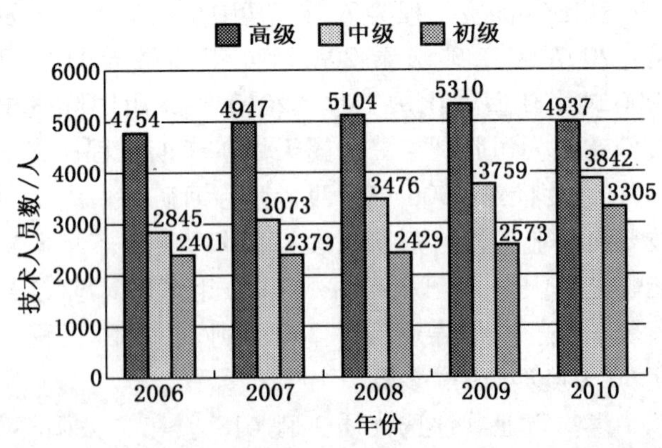

图1-2 设计企业专业技术人员分布示意图

目前煤炭行业拥有全国工程设计大师14人和勘察大师3人。

3. 生产经营任务完成情况

"十一五"期间，煤炭勘察设计行业快速发展，完成的产值大幅增加，勘察设计的质量、水平和效益明显提高。经过积极探索实践，煤炭勘察设计行业工程承包和项目管理能力有一定提升，业务范围有了进一步拓展。大型骨干煤炭设计企业纷纷以创建国际型工程公司为目标，积极开拓工程总承包、工程项目管理等业务。

根据对主要煤炭勘察设计企业的统计，2006年，合计营业收入约310149.77万元，合计利润38320.3万元；2007年，合计营业收入361627.69万元，合计净利润46344.41万元；2008年，合计营业收入519470.13万元，合计净利润47082.85万元；2009年，合计营业收入647474.73万元，合计净利润59284.26万元；2010年，合计营业收入97.79亿元。2010年人均收入前10名设计企业资产及净利润情况见表1-2。

2008年共完成建设工程设计项目1245项，其中矿区总体125项，矿井（45万吨/年及以上）585项，露天矿（100万吨/年及以上）52项、选煤厂（45万吨/年及以上）193项，其他主要工程395项；建设工程总承包等完成285项，其中：总承包项目68项，项目管理18项、工程监理199项，其他主要工程（大中型项目）18项。

表1-2　2010年全国收入（人均）前10名煤炭设计企业资产及净利润情况

序号	单位名称	人数	项目					
			营业收入/万元		净利润/万元	资产合计/万元	流动资产/万元	固定资产/万元
			人均	总收入				
1	山西约翰芬雷华能设计工程有限公司	167	469.2	78357	2456.46	36660.92	21350.62	832.53
2	大地工程开发（集团）公司	356	348.37	124020	6194.00	66058.00	63278	712
3	中煤科工集团沈阳设计研究院	536	232.46	124596.39	5146.00	82017.00	74787.00	2655.00
4	中煤科工集团北京华宇工程有限公司	1031	109.7	113102.00	7497.00	105090.00	97899.00	6983.00
5	中煤科工集团武汉设计研究院	607	106.85	64857.00	5962.00	60204.00	48372.00	10295.00
6	天地科技股份有限公司设计院	130	80.15	10420.00	3542.00	177068.00	76250.00	100818.00
7	北京圆之翰煤炭工程设计公司	649	78.99	51265.00	2750.00	83667.00	74282.00	9382.00
8	中煤科工集团规划设计研究院	45	66.11	2975	315.00	3137.00	2945	112
9	中煤西安设计工程有限责任公司	1115	61.83	68939.00	3136.00	91082.00	71506	8446.00
10	中煤科工集团南京设计研究院	730	58.31	42567.00	3163.00	43612.00	37607.00	5151.00

注：本表据不完全统计。

2009年共完成建设工程设计项目2537项，其中矿区总体173项，矿井（45万吨/年及以上）1120项，露天矿（100万吨/年及以上）162项、选煤厂（45万吨/年及以上）362项，其他主要工程720项；建设工程总承包等完成653项，其中：总承包项目94项，项目管理21项、工程监理378项，其他主要工程（大中型项目）160项。

2010年共完成建设工程设计项目1980项，其中矿区总体126项，矿井（45万吨/年及以上）815项，露天矿（100万吨/年及以上）102项、选煤厂（45万吨/年及以上）453项，其他主要工程484项；建设工程总承包等完成384项，其中：总承包项目93项，项目管理21项、工程监理270项。

（三）煤炭施工企业发展情况

1. 施工企业基本状况

“十一五”期间，为满足国民经济增长的需要，我国煤炭工业大基地建设步伐加快，煤矿建设企业队伍逐步壮大，民营企业数量逐渐增多，施工、设计企业间重组合作，实施设计施工总承包的模式逐步出现，企业规模迅速扩大，劳动生产率逐年提高，成巷（成井）进尺大幅增加，矿井建设周期大幅缩短。但在岗职工人均劳动报酬比同期国有重点煤矿企业在岗职工平均劳动报酬低，2006年低5365元，2007年低5639元，2008年和2009年也低于煤矿企业。

1）资质基本状况

2006—2010年间，4家煤炭建设施工企业具有矿山工程施工总承包特级资质，分别是中煤第一建设公司、中煤第五建设公司、中煤第三建设集团有限公司（现更名为中煤矿山建设集团公司）和淮南国能建设工程有限公司。矿山工程施工总承包一级资质分别为18户、28户、29户、51户和51户，占该年度统计上报单位的比重依次为20%、29%、30%、56%和57%，施工总承包一级资质及以下资质企业数量较多。煤炭建设施工企业基本情况见表1－3。

表1－3　煤炭建设施工企业基本情况

序号	项　　目	2006年	2007年	2008年	2009年	2010年
一	统计上报企业/户	90	95	96	91	89
其中	总承包特级资质/户	4	4	4	4	4
	总承包一级资质/户	18	28	29	51	51
二	全员劳动生产率/(万元·人$^{-1}$·年$^{-1}$)	14.88	16.86	19.27	23.40	26.42
其中	矿建劳动生产率/(万元·人$^{-1}$·年$^{-1}$)	19.34	21.86	22.43	22.77	26.92
三	从业人员人均劳动报酬/元	18452.7	23438.5	27281.2	30578.0	41193
其中	在岗职工人均劳动报酬/元	19489.8	24013.8	29580.5	33294.0	41176
四	成巷（成井）进尺/万米	73.88	83.2	112.77	146.2	159.85

2）行业排名状况

“十一五”期间，煤炭施工企业综合实力排名前10名企业（表1－4）和位置变动不大，企业总产值在行业总产值所占比重只有中煤矿山建设集团有限责任公司在2009年达到12.12%，其他9户企业产值所占行业总产值的比重都不超过5%。

2. 从业人员及构成现状

“十一五”期间，煤炭施工企业从业人数逐年增加，一些民营企业大规模进入，施工队伍不断扩大；人员结构发生变化，部分国有无固定期合同工人退出煤炭施工行业，转而从事其他行业，农民工数量逐步增多。同时，管理技术人员数量增长较慢，占在岗职工的比例有所降低。煤炭建设施工行业从业人员状况详见表1－5和图1－3。

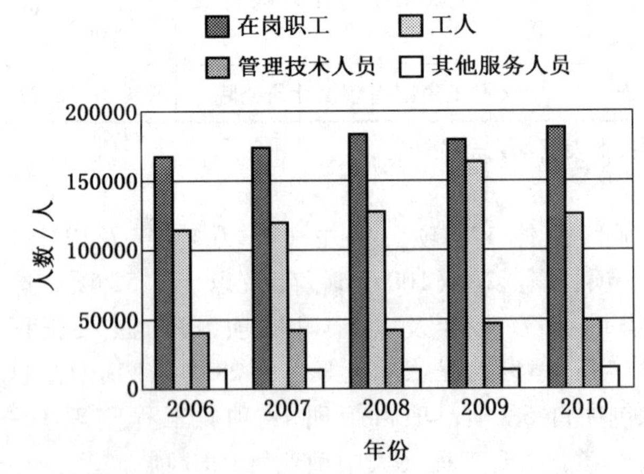

图1－3　施工从业人员分布示意图

表 1-4　2006—2010 年煤炭施工企业前 10 名

序号	2006 年	2007 年	2008 年	2009 年	2010 年
1	中煤第三建设集团公司	中煤第三建设集团公司	中煤第三建设集团公司	中煤矿山建设集团有限公司	中煤矿山建设集团有限公司
2	中煤第五建设公司	中煤第五建设公司	中煤第五建设公司	中煤第五建设公司	中煤第五建设公司
3	中煤第一建设公司	中煤第一建设公司	平煤建工集团有限公司	中煤第一建设公司	中煤建筑安装公司
4	中煤建筑安装公司	平顶山煤业建筑公司	中煤第一建设公司	中煤建筑安装公司	中平能化建工集团有限公司
5	兖矿集团东华建设有限公司	中煤建筑安装公司	中煤建筑安装公司	平煤建工集团有限公司	重庆巨能建设集团公司
6	中煤特殊凿井（集团）有限责任公司	重庆巨能建设集团公司	重庆巨能建设集团公司	重庆巨能建设集团公司	陕西煤化工建设（集团）有限公司
7	神华宁夏煤业（集团）建设工程公司	大同煤矿宏远工程公司	山西宏远工程建设有限责任公司	中鼎国际工程有限责任公司	中鼎国际工程有限责任公司
8	大同煤矿集团宏远工程建设有限责任公司	神华宁夏煤业（集团）建设工程公司	神华宁夏煤业（集团）建设工程公司	铁法煤业集团建设工程有限责任公司	中煤第一建设公司
9	重庆巨能建设集团公司	兖矿集团东华建设公司	铁法煤业集团建设工程有限责任公司	陕西煤化工建设（集团）有限公司	河南煤化建设集团有限责任公司
10	铁法煤业集团建设工程有限责任公司	铁法煤业集团建设工程有限责任公司	兖矿集团东华建设有限公司	江苏华美工程建设集团有限公司	兖矿集团东华建设有限公司

表 1-5　煤炭建设施工行业从业人员状况

序　号	项　目	2006 年	2007 年	2008 年	2009 年	2010 年
	从业人数	**237000**	**248700**	**261000**	**260603**	**300900**
其　中	单位从业人数	210200	235700	241200	260549	270300
	使用农民劳务工	43917	65495	77747	105078	92100
1	在岗职工	167300	173400	182900	178909	187600
（1）	工人	113800	119300	127900	163457	125200
（2）	管理技术人员	40400	41600	42400	46522	48300
（3）	其他服务人员	13100	12500	12600	12438	14200
2	其他从业人员	34100	36300	45200	81694	82600

3. 施工企业任务完成情况

2006—2010年，随着我国煤炭工业的迅速发展，煤炭施工企业施工任务相对充足，施工产值逐年大幅增加。随着新建煤矿逐步减少，煤炭施工企业队伍过剩情况逐步显现，市场竞争日益激烈，一些大型企业主动向非煤施工行业战略转移，非煤炭行业施工产值份额逐渐增加，详见表1-6。

财务基本状况。"十一五"期间，随着煤炭价格的提高，煤炭生产企业效益良好，煤炭施工企业工程造价也有所提高，施工任务相对饱满。煤炭施工行业资产总额逐步增大，企业资产负债率有所降低，日趋合理。但相对于铁路、化学工业建设等行业仍然处于高位；一些国有大中型企业社会负担沉重，行业产值利润率相对较低，应收账款逐步增大，工程款回收难度大；受行业周期性的影响，行业固定资产投资较小，注册资本金额增幅不大。2008年施工企业总产值为548.55亿元，利润总额10.87亿元；2009年总产值为683.99亿元，利润总额14.57亿元，2010年总产值为853.99亿元，利润总额15.59亿元。

表1-6 煤炭施工企业任务完成情况

序号	项目	2006年		2007年		2008年		2009年		2010年	
		产值/亿元	同比增长/%	产值/亿元	同比增长/%	产值/亿元	同比增长/%	产值/亿元	同比增长/%	产值/亿元	同比增长/%
1	施工企业总产值	352.49	13.68	456.34	29.46	548.55	20.21	683.99	24.69	853.99	24.85
2	施工总产值	319.51	14.75	416.93	30.49	498.94	19.67	623.8	25.03	787.78	26.29
3	非煤炭行业产值	53.14	40.03	55.44	4.33	84.8	52.96	107.38	26.63	147.86	37.7
4	境外完成施工产值	0.98	-64.9	0.98	0	2.11	115.3	9.85	366.82	13.77	74.97

4. 施工装备水平

"十一五"期间，国内岩巷施工仍以气腿式凿岩机配耙斗式装岩机的普通机械化钻爆法作业线为主，掘进速度一般为60~70米/月；而全液压钻车配侧卸装岩机为主的高档机械化作业线虽然具有生产效率高、安全可靠、全断面装岩等多种优点，但其在我国岩巷掘进中应用得较少。2009年由中煤装备公司石家庄煤机公司与冀中集团金牛股份合作研究试验了液压钻车与液压扒装机及可伸缩带式输送机的配套系统，解决了工作面连续出矸问题，提高了运输效率、降低了劳动强度，月进尺保持在130米以上。

立井普通机械化凿井装备主要应用在普通钻爆法施工中。目前采用的主要装备有：凿井提升机，有JK2.5/20型、JK2.8/15.5型、2JKZ3.0/15.5型和2JKZ3.2/13.3型4种可供选用；稳车，有5吨、10吨、16吨、25吨和40吨等8种规格的单、双筒和缠绕、摩擦两种结构的系列稳车；伞形钻架，有FJD4型、FJD6型、FAJD6A型、FJD6.7型、FJD9型和FJD9A型6种，并配YGZ-70型独立回转凿岩机，55硅锰钼成品钎杆，直径42毫米、55毫米钎头，可以钻深3.2米、4.2米的钻孔；配YGZ-55型凿岩机可以钻40米深的工作面预注浆钻孔；LBM型模板钻架也可以钻4米深炮眼和12米深探水孔，供小直径立井施工使用；抓岩机，有0.4立方米、0.6立方米的大型抓岩机，虽有4种结构7种规格的产品，但目前广泛应用的只有中心回转式和长绳悬吊式两种，1立方米抓岩机还没得到推广；MJY系列多用金属模板比原有各种模板有了重大改进，不仅采用了独特结构，只设一个收缩口，有效地提高了抗变形能力，而且还可根据施工要求，组成直径4.5~8.5米，高度2.5~6.0米，刃脚高0.2~0.3米等36种不同规格的模板，一模多用。

我国冻结法凿井已有50多年的历史，发展迅速，施工规模、深度不断地攀升，尤其是"十一五"时期，深井冻结的数量、深度显著地增加。1955—2010年建成立井井筒968个，累计长度

22.7万米，最大井筒净直径10.5米。其中在21世纪头10年冻结法施工建成立井井筒494个，“十一五”时期施工了254个，规模增幅很大。“十一五”时期我国冻结法施工规模是世界之首，其间冻结深度增加很快，东部地区冲积层中最大冻结深度800米，西部地区基岩含水层中最大冻结深度850米。21世纪头10年500~800米深井冻结施工了100个井筒，其中700多米的11个，800多米的4个。其中许多井筒冻结深度超过了波兰、前苏联、德国等国家。冻结法施工的主要地层是东部地区第四、三系松散、含水丰富的流砂、黏土层为主的冲积层和西部地区基岩承压含水层静水位高、水压大的白垩系、侏罗系软弱地层。东西部地区地层特性差异较大，地质条件之复杂，在世界上罕见的。“十一五”期间，深井冻结设计理论、施工技术有了长足进步。东部地区深厚冲积层中采用多圈孔冻结方案获得成功；西部地区采用单圈孔+防片孔冻结方案，实现封水打干井目的；深冻结孔施工技术不断提升，采用TSJ-2000型及TSJ-1000型钻机、TBW-850/5型或TBW-120/7B型泥浆泵、国产5LI-165×7型、5LI-120×7型定向纠偏设备、四角钻塔等性能优良的施工设备，贯彻“防偏为主，纠偏为辅”的思想，采用国产的陀螺测斜仪、螺杆钻具，掌握了钻孔定向纠偏技术，优化了冻结管连接方式；制冷供冷技术设置大型制冷站，提供低温、大流量盐水，制冷设备更新换代，节水节能；高性能混凝土的成功应用，基本上解决了深冻结井的井壁支护问题；实现了井筒安全快速掘砌施工。

钻井凿井法作为立井冲积层段的特殊施工工法之一，近年来陆续研制出AS12/80型竖井钻机、AD120/900型和AD130/1000型强力钻机，后两种是我国首次采用旋转动力头、双层钻杆结构和油缸提升的新型钻机，其最大提升能力为8000千牛，最大扭矩600千牛·米，最大钻孔直径13米，可钻最大深度1000米。这些新钻机的使用，大大促进我国钻井法凿井的发展，至今已完成80多个井筒施工，最大钻孔直径10.8米，最大深度660米。

随着目前西北部地区超大直径立井越来越多，中东部地区千米以上井筒也逐渐增多，但目前我国对岩层中钻井法凿井涉及很少，因此，在我国深井及西部岩层条件下应用钻井法凿井，尚有很多关键技术要攻克。

（四）煤炭监理企业发展情况

1. 监理企业基本情况

我国煤炭行业工程施工监理始于1988年。“十一五”期间，煤炭工程监理企业发挥专业监督管理作用，队伍不断发展壮大，营业收入不断提高，在控制工程质量、安全、投资和进度方面取得了显著成效，提高了工程项目管理水平。

“十一五”期间，按照国家对企业有关政策的要求，监理企业逐步进行了改制，目前煤炭行业的监理企业中混合投资和民营投资企业共有近50家。2006—2010年有资质的煤炭监理企业数目分别是90家、95家、98家、108家和180家。淮南国汉建设监理咨询有限公司和广东重工建设监理有限公司2家企业具备综合资质（全国6000多家建设监理企业中具有综合资质的仅有30家）。33家企业取得甲级资质，70余家企业取得矿山工程监理资质。取得煤炭行业监理企业资质的企业97家，其中地质工程监理资质18家，煤炭甲级（含暂定）资质55家，地质工程监理甲级（含暂定）5家。2家企业取得国家质检总局颁发的设备工程监理资质证书。监理范围涵盖行业内外10多个专业。2006—2010年煤炭行业监理企业综合实力前10家排名详见表1-7。

2. 从业人员及构成现状

据统计，2010年全国煤炭行业监理从业人员共计16400余人，由5部分组成，一是全国注册监理工程师，二是煤炭行业项目总监理工程师，三是煤炭行业注册的专业监理工程师，四是煤炭行业专业监理员，五是取得各省办理的监理工程师和监理员，以及持有培训证人员。其中2人获得中国工程监理大师称号、2人获得香港注册测量师称号，取得全国注册监理工程师证书的人数为2100余人、取得煤炭行业证书的人数约7300人、其余为培训证和有关省颁发的证书。

3. 监理企业任务完成情况

据不完全统计，煤炭建设监理企业近三年完成的70%的项目是煤炭建设工程项目，工程规模不断增加，承担超过10亿吨/年新建、改扩建及资源整合煤矿的建设监理任务，煤炭地质勘查监理项目也逐年增多，煤炭建设监理企业在煤炭各类建设工

表1－7　2006—2010年煤炭行业监理企业综合实力前10家排名

排名序号	2006年	2007年	2008年	2009年	2010年
1	中煤陕西中安项目管理有限责任公司	山西省煤炭建设监理有限公司	山西省煤炭建设监理有限公司	中煤陕西中安项目管理有限责任公司	山西省煤炭建设监理有限公司
2	山西诚正建设监理咨询有限公司	山西诚正建设监理咨询有限公司	山西诚正建设监理咨询有限公司	中煤邯郸中原建设监理咨询有限责任公司	广东重工建设监理有限公司
3	煤炭工业邯郸设计研究院中原建设监理咨询公司	中煤陕西中安项目管理有限责任公司	中煤陕西中安项目管理有限责任公司	山西省煤炭建设监理有限公司	中煤陕西中安项目管理有限责任公司
4	重庆中庆监理工程公司	河南中豫建设监理有限公司	煤炭工业邯郸设计研究院中原建设监理咨询公司	广东重工建设监理有限公司	中煤邯郸中原建设监理咨询有限责任公司
5	安徽华夏建设监理有限责任公司	河南工程咨询监理公司	河南工程咨询监理公司	山西煤炭建设监理咨询公司	煤炭工业郑州设计研究院有限公司
6	河南工程咨询监理公司	煤炭工业邯郸设计研究院中原建设监理咨询公司	安徽国汉建设监理咨询有限公司	山西诚正建设监理咨询有限公司	山西诚正建设监理咨询有限公司
7	淮南国汉建设监理咨询有限公司	山西煤炭建设监理咨询公司	河南中豫建设监理有限公司	煤炭工业郑州设计研究院有限公司	西安煤炭建设监理中心
8	河南中豫建设监理有限公司	安徽华夏建设监理有限责任公司	山西煤炭建设监理咨询公司	北京康迪建设监理咨询有限公司	山西煤炭建设监理咨询公司
9	西安煤炭监理中心	沈阳方正建设监理有限公司	安徽华夏建设监理有限责任公司	西安煤炭建设监理中心	北京康迪建设监理咨询有限公司
10	中煤国际工程集团南京设计研究院	宁夏灵州工程监理咨询公司	中煤国际工程集团重庆设计研究院	沈阳方正建设监理有限公司	沈阳方正建设监理有限公司

程、地质勘探工程、项目管理以及行业外各类工程的建设监理工作中发挥着越来越大的作用。“十一五”期间煤炭建设监理企业收入情况见表1－8。

（五）煤炭质量监督发展情况

“十一五”期间煤炭产业的巨大发展，给煤炭建设工程质量监督工作带来了前所未有的挑战和机遇，随着国家政策的调整，煤炭投资主体多元化和煤炭资源整合兼并重组力度的加大，煤炭建设工程质量监督工作复杂性和艰巨性空前增大，煤炭行业质监工作在摸索中前进。

表1－8　2006—2010年煤炭建设监理企业收入情况

年　份	2006	2007	2008	2009	2010
总合同额/万元	58140	96119	116185	170520	213292
总收入/万元	35353	63802	77718	105198	136802
监理企业最高收入/万元	1699	3706	8756	5818	8300

1. 煤炭建设工程质量监督管理标准体系建设

2000年国务院颁布实施《建设工程质量管理条例》以来，煤炭建设工程质量明显提高，工程质量监督管理工作取得长足进展，规章制度建设在原有基础上进一步加强，2008年，总站根据煤炭建设行业的发展现状和相关法规，组织行业的主要力量，组织编写、修改、审查了4个煤炭建设工程质量监督行业规定办法，经总站认真审核后已印发全行业，这4个规定办法分别是《煤炭工业建设工程质量监督管理规定》、《煤炭工业建设工程质量监督工作规则》、《煤炭工业建设工程质量认证办法》和《煤炭工业建设工程质量监督机构考核办法》，2009年为适应煤炭发展的需要，确保工程质量监督工作在新形势的正常运行，下发了《关于对当前煤炭建设工程质量监督工作几个问题的意见》，2010年又进一步出台了《关于进一步加强煤炭建设工程质量认证工作的通知》等。这些文件基本涵盖了煤炭建设工程质量监督的全部主要工作，也是下一步全行业开展工程质量监督工作需要贯彻执行的主要任务。目前由总站管理制定的煤炭建设工程质量监督检测行业规章制度已达9项。

2. 工程质量监督管理工作成就

在煤炭建设大规模的开发建设，全行业管理体制分散和监管弱化的情况下，煤炭行业工程质量监督系统总站、中心站和矿区站认真履行监督职责，施工、建设单位加强质量管理，“十一五”期间煤炭行业的建设项目没有发生过大的工程质量事故，也基本没有发生因工程质量问题引发的安全事故；行业优质工程逐年增多，2006—2010年共有优质工程418项，煤炭行业“太阳杯”工程共有175项；“鲁班奖”国优工程以前20年间平均3年获1项，“十一五”期间共有8项获奖，6项获得国优工程；2009年煤炭行业有4项工程荣获“新中国成立60周年百项经典暨精品工程”。

3. 工程质量监督检测队伍建设

截至2010年，煤炭行业共有质量监督、检测机构234家，其中中心站26家、矿区站140家、检测机构68家，监督、检测人员2300多人，其中监督检测工程师1400余人、监督员近600人、检测员300多人。随着煤炭新区建设的逐年展开，新成立了20多家矿区站，撤销老区矿区站10多家。

总站每年开展对行业各监督、检测机构的年检审核，自2009年总站对监督检测员施行每两年考核，对监督检测工程师每三年考核制，并应参加继续教育或学习培训为条件，总站共组织了大量的各种形式的培训班，在岗人员基本得到轮训，监督人员的业务素质和对新知识的掌握得到很大提高，保证监督检测机构的稳定提高和规范运行；组织开展了第三批监督工程师和第一批检测工程师的培训考试发证工作，共有458人获得监督工程师资格、204人获得检测工程师资格，进一步确保监督、检测队伍的素质和能力。总站每两年开展一次评先活动，共有92（次）家先进监督、检测单位和304（人次）优秀个人收到表彰并颁发证书。

4. 工程质量监督工作推进情况

按煤炭行业工程质量监督有关规定，各中心站、矿区站加强过程监督、强化质量认证、完善监管机制、创新监督方式。煤炭建设工程质量认证工作得到了进一步加强和明确，认证工作程序性、规范性得到进一步加强，各省针对实际情况制定了认证细则或办法，大幅度提升了认证工程的覆盖面。

总站、中心站、矿区站每年安排一次以上多种形式、不同地域的工程质量大检查，各站积极组织、认真负责，通过自检、互查和联合大检查，既做到了横向比较、纵向监督、发现问题、及时处理，又做到了相互交流学习、共同提高发展。

（六）煤炭工程造价工作情况

“十一五”期间，煤炭建设工程造价管理以“三个代表”重要思想和科学发展观为统领，在煤炭行业造价人员共同努力和中国煤炭建设协会的指导推动下，认真贯彻国家有关煤炭工业发展的方针政策，坚持煤炭建设工程造价管理改革，坚持“科学定额、合理造价、持续发展”的理念，全面落实“加快工程造价计价改革步伐，稳步推行工程量清单计价，完善工程造价市场形成机制”的总体要求，科学制定行业工程造价计价依据，合理确定和有效控制工程造价，严格履行造价管理职责，积极发挥工程造价管理作用，做好造价咨询企业资质管理、造价工程师和造价员资格注册培训工作，开展信息化建设和学术研究，促进了煤炭建筑市场健康发展，对煤炭建设科学、高效、有序发展起到了积极的推动作用，取得了显著的成果。

1. 计价标准体系

2004年以来，中国煤炭建设协会根据原国家标准《建筑安装工程工程量清单计价规范》要求，组织有关单位和各造价管理站认真贯彻落实，并结合煤炭行业工程建设实际情况，制定出《煤炭建设工程工程量清单及计算规则》和配套消耗量定额的编制大纲。经过历时3年的努力，完成煤炭行业第一部既可采用清单计价模式、又可采用定额计价模式的定价方式及其配套的各类消耗量定额，中国煤炭建设协会以中煤建协字〔2007〕第90号文《关于发布"煤炭建设工程工程量清单项目及计算规则"、各类工程消耗量定额和工程造价管理有关规定的通知》颁布实施。通过几年来的使用，得到建设、设计、施工等各方面的肯定。工程造价管理逐步实现向"政府宏观调控，企业自主报价，市场形成价格"的目标迈出的重要一步。

《煤炭建设工程费用定额及造价管理有关规定》、《煤炭建设工程工程量清单项目及计算规则》与矿、土、安三类工程2007基价9部消耗量及概算定额与国家能源局批准颁布的《煤炭建设地面建筑工程概算指标》配套编制、配合使用，形式上做到消耗量和基价分离，内容上基本反映现行实际施工工艺、技术水平、劳动效率和装备配备。

受住房和城乡建设部委托，中国煤炭建设协会组织有关专家对1996年版煤炭建设项目经济评价办法经过历时两年的修订，完成了《煤炭建设项目经济评价方法与参数》（第三版）的编制，并于2009年8月由住房和城乡建设部批准颁发执行。

2006年受国家能源局委托，中国煤炭建设协会编制《煤田灭火工程综合定额》，经过4年努力完成我国首部《煤田灭火工程综合定额》（2008年基价），国家能源局以国能煤炭〔2008〕271号文颁布实施，为提高灭火工程投资决策的合理性和科学性提供了依据。

根据煤炭工程造价工作的具体要求，中国煤炭建设协会组织各煤炭工程造价管理站随时编制和发布了部分补充定额及有关规定，编写出版发行了《煤炭建设工程各类定额解释》，煤炭行业已形成了一套专业门类齐全、层次合理完整、适合市场发展的工程造价定额管理体系。

2. 煤炭工程造价信息化管理

由5家煤炭工程造价管理站先后组织完成了各类定额配套软件的开发应用，进一步满足了各单位使用要求，在编制概预算、工程招标标底、投标报价、工程结算及建设项目评估中实现了一体化智能联动，大大提高了工作效率，减轻了广大造价人员的劳动强度。

3. 造价咨询企业资质和注册造价师管理工作

按照建设部规定和中国建设工程造价管理协会（以下简称"中价协"）的要求，2006年、2010年中国煤炭建设协会分别完成了煤炭行业管理的22家甲级造价咨询企业的资质就位工作，办理了各企业的各种资质变更，满足了企业的发展需求。

中国煤炭建设协会共管理注册造价工程师320余人，每年按规定组织注册造价师的继续教育学习，完成续期注册工作，做好新造价师的初始注册工作，及时办理注册造价师的转移、变更等事宜。2010年中国煤炭建设协会获得中价协"注册造价师继续教育工作优秀管理单位"。

中国煤炭建设协会不断推进煤炭工程造价咨询企业的行业自律和自身建设，进一步增强造价咨询企业的行业归属意识和市场竞争意识，提高企业市场竞争力和服务水平，煤炭工程造价咨询企业的行业自律机制基本形成。一些企业得到了长足发展，在全国造价咨询企业百强排名中有大幅度提高。工程造价从业人员专业水平、职业意识、综合素质和年龄结构进一步优化和提高。

4. 造价工作人员管理

根据建设部有关规定和中国建设工程造价管理协会《全国建设工程造价员管理暂行办法》，中国煤炭建设协会组织制定了《煤炭行业建设工程造价员管理办法》，使煤炭行业造价员的管理进入常态化、规范化。

会同各煤炭工程造价管理站编写煤炭各专业定额宣贯材料和培训学习教材；联合有关院校，举办全国性、地区性、矿区性的定额交底宣贯和业务培训学习百余期，轮训人员过万人，使广大工程造价员的政策水平和业务素质都有所提高。

根据建设部的有关要求，中国煤炭建设协会于2006年起对持有原煤炭建设概预算资格证的人员进行了统一换发"全国建设工程造价员资格证"的工作；2010年由中国煤炭建设协会统一组织要求、经各煤炭造价管理站具体承办，共完成了全行业14202名造价员的继续教育培训学习和验证换章工作，其中验证9759人、补充办理新证4443人。

中国煤炭建设协会组织进行了2006—2010年

期间的全行业工程造价单位和个人创优评选活动，通过初评和审定共有20家企业获得“优秀工程造价管理企业”称号、11家企业获得“优秀工程造价咨询企业”称号、11名造价师获得“优秀造价工程师”称号、125名造价员获得“优秀造价员”称号，并向他们颁奖表彰。

5. 造价管理和服务

在煤炭建设项目矿区，均建立以建设单位为主的矿区价格信息网，收集和积累人工、材料、设备等各方面价格信息。各煤炭工程造价管理站及时准确掌握各矿区价格信息，测算、审批矿区人工价差调整系数、结算辅助材料价差调整系数、概算价差调整系数。为建设项目造价编制、工程结算提供有力依据，实现建设项目工程造价的动态管理。

针对工程建设安全环保、文明施工、社会保障、计费项目等政策性变化和煤炭建设项目全过程管理中各方遇到的新情况、新问题，满足和适应国家有关新规定、新标准、新规范等的需要，中国煤炭建设协会组织了对有关的规定进行了局部修订。

针对工程计价依据不足，各方面急需有合适的补充定额的情况，各管理站深入现场调查研究，提供咨询服务。条件成熟的项目及时编制补充定额，解决特殊条件下造成的计价问题，发挥了行业协会在行业造价管理工作中的核心指导和服务作用。

6. 工程造价信息平台

《煤炭建设信息》近几年来连续被评为中国建设工程造价管理协会优秀期刊，为提供国家和行业的方针、政策、法规、标准，宣传企业、沟通造价工作者发挥了重大作用。中国煤炭建设协会网站为分布在全国各地的建设、施工、设计、监理、咨询等单位的工程造价工作者提供政策资讯和行业动态信息平台，为偏远地区提供及时信息。

7. 工程造价管理站改革创新和稳定发展

行业工程造价管理业务由行业协会具体履行，特别是取消行政性收费后，针对出现的新情况、新问题，中国煤炭建设协会组织有关人员就工程造价管理机构的组织归属、工作程序、工作性质、工作职能、工作经费等诸多问题进行调查研究，向有关部门提出政策性建议，协商共同落实解决出现的困难，保证工程造价管理工作的连续性、稳定性，确保工程造价管理只能加强决不能削弱，保证了煤炭工程造价管理队伍的改革创新和稳定发展。

三、煤炭建设行业存在的主要问题及面临的形势

（一）煤炭行业存在的主要问题

煤炭建设事业突飞猛进的同时，一些问题也不断暴露出来，在一定程度上制约着煤炭建设事业的发展。

1. 行业管理弱化，监管体制有待完善

由于煤炭建设行业的管理主体变动频繁，目前我国煤炭建设行业的管理政出多门，监管法规体系不健全，行业管理弱化，监管体制不完善，监管不力甚至管理缺失，市场各方主体信用缺失，与煤炭行业不断发展的形势不相适应。煤矿建设投资方与施工方责权利严重不平衡，工程款拖欠严重。

2. 准入门槛低，市场集中度低

目前，煤炭建设市场准入主要控制方式是资质的审批，但由于多种因素交叉影响，在进入煤炭建设领域的资质审批上存在许多问题，主要表现在：资质审核办法和程序设置不合理，行业没有话语权；获得资质的标准较低，煤炭建设企业业务水平参差不齐；市场集中度低，市场竞争过于激烈。

3. 市场不规范，无序竞争没有得到有效治理

近年来，煤炭建设投资规模大幅增加，但由于煤炭建设市场管理主体不明确，管理体制不健全、管理规范不完善，管理监督不到位，在利益因素驱动下，违规建设、违规招投标、违规设计（施工、监理）现象比较普遍，市场无序竞争难以得到有效治理，对行业的健康发展产生很大的负面影响，同时造成投资浪费、安全无保障、质量监督失控、煤炭建设企业市场地位弱势、市场主体信用缺失等方面的问题。

4. 安全形势严峻，影响安全的因素复杂化

“十一五”期间是我国煤炭建设投资规模最大、增速最快的时期，在煤炭建设工程量迅速扩张的同时，煤矿建设期间发生的安全事故相对增多。导致事故增发的因素，既有煤炭开采条件、开采布局的变化引发的外部原因，也有违规建设、管理力量和管理工作滞后、员工培训教育没有保障、安全防范与治理的技术、投入跟不上等行业内部原因，从目前煤矿建设市场的现状来看，影响煤矿建设期间安全生产的问题越来越多，安全压力会越来越大。

5. 人才短缺，人力资源不能满足发展需要

煤炭建设行业人才结构性矛盾突出，结构性冗员和结构性缺员现象并存，高素质、复合型人才短缺；职工技术文化素质不高，难以满足行业快速发展的需要；人力资源管理技术手段滞后，管理能力和水平亟待提高。人力资源不足已经成为制约煤炭建设行业发展的瓶颈之一。

6. 施工装备和信息化管理落后

我国采煤机、液压支架、运输机等煤炭生产设备已经达到世界先进水平，但煤矿建设施工装备则相对落后，一些施工装备及工艺还停留在几十年前的水平。我国生产矿井的煤炭生产调度系统和信息化管理系统发展迅速，而基建煤矿的施工调度和信息化管理还处于起步阶段，严重落后于生产煤矿。

7. 基础工作薄弱，技术和管理创新水平亟待提高

煤炭建设行业属劳动密集型行业，行业整体基础管理工作比较薄弱，管理手段和管理方式比较滞后，技术创新能力不强，技术水平不高，行业处于简单、过大规模的外延粗放发展阶段，技术和管理创新水平亟待提高。

8. 制约因素多，行业可持续发展难以保证

由于受发展历史和现实多重因素的交叉影响，企业始终在生存线上挣扎，行业自我积累不足，存在的问题较多，可持续发展没有保证。主要是企业办社会的问题没有根本解决；产业结构和布局不合理；煤炭施工企业走出去难度较大；融资形式比较单一。

（二）煤炭建设面临的形势

1. 煤炭建设发展面临的机遇

1）煤炭能源主体地位和相关政策带来的机遇

长期以来，煤炭在我国一次能源生产和消费结构中一直占2/3以上。“十二五”时期是全面建设小康社会的关键时期，是深化改革开放、加快转变经济发展方式的攻坚时期，也是煤炭工业实现健康发展的关键时期。“十二五”期间，国民经济将继续保持又好又快的发展势头，我国煤炭需求量将会继续增加，煤炭建设存在巨大的发展空间。

2）大型煤炭基地建设和煤矿整合改造带来的机遇

为保证煤炭供应，《煤炭工业发展“十二五”规划》提出，要继续有序建设大型煤炭基地，并新增新疆为第14个大型煤炭基地。为提高煤炭产业集中度、优化煤炭工业结构、提高煤矿生产力水平和安全保障能力，减少资源浪费，国家会加快对中小型煤矿的整合改造。大基地建设和煤矿整合力度的加大，不仅为设计企业的设计、改扩建的施工提供了市场机会，更为重要的是有利于提高行业集中度、规范业主的行为、遏制煤炭建设行业无序竞争的现象。

3）投资主体多元化为煤炭建设行业带来的机遇

“十一五”期间，国家坚持以市场运作为主，强化政府推动和政策引导职能，打破了区域界限，发展跨区域集团企业；打破了行业界限，发展煤、电、化、路、港为一体的跨行业企业集团；打破了所有制界限，发展各类资本参与的混合所有制企业集团。五大电力集团、鲁能、华润等大型电力企业和烟草行业等其他外行业集团公司进入煤炭行业，为煤矿建设带来了巨大的市场空间和向下游产业延伸提供了广阔的市场。

4）煤炭行业延伸产业链和国际煤炭开发带来的机遇

在五大电力集团等向上游产业延伸进入煤炭行业的同时，利用自身的资源优势向电力、化工、钢铁、建材等煤炭下游产业延伸进入其他行业。煤炭建设行业跟随煤炭企业集团进入其他相关行业，适当缓解煤炭行业周期性带来的市场风险。同时，随着煤炭工业走向国际，国内大型煤矿建设企业集团通过借船出海的方式，施工过多项国外煤矿基本建设工程，积累了丰富的国际工程施工经验，取得了良好的信誉，为开发国际煤炭建设市场打下了坚实的基础。

5）国家基础设施投资不断加大带来的机遇

2008年，为抵御世界金融危机对我国的不利影响，促进经济平稳较快增长，国家提出2008—2010年投资4万亿元扩大内需，并出台了促进经济增长的十项措施，其中提出要加快铁路、公路和机场等重大基础设施建设。铁路、公路、城市轨道交通等产业投资规模的扩大为煤炭基本建设行业进入该行业提供了广阔的市场空间，为向相关非煤行业拓展创造了良好的机会。

2. 煤炭建设面临的挑战

低碳经济、循环经济和节能减排政策的实施也对煤炭建设行业提出了更高要求。我国煤炭建设项目点多、线长、面广，项目分散，开采条件正在日趋复杂化，开采深度越来越大，地质条件愈发呈现多样性，且高风险的危险因素越来越多。产能过剩，再生能源的冲击、国外进口的影响，再加上产能过剩的态势，势必带来煤矿建设强度必然下降和煤矿建设市场的萎缩。煤炭建设企业处于市场弱势地位，发展能力低，企业自我发展能力受到限制。

四、“十二五”发展规划

（一）指导思想及发展原则

以邓小平理论和“三个代表”重要思想为指导，深入贯彻落实科学发展观，以保障工程质量和安全生产为核心，以加快转变煤炭建设行业发展方式为主线，以深化体制机制改革为动力，以完善法规制度和标准规范为着力点，以技术进步和科技创新为支撑，加大政府监管力度，加强行业发展指导，促进煤炭建设行业可持续发展，保障国家能源供应安全和煤炭工业健康发展。

在发展过程中，坚持市场调节与政府监管相结合，规模增长与行业素质提高相结合，国内与国际两个市场发展相结合，节能减排与科技创新相结合的原则。

（二）煤炭工业规划情况

“十二五”期间煤矿开发布局是控制东部、稳定中部、发展西部。东部开采历史长，可供建设新井的资源少，控制开发强度，维持现有供应能力。中部资源相对丰富，开发强度偏大，减缓开发速度，保障稳定供应。西部资源丰富，开发潜力大，扩大生产规模，增加调出量。

1. 勘查布局

东部地区重点勘察东北三省、河北、山东、福建等省的矿区深部和外围资源，勘察深度控制在1200米以浅。中部地区山西、河南加强资源整合区补充勘探；安徽加强矿区1200米以浅资源勘探。西部地区重点做好神东、陕北、黄陇、宁东和云贵等大型煤炭基地内已规划矿区勘探。蒙东褐煤资源和新疆大型煤炭基地围绕重点项目开展勘探。青海加强木里和鱼卡矿区详查和勘探。力争在新疆等西北地区低阶煤煤层气勘探取得突破。

2. 建设布局

“十一五”期间结转煤矿建设规模3.6亿吨。其中，东部建设（含东北）规模0.2亿吨/年，占全国结转煤矿建设规模的5.6%；中部建设规模1.1亿吨/年，占全国结转煤矿建设规模的30.6%；西部建设规模2.3亿吨/年，占全国结转煤矿建设规模的63.8%。

“十二五”新开工规模7.4亿吨/年。按照“东部接续建设、中部适度建设、西部重点建设”的原则，东部（含东北）建设规模0.25亿吨/年，占全国新开工规模的3.3%；中部新开工规模1.85亿吨/年，占全国新开工规模25%；西部新开工规模5.3亿吨/年，占全国新开工规模的71.7%。内蒙古、陕西、山西、甘肃、宁夏、新疆为重点建设省（区），新开工规模6.5亿吨/年，占全国新开工规模的87%。

2015年，东部（含东北）煤炭产量4.6亿吨，占全国煤炭产量的12%，其中黑龙江、山东产量保持稳定，其他省（市）下降；中部煤炭产量13.5亿吨，占全国煤炭产量的35%，其中山西产量增加，河南、安徽产量保持稳定，其他省下降；西部煤炭产量20.9亿吨，占全国煤炭产量的53%，其中内蒙古、陕西、新疆、宁夏和甘肃产量增加，贵州、云南产量略有增加，重庆和四川产量下降。

（三）主要任务

1. 完善行业政策法规体系和标准规程

主要从加快行政性规范的建设步伐、完善行业标准和操作规程、加强程序性规范的建设、强化政策法规和标准规程权威性、加强煤矿建设行业信用体系建设5个方面开展工作。

2. 规范煤炭建设市场秩序

理顺监管体制，逐步建立政府监管、协会服务、企业自律的行业监管体制。提高监管的针对性，建立煤矿建设监管资格准入制度和推进煤矿建设监管信息化建设步伐，不断提升监管能力。依据行政性法规和行业性规范，加大对煤矿建设项目的监管力度，防范重大安全和质量事故的发生。进一步完善违法违规行为责任追究制度，确保各项法律、法规、政策及标准规程落到实处，突出监管效果。

3. 加强技术进步和创新

健全技术政策体系，加快推进企业技术创新的相关政策和激励机制。加快建立以企业为主体、市场为导向、产学研相结合的技术创新体系。组织重点领域和关键技术研究。

4. 强化质量安全监管

严格落实工程建设各方主体及质量监督、施工图审查等有关机构的质量责任，政府主管部门切实履行质量监管职责。认真落实设计、施工、监理三方责任，对煤矿建设项目实行全过程的质量安全管理。全面推行质量安全巡查机制，建立市场与现场联动的监管机制，积极推行分类监管和差别化监管，积极推进工程质量安全监督管理信息系统建设，提高质量安全监管效能。加大安全投入，提高安全事故的防范能力。

5. 推进煤炭建设节能减排

严格履行节能减排责任。政府抓好设计、施工阶段执行节能标准的监管和稽查，企业应自觉履行节能减排社会责任，严格执行节能减排标准。鼓励采用先进的节能减排技术和材料，开展绿色施工示范工程等节能减排技术集成项目试点。

6. 提升从业人员素质

优化人才引进政策，创新人才引进方式，拓宽人才引进渠道，加大人才引进力度，不断提高人才队伍整体素质。注重人才培养，建立系统化、制度化的培训机制和“个人自学、定期培训、岗位成才、等级考核”的培训模式。健全用人机制，营造公平公正的人才竞争环境，完善不同专业岗位人员的选拔标准、要求和程序。注重实际需要，着力建设开展工程承包业务所需要的经营管理人才、专业技术人才和项目管理人才队伍。

7. 加快“走出去”步伐

完善相关政策，加强和国际标准化组织的交流合作，推动中国煤炭建设标准国际化进程，为加快对外承包工程发展奠定基础。加快进入关联市场的步伐，继续开拓国内非煤业务，在项目开发上实现新的突破。加大国际市场开拓力度，提升煤炭建设行业国际影响力和施工、设计、监理企业国际市场竞争力。

第二篇

政策法规、标准规范

国家相关法规政策

序号	文件名称	文件编号	发布部门	发布日期	实施日期
1	注册监理工程师管理规定	中华人民共和国建设部令第147号	建设部	2006年1月26日	2006年4月1日
2	关于大型煤炭基地建设规划的批复	发改能源〔2006〕352号	国家发展和改革委员会	2006年3月2日	
3	工程造价咨询企业管理办法	中华人民共和国建设部令第149号	建设部	2006年3月22日	2006年7月1日
4	关于加强煤矿建设项目劳动定员核定等工作的通知	煤安监监察〔2006〕14号	国家煤矿安全监察局	2006年3月23日	
5	关于印发《注册监理工程师注册管理工作规程》的通知	建市监函〔2006〕28号	建设部建筑市场管理司	2006年4月17日	
6	关于换发注册监理工程师注册执业证书工作的通知	建办市函〔2006〕258号	建设部	2006年4月28日	
7	关于注册监理工程师注册和换证工作有关问题的说明	建市监函〔2006〕40号	建设部建筑市场管理司	2006年6月1日	
8	关于开展工程造价咨询企业资质就位工作的通知	建标造函〔2006〕29号	建设部标准定额司	2006年6月5日	
9	关于加强煤炭建设项目管理的通知	发改能源〔2006〕1039号	国家发展和改革委员会、国土资源部、建设部、国家安全生产监督管理总局、国家煤矿安全监察局	2006年6月12日	

（续）

序号	文件名称	文件编号	发布部门	发布日期	实施日期
10	国务院办公厅转发发展改革委等部门关于加强固定资产投资调控从严控制新开工项目意见的通知	国办发〔2006〕44号	国务院办公厅	2006年6月13日	
11	关于加强煤炭行业管理有关问题的意见	国办发〔2006〕49号	国务院办公厅	2006年7月6日	
12	关于印发新开工项目清理工作指导意见的通知	发改投资〔2006〕1538号	国家发展和改革委员会、国土资源部、国家环保总局、国家安全生产监督管理总局、银监会	2006年8月1日	
13	国家重大建设项目档案验收办法	档发〔2006〕2号	国家档案局、国家发展和改革委员会	2006年8月11日	
14	关于印发《“十一五”安全生产科技发展规划》的通知	安监总科技〔2006〕186号	国家安全生产监督管理总局	2006年8月31日	
15	关于印发《注册监理工程师继续教育暂行办法》的通知	建市监函〔2006〕62号	建设部建筑市场管理司	2006年9月20日	
16	关于加强煤炭矿区总体规划和煤矿建设环境影响评价工作的通知	环办〔2006〕129号	国家环境保护总局	2006年11月6日	
17	关于印发《关于在建设工程项目中进一步推行工程担保制度的意见》的通知	建市〔2006〕3326号	建设部	2006年12月7日	
18	注册造价工程师管理办法	中华人民共和国建设部令第150号	建设部	2006年12月25日	2007年3月1日
19	工程建设项目招标代理机构资格认定办法	中华人民共和国建设部令第154号	建设部	2007年1月11日	2007年3月11日
20	注册安全工程师管理规定	国家安全监管总局令第11号	国家安全生产监督管理总局	2007年1月11日	2007年3月1日
21	外商投资建设工程服务企业管理规定	中华人民共和国建设部　中华人民共和国商务部令第155号	建设部、商务部	2007年1月22日	2007年3月26日
22	关于暂停受理煤炭探矿权申请的通知	国土资发〔2007〕20号	国土资源部	2007年2月2日	2008年12月31日
23	国家安全监管总局关于印发煤矿安全生产“十一五”规划的通知	安监总规划〔2007〕41号	国家安全生产监督管理总局	2007年2月17日	

(续)

序号	文件名称	文件编号	发布部门	发布日期	实施日期
24	关于印发《工程设计资质标准》的通知	建市〔2007〕86号	建设部	2007年3月29日	
25	关于印发《建设工程监理与相关服务收费标准管理规定》的通知	发改价格〔2007〕670号	国家发展和改革委员会、建设部	2007年3月30日	2007年5月1日
26	国家发展和改革委员会关于印发《国家级专项规划管理暂行办法》的通知	发改规划〔2007〕794号	国家发展和改革委员会	2007年4月14日	
27	国务院办公厅关于加快推进行业协会商会改革和发展的若干意见	国办发〔2007〕36号	国务院办公厅	2007年5月13日	
28	关于印发《工程监理企业资质标准》的通知	建市〔2007〕131号	建设部	2007年5月21日	
29	注册设备师继续教育暂行办法	国质检人〔2007〕255号	国家质量监督检验检疫总局	2007年6月11日	2007年6月11日
30	工程监理企业资质管理规定	中华人民共和国建设部令第158号	建设部	2007年6月26日	2007年8月1日
31	建筑业企业资质管理规定	中华人民共和国建设部令第159号	建设部	2007年6月26日	2007年9月1日
32	建设工程勘察设计资质管理规定	中华人民共和国建设部令第160号	建设部	2007年6月26日	2007年9月1日
33	关于印发《工程监理企业资质管理规定实施意见》的通知	建市〔2007〕190号	建设部	2007年7月31日	
34	国家发展改革委、财政部关于设备监理单位资格评审收费标准及有关问题的通知	发改价格〔2007〕2210号	国家发展和改革委员会、财政部	2007年9月5日	2007年9月1日
35	关于印发《煤矿安全改造项目管理暂行办法》的通知	发改能源〔2007〕2256号	国家发展和改革委员会、国家安全生产监督管理总局、国家煤矿安全监察局	2007年9月6日	
36	关于印发投资建设项目管理师执业水平证书等级管理办法（试行）的通知	发改投资〔2007〕2291号	国家发展和改革委员会	2007年9月10日	
37	关于加强煤矿建设项目安全设施设计审查与竣工验收工作的通知	煤安监监察〔2007〕44号	国家煤矿安全监察局	2007年10月14日	

（续）

序号	文件名称	文件编号	发布部门	发布日期	实施日期
38	关于印发《建筑业企业资质管理规定实施意见》的通知	建市〔2007〕241号	建设部	2007年10月18日	
39	中华人民共和国节约能源法	中华人民共和国主席令第七十七号	中华人民共和国主席令	2007年10月28日	2008年4月1日
40	关于进一步规范铁路有形建设市场的通知	铁建设〔2007〕202号	铁道部	2007年10月31日	
41	国务院办公厅关于加强和规范新开工项目管理的通知	国办发〔2007〕64号	国务院办公厅	2007年11月17日	
42	关于印发国家核准煤炭规划矿区目录（2007年本）的通知	发改能源〔2007〕3271号	国家发展和改革委员会	2007年11月28日	
43	国务院关于促进资源型城市可持续发展的若干意见	国发〔2007〕38号	国务院	2007年12月18日	
44	国家发展改革委办公厅关于煤矸石综合利用电厂项目核准有关事项的通知	发改办能源〔2008〕101号	国家发展和改革委员会办公厅	2008年1月7日	
45	国务院关于修改《价格违法行为行政处罚规定》的决定	中华人民共和国国务院令第515号	国务院	2008年1月13日	
46	地质勘查资质管理条例	中华人民共和国国务院令第520号	国务院	2008年3月3日	2008年7月1日
47	国土资源部关于印发《全国地质勘查规划》的通知	国土资发〔2008〕53号	国土资源部	2008年3月11日	
48	关于发布《禁止井工煤矿使用的设备及工艺目录（第二批）》的通知	安监总煤装〔2008〕49号	国家安全生产监督管理总局、国家煤矿安全监察局	2008年3月11日	
49	关于印发《铁路有形建设市场交易规则》的通知	铁建设〔2008〕56号	铁道部	2008年4月2日	2008年4月2日
50	关于印发《涉密地质资料管理细则》的通知	国土资发〔2008〕69号	国土资源部	2008年4月2日	
51	关于印发《建筑施工企业安全生产管理机构设置及专职安全生产管理人员配备办法》的通知	建质〔2008〕91号	住房和城乡建设部	2008年5月13日	

（续）

序号	文件名称	文件编号	发布部门	发布日期	实施日期
52	关于印发《招标投标违法行为记录公告暂行办法》的通知	发改法规〔2008〕1531号	国家发展和改革委员会、工业和信息化部、监察部、财政部、住房城乡建设部、交通运输部、铁道部、水利部、商务部、法制办	2008年6月18日	
53	关于贯彻实施《地质勘查资质管理条例》有关问题的通知	国土资发〔2008〕131号	国土资源部	2008年6月21日	2008年7月1日
54	关于印发《地质勘查资质分类分级标准》的通知	国土资发〔2008〕137号	国土资源部	2008年6月26日	2008年7月1日
55	关于加强废弃矿井治理工作的通知	国土资发〔2008〕154号	国土资源部、国家发展和改革委员会、环境保护部、国家安全生产监督管理总局	2008年7月15日	
56	国家发展改革委办公厅关于加强煤制油项目管理有关问题的通知	发改办能源〔2008〕1752号	国家发展和改革委员会办公厅	2008年8月4日	
57	关于印发《矿业权评估管理办法（试行)》的通知	国土资发〔2008〕174号	国土资源部	2008年8月23日	
58	建设项目环境影响评价分类管理名录	环境保护部令第2号	环境保护部	2008年9月2日	2008年10月1日
59	关于进一步加强煤矿水害防治工作的通知	安监总煤调〔2008〕160号	国家安全生产监督管理总局、国家煤矿安全监察局	2008年9月5日	
60	关于加强煤矿建设项目瓦斯抽采工作的通知	安监总煤监〔2008〕167号	国家安全生产监督管理总局、国家煤矿安全监察局	2008年9月17日	
61	关于印发《中央地质勘查基金（周转金）项目监理暂行办法》的通知	国土基金〔2008〕36号	国土资源部	2008年9月18日	
62	关于切实做好煤矿建设项目初步设计安全专篇编制工作的通知	煤安监监察〔2008〕28号	国家煤矿安全监察局	2008年9月27日	
63	关于印发中央政府投资项目后评价管理办法（试行）的通知	发改投资〔2008〕2959号	国家发展和改革委员会	2008年11月7日	

(续)

序号	文件名称	文件编号	发布部门	发布日期	实施日期
64	关于印发《关于大型工程监理单位创建工程项目管理企业的指导意见》的通知	建市〔2008〕226号	住房和城乡建设部	2008年11月12日	
65	关于印发煤矿生产安全事故报告和调查处理规定的通知	安监总政法〔2008〕212号	国家安全生产监督管理总局、国家煤矿安全监察局	2008年12月11日	2008年12月11日
66	关于加强工程勘察质量管理工作的若干意见	建质〔2008〕231号	住房和城乡建设部	2008年12月30日	2008年12月30日
67	关于批准发布《煤炭工程项目建设用地指标》的通知	建标〔2008〕233号	住房和城乡建设部、国土资源部	2008年12月31日	
68	国务院安委会办公室关于加强煤矿瓦斯治理工作体系示范工程建设的通知	安委办〔2009〕2号	国务院安全生产委员会办公室	2009年2月1日	
69	关于加强煤矿瓦斯治理工作体系示范工程建设的通知	安委办〔2009〕2号	国务院安全生产委员会办公室	2009年2月1日	
70	关于进一步加强工程造价（定额）管理工作的意见	建标〔2009〕14号	住房和城乡建设部	2009年2月1日	
71	关于印发《煤矿建设项目安全设施设计审查与竣工验收报告书》规范文本的通知	煤安监监察〔2009〕9号	国家煤矿安全监察局	2009年4月14日	
72	国家发展改革委办公厅关于建立煤矿棚户区改造项目建设进展情况旬报制度的通知	发改办投资〔2009〕877号	国家发展和改革委员会办公厅	2009年4月22日	
73	关于取消煤矿建设项目安全评价报告评审备案的通知	煤安监监察〔2009〕13号	国家煤矿安全监察局	2009年4月29日	
74	国务院关于调整固定资产投资项目资本金比例的通知	国发〔2009〕27号	国务院	2009年5月25日	
75	国家发展改革委关于完善境外投资项目管理有关问题的通知	发改外资〔2009〕1479号	国家发展和改革委员会	2009年6月8日	2009年5月25日

（续）

序号	文件名称	文件编号	发布部门	发布日期	实施日期
76	关于进一步加强煤矿建设项目安全工作的通知	安监总煤监〔2009〕146号	国家安全生产监督管理总局、国家煤矿安全监察局、国家发展和改革委员会、国家能源局	2009年7月27日	
77	规划环境影响评价条例	中华人民共和国国务院令第559号	国务院	2009年8月17日	2009年10月1日
78	关于重新核定设备监理单位资格评审收费标准及有关问题的通知	发改价格〔2009〕2198号	国家发展和改革委员会、财政部	2009年8月24日	2009年9月1日
79	实施工程建设强制性标准监督规定	中华人民共和国建设部令第81号	建设部	2009年8月25日	2009年8月25日
80	煤矿防治水规定	国家安全生产监督管理总局令第28号	国家安全生产监督管理总局	2009年9月21日	2009年12月1日
81	关于印发《建设领域违法违规行为稽查工作管理办法》的通知	建稽〔2010〕4号	住房和城乡建设部	2010年1月7日	2010年1月7日
82	国务院关于进一步加强淘汰落后产能工作的通知	国发〔2010〕7号	国务院	2010年2月6日	
83	国家发展改革委关于印发工程咨询业2010—2015年发展规划纲要的通知	发改投资〔2010〕264号	国家发展和改革委员会	2010年2月11日	
84	关于加强工业产品质量信誉建设的指导意见	工信部联科〔2010〕112号	工业和信息化部、国家发展和改革委员会、商务部、海关总署、国家工商行政管理总局、国家质量监督检验检疫总局	2010年3月15日	
85	关于进一步加强煤矿建设项目安全管理的通知	发改能源〔2010〕709号	国家发展和改革委员会、国家能源局、国家安全生产监督管理总局、国家煤矿安全监察局	2010年4月10日	
86	国土资源部关于构建地质找矿新机制的若干意见	国土资发〔2010〕59号	国土资源部	2010年4月26日	
87	关于进一步加强企业安全生产工作的通知	国发〔2010〕23号	国务院	2010年7月19日	

（续）

序号	文件名称	文件编号	发布部门	发布日期	实施日期
88	房屋建筑和市政基础设施工程质量监督管理规定	中华人民共和国住房和城乡建设部令第5号	住房和城乡建设部	2010年8月1日	2010年9月1日
89	关于印发《关于加强建筑市场资质资格动态监管完善企业和人员准入清出制度的指导意见》的通知	建市〔2010〕128号	住房和城乡建设部	2010年8月13日	
90	关于贯彻落实全国矿产资源规划发展绿色矿业建设绿色矿山工作的指导意见	国土资发〔2010〕119号	国土资源部	2010年8月13日	
91	关于印发《绿色工业建筑评价导则》的通知	建科〔2010〕131号	住房和城乡建设部	2010年8月23日	
92	关于建设完善煤矿井下安全避险“六大系统”的通知	安监总煤装〔2010〕146号	国家安全生产监督管理总局、国家煤矿安全监察局	2010年8月24日	
93	关于认真贯彻落实国务院《通知》精神切实加强煤矿安全生产工作的实施意见	安监总煤监〔2010〕152号	国家安全生产监督管理总局、国家煤矿安全监察局	2010年8月30日	
94	煤矿领导带班下井及安全监督检查规定	国家安全生产监督管理总局令第33号	国家安全生产监督管理总局	2010年9月7日	2010年10月7日
95	国务院关于加快培育和发展战略性新兴产业的决定	国发〔2010〕32号	国务院	2010年10月10日	
96	合同违法行为监督处理办法	国家工商行政管理总局令第51号	国家工商行政管理总局	2010年10月13日	2010年11月13日
97	关于进一步规范煤矿资源整合技改工作的通知	安监总煤监〔2010〕185号	国家安全生产监督管理总局、国家煤矿安全监察局、国家发展和改革委员会等13个部门联合发文	2010年10月15日	
98	国务院办公厅转发发展改革委关于加快推进煤矿企业兼并重组若干意见的通知	国办发〔2010〕46号	国务院办公厅	2010年10月16日	
99	关于印发《注册建造师继续教育管理暂行办法》的通知	建市〔2010〕192号	住房和城乡建设部	2010年11月15日	2010年11月15日

工程建设标准规范

一、地质勘查标准

序号	文件名称	文件编号	发布部门	发布日期	实施日期
1	煤矿坑道钻探用钻机	MT/T 790—2006	发展和改革委员会	2006年8月19日	2006年12月1日
2	煤炭地质勘查报告编写规范	MT/T 1044—2007	国家安全生产监督管理总局	2007年10月22日	2008年1月1日
3	遥感煤田地质填图技术规程	MT/T 1043—2007	国家安全生产监督管理总局	2007年10月22日	2008年1月1日
4	煤炭地质勘查钻孔质量标准	MT/T 1042—2007	国家安全生产监督管理总局	2007年10月22日	2008年1月1日
5	煤炭地质钻探规程	MT/T 1076—2008	国家发展和改革委员会	2008年11月19日	2009年1月1日
6	煤矿床水文地质、工程地质及环境地质勘查评价标准	MT/T 1091—2008	国家安全生产监督管理总局	2009年12月11日	2010年7月1日
7	煤田地质物理测井规范	DZ/T 0080—93	国土资源部	2010年3月6日	2010年3月31日

二、设计标准

序号	文件名称	文件编号	发布部门	发布日期	实施日期
1	煤炭工业矿井设计规范	GB 50215—2005	建设部、质量监督检验检疫总局	2005年9月14日	2006年1月1日
2	煤炭洗选工程设计规范	GB 50359—2005	建设部、质量监督检验检疫总局	2005年9月14日	2006年1月1日
3	煤矿井下消防、洒水设计规范	GB 50383—2006	建设部、质量监督检验检疫总局	2006年6月19日	2006年11月1日
4	煤矿井下机车运输信号设计规范	GB 50388—2006	建设部、质量监督检验检疫总局	2006年8月24日	2006年12月1日
5	煤矿机械设备工程安装验收规范	GB 50377—2007	建设部、质量监督检验检疫总局	2006年8月24日	2007年2月1日
6	煤矿立井井筒及硐室设计规范	GB 50384—2007	建设部、质量监督检验检疫总局	2007年1月24日	2007年8月1日

（续）

序号	文件名称	文件编号	发布部门	发布日期	实施日期
7	消防通信指挥系统施工及验收规范	GB 50401—2007	建设部、质量监督检验检疫总局	2007年3月5日	2007年7月1日
8	视频安防监控系统工程设计规范	GB 50395—2007	建设部、质量监督检验检疫总局	2007年3月21日	2007年8月1日
9	预应力混凝土路面工程技术规范	GB 50422—2007	建设部、质量监督检验检疫总局	2007年3月26日	2007年12月1日
10	综合布线系统工程验收规范	GB 503012—2007	建设部、质量监督检验检疫总局	2007年4月6日	2007年10月1日
11	煤矿斜井井筒及硐室设计规范	GB 50415—2007	建设部、质量监督检验检疫总局	2007年5月21日	2007年12月1日
12	煤矿井底车场硐室设计规范	GB 50416—2007	建设部、质量监督检验检疫总局	2007年5月21日	2007年12月1日
13	煤矿井下供配电设计规范	GB 50417—2007	建设部、质量监督检验检疫总局	2007年5月21日	2007年12月1日
14	煤矿井下热害防治设计规范	GB 50418—2007	建设部、质量监督检验检疫总局	2007年5月21日	2007年12月1日
15	煤矿井底车场设计规范	GB 50416—2007	建设部、质量监督检验检疫总局	2007年5月21日	2007年12月1日
16	煤矿巷道断面和交岔点设计规范	GB 50419—2007	建设部、质量监督检验检疫总局	2007年12月24日	2008年6月1日
17	带式输送机工程设计规范	GB 50431—2008	建设部、质量监督检验检疫总局	2008年6月3日	2008年12月1日
18	煤矿主要通风机站设计规范	GB 50450—2008	建设部、质量监督检验检疫总局	2008年10月15日	2009年3月1日
19	煤矿井下排水泵站及排水管路设计规范	GB 50451—2008	建设部、质量监督检验检疫总局	2008年10月15日	2009年3月1日
20	煤炭工业供热通风与空气调节设计规范	GB/T 50466—2008	建设部、质量监督检验检疫总局	2008年11月27日	2009年6月1日
21	煤矿瓦斯抽采工程设计规范	GB 50471—2008	建设部、质量监督检验检疫总局	2008年12月15日	2009年6月1日
22	煤炭工业矿区总体规划规范	GB 50465—2008	建设部、质量监督检验检疫总局	2008年12月15日	2009年8月1日
23	矿山电力设计规范	GB 50070—2009	建设部、质量监督检验检疫总局	2009年5月13日	2009年12月1日

(续)

序号	文件名称	文件编号	发布部门	发布日期	实施日期
24	建筑工程施工组织设计规范	GB/T 50502—2009	建设部、质量监督检验检疫总局	2009年5月13日	2009年10月31日
25	煤炭工业矿区机电设备修理设施设计规范	GB 50532—2009	建设部、质量监督检验检疫总局	2009年9月3日	2009年11月1日
26	煤矿井下辅助运输设计规范	GB 50533—2009	建设部、质量监督检验检疫总局	2009年9月3日	2009年11月1日
27	煤矿采区车场和硐室设计规范	GB 50534—2009	建设部、质量监督检验检疫总局	2009年9月3日	2009年12月1日
28	煤矿综采采区设计规范	GB 50536—2009	建设部、质量监督检验检疫总局	2009年9月3日	2009年12月1日
29	煤炭矿井工程基本术语标准	GB/T 50562—2010	建设部、质量监督检验检疫总局	2010年5月31日	2010年12月1日
30	煤炭工业露天矿工程建设项目设计文件编制标准	GB/T 50552—2010	建设部、质量监督检验检疫总局	2010年5月31日	2010年12月1日
31	煤炭工业选煤厂工程建设项目设计文件编制标准	GB/T 50553—2010	建设部、质量监督检验检疫总局	2010年5月31日	2010年12月1日
32	煤炭工业矿井工程建设项目设计文件编制标准	GB/T 50554—2010	建设部、质量监督检验检疫总局	2010年5月31日	2010年12月1日
33	煤炭工业矿井监测监控系统装备配置标准	GB 50581—2010	建设部、质量监督检验检疫总局	2010年5月31日	2010年12月1日
34	煤矿矿井建筑结构设计规范	GB 50592—2010	建设部、质量监督检验检疫总局	2010年7月15日	2011年2月1日
35	煤炭矿井制图标准	GB/T 50593—2010	建设部、质量监督检验检疫总局	2010年7月15日	2011年2月1日
36	煤炭工业矿区机电设备修理厂工程建设项目设计文件编制标准	GB/T 50658—2011	住房和城乡建设部、质量监督检验检疫总局	2010年12月24日	2011年12月1日
37	煤炭工业矿区水煤浆工程建设项目设计文件编制标准	GB/T 50659—2011	住房和城乡建设部、质量监督检验检疫总局	2010年12月24日	2011年12月1日
38	煤炭工业矿区总体规划设计文件编制标准	GB/T 50651—2011	住房和城乡建设部、质量监督检验检疫总局	2010年12月24日	2011年12月1日

三、施工标准

序号	文件名称	文件编号	发布部门	发布日期	实施日期
1	转子式混凝土喷射机	MT/T 547—2006	国家发展与改革委员会	2006年3月7日	2006年8月1日
2	立井井筒地面预注浆效果压水试验检验方法	MT/T 1057—2007	国家安全生产监督管理总局	2008年10月3日	2009年1月1日
3	立井井筒地面预注浆黏土水泥浆技术规范	MT/T 1058—2008	国家安全生产监督管理总局	2009年1月1日	2008年10月3日
4	矿用钻孔陀螺测斜仪	MT/T 1054—2007	国家安全生产监督管理总局	2009年1月1日	2009年1月1日
5	煤矿用机载锚杆钻机通用技术条件	MT/T 1055—2007	国家安全生产监督管理总局	2009年1月1日	2009年1月1日
6	煤矿井下用数字压力表	MT/T 1059—2007	国家安全生产监督管理总局	2009年1月1日	2009年1月1日
7	矿用混凝土强度检测仪	MT/T 1060—2007	国家安全生产监督管理总局	2009年1月1日	2009年1月1日
8	矿用气动抓斗	MT/T 245—2007	国家安全生产监督管理总局	2009年1月1日	2009年1月1日
9	树脂锚杆　玻璃纤维增强塑料杆体及附件	MT/T 1061—2007	国家安全生产监督管理总局	2009年1月1日	2009年1月1日
10	煤巷锚杆支护技术规范	MT/T 1104—2009	国家安全生产监督管理总局	2009年12月11日	2010年7月1日
11	施工企业工程建设技术标准化管理规范	JGJ/T 198—2010	住房和城乡建设部	2010年3月15日	2010年10月1日
12	煤矿井巷工程质量验收规范	GB 50213—2010	住房和城乡建设部、质量监督检验检疫总局	2010年5月31日	2010年12月1日
13	煤炭工业选煤厂工程建设项目设计文件编制标准	GB/T 50553—2010	住房和城乡建设部、质量监督检验检疫总局	2010年5月31日	2010年12月1日
14	建筑地面工程施工质量验收规范	GB 50209—2010	住房和城乡建设部、质量监督检验检疫总局	2010年5月31日	2010年12月11日
15	煤矿井巷工程施工规范	GB 50511—2010	住房和城乡建设部、质量监督检验检疫总局	2010年7月15日	2011年2月1日

四、项目管理规范

序号	文件名称	文件编号	发布部门	发布日期	实施日期
1	建设工程项目管理规范	GB/T 50326—2006	住房和城乡建设部、质量监督检验检疫总局	2006年6月21日	2006年12月1日
2	煤炭地质工程监理导则		中国煤炭建设协会	2008年3月30日	2008年4月1日
3	煤炭建设工程监理与项目管理自律管理办法		中国煤炭建设协会	2009年10月13日	2009年11月1日
4	煤炭建设工程监理与项目管理暂行规程		中国煤炭建设协会	2009年10月13日	2009年11月1日

五、造价定额

序号	文件名称	文件编号	发布部门	发布日期	实施日期
1	煤炭建设井巷工程概算定额（上、下册）	2007基价	中国煤炭建设协会	2008年1月1日	2008年1月1日
2	煤炭建设井巷工程辅助费基础定额	2007基价	中国煤炭建设协会	2008年1月1日	2008年1月1日
3	煤炭建设井巷工程辅助费综合（概算）定额	2007基价	中国煤炭建设协会	2008年1月1日	2008年1月1日
4	煤炭建设井巷工程消耗量定额	2007基价	中国煤炭建设协会	2008年1月1日	2008年1月1日
5	煤炭建设特殊凿井工程消耗量定额煤炭建设特殊凿井工程综合定额	2007基价	中国煤炭建设协会	2008年1月1日	2008年1月1日
6	煤炭建设地面建筑工程消耗量定额（上、下册）	2007基价	中国煤炭建设协会	2008年1月1日	2008年1月1日
7	煤炭建设地面建筑工程概算指标	2007基价	中国煤炭建设协会	2008年1月1日	2008年1月1日
8	煤炭建设机电安装工程消耗量定额（上、下册）	2007基价	中国煤炭建设协会	2008年1月1日	2008年1月1日
9	煤炭建设机电安装工程概算指标	2007基价	中国煤炭建设协会	2008年1月1日	2008年1月1日
10	煤炭建设工程施工机械台班费用定额	2007基价	中国煤炭建设协会	2008年1月1日	2008年1月1日
11	煤炭建设露天剥离工程综合消耗量定额	2007基价	中国煤炭建设协会	2008年1月1日	2008年1月1日

(续)

序号	文件名称	文件编号	发布部门	发布日期	实施日期
12	煤炭建设工程费用定额	2007 基价	中国煤炭建设协会	2008 年 1 月 1 日	2008 年 1 月 1 日
13	煤炭建设工程造价编制与管理办法	2007 基价	中国煤炭建设协会	2008 年 1 月 1 日	2008 年 1 月 1 日
14	凿井措施工程费指标	2007 基价	中国煤炭建设协会	2008 年 1 月 1 日	2008 年 1 月 1 日
15	煤炭建设工程工程量清单项目及计算规则	2007 基价	中国煤炭建设协会	2008 年 1 月 1 日	2008 年 1 月 1 日
16	煤矿常用设备价格目录	2007 基价	中国煤炭建设协会	2008 年 1 月 1 日	2008 年 1 月 1 日
17	煤矿常用主要材料价格	2007 基价	中国煤炭建设协会	2008 年 1 月 1 日	2008 年 1 月 1 日
18	建设工程工程量清单计价规范	GB 50500—2008	住房和城乡建设部	2008 年 7 月 9 日	2008 年 12 月 1 日

六、安全

序号	文件名称	文件编号	发布部门	发布日期	实施日期
1	煤矿井下安全标志	AQ 1017—2005	国家安全生产监督管理总局	2005 年 12 月 7 日	2006 年 3 月 1 日
2	矿井瓦斯涌出量预测方法	AQ 1018—2006	国家安全生产监督管理总局	2006 年 2 月 27 日	2006 年 5 月 1 日
3	煤矿用袋式除尘器	AQ 1022—2006	国家安全生产监督管理总局	2006 年 6 月 4 日	2006 年 9 月 2 日
4	金属非金属矿山安全标准化规范露天矿山实施指南	AQ 2007. 3—2006	国家安全生产监督管理总局	2006 年 10 月 1 日	2007 年 7 月 1 日
5	金属非金属矿山安全标准化规范导则	AQ 2007. 1—2006	国家安全生产监督管理总局	2006 年 11 月 2 日	2006 年 12 月 1 日
6	金属非金属矿山安全标准化规范地下矿山实施指南	AQ 2007. 2—2006	国家安全生产监督管理总局	2006 年 11 月 2 日	2007 年 7 月 1 日
7	煤矿井下粉尘综合防治技术规范	AQ 1020—2006	国家安全生产监督管理总局	2006 年 11 月 2 日	2006 年 12 月 1 日
8	煤矿采掘工作面高压喷雾降尘技术规范	AQ 1021—2006	国家安全生产监督管理总局	2006 年 11 月 2 日	2006 年 12 月 1 日
9	煤矿井下低压供电系统及装备通用安全技术要求	AQ 1023—2006	国家安全生产监督管理总局	2006 年 11 月 2 日	2006 年 12 月 1 日

(续)

序号	文件名称	文件编号	发布部门	发布日期	实施日期
10	煤与瓦斯突出矿井鉴定规范	AQ 1024—2006	国家安全生产监督管理总局	2006年11月2日	2006年12月1日
11	矿井瓦斯等级鉴定规范	AQ 1025—2006	国家安全生产监督管理总局	2006年11月2日	2006年12月1日
12	煤矿瓦斯抽采基本指标	AQ 1026—2006	国家安全生产监督管理总局	2006年11月2日	2006年12月1日
13	煤矿瓦斯抽放规范	AQ 1027—2006	国家安全生产监督管理总局	2006年11月2日	2006年12月1日
14	煤矿井工开采通风技术条件	AQ 1028—2006	国家安全生产监督管理总局	2006年11月2日	2006年12月1日
15	煤矿用凿井绞车安全检验规范	AQ 1031—2007	国家安全生产监督管理总局	2007年1月1日	2007年4月1日
16	煤矿用JTP型提升绞车安全检验规范	AQ 1033—2007	国家安全生产监督管理总局	2007年1月1日	2007年4月1日
17	煤矿用带式制动提升绞车安全检验规范	AQ 1034—2007	国家安全生产监督管理总局	2007年1月1日	2007年4月1日
18	煤矿用单绳缠绕式提升绞车安全检验规范	AQ 1035—2007	国家安全生产监督管理总局	2007年1月1日	2007年4月1日
19	煤矿用无极绳绞车安全检验规范	AQ 1037—2007	国家安全生产监督管理总局	2007年1月1日	2007年4月1日
20	煤矿用架空乘人装置安全检验规范	AQ 1038—2007	国家安全生产监督管理总局	2007年1月1日	2007年4月1日 更新日期: 2010年1月25日
21	煤矿用耙矿绞车安全检验规范	AQ 1039—2007	国家安全生产监督管理总局	2007年1月1日	2007年4月1日 更新日期: 2010年1月4日
22	煤矿用启闭风门绞车安全检验规范	AQ 1040—2007	国家安全生产监督管理总局	2007年1月1日	2007年4月1日
23	煤矿用无极绳调速机械绞车安全检验规范	AQ 1041—2007	国家安全生产监督管理总局	2007年1月1日	2007年4月1日
24	煤矿用液压防爆提升机和提升绞车安全检验规范	AQ 1042—2007	国家安全生产监督管理总局	2007年1月1日	2007年4月1日
25	煤矿用JTK型提升绞车安全检验规范	AQ 1032—2007	国家安全生产监督管理总局	2007年1月4日	2007年4月1日

（续）

序号	文件名称	文件编号	发布部门	发布日期	实施日期
26	安全评价通则	AQ 8001—2007	国家安全生产监督管理总局	2007年1月4日	2007年4月1日
27	安全预评价导则	AQ 8002—2007	国家安全生产监督管理总局	2007年1月4日	2007年4月1日
28	安全验收评价导则	AQ 8003—2007	国家安全生产监督管理总局	2007年1月4日	2007年4月1日
29	煤矿安全监控系统及检测仪器使用管理规范	AQ 1029—2007	国家安全生产监督管理总局	2007年1月4日	2007年4月1日
30	煤矿用多绳摩擦式提升绞车安全检验规范	AQ 1036—2007	国家安全生产监督管理总局	2007年1月4日	2007年4月1日
31	煤矿井下作业人员管理系统通用技术条件	AQ 6210—2007	国家安全生产监督管理总局	2007年3月21日	2007年7月1日
32	矿井密闭防灭火技术规范	AQ 1044—2007	国家安全生产监督管理总局	2007年3月30日	2007年7月1日
33	煤尘爆炸性鉴定规范	AQ 1045—2007	国家安全生产监督管理总局	2007年3月30日	2007年7月1日
34	煤矿井下煤层瓦斯压力的直接测定方法	AQ 1047—2007	国家安全生产监督管理总局	2007年3月30日	2007年7月1日
35	煤矿井下作业人员管理系统使用与管理规范	AQ 1048—2007	国家安全生产监督管理总局	2007年3月30日	2007年7月1日
36	矿山救护规程	AQ 1008—2007	国家安全生产监督管理总局	2007年10月22日	2008年1月1日
37	煤矿建设项目安全核准基本要求	AQ 1049—2008	国家安全生产监督管理总局	2008年11月1日	2009年1月1日
38	保护层开采技术规范	AQ 1050—2008	国家安全生产监督管理总局	2008年11月1日	2009年1月1日
39	煤矿建设项目安全设施设计审查和竣工验收规范	AQ 1055—2008	国家安全生产监督管理总局	2008年11月1日	2009年1月1日
40	煤矿通风能力核定标准	AQ 1056—2008	国家安全生产监督管理总局	2008年11月1日	2009年1月1日

（续）

序号	文件名称	文件编号	发布部门	发布日期	实施日期
41	煤层瓦斯含量井下直接测定方法	AQ 1066—2008	国家安全生产监督管理总局	2008年11月1日	2009年1月1日
42	金属非金属地下矿山通风安全技术规范	AQ 2013.2—2008	国家安全生产监督管理总局	2008年11月1日	2009年1月1日
43	金属非金属矿山竖井提升系统防坠器安全性能检测检验规范	AQ 2019—2008	国家安全生产监督管理总局	2008年11月1日	2009年1月1日 更新时间： 2010年6月1日
44	金属非金属矿山在用缠绕式提升机安全检测检验规范	AQ 2020—2008	国家安全生产监督管理总局	2008年11月1日	2009年1月1日
45	金属非金属矿山在用摩擦式提升机安全检测检验规范	AQ 2021—2008	国家安全生产监督管理总局	2008年11月1日	2009年1月1日
46	金属非金属矿山在用提升绞车安全检测检验规范	AQ 2022—2008	国家安全生产监督管理总局	2008年11月1日	2009年1月1日
47	企业安全生产网络化监测系统技术规范	AQ 9003.3—2008	国家安全生产监督管理总局	2008年11月1日	2009年1月1日
48	地勘时期煤层瓦斯含量测定方法	AQ 1046—2007	质量监督检验检疫总局、国家标准化管理委员会	2009年3月11日	2009年11月1日
49	煤与瓦斯突出危险区风门设置技术条件	MT 1066—2007	国家安全生产监督管理总局	2009年3月11日	2009年11月1日
50	煤层气地面开采防火防爆安全规程	AQ 1081—2010	国家安全生产监督管理总局	2010年9月6日	2011年5月1日
51	煤层气集输安全规程	AQ 1082—2010	国家安全生产监督管理总局	2010年9月6日	2011年5月1日
52	金属非金属矿山提升钢丝绳检验规范	AQ 2026—2010	国家安全生产监督管理总局	2010年9月6日	2011年5月1日
53	金属非金属露天矿山在用矿用自卸汽车安全检验规范	AQ 2027—2010	国家安全生产监督管理总局	2010年9月6日	2011年5月1日

(续)

序号	文件名称	文件编号	发布部门	发布日期	实施日期
54	矿山在用斜井人车安全性能检验规范	AQ 2028—2010	国家安全生产监督管理总局	2010年9月6日	2011年5月1日
55	金属非金属地下矿山主排水系统安全检验规范	AQ 2029—2010	国家安全生产监督管理总局	2010年9月6日	2011年5月1日
56	煤矿用非金属瓦斯输送管材安全技术要求	AQ 1071—2009	国家安全生产监督管理总局	2009年12月11日	2010年7月1日
57	瓦斯管道输送水封阻火泄爆装置技术条件	AQ 1072—2009	国家安全生产监督管理总局	2009年12月11日	2010年7月1日
58	瓦斯管道输送自动阻爆装置技术条件	AQ 1073—2009	国家安全生产监督管理总局	2009年12月11日	2010年7月1日
59	煤矿瓦斯输送管道干式阻火器通用技术条件	AQ 1074—2009	国家安全生产监督管理总局	2009年12月11日	2010年7月1日
60	煤矿低浓度瓦斯往复式内燃机驱动的交流发电机组通用技术条件	AQ 1075—2009	国家安全生产监督管理总局	2009年12月11日	2010年7月1日
61	煤矿低浓度瓦斯管道输送安全保障系统设计规范	AQ 1076—2009	国家安全生产监督管理总局	2009年12月11日	2010年7月1日
62	煤矿瓦斯往复式内燃机发电站安全要求	AQ 1077—2009	国家安全生产监督管理总局	2009年12月11日	2010年7月1日
63	煤矿低浓度瓦斯与细水雾混合安全输送装置技术规范	AQ 1078—2009	国家安全生产监督管理总局	2009年12月11日	2010年7月1日
64	瓦斯管道输送自动喷粉抑爆装置通用技术条件	AQ 1079—2009	国家安全生产监督管理总局	2009年12月11日	2010年7月1日
65	煤的瓦斯放散初速度指标（Δp）测定方法	AQ 1080—2009	国家安全生产监督管理总局	2009年12月11日	2010年7月1日
66	施工企业安全生产评价标准	JGJ/T 77—2010	住房和城乡建设部	2010年5月18日	2010年11月1日
67	矿井通风安全装备标准	GB/T 50518—2010	住房和城乡建设部、质量监督检验检疫总局	2010年5月31日	2010年12月1日

第三篇

大型重点建设项目

一　建成投产的大型重点项目

甘肃华亭煤电股份有限公司华砚煤矿

一、项目概况

甘肃华亭煤电股份有限公司华砚煤矿位于甘肃省平凉市华亭县境内，矿井设计生产能力为1000万吨/年，服务年限为61.8年。矿井建设总工期为26个月，矿井项目总投资58184.71万元。2003年6月1日开工建设，2006年10月1日建成投产。

二、参建单位

建设单位：甘肃华亭煤电股份有限公司；

甘肃砚北矿及选煤厂

设计单位：中煤西安设计工程有限责任公司；

施工单位：中煤第五建设公司等；

监理单位：江苏工业设计院监理公司；

质量监督单位：甘肃省煤炭局建设质量监督站。

陕西国华锦界能源有限责任公司锦界煤矿

一、项目概况

陕西国华锦界能源有限责任公司锦界煤矿位于陕西省榆林市神木县锦界镇境内，矿井设计生产能力为1000万吨/年，服务年限为112.7年。建井总工期为30个月，矿井工程总投资为188557.98万元。2004年4月1日开工建设，2006年9月建成投产。

二、参建单位

建设单位：陕西国华锦界能源有限责任公司；

设计单位：中煤西安设计工程有限责任公司；

施工单位：陕西煤炭建设公司、天隆矿建公

锦界工业园区一角

司、中天建设集团等；

监理单位：神东工程监理公司；

质量监督单位：煤炭工业神华工程建设质量监督中心站。

兖煤菏泽能化有限公司赵楼煤矿

一、项目概况

兖煤菏泽能化有限公司赵楼煤矿位于巨野煤田的中部，行政区划属菏泽市郓城县管辖，距郓城县城约 24 公里。东部距巨野县城约 13 公里井田西至 3 煤露头，东至田桥断层，南以陈庙断层为界，北以 392500 纬线为界，南北走向长 9.9 公里，东西倾斜宽 12～15.9 公里，面积 143.356 平方公里。拥有地质储量约 10.76 亿吨，可采储量 2.54 亿吨。其主要可采煤层为 3（$3_{上}$）煤层，3 煤层范围南北长约 9.5 公里，东西宽约 9.5 公里，面积约 91.0 平方公里。煤层埋深－700～－1200 米，煤厚平均 6.19 米，煤种主要以 1/3 焦煤、气肥煤、气煤为主。

矿井于 2005 年 1 月 16 日开工建设，2009 年 3 月底，矿井主要生产系统及安全设施已全部完成。2009 年 4 月 8 日山东省煤炭工业局以鲁煤规发字〔2009〕47 号文批准矿井自 3 月 28 日开始进行联合试运转。2009 年 12 月 26 日正式投产。“兖煤菏泽能化有限公司赵楼矿井及选煤厂工程”获得中国煤炭行业 2009 年度“太阳杯”工程奖。

赵楼煤矿巷道

赵楼煤矿设计生产能力为 300 万吨/年，服务年限为 60.1 年。采用立井单一水平开拓，中央并列式通风，综合机械化综采放顶煤采煤工艺，三个井筒集中布置同一工业广场内，地面标高平均＋42.5 米，井口标高＋45 米，井底车场水平标高－860 米。

矿井由煤炭工业济南设计研究院有限公司设计。矿井设计原煤生产、提升运输、供电、排水、通风防尘等 22 个生产及生产辅助系统，立井开拓。主井井筒直径 7.0 米，深 905 米，井内布设 22 吨箕斗两对，配 ϕ4.65×4 米双箕斗摩擦式提升机 2 套；副井井筒直径 7.2 米，深 936 米，井内布设双层双罐，配 ϕ4.65×4 米双箕斗摩擦式提升机；风井井筒直径 6.5 米，深 905 米，装备梯子间，安设 2 套 ANN－2884/1400N 型轴流式通风机，风量 9000 立方米/分钟。

矿井开采方式为－860 米单水平开采，布设辅助运输巷、带式运输巷、回风巷。带式运输巷安设带宽 1.4 米、强度 ST2500 的强力带式输送机，驱动装置型号为 CST750K，功率 4×710 千瓦。

矿井设计 11 个采区，一采区为首采区，1302 工作面为首采工作面。首采工作面倾斜长 150 米，走向长度 899 米，平均煤厚 4.17 米，可采储量 57.62 万吨。该工作面采用走向长壁后退式综采放顶煤采煤工艺，全部垮落法管理顶板。采高 2.9 米，放顶煤平均 1.27 米，采放比 1：0.44。循环进度 0.8 米。采用 ZFS7200/18/35 型低位放顶煤支架、MG400/940－WD 型采煤机，前部刮板输送机型号为 SGZ1000/1050，后部刮板输送机型号为 SGZ900/1050。

赵楼煤矿设计概算投资 231789 万元，累计完成 295295 万元。其中：矿建工程累计完成 79629 万元；土建工程累计完成 21877 万元；安装工程累计完成 20496 万元；设备安装累计完成 40150 万元；其他费用累计完成 133143 万元（含探矿权转让费 74734 万元）。

二、参建单位

建设单位：兖煤菏泽能化有限公司；

设计单位：煤炭工业济南设计研究院有限

公司；

施工单位：中煤第一建设公司三十一工程处、中煤第一建设公司四十九工程处、兖矿集团东华建设有限公司三十七工程处、中煤第三建设（集团）有限责任公司安装处、兖矿新陆建设发展有限公司、山东正元建设工程有限公司、山东菏建建筑集团有限公司、山东兴润建设有限公司等；

监理单位：南京华宁工程监理有限公司；

质量监督单位：煤炭工业兖州矿区建设工程质量监督站。

赵楼煤矿全貌

河南煤业化工集团焦作煤业公司赵固一矿

一、项目概况

河南煤业化工集团焦煤公司赵固一矿位于新乡市辉县境内，井田在焦作煤田的东部赵固勘探区内，东距新乡市区 39 公里，西距焦作市区 50 公里。

井田走向长 2.0～5.5 公里，倾斜宽 9.5～11.0 公里，含煤面积约 43.77 平方公里，总资源储量 3.73 亿吨，可采储量 1.65 亿吨。矿井主采二$_1$煤层，平均厚度 5.29 米，煤层埋深 410～860 米，煤层倾角 2～6 度，属近水平稳定型厚煤层，煤质为特低硫、低磷、高发热量优质无烟煤。矿井属低瓦斯、煤层不易自燃、煤尘无爆炸性、地温正常、水文地质条件中等，但煤层上部覆盖有巨厚松散层，建井条件复杂。

赵固一矿设计生产能力为 240 万吨/年，服务年限为 49 年。开拓方式为立井单水平盘区开拓，工业广场基本位于井田中央，广场内设有 3 个立井，分别为主井、副井和中央风井，井深 638.8 米，主井净直径 5.0 米，装备一对 25 吨多绳箕斗和 4.5×4 米落地式多绳摩擦轮提升机担负矿井提煤；副井净直径 6.8 米，装备 1.5 吨双层四车一宽

赵固一矿井下运输大巷

一窄多绳罐笼和 4×4 米落地式多绳摩擦轮提升机担负矿井辅助提升；中央风井净直径 5.2 米，装备 GAF26.6－14－1 型矿用轴流式通风机担负矿井回风。井下沿近水平煤层的倾斜方向布置 3 条运输及回风大巷，通过大巷直接沿煤层走向布置综采工作面实现回采。

矿井地面建有 110 千瓦变电站和压风机房，分别安装 2 台 31500 千伏·安主变压器和 9 台 QSI（MM）250 型螺杆压缩机。井下建有主排水泵房，配备 13 台 MD450－80×9 型矿用水泵，井下主运输设备为 1.2 米宽强力带式输送机。

矿井设计 41 个矿建单位工程，总工程量 16088 米（实际完成 16190 米）；39 个土建单位工程，总工程量 64638 平方米（实际完成 16190 平方米）；39 个安装单位工程，设备购置 2473 套。

矿井于2005年6月19日正式开工建设，2006年12月主、副、风3个井筒相继落底，2008年投产工作面开切眼形成，2008年11月开始试生产，建设工期40个月。

选煤厂2007年10月开工建设，2008年12月底开始试生产。

铁路专用线长21.38公里，2007年5月开工建设，2009年4月具备通车条件。

2009年5月10日矿井正式竣工投产。

赵固一矿建设项目含矿井、选煤厂、铁路专用线3个单项工程，项目概算总投资16.4亿元，实际完成总投资16.57亿元，按项目完成投资情况为：矿井投资131624万元，选煤厂投资17627万元，铁路专用线投资15650万元。矿井吨煤投资690.4元。

二、参建单位

建设单位：河南煤业化工集团焦作煤业公司；

设计单位：煤炭工业郑州设计研究院有限公司；

施工单位：中煤特殊凿井（集团）有限责任公司、中煤第三建设集团安装工程处、兖州矿业集团公司、中煤河北煤炭建设第四工程处、河南煤炭建设集团、澳大利亚约翰芬雷公司、中原铁道工程公司等；

监理单位：河南工程咨询监理有限公司；

质量监督单位：焦煤集团矿区质量监督站。

焦作煤业（集团）有限责任公司赵固一矿

河南省新郑煤电有限责任公司赵家寨煤矿

一、项目概况

赵家寨矿位于河南省新郑市西侧，行政区划属新郑市辛店镇和城关镇及新密市大隗镇管辖。井田东西长13.5公里，南北宽3～4公里，面积约50平方公里。设计生产能力为300万吨/年，主采山西组二$_1$煤和二$_3$煤，工业储量3.87亿吨，可采储量2.23亿吨，矿井设计服务年限为53.3年。矿井属低瓦斯矿井，两煤层均不易自燃，煤尘有爆炸危险性；地质条件复杂，水文地质条件中等偏复杂，矿井正常涌水量为1910立方米/小时，最大涌水量为2491立方米/小时。井田内煤层煤质以低中灰、低硫、中磷、中等可选到难选的贫煤和无烟煤为主，可作动力用煤和民用煤。

赵家寨煤矿于2004年2月28日开工，2010年9月27日投产，完成总投资18.46亿元，矿井采用3个立井开拓方式。主副井井口及工业广场位于赵家寨村东。矿井主采煤层为二$_1$煤，平均厚度5.5米，采用综采放顶煤采煤方法。二$_3$煤位于二$_1$煤上部约18米，平均厚度1.37米。采用薄煤层综采采煤方法。

赵家寨煤矿全景

主立井提升机采用JKMD－4×4（Z）型落地式多绳摩擦轮提升机1台，电动机采用西门子（Siemens）交—交同步电动机1台。采用1对立井四绳20吨箕斗担负全矿井的煤炭提升任务。2009年主井提升系统安装工程获得“太阳杯”工程荣誉称号。副立井提升机采用JKMD－3.5×4(Ⅰ)－(ZJZ）型落地式多绳摩擦轮提升机1台，提升容

赵家寨煤矿地面生产系统图

器采用1对GDG1.5/6/2/4（K）型1.5吨双层四车四绳罐笼（一宽一窄）。采用MG1.7－6A型/1.5吨/600毫米轨距固定式矿车，担负人员，设备及材料等辅助提升任务。通风方式为中央分列式（主、副井进风，回风立井回风），采用FBCDZ－10－№32型对旋式轴流通风机2台。矿井主排水设备采用11台MD580－60×8型矿用离心式排水泵，配YB2型、4极、10千伏、1120千瓦矿用防爆电动机。工业广场内设有1座35/10千伏变电所，矿井采用双回路供电。变电所内设主变压器2台（型号为SF11－20000/35、35±2×2.5%/10.5千伏、20000千伏安电力变压器）。井下设有中央变电所、采区10千伏变电所；在综放工作面、薄煤层工作面、综掘工作面均设有矿用隔爆型移动变电站。

二、参建单位

建设单位：河南省新郑煤电有限责任公司；

设计单位：中煤国际工程集团武汉设计研究院；

施工单位：中煤第一建设公司、中煤第三建设（集团）有限责任公司、河南郑煤矿业建设有限公司、河南郑煤工程建设有限公司、河南锦源建设有限公司等；

监理单位：煤炭工业郑州设计研究院有限公司；

质量监督单位：郑州矿区建设工程质量监督站。

山西省河曲矿区上榆泉煤矿

一、项目概况

山西省河曲矿区上榆泉煤矿位于革命老区晋北河曲县，面积约28.4652平方公里，矿井地质储量为88379万吨，可采储量为54863.5万吨，矿井设计生产能力为300万吨/年。2003年3月31日开工建设，2005年4月25日，竣工验收，建设工期为24个月；工程投资竣工决算6.8亿元。上榆泉矿井从2005年4月25日投入生产后，主要生产、安全和环保系统运转良好,原煤产量和经济效益同步增长。至2006年达到设计产量。经过近年的生产,各生产系统受到了严格考验,矿井年产量超过设计能力,全员效率达到70吨/工,为国际井工矿井开采先进水平。上榆泉矿井工程设计2005年获煤炭行业第十二届优秀工程设计一等奖,2006年获国家级优秀设计银奖。

上榆泉煤矿全貌

二、参建单位

建设单位:山西鲁能河曲电煤开发有限责任公司;

设计单位:中煤科工集团南京设计研究院;

承建单位:内蒙古雁达矿建公司、中铁十二局集团、中煤三建集团、天津电力建设公司、中煤第九十二工程处、中铁十八局集团第三工程有限公司、山西省电力公司电力建设三公司等;

监理单位:山西中太工程建设监理公司;

质量监督单位:山西省煤炭工程质量监督中心站。

平朔安家岭煤矿项目

一、项目概况

安家岭矿项目分露天矿工程、选煤厂工程、铁路专用线工程和井工矿4个单项工程。设计年生产原煤1500万吨。其中露天矿建设规模为年产原煤1000万吨,井工矿建设规模为年产原煤500万吨。

1998年4月开始前期准备和配套辅助设施开工建设,1999年12月10日开工建设,2001年7月1日主体工程基本完工,开始联合试运转,2003年7月1日进入试生产;2003年4月井工矿工程开工建设,于2005年1月1日全面进入联合试运转,露天不采区于2005年6月10日全面进入联合试运转。2006年2月安家岭煤矿项目通过了山西省发改委与中煤集团公司组织的整体竣工验收。项目完成投资并转入交付使用资产47.3144亿元。

(一)露天矿工程

1. 工程概况

设计年产原煤1000万吨,矿界范围面积48.3平方公里,地质储量118037.16万吨,可采储量115721.9万吨,开采服务年限103.5年。开采工艺采用单斗—卡车工艺,基建剥离量为7860万立方米。

安家岭露天矿矿坑

主要设备包括35立方米单斗挖掘机、172吨级运输卡车、9.6立方米前装机、520HP型履带推土机及新增的450HP型推土机(从国外引进),其他采、运、排主要设备及辅助设备均为国产设备。

2. 参建单位

建设单位：平朔安家岭露天煤炭有限公司；

设计单位：中煤国际工程集团沈阳设计研究院；

施工单位：中煤建筑安装工程公司、中煤第三建设公司、中煤第五建设公司、辽宁岩土工程公司等；

监理单位：陕西中安监理公司、辽宁工程技术大学建设监理公司；

质量监督单位：煤炭工业平朔矿区建设工程质量监督站。

（二）选煤厂工程

1. 工程概况

设计生产能力为入洗原煤1500万吨/年，选煤厂的服务年限与露天矿一致。

选煤厂分为优质动力煤洗选系统和一般动力煤排矸系统。排矸系统设计两个系统，主要关键设备从国外引进，其他设备为国内生产。

主要工程内容包括外来煤系统、原煤破碎系统、原煤储煤系统、主厂房、末煤排矸系统、浓缩车间、精煤仓、内销煤储煤场、装车系统、生产控制系统等。

2. 参建单位

建设单位：平朔安家岭露天煤炭有限公司；

设计单位：中煤国际工程集团北京华宇工程有限公司；

施工单位：中国十三冶山西分公司、中煤建筑安装工程公司、中煤第三建设公司、中煤第五建设公司、四川煤矿基本建设工程公司、韩城矿务局安装公司等；

监理单位：山西中太工程建设监理公司；

质量监督单位：煤炭工业平朔矿区建设工程质量监督站。

（三）铁路专用线工程

1. 工程概况

铁路专用线工程为I级工业企业电气化运煤铁路专用线，年输送能力1400万吨。最小曲线半径400米，限制坡度14‰，牵引定数6000吨，到发线有效长度1050米，预留1700米。正线全长21.02公里，主要工程量包括大桥3座、中桥4座、小桥8座、涵洞57座，铺轨里程31.957公里。

2. 参建单位

建设单位：平朔安家岭矿露天煤炭有限公司；

设计单位：北京铁路局太原勘测设计院；

总承包单位：北京铁路局太原勘测设计院；

监理单位：北京铁建工程监理有限公司大同监理站。

（四）井工矿工程

1. 工程概况

井工矿井田位于安家岭露天矿的南北两侧，由安家岭露天矿北侧的安太堡露天矿不采区、安家岭露天矿西排土场下的上窑采区和七里河西边的太西采区组成。设计年产原煤500万吨，井田面积20.62平方公里，地质储量76004万吨，工业储量68945万吨，可采储量40451万吨，开采服务年限62年。

安家岭选煤厂装车点

安家岭井工矿为一矿两井，划分上窑区、太西一区、太西二区、太西三区和露天不采区共5个采区进行开拓开采，其中上窑区和露天不采区为两个首采区。上窑区布置主斜井、副斜井、回风立井，采用大巷东西两翼式开拓，4号煤采用大采高综采回采工艺，9号煤采用综采放顶煤工艺；露天不采区布置主斜井、副斜井、回风斜井，采用东西向大巷单翼开拓，4号煤采用准大采高综采放顶煤工艺，9号煤采用综采放顶煤工艺。大巷运输采用带式输送机运输方式，辅助运输方式选用柴油机无轨胶轮车。

2. 参建单位

建设单位：平朔安家岭露天煤炭有限公司；

设计单位：煤炭工业西安设计研究院；

施工单位：中煤第一建设公司、中煤第三建设公司、中煤第五建设公司、中煤建筑安装工程公司等；

监理单位：陕西中安监理公司；

质量监督单位：煤炭工业平朔矿区建设工程质量监督站。

安家岭选煤厂全景

平朔安太堡井工矿

一、项目概况

平朔安太堡井工矿位于平朔矿区西北部，矿区面积19.23平方公里，地质储量6.84亿吨，工业储量6.27亿吨，可采储量4.56亿吨，设计生产能力为600万吨/年，服务年限为58.6年。

安太堡井工矿采用斜井开拓，布置主、副、风3个斜井井筒，主斜井布置在主井场地，副斜井和回风井均布置在副井工业场地内。矿井以一个主水平和两个辅助水平开拓全井田。井下布置主运输、辅助运输和回风3条大巷。采用综合机械化放顶煤回采工艺，全部垮落法管理顶板，矿井主运输采用带式输送机，辅助运输采无轨胶轮车。原煤通过配套建设的木瓜界选煤厂洗选后外运。

主斜井装备1台阻燃型钢绳芯带式输送机，长度981.5米，倾角14度，带宽1.6米，能力2600吨/小时。9号煤带式输送机大巷装备1台阻燃带式输送机。矿井辅助运输采用无轨胶轮车。

矿井采用中央并列式通风系统，抽出式通风方式。主、副斜井进风，回风斜井回风。回风斜井装备FBCDZ－10－№30型防爆对旋轴流式风机2台，1台工作，1台备用。

井下中央水泵房装备MD650－80×3型矿用耐磨多级离心泵3台。

回采工作面采煤机选用7LS3A型电牵引双滚筒采煤机，前、后刮板输送机选用SGZ1000/1400型可弯曲刮板输送机，转载机选用SZZ1200/700型转载机，液压支架选用ZFS8000/23/37型放顶煤液压支架，工作面运输巷装备DSJ140/250/3×450型可伸缩带式输送机。

2007年1月30日安太堡井工矿开工建设，2008年11月完成主体工程施工，2009年4月30日完工，2010年1月30日，通过国家能源局组织的项目整体竣工验收。项目完成总投资129999.87万元。

二、参建单位

建设单位：中煤平朔煤业有限责任公司；

设计单位：中煤西安设计工程有限责任公司；

施工单位：中煤建筑安装工程公司、中煤大屯建筑安装工程公司、江苏华美工程建设集团有限公司、中煤第三建设公司、中煤第五建设公司、山西焦煤西山建筑有限公司、华煤建设有限责任公司、温州矿山井巷工程有限公司等；

监理单位：中煤陕西中安项目管理有限责任公司；

质量监督单位：煤炭工业平朔矿区建设工程质量监督站。

安太堡井工矿矿貌

东坡煤矿改扩建项目

一、项目概况

东坡煤矿位于山西省朔州市朔城区下团堡乡刘家口村东侧，原矿井始建于1980年，生产能力为6万吨/年，改扩建后生产能力为150万吨/年，井田面积4.63平方公里，地质储量为1.65亿吨，可采储备为0.972亿吨，矿井服务年限为46.3年。

矿井设计采用斜井开拓方式，将原斜长563米，倾角为23度的主斜井经改造后作为矿井的副斜井，装备JK－3/20E型单滚筒绞车1台，采用单钩提升，担负全矿井大型设备、材料运输，兼进风井和安全出口；将原斜长593米，倾角为25度的副斜井改造后作为矿井的专用回风井，安装两台FBCDZ－№25型对旋式轴流通风机，担负全矿井回风任务兼安全出口；在工业场地新开凿主斜井，设计斜长1073米，倾角16度，净断面积16.3平方米，装备带宽为1.2米的强力带式输送机，担负矿井煤炭提升任务，另一侧装备RJY45型架空乘人器，担负矿井人员升降任务，兼进风井及安全出口。

矿井设计以一个主采水平、一个辅助水平开拓开采全矿井煤层，采用大采高综采煤法，工作面长度200米，装备MG500/1250－WD型，无链电牵引双滚筒采煤机，选用ZY7600/23/47型液压支架，SGZ1000/2×525型刮板输运机等后配套设备。井下主运输系统全部采用带式输送机运输，辅助运输采用SQ－80型无极绳牵引车，中央泵房安装3台MD280－47×7型水泵，针对本矿井煤层具有自燃发火性的特点，在地面建有黄泥灌浆搅拌站一座；瓦斯监控系统选用一套KJ95N型系统，以及KT－23型入井人员管理系统，并在调度中心设置1套DLP大屏幕电视墙显示系统和中央计算机联网控制。

项目于2005年3月15日开始施工准备，2008年3月对所有生产系统进行了设备运行调试，2008年4月经批准进入联合试运转。2009年2月通过了山西省煤炭工业局组织的项目竣工验收。

二、参建单位

建设单位：山西中煤东坡煤业有限公司；

设计单位：中煤邯郸设计工程有限公司；

施工单位：中煤第一建设公司、中煤建筑安装工程公司、中煤建设集团公司、中煤第五建设公司等；

监理单位：北京康迪建设监理咨询有限公司；

质量监督单位：朔州市煤炭工程质量监督站。

东坡煤矿项目全貌

中电投蒙东能源集团公司露天煤业股份公司霍林河一号露天煤矿 1500 万吨/年改扩建项目

一、项目概况

霍林河一号露天煤矿位于内蒙古自治区通辽市西北扎鲁特旗和霍林郭勒市境内。煤田长 60 公里，宽 7～10 公里，含煤面积 443.8 平方公里，总储量 119.2 亿吨。霍林河煤田主要有两个露天开采区，为沙尔呼热区（霍林河一号露天煤矿）和二露天区（扎哈淖尔露天煤矿）。

霍林河一号露天煤矿一期设计生产能力为 300 万吨/年褐煤，1984 年 9 月移交投产。二期规划生产能力为 1000 万吨/年，于 1992 年 9 月移交。

霍林河一号露天矿排土机

霍林河一号露天矿采场

根据国家计委（计基础〔2001〕283 号）批准的霍林河总体规划，同意霍林河一号露天煤矿在原有的规模基础上滚动扩建到 1500 万吨/年生产能力。

露天煤矿剥离工程于 2005 年 5 月开工，2007 年 6 月 10 日—8 月 10 日，进行了联合试运转，2008 年 1 月 12 日内蒙古自治区煤炭工业局代表国家组织了对一号露天矿工程进行了竣工验收。2009 年 3 月 13 日内蒙古自治区煤炭工业局以内煤局字〔2009〕106 号文下发了《内蒙古霍林河露天煤业股份有限公司霍林河一号露天煤矿改扩建工程（1500 万吨/年）竣工验收意见书》，同意验收移交生产，霍林河一号露天矿已具备 1500 万吨/年的能力。

改扩建工程总概算投资为35.9亿元，其中主体工程投资为34.7亿元，地面生产系统及其他附属工程投资为1.2亿元。

二、参建单位

建设单位：中电投蒙东能源集团有限公司霍林河露天煤业股份有限公司；

设计单位：中煤国际工程集团沈阳设计研究院、霍林郭勒市智星设计院；

施工单位：中电投蒙东能源集团有限公司露天煤业股份有限公司南露天矿、中电投蒙东能源集团有限公司露天煤业股份有限公司地质勘测公司、霍林郭勒市泰丰建设集团公司、辽宁省沈阳市电气开发有限公司、辽宁省沈阳市矿山设备安装公司、江苏省徐州轻钢安装公司、北京MMD公司、中铁十九局集团有限公司、霍林郭勒市谌录公司、霍林郭勒市同兴锅炉安装公司等；

监理单位：霍林郭勒市智信监理公司、辽宁（沈阳市）诚信建设监理有限责任公司；

质量监督管理单位：内蒙古自治区煤炭工业霍林河矿区工程质量监督站。

神华宁夏煤业集团枣泉煤矿

一、项目概况

枣泉煤矿西翼区井田位于宁夏灵武事东南62公里的毛乌素沙漠的边缘，行政区划属灵武市马家滩镇管辖，井田南北13公里，东西宽平均约4公里，井田面积为52平方公里，项目设计生产能力为300万吨/年。

神华宁煤集团枣泉煤矿全景

项目于2007年12月26日开工，2010年5月18日开始联合试运转，逐步转入正式运转。

二、参建单位

建设单位：神华宁夏煤业集团有限责任公司枣泉煤矿；

设计单位：中煤国际工程集团武汉设计研究院；

施工单位：华煤集团有限公司、宁煤灵州建井工程有限公司、宁夏煤炭基本建设公司、宁夏晟源建筑工程公司等；

监理单位：宁夏灵州工程监理咨询有限公司；

质量监督单位：煤炭工业灵武矿区建设工程质量监督站。

陕煤集团黄陵矿业有限责任公司二号煤矿选煤厂

一、项目概况

陕煤集团黄陵矿业有限责任公司二号煤矿选煤厂位于陕西省黄陵县双龙镇境内，设计生产能力1000万吨/年。项目投资总额为26500万元，为黄陵矿业有限责任公司最大的选煤厂，该选煤厂采用块煤重介浅槽、末煤重介旋流器、煤泥分选机分选工艺。项目于2006年开工建设，2008年建成投产。

二、参建单位

建设单位：黄陵矿业有限责任公司；

设计单位：中煤西安设计工程有限责任公司；

施工单位：中煤第七十三工程处、中煤第九十二工程处等；

监理单位：陕西煤炭监理公司。

晋城煤业集团寺河120兆瓦煤层气电厂远景

该项目于2006年9月开工建设。2009年7月，项目正式投产。在国家发改委、财政部和亚洲开发银行的共同推荐下，晋城煤业集团与世界银行合作开发了寺河煤层气电厂CDM项目，并于2009年4月在联合国CDM执行理事会获得成功注册。

2010年，电厂发电9.0562亿千瓦时，机组有效利用时间达7540小时，超出设计水平500余小时。利用井下抽放瓦斯折纯量2.26亿立方米，实现减排二氧化碳当量319.9万吨，与燃煤火力发电相比，相当于节约标煤32.3万吨，减少二氧化硫排放1617吨，减少灰渣及粉尘排放约12.6万吨。

二、参建单位

建设单位：山西晋城无烟煤矿业集团有限责任公司；

设计单位：北京中机中电设计研究院、山西省电力勘察设计院；

施工单位：中国建筑技术集团有限公司、山西省工业设备安装公司、上海电气集团股份有限公司等；

监理单位：山西和祥建通工程项目管理有限公司。

河南煤化永煤公司龙宇煤化工年产50万吨甲醇、20万吨二甲醚项目

一、项目概况

河南龙宇煤化工有限公司年产50万吨甲醇及20万吨二甲醚项目位于河南省永城市。项目于2005年10月1日正式开工建设，2008年3月项目建成投产。项目概算投资33.9亿元，实际投资32.90亿元。

煤化工50万吨甲醇壳牌气化炉

二、参建单位

建设单位：永煤集团龙宇煤化工；

设计单位：五环科技股份有限公司、西南化工设计院、煤炭工业郑州设计研究院有限公司；

施工单位：中国化学第三建设工程公司、中国化学第十一建设工程公司、中国化学第十三建设工程公司、河南省第二建筑工程有限责任公司、河南省四方防腐有限公司等；

监理单位：北京华旭工程项目管理有限公司、河南省中大工程监理有限公司、河南工程咨询监理公司；

质量监督单位：永城矿区建设工程质量监督站。

河南煤化开封龙宇化工年产4万吨聚甲醛项目

一、项目概况

开封龙宇化工有限公司年产4万吨聚甲醛项目位于开封市杞县葛岗镇。项目于2008年9月开工建设，于2010年9月26日投产。项目概算投资16亿元，实际完成投资15.2亿元。项目投产后年均销售收入为63147万元（含税），利润总额12436万元。

二、参建单位

建设单位：五环科技股份有限公司总承包、中建八局工业设备安装有限公司；

设计单位：五环科技股份有限公司（原化工部第四设计院）；

施工单位：永煤公司开封龙宇化工有限公司等；

监理单位：北京华旭工程项目管理有限公司、河南省中大工程监理有限公司；

质量监督单位：永煤公司质监站。

4万吨聚甲醛装置全景

河南煤化焦煤公司合晶科技多晶硅项目

一、项目概况

焦煤公司合晶科技多晶硅项目位于河南省焦作市西部工业园区。设计生产能力为1000吨/年。项目一期工程（300吨/年）于2008年4月开工建设，2008年12月竣工，概算总投资27748.64万元。2009年12月二期工程（700吨/年）开工，2010年12月投产，概算总投资90841.26万元。

合晶科技厂区一角

二、参建单位

建设单位：河南煤化焦煤公司；

设计单位：无锡市恒禾工程咨询设计有限公司（一期）、华陆工程科技有限责任公司（二期）；

施工单位：焦作市宏程工程建设有限责任公司、河南省第五建筑安装工程（集团）有限公司等；

土建监理单位：焦作市安馨工程监理有限公司；

安装单位：中化二建集团有限公司、江苏省工业设备安装集团有限公司；

安装监理单位：河南省中大工程监理有限公司。

合晶科技精馏塔

河南煤化中原大化公司煤化工甲醇项目

一、项目概况

中原大化煤化工年产 50 万吨甲醇项目位于河南省濮阳市化工产业园区。该项目总投资 25.9 亿元，于 2005 年 1 月 18 日开工建设，2008 年 5 月 21 日投产。

二、参建单位

建设单位：中原大化公司；

设计单位：中国五环工程有限公司；

施工单位：中国化学工程第十一建设有限公司、中国石化集团第四建设公司、河南省第二建设集团有限公司等；

监理单位：中大监理公司；

质量监督单位：河南省石油化工建设工程质量监督站。

煤化工年产 50 万吨甲醛项目中的
煤库建设现场

中煤九鑫焦化项目

一、项目概况

项目位于山西省晋中市灵石县坛镇乡堡子塘村西，占地面积 413540 平方米。设计总规模为年产焦炭 200 万吨，主要工程包括 4 × 72 孔 JNDK43 - 99D 型单热式捣固型焦炉等现代化的生产设备，并配套化产品回收系统、污水处理站、地面除尘站和在线监测等环保公辅设施及 40 × 500 千瓦煤气直燃式机组发电站。

中煤九鑫公司4号焦炉

该项目一次设计两期建设。一期工程于2004年3月28日开工建设，包括100万吨焦炭（1号、2号焦炉）和200万吨配套的备煤、化产系统；二期工程于2005年6月8日开工建设，主要内容是100万吨焦炭（3号、4号焦炉）和厂区环境配套设施完善；40×500千瓦燃气发电站2004年12月18日开工，主要内容为40台500GF－3RJ型500千瓦燃气发电机组和两台燃气锅炉安装。

2005年4月25日第一座焦炉投产，于2007年5月四座焦炉全部投入生产。2009年8月，竣工验收。项目实际完成总投资120391.8万元。

二、参建单位

建设单位：灵石县中煤九鑫焦化有限责任公司；

勘探设计单位：山西省第五地质工程勘察院、中冶焦耐工程技术有限公司、胜利油田胜利工程设计咨询有限责任公司；

施工单位：中冶天工集团公司、山东胜利油田机械动力有限公司、山西省第二建筑工程公司、徐州市工业设备安装公司、西安华江冶金化工设备有限公司等；

监理单位：北京康迪建设监理咨询公司；

质量监督单位：山西省煤炭工程质量监督中心站、灵石县建设局工程质量监督站。

中煤九鑫公司40×500千瓦燃气发电站

中煤龙化25万吨/年甲醇项目

一、项目概况

25万吨/年甲醇项目是将生产人工城市煤气全部转化为生产甲醇的大型煤化工项目，达产后生产能力可达到34万吨/年，年操作时间8000小时，日产精甲醇1020吨。

哈尔滨气化厂于1990年8月开工建设，1993年7月28日投产向哈尔滨市稳定供应煤气，2006年9月15日成功划转中国中煤能源集团有限公司。2006年4月，哈尔滨市政府决定于2008年6月将天然气引入哈尔滨市，人工城市煤气将逐步退出。因此原确定的供应城市煤气为主、联产甲醇的方案改为

25万吨甲醛装置

全部生产甲醇的方案。

25万吨甲醇扩建项目由25万吨甲醇装置、30000立方米/小时空分装置、20000立方米/小时循环水装置、电厂5号、6号锅炉、泡沫及水消防站、成品罐区、火炬7部分组成。项目建成后，装置生产能力达到年产甲醇34万吨。

项目主体工程于2007年5月28日正式开工，2008年12月甲醇生产装置流程打通，2009年6月部分氧化装置投入运行，2009年7月项目建成，2009年8月进入联合试运转，2009年12月全流程工艺打通，生产出合格甲醇。项目实际完成总投资123668.59万元。

二、参建单位

建设单位：中煤能源黑龙江煤化工有限公司；

勘察单位：建材哈尔滨工程勘察院；

设计单位：中国五环科技股份有限公司；

土建施工单位：黑龙江省第一建筑工程公司二建建筑工程有限责任公司等；

安装施工单位：中国化学工程第十二建设公司等；

监理单位：天津辰达工程监理有限公司。

包头煤制烯烃项目

一、项目概况

神华包头煤制烯烃项目位于内蒙古自治区包头市九原工业园区，由中国神华煤制油化工有限公司负责项目建设，中国神华煤制油化工有限公司包头煤化工分公司负责生产运营。

聚乙烯装置

该项目是国家“十一五”期间核准的唯一一个煤基甲醇制烯烃项目。核准的项目主要建设内容包括：180万吨/年甲醇装置、60万吨/年甲醇制烯烃（MTO）装置、30万吨/年聚乙烯装置、30万吨/年聚丙烯装置、24万标准立方米（氧气）/小时空分装置，并配套建设3台410吨/小时高压蒸汽锅炉和100兆瓦抽气凝汽式汽轮发电机组及其他辅助设施。核准项目甲醇制烯烃装置采用国内自主开发的甲醇制低碳烯烃（DMTO）技术。核准工程建成投产后所需煤炭472万吨/年，由神华集团万利煤矿解决，生产用水量9万立方米/天，由包头市画匠营子水厂供给。

该项目概算1539648.56万元。项目以煤炭为原料，采用美国GE公司水煤浆气化技术、德国Linde公司低温甲醇洗净化技术、英国Davy公司甲醇合成技术、中科院大连化物所甲醇制低碳烯烃技术（DMTO）、美国ABBLummus公司烯烃分离技术、美国Univation公司聚乙烯技术、美国Dow化学公司聚丙烯技术，该项目的建设将实现传统煤化工向石油化工产业的延伸，对我国优化能源消费结构，提高能源利用效率，减少环境污染，保障国家能源安全，都具有重要的示范意义。2007年9月起，项目主要工艺装置陆续正式开工建设；2008年12月12日，气化装置首台气化炉吊装成功；2009年4月，项目安装工程开始；2009年底，项目设备吊装工作结束，项目卸储煤装置、化学水单元、净水场、回用水装置、污水处理装置、硫回收

包头煤制烯烃项目

制甲醇装置

装置、气化装置、净化装置和甲醇装置陆续中交；2010年1月，热电站1号锅炉和全厂火炬中交；2010年5月，项目甲醇制烯烃装置、聚乙烯装置、烯烃分离装置、聚丙烯装置陆续中交，于2010年5月31日全面建成，累计完成投资1483406万元。包头煤制烯烃项目分项工程12735项、分部工程2230项、单位工程576项，工程质量全部合格，土建检测合格率99.9%，安装单位工程优良率91%，实际安装无损检测合格率98.0%。其中无损探伤一次合格率达98%以上，比一般项目约高2个百分点。项目建设阶段最高实现了4570万安全工时、连续安全生产1238天，创造了化工石化建设行业最好的安全生产纪录。

二、参建单位

建设单位：中国神华煤制油化工有限公司；

设计单位：中国市政工程西北设计研究院有限公司、中铁一局集团市政环保工程有限公司、大庆石化工程有限责任公司、中煤国际工程集团武汉设计研究院、中国华电工程（集团）有限公司、内蒙古电力勘测设计院、上海电气集团股份有限公司、南京中电联环保工程有限公司、浙江浙大网新机电工程有限公司、五环科技股份有限公司、中国成达工程公司、中国石化集团宁波工程有限公司、中国石化集团上海工程有限公司、中国天辰化学工程公司、北京朗新明环保科技有限公司、北京美华博大环境工程有限公司、山东三维石化工程股份有限公司、江苏中圣高科技产业有限公司、中国石化集团洛阳石油化工工程公司等；

施工单位：江苏省江建集团有限公司、河南油田油建工程建设有限责任公司、中国石化集团第十建设公司、中油吉林化建工程股份有限公司、河北建设勘察研究院有限公司、广东省基础工程公司、保定新星石化工程股份有限公司、大庆建筑安装集团有限责任公司、河北省安装工程公司、核工业华东建设工程集团公司、中煤第三建设（集团）有限责任公司、大庆建筑安装集团有限责任公司、中冶天工建设有限公司、中国化学工程第三建设公司、中铁四局集团有限公司、中国石化集团第五建设公司、内蒙古送变电有限责任公司、烟建集团有限公司、中油吉林化建工程股份有限公司、北京国信桥通信工程有限公司、内蒙古天骄公路工程有限责任公司、中冶建工有限公司、北京市园林设计工程有限公司、包头市第一建筑工程股份有限责任公司等；

监理单位：北京金海湾工程建设监理公司、天津辰达工程监理公司、吉林工程建设监理公司、山东金钥匙工程监理有限公司、岳阳巴陵石化工程建设监理有限公司、包头钢铁设计研究院工程建设监理部、达华集团北京中达联咨询有限公司等。

开滦（集团）有限责任公司单侯煤矿

一、项目概况

单侯煤矿是由开滦（集团）公司自行建设的第一座大型现代化矿井，该矿位于河北省张家口市蔚县涌泉庄乡境内，蔚县矿区的中南部。井田东西宽约5公里，南北长约8公里，井田面积约40平方公里。矿井地质储量31374万吨，矿井可采储量17708万吨，矿井服务年限81.4年。年设计生产能力为150万吨，2009年12月河北省煤炭工业安全管理局核定生产能力为175万吨/年。沙蔚铁路与北张、丰大铁路干线直接相连，矿区铁路专用线由沙蔚地方铁路支线的西合营站接轨。

单侯煤矿于2004年5月11日正式开工建设，2006年10月1日开始联合试运转，2009年3月9日正式投产，2010年产量达到核定水平，产值4.7亿元。

单侯矿办公大楼

（一）通风系统

矿井通风方式为中央并列式，通风方法为抽出式通风，主、副井进风，回风井回风。配备2台2KZ－D－№28B型轴流式风机，1台运转，1台备用，电机功率400千瓦。矿井总排风量为7080立方米/秒，负压620帕。各采区均为分区通风，各工作面采用独立通风。反风方式为主扇反转反风。

（二）供电系统

矿井地面广场建有110千瓦变电站和6千瓦变电站向井下高压供电，井下建有3个配电室（井下中央配电室、采区配电室、西南翼采区配电室）向采掘工作面及用电地点供电。

（三）排水系统

在井下副井底设有中央水泵房和水仓。水仓总容量2932立方米；泵房设有8台水泵，矿井水泵最大排水能力达到3430立方米/小时；井下至地面设有排水管路4条。

井底车场附近建有清水泵房和水仓，容积2000立方米，安装4台多级离心泵，总排量1800立方米/小时，井下至地面设有2条排水管路，清水仓通过泄水联巷连通矿井主水仓，一旦发生突水事故，两仓可以互补，以提高矿井排水能力。

（四）提运系统

（1）提升。主井：井筒直径5.0米，垂深388.5米，提升设备为落地式四绳摩擦轮式提升机1部，滚筒直径3.5米。井筒装备1对提升能力为13吨/斗的提煤箕斗。

副井：井筒直径7.0米，垂深415米，装备落地式四绳摩擦提升机1部，滚筒直径3.5米，井筒装备1对双层四车宽、窄罐笼，提升矿车为1.5吨。

（2）运输。井下辅助运输：配备了3台CXTS－8型电机车。配备ZQ－11B型牵引电动机，下井的材料和设备在井底车场由电机车牵引，设计配备了1.5吨固定式矿车、材料车、平板车、乳化液车等，为满足运送整体液压支架的需要，设计还配备了19吨的平板车。

带式运输系统：①井下运煤系统：井下运煤系统的主要设备有：西部3部带式输送机、东部两部带式输送机、五煤石门1部带式输送机，上仓1部带式输送机、1部给煤机。②井上运煤系统：地面系统大体主要分为4大部分：末煤运输系统、块煤运输系统、排矸系统和筛分车间选煤系统，共17部输送带组成。

（五）生产系统

单侯矿工作面采用倾斜长壁后退式综合机械化采煤法，自然垮落法管理顶板。综合机械化采煤工艺。其工艺流程为：割煤—伸前梁—移架—顶溜。

矿井自投产后，先后荣获中国煤炭工业协会2009年度安全高效矿井、张家口市政府煤炭生产系统综合自动化科技进步二等奖、2010年度省级安全质量标准化煤矿一级矿井等荣誉称号。

二、参建单位

建设单位：开滦（集团）蔚州矿业公司；

设计单位：煤炭工业邯郸设计研究院；

施工单位：中煤第四十九工程处、唐山开滦建筑安装有限责任公司、河北煤炭四处、唐山开滦建设（集团）有限责任公司、中煤第一建设公司机电安装工程处等；

监理单位：河北省金石煤业监理有限公司；

质量监督单位：煤炭工业蔚县矿区建设工程质量监督站。

开滦能源化工股份有限公司唐山中润煤化工公司220万吨/年焦化等项目

开滦能源化工股份有限公司下属的唐山中润煤化工公司位于河北省唐山市海港经济开发区东部，距唐山市区约80公里，占地面积160万平方米，至2010年底，主要建设有220万吨/年焦化项目及配套2×140吨干熄焦发电项目、20万吨/年焦炉煤气制甲醇项目、20万吨/年粗苯加氢精制项目。

园区建设针对煤化工项目初始设计中只有炼焦系统，公司针对产品单一、抗市场风险能力较弱等问题，适时提出焦炉煤气制甲醇项目和粗苯精制项目，使园区产品结构更加合理，产品种类更加丰富。公司应用甲醇弛放气回收利用、甲醇剩余氮气用于干熄焦项目、焦化废水深度处理和中水回用、园区废渣应用配煤系统等核心关键技术，建立了节能高效的“六大循环系统”，即余热循环系统、氮气循环系统、弛放气循环系统、产品循环系统、水循环系统、废渣回收系统，实现了煤化工园区“三废”零排放、产业链拓宽延伸和循环链接，促进了资源和能源综合利用，开创了煤化工绿色循环经济的示范模式。

一、220万吨/年焦化项目

（一）项目概况

项目采取一次设计、分期建设。一期工程主要建成55孔JN60－6型焦炉2座，配套备煤系统、熄焦系统、煤气净化系统及其他辅助生产设施，总投资约11.4亿元，于2005年6月1日破土动工，2006年6月30日项目完工，两座焦炉分别于2006年10月22日、2007年1月17日实现投产。

二期工程主要建成2座55孔JN60－6型焦炉及配套生产设施，投资约5.9亿元，于2007年11月20日破土动工，2008年12月31日项目完工，两座焦炉分别于2009年3月18日、4月18日投产。

在二期工程建设同时，投资约3.4亿元对熄焦系统进行了节能改造，形成了与220万吨/年焦化项目配套的2套处理能力为140吨/小时的干熄焦发电系统。该项目利用甲醇生产过程中的富余氮气作为冷却介质，回收红焦显热，年产蒸汽48.96万吨，年发电213270×10^{3}千瓦·时，可满足厂区70%的用电和40%的用汽，同时减少环境污染，提高焦炭质量。焦化一期、二期干熄焦节能改造项目于2008年3月5日破土动工，2009年5月5日项目完工。2座干熄焦分别于2009年5月29日、6月29日投产，1号、2号发电机组分别于10月26

中润公司厂区风貌

日和10月28日并网发电。

（二）参建单位

建设单位：开滦能源化工股份有限公司；

设计单位：中国冶金建设集团鞍山焦化耐火材料设计研究总院、焦耐工程技术有限公司；

施工单位：中国二十二冶炉窑公司、河北省安装工程公司、河北省第四建筑工程公司、中集建设集团第五项目部、大连大重机电安装工程有限公司、北京桑德环境工程有限公司、中铁十三局集团电务工程公司、中冶东北工业炉公司、中冶京唐

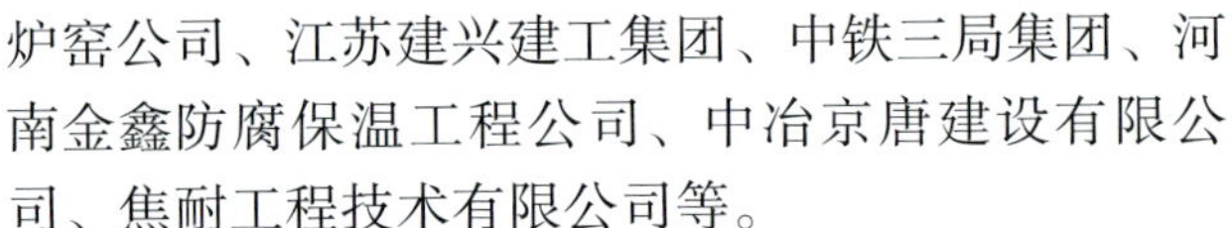

炉窑公司、江苏建兴建工集团、中铁三局集团、河南金鑫防腐保温工程公司、中冶京唐建设有限公司、焦耐工程技术有限公司等。

二、20万吨/年焦炉煤气制甲醇项目

（一）项目概况

项目是以炼焦过程中副产的焦炉煤气为原料，采用纯氧部分氧化进行烃类转化，低压法合成甲醇，节能型三塔流程进行精馏，生产优等级甲醇。除产品甲醇外，副产弛放气12867万标立方米/年及大量高纯氮气。其中弛放气主要用于苯加氢项目中制氢气，剩余弛放气返回焦炉作为炼焦热源，同时置换出焦炉煤气；氮气用作干熄焦的冷却介质以及易燃易爆装置的保护。

项目总体设计规模为年产甲醇20万吨，与产能220万吨/年的焦化项目配套建设。项目分两期建设，一期工程总投资约3.8亿元，建成10万吨/年焦炉煤气制甲醇系统，于2006年10月15日开工建设，2007年9月30日项目完工，2007年11月3日顺利投产；二期工程总投资近约3.5亿元，建成10万吨/年焦炉煤气制甲醇系统，2008年2月20日正式破土动工，2008年12月25日项目完工，2009年2月27日顺利投产。

（二）参建单位

建设单位：开滦能源化工股份有限公司；

中润公司精苯项目夜景

总承包单位：化学工业第二设计院。

三、20万吨/年粗苯加氢精制项目

（一）项目概况

该项目以粗苯为原料，采用粗苯加氢及芳烃萃取蒸馏工艺，主要生产高纯苯、甲苯、二甲苯、重苯等多种化工产品，项目综合收率高，能耗低，经济效益好，属绿色环保清洁型生产项目，是园区在延伸产业链、扩大生产规模的重要项目。该项目分两次设计，分阶段实施：

第一阶段为10万吨/年粗苯加氢工程，总投资约2.8亿元，该项目于2007年11月15日正式开工建设，2008年12月30日项目完工，2009年3月17日顺利投产。

第二阶段为20万吨/年粗苯加氢工程，分两期建设。一期工程建设一套10万吨/年粗苯加氢装置，投资约1.7亿元，2010年5月1日项目正式开工建设，2010年11月30日项目完工，2011年1月18日实现投料生产。

（二）参建单位

建设单位：开滦能源化工股份有限公司；

设计单位（第一阶段总承包单位）：浙江美阳国际工程设计有限公司；

施工单位：开滦建设集团、河北省安装工程公司、唐山东方建工集团有限公司等。

四、中水回用及污水深度处理项目

中水回用项目采用石灰预处理加软化和双膜法脱盐深度处理的技术，对热力系统反渗透浓水和循环冷却系统排污水进行工艺技术处理，处理后的“工业废水”可作为循环冷却水系统的补充水再次利用。该项工程于2008年10月开工建设，到2009年9月底土建、设备安装全部结束，通过单机调试运转，11月20日项目正式联动投运，年节约新鲜用水约220万吨。

污水深度处理项目是中润公司探索焦化污水零排放的重点研究课题。公司在原有工艺废水处理的基础上，从节能减排和水资源的合理利用出发，积极开展焦化污水深度处理的研究实验，针对焦化废水中硬度、有机物、含盐量较高的特点，研究采用了目前世界先进的超滤加纳滤双膜技术，对废水进行物化处理，经过反复试验，取得了显著成效。深度处理后的最终出水COD指标可以达到30毫克/升，优于100毫克/升的国家一级排放标准。2009年4月，污水深度处理工程正式破土动工，10月底系统开始投用调试。

至2010年底，中润公司已经形成了220万吨/年焦化及配套干熄焦、20万吨/年焦炉煤气制甲醇、20万吨/年粗苯加氢精制的生产规模，所建设项目自动化程度高、工艺先进，整体运行稳定可靠，资源实现充分循环利用。公司2010年全年生产全焦218万吨，其中，生产冶金焦198万吨；生产焦油8.9万吨；生产甲醇22.9万吨；粗苯加工量11.36万吨；干熄焦发电1.19亿千瓦时。

“十一五”期间，公司已经独立申报并与开滦煤化工研发中心合作申报国家发明和实用新型专利6项。公司被唐山市委市政府确定为节能减排市场交易模式试验示范点和产业链经济模式试验示范点，2009年和2010年连续被中国煤炭工业协会、中国煤炭加工利用协会评为“煤炭工业节能减排先进企业”，2010年被中国节能协会、科博会中国能源战略高层论坛组委会授予“节能中国贡献奖”，并荣获全国焦化苯（产业链）行业协会授予的“全国焦化苯行业优秀示范企业”称号。

中润公司污水深度处理站

二　开工在建的大型重点项目

内蒙古布尔台煤矿

一、项目概况

布尔台煤矿位于内蒙古自治区鄂尔多斯市伊旗东南布尔台乡，隶属于中国神华万利煤炭分公司，2009 年 5 月划归神华神东煤炭集团。矿井总地质资源量 30. 39 亿吨。

布尔台煤矿设计生产能力为 2000 万吨/年，配套建设洗选能力为 3100 万吨/年的选煤厂，全矿井服务年限为 71 年。开拓方式为平硐、斜井和立井联合开拓，采掘工作面装备 3 套综采设备和 5 套连采设备，主运输系统实现带式输送自动化，辅助运输实现无轨胶轮化，主要固定设备实现信息化。矿井采用长壁式综合机械化采煤法，一次采全高采煤工艺。项目建设完成总投资 518952. 8 万元。

二、参建单位

建设单位：神华神东煤炭集团；

设计单位：中煤国际工程集团北京华宇工程有限公司、中煤国际工程集团武汉设计研究院、神东公司设计研究院；

布尔台煤矿工业广场

施工单位：中煤建筑安装工程公司六十九工程处、内蒙古第二建设股份有限公司、山西宏图建设工程有限公司、中国第四冶金建设公司、中煤第五建设公司、泰安煤机厂、河南省安阳市安装工程公司、陕西天安送变电工程有限责任公司、中国电子系统工程总公司、徐州中煤环保节能设备有限公

布尔台煤矿洗煤厂

司、甘肃中煤建设有限责任公司、大雁矿建机电安装公司、山西庆恒建筑（集团）有限公司、北京中矿万通建筑工程有限公司、温州锐锋矿山建设有限公司、重庆煤矿建设第五工程处、陕西天工建设有限公司、内蒙古大雁矿山建设有限公司、榆林德厚矿业建设有限公司、华煤建设有限责任公司、中国第十冶金建设有限公司、天津申克有限公司、大地工程有限责任公司等；

监理单位：神东监理公司；

质量监督单位：煤炭工业神华建设工程质量监督站。

三、项目进度

布尔台煤矿建设项目于2008年7月开工建设，地面洗煤厂部分2008年3月竣工，预计2011年9月竣工移交。

内蒙古哈尔乌素露天煤矿

一、项目概况

哈尔乌素露天煤矿位于准格尔煤田中部，井田东西平均长9.95公里，南北平均长7.03公里，面积67.2平方公里，可采原煤储量17.8亿吨。

哈尔乌素露天煤矿设计生产能力为2000万吨/年，设计服务年限为79年，配套建设相应规模的洗煤厂以及坝系防洪工程，环保、安全、消防和工业卫生等设施与主体工程同步建设。

电铲剥离作业

哈尔乌素露天煤矿鸟瞰图

二、参建单位

建设单位：神华准格尔能源有限公司；

设计单位：北京华宇工程公司、中煤国际工程集团沈阳设计研究院；

施工单位：中铁二十二局集团有限公司、山西省水利建筑工程局、黑龙江省水利水电工程总公司、中国地质工程集团公司、江苏三水建设工程有限公司、中国地质工程集团公司、河南黄河水电工程建设有限公司、中国水电建设集团十五工程局有限公司、内蒙古自治区富凯龙水利水电工程集团有限公司、中铁二十一局集团有限公司、榆林市龙盟集团水利水电工程有限公司等；

监理单位：北京燕波工程管理有限公司、内蒙古自治区华准工程监理公司、平顶山中平工程监理有限公司；

质量监督单位：神华建设工程质量监督中心站。

三、项目进度

项目于2006年5月18日开工建设，2009年9月—2010年3月，项目的消防、安全、卫生、档案、水土、环保专项验收陆续完成，项目竣工决算859485.67万元，预计2011年8月竣工移交。

二　重大技术（装备）研究成果

深厚冲积层千米深井快速建井关键技术

该项目是“十一五”国家科技支撑计划项目，是集钻井、注浆、立井施工工艺为一体的综合项目。

项目编号：2008BAB33B00；

起止时间：2008 年 1 月—2010 年 12 月；

组织单位：中国煤炭工业协会；

牵头单位：北京中煤矿山工程有限公司。

项目总体研究目标为：研究开发适于深厚冲积层千米深井建设时期的高压注浆装备、特殊注浆堵水材料及深井注浆工艺；研究开发冲积层钻井法新型钻头、刀具，形成“一扩成井”钻井凿井技术及装备；研究开发立井凿井“钻－注平行作业”和千米深井基岩快速掘砌施工工艺及配套装备等关键技术；通过技术集成和相应工程示范，全面提高我国深井建设技术与装备水平，加快深井开发建设速度，为深部煤炭资源安全、快速开发提供科技支撑。

项目取得的成果可直接在煤矿建设中推广应用，可有效提高我国煤矿深井建设技术水平，加快矿井建设速度，为我国中东部地区深部煤炭资源的开发利用提供可靠的技术保证，并可同时提高我国整体深立井建设水平。通过创新基地的建设，还将培养一大批高素质的煤矿建井专业技术人才。

项目共列 5 个课题：“千米级深井高压注浆关键装备研究”、“千米级深井特殊地层注浆材料及注浆工艺研究”、“‘一扩成井’快速钻井法凿井关键技术及装备研究”、“千米级深井基岩快速掘砌关键技术及装备研究”和“钻－注平行作业关键技术研究及示范工程”。

一、千米级深井高压注浆关键装备研究

（一）主要研究内容和任务

在地面预注浆工艺指导下，通过理论研究、设备研制和工业性试验，使我国高压大泵量注浆泵、高压化学注浆泵、耐压止浆机具、注浆参数自动检测与高效制浆系统等地面预注浆装备满足千米级深井高压注浆的需要，为千米级深井安全、快速、高效施工提供装备支持。

（二）主要考核指标及完成情况

考核指标：研制成功高压注浆泵，压力达到 50 兆帕，流量 0～380 升/分钟无级调节；研制成功高压化学注浆泵，压力达到 35 兆帕，流量 0～380 升/分钟无级调节；止浆机具耐压 25 兆帕以上。

主要考核指标完成情况见表 4－1。

表 4－1　深厚冲积层千米级深井快速建井关键技术项目主要考核指标完成情况

序号	课题名称	发明专利	实用新型专利	外观设计	标准		论文	培养博士研究生	培养硕士研究生	完成时间	鉴定时间	工作量/（人·月）	其他					取得成果	课题鉴定水平
					行业	企业							新产品	新材料	新工艺	新装置	计算软件		
1	千米级深井高压注浆关键装备研究	3	0	0	1		16	0	2			836	4			1		1	国际先进

表 4－1（续）

序号	课题名称	发明专利	实用新型专利	外观设计	标准		论文	培养博士研究生	培养硕士研究生	完成时间	鉴定时间	工作量/（人·月）	其他					取得成果	课题鉴定水平
					行业	企业							新产品	新材料	新工艺	新装置	计算软件		
2	千米级深井特殊地层注浆材料及注浆工艺研究	9	1	0			11	3	2			580		3				4	国际领先
3	“一扩成井”快速钻井法凿井关键技术及装备研究	7	4	1	1		31	1	7			811			1			1	国际领先
4	千米级深井基岩快速掘砌关键技术及装备研究	2	13	0	1	2	31	1	9			780	3					5	国际领先
5	钻－注平行作业关键技术研究及示范工程	3	2	0			15	1	2			1023	1		1			1	国际领先
合计		24	20	1	3	2	104	5	22			4030	8	3	2	1	0	12	
项目任务指标		10			3		36	4	15			3704							

（三）主要研究成果及创新性

首次研制出输出压力高达 50 兆帕，流量可在 0～380 升/分钟，变频调速无级调节的高压注浆泵，通过变频调速系统的引入研究、应用，实现注浆泵流量的无级调节；研制大行程的曲轴箱，实现柱塞的长行程，减少柱塞的冲次，提高泵流量输出的稳定性，减少柱塞、密封及吸排浆阀的磨损；研制新型复合材料柱塞及密封材料，提高柱塞和密封的使用寿命；研制柱塞密封的增压润滑系统，提高注浆泵柱塞和密封的使用寿命。

首次研制出压力达 35 兆帕，流量可在 0～300 升/分钟内无级调节的 ZBBJ－300/35－H 型高压化学注浆泵，通过变频调速系统的引入研究、应用，实现注浆泵流量的无级调节；研制大行程的曲轴箱，实现柱塞的长行程，减少柱塞的冲次，提高泵流量输出的稳定性，减少柱塞、密封及吸排浆阀的磨损；研制新型复合材料柱塞及密封材料，提高柱塞和密封的使用寿命；研制柱塞密封的增压润滑系统，提高注浆泵柱塞和密封的使用寿命。

首次研制了坐封力可达 60 吨，模拟注浆压力大于或等于 25 兆帕的止浆机具模拟测试试验台；研制出了耐压大于或等于 25 兆帕的止浆塞，重复使用可达 3 次以上。

首次研制出止浆塞安全脱离装置，研制的注浆参数自动监测、高效制浆系统，实现了注浆参数的自动测试记录，压力、流量测量误差小于或等于

5%；实现了注浆配料自动化，提高了生产效率。

完成行业标准1项,《煤矿用注浆泵》,已受理。

申请发明专利3项，其中已受权1项，见表4－2。

表4－2 千米级深井高压注浆关键装备研究专利情况

序号	专利名称	专利（申请）号	专利类别
1	止浆机具性能测试试验装置	ZL200910089642.2	发明
2	一种用于立井地面预注浆工程的止浆塞安全脱离装置	200910159365.8	发明
3	一种黏土浆自动配比装置	201010296021.4	发明

（四）成果转化、产业化情况

从立项到验收，课题实施完成过程中每个环节都非常重视科技成果的转化。课题针对目前850米以深井筒注浆装备能力受限难题开展支撑研究，以解决深井高压下注浆泵、注浆止浆机具能力存在的突出问题为直接目的，极大地促进成果转化和产业化过程。

从目前课题技术成果的直接效益来看，高压大泵量注浆泵在累计运行时间767小时下，最大注浆流量达到245升/小时，最高压力达到25.0兆帕；在深达940～998米的注浆深度，高压化学注浆泵累计运行时间331小时，最高压力达到24兆帕；深井耐压止浆机具在925米深度的多次注浆应用中，最高压力达到25.0兆帕，解塞后胶筒无撕裂、变形严重等情况发生，完整性较好。这些技术在800米左右井筒中应用，可以提高注浆速度10%以上，使注浆技术水平迈上新台阶。

从课题实施的效果和效益来看，课题以淮北、皖北矿区为工程依托单位，研制的高压大泵量注浆泵、高压化学注浆泵分别在朱集西煤矿矸石井地面预注浆工程、杨村煤矿风井地面预注浆工程中进行了应用，泵的功能设计与地面预注浆工艺紧密结合，结构设计合理，施工效率高，性能稳定、可靠，操作方便。研制的高压止浆塞在杨村煤矿风井地面预注浆工程进行了应用，性能达到了课题的指标要求，提高了地面预注浆的施工效率。研制的注浆参数自动监测、高效制浆系统应用于朱集西煤矿矸石井地面预注浆工程、杨村煤矿风井地面预注浆工程、邹庄煤矿主井地面预注浆工程，淮北信湖煤矿主井地面预注浆工程等项目，为深井矿井的建设提供了强有力的技术保障，为矿区创造了巨大的经济效益。因此，课题在这些矿区的实施效果显著。

（五）推广应用前景分析

课题的研究内容直接来源于深井建设的实际需要，研究成果直接服务于千米深井建设工作。课题的研究成果不但使我国千米深井注浆技术有所突破，而且可以应用于金属矿产立井安全快速建设，对提高我国注浆装备技术水平、加快大型现代化矿井建设具有十分重要的意义。

随着浅部资源的枯竭，我国深部煤炭资源的开发已势在必行，课题技术成果推广应用的市场广阔。课题在验收完成后，技术成果通过系统总结、完善提高，将呈现更广阔的市场前景，必将创造更大的经济效益和社会效益。

二、千米级深井特殊地层注浆材料及注浆工艺研究

课题编号：2008BAB33B02；

起止时间：2008年1月—2010年12月；

承担单位：北京中煤矿山工程有限公司；

其他参加单位：国投新集能源股份有限公司、华北科技大学、天地科技建井研究院。

（一）主要研究内容和任务

通过塑性早强材料、低黏度化学浆研究，解决满足深井特殊地层堵水和加固的注浆材料需要；通过特殊地层可注性分析研究，评价可注性并总结其规律。通过室内模拟试验提出千米级深井注浆参数设计依据，提出千米深井注浆防水帷幕的设计方法。通过深井注浆工业性试验和注浆效果观测，研究注浆材料的实用性、合理性和可靠性，研究出满足千米深井注浆需要的工艺参数。

课题主要研究对于溶洞、大裂隙地层，塑性早

强注浆材料有效控制浆液超扩散并实现堵水、加固目的的"塑性早强注浆材料"，微裂隙地层的低黏度复合化学注浆材料以及钻井废弃泥浆作为注浆材料浆液配比及性能研究。

（二）主要考核指标及完成情况

考核指标：研制成功塑性早强注浆材料，析水率小于5%，初凝结时间小于8小时；地面预注浆用化学浆液黏度小于6×10^{-3}帕·秒，胶凝时间5～30分钟。

主要指标完成情况见表4－1。

（三）主要研究成果及创新性

首次研制了耐压高达36兆帕、测量参数可自动监控的裂隙注浆模拟试验台，全面验证和考察了试验台的各项功能指标，满足千米深井裂隙注浆模拟需要。

提出颗粒性注浆材料的悬浮稳定性是具有可注性的前提，研制出适用于断层导水带、风化带的水玻璃类浆液和适用于断层阻水带的聚乙烯醇类"塑性早强"浆液，析水率小于5%，初凝时间小于8小时。

通过复合有机凝结剂分子水解，实现凝结时间的调节控制，研制出适用于基岩微裂隙、孔隙性等特殊地层的低黏度复合化学浆液，该浆液成本低廉、毒性低，结石体抗水压达到12兆帕，可以满足千米深井注浆需要。

首次研制出钻井废弃泥浆作为注浆材料的MTG（Mud to Grout）浆液，用于地面预注浆，经济、社会效益及环保效果显著。

首次完成了钻井废弃泥浆用于地面预注浆后井筒注浆效果凿井实测分析，其中皖北煤电朱集西煤矿矸石井S孔段注入钻井泥浆注浆浆液15897立方米，注浆深度达到了1078.2米，井筒涌水量在1立方米/小时以下。

研究成果分别在国投新集能源股份有限公司、皖北煤电集团有限责任公司、淮北矿业集团公司等企业有关煤矿进行了试验，并建立了千米级深井注浆工程示范点，为成果推广及应用奠定了基础。

申请发明专利9项、实用新型专利1项，其中已授权5项，见表4－3。

表4－3　千米级深井特殊地层注浆材料及注浆工艺研究专利情况

序号	专　利　名　称	专利（申请）号	专利类别
1	高压裂隙模拟注浆试验台	ZL200920110535.9	实用新型
2	一种地面预注浆加固用速凝早强水泥浆	200910091507.1	发明
3	一种矿井工作面注浆用水玻璃浆	ZL200910091805.0	发明
4	一种注浆用低析水率早强水泥浆液	ZL200910091459.6	发明
5	一种水溶性酯为固化剂的水玻璃浆	ZL200910091806.5	发明
6	一种水玻璃加固堵漏化学浆	ZL200910091807.X	发明
7	一种钻井废弃泥浆配制的地面预注浆材料	200910235601.X	发明
8	地面预注浆用化学注浆材料	200910089641.8	发明
9	一种矿井地面预注浆止浆塞工作泥浆	200910092259.2	发明
10	井巷注浆和软土压密注浆用双液速凝浆液	201010513162.7	发明

（四）成果转化、产业化情况

在国投新集能源股份有限公司杨村矿风井和皖北煤电朱集西煤矿矸石井，对塑性早强注浆浆液进行了工业性试验。两个矿井按节约注浆工期26天左右计算，可以提前出煤356164吨，创造出较大的产值和利润。

在杨村煤矿风井957.45～972.70米含水层应用了研制的低黏度复合化学注浆材料及工艺，直接节约工期14天，可提前出煤194432吨。

钻井废弃泥浆作为注浆材料在淮北矿业集团袁店二矿主井、皖北煤电朱集西煤矿矸石井和淮北矿业集团信湖煤矿进行了成功应用，既节约了成本，又保护了环境。

（五）推广应用前景分析

目前我国煤炭供求关系持续紧张，浅部的煤炭资源逐步减少，开发深部煤田已势在必行。虽然煤矿立井井筒的工程量仅占煤矿建设工程量的3%左右，但其建设工期却占到了30%。按照国家能源局提出的“十二五”煤炭总量为38亿吨的规划，相当于下个5年每年只增加1亿吨的产量，需要建设10～20个矿井，或30～60个井筒，则每年有9～18个井筒需要注浆治理。

深部煤田地质条件复杂，部分岩层裂隙发育、破碎，在注浆堵水施工时，往往塌孔造成埋钻，或造成井筒掘砌时引起迟到性涌水，影响正常水患治理，威胁井筒安全建设。而常规水泥浆液加固效果很不理想，且效率低。塑性早强浆液是针对目前断层带和风化带注浆材料存在的问题，研制的一种悬浮稳定性好、扩散距离可控，且具有良好的加固性能、施工工艺简单、效率高的新型浆液，该浆液综合了黏土水泥浆和水泥浆的优点，可以取代单液水泥浆、水泥－水玻璃双液浆用于堵水、加固，有效解决注浆中断层破碎带、基岩风化带的加固堵水。预计“十二五”期间全国每年都有8～10个井筒在破碎或裂隙发育的地层中建设，塑性早强注浆材料的推广应用将有效解决此种地层的注浆难题，加快矿井建设速度。

在深井建设中，遇到微裂隙、孔隙性裂隙的概率增大，低黏度复合化学注浆材料黏度低、可注性好、凝胶时间可控可调、结石体力学性能较高，实现了此种地层的有效注浆堵水。提高了深立井基岩的注浆堵水效果，改善了立井施工作业安全环境，减少能源和材料消耗、节约施工成本，并可用于立井井筒工作面注浆堵水等，推广应用前景广阔。

经过几十年的发展，煤炭深部资源开采问题日益突出，进入21世纪，我国新建深井的平均深度已超过千米，钻井法深度已经达到656.2米，钻井法凿井产生大量的废弃泥浆，目前处理主要是直接排放，废弃泥浆的排放还存在诸如污染环境等问题，急需开辟新的途径加以解决。据不完全统计，我国已有80多个井筒采用了黏土水泥注浆技术，黏土浆的注入量已超过1000000立方米。随着千米深井的建设，注浆法需要大量的黏土浆进行注浆，如国投新集杨村煤矿风井，注浆深度达到了998米，仅这一井筒的黏土水泥浆注入量就达到26200立方米。将钻井法废弃泥浆用作注浆材料，可减少巨大黏土造浆量，同时还能够解决钻井废弃泥浆排放处理压力，实现了注浆法和凿井法的有效结合，提高了矿井建设速度，具有广阔的市场应用前景。

三、“一扩成井”快速钻井法凿井关键技术及装备研究

课题编号：2008BAB33B03；

起止时间：2008年1月—2010年12月；

承担单位：淮北矿业（集团）有限公司；

其他参加单位：北京中煤矿山工程有限公司、华煤建设特殊工程技术有限公司、北京科技大学、安徽理工大学、天地科技建井研究院。

（一）主要研究内容和任务

通过理论研究、工艺研究、设备关键部件研制和工业性试验，以及对地层（井帮）稳定性研究，验证“一扩成井”工艺的合理性，形成“一扩成井”钻井法凿井新工艺，特别是通过对钻井破岩滚刀和钻头结构研究，提高破岩效率和吸收效果，提高钻井法凿井成井速度，提高钻井法的竞争力和应用范围，满足我国东部煤矿深厚冲积层、复杂地层井筒建设的需要。

（二）主要考核指标及完成情况

考核指标：研制成功“一扩成井”新技术，完成一口钻井直径约9米（或“一钻成井”直径约7米）的井筒。

主要指标完成情况见表4－1。

（三）主要研究成果及创新性

通过理论计算和泥浆流动规律分析，完成了新型表土钻头和岩石钻头设计、加工，首次开发了“一钻成井”和“一扩成井”快速钻井法凿井新工艺。

完成了袁店二矿副井“一扩成井”钻井工艺研究和工业性试验，钻井直径9.3米，井深307.8米，综合月成井速度31米，成井偏斜率0.234‰，减少泥浆排放量28.1%。

完成了袁店二矿主井、风井和朱集西煤矿矸石井3个井筒“一钻成井”工业性试验，直径分别为7.1米、7.1米、7.7米，井深分别为302.8米、305.2米、545.0米，综合月成井速度分别为45米、42米、39米，成井偏斜率0.11‰、0.34‰、

0.159‰；减少泥浆排放量分别为27.8%、25.7%、39.7%。

制定行业标准1项，《多刃镶齿盘形滚刀》，已受理。

申请发明专利7项、实用新型专利4项、外观专利1项，其中已受权5项，见表4－4。

表4－4 “一扩成井”快速钻井法凿井关键技术及装备研究专利情况

序号	专 利 名 称	专利（申请）号	专利类别
1	矿山竖井井筒一扩成井钻井法凿井工艺	201010172179.0	发明
2	矿山竖井井筒一钻成井钻井法凿井工艺	201010172177.1	发明
3	双金属复合冶金楔齿滚刀刀壳离心铸造工艺	201010527835.4	发明
4	一种用于联接钻具与钻杆的重载万向联接装置	200810049224.6	发明
5	一种可使动力头阻尼摆动的滑架装置	200810049225	发明
6	一种可伸缩式组合双层钻架	200810049226.5	发明
7	一种控制抱卡中心定位的辅助纵、横联动装置	200810049227.X	发明
8	一种吊具	ZL2010201071571	实用新型
9	一种牙轮刀具及钻头	ZL201020107159.0	实用新型
10	一种用于传递扭矩、传输流体的法兰式双壁钻杆	ZL200820069341.4	实用新型
11	可伸缩式组合双层钻架	ZL200830080194.6	外观设计
12	矿用深井破岩滚刀恒压复合密封	201020586892.5	实用新型

（四）成果转化、产业化情况

成功完成袁店二矿3个井筒，并分别提前工期4.1个月、3.6个月和1个月；年产400万吨的朱集西煤矿采用“一钻成井”钻井工艺，提前工期5.5个月；已在袁店二矿主井、风井和朱集西煤矿矸石井等3个井筒中推广应用。增加直接产值17.6亿元以上，经济效益十分显著。

该课题的完成继续保持了我国在大直径钻井法凿井领域的技术领先地位，满足国内井筒建设技术发展需要，对促进煤炭行业持续、稳定、健康发展有重要意义，有十分显著的经济效益和社会效益。

钻井法凿井是全机械化施工方法，实现打井不下井，钻井、排渣、井壁制作、下沉、充填全部工序在地面，真正达到了本质安全型建井井筒。

钻井法相对冻结法，电力消耗降低40%～70%，实现了节能降耗。

课题重点解决了废弃泥浆排放，采用泥浆控制、泥浆固化和泥浆作为注浆材料综合工艺技术，相对传统钻井工艺减少排放量20%～40%，在袁店二矿主井、副井、风井和朱集西煤矿矸石井4个井筒施工中总的泥浆排放减少59023.3立方米，减少了泥浆长期占地和污染问题，正在推广应用的项目逐渐达到泥浆零排放，实现真正意义上的环保施工，环保效益十分显著。

（五）推广应用前景分析

课题的成果已经在袁店二矿主井、副井、风井和朱集西煤矿矸石井井筒深厚冲积层钻井法凿井设计和施工中进行了试验和应用，取得了良好的技术经济效益。

课题的技术攻关，成功攻克了深厚冲积层“一扩成井”和“一钻成井”钻井工艺技术和设备的难题，为我国东部地区被深厚冲积层覆盖煤炭资源深大井筒的凿井提供了建井技术保障。同时对河南、河北、山东等深厚冲积层煤田开发也具有重要意义，通过进一步研究本项技术还可以推广到内蒙古、新疆、山西、陕西等西部软岩地层煤矿大直径井筒建设，也可以在其他类似的地下矿山工程应用，应用前景十分广泛。

四、千米级深立井基岩快速掘砌关键技术及装备研究

课题编号：2008BAB33B04；

起止时间：2008 年 1 月—2010 年 12 月；

承担单位：北京中煤矿山工程有限公司；

其他参加单位：国投新集能源股份有限公司、中煤第一建设公司、中国矿业大学（北京）、中煤第五建设公司、张家口宣化华泰矿冶机械有限公司、安徽理工大学、天地科技建井研究院。

（一）主要研究内容和任务

对段高为 4.2 米的基岩段井筒掘砌正规循环作业及其配套施工设备工业性试验进行研究，通过试验，得到可以取消临时支护的短段掘砌及与之相配套的伞形钻架、大型抓岩机、整体下移金属模板等成套工艺及装备的技术参数。对液压伞形钻架的凿岩性能与效率，对深孔爆破布孔的优化设计及效果进行检验；对迈步式模板安全可靠性以及大型液压抓岩机的生产能力、抓岩效率等进行单机试验。工业性试验的目标是依托新集矿区杨村煤矿千米矿井建设工程，人员工效达 2.0 立方米/工，质量为优等。并通过示范井，使立井施工平均月进度达到 80 米以上。

（二）主要考核指标及完成情况

考核指标：研制成功立井全液压凿岩伞形钻架、1 立方米中心回转抓岩机和迈步式整体金属模板，实现 4.2 米掘砌循环作业。研制成功注浆钻孔随钻测斜仪，方位测量角精度 ±1.5 度，顶角测量精度 ±6 分。

主要指标完成情况见表 4 –1。

（三）主要研究成果及创新性

首次在千米深井凿井配套设备中采用了 SJDY4 –8 新型液压凿岩伞钻、大型液压中心回转式抓岩机和液压迈步式模板等全液压动力系统；创建了我国煤矿立井建设低能耗、环保的新模式。

在立井凿岩中，研究了 5 米深孔控制爆破技术，实现了每循环 4.2 米的爆破进尺，爆破效率平均达到 85% ~90.5%，周边半眼痕率达 83% 以上。

在深度为 943 米的羊东风井井筒基岩快速掘砌装备工业性试验中，人员工效达 2.22 立方米/工，月平均进度达到 110 米，达到国际领先水平。

研制出一套立井快速掘砌施工设计的软件系统，经 34 项设计和 69 项立井标书检验，用该软件编制的立井施工组织设计，先进合理，满足工程投标和施工的实际需要。

研究成果分别在国投新集能源股份有限公司、皖北煤电集团有限责任公司、峰峰集团有限公司等 6 家企业进行了试验，效果良好；同时在中煤第一、第五建设公司建立了千米级深井基岩快速掘砌工程示范点，为成果推广及应用奠定了基础。

制定行业标准 1 项，《立井整体移动金属模板》，已受理；企业标准 2 项，《ZHY 型液压中心回转式抓岩机》（Q/XZM 9—2009）和《SJDY 型液压凿岩钻架》（QB/HT 1001—2008）。

申请发明专利 7 项、实用新型专利 4 项，外观专利 1 项，其中已受权 5 项，见表 4 –5。

表 4 –5　千米级深井基岩快速掘砌关键技术及装备研究专利情况

序号	专利名称	专利（申请）号	专利类别
1	迈步式液压操作整体金属模板	200910090946	发明
2	矿山液压抓岩机	ZL200920172863.1	实用新型
3	吊盘稳盘装置	ZL200820077082.X	实用新型
4	小绞车	ZL200820106075.8	实用新型
5	封口盘井盖门电控装置	ZL200820160728.0	实用新型
6	浇筑用混凝土分灰器	ZL200820160729.5	实用新型
7	立井凿井用防坠吊桶	ZL200820040768.1	实用新型
8	立井井筒砼浇筑运输小跑车	ZL200820059731.1	实用新型
9	液压竖井钻机	ZL200820134685.9	实用新型
10	竖井钻机的伸缩式动臂	ZL201020101219.8	实用新型
11	一种双联竖井钻机	2010101008356	发明
12	大型立井液压抓斗	ZL201020530045.7	实用新型
13	立井施工用全液压伞钻	ZL200920158327.6	实用新型
14	模板绳拉力在线实时检测装置	ZL200920043778.5	实用新型
15	一种立井井筒吊桶	ZL201020242705.1	实用新型

（四）成果转化、产业化情况

从立项到验收，课题实施完成过程中每个环节都非常重视科技成果的转化。课题针对全国千米深井建设工程矿区共性关键性技术难题开展支撑研究，以解决安全生产中存在的突出问题为直接目的，极大地促进成果转化和产业化的进程。承担课题的科研院所和高等院校也从自身的发展出发，力求通过课题成果的转化获得良好的经济效益、增加发展的实力和后劲。本课题在验收时，许多科技成果已得到了不同程度的转化，其中研制的许多设备和产品，基本都具备了实现产业化的良好基础，且部分产品已经实现了一定规模的产业化。

课题研究开发的技术成果应用有新集矿区、峰峰矿区千米井建设工程，并通过示范井，使立井施工平均月进度达到80米，其人员工效达2.0立方米/工，质量为优等，达到国际先进水平。示范项目的任务是：在现有成果和装备的基础上，进一步完善、提高，并进行必要的技术开发；对各主要施工设备的参数进行优化配置；对主要施工设备和施工辅助系统的配套进行改进；针对井筒的具体地质和水文地质条件进行综合治水；对井筒施工组织管理工作进行研究。

另外，各研究单位还从增强自身发展后劲、提高技术实力、加快产业发展的需要出发，根据专业特点，发挥技术优势，并建立了一批中试线和生产线，如张家口宣化华泰矿冶机械有限公司全液压凿岩钻架1个中试生产线。

从课题技术成果的直接效益来看，该技术的推广应用，可以节约作业时间20%以上，提高掘进速度40%以上。在淮南矿区立井应用，节省了大量工程费用，提高了掘进速度，已获得综合经济效益1亿元以上。随着我国深矿井数量的逐渐增多，这批技术成果将具有良好的市场前景。课题研究的全液压凿岩钻架装备，在试验矿井成功后，已在5个矿区6个煤矿和冶金的立井中推广使用。据不完全统计，在研究试验和实施的过程中已获得直接经济效益近4275万元。

（五）推广应用前景分析

课题的研究内容直接来源于深井建设实际需要，研究成果直接服务于千米深井建设工作。我国2011年煤炭产量达到35.2亿吨，今后煤炭产量还将继续增加，现在每年煤矿有许多井筒需要凿井，其他行业也有很多井筒需要凿井，这是一个广阔的市场。课题在验收完成后，技术成果通过系统总结、完善提高，将呈现更为广阔的市场前景，必将创造更大的经济效益、社会效益和环境效益。

五、钻-注平行作业关键技术研究及示范工程

课题编号：2008BAB33B05；

起止时间：2008年1月—2010年12月；

承担单位：北京中煤矿山工程有限公司；

其他参加单位：淮北矿业（集团）有限责任公司、安徽省皖北煤电集团有限责任公司、华煤建设特殊工程技术有限公司、天地科技建井研究院、北京海蓝科技开发有限责任公司。

（一）主要研究内容和任务

解决立井建设过程中冲积层段钻井法基岩段与注浆法同时施工时的时空关系，避免二者之间的相互干扰，又能确保钻井法施工与注浆法施工的安全与质量，从而实现在一定时间和空间内钻井法与注浆法施工平行作业，节省整个矿井建设的工期和成本。

（二）主要考核指标及完成情况

考核指标：完成一个井筒的冲积层钻井与基岩含水层注浆安全平行作业，千米深井基岩段月成井速度提高到80米/月。

主要指标完成情况见表4-1。

（三）主要研究成果及创新性

经过对钻-注平行作业合理时空关系的研究，确定了时间和空间关系的设计原则，优化钻井、注浆平行作业技术方案，避免施工时两者之间的相互影响。

首次研制出高精度随钻测斜仪，方位测量精度±1度，顶角测量精度±6分，并实现深度信号采集（>1000米），满足千米深井S形注浆孔测斜及定向等轨迹控制的需要。

通过注浆浆液对钻井泥浆性能影响的研究，得出钻井泥浆对注浆浆液的敏感参数——酸碱度pH值，并在此基础上研制出钻-注平行作业过程中钻井泥浆自动监测系统，保证钻井法施工安全。

在示范矿井淮北袁店二矿主井、皖北煤电朱集西煤矿矸石井及信湖煤矿主井的现场工业性试验中，结合具体地质条件及实际工况，进行钻-注平行作业合理设计、设备合理选型，完成了3个井筒的钻-注安全平行作业现场应用，分别节省工期21%、33%和25%，并且均达到注浆孔偏斜率小

于或等于5‰，孔间距小于或等于8.5米；成功地将钻井废弃泥浆作为注浆材料应用到井筒地面注浆施工中。

申请发明专利3项、实用新型专利2项，其中已受权2项，见表4－6。

表4－6　钻－注平行作业关键技术研究及示范工程专利情况

序号	专利名称	专利（申请）号	专利类别
1	立井钻－注平行作业工艺	200910091808.4	发明
2	煤炭工程孔定向钻进方法	200910242204.5	发明
3	钻－注平行作业中钻井泥浆内是否侵入注浆液的监测方法	201010145718.1	发明
4	一种螺杆钻具	ZL200920277743.8	实用新型
5	探管组件与随钻测斜仪	ZL201020674950.X	实用新型

（四）成果转化、产业化情况

课题研究成果在示范矿井袁店二矿主井、朱集西煤矿矸石井及信湖煤矿主井得到现场应用，分别节约工期5个月、10个月和12个月，新增产值2.3亿元，取得直接经济效益8800万元以上，提前出生煤700万吨以上；在袁店二矿副井、朱集西煤矿风井、信湖煤矿风井进行推广应用，新增产值1.7亿元。技术成果直接转化为生产力，取得了显著的经济效益、社会效益和环境效益。

通过课题实施，研究出注浆及钻井平行作业新工艺，大大提高了建井施工速度，为进一步全面推广立井钻－注平行作业技术奠定了坚实的基础，使我国建井技术迈上一个新的台阶，使我国的特殊凿井技术继续保持世界领先地位，为我国煤炭资源开发、促进社会可持续发展又增添了一份新的活力，具有显著的社会效益。

通过课题实施，实现将钻井废弃泥浆作为注浆材料注入基岩含水层完成堵水任务，既节省了常规注浆材料、降低了注浆工程成本，又变废为宝，再创价值，减少了钻井废弃泥浆的污染和对将来矸石山的安全隐患，并减少了环境污染，有利于我国环保事业的发展，具有重大的生态环境效益。

（五）推广应用前景分析

建设大型现代化矿井，特别是开采深部煤炭资源，通常采用立井开拓的方式。立井井筒的工程量仅占全矿井工程量的10%左右，但其工期却占全矿井的30%～40%，是矿井建设的“咽喉”工程，因此提高立井井筒施工速度是加快矿井建设速度的关键。

随着煤炭开采深度不断增加，千米级深井已经越来越普遍，井筒建设期间要穿过的地层也越来越复杂，含水岩层注浆是解决地下水害的可靠有效的关键技术，应用越来越广泛。目前地面预注浆最大深度已经达到1078.2米。钻井法“打井不下井”、机械化程度高、安全可靠、成井质量好，是在深厚表土中开凿立井井筒可靠的施工技术。进入21世纪，完成了“十五”国家科技攻关课题《600米深厚冲积层钻井法凿井技术研究》，基本解决了600米深厚冲积层钻井法凿井技术难题，目前我国钻井法成功施工的井筒已近80个。“十一五”国家科技支撑计划课题的完成，使钻井法凿井技术取得新突破。

对于冲积层采用钻井法、基岩段采用注浆法施工的井筒，通过钻－注平行作业技术将钻井法和注浆法有机结合起来，可以大大节省建井工期，降低建设成本；同时在钻－注平行作业过程中将钻井废弃泥浆作为注浆材料注入地层，起到堵水的作用，既解决了部分钻井废弃泥浆占用农田、污染环境的问题，又降低了工程成本。随着钻井法及注浆法技术越来越广泛的应用，钻－注平行作业技术的需求越来越大，推广应用前景十分广阔。

大直径煤矿风井反井钻井技术及装备

该项目是2007年国家科技部科研院所技术开发研究专项资金项目，项目申报单位为煤炭科学研究总院。

项目包括“大直径反井钻机关键技术及装备研究”、“新型大直径扩孔钻头结构及配套钻具开发研究”和“大直径煤矿风井反井钻井工艺技术研究”等3个研究课题，计划三年内依次完成，是煤炭科学研究总院2007—2009年重点科研开发方向。

一、大直径反井钻机关键技术及装备研究

该课题是科技部科研院所专项资金规划项目“大直径煤矿风井反井钻井技术及装备”的第一个研究课题。

课题编号：NCSTE－2007－JKZX－179；

起止时间：2007年1月—2008年7月；

承担单位：煤炭科学研究总院建井研究分院（北京中煤矿山工程有限公司）。

（一）研究目标

通过该课题，在国内形成一套自主开发的大型反井钻机，其钻进参数达到能够完成深度600米，直径5米立井井筒需要，设备成本是国外同类产品的20%～30%，减少设备进口，待完成钻具系统研究后，可通过煤矿大直径风井反井钻井施工，保持在国内反井钻机技术领先水平，达到国外同类机型的先进水平。

（二）主要研究内容

通过对大型反井钻机关键技术研究，包括多马达驱动动力头结构、多油缸提升系统、新型可解体钻架结构以可编程控制器为基础的电液比例控制系统，形成包括钻机主机、钻杆输送、液压泵站、操作控制、电气控制（软启动）等，形成型号ZFY5.0/600国内最大型的反井钻机主机系统。

（三）主要考核目标

研制成功ZFY5.0/600（BMC600）型反井钻机，主要技术参数达到：导孔直径350～380毫米，扩孔直径5.0米，钻井深度600米，钻井角度60～90度；导孔钻进出轴转速0～15转/分钟，推力1300千牛，额定扭矩92千牛·米，扩孔钻进出轴转速2～5转/分钟，拉力6000千牛，额定扭矩300千牛·米；主机机重小于25000千克；钻机功率264千瓦。

完成设备设计、加工、调试、出厂验收。

研究内容按计划实施，无重大调整。

成果填补国内空白，达到国内领先、国际先进的技术水平。钻井直径达到国外同类机型水平，是国内现有直径的3倍，破岩面积提高4.5倍；钻孔深度达到和超过国外同类设备，是国内现有设备的1.5～5倍；钻机扭矩达到和超过国外同类设备，是国内现有设备4～10倍；国内第一次在反井钻机上采用电液比例控制技术、钻进参数计算机控制、操作过程的数据显示，电机软启动等先进的控制技术。

（四）取得的成果及技术创新性

（1）研制成功ZFY5.0/600（BMC600）型反井钻机主机。

（2）新型液压马达自由轮调速系统，解决多马达配合，速度转换问题，操控方便。

（3）新型可拆卸组装式钻架结构，满足狭窄地带施工及运输需求，方便检修。

（4）新型采用四油缸推进机构，用简单的原理实现大推力给进。

（5）新型输送装置，增加横推机构，满足大尺寸钻杆装卸需要。动力头采用新型中心管整体浮动、自动卡抱钻杆联结结构，易于维护，增加可靠性。

（6）4台低速大扭矩液压马达联合驱动、单级减速结构，增加互换性及可靠性。

（7）节能操控模式，采用电液比例控制液压系统，双泵供油、比例调速，自动控制油泵配油摆角，降低能量损耗。

（8）工业计算机控制操作系统和钻进参数，实现钻井参数及控制的自动化、数字化，自动的钻机状态监控系统最大限度上避免钻进中反转、卡钻、压扣等人为事故的发生。

申请专利4项，见表4－7。

表4－7　大直径反井钻机关键技术及装备研究专利情况

序号	专利名称	专利（申请）号	专利类别
1	大型反井钻机用钻杆输送装置	200810084343.5	发明
2	反井钻机倒“T”型可拆卸钻架	ZL200820106838.9	实用新型
3	矿用大型反井钻机	ZL200820106834.0	实用新型
4	反井钻机导孔开孔扶正装置	ZL200820106839.3	实用新型

（五）成果转化、产业化情况

煤炭科学研究总院建井研究分院专门从事地下特殊施工技术、装备及相关工程施工和设备销售工作，反井钻机及反井钻井施工是主导产业之一。从20世纪开始研制出LM－120型、LM－90型、LM－200型反井钻机，应用于工程生产，年产值500万元左右。2003年在完成科技部专项资金项目“深井反井钻井技术及装备”，形成以ZFY2.0/400型反井钻机和相应工艺技术后，现已装备两台该型号反井钻机，在煤炭、水电、交通系统承揽业务，使该产业年产值增加到2000万～3000万元。

课题完成后，企业在国内反井钻井施工技术领域领先的优势将继续加大，大直径反井钻机和反井钻井施工工艺综合技术水平将达到国际领先。研制的大直径反井钻机每年将新增工程产值6000万～8000万元，带动配件供应产业每年增加1000万元产值。同时带动其他地下建设工程领域反井钻井施工技术发展。本成果还可以应用于水电工程中通风井、调压井和压力管道工程，有色、冶金等地下矿山井筒工程以及交通长大公路隧道通风井工程。

由于课题任务相对于国外产品具有明显价格优势，不但可以起到替代或抵制进口作用，还可以参与国际竞争，争取更大市场和利润空间。

（六）推广应用前景分析

课题开发研制的大型反井钻机是针对煤炭行业施工采区风井井筒施工，同时也可应用于部分新建井筒，特别是在西部采用先施工斜井或其他立井，形成下部生产系统，再利用反井钻机施工；在其他地下工程建设领域，如水电站、抽水蓄能电站、公路隧道、地铁、铁路、金属非金属矿山、人防工程、军事设施等地下工程建设领域，都有广泛的应用前景。该技术可覆盖全国、跨行业系统，我国正处在基本建设大发展时期，地下工程占建设总量的很大比重，21世纪是利用地下空间的世纪，每年建设大直径立井超过500个，将需要几十台反井钻机和相应施工技术来满足生产需要。课题任务由于有技术和成本的双重优势，可以替代进口，提高民族产业比重，国家目前鼓励机电产品开发和出口，经过进一步努力，该项技术和设备将会在国际反井钻机市场占有重要地位。

二、新型大直径扩孔钻头结构及配套钻具开发研究

该课题是科技部科研院所专项资金规划项目“大直径煤矿风井反井钻井技术及装备”的第二个研究课题。

课题编号：2008EG122177；

起止时间：2008年1月—2009年6月；

承担单位：煤炭科学研究总院建井研究分院（北京中煤矿山工程有限公司）。

（一）研究目标

通过课题，在国内自主开发新型大直径反井钻机钻杆（包括稳定钻杆）、分体式大直径扩孔钻头等，形成一套与ZFY5.0/600型反井钻机配套的钻具系统，为该型钻机工业性试验打下基础。研制的钻具系统成本是国外同类产品的20%～30%，钻具系统研究完成后，将继续保持在反井钻机技术国内领先地位，综合技术达到国外同类机型的先进水平，关键技术达到国际领先。

（二）主要研究内容

通过对ZFY5.0/600大型反井钻机配套钻具系统及相关钻杆连接接头螺纹等关键技术的研究，研制相应的螺纹加工与检验工艺系统、高保径稳定钻杆及满足井下运输与快速安装的大直径扩孔钻头等一系列相关技术课题，形成大型反井钻机配套钻具系统。

（三）主要考核指标

研制与ZFY5.0/600（BMC600）型反井钻机配套的新型钻杆，主要技术参数达到：普通钻杆外径327毫米，钻杆有效长度1500米，最大承拉能力6000千牛，最大承扭能力300千牛·米。

组装式大直径扩孔钻头达到的技术参数：扩孔直径分级3.5米、5.0米，单件运输质量小于5000千克，适用岩石条件小于100兆帕。

新型锯齿形钻杆接头螺纹加工工艺及螺纹试验台的设计、加工、调试、出厂验收。

研究内容按计划实施，无重大调整。

成果填补国内空白，达到国内领先、国际先进的技术水平。研制的新型锯齿形钻杆接头螺纹，可承载更大的拉力与扭矩，卸扣扭矩较小，可防止出现API石油接头螺纹烧扣现象；分体式大直径扩孔钻头，可满足不同直径井筒的施工作业要求，可在

井下狭窄巷道运输及快速安装；新型高保径自扩孔式滚轮稳定钻杆，提高钻孔精度与稳定性。

（四）取得的成果及技术创新性

（1）新型分体式大直径扩孔钻头结构稳定性好、成井直径大，可满足不同大直径井筒扩孔需要及井下狭窄巷道的运输与快速装卸的需求。

（2）新型扩孔钻头中心管螺母锁紧与拆卸装置，承扭与承拉结构分离，结构更稳定，解决了钻头中心管快速更换与检修的需求。

（3）新型钻杆锯齿形接头螺纹的设计、加工及检测，提高了连接螺纹的承扭及承拉能力。

（4）新型高保径自扩孔滚轮式稳定钻杆的研究，可提高导孔钻头的保径能力，同时提高导孔钻进精度与钻具钻进过程的稳定性。

申请专利3项，其中发明专利2项，见表4－8。

表4－8　新型大直径扩孔钻头结构及配套钻具开发研究专利情况

序号	专利名称	专利（申请）号	专利类别
1	锯齿形钻杆接头螺纹	200910147891.2	发明
2	大直径反井钻井分体式扩孔钻头及其拼装方法	200910147892.7	发明
3	扩孔钻头中心管锁紧螺母的锁紧与拆卸装置	200920159822.9	实用新型

（五）成果转化、产业化情况

课题任务是结合煤炭生产需要进行的，完成后与ZFY5.0/600型反井钻机主机配套，即可进行工业性试验。若按照每年建设30个井筒计，一套反井钻机年均完成2～3个井筒，则需要5～10台，按每年完成两个井筒计算，完成工程产值4000万～6000万元，消耗破岩刀具增加产值1200万～1800万元，一台钻机年增加产值8000万～10000万元。若按完成的工程为两个采区风井井筒，将使两个生产能力300万～500万吨的煤矿采区，提前出煤2～3个月，可以为矿山创造18亿～20亿元产值，2亿～3亿元利润。

（六）推广应用前景分析

课题开发研制的钻具系统与ZFY5.0/600大型反井钻机配套，形成了完整的大型反井钻井设备系统，可进行相关的工业性试验。主要针对煤炭行业施工采区风井井筒施工，同时也可应用于部分新建井筒，特别是在西部采用先施工斜井或其他立井，形成下部生产系统，再利用反井钻机施工；在其他地下工程建设领域，如水电站、抽水蓄能电站、公路隧道、地铁、铁路、金属非金属矿山、人防工程、军事设施等地下工程建设领域，都有广泛的应用前景。课题任务由于有技术和成本的双重优势，可以替代进口，提高民族产业比重，国家目前鼓励机电产品开发和出口，经过进一步努力，本项技术和设备，将会在国际反井钻机市场占有重要地位。

三、大直径煤矿风井反井钻井工艺技术研究

该课题是科技部科研院所专项资金规划项目“大直径煤矿风井反井钻井技术及装备”的第三个研究课题。

课题编号：2009EG122175；

起止时间：2009年7月—2010年12月；

承担单位：煤炭科学研究总院建井研究分院（北京中煤矿山工程有限公司）。

（一）研究目标

通过课题，完成ZFY5.0/600型反井钻机钻进工艺研究、地层处理技术研究，并完成工业性试验，最终完成“大直径煤矿风井反井钻井技术及装备”的全部研究课题，形成一套适用于煤矿大直径风井反井钻井成井的成套装备与工艺技术。

（二）主要研究内容

项目主要研究与ZFY5.0/600型反井钻机配套的大直径反井钻井工艺、大直径扩孔钻头滚刀布置、地层判识和处理技术、钻机、钻具和钻井工艺的总体工业性试验。具体研究内容包括：

（1）直径5米的扩孔钻头研制。大直径扩孔钻头滚刀布置技术、钻头整体稳定技术，形成可靠的直径5米的大直径反井钻机扩孔钻头。

（2）大直径反井钻井工艺研究。钻具布置、钻井参数、偏斜控制和钻井风险评价等技术研究，为工业性试验打下技术基础。

（3）地层可钻性研究。基于地质资料分析的地层参数识别与可钻性评价技术，包括钻进过程与地层力学特性之间的适应性研究，可钻性指标与地层物理力学特性的相关性与敏感性分析，基于地层

信息分析的围岩可钻性分级与评价，钻进过程对地层扰动特性的探测与分析，为该项技术提供理论支持。

（4）地层风险性评价。煤矿地质条件下反井施工过程中反井钻机设备的可靠性分析与风险评价，包括不同地质环境下反井钻机的工作状态评价，不确定性因素对钻机工作性能的影响，大直径反井钻凿过程中地层卸荷效应及其对钻机工作状态的影响，反井钻机对不同工程条件的适应性评价等。

（5）反井钻井过程中井筒稳定性分析与风险分析。包括钻进扰动作用下岩体力学性能变异，钻进扰动作用下井帮变形规律，钻进扰动荷载、地层、地压耦合作用下井帮稳定性分析与控制，基于动态稳定性分析的钻井工程风险分析、预测与控制对策。

（6）煤系地层条件下反井钻井工业性试验。包括工程地质调查，岩体物理力学参数试验与分析，反井钻井施工工艺参数优化，施工效果监测、评价与分析等。

（7）不稳定地层经加固后反井钻井施工过程中扰动效应检测与分析、钻井井筒整体稳定性分析与控制技术研究。

（三）主要考核指标

（1）完成煤系地层大直径反井钻井工艺研究，可以满足直径5米，深度600米的煤矿风井井筒一次钻成的需要。

（2）完成5米大直径扩孔钻头滚刀布置研究，加工完成一套扩孔钻头，用于工业性试验。

（3）反井钻井工程风险分析、与反井钻井井筒稳定性相关的地层加固处理技术研究，使大直径反井钻孔安全率达到90%以上。

（4）钻井终孔的有效断面满足工程要求，成井偏斜率小于0.5%。

（5）通过钻井工艺研究和工业性试验，完成一口钻井直径约5米的煤矿风井井筒钻进工程。

（6）申请发明专利1项。

（7）完成本年度课题的验收。

（8）资料整理完成“大直径煤矿风井反井钻井技术及装备”滚动开发项目的全部研究鉴定工作。

（四）取得的成果及技术创新性

（1）通过对反井钻机扩孔钻头的优化设计，对钻头滚刀布置理论研究，破岩机理的探讨，研制新型大直径反井钻机扩孔钻头，达到刀具合理布置、钻头可拆卸分体组装、刀具有效降温、钻具能满足大直径（5.0米）的反井钻井扩孔要求。并投入工业性试验，取得较高的钻进效率、稳定性，达到较高的钻进速度。

（2）研究成功了大直径全断面免刷大反井法凿井工艺，并在此工艺基础上提出了根据不同地层情况和功能要求的5种扩展新工艺，达到直径5.0米，深度600米反井钻井要求，避免或减少了常规反井法中通过钻眼爆破的方法刷大的工艺，提高了成井速度，减少了施工对围岩的扰动，有效保证了井筒的支护效果，大幅减少工人井下工作量和劳动强度。

（3）建立了地层可钻性与地层风险性评价方法，煤炭工程地质与水文地层条件多种多样，且钻进扰动作用下岩体力学性能产生变异，因此如何进行地层参数进行识别、可钻性评价、反井钻机设备的可靠性分析与风险评价，成为反井钻井有效实施的关键问题。

（4）开发并实现了软弱不稳定地层改性处理技术，通过理论分析和数值计算，发现通过对软弱地层的注浆加固，地层中的塑性变形区域消失，软弱地层塌孔和缩颈的风险大大减小；注浆加固提高了软弱地层的完整性和等效模量，因此井筒井径变形量大大减小；在注浆扩散范围为直径10米时，注浆加固效果最好。并将获得的成果应用于赵庄瓦斯井后续的反井钻机施工，井孔无明显涌水和漏水，反井成孔后裸孔无较大塌块，反井施工后直接进入支护环节。

（5）建立了反井钻井工程中井筒稳定性分析与风险控制体系，通过反井钻井常见危险因素分析，如在钻进扰动作用下岩土体力学性能、渗透性能发生变异、反井钻机设备风险等，并提出风险预测、控制方案。确保反井钻井过程中井帮的稳定、风险控制，保障施工安全。

（五）成果转化、产业化情况

使用前两个课题形成ZFY5.0/600型反井钻机主机系统和提吊系统，配制了钻头系统，在山西晋城王台铺煤矿1号辅助回风立井井筒完成直径5.0米，深度165米的工业性实施，并在晋城长平矿杨家庄回风立井工程、阳煤五矿小南庄瓦斯抽放孔工程、阳煤五矿小南庄瓦斯抽放孔工程、晋城寺河三水沟煤矿通风立井反井工程、晋城赵庄西范反井工程等多个井筒成功推广应用，最大钻井深度达到539米，最大扩孔直径5.3米，成井偏斜率均小于0.5%。

该课题的完成标志着国家科技部科研院所技术开发研究专项资金项目“大直径煤矿风井反井钻井技术及装备”的完成，从设备、机具、工艺和工业性试验等环节进行研究和攻关，形成了完整的大直径煤矿风井反井钻井技术及装备，研制出数台套大直径反井钻机及配套设备，具备了产业化生产和全面推广应用的条件。

“大直径煤矿风井反井钻井技术及装备”项目的完成使我国在煤矿井筒建设领域，以及相关地下工程建设领域的工艺技术大大提高，在技术上达到同等条件国际领先水平。可以协调煤炭产业发展中采掘不平衡现状，提高立井安全生产水平，形成大直径反井钻井工程和反井钻机制造产业，推动更多企业采用该项技术及装备，提高效率，节约工期，减少占地和环境污染，经济效益和社会效益十分显著。

（六）推广应用前景分析

课题开发研制的大型反井钻机是针对煤炭行业施工采区风井井筒施工，同时也可应用于部分新建井筒，特别是在西部采用先施工斜井或其他立井，形成下部生产系统，再利用反井钻机施工；在其他地下工程建设领域，如水电站、抽水蓄能电站、公路隧道、地铁、铁路、金属非金属矿山、人防工程、军事设施等地下工程建设领域，都有广泛的应用前景。该技术可覆盖全国、跨行业系统，我国正处在基本建设大发展时期，地下工程占建设总量的很大比重，将需要反井钻机和相应施工技术来满足生产需要。课题任务由于有技术和成本的双重优势，可以替代进口，提高民族产业比重，国家目前鼓励机电产品开发和出口，经过进一步努力，该技术和设备将会在国际反井钻机市场占有重要地位。

矿井水害快速治理技术与装备

该课题是“十一五”国家科技支撑计划项目“矿井老空区探测与水害防治关键技术及装备（2007BAK24B00）”的课题之一。

课题编号：2007BAK24B05；

起止时间：2007年1月1日—2010年6月30日；

承担单位：天地科技股份有限公司。

课题分为6个专题：矿井突水水源快速判别技术及便携式测试装置、井下高精度定向钻探技术与快速注浆工艺和装备、地面高精度定向钻探技术与快速注浆装备、动水条件下的高效注浆材料的研发、基于全尾充填技术的采空区水害控制关键技术及装备研究和岩溶水矿井井下定位注浆技术和装备研究。

一、研究目标

通过建立矿井突水水源快速判别系统、研制一种便携式突水分析专用实验仪器；研发井下快速移动钻机和高精度定向钻探技术，井下快速注浆工艺与注浆配套装备；开发适用于动水条件下的高效注浆材料；研发地面高精度快速定向钻探与注浆工艺和装备；形成对矿井水害突水水源的快速探查、突水点（面）的快速注浆封堵技术和装备，为被淹矿井的快速疏干恢复和安全生产提供有效技术保障。

通过全尾充填采空区水害综合处置技术和金属矿山低能耗结构流充填技术的研究，使示范矿山老采空区及新增采空区全尾充填率达到85%～90%，尾矿及掘进废石等固体废弃物得到完全资源化利用，从而少设或不设尾矿库及废石堆场。

针对岩溶水矿井水害和疏干开采存在的问题和岩溶水矿井水文地质条件及矿床岩溶水特征，研究岩溶水矿井的井下定位注浆的成套工艺设备。研究应用光纤声发射技术检测岩溶水矿井注浆堵水帷幕的稳定性技术。

二、主要研究内容及完成情况

（一）矿井突水水源快速判别技术及便携式测试装置

承担单位：煤炭科学研究总院西安研究院。

研究内容：研究我国煤矿主要突水水源类型及

其水质特点，建立基础数据库；基于上述数据库，建立水质分析数据处理和水源判别模型；构建突水水源判别分析系统；研究和优化突水分析专用标准试剂；形成便携式快速测试的试验室产品；实现突水现场的水源快速测试和判别。

完成情况：通过测试和收集我国华北地区赋煤区水质资料共计627份，研究了5个矿区主要水害的水化学特征，建立了各矿区水质资料的基础数据库，包括晋城矿区水质资料105份，潞安矿区水质资料73份，平顶山矿区水质资料169份，邢台矿区水质资料173份，神东矿区水质资料107份。

建立了矿井水质快速检测分析系统，包括突水水源快速判别分析软件，建立了627个水样的水化学资料基础数据库。

在测试研究中试制出煤矿水质钙、镁、钠多离子测试仪，完成矿井突水水源快速分析的便携式测试装置。

系统经现场实测，判别准确率达到95%以上。

发表论文1篇，申请实用新型专利1项，获得软件著作权1项。

（二）井下高精度定向钻探技术与快速注浆工艺和装备

承担单位：煤炭科学研究总院西安研究院、内蒙古科技大学、陕西煤业集团神木柠条塔矿业有限公司。

研究内容：研究井下常规钻具快速钻进的方法；研究井下注浆钻孔内涌水条件下钻孔测斜工艺和孔底驱动马达定向钻进方法，实现井下注浆钻孔的测斜和定向钻进；研究模块化的井下快速注浆泵和搅拌系统，形成矿井突水井下快速注浆专用设备系统。

完成情况：采用不同的稳定组合钻具减少水平钻孔偏斜，采用孔内螺杆钻具（孔底马达）对钻孔进行纠斜，可保证钻孔深度达到150米以上，偏斜率在1%以内。

研究选用单点有缆测斜仪，采用钻杆顶推和水力输送方法，并研制了配套的通缆式水龙头和测斜仪扶正加长装置。该测斜仪及输送方法可以满足150米水平孔测斜要求。

研制出组合式井下快速移动注浆系统，包括BW－320型泥浆泵和射流式快速搅拌机，组合安装于同一底盘，设有轨道轮和橡胶轮两种移动方式，可满足井下钻进和注浆使用。

选用CS水泥－水玻璃双液浆作为井下动水快速注浆封堵材料，并对其性能和注入工艺进行了深入研究。

经在陕西煤业集团神木柠条塔矿业有限公司进行井下试验证明：选用的钻进设备、稳定组合钻具和测斜仪器，完成井下水平钻孔深度在150米以上，钻孔斜度3度，满足研究要求。使用研制的组合式井下快速移动注浆系统进行了注浆，可满足井下快速移动和快速注浆要求。

发表论文2篇，申请实用新型专利1项。

（三）地面高精度定向钻探技术与快速注浆装备

承担单位：天地科技股份有限公司。

研究内容：研究地面快速高精度陀螺连续测斜和随钻测斜定向技术，形成新一代可连续测斜的陀螺测斜仪，并与随钻测斜仪、螺杆钻具配套，实现注浆钻孔的快速测斜与定向；研究地面快速移动的高压大泵量无级调速注浆泵、孔内混合装置，实现矿井突水后可用于地面注浆的快速、多用途（可注水泥浆、化学浆）的注浆泵系统。

完成情况：研制的连续陀螺测斜仪及配套绞车、地面仪已完成，顶角测量精度±1分，方位角测量精度±2.5度，并与随钻测斜仪配合（利用其定向速度快、方位角精度高、陀螺测斜仪顶角小的特点）进行了钻孔测斜定向工作，中靶偏斜率达到2.3‰，中靶率100%。仪器具备850米深钻孔测斜定向能力。

研制的柴电双动、无级调速高压注浆泵已完成，经测试最高压力可达到35兆帕，最大流量750升/分钟，超过课题指标要求，可满足野外抢险环境及无级调速的注浆要求。

发表论文2篇，申请实用新型专利1项。

（四）动水条件下的高效注浆材料的研发

承担单位：天地科技股份有限公司。

研究内容：研究地面注浆用动水条件下高效注浆材料配方和相应的注浆工艺。采用无机系的水泥基材料与有机系的高分子化学材料相结合的复合材料，通过进行室内配方试验、在室内动水试验台上模拟动水注浆试验，检验材料性能。

完成情况：对以聚氨酯和水泥为基材的复合浆液进行了室内性能研究，其胶凝时间0.5～8分钟，结石体大于3兆帕，最大可达24兆帕。材料性能可满足地面动水注浆需要，达到考核指标。

研制完成动水模拟试验台，可模拟动水流速0~15.7米/分钟，大于考核指标要求。并在模拟试验台上对聚氨酯浆液和复合浆液进行了动水注浆试验。试验证明，在动水流速小于3米/分钟情况下，可以实现堵水，结石体可以承受10兆帕的渗透压力。

发表论文1篇。

（五）基于全尾充填技术的采空区水害控制关键技术及装备研究

承担单位：长沙矿山研究院、中钢马鞍山矿山研究院和莱芜莱新铁矿有限责任公司。

研究内容：研究全尾充填采空区水害综合处置技术和金属矿山低能耗结构流充填技术。有效利用大量废弃的尾矿砂，变废为宝，研究低成本胶结方法和低能耗输送方法，提高固结速度、充填质量和自动化程度。

完成情况：已完成课题计划的全部工作。进行了两个矿井——莱芜莱新矿业有限公司、铜陵有色金属集团公司冬瓜山铜矿的全尾砂基本性能测定和充填材料配比优化试验。进行了全尾砂脱水方式试验研究及充填料浆流动性试验、输送性能分析计算。完成了一个矿山充填系统方案设计及施工，建立了一套示范生产线。

建立了低能耗全尾砂结构流胶结充填系统并应用于莱芜莱新矿业有限公司矿山生产中。根据具体矿山尾砂情况，充填尾砂浓度为58%~62%，流量为60~80立方米/小时，单月最大充填量为2.55万立方米，充填体强度为0.59~2.86兆帕，不析水，满足采矿法要求，直接结顶率达到85%以上，用胶固粉全部替代水泥，水泥用量降低100%，充填成本大幅降低。示范矿山试验采空区全尾充填率达到100%。

（六）岩溶水矿井井下定位注浆技术和装备研究

承担单位：中国安全生产科学研究院、莱芜钢铁集团莱芜矿业有限公司和湖南科技大学。

研究内容：通过对金属矿山岩溶水矿井灰岩含水特性分析，研究顶板定位注浆合理的工艺参数，包括注浆孔深度、孔间距、注浆压力、帷幕厚度、扩散半径等，在近矿顶板一定范围内形成人工隔水帷幕，实现岩溶水矿床的安全开采。

研究井下高压注浆泵等定位注浆设备，改进注浆泵密封，提高设备的可靠性和使用寿命。

研究应用光纤声发射技术检测岩溶水矿井注浆堵水帷幕的稳定性技术。

完成情况：完成注浆参数的优化研究，得出合理的注浆工艺参数，如注浆孔深度、孔间距、注浆压力、帷幕厚度、扩散半径等，并在金属矿山井下进行了试验，达到预期效果。

对井下注浆泵的密封件进行了研究，实际平均使用寿命达到200小时以上。

开展了光纤声发射传感器技术调研，进行了光纤光栅振动传感器的封装工艺研究，研制了基于光纤光栅的微震传感系统，灵敏度已达0.005米/秒^2，动态范围接近80分贝，频率响应10~100赫兹。

研究了光纤光栅振动传感器，采用悬臂梁增敏技术提高传感器的灵敏度，并采取措施消除温度效应对传感器的影响。同时，进行了信号的解调系统研究，设计了基于匹配光栅技术的解调系统，并在谷家台铁矿应用。

发表论文2篇。

三、课题取得的成果及创新性

研制成功煤矿便携式水质快速综合测试仪，煤矿水质钙、镁、钠多离子测试仪，矿井水源快速判别分析软件，形成配套的可在现场方便携带使用的水源快速判别系统，实现矿井突水水源的快速判别，为矿井突水害灾抢险救援以及处理方案决策提供及时、可靠的依据，将极大缩短抢险救灾时间，作用非常重大。该系统的研制成功填补了国内矿井水质、水源快速判别领域的空白，在国内和国际上都处于领先水平。同时形成便携式水源快速判别装置成套产品，为大量存在水害威胁的矿山提供服务。

研制成功复杂地层井下高精度定向钻进工艺，定向钻进能力达到150米，配合研制的井下移动快速注浆系统，可以实现突水后在井下对突水点的快速定向钻进、快速注浆封堵，为第一时间在井下进行突水治理提供装备和技术支持。

研制的地面高精度连续陀螺测斜仪，精度高、测斜速度快；研制的地面柴电双动无级调速高压注浆泵，使用地点不受限制；配合研制的适合地面注浆的聚氨酯－水泥复合动水注浆材料，可在矿井突水后，实现从地面对突水点或过水通道进行快速高精度定向钻进和快速注浆封堵；同时形成地面抢险专用高压注浆泵产品和动水注浆材料，为矿井水害抢险提供装备和技术保证。其中柴电双动无级调速高压注浆泵填补了国内空白,技术处于国内领先水平。

研制的金属矿山全尾砂低能耗结构流采空区充填技术，形成成套技术与装备，可有效利用大量废弃的尾矿砂，变废为宝，成本低，固结速度快，接顶率高，充填质量和自动化程度高，及时充填新、老采矿区，为避免采空区塌陷和形成采空区积水水源，防止采空区突水水害提供技术保障。该技术在国内处于领先水平，并在山东莱芜莱新矿业有限公司形成一条示范生产线。

研制的岩溶水矿井井下定位注浆技术与井下注浆帷幕稳定性监测装置——光纤岩移微震监测系统，为岩溶矿井采用井下顶板注浆方法，预防金属矿山采矿期间矿井突水提供技术支持。

申请实用新型专利 3 项，见表 4－9。

表 4－9　矿井水害快速治理技术与装备项目专利情况

序号	专利名称	专利（申请）号	专利类别
1	一种二氧化碳去除器	201020509785.2	实用新型
2	具有钻孔控制注浆装置的组合式钻具	ZL200920034264.3	实用新型
3	一种小直径高精度陀螺连续测斜仪	201029166017.9	实用新型

软件著作权 1 项，“矿井水质快速检测分析系统 V1.0”，登记号：2010SR046375。

发表论文 10 篇。

四、成果转化、产业化情况

研制的便携式水源快速判别装置已形成成套产品，并在山西晋城矿区和潞安矿区成功应用。

研制的井下高精度定向钻探技术已在陕西煤业集团神木柠条塔矿业有限公司井下应用。

研制的高精度陀螺连续测斜仪已在淮北矿业集团信湖煤矿主井地面预注浆工程中应用。

研制的柴电双动无级调速高压注浆泵已在淮北矿业集团邹庄煤矿井筒地面预注浆工程和信湖煤矿主井地面预注浆工程中应用。

研制的全尾砂低能耗结构流采空区充填技术与成套装备已在山东莱芜莱新矿业有限公司成功应用。

研制的岩溶水矿井井下定位注浆技术和帷幕稳定性光纤岩移监测系统已在莱钢集团莱芜矿业有限公司顾家台铁矿井下应用。

五、推广应用前景分析

便携式突水水源快速判别系统具有快速、方便现场使用的特点，随着该系统数据库的逐步完善，面对全国频频发生的煤矿水灾，其成果在我国多个富水和水害频繁的矿区具有巨大的应用市场。

井下高精度定向钻探技术与快速注浆装备，由于其可充分利用井下离突水点近、减少钻探工程量、针对性强、速度快的特点，在井下突水封堵、超前探水方面可得到广泛应用，在各种矿山具有广泛的推广应用前景。

地面高精度连续快速测斜仪与地面移动式高压无级调速注浆泵，不仅可满足地面高精度探孔和水害快速注浆治理的需求，也可在其他高精度钻探孔和野外快速注浆工程中应用，应用范围较广。动水条件下的高效注浆材料，是目前突水抢险过程中缺乏的关键材料，应用推广价值较高。

全尾砂低能耗结构流充填技术，提高了尾砂利用率和充填效率，是目前其他充填技术的升级换代技术，同时可对矿区及周边生态环境进行有效的保护，尾砂废石得到全部资源化，不存在对生态环境的影响和破坏，同样有极大的推广应用价值。

遇险人员快速救护关键技术与装备

该课题是“十一五”国家科技支撑计划项目“矿井重大灾害应急救援关键技术研究（2007BAK23B00）”的课题之一。

课题编号：2007BAK23B04；

起止时间：2007 年 1 月—2010 年 6 月；

承担单位：天地科技股份有限公司；

其他参加单位：中煤科工集团抚顺研究院、焦作煤业集团公司技术中心、北京科技大学、中钢集团马鞍山矿山研究。

课题包括5个专题：长效高可靠性自救技术与装备、可移动式救生舱、矿井安全抗灾型排水成套装备、救护气垫与组合式支护设备和救灾用防爆装岩机。

一、研究目标

研制出符合等效欧共体标准的化学氧自救器及相关材料（包括有效氧含量大于32%的粉状化学生氧剂——超氧化钾和高效片状生氧剂），达到出口要求。

研究井下工人自救用密闭救生舱，得出井下密闭空间内人体的生存参数和舱内氧气供给、空气调节方法，合理选择与布置舱内外监控与通信设施，设计出可防止瓦斯煤尘爆炸的救生舱体，并通过相关的模拟试验研究，制定出矿用救生舱生产与应用标准，为矿难发生时的快速救援提供科学基础与技术支持。

研究安全抗灾型排水成套设备，在正常排水时，满足爆炸性气体环境下的自动化运行，当突水或透水时能迅速全部开启所有水泵，延缓水位上升速度，赢得人员撤离和抢险救灾时间。

建立塌方巷道救灾支护体系的受力模型，提出塌方巷道救灾支护方案，利用研制的组合支护设备和救护气垫，在短时间内实现对井下一定空间的支护。

研究救灾用防爆装岩机，用于灾害现场清矸。平时装岩机位于掘进巷道中，可作为生产掘进装岩机使用，发生灾害后，需要清理塌落矸石时，可运至事故现场进行清矸。

二、主要研究内容

研制出粉状的超氧化钾生氧剂的生产技术与装备，研究出将这种粉状生氧剂压制成高效片状的工艺，研究出符合等效欧共体标准的化学氧自救器。

研究密闭救生舱体的整体设计，生存空间氧气供给装置，舱内冷却系统，通信系统的选择、布置及试验，监测系统的选择、布置及试验，系统设备动力供应研究，人—机—环境系统，系统设备附属装置。

研究隔爆与潜水多功能抗灾型电动机；研究多级离心卧式陆潜两用排水泵，研究具有适合该系统的地面直接供电设施，研究智能化全自动地面远程操控系统，研究模拟淹井工况工业性试验装置。

开发刚性多级伸缩支柱及组合支架，研制柔性救护气垫（囊、棒），改进便携式动力源选配，研究性能检验与模拟现场试验，研究松动破碎巷道快速支护成巷方法与技术。

研究救灾用防爆装岩机整体设计，研究工作机构的研究设计，研究液压系统。

三、考核指标及任务完成情况

（一）长效高可靠性自救技术与装备

主要考核指标：研制出粉状超氧化钾生氧剂技术与装备，研制出的粉状超氧化钾有效氧含量大于32%，视密度大于0.55克/毫升；压制出片状生氧剂强度大于30牛，视密度为0.6～0.7克/毫升，孔隙率为44%～48%，碳酸钾浓度小于2%，达到出口要求；研制出符合等效欧共体标准的化学氧自救器，口具温度小于60摄氏度，二氧化碳浓度小于3.0%，平均二氧化碳浓度小于1.5%，脉动呼气阻力与脉动吸气阻力之和应小于1800帕，单个最大脉动吸气或脉动呼气阻力应小于1200帕。

任务完成情况：研制出的化学氧自救器符合等效欧共体标准，口具温度小于54.1摄氏度，最大二氧化碳浓度小于0.34%，平均二氧化碳浓度小于0.20%，脉动呼气阻力与脉动吸气阻力之和小于1340帕，单个最大脉动吸气或脉动呼气阻力小于830帕，均优于考核指标。

其他方面均达到考核指标。

（二）可移动式救生舱

主要考核指标：研制适用于煤矿或非煤矿山井下发生的各类爆炸、煤与瓦斯突出、冒顶、外因火灾等事故现场的人员避难用救生舱，舱内设有独立的生命维持系统，在没有外界动力条件下可提供8人4天的生存环境，以及食物、水等生存物质，舱内人员可在此期间等待救援；同时，舱内人员可通过内部设备紧急救助一定范围内受伤、受困人员，并通过监测仪器了解所处环境各类参数，通报井下情况，与矿井各部门取得联系，对可能发生的事故作出预警。

任务完成情况：矿用可移动式救生舱关键技术研究已经完成，舱体可承受最大冲击压力2.2兆帕；舱体可承受外部1200摄氏度瞬时高温，260

摄氏度下持续12小时，舱内温度30摄氏度以下；在外部动力、压风等中断情况下，可独立保障8人96小时的生存环境,舱内指标达到氧浓度18.5%~21.5%，二氧化碳浓度小于0.8%，温度小于35摄氏度，相对湿度小于85%，一氧化碳浓度小于24×10^{-6}；舱内具有完善的环境监测及通信系统，可实时监测舱内及舱外生存环境，并与井上联系，主动救援。

（三）矿井安全抗灾型排水成套装备

主要考核指标：淹井后在6兆帕高压水作用下设备能正常工作，且在高压水中浸泡2个月后仍能可靠运行。水泵流量450立方米/小时，扬程600米以上。

任务完成情况：通过近2年的工业性试验，研制的防爆与潜水多功能抗灾型电动机、多级离心卧式陆潜两用排水泵和操作、控制闸阀等装备能在6.4兆帕的高压水中可靠运行，效果良好。并实现了将井下排水泵操作开关和排水供电系统移至地面井口附近（即地面向井下排水泵房供电线路的最短距离位置），直接在地面对井下排水泵电动机进行启闭操作。

（四）救护气垫与组合式支护设备

研究一种支护体系受力模型和两种救护种设备。支护体系受力模型以弹性地基梁理论为基础，提出了一种支护体系的荷载计算公式，用于计算巷道塌方高度及支护体系的荷载。矿用快速救护气垫是一种以压缩空气为工作介质的起重或移动重物的橡胶垫。救护通道是一种以液压千斤顶为动力，能够在碎矸石中自行前移（或回撤）支护的设备。

研制出全部采用聚芳香族酰胺（芳纶）帘子布为骨架材料的7种规格的救护气垫。实验室试验和现场工业性试验表明，该产品各方面的性能已基本赶上国外同类产品。

救护通道是为在塌方事故中构筑临时性救护通道设计的一种专用设备，它以液压千斤顶为动力，能够在碎矸石中自行前移（或回撤）。该支架为三角形，分牵引架和支撑架。在牵引架的3个端点各安装一根千斤顶，推动支架移动，支撑架跟随牵引架的移动在其护板下支设，架设出一条救护通道。

完成了救护千斤顶、便携式空压机和便携式油泵等结合式支护设备。

（五）救灾用防爆型装岩机

主要考核指标：研制救灾用防爆型装岩机，最小适用巷道宽度3米，高度2.8米。

任务完成情况：采用装卸分离——由机器的不同机构完成的方式，使机身高度小于2.1米，可在高度不低于2.5米的巷道工作，实现小断面巷道的装卸载。

四、课题取得的成果及创新性

建立了应急救援新体系。开发了具有完全自主知识产权的新型生氧剂生产工艺。经过大量试验，探索出平衡物理参数和化学参数对片状生氧剂互相矛盾、互相制约影响的工艺方法，研制出DW401、DW601型片状生氧剂。自救器的大口径生氧药罐结构设计、气流分配器与呼吸软管一体化设计提高了自救器性能，符合适合欧共体标准。通过人体代谢模拟、真人生存等大量实验室试验，在密闭空间人体生存条件和极限参数方面，进行了全面、深入、系统的研究，取得了人体最小生存空间、自身有害气体排放、基本生存环境的丰富数据，形成了井下移动救生舱系统关键制造技术。建立了支护计算模型，进行系列创新设计，研发了救灾用清矸、支护装备。突破了救灾电机隔爆与密封互相矛盾的核心技术。取得的新产品包括：粉状超氧化钾，片状超氧化钾，OSR K 30化学氧自救器，JFY－96/8矿用可移动式救生舱，ZQ系列矿用增安型潜水电泵，矿用快速JD型救护气垫，矿用组合式支护设备，ZWY－70/55.75L型救灾用防爆装岩机。

申请专利17项，其中发明专利5项，实用新型专利12项；已授权13项，其中发明专利2项，实用新型专利11项，见表4－10。

表4－10　遇险人员快速救护关键技术与装备项目专利情况

序号	专利名称	专利（申请）号	专利类型
1	复合型生氧剂及制备方法	200810012305.9	发明
2	一种二氧化碳吸收剂及制备方法	ZL200710012336.X	发明

表4－10（续）

序号	专 利 名 称	专利（申请）号	专利类型
3	一种煤矿用可移动式应急救生舱	(200710176709.7)	发明
4	一种用于煤矿用可移动式应急救生舱的空气调节系统	(200910079754.X)	发明
5	一种用于煤矿用可移动式应急救生舱的通信一体化装置	(200910089206.5)	发明
6	单驱动对称平衡离心式卧泵	ZL2008201166165	实用新型
7	双驱动对称平衡离心式卧泵	ZL2008201169892	实用新型
8	可潜卧式多级离心排水泵	ZL2008201166199	实用新型
9	正压通风平衡型防爆潜水双功能电动机	ZL2008201169943	实用新型
10	水夹壳散热防爆潜水双功能电动机	ZL200820116617X	实用新型
11	平衡型隔爆潜水双功能电动机	ZL2008201169958	实用新型
12	干式防水型隔爆潜水双功能电动机	ZL2008201169939	实用新型
13	热管散热隔爆潜水双功能电动机	ZL2008201169962	实用新型
14	一种挖掘式装载机的挡料机构	ZL201020204514.6	实用新型
15	一种挖掘式装载机的动力系统	ZL201020204521.6	实用新型
16	一种可移动式应急救生舱的监控装置	ZL200720190824.5	实用新型
17	一种用于煤矿用可移动式应急救生舱的气动控制装置	200820079775.2	实用新型

制定标准8项，其中国家标准1项，行业标准4项，企业标准3项。

五、成果转化、产业化情况

沈阳研究院已经将课题成果进行转化，建成粉状超氧化钾、片状超氧化钾和化学氧自救器3条生产线。形成年生产粉状超氧化钾200吨，片状超氧化钾200吨，化学氧自救器5万台的生产能力。

2009年12月，首批30台矿用可移动式救生舱已经全部下线，其中16台投入山西潞安矿业集团常村煤矿井下现场应用，在下井、运输、安装、调试过程中，所有矿用可移动式救生舱拆装方便，再次组装后气密性能良好，舱内设备正常，物资齐备，通信、监测、动力系统与矿井原系统对接状况良好；同时，救生舱操作培训工作已经在全矿井作业人员中顺利展开。2010年5月，常村煤矿完成了以救生舱为主要设施的井下安全避险“六大体系”的建设。常村煤矿N3采区所有救生舱已经初步具备救援功能，并已建成覆盖全员的安全体系，可容纳避难人数970人左右，覆盖井下所有作业区域，显著提高了井下应急救援技术装备水平及对矿井重大灾害的应对能力。救生舱在常村煤矿的应用，证明矿用可移动式救生舱项目适应煤矿井下实际要求，对提升煤矿救援装备及安全防护水平具有极大的示范和推广作用。

六、推广应用前景分析

该项目成果能够应用于我国各地大中型煤矿以及非煤矿井，防爆装岩机除可用于抢险救灾外，也可用做岩巷掘进和煤巷的装载设备。相比侧卸装岩机，因为装卸载方式不同，可以适应更小的巷道断面，使用范围更广。目前，全国侧卸装岩机的使用有500台左右，耙斗装岩机的使用量近万台，由于安全缘故，国家将限制耙斗装岩机的使用，本机作为一个有效的装岩机械，可以逐步替代耙斗装岩机。因此，救灾用防爆装岩机也会面临一个较好的市场机遇。

救灾用防爆装岩机的使用，将改变以往抢险救灾过程中清矸的手工作业方式，提高救灾的机械化水平，可以显著提高清矸效率，加快清障速度，争取宝贵的救援时间，减小伤亡事故。

矿用快速救护气垫用途多种，有很好的市场前景。在我国煤矿伤亡事故中顶板事故约占1/3，特别是坚硬顶板，一块矸石下来往往重达几吨甚至十几吨。在处理这类顶板事故中，由于普通的起重设备无法使用，救护队员只好冒着危险，用大锤将矸石打碎，解救受伤人员。有时因为矸石过大，或作业空间过于狭窄，操作困难，往往要连续干上几个小时，甚至一个班。如果采用救护气垫，从准备到把矸石托起将人员解救出来，只需要十几分钟时间，使受伤人员得到及时的抢救。从而可避免因时间过长，受伤人员得不到及时抢救而引起的死亡事故，因此，救护气垫的社会效益是十分明显的。

根据上述情况，全国每个煤矿的救护队装备3～4套矿用快速救护气垫是十分必要的。煤矿装备矿用快速救护气垫后，能够有备无患，从长远角度来考虑，在经济上还是十分合理的。因此仅煤炭行业，其市场前景已是十分广阔。另外，救护气垫还可以用于其他金属和非金属矿山。在地震、大型建筑物倒塌等抢险救灾中，也大有用武之地；在建筑等行业中，重物的搬移和调整；汽车修理行业中，修换轮胎，它都可占有一席之地。

根据资料介绍，救护气垫的另外一个特殊用途是管道或容器堵漏。其方法是用钢丝带将没充气的救护气垫捆在管道或容器破损处，充气后其压力自然将破损处堵住，避免管道或容器内的物质泄漏，污染环境。

深厚冲积层冻结法凿井技术

该课题是“十一五”国家科技支撑计划项目“煤炭资源高效采选关键技术及装备研发(2006BAB16B00)”的课题之一。

课题编号：2006BAB16B01；

起止时间：2006年11月1日—2009年12月31日；

承担单位：天地科技股份有限公司；

其他参加单位：中国矿业大学、国投新集能源股份有限公司、安徽理工大学、中煤特殊凿井（集团）有限责任公司、煤炭工业合肥设计研究院。

一、研究目标

研究形成深厚冲积层冻结法凿井技术与工艺体系，解决冻结管断裂与外层井壁压坏等深厚冲积层600～800米冻结法凿井施工技术难题；井筒单位成本控制在目前厚度600米以浅冲积层冻结井水平；完成一个示范工程；为深厚冲积层600～800米深冻结井安全、快速、高效施工提供技术支撑。

二、主要研究内容

研究超高围压下深厚冲积层土的常规和冻结物理力学特性，研究深厚冲积层冻结壁设计理论，研究深厚冲积层冻结工艺设计理论与应用技术，研究深井冻结施工综合监控及信息化施工技术，研究深厚冲积层井壁结构设计及其应用技术，进行工业性试验，实施示范工程建设。

三、主要考核指标

（一）主要技术指标

（1）提出深厚冲积层600～800米冻结法凿井冻结壁设计计算理论、冻结工艺设计理论和应用技术。

（2）开发成功新型多层复合承载井壁结构，并提出相应的设计方法。

（3）研制成功600～800米深井冻结施工综合监控系统并提出冻结壁形成状况及其安全性的智能化评价方法。

（4）完成1项示范工程，解决冻结管断裂和外层井壁破坏问题，井筒单位成本控制在目前厚度600米以浅冲积层的冻结井水平。

（5）制定我国首部深厚冲积层冻结法凿井技术推荐规程。

（6）预计在施工监测系统、冻结器、井壁结构等方面申报专利2项。发表论文10～15篇。

（二）主要经济指标

示范工程井筒单位成本控制在25万～30万元/米以内。

（三）项目实施中形成的示范基地、中试线、生产线及其规模等

课题计划建设1项示范工程，为山东万福矿主副井冻结凿井工程。经课题中期评估，将示范工程

点调整为口孜东矿主、副井冻结凿井工程。该工程井筒通过冲积层厚度570米，冻结深度达到737米，为国内目前最深的冻结井筒。

（四）人才队伍建设

使一大批科研、教学和工程领域的青年技术人员得到不同专业、不同岗位科研工作的锻炼培养，显著提高相关领域的技术与科研工作水平。此外，采用科研与研究生教学相结合的方式，为研究生培养提供良好的科研与学习平台，培养硕士和博士5~8名。

四、课题取得的成果及创新性

（1）课题研究解决了5个关键技术问题：超高围压下深厚冲积层土的常规和冻结物理力学特性、深厚冲积层冻结壁设计理论、深厚冲积层冻结工艺设计理论与应用技术、深井冻结施工综合监控及信息化施工技术、深厚冲积层井壁结构设计及其应用技术。

（2）课题研究获取了超高围压下（≥12兆帕）非冻土与冻土的强度特性、变形特性、结冰温度、冻胀规律及超高围压下冻土的蠕变特性等。

（3）提出了深厚冲积层冻结壁计算理论与设计方法。建立了冻结壁与未冻土和冻结壁与外层井壁共同作用、按强度和变形条件控制的冻结壁设计计算方法，综合考虑冻结壁整体强度、变化的温度场、冻结壁稳定、冻结壁位移、支护条件等因素，结合井筒工程、地质实际情况进行课题示范工程点口孜东矿井的深厚冲积层多圈孔冻结壁设计计算。

（4）提出了更为先进的冻结工艺应用技术，包括超深冻结孔高精度靶域成孔技术、高效制冷系统和多圈孔冻结供冷技术等，结合井筒工程、地质条件，提出冻结深度达737米的课题示范工程点口孜东矿井经济合理的深厚冲积层冻结工艺实施方案。

（5）成功开发了600~800米深井冻结施工综合监控系统EFM-6000，可满足深井冻结施工过程中冻结盐水流量和温度、冻结壁形成特性、位移特性等综合监控技术和信息化施工技术需要，开展冻结壁形成特性的动态监控与预报，建立了冻结壁形成特性监控方案，实现有效控制，安全施工。

（6）根据对新型钢纤维混凝土井壁材料、双层钢筋混凝土结构的研究及对原始地层与冻结壁、冻结壁与外层井壁、外层井壁与内层井壁结构共同作用研究，提高了混凝土井抗压强度系数，建立了井壁结构设计理论模型，结合具体的工程、地质条件，确定了课题示范工程点口孜东矿井安全经济合理的多层复合承载高强钢筋混凝土井壁结构和掘砌施工工艺。

（7）研究成果填补国内外深厚冲积层600~800米冻结凿井技术的空白，总体达到国际领先水平。

（8）制定我国首部深厚冲积层冻结法凿井技术推荐规程《煤矿冻结法开凿立井工程暂行技术规范》，中国煤炭建设协会2009年12月发布。

（9）发表论文42篇。

五、成果转化、产业化情况

深厚冲积层冻结法凿井技术研究成果在课题示范工程点口孜东矿得到了成功应用，井筒穿过冲积层厚度572米，冻结深度737米。根据课题各项研究成果，口孜东矿主、副井采用多圈孔冻结和冻结壁与井壁共同作用机理设计两壁，有力地保证了冻结壁的强度和厚度，冻结方案设计严格控制深厚冲积层下部黏土层（垂深550米左右）井帮温度在零下8摄氏度以下，每百米井筒深度的井帮温度下降梯度为1.5~2摄氏度，冻结壁的井帮温度较低，冻结壁和井壁强度高，冻结壁变形控制效果好，确保冻结管安全和外壁施工质量。施工过程中的实测表明，井帮位移很小，底鼓也很小。冻结壁平均温度、冻结壁平均厚度和井帮平均温度均达到或超过冻结设计要求，实际冻结效果良好，为井筒掘进施工提供了有力的保证。

通过口孜东矿冻结法凿井信息化监测系统的应用，对主、副井的冻土进入荒径距离、井帮温度、冻结壁平均温度和冻结壁平均厚度的预测，提前了主、副井开挖时间，提高了主、副井的开挖速度，节省了冻结时间和费用，为口孜东矿井的建设节省了宝贵的时间；为井筒掘砌提供了具体的冻结壁参数，保证了井筒的高效、安全、快速掘进，井筒冻结凿井成本控制在27万元/米左右，取得了巨大的经济效益。

三　国家重点实验室建设

“十一五”期间，在国家政策、中央财政支持下，科研院所、高等院校及大型企业在建井技术、科研条件建设方面得到了迅速发展，一批国家或省部级实验室或研发中心建成或正在建设。

一、煤矿深井建设技术国家工程实验室

煤矿深井建设技术国家工程实验室是国家发展和改革委员会2008年批准的第一批国家工程实验室项目，旨在紧密围绕我国煤炭工业的发展需要，提高煤矿深井建设领域自主创新能力，积极完成国家有关部门委托的科研课题，开展相关产业关键技术攻关、重要技术标准研究制定，凝聚、培养产业急需的技术创新人才。

实验室建设目标为：围绕我国煤矿开采对深井建设技术的迫切需求，研究深厚冲积层冻结法凿井、深厚冲积层钻井法凿井、深井含水岩层地面预注浆、深部硐室群支护等关键工程技术，建立深井建设特殊凿井技术基础数据库，形成较为完整的技术体系。

实验室由北京试验系统和淮北现场检测系统两部分组成。其中北京试验系统主要建设冻结法、注浆法、钻井法凿井技术和深部硐室群支护技术等4个研发平台，由天地科技建井研究院（北京中煤矿山工程有限公司）负责，依托天地科技建井研究院冻结、注浆、钻井、矿山技术、井巷技术装备、矿山支护与加固、轨道交通工程和定向钻进技术装备等8个研究所，对现有的钻井井壁、钻井刀具、钻井泥浆、冻土与冻结工艺、注浆工艺、注浆材料和矿井地温等7个实验室进行整合和改造。建井研究院现有各类工程技术人员和经济管理人员83人，其中中国工程院院士1人、研究员和高级职称50人；拥有自行研究的科研成果480多项，其中有近150多项获国家级或省部级各类科技成果奖，申请并获准专利90余项。获奖项目包括国家发明二等奖1项、三等奖1项，国家科技进步特等奖1项、一等奖2项、二等奖9项。淮北现场检测系统主要建设钻井和冻结2个现场工程检测平台，由中煤第三建设（集团）有限责任公司（中煤矿山建设集团有限责任公司）负责。

冻结技术研发平台主要包括：深厚冲积层常规及冻土物理力学试验系统，深厚冲积层冻结壁形成规律及冻结工艺试验系统，深厚冲积层井壁结构试验系统和冻结过程检测仪器试验系统。

注浆技术研发平台主要包括：注浆模拟试验系统，注浆材料试验系统，止浆机具试验系统和高压注浆泵试验系统。

钻井技术研发平台主要包括：钻井刀具试验系统，钻杆疲劳试验台系统，钻井井壁试验系统和钻井泥浆试验系统。

深部硐室群支护技术研发平台主要包括：复杂力学条件下岩石物理力学参数测试系统，地下工程结构模拟试验与测试系统，支护材料及支护结构试验系统和数值模拟计算分析试验系统。

冻结工程检测平台主要包括：动力及控制试验系统，人工冻结模型试验系统，冻结过程水分测定试验系统，冰冻扫描电镜检测试验系统，冻土红外线检测试验系统，冻土超声波检测试验系统和冻土强度快速测定试验系统。

钻井工程检测平台主要包括：钻井、泥浆循环和井底冲洗模拟检测试验系统，钻头结构研究制造与检测试验系统，超大直径深井不起钻测井研究与检测试验系统，高强混凝土研制与检测试验系统，钻机性能测试及关键零部件研制与检测试验系统，主要设备工业性试验检测试验系统。

煤矿深井建设技术国家工程实验室设有学术委员会、理事会和实验室管理机构。

理事会由从事矿井建设的科研、教学、生产、施工和依托单位等有关单位组成，主要负责聘任实验室主任、确定实验室发展方向和重要研究领域等重大事项。

学术委员会由濮洪九、洪伯潜等国内著名建井专家组成，负责实验室建设目标、发展规划、学科

建设和发展、科研方向和学术活动、人才培养和开放课题等重大问题的研究、制定和控制。

实验室实行主任负责制，实验室主任执行学术委员会制定的学术路线和发展规划，履行实验室的管理、建设，协调学科方向的发展。在管理体制上实行全方位开放式的管理模式，即对全社会开放、对实验内容开放。现实验室主任由天地科技建井研究院副院长刘志强研究员兼任，左永江研究员任常务副主任。

实验室的研究人员主要由 4 部分组成：

（1）固定研究人员（控制在 50 人左右），主要由实验室主任、副主任、学科方向带头人、研究室主任及实验技术人员和正在承担和主要参加国家级项目（包括国家基金项目、科技攻关项目、863、973 项目等）的主要研究人员组成。实行年度考核、动态管理，建立流动机制，保证研究人员的素质和水平。

（2）流动研究人员（同时在室 20 人左右），主要由学校、企业和其他科研机构从事相关试验研究的研究人员组成。

（3）实验技术人员和行政管理人员（10 人左右）。

（4）博士研究生、硕士研究生。

实验室根据国家有关科技发展政策和国民经济发展规划，围绕矿产资源开发与利用行业深井建设技术发展中的基础问题和发展前沿，坚持基础研究和工程应用研究相结合的发展方针，通过建立一种“开放、流动、联合、竞争、共建、共享”的运行机制，鼓励创新与合作，促进学术交流和学科交叉，支持不同学术观点的交流，大力培养青年科技人才，使实验室成为我国矿井深井建设领域的科学研究基地、技术创新基地、产业发展基地、学术交流基地和人才培养基地。

目前实验室淮北现场检测系统建设已经完成，北京试验系统正在建设之中。实验室建设项目新增总投资 9500 万元，其中国家投资 1500 万元，项目承担单位自筹 8000 万元。

二、深部岩土力学与地下工程国家重点实验室

深部岩土力学与地下工程国家重点实验室依托中国矿业大学岩土工程、工程力学国家重点学科，防灾减灾工程及防护工程、地球探测与信息技术等省部级重点学科建设。2008 年 5 月获准启动建设，隶属于工程科学学科领域。现任实验室学术委员会主任为中国工程院院士钱七虎教授，实验室主任为缪协兴教授。

实验室围绕研究与解决深部岩土力学与地下工程重大基础理论和关键技术难题这一总体目的，以深部岩体力学与围岩控制理论、深部土力学特性及其与地下工程结构相互作用、深厚表土人工冻结理论与工程应用基础以及深部复杂地质环境与工程效应等 4 方面为主要研究内容。构成以深部为研究背景，以深部复杂地质环境、岩土体、冻土体为研究对象；以高围压、高水压、高气压、开挖卸荷、动力为荷载特征；以深部地质环境精细探测、深部岩土体与结构稳定、深部岩体热效应及利用为学术研究目标；从宏观（环境、构造）到中观（破碎、节理、裂隙、界面），到细观（结构、颗粒、水），再到多相（固、液、气）、多场（温度场、渗流场、应力场）的系统的具有深部、地下特色的研究体系。

在矿山建设科学研究方面，实验室在深部岩土力学与地下工程领域已取得一系列具有代表性的研究进展与成果。

深部围岩体方面，研究了大量节理、裂隙、软弱、破碎岩体（动）力学、流 - 固耦合性质和工程稳定课题。提出深部围岩“松动圈理论”、“采动岩体渗流理论”、“岩石峰后性质演化”、“围岩自平衡结构”等重要创新性学术理论和观点，并应用于深部岩体重大工程实践。

深部土力学与工程方面，研究了深部土 K_0 和强度性质、深部地层与结构相互作用等基础理论问题。创立和发展的“竖直附加力理论”，科学解释了我国 100 多个厚表土井壁破裂机理，据此形成并成功应用“地层注浆加固”、“可缩井壁结构”、“约束内层井壁”等具有自主知识产权的关键技术。

人工地层冻结方面，面临 700 米以上厚表土中地下工程建设的世界级难题，主持参加了所有国内相关科研工作，在深部土体温度场、冻土力学性质、厚冻结壁、深冻结井壁、冻土冻胀与控制等方面取得了一系列成果，并形成了独有的研究特色。

实验室已形成以中青年学术带头人为领军人物

的创新群体，拥有3个省部级、3个校级优秀创新团队。现有固定人员60人，其中研究人员49人，技术人员7人。拥有国家杰出青年基金获得者2人，“长江学者”奖励计划海外特聘教授2人以及一批获得省部级优秀人才基金的青年学者。

实验室现有场地近7000平方米，固定资产7400余万元，大型仪器设备50台件。获“211工程”、“985”优势学科创新平台建设项目5000多万元专项资助，已初步构建了深部岩体力学特性及基本理论试验系统，深部土、冻土力学性质及基本理论试验系统、深部岩土工程物理模拟试验系统、深部岩体工程原位检测试验系统、试验研究测试分析系统、数值模拟与分析系统等六大试验研究系统。拥有包括MTS、GDS等国际尖端设备，购置和研发了一系列自制设备，可开展深部岩石力学与土力学领域的相关基础研究和技术服务。规划建设中的重点实验室新的研究基地占地40余亩，建筑面积达到12500平方米，为实验室的科学和可持续发展奠定了基础。

实验室积极探索以“学科、学术、学者”的“和”为指导思想的实验室运行机制与管理模式。在依托单位中国矿业大学的全力支持下，始终围绕国家战略目标，服务国家深部资源开发、特殊及重大地下工程建设的需要，努力构建基础性、创新型、开放式、高水平、特色彰显的应用基础研究、优秀人才培养、国际学术交流的基地。

三、安徽省高校矿山建设工程重点实验室

矿山建设工程实验室是2004年10月经安徽省教育厅批准建设的省级高校重点实验室，计划建设周期5年，到2009年10月完成。该实验室为一相对独立的科研实体，隶属于土木工程学科，以安徽理工大学为依托，由土木工程系承担具体的建设工作。实验室以应用基础研究为主，主要包括地下结构与支护、地层加固理论与技术、岩石破碎理论与技术及绿色高性能混凝土技术等4个方向，致力解决我国矿山建设工程乃至土木工程中的地下工程关键技术问题，提高科技创新能力和水平，增加科技成果有效供给，凝聚、稳定人才队伍，培养学术带头人。

实验室实行依托单位领导下的实验室主任负责制。设立有由具备高级职称的校内外知名专家学者组成的学术委员会。实验室设工作委员会，设实验室主任、副主任和工作委员等若干人。实验室实行“开放、流动、联合、竞争”的运行机制。

实验室具备培养本科生、硕士研究生和博士研究生3种学历层次的能力，每年培养研究生20余人。除培养本专业人才外，还为采矿工程、地质工程专业硕士研究生和矿业工程、土木与建筑工程领域工程硕士研究生的培养服务。

实验室计划总编制25人，其中固定编制20人，流动编制5人；研究人员20人，其中客座人员5人。现有高级职称人员15人，中级职称8人，专门技术人员5人，管理人员1人。设有地下结构、冻土、岩土力学、爆破、建筑工程材料和注浆6个专项实验室。实验室现有建筑面积1000多平方米，建设期间将再增加500平方米。现有结构实验台、冻土模型试验冷冻系统等大型实验设备30多台（套），设备资产500多万元，建设期间将投入400万元。每年发表论文30多篇，目前承担纵向课题10余项，近3年来获奖5项。

四　重大技术装备

立井施工机械化设备

一、Ⅵ型凿井井架

研制单位：中煤第五建设有限公司、徐州煤矿采掘机械厂、合肥设计研究院。

投入使用时间：2009 年 7 月。

（一）主要技术参数

Ⅵ型凿井井架主要技术参数见表 4－11。

表 4－11　Ⅵ型凿井井架主要技术参数

序号	名　称	技术参数
1	天轮平台平面尺寸/(米×米)	9.05×9.05
2	井架底部跨距/(米×米)	17.55×17.55
3	由基础顶面至天轮平台顶面高度/米	26.678
4	由基础顶面至翻矸平台中线的高度/米	10

（二）性能特点

凿井井架是服务于建井工程的主要临时工程之一，担负着井筒掘砌中的提升任务，原有的凿井井架只能满足直径 9 米以下井筒施工，无法满足大直径立井井筒施工的需要。天轮平台中间梁采用双梁结构，两根主梁相对井架中心对称布置，距离 1050 毫米，主梁选用 δ30 和 δ18 钢板焊成工字形。主体井架各零件、构件的加工及每片组装误差均在井架制造允许误差范围内。桁架每侧四角对角线、角柱底面至角柱顶面、角柱挠度、节点之间各段挠度，法兰与杆件的垂直度、天轮平台主梁、平台断面高度误差等均在允许误差值内。

井架底部跨距大，承受荷载能力强，整体稳定性好，克服了传统Ⅰ～Ⅴ型凿井井架不能满足超大深立井施工需求的缺陷，该项目填补了国内空白；获得国家实用新型专利，专利号为 ZL200920092071.3；其适用井筒直径 9～12 米，井筒深度大于 1000 米。

（三）应用情况

国内第一座Ⅵ型井架应用于内蒙古葫芦素煤矿副井井筒（净径 10 米，井深 667.8 米）建设，又相继在内蒙古纳林河煤矿副井（净径 10.5 米）、门克庆煤矿副井（净径 10 米，井深 755 米）等井筒施工中投入使用，现场使用方便可靠、状况良好，受到客户高度赞扬。

二、YSJZ4.8 型 5 米钻深液压凿岩钻架

（一）主要技术参数

YSJZ4.8 型 5 米钻深液压凿岩钻架主要技术参数见表 4－12。

表 4－12　YSJZ4.8 型 5 米钻深液压凿岩钻架主要技术参数

名　称		技术参数
整机性能	钻臂数量/个	4
	炮眼圈径/毫米	1650～8500
	收拢后外形尺寸（外接圆直径×高度）/(毫米×毫米)	1900×7800
	支撑臂支撑外接圆直径/毫米	7000～9000
	动臂左右摆动角度/度	75
	钻架质量/千克	8500
	泵站质量/千克	3000
	钻孔直径/毫米	55
	钻孔深度/毫米	5100
	适应钎具	B32 钎杆，ϕ51 钎头

表 4－12（续）

名称			技术参数
钻（凿）孔机械	类型特征		冲击回转式
	冲击机构	冲击能/焦	200
		冲击频率/赫兹	≥33
		工作压力/兆帕	14～16
		工作流量/(升·分钟⁻¹)	≤45
		蓄能器充氮压力/兆帕	6
	回转机构	额定转矩/(牛·米)	220
		额定转速/(转·分钟)	200
		工作压力/兆帕	15
		工作流量/(升·分钟⁻¹)	≤45
	冲洗水压力/兆帕		0.8～1.2
推进器	类型特征		导轨式
	推进方式		油缸－钢丝绳
	总长度/毫米		6178
	推进行程/毫米		4570
	推进力/牛		7000
	推进速度/(毫米·分钟⁻¹)		4000
	空载返回速度/(毫米·分钟⁻¹)		8000
	工作压力/兆帕		≤12
	工作流量/(升·分钟⁻¹)		15
液压泵站	工作压力/兆帕		16
	工作流量/(升·分钟⁻¹)		100×4
	电动机	额定功率/千瓦	55×2
		额定电压/伏	660
		额定电流/安	84.2
		额定转速/(转·分钟⁻¹)	1480
	主泵	类型	柱塞泵
		额定压力/兆帕	28
		油箱容积/升	520
辅助工作装置	供水装置	工作压力/兆帕	0.8～1.2
		工作流量/(升·分钟⁻¹)	60
		水泵类型	多级离心
		最大进口压力/兆帕	1
		额定流量/(立方米·小时⁻¹)	8
	检修泵站	工作压力/兆帕	12～14
		工作流量/(升·分钟⁻¹)	40

（二）性能特点

该机钻孔动作（回转、冲击、推进）由2台55千瓦电动机提供动力，采用液压传动型式，所有动作实现机械化。钎杆移位迅速、准确、平稳，并配用4台HYD－200凿岩机，凿岩效率高。

与气动凿岩相比，液压凿岩有如下优点：

（1）节约能源：电动液压系统所需功率只有气动钻进功率损耗的1/3，功率损失小。

（2）凿岩效率高、速度快：液压凿岩速度可达0.8～1.5米/分钟，是同类岩石和相同孔径的条件下气动凿岩的2倍以上。

（3）降低凿岩成本：由于液压压力比气动压力高10倍左右，因此在同样冲击功率时液压凿岩机活塞受力面积小，冲击活塞面积接近钎尾面积，应力传递损失小，受力均匀，寿命高、故障少，故成本费可降低30%左右；由于液压凿岩参数可调整，液压凿岩冲击应力波平缓，传递效率高，因此钻具和钎杆一般可节约15%～20%。

（4）改善工作环境，噪声低：液压凿岩不必排除废气，既提高了工作面的能见度，改善了操作环境，又降低了凿岩噪声。

（5）液压凿岩施工可提高施工质量：由于液压凿岩能保证钻孔深度和间距的精度，故可提高工程的施工质量。

三、HZY型液压中心回转式抓岩机

（一）主要技术参数

HZY型液压中心回转式抓岩机主要技术参数见表4－13。

表4－13　HZY型液压中心回转式抓岩机主要技术参数

序号	名　　称	技术参数	
		HZY－6	HZY－10
1	适用井筒直径适用井筒净径/米	5～7.5	6～7.5
2	抓岩生产能力/（立方米·小时$^{-1}$）	60	80
3	液压系统工作压力/兆帕	16	16
4	液压泵站电动机功率/千瓦	55～75	
5	整机质量/千克	13500	≤16500
6	抓斗容积/立方米	0.6	1
7	抓斗质量/千克	2360	≤3500
8	动力驱动形式	电液驱动	电液驱动

（二）性能特点

原抓岩机以压缩空气为动力，地面需要配置2台20立方米/小时空压机，通过压风管道长距离输送到井下工作面，电力动能通过两次转换，功效只有15%左右。工作面噪声大，雾气大，施工环境恶劣，工人长时间在井下工作会出现耳鸣、头晕，严重的还可能造成失聪等职业病。该机的动力由原来的压缩空气改变为电动液压驱动，其中提升、回转、变幅和抓斗各运动执行机构均采用电动液压驱动。节约能耗3倍以上，节能环保，是新一代凿井抓岩设备。

四、液压迈步模板

（一）主要技术参数

液压迈步模板主要技术参数见表4－14。

表4－14　液压迈步模板主要技术参数

序号	名　称	技术参数（横轴）
1	模板直径/米	6～9
2	高度/米	4.2（或按用户要求）
3	悬吊方式	由液压泵站（设在吊盘上）提供动力，推动伸缩牛腿动作，使整体悬挂在预留梁窝中
4	迈步方式	由液压泵站提供动力，推动迈步油缸使迈步环和悬吊环交替运动，起到了沿井壁移动的目的
5	工作压力/兆帕	16

（二）性能特点

迈步式液压操纵整体金属模板，包括模板主体及带伸缩式牛腿的悬吊支撑环，其特征在于：悬吊支撑环通过迈步油缸连接迈步环，而迈步环通过钢丝绳连接模板主体；该设备具有下行和上行两种砌壁功能。

巷道施工机械化设备

一、EBH315 型掘进机

研制单位：中国煤炭科工集团太原研究院。

投入使用时间：2009 年。

（一）主要技术参数

EBH315 型掘进机主要技术参数见表 4－15，外形如图 4－1 所示。

表 4－15　EBH315 型掘进机主要技术参数

序号	名　　称	技术参数（横轴）
1	外形尺寸/（米×米×米）	12.95×3.1×2.5
2	定位最大可掘（高度/宽度）/米	5.8/7.0
3	经济截割岩石单向抗压强度/兆帕	≤140/100（局部 120）
4	截割挖底深度/毫米	380
5	地隙/毫米	300
6	适应巷道坡度/度	±16
7	接地比压/兆帕	0.22
8	整机质量/吨	130（不含二运和除尘）
9	总额定功率/千瓦	533（不含二运和除尘）
10	机器供电电压/伏	1140

图 4－1　EBH315 型掘进机

（二）性能特点

该机型是目前我国成功推广应用的截割功率最大的悬臂式掘进机，采用横轴式截割装置、新型的伸缩机构、集中润滑系统、完善的断面监测系统和故障诊断系统等，具有截割稳定性好、截割能力强、截割效率高、刚性好、承载能力强、润滑可靠性和装载效率高等特点，适用于各种类型底板、半煤岩及岩巷掘进，也可用于铁路、公路、水利工程等隧道施工。

（三）应用情况

EBH315 型掘进机自研制成功以来，已在神东煤炭集团、新汶矿业集团、同煤集团、北京汇永控股集团、霍州煤电集团等大型煤炭企业推广应用，均用于岩巷掘进，岩石硬度 f 为 5～14。

1. 工程案例一：北京汇永控股集团斗沟煤矿运输大巷

巷道条件：主运输巷 6.5 度下山，辅运输巷 6.5 度上山，矩形断面，巷道断面积为 19.6 平方米，锚网喷支护，全岩巷，以细砂岩为主，硬度 f 为 5～8。

应用情况：掘进 58 天，共进尺 654 米，其中，主运输巷掘进 518 米，辅运输巷掘进 138 米，平均日进尺 11.3 米，平均月进尺 338.3 米，最高月进尺 354.8 米，最高日进尺 18 米，最高班进尺 7 米；平均每立方米消耗截齿 0.015 把。

2. 工程案例二：神东煤炭集团大柳塔煤矿 5－2 煤井底中央水仓

巷道条件：近水平巷道，直墙平顶拱形断面，巷道断面积为 21.28 平方米，锚网喷支护，全岩巷，以细砂岩、中砂岩为主，钙质胶结，硬度 f 为 8～10，局部达到 f 11。

应用情况：共掘进 571.3 米，平均日进尺 4.3 米，平均月进尺 128.9 米，最高月进尺 175 米，最高日进尺 10 米，最高班进尺 6 米；平均每立方米消耗截齿 0.09 把。

3. 工程案例三：新巨龙公司北区带式输送机大巷

巷道条件：近水平巷道，直墙平顶拱形断面，断面净宽 5400 毫米，巷道断面积为 25.6 平方米，锚网喷支护，全岩巷，以白砂岩和白灰岩为主，硬度 f 为 9～14。

应用情况：累计掘进 1077 米，平均日进尺

2.25 米，平均月进尺 67.5 米，最高月进尺 90 米，最高日进尺 5.3 米；平均每立方米消耗截齿 0.14 把。

（四）创造效益情况

EBH315 型岩巷掘进机综合了国内外机、电、液及采煤工艺等多学科的最新研究成果，开发起点高、技术先进，各项技术指标均达到或超过国际最先进机型，打破了岩巷重型掘进机长期依赖进口的局面，对提高我国综掘机械化程度，缩短建井周期，降低施工费用，改善施工条件，提高劳动生产效率，缓解采掘比例失调等起到了积极的促进作用。目前，该机已推广 7 台，创造产值近 1.2 亿元。

二、CMJ2－17 煤矿用液压掘进钻车

研制单位：张家口宣化华泰矿冶机械有限公司。

（一）主要技术参数

CMJ2－17 煤矿用液压掘进钻车主要技术参数见表 4－16，外形如图 4－2 所示。

表 4－16　CMJ2－17 煤矿用液压掘进钻车主要技术参数

序号	名　称	技术参数
1	钻臂数量	2
2	外形尺寸/(米×米×米)	7.4×1.2×1.75
3	适应巷道断面/平方米	17～30
4	工作范围(宽×高)/(毫米×毫米)	2000×2000～6000×5000
5	运行状态最小转弯半径/毫米	6000
6	钻孔直径/毫米	33～43
7	钻孔深度/毫米	2100、2600、3100
8	推进速度/(毫米·分钟$^{-1}$)	4000
9	推进力/牛	7000
10	冲洗水压力/兆帕	0.6～1.2
11	供气压力/兆帕	0.2～0.4
12	适应巷道坡度/度	±14
13	接地比压/兆帕	0.077
14	整机质量/吨	9.2
15	总额定功率/千瓦	55
16	供电电压/伏	660/1140

图 4－2　CMJ2－17 煤矿用液压掘进钻车

（二）性能特点

CMJ2－17 煤矿用液压掘进钻车是张家口宣化华泰矿冶机械有限公司在吸收国内外同类产品优点的基础上，自主研究、开发、制造的先进的小型岩巷全液压凿岩设备。

该钻车结构紧凑，外形尺寸小，节约能源，噪声低、功能多、效率高，与支护、出矸设备配套使用，实现岩巷掘进机械化作业，可大大提高掘进速度。

该钻车适用于煤矿、金属矿、水电等各种地下巷道、涵洞的掘进作业。该钻车适合在中小断面巷道中工作，最大巷道断面为 30 平方米（宽 6 米×高 5 米），钻孔直径 33～43 毫米。

（三）应用情况

CMJ2－17 煤矿用液压掘进钻车自研制成功以来，已在淮南矿业集团、新汶矿业集团、山西兰花集团、平顶山煤业集团、郑州煤电、霍州煤电集团等大型煤炭企业推广应用，均用于岩巷掘进，岩石硬度 f 为 6～16。

1. 工程案例一：郑州煤电股份有限公司告成煤矿运输南大巷

巷道条件：－110 米水平南大巷是主运输巷，

设计长度800米，施工坡度4‰，拱形断面，该巷道断面15平方米（宽4.5米×高3.3米），锚喷支护，全岩巷，以细砂岩为主，硬度f为7~8。

应用情况：于2006年2月25日正式开始掘进，截至10月30日，共进尺816米，平均月进尺达到104米，最高月进尺120米。

2. 工程案例二：淮南矿业工程公司新庄孜矿二胶带机大巷

巷道条件：-812米二胶带机大巷，2000米近水平巷道，直墙平顶拱形断面，巷道断面积为20.1平方米，锚网喷支护，全岩巷，砾岩，硬度f为8~10。

应用情况：从2009年3月15日开始掘进，至2010年10月27日完成岩巷掘进任务，共掘进2004.3米，平均月进尺110米，最高月进尺125米。

3. 工程案例三：平顶山煤业集团十一矿己4采区轨道下山

巷道条件：轨道下山工程，工程量8100米，坡度-11.5度，直墙半圆拱形断面。断面净宽4.2米，断面净高3.4米，巷道断面积为14.3平方米，锚网喷支护，全岩巷，L2灰岩为主，局部为平顶山砂岩，硬度f为10~16。

应用情况：于2008年5月5日开始在井下使用，至2009年2月20日，累计进尺820米，平均月进尺为93米，最高月进尺102米。

（四）创造效益情况

CMJ2-17煤矿用液压掘进钻车自2005年底投放市场以来，在岩巷掘进中实现了中深孔爆破，它不但改善了工人的工作环境，确保了施工人员的人身安全，加快了岩巷掘进速度，提高了劳动生产率，同时还降低了工人的劳动强度。目前，公司已销售该机186台，创造产值超2亿元。

三、ZCD60R型侧卸装岩机

研制单位：中国煤炭科工集团天地科技股份有限公司建井研究分院。

投入使用时间：2009年5月。

（一）主要技术参数

ZCD60R型侧卸装岩机主要技术参数见表4-17，外形如图4-3所示。

图4-3 ZCD60R型侧卸装岩机

表4-17 ZCD60R型侧卸装岩机主要技术参数

序号	名称	技术参数（横轴）
1	外形尺寸/(米×米×米)	4.9×1.28×2.1
2	铲斗容量/立方米	0.6
3	技术生产率/(立方米·小时$^{-1}$)	70
4	行走速度/(千米·小时$^{-1}$)	3.1
5	最大侧卸高度/米	1.65
6	最大前卸高度/米	1
7	地隙/毫米	180
7	接地比压/兆帕	0.085
8	整机质量/吨	8
9	油泵电动机功率/千瓦	18.5
10	行走电动机功率/千瓦	18.5×2
11	总额定功率/千瓦	55.5
12	液压系统工作压力/兆帕	16
13	机器供电电压/伏	1140/660

（二）性能特点

该机型是目前我国成功推广应用的电动侧卸装岩机。近两年，该机的原研发单位，天地科技股份有限公司建井研究分院又进行了改进提高，在侧卸的基础上，又增加了前卸功能，可高效进行岩巷掘进过程中堆矸、清底作业；采用全轴半轴底盘结构，整体机身刚性大，适合大力冲插作业，对井下恶劣条件具有超强的适应能力；优化的铲斗铲装角度，减小了机器的铲装阻力，平动式工作机构，使铲斗以平动方式升降，减少了装载过程中的撒矸，提高了司机安全性，还洁净了工作环境。具有机动灵活、装载稳定性好、装载效率高、可靠性高等特点，适用于各种类型底板、半煤岩及岩巷掘进装矸作业，也可用于铁路、公路、水利工程等隧道施工。

（三）应用情况

ZCD60R 型侧卸装岩机自研制成功以来，已在开滦煤炭集团、新汶矿业集团、同煤集团、淮南矿业集团、霍州煤电集团等大型煤炭企业推广应用，均用于岩巷掘进装岩，岩石硬度 *f* 为 9～14。

1. 工程案例一：唐山开滦赵各庄矿业有限公司 14 水平（标高 -1200 米），中央水泵房、泵房入口通路、管子道

巷道条件：砂岩、粉矿岩、砂页岩为主，硬度 *f* 为 6，砂岩中石英含量约为 60%。中央水泵房：拱形巷道，施工断面 23.9 平方米。水泵房入口通路：拱形巷道，施工断面 8.85 平方米。管子道：拱形巷道，施工断面 7.84 平方米。

应用情况：机器于 2010 年 4 月 28 日运至工作面，29 日开始井下安装调试，5 月 4 日早 6 点班正式投入运行。

机器在 14 水平泵房施工 8 米，水泵房入口通路施工 51 米，管子道施工 88 米。截至 2010 年 5 月底，总进尺 147 米，共出矸 1224.12 立方米。

2. 工程案例二：同煤集团焦家寨 1010 轨道运输大巷

巷道条件：1010 大巷为 213 采区接续开拓巷道。工作面以北为 221 采区，以南为 213 待采开拓采区，东与 1010 大巷相接，西为原始岩层。工作面相对地面位置位于矿井田中部玉林河以西一带，地面为山地地貌，无重要建筑物。

工作面总体为单一倾斜构造，岩层走向 75～100 度，倾向 NW15 度，岩层平均倾角为 10 度，设计沿岩层走向掘进。该区地质构造较为简单，太原组上部岩层节理发育，岩层比较破碎。巷道断面参数：掘断面 16.81 平方米，净断面 15.76 平方米。岩石普氏系数 *f* 为 4～6，粉砂岩。

应用情况：2010 年 10 月 15 日—2011 年 4 月 28 日，共掘进 561.5 米，掘进速度 90 米/月。从实际使用情况看，在操作工人掌握熟练后 3 分钟可装满一矿车；而且可以清底、清两侧，极大降低了工人的劳动强度，装岩的效率也有较大的提高。但由于后路运输及矿车调配等问题，没能将装岩机提高的装岩效率转化为排矸整体效率。

（四）创造效益情况

新研制的 ZCD60R 型侧卸装岩机综合了国内外煤炭井下装载机械多年来的经验与科技发展成果，技术先进，在可靠性和实用性方面达到或超过国际最先进机型，对提高我国岩巷掘机械化程度，提高施工安全，减轻职工劳动强度，改善施工条件，提高劳动生产效率，缓解采掘比例失调等起到了积极的促进作用。目前，该机已推广 35 台，创造产值近 1500 万元。

四、EML340 型连续采煤机

研制单位：中国煤炭科工集团太原研究院。

投入使用时间：2008 年 5 月。

（一）主要技术参数

EML340 型连续采煤机主要技术参数见表 4-18，外形如图 4-4 所示。

表 4-18　EML340 型连续采煤机主要技术参数

序号	名　称	技术参数
1	外形尺寸/(米×米×米)	11.3×3.3×2.05
2	切割高度/米	2.6～4.65
3	截割煤岩硬度/兆帕	单向抗压强度≤40
4	截割挖底深度/毫米	205
5	地隙/毫米	305
6	适应巷道坡度/度	±17
7	接地比压/兆帕	0.19
8	整机质量/吨	62
9	总额定功率/千瓦	597
10	机器供电电压/伏	AC1140

（二）性能特点

连续采煤机是为了满足房柱式采煤、边角煤回收以及长壁开采的煤巷快速掘进开发的机型。主要适用于顶板较好，允许一定空顶距，采高范围为 1.8～4.6 米的矩形全煤巷道的掘进和采煤工况。该机履带式行走装置在国内首次采用了千伏级、矢量控制、交流变频调速技术，启动转矩大、过载能

图4－4　EML340型连续采煤机

力强；截割装置采用双电动机横轴式、双支撑结构，具有机电三重保护装置；内置分体式油箱采用快速对接技术，减小了部件最大可拆解尺寸，可适用于井巷较窄和采用立井的矿井；具备完善的工况监测和故障诊断功能等。

（三）应用情况

工程案例：平朔东坡煤矿连采工作面。

地质条件：工作面夹矸较硬且厚（平均1米以上，局部达2米）。

应用情况：在平朔东坡煤矿建立工程示范点，2010年6月21日正式投产到2011年3月初，共计掘进巷道1200米，回收煤炭约30万吨，达到了解放压层关系的目的。

（四）创造效益情况

连续采煤机既可用于煤巷快速掘进，缓解我国煤矿采掘比例严重失调而制约矿井生产力发展的问题，满足大型现代化矿井建设的需要；又可实现短壁采煤工艺的全部机械化，为中小型矿井实现机械化开采提供新的途径；还可有效地解决长期存在的长壁综采遗留的大量煤柱、边角煤问题，使残采区和“三下”等煤炭资源得到合理开发，大幅度提高资源回收率。目前，该机已在全国推广十余台，创造产值近2亿元。同时，太原研究院拓展业务板块，利用在短壁机械化开采方面的设备和技术优势，在平朔煤矿建立示范工作面，无论从示范角度还是经济效益角度，均产生了较大影响。

五、SPL－6型湿式混凝土喷射机

研制单位：中国煤炭科工集团天地科技建井研究院。

投入使用时间：2010年10月。

（一）主要技术参数

SPL－6型湿式混凝土喷射机主要技术参数见表4－19，外形如图4－5所示。

表4－19　SPL－6型湿式混凝土喷射机主要技术参数

序号	项　目		技术参数
1	额定气压/兆帕		0.35
2	耗气量/（立方米·分钟$^{-1}$）		15
3	生产能力/（立方米·小时$^{-1}$）		6
4	最大输送距离（水平/垂直）/米		40/15
5	骨料直径/毫米		≤15
6	适用混合料水灰比		0.4～0.5
7	主电机	额定电流/安	11.6
		额定电压/伏	660/1140
		额定功率/千瓦	7.5
8	螺旋机构转速/（转·分钟$^{-1}$）		32
9	液控系统	额定压力/兆帕	8
		额定流量/（升·分钟$^{-1}$）	10
		油箱有效容积/升	75
10	轨距/毫米		600/900
11	外形尺寸/（毫米×毫米×毫米）		2800×900×1400/ 2800×1080×1400
12	主机重/千克		1500/1650

图4－5　SPL－6型湿式混凝土喷射机

（二）性能特点

SPL－6 型湿式混凝土喷射机采用全液压自动控制系统，风动螺旋推进式结构，由液压系统、传动系统、风动系统、喷射系统、其他设备组成。

（1）SPL－6 型湿式混凝土喷射机液压系统由凸轮控制系统及液压系统组成。液压系统包括凸轮控制阀、液控离合器、液控滑盖、液控进气阀、液控三通阀、齿轮泵、油箱、溢流阀、压力表、连接管路等液压泵、各液压油缸、液压管。

（2）传动系统包括电动机、减速机、输送带、链轮、推料螺旋等，电动机通过输送带带动减速机及齿轮泵，同时为液压系统及湿喷机推料螺旋提供动力。

（3）风动系统为湿喷机喷射提供的主要动力源，接入矿井压风，通过风管管路同时为罐体、风料混合室、变径弯管及三通提供风，液控风阀带动气阀改变风向。

（4）喷射系统包括变径弯管、三通闸阀、喷射管路、喷头，两个三通油缸拉动闸板来回滑动切换两路供料管路。

（5）其他设备主要包括罐体、底盘、外罩、牵引杆、料斗等。

（6）行走方式为牵引轨轮行走式。

（三）应用情况

SPL－6 型湿式混凝土喷射机自投入使用以来，已在十多个煤矿使用。在山西轩岗焦家寨煤矿、河南新郑王行庄煤矿及山东微山县欢城煤矿等都运行良好。

工程案例：轩岗煤电有限责任公司焦家寨煤矿1010 轨道运输大巷延伸段。

巷道条件：位于焦家寨矿 1010 水平，为 213 采区接续开拓巷道，服务年限 20 年。原来采用上下两次支护，现在采用全断面一次支护。

应用情况：2010 年 11 月—2010 年 12 月，采用湿喷机施工巷道 65 米，喷射作业时粉尘浓度降低明显，可控制在 10 毫克/立方米以内，回弹率降低，湿喷回弹率最大位置是喷拱部为 11.5%，最小为边墙部位 8.5%；而干喷回弹率在拱部达到 30%，边墙部位为 20%；湿喷混凝土的平均强度比干喷高 50% 以上，且强度标准差小，说明强度保证率高。

（四）创造效益情况

SPL－6 型湿喷机与原机型比较，提高了喷射效率、提高了关键件的磨损性，较好地解决了堵管问题、提高了设备的可靠性和自动化水平。与煤矿现有喷浆设备比较，喷射粉尘浓度、回弹率和喷层强度等指标有明显改善，仅回弹率降低，湿喷比干喷每米节省 283.8 元，自投入使用以来节约成本达 0.2 亿元以上。

粉尘浓度大幅度降低，保护了工人的身体健康。湿喷技术的推广，将大大改善职工生产作业条件，降低硅肺病发病率，社会效益显著。

六、HBMD 煤矿用混凝土泵

研制单位：中煤河北煤炭建设第四工程处。

（一）主要技术参数

HBMD 煤矿用混凝土泵主要技术参数见表 4－20。

表 4－20　HBMD 煤矿用混凝土泵主要技术参数

名　　称		技　术　参　数	
		HBMD12／4－55S	HBMD25／7.5－55S
混凝土泵	型式	水平单动双列液压活塞式	水平单动双列液压活塞式
	理论输入量/(立方米·小时$^{-1}$)	12	25
	泵送混凝土最大压力/兆帕	4	6
	分配阀形式	S 形摆阀	S 形摆阀
	输送距离/米	水平 200，垂直 70	水平 300，垂直 90
	骨料尺寸/毫米	≤300	≤300
	输送缸径×活塞行程/(毫米×毫米)	140×550	160×800
	料斗容积/立方米	0.3	0.3
	上料高度/毫米	900	900
	混凝土坍落度范围/厘米	8～23	8～23

表 4－20（续）

名称		技术参数	
		HBMD12／4－55S	HBMD25／7.5－55S
管道	输送管直径/毫米	125 无缝钢管	125 无缝钢管
	清洗方法	高压水冲洗	高压水冲洗
防爆电机	功率/千瓦	22	37
	电压/伏	380/660	380/660
液压油	抗磨液压油	L－HM46	L－HM46 或 L－HM48
油箱	容积/升	130	170
冷却	液压油降温	低压冷水循环	低压冷水循环
外形	长×宽×高/(毫米×毫米×毫米)	2550×1050×1250	3000×1060×1400
质量	含油，不含管道/千克	1950	2730

（二）性能特点

（1）该泵具有井下防爆功能，可直接用于井下，改变了井下混凝土施工采用人工多层倒运的传统作业方式。除用于井下混凝土施工外，还可用于铁路、公路隧道、桥涵、水电、矿山、高层建筑及国防等工程的混凝土施工以及输送煤泥、粉煤灰等膏状流体。

（2）整机除一台防爆电动机外全部采用自动液控元件，无其他电器，通过了煤安标志认证（安全标志编号：MEF080141、MEF110226），取得专利号 ZL2007201490569。

（3）该机体积小，质量轻。竖吊能下井，水平能进罐笼；井下搬运便捷，根据用户要求，可拆装轨距为 600 或 900 毫米轮对，方便沿轨道搬运。

（4）全液压换向开式系统，集开、闭式的优势于一体，系统更简单，冲击更小，效率更高。

（5）具有泵送排量无级调节，高低压自动切换，混凝土活塞自动退回控制。

（6）采用先进的 S 管分配阀，可自动补偿磨损间隙，密封性能好，结构简单可靠。

（7）采用先进技术的硬质合金眼镜板和切割环，使用寿命长。

（三）推广应用情况

该设备已经广泛应用于国内煤矿施工建设。据开滦集团、冀中能源集团、沈煤集团、江苏华美建设集团、中冶资源集团、贵州盘江煤电集团、四川达竹煤电集团、皖北煤电集团、峰峰集团、华煤集团、汾西矿业集团、陕煤集团、新汶矿业集团、中煤一建、中煤三建、中煤五建等使用单位反映，过去煤矿井下浇注混凝土，办法笨、效率低、劳动强度大、质量没保证；现在使用该泵，省力、省时，效率高，工程质量好。

（四）创造效益情况

通过使用该泵，井下混凝土浇注的效率及质量有了很大提高，并大大减轻了劳动强度。该泵于 2007 年底投入市场，截至目前该泵已销售 200 余台，销售及服务收入近 5000 万元，创造了可观的经济效益。

冻结、注浆、钻井法施工设备

一、ZBBJ－380／50 型注浆泵

研制单位：天地科技股份有限公司建井研究院、兰州盛达采油机械制造有限责任公司。

投入使用时间：2009 年 3 月。

（一）主要技术参数

ZBBJ－380/50 型注浆泵主要技术参数见表 4－21，外形如图 4－6 所示。

（二）性能特点

（1）输出压力高。按照国家标准规定的立井井

表 4-21　ZBBJ-380/50 型注浆泵主要技术参数

序号	名　称	技　术　参　数							
1	频率/赫兹	20	30	40	50	60	70	80	90
2	输出功率/千瓦	75.7	113.3	150.8	189.2	189.2	189.2	189.2	189.2
3	泵排量/(升·分钟$^{-1}$)	90.8	136	181	227	272	318	363	409
4	泵压力/兆帕	50	50	50	50	42	36	31.5	28

图 4-6　ZBBJ-380/50 型注浆泵

筒地面预注浆的注浆终压结束标准计算，该泵的设计注浆压力能满足千米深井地面预注浆工程的要求。

（2）输出流量大，能无级调节。根据注浆施工经验，采用黏土水泥浆液注浆时注浆流量一般为200~300 升/分钟，其设计流量能满足千米立井注浆的要求。由于采用变频调速技术，注浆流量可根据注浆工况的要求进行无级调速，流量准确、可靠。

（3）柱塞行程长，冲次低。由于柱塞冲次的降低，十字头、柱塞、阀等运动部件往复运动的速度减慢，从而延长了柱塞与密封件的使用寿命，同时也提高了十字头与导板、阀与阀座等部件的寿命；由于冲次的降低，惯性损失减少，泵不易产生水击现象；惯性力减弱，将会提高泵动力端齿轮、轴承等零部件的使用寿命；柱塞行程的加长还可以改善泵的吸入性能。

（4）强制润滑。对柱塞密封摩擦副采用了强制润滑系统，避免了柱塞和密封圈在高压往复运动时产生高温过热，烧伤密封圈，导致其密封失效。

（5）能耗降低，对电网冲击减小。电动机在低频区运转时，由于端电压随着转速的降低而降低，提高了效率和功率因数，减少了电动机的能耗。同时电动机可以进行软启动，启动压降减小，大幅度减小了对电网的冲击。

（6）结构简单，体积小，质量轻，现场拆装方便。由于使用了变频调速，简化了泵的结构，省去了机械变速箱、离合器等传动部件，并使其体积小，质量轻，结构紧凑，可靠性明显增强。同时缸盖采用了快速装卸的梯形螺纹，柱塞与十字头采用了拆卸方便的弹性杆连接，使得注浆泵在清洗、拆卸保养或在施工现场更换易损件快捷、方便。

（三）应用情况

注浆泵性能实验完成后，为了考核注浆泵的实际工作能力，工作的稳定性、可靠性，以及连续工作的能力，分别在北京中煤矿山工程有限公司承包施工的国投新集集团杨村煤矿风井和皖北煤电集团朱集西煤矿矸石井井筒地面预注浆工程中进行了工业性实验与应用。

注浆材料以黏土、水泥为主。岩帽用单液水泥浆，黏土选用工业广场场内耕土以下土层。

1. 工程案例一：国投新集集团杨村煤矿风井井筒地面预注浆工程

工程条件：杨村煤矿位于安徽省淮南市凤台县境内，矿井设计生产能力为500 万吨/年，井筒位于矿井工业广场，场地内地势平坦，多为农田，无障碍物。风井井筒基岩段采用地面预注浆封水，其主要技术参数见表 4-22、表 4-23。

表 4-22　杨村煤矿风井井筒地面预注浆主要技术参数

序号	名　称	技术参数	备　注
1	注浆深度/米	780～998	
2	套管深度/米	780	
3	套管规格/（毫米×毫米）	ϕ168×8	
4	注浆孔数/个	5+3	增加3个分叉孔
5	地面布孔圈径/米	15/20	
6	浆液扩散距离/米	10.8	

表 4-23　杨村煤矿风井注浆段高划分及注浆终压设计

段序	起止深度/米	段高/米	终压/兆帕
岩帽	780～800	20	12.0～16.0
1	800～860	60	17.2～21.5
2	860～940	80	18.8～23.5
3	940～998	58	20.0～25.0

2. 工程案例二：皖北煤电集团朱集西煤矿矸石井井筒地面预注浆工程

工程条件：朱集西煤矿位于安徽省淮南市潘集区境内，矿井工业广场内地势平坦，多为农田，无障碍物。矿井设计生产能力400万吨/年，立井开拓。有主井、副井、风井和矸石井4个井筒，其中，矸石井表土段均采用钻井法施工，基岩段采用地面预注浆封水。

为缩短井筒建井施工周期，结合安徽省两淮地区各矿矿井井筒注浆施工经验，本工程采用直孔+S孔注浆方案进行基岩段施工，直孔段和S孔段均设计6个注浆孔，分两序施工，注浆深度分别为510～665米和645～1078米。各孔注浆段段高划分及注浆终压设计见表4-24。

表 4-24　朱集西煤矿井矸石井注浆段高划分及注浆终压设计

注浆段	起始深度/米	终止深度/米	段长/米	设计终压/兆帕	备　注
岩帽段	510	520	10	7.8～10.4	
1	520	592	72	11.8～17.8	重点注浆段
2	592	665	73	13.3～20.0	
3	645	716	71	14.3～21.5	S孔段第一段
4	716	793	77	15.9～23.8	
5	793	868	75	17.4～26.0	重点注浆段
6	868	930	62	18.6～27.9	重点注浆段
7	930	1000	70	20.0～30.0	
8	1000	1078	78	21.6～32.3	

试验应用情况：在杨村风井和朱集西煤矿矸石井井筒地面预注浆工程的实际使用中，应用该泵进行了多次注浆施工。该泵经历了注浆流量由大到小，注浆压力由低到高的运转过程，累计压送浆液10906立方米，注浆时间约767小时，最大注浆流量达到245升/分钟，最高压力达到25.0兆帕。工业性实验结果表明：该泵的功能设计与地面预注浆工艺紧密结合，结构设计合理，施工效率高，性能稳定、可靠，操作方便，很好地满足了注浆工艺要求，是一种理想的煤矿地面注浆用注浆泵。

（四）创造效益情况

经现场应用统计，采用ZBBJ-380/50型注浆泵和普通注浆泵可节电约35%；提高了高压注浆情况下的可靠性，保证了注浆过程的成功率，缩短了注浆工期，经济效益良好。随着浅部资源的枯竭，我国深部煤炭资源的开发已势在必行，该成果为深井矿井的建设提供了强有力的技术保障，不但使我国千米深井注浆技术有所突破，而且可以应用于金属矿山立井施工，对提高我国注浆治水整体技术水平、加快大型现代化矿井建设具有十分重要的意义。该技术成果推广应用的市场广阔，必将创造更大的经济效益和社会效益。

二、JDT-10型陀螺连续测斜仪

研制单位：天地科技股份有限公司建井研究院。

投入使用时间：2008年8月。

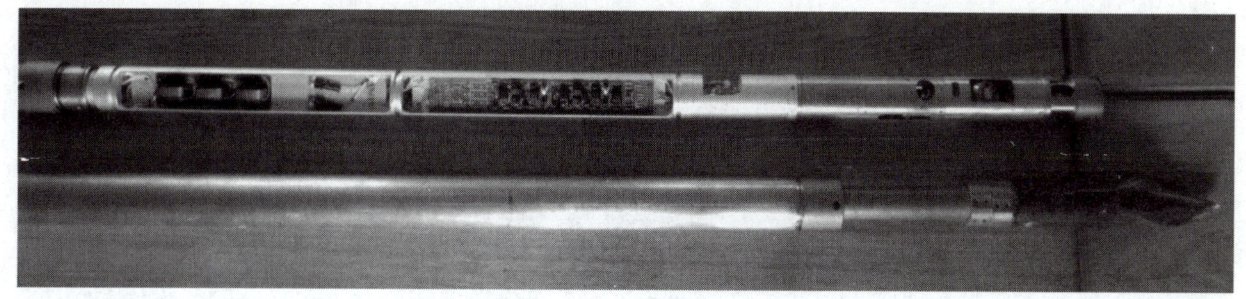

图 4－7　JDT－10 型陀螺连续测斜仪

（一）主要技术参数

JDT－10 型陀螺连续测斜仪主要技术参数见表 4－25，外形如图 4－7 所示。

表 4－25　JDT－10 型陀螺连续测斜仪主要技术参数

序号	项　目	技术参数
1	顶角测量范围/度	0～10
2	测量精度/分	±3
3	方位角偏差/度	±4
4	测量深度/米	≤2000
5	井下陀螺外径/毫米	47.4
6	质量/千克	8

（二）性能特点

之前常用的煤矿系统钻孔测斜仪器有 JDT－5 型、JDT－6 型陀螺测斜仪和 YST－35 型有线随钻测斜仪，它们存在测量速度慢，或者精度低，或者须配用无磁钻铤等缺点，不能满足千米级 S 形注浆孔、冻结孔测斜的需要。结合 JDT－5 型陀螺测斜仪连续测斜和 JDT－6 型陀螺测斜仪数据处理系统的优点，新研制的 JDT－10 型陀螺连续测斜仪解决了陀螺测斜仪测量时只能点测不能连续测斜的问题，具备千米钻孔测斜和定向能力。可以实现连续测量，缩短测斜时间，从而提高钻孔的整体钻进效率。

JDT－10 型陀螺连续测斜仪由井下仪器和地面设备两大部分组成，地面部分包括测量绞车、码盘计深系统、专用计算机、测井电缆、地面仪器控制箱等；井下部分如图 4－8 所示。

（三）应用情况

JDT－10 型陀螺连续测斜仪自投入使用以来，已在十几个井筒地面预注浆工程中使用。已完成施工的几个典型工程如下：

1. 工程案例一：安徽省亳州煤业有限公司信湖煤矿主井地面预注浆工程

信湖煤矿主井井筒采用钻－注平行施工工艺，井筒地面预注浆工程分为直孔段和 S 孔段两期施工。其中 S 孔段注浆钻孔孔深 1020 米，注浆段起止深度 638～1020 米。

2. 工程案例二：皖北煤电集团朱集西煤矿矸石井地面预注浆工程

朱集西煤矿矸石井井筒采用钻－注平行施工工艺，井筒地面预注浆工程分为直孔段和 S 孔段施工。其中 S 孔段注浆钻孔孔深 1078 米，矸石井为钻井法施工与地面预注浆施工平行作业，S 孔钻孔布置需要考虑钻井法施工的场地占用情况，由于场地因素限制，S 孔定向施工量增大。

3. 工程案例三：国投新集集团杨村煤矿风井地面预注浆工程

杨村煤矿风井井筒地面预注浆工程采用直孔注浆方案，注浆钻孔孔深 998 米，注浆段长为 353 米。

4. 工程案例四：邹庄煤矿风井地面预注浆工程

邹庄煤矿风井井筒采用冻结、注浆、凿井“三同时”快速建井技术，井筒注浆工程分为直孔段注浆和 S 孔段注浆两期进行。S 孔段注浆深度为 735 米，注浆段长为 310 米。

以上工程均采用 JDT－10 型陀螺连续测斜仪进行测斜、定向，仪器性能稳定、测量精度高。施工钻孔均达到了“直孔段的终孔偏斜不大于 3‰，S 孔进入设计落点圈径 5‰的靶域范围，终孔落点偏斜率不大于 5‰，基本均布”施工规范要求。

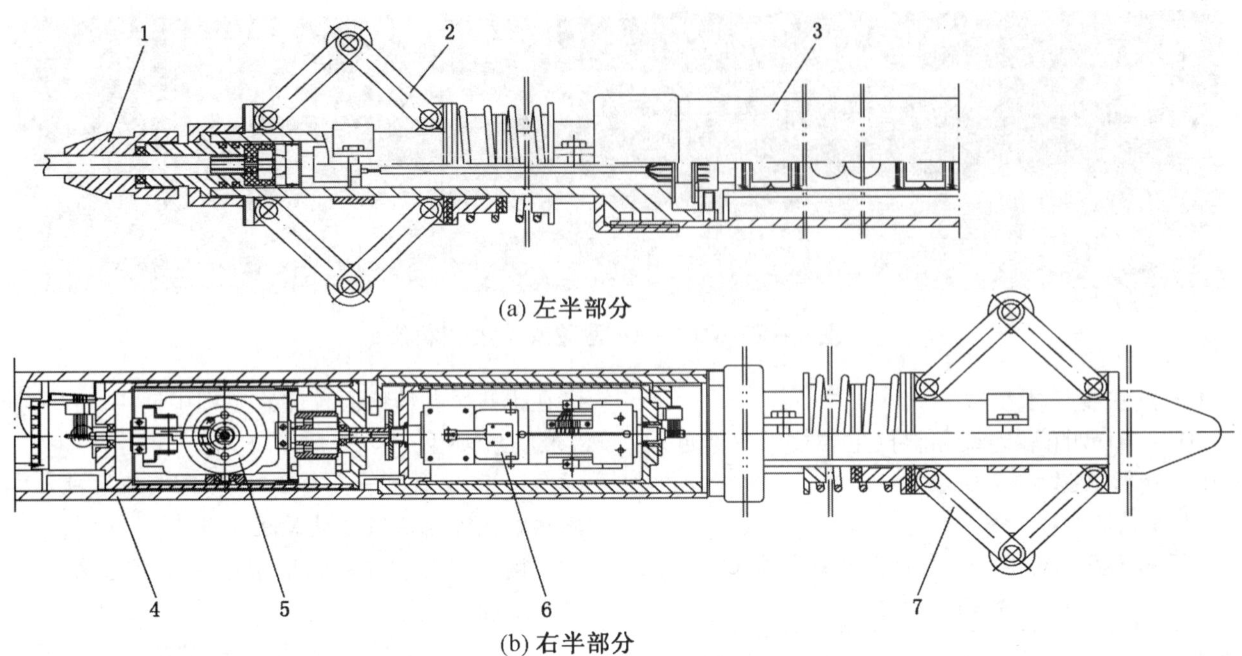

1—电缆接头；2—上定心脚；3—电气组件；4—保护管组件；5—陀螺定向装置；6—测角装置；7—下定心脚

图 4－8　JDT－10 陀螺连续测斜仪结构

（四）创造效益情况

该仪器使用过程中，数据传输稳定，密封良好，具备千米钻孔测斜和定向能力。由于该仪器的连续测量性能，缩短了测斜时间，进而提高了钻孔的整体钻进效率。以 S5 号孔为例，采用原有 JDT－6 型陀螺测斜仪测量 1000 米深钻孔一次需要 3.5 小时，而采用 JDT－10 型陀螺连续测斜仪只需要 1.5 小时，时间缩短一半以上。该仪器对于缩短施工工期、提高经济效益有很大的帮助，可广泛应用于注浆、冻结等煤矿定向工程孔施工。

三、AD130/1000 型立井钻机

研制单位：中煤特殊凿井（集团）有限责任公司、中信重型机械公司。

投入使用时间：2007 年 6 月。

（一）主要技术参数

AD130/1000 型立井钻机主要技术参数见表 4－26，外形如图 4－9 所示。

表 4－26　AD130／1000 型立井钻机主要技术参数

设计钻井深度/米	设计钻井直径/米	钻井方式	洗井方式	井架高度/米	井架底部跨度/(米×米)	油缸提升力/千牛	动力头扭矩/(千牛·米)	设备总功率/千瓦	设备总质量/吨
1000	13.0	分级扩孔	压气反循环	31.665	19.05×12.38	7000	600	1000	561

（二）性能特点

AD130/1000 型立井钻机采用全液压驱动、动力头回转传扭、两主油缸提升下放及进给、钻台车轮轨自行式结构。AD130/1000 型立井钻机共由钻机液压系统、钻机移动系统、钻机旋转和提吊系统、钻具系统、辅助设备和工具 5 个系统组成。

（1）钻机液压系统由液压系统和电气控制系统组成。液压系统由液压能源泵站（图 4－10）、外围管路等组成。液压能源泵站包括 6 个部分：液压系统主系统、辅助和进给系统、控制系统、液压能源控制柜、冷却系统和过滤系统。

（2）钻台车为轮轨自行式。钻机的钻架、动力

图 4-9　AD130/1000 型立井钻机

图 4-10　液压能源泵站

头、滑架、主液压缸和动力液压站、司机室等主要部件均直接或间接安装在钻台车上。当吊运钻头和井壁时，钻台车可自行离开井口。

（3）动力头为行星及圆柱齿轮多点啮合传动并由 8 台液压马达联合驱动。提升系统由 2 个主液压缸和滑架组成。滑架由 2 个主液压缸悬持并沿门形钻架的滑道上下运动，滑架又悬持动力头，从而实现动力头的提升和下放。

（4）钻具系统由钻杆系统和钻头系统组成。该钻机钻杆采用法兰钻杆结构和牙嵌钻杆结构。钻杆接头为法兰连接型，钻杆中的供气钻杆为外置风管式结构。钻头系统由中心管、导向器、配重、钻头体等构成。

（5）辅助设备和工具主要包括排浆管、排浆管举升装置、排浆槽、操作平台、机械手、抱卡、抱钩等。

（6）井架的安装采用专用起架液压缸顶起方式。

（三）应用情况

AD130/1000 型立井钻机自投入使用以来，已在 3 个井口使用（2 个井口完成施工，1 个井口正在使用）。其中已完成的 2 个井筒为袁店一矿南风井、朱集西煤矿矸石井，均采用“一钻成井”技术；信湖煤矿中央风井采用分级钻机，现正在钻进施工。

1. 工程案例一：袁店一矿南风井钻井工程

袁店一矿南风井位于安徽省淮北市五沟镇境内，设计钻井直径 7.1 米，钻井深度 301.03 米，其中表土层厚 260.82 米，岩石层厚 40.21 米。钻进施工于 2007 年 6 月 21 日开始，2007 年 12 月 10 日结束。该井采用 ϕ7.1 米“一钻成井”技术，顺利地完成了钻进施工，钻井偏斜率 0.293‰，工程质量优良。

2. 工程案例二：皖北煤电集团朱集西煤矿矸石井钻井工程

朱集西煤矿矸石井位于安徽省淮南市潘集区贺疃乡境内，设计钻井直径 7.7 米，钻井深度 545 米，其中表土层厚 469.55 米，岩石层厚 75.45 米。工程于 2008 年 11 月 26 日开工，至 2010 年 2 月 10 日结束。该井采用 ϕ7.7 米“一钻成井”技术，顺利地完成了钻进施工，钻井偏斜率 0.319‰，工程质量优良，为目前国内在保证钻井质量的前提下超前钻孔直径和破岩体积最大的工程。它的成功标志着钻进施工技术向前推进了一大步，在今后的井筒建设中，通过该项技术的运用，将缩短建井周期，提高建井速度。

3. 工程案例三：淮北矿业集团信湖煤矿中央风井钻井工程

信湖煤矿中央风井位于安徽省亳州市涡阳县花沟镇，井筒净直径 7.0 米，钻井直径 9.8 米，深度 472 米，表土层厚 405.76 米，岩石层厚 66.24 米。采用 ϕ6.0 米超前钻和 ϕ9.8 米一级扩孔钻进方案。

工程于 2010 年 12 月 26 日开工。

（四）创造效益情况

采用 AD130/1000 型立井钻机，可以对钻井直径 7.1 米（袁店一矿南风井）、7.7 米（朱集西煤矿矸石井）的井筒采用“一钻成井”技术，比分级钻井节约成本约 212 万元、399.5 万元。信湖煤矿中央风井由于正在施工中，预计经济效益在

1000万元以上。

采用“一钻成井”技术，改变了以往分级钻孔模式，提高了钻机的整体性能，减少了钻机维修时间近45%；钻机安装方法的革新，降低了钻机的安装、拆除难度和危险性，缩短了安装工期，实现了工期、质量的双赢，并将钻井法凿井技术提高到一个新水平，这对我国深厚表土层下煤炭资源的开发具有重要意义。同时，通过新技术、新工艺、新材料、新设备的应用，提高了井筒质量，降低了职工的劳动强度，改善了职工的工作环境，具有良好的社会效益。

四、ZFY5.0／600型反井钻机

研制单位：天地科技股份有限公司建井研究院。

投入使用时间：2009年2月。

（一）主要技术参数

ZFY5.0/600型反井钻机主要技术参数见表4－27，外形如图4－11所示。

表4－27　ZFY5.0／600型反井钻机主要技术参数

名　称		技术参数
基本参数	导孔直径/毫米	350～380
	扩孔直径/米	3.5～5.0
	钻井深度/米	600
	钻井角度/度	60～90
	适用岩石强度/兆帕	<150（5米）、>150（3.5米）
导孔钻进	出轴转速/(转·分钟$^{-1}$)	0～18
	推力/千牛	1300
	额定扭矩/(千牛·米)	92
扩孔钻进	出轴转速/(转·分钟$^{-1}$)	2～5
	拉力/千牛	6000
	额定扭矩/(千牛·米)	300
	最大扭矩/(千牛·米)	450
其他	主机机重/千克	25.2
	钻机功率/千瓦	284.7

（二）性能特点

该机型是目前国内最大的反井钻井成套装备，其主机系统采用可拆卸的倒T型钻架与动力头内浮动钻杆连接结构；液压传动系统采用国际先进的电液比例控制方式；钻具系统采用高承扭高承拉的锯齿形接头螺纹结构，同时采用大直径分体式快速装卸的扩孔钻头结构，可满足不同直径一次反向成井施工作业要求。该机主要适用于煤炭大直径采区风井井筒施工，同时也可应用于部分新建井筒，在其他地下工程建设领域，如水电站、冶金、隧道、军事设施等都有广泛的应用前景。

图4－11　ZFY5.6／600型反井钻机

（三）应用情况

ZFY5.0/600型反井钻机自研制成功以来，已在山西晋煤集团、山西阳煤集团、山西兰花集团等大型煤炭企业推广应用，主要用于煤矿采区风井与瓦斯抽放井的施工，取得了良好的社会效益与经济效益。

工程案例：王台铺1号辅助回风立井反井工程。

工程条件：该矿区1号辅助回风立井自下而上，上部为土质黄色黏土，下部为风化基岩段坚岩段，该回风井位于老风井南部偏西20米左右。风井施工穿过3号（6.31米）、9号（1.46米）煤层，整个地质结构较为稳定，多以砂岩、泥岩、石灰岩为主。

应用情况：该工程自2009年2月3日开始导孔钻进，至2月16日透孔，钻成直径350毫米、深度为165米导孔，计13天，其中纯导孔钻进时间140小时，导孔偏斜100毫米，偏斜率小于0.1%。然后处理风井井筒下部支护锚杆，扩孔钻进至4月17日全部完成，除去工序转换及设备检

修，扩孔纯钻进用时294.7小时，综合月成井速度达270米/月。

（四）创造效益情况

ZFY5.0/600型反井钻机技术含量高，在机械、电气、工艺等方面技术优势明显，在性能上达到国际同类机型的先进水平，同时相对于国外产品具有明显价格优势，不但可以起到替代或抵制进口作用，还可以参与国际竞争，争取更大市场和利润空间。该设备将大大提高煤炭行业反井施工技术水平，同时也带动水电、冶金等其他地下建设工程领域反井钻井施工技术发展。每年将新增工程产值6000万～8000万元，带动配件供应产业增加2000万元产值。

五、DX1600型全液压顶驱深孔岩芯钻机

研制单位：安徽两淮科力机械制造有限责任公司。

（一）主要技术参数

DX1600型全液压顶驱深孔岩芯钻机主要技术参数见表4－28，外形如图4－12所示。

表4－28　DX1600型全液压顶驱深孔岩芯钻机主要技术参数

<table>
<tr><th>序号</th><th colspan="2">名　称</th><th>技术参数</th></tr>
<tr><td>1</td><td colspan="2">柴油机功率/千牛</td><td>121</td></tr>
<tr><td>2</td><td colspan="2">顶驱装置输出扭矩/（牛·米）</td><td>0～3600</td></tr>
<tr><td>3</td><td colspan="2">顶驱装置输出转速/（转·分钟⁻¹）</td><td>0～400</td></tr>
<tr><td>4</td><td colspan="2">水龙头中心管通径/毫米</td><td>40</td></tr>
<tr><td rowspan="7">5</td><td rowspan="7">JT60卷扬系统</td><td>挡位/级</td><td>4</td></tr>
<tr><td>单绳提拉力/千牛</td><td>18、36、45、60</td></tr>
<tr><td>钢丝绳速度/（米·秒⁻¹）</td><td>0～1.2、1.7、2.4、4.2</td></tr>
<tr><td>钢丝绳直径/毫米</td><td>22</td></tr>
<tr><td>有效绳数</td><td>4</td></tr>
<tr><td>容绳量/米</td><td>170</td></tr>
<tr><td colspan="2"></td></tr>
<tr><td>6</td><td colspan="2">钻杆直径/毫米</td><td>50</td></tr>
<tr><td>7</td><td colspan="2">钻深/米</td><td>1600（钻杆深度）</td></tr>
<tr><td>8</td><td colspan="2">钻塔高度/米</td><td>24</td></tr>
<tr><td>9</td><td colspan="2">大钩最大载荷/吨</td><td>30</td></tr>
</table>

图4－12　DX1600型全液压顶驱深孔岩芯钻机

（二）性能特点

该机型是我国最早成功推广应用于煤田地质勘探的顶驱钻机，采用液压顶部驱动装置，实现无主动钻杆钻进方式。使用变量泵可实现回转的无级变速，来满足各种施工工艺技术的要求。采用马达旋转上扣，上扣平稳，液压操作显示台加装转速表和回转系统压力表，操作时可根据压力表观察上扣扭矩，上扣保护开关打开后可避免上扣扭矩过盈，避免了钻杆拆卸困难。钻井最大扭矩的设定，使钻井中出现憋钻、扭矩超过设定范围时马达会自动停止旋转，待调整钻井参数后再正常钻进，可更好了解孔内钻进时的工况，避免设备超负荷长时间运转，有效控制孔内事故的发生和延长钻杆使用寿命。该钻机具有非常强的处理事故能力，有过载保护功能，能有效减轻劳动强度、降低施工成本，工作安全性高，适用于各种深部地质钻孔的取芯钻进施工；还可用于水文地质钻孔、水源井、注浆孔等特殊钻孔的施工。

（三）应用情况

DX1600型全液压顶驱深孔岩芯钻机自研制成

功以来，已在新集矿业集团口孜东矿、山西潞安集团、安徽省煤田地质局等大型企事业单位推广应用，均用于煤田地质取芯勘探，勘探深度 1000～1600 米。

工程案例：新集集团口孜东矿煤田地质勘查钻孔。

应用情况：于 9 月 28 日正式开孔，12 月 12 日终孔，去除非设备因素影响 10 天，实际钻进 66 天，共进尺 1464.8 米，日平均进尺达到 22.19 米。

（四）创造效益情况

DX1600 型全液压顶驱深孔岩芯钻机综合了国内外机、电、液多学科的最新研究成果，开发起点高、技术先进，打破传统立轴式、转盘式和全液压动力头式钻机无法更好地适应深孔岩芯钻进的要求，引进顶驱这一油气钻井界前沿技术，设计出轻便、灵活、安全可靠的深孔顶驱岩芯钻机，以适应市场对固体矿床勘探岩芯钻机的要求。该钻机适用于各种深部地质钻孔的取芯钻进施工；还可用于水文地质钻孔、水源井、注浆孔等特殊钻孔的施工。截至 2010 年底，该机已推广 10 台，创造产值近 75 万元。

六、DJ2000 型冻结工程钻机

研制单位：安徽两淮科力机械制造有限责任公司。

（一）主要技术参数

DJ2000 型冻结工程钻机主要技术参数见表 4－29，外形如图 4－13 所示。

（二）性能特点

该机型是应用于煤矿冻结造孔、注浆作业的顶驱钻机，采用液压顶部驱动装置，实现无主动钻杆钻进方式。使用变量马达可实现回转的无级变速，来满足各种施工工艺技术的要求。采用马达旋转上扣，上扣平稳，液压操作显示台加装转速表和回转系统压力表，操作时可根据压力表观察上扣扭矩，上扣保护开关打开后可避免上扣扭矩过盈，避免了钻杆拆卸困难。钻井最大扭矩的设定，使钻井中出现憋钻、扭矩超过设定范围时马达会自动停止旋转，待调整钻井参数后再正常钻进，可更好了解孔内钻进时的工况，避免设备超负荷长时间运转，有效控制孔内事故的发生和延长钻杆使用寿命。该钻机具有非常强的处理事故能力，有过载保护功能，

表 4－29　DJ2000 型冻结工程钻机主要技术参数

序号	名　称		技术参数
1	电动机功率/千瓦		132
2	顶驱装置输出扭矩/（牛・米）		0～20000
3	顶驱装置输出转速/（转·分钟$^{-1}$）		0～200
4	水龙头中心管通径/毫米		65
5	JY80 卷扬系统	挡位/级	4
		单绳提拉力/千牛	25、50、64、80
		钢丝绳速度/（米・秒$^{-1}$）	0～1.2、2.2、2.6、4.4
		钢丝绳直径/毫米	22
		有效绳数	6
		容绳量/米	230
6	钻杆直径/毫米		73
7	钻深/米		2000（钻杆深度）
8	钻塔高度/米		27
9	大钩最大载荷/吨		50

图 4－13　DJ2000 型冻结工程钻机

能有效减轻劳动强度降低施工成本，工作安全性高。

（三）应用情况

DJ2000型冻结工程钻机自研制成功以来，已在新集矿业集团口孜东矿、甘肃煤田地质局、安徽省煤田地质局等大型企事业单位推广应用，均用于冻结孔、注浆孔、地热井和煤层气孔等的无芯钻进。

工程案例：北京中煤矿山工程有限公司信湖煤矿井下巷道地面预注浆加固项目。

应用情况：从2011年12月10日开钻，到2012年8月10日共钻进1400米，完成了地面预注浆加固工程的1个注浆钻孔工作；进入岩层后，最高日进尺30米；钻进经过黏土层后，岩性主要由砂岩、粉砂岩、泥岩及煤层组成。

（四）创造效益情况

DJ2000型全液压顶驱钻机是深孔顶驱岩芯钻机的系列产品，适用于施工冻结孔、注浆孔、地热井和煤层气孔等的无芯钻进，该顶驱钻机回转扭矩大，上卸扣加减尺方便，大幅降低工人劳动强度；全液压操作安全可靠，有较强的提升能力。无主动钻杆立根，钻进效率更高。目前，该机已推广11台，创造产值近1485万元。

七、TD2000／600型全液压顶部驱动钻机

研制单位：天地科技建井研究院、北京中煤矿山工程有限公司。

投入使用时间：2010年10月。

该顶部驱动钻机实现冻结、注浆、反井导孔工程孔、水井施工、煤层气L形垂直变水平孔及地质勘探孔施工，是煤炭行业最先进的钻机之一。

（一）主要技术参数

TD2000/600型全液压顶部驱动钻机主要技术参数见表4－30，外形如图4－14所示。

表4－30　TD2000／600型全液压顶部驱动钻机主要技术参数

序号	名　称	技术参数
1	钻进深度（ϕ73毫米钻杆）/米	2000
2	动力头转速（正反）/（转·分钟$^{-1}$）	0～180
3	连续钻井扭矩/（千牛·米）	18
4	最大旋松扭矩/（千牛·米）	35
5	全液压绞车单绳拉力（按第二层计算）/千牛	100
6	绞车绳速（按第二层计算）/（米·秒$^{-1}$）	0～4.3
7	上卸扣装置夹持钻杆范围/毫米	ϕ73～114
8	立根盒容量（ϕ73钻杆、18米立根）/米	2000
9	井架型式	K型
10	倾斜臂（吊环）最大倾斜角/度	前倾60,后倾30
11	功率/千瓦	150
12	转速/（转·分钟$^{-1}$）	1500
13	游动系统	3×4
14	钻机自起升时间/分钟	15
15	钻机外形尺寸（长×宽×高）/（米×米×米）	6×5×27
16	底座长宽高（块装式）/（米×米×米）	6×5×0.36
17	钻机质量/千克	45000

（二）性能特点

该钻机可以直接从井架空间上部旋转钻柱，并沿井架内专用导轨向下送进，完成钻柱旋转钻进、循环钻井液、接立根钻具、上卸扣和起钻扫孔等多种钻孔操作。特别是钻机能在任意位置接钻具，并循环泥浆，可有效处理卡钻等井内事故。

钻机具备自起升能力的K型井架结构，可实现自起升就位和降落放倒，既安全稳妥，又省时省力。导轨采用三段式悬挂单导轨结构，下端与反扭矩装置连接固定到人字架上。底座的结构设计采用了块装式，井架主体为片状架结构。顶驱所有动作全部由液压传动来完成，包括顶驱旋转的制动刹车、绞车提升下放动作、管子处理装置的回转、吊环的前后倾斜、猫头轮液压缸控制、背钳夹紧与松开、系统重力平衡补偿都是由液压系统执行。动力头可实现无级调速，主轴转速范围为0～180转/分钟；适合钻孔中各种工况，其最大卸扣扭矩可达35千牛·米，可完成自动上卸扣动作。倾斜吊臂可以实现前倾、后倾、回转，方便钻具抓取。绞车具有液压盘式刹车系统，装在滚筒轴上，制动动

图 4－14　TD2000／600 型全液压顶部驱动钻机

率/质量比大。司钻台具备智能测速、无级调速、自动上卸扣、监控报警等功能，液晶显示屏显示功能参数，配置的电视监控系统方便操作及观察井架内工况。

其结构上具有以下特点：

（1）全液压动力头式顶部驱动结构，无须主动钻杆。

（2）动力头上安装有摆臂吊环和背钳，可以实现钻杆的主动抓取和自动上卸钻杆。

（3）动力头部设置有液压刹车装置，可保证钻孔的定向钻进施工。

（4）动力头部设置有有线随钻导线的穿入装置，保证有线和无线随钻的使用。

（5）液压系统采用德国力士乐无级变量液压泵和无级变量液压马达，实现主轴转速和扭矩的无级调节及最优匹配，实现液压油的由需定供，避免液压油的多余供给，减少系统的发热，提高液压系统的可靠性，增加液压油的使用寿命。

（6）整机采用西门子 PLC 进行控制，自动化程度高，可靠性高，工人的劳动强度低。

（7）液压绞车制动采用液压盘刹系统，安全、可靠，自动化程度高，与 PLC 关联可以实现自动送钻。

（8）采用上部与井架铰接的单导轨结构，动力头的扭矩直接传递到底盘，避免了井架的横向受力。

（9）采用 K 型快速拼装、自起井架，安装简捷，对场地条件要求低。

（三）应用情况

TD2000/600 型全液压顶部驱动钻机自研制成功以来，已在安徽亳州涡阳信湖煤矿井下巷道地面预注浆加固项目中得到了应用。

工程案例：安徽省亳州市亳州煤业有限公司信湖煤矿井下巷道地面预注浆加固工程。

信湖煤矿井下巷道地面预注浆加固工程为安徽淮北矿业集团与天地科技建井研究院共同承担的科研项目。该项目在国内地面预注浆方面首次使用 L 形钻孔（图 4－15）。项目开始于 2010 年 9 月，在该工程中，利用水平孔的形式，对井底巷道围岩进行加固注浆，克服了深井地面垂直孔注浆加固围岩钻孔工作量巨大、经济性差的缺点，注浆压力高，浆液扩散距离大，围岩加固范围也随之增大，能够

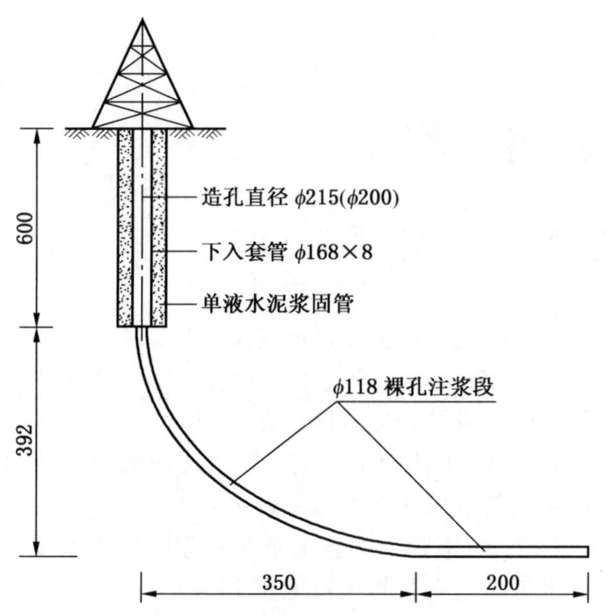

图 4-15　安徽淮北信湖煤矿 L 形注浆钻孔示意图

明显改善巷道支护的围岩环境。这在国内煤炭系统尚属首次，是地面预注浆 S 形钻孔的向前发展，对本行业具有深远的意义。这也是顶驱钻机在煤矿建设方面首次水平孔造孔应用。

在钻进过程中发挥了顶驱钻机无级调速的优点，以随钻测斜仪为钻孔导向，造孔过程中复合钻进段与定向钻进段交替进行，造斜段、定向段施工都有效满足注浆要求，完成了注浆施工中下塞、解塞的过程。顶驱钻机发挥了工况适应能力强、立根钻进、任何位置开泵循环的特点，在遇卡阻时，及时上下划眼，保证了工程的顺利进行。

（四）创造效益情况

该钻机技术含量高，在机械机构、系统控制、操作工艺等方面均体现技术优势，达到国内钻机的先进水平，同时相对于国外产品具有明显价格优势，不但可以起到替代作用，还可以参与国际竞争，争取更大市场和利润空间。

该顶驱钻机技术先进，扭矩大，自动上卸扣装置及液压加减尺方便，自动起升井架，大幅降低工人劳动强度；全液压操作安全可靠，有较强的提升能力。无主动钻杆立根钻进效率更高。在起下钻遇阻、遇卡时，钻杆处理装置可以在任何位置连接钻具，开泵循环，进行立根扫孔作业，采用上下划眼方式活动钻具，有效减少卡阻钻具带来的损失。目前，该机正在信湖煤矿进行水平注浆孔施工，创造工程产值近 1600 万元。该设备将大大提高煤炭行业钻探技术水平，同时也带动其他地下建设工程领域钻井施工技术发展。每年将新增工程及产品产值 5000 万～10000 万元，带动配件供应产业增加 800 万元产值。

五 科技成果奖

“十一五”期间中国煤炭建设获奖项目情况

一、获国家科技进步奖项目

2006—2010年获国家科技进步奖项目见表4-31。

二、获中国煤炭工业协会科技进步奖项目

1. 2006年获中国煤炭工业协会科技进步奖项目见表4-32。

2. 2007年获中国煤炭工业协会科技进步奖项目见表4-33。

3. 2008年获中国煤炭工业协会科技进步奖项目见表4-34。

4. 2009年获中国煤炭工业协会科技进步奖项目见表4-35。

5. 2010年获中国煤炭工业协会科技进步奖项目见表4-36。

三、获中国施工企业管理协会科学技术奖技术创新成果获奖项目

1. 2006年获中国施工企业管理协会科学技术奖技术创新成果获奖项目见表4-37。

2. 2007年获中国施工企业管理协会科学技术奖技术创新成果获奖项目见表4-38。

3. 2008年获中国施工企业管理协会科学技术奖技术创新成果获奖项目见表4-39。

4. 2009年获中国施工企业管理协会科学技术奖技术创新成果获奖项目见表4-40。

5. 2010年获中国施工企业管理协会科学技术奖技术创新成果获奖项目见表4-41。

四、部分获其他省部级科技奖项目

1. 2006年获其他省部级成果奖项目见表4-42。

2. 2007年获其他省部级成果奖项目见表4-43。

3. 2008年获其他省部级成果奖项目见表4-44。

4. 2009年获其他省部级成果奖项目见表4-45。

5. 2010年获其他省部级成果奖项目见表4-46。

表4-31 2006—2010年获国家科技进步奖项目

序号	项目名称	获奖等级	主要完成单位	主要完成人	获奖时间
1	龙固主井（双井筒）近600米钻井法凿井技术研究与应用	二	新汶矿业集团有限责任公司、煤炭科学研究总院北京建井研究所、中煤矿山建设集团有限公司、济南煤矿设计研究院、北京中煤矿山工程有限公司	苏景春 洪伯潜 张开顺 许宜坤 李功洲 臧桂茂 李炳胜 郑翔鲲 谭 杰 张衍昌	2006年
2	千米埋深矿井建设技术及应用	二	淄博矿业集团有限责任公司、山东科技大学、中煤第一建设公司、中煤第五建设公司、兖矿集团华东建设有限公司新陆冻结安装分公司	马厚亮 张寿利 乔卫国 孙希奎 陈维健 陈洪远 杨明福 周亚东 赵景忠 王明远	2006年

表 4－31（续）

序号	项目名称	获奖等级	主要完成单位	主要完成人	获奖时间
3	两淮矿区复杂地层条件下深大井筒特殊法凿井关键技术与应用	二	国投新集能源股份有限公司、中煤特殊凿井（集团）有限责任公司、安徽理工大学、淮南矿业（集团）有限责任公司、煤炭工业合肥设计研究院、煤炭科学研究总院北京建井研究所、华煤建设特殊工程技术有限公司	刘　谊　程　桦　赵时运　郑高升　姚直书　周兴旺　唐永志　杨裕官　李文增　赵世晨	2009 年
4	600 米特厚表土层冻结法凿井关键技术	二	中国矿业大学、中煤第一建设公司、煤炭科学研究总院北京建井研究所、新汶矿业集团有限责任公司、山东鲁能菏泽煤电开发有限公司、煤炭工业济南设计研究院有限公司、中煤国际工程集团南京设计研究院	杨维好　蒲耀年　李功洲　王衍森　张开顺　陈明磊　黄家会　臧桂茂　盛天宝　齐吉龙	2009 年
5	大型矿山提升装备关键技术及应用	二	中国矿业大学、中信重工机械股份有限公司、徐州煤矿安全设备制造有限公司、洛阳矿山机械工程设计研究院、中实洛阳工程塑料有限公司、徐州中矿提升安全设备有限公司	朱真才　王继生　杜庆永　陈国安　张步斌　楚广成　彭玉兴　胡长华　苗运江　曹国华	2010 年

表 4－32　2006 年获中国煤炭工业协会科技进步奖项目

序号	项目名称	获奖等级	主要完成单位	主要完成人
1	复杂地层条件下近 1200 米竖井施工技术创新研究	一	甘肃煤炭第一工程公司、西安科技大学	张亨和　高小明　温克珩　柴　敬　何振江　张锋刚　戴　俊　崔秀平　张万彤　孙　鹏　庞全华　王兴林　田维荣　宿敬北　李志德
2	特厚表土中冻结法凿井技术研究	一	新汶矿业集团有限责任公司、中国矿业大学、煤炭工业济南设计研究院、兖矿集团东华建设有限公司新陆冻结安装分公司、中国科学院寒区旱区环境与工程研究所、冻土工程国家重点实验室、中煤第七十一工程处、淄博翔宇勘探工程有限责任公司	郎庆田　杨维好　王元仁　张开顺　李炳胜　赵春来　檀鲁新　徐辉东　黄家会　苏景春　杨云祥　王衍森　李海鹏　臧桂茂　齐吉龙　张衍昌　潘声杰
3	平朔矿区露井联采建设与生产技术研究	一	中国中煤能源集团公司、平朔煤炭工业公司、煤炭工业西安设计研究院、中国矿业大学（北京）、天地科技股份有限公司开采所事业部、中国煤矿工程机械装备集团公司、煤炭科学研究总院抚顺分院	张宝山　王家臣　洪　宇　王德志　刘泽民　李新宝　王昌傲　毛德兵　宋秋爽　刘　光　陈忠辉　张华兴　刘国柱　杨宏民　冯学武　张永成　叶新荣

表 4 – 32（续）

序号	项目名称	获奖等级	主要完成单位	主要完成人
4	超深厚表土冻结设计及应用新技术研究	二	兖矿集团有限公司、中国矿业大学	陈　嘉　戴华东　陈俊焰　檀鲁新　齐吉龙　岳丰田　王然芳　王素芬　李连华　张　勇　申守德　王念强　石荣剑
5	煤矿深部大断面巷道高效掘进技术、支护技术的研究与实践	二	山东省新汶矿业集团孙村煤矿	邸建友　孙中辉　张　明　刘玉果　张殿振　孙广京　莫　技　周　明　王同吉　王怀新　李　清　任永杰　李　峰
6	千米埋深不稳定地层巷道支护技术	三	淄博矿业集团公司唐口煤矿、山东科技大学、中国矿业大学	张寿利　林登阁　赵景忠　王明远　孙希奎　吴剑平　谭允寿　韩立军　杨家恩
7	高精度定向井施工技术研究	三	肥城矿业集团有限责任公司地质勘探工程处	潘光明　于吉峦　张燕民　张希平　赵文凯　陈崇柱　姜　华　宋建国　潘东懿
8	淮南矿区高应力软岩巷道底鼓机理及修复加固技术研究	三	安徽理工大学、淮南矿业（集团）谢桥煤矿	张　平　徐　颖　刘永胜　孟益平　周占魁　宗　琦　夏红兵　张承宽　傅菊根
9	煤矿基本建设财务管理理论与实践研究	三	兖矿贵州能化公司贵州黔西能源开发有限公司、山东工商学院	许道德　史　光　周　伟　荣金昌　杨　志　曹秀田　田志莹　刘淑芹　高忠良
10	高强度预应力注浆锚索研制与应用	三	新汶矿业集团华丰煤矿、山东清大实业集团	李希勇　孙中辉　周　峰　孙春江　陈尚本　徐成亮　张修峰　陈树标　刘传勇
11	大屯矿区井筒井壁安全综合监测研究及应用	三	大屯煤电（集团）有限责任公司、中国矿业大学	祁和刚　周国庆　孙金龙　赵光思　沈树根　刘志强　温德华　梁恒昌　周金生
12	基于可靠性的锚杆支护设计理论与应用研究	三	辽宁工程技术大学	马云东　孙广义　李　东　武文波　张大明　张立新　贾惠艳　王洪德　桂祥友

表 4 – 33　2007 年获中国煤炭工业协会科技进步奖项目

序号	项目名称	获奖等级	主要完成单位	主要完成人
1	矿山地层冻结技术在地铁隧道关键节点施工中的应用研究	一	北京中煤矿山工程有限公司、上海申通集团有限公司、中国矿业大学、煤炭科学研究总院北京建井研究所	赵时运　程　桦　周兴荣　姚直书　马　进　王文升　荣传新　王继献　曹化春　秦一雄　胡　军　魏红兵　蔡海兵

表 4－33（续）

序号	项目名称	获奖等级	主要完成单位	主要完成人
2	702 米深井冻结关键技术研究	一	中煤第一建设公司、中国矿业大学、中煤第一建设公司特殊凿井处	张党育 刘新河 高会春 安建华 高长举 李瑞敬 蔡振禹 李金奎 李大屯
3	山西能源建设专项研究	一	国家发展和改革委员会能源局、山西省发展和改革委员会、中国煤炭工业发展研究中心	董荣泉 宋世宏 张 瑞 卢相忠 张万仲 田国栋 李 岳 张庆武 张玉梅
4	赵固一矿深厚冲积层（近 600 米）冻结法凿井技术研究与应用	二	焦作煤业（集团）有限责任公司、煤炭科学研究总院北京建井研究所（北京中煤矿山工程有限公司）、中煤特殊凿井（集团）有限责任公司、兖矿新陆建设发展有限公司、煤炭工业部郑州设计研究院、河南煤炭建设集团有限责任公司、中煤河北煤炭建设第四工程处、河南工程咨询监理公司	裴大文 仝洪昌 陈兆强 刘文斌 王少峰 杨 波 廖光源 陈荣柱 贾尚仕
5	复杂环境下浅埋大断面隧道超长水平冻结施工技术研究	二	中煤特殊凿井（集团）有限责任公司、安徽理工大学、安徽建筑工业大学	单仁亮 张能虎 高文蛟 王绍进 王玉宝 徐忠和 秦斌青 王金辉 裴国庆
6	高应力软岩巷道支护技术及围岩控制研究	三	峰峰集团有限公司薛村矿、峰峰集团有限公司九龙矿	王用杰 刘何清 戴华东 林启国 郝小礼 孙丕悦 王树胜 张祥云 齐吉龙
7	深厚冲积层特厚膨胀黏土快速冻结技术研究与应用	三	唐山开滦建设（集团）有限责任公司	曹丁涛 韩宝平 王同福 冯启言 刘瑞新 裴宗平 胡东祥 胡中信 刘汉湖
8	煤矿支护 ϕ18.9 毫米锚索、机具研究与应用	三	北京中煤矿山工程有限公司	岳 峰 黄亮高 邓 昀 邱天德 杨春满 高素英 徐龙江 龙志阳 王子雷
9	煤矿建设管理信息化系统	三	平顶山煤业（集团）有限责任公司、上海储金信息工程有限公司	肖亚宁 薛亚东 苗 田 万世文 郭建宏 赵 元 靳京学 李志强 秦志勤
10	岩巷安全快速掘进综合技术研究	三	山西西山煤电股份有限公司、中国矿业大学（北京）	付延强 潘光明 于吉峦 陈吉波 庞运良 许京丰 宋建国 张燕民 郭冬兰
11	高温矿井建设期间热害防治技术研究与应用	三	兖矿集团有限公司、湖南科技大学、兖矿新陆建设发展有限公司	王用杰 刘何清 戴华东 林启国 郝小礼 孙丕悦 王树胜 张祥云 齐吉龙
12	兖州矿区侏罗系红层赋水规律及充水预测研究	三	兖矿集团有限公司、中国矿业大学	曹丁涛 韩宝平 王同福 冯启言 刘瑞新 裴宗平 胡东祥 胡中信 刘汉湖
13	含水层顶板条件下锚杆/锚索支护可靠性研究与控制	三	潞安环能公司漳村煤矿、太原理工大学	肖亚宁 薛亚东 苗 田 万世文 郭建宏 赵 元 靳京学 李志强 秦志勤

表 4-33（续）

序号	项目名称	获奖等级	主要完成单位	主要完成人
14	巨厚含水层井筒壁后注浆堵水技术研究	三	肥城肥矿龙兴地质勘探有限责任公司	付延强 潘光明 于吉峦 陈吉波 庞运良 许京丰 宋建国 张燕民 郭冬兰

表 4-34　2008 年获中国煤炭工业协会科技进步奖项目

序号	项目名称	获奖等级	主要完成单位	主要完成人
1	深井突出煤层竖井安全揭穿煤层与区域性瓦斯治理技术研究	一	淮北矿业（集团）有限责任公司、中国矿业大学	李 伟 程远平 周茂春 陈家祥 张连福 沐俊卫 王海锋 王 亮 王和志 聂 政 何伯稳 徐 瑞 汪大全 许帮贵 张 彬 连昌宝
2	深井冻结经济快速施工综合技术研究与应用	一	焦作煤业集团有限责任公司、煤科总院北京建井研究所、中煤第五建设公司第三工程处、中煤国际工程集团武汉设计研究院	杜工会 李功洲 盛天宝 白云来 陈新明 魏世义 田亚军 贾明魁 刘传申 张耀辉 刘民东 慕松利 张云利 张建平 高建中 常建新 高 伟
3	层状岩体爆破损伤断裂机理研究及煤矿岩巷施工应用	二	河南理工大学、平顶山煤业（集团）建筑安装公司	赵春孝 李桂林 杜卫东 余永强 张会听 杜守恒 卢海军 刘春明 王新生 刘长江 褚怀保 董新峰 关占明
4	深井岩巷蠕变控制理论与技术研究	二	新汶矿业集团公司协庄煤矿、新汶矿业集团公司孙村煤矿、中国矿业大学	袁秋新 邸建友 杜计平 李 伟 周 明 莫 技 侯朝炯 张殿振 张京泉 聂 翊 柏建彪 张传恕 李大伟
5	特殊地层条件下立井井筒的设计技术研究和开发利用	二	中煤国际工程集团南京设计研究院	江新春 林鸿苞 黄 忠 李现春 陈伟绪 由胜武 于为芹 邓 革 陈元艳 梁冠军 姚飞建 许加堂 孔祥国
6	深部高应力软岩巷道破坏后二次稳定控制机理与技术研究	二	平顶山煤业（集团）有限责任公司、中国矿业大学	张建国 靖洪文 欧阳广斌 许国安 寇爱民 李元海 康国锋 陈坤福 李 涛 余跃峰 韩立军 黄庆显 张仲春
7	超深立井井筒掘砌快速施工综合技术研究	三	淮南矿业（集团）有限责任公司、国有企业安徽理工大学	唐永志 马芹永 何有巨 张五一 经来旺 倪怀友 张天勇 郭运行 刘丹丹

表 4-35　2009 年获中国煤炭工业协会科技进步奖项目

序号	项目名称	获奖等级	主要完成单位	主要完成人
1	人工快速解冻大深度冻融土地基及集中大荷载井塔基础综合研究	二	国投新集能源股份有限公司、煤炭工业合肥设计研究院、合肥工业大学岩土工程有限公司、合肥工业大学资源与环境学院	刘 谊 郑高升 闫红新 毛由田 朱晓辉 崔可锐 胡 新 杨立华 曹三华 唐明辉

表 4－35（续）

序号	项目名称	获奖等级	主要完成单位	主要完成人
2	特殊地层地面预注化学浆材料及工艺研究	二	北京中煤矿山工程有限公司、新汶矿业集团有限责任公司、煤炭科学研究总院建井分院	赵宏伟 宋雪飞 张开顺 周兴旺 徐 润 高岗荣 左永江 周华群 任建国 郑 军 丁振宇 肖 炜 冯旭海
3	西山矿区立井井筒施工技术研究	二	山西焦煤西山建筑集团有限公司、煤炭科学研究总院建井研究分院、北京科技大学	薛占儒 霍成祥 曾凡宇 刘志强 徐忠和 纪洪广 范新民 王 新 王 强 张宏涛 武士杰 李开伟
4	深厚表土冻结壁融沉及其与井壁耦合机理的研究	二	山东科技大学	付厚利 崔广心 赵景伟 孙跃东 李廷春 王崇革
5	煤矿井筒穿越多层采空区施工技术研究	二	大同煤矿集团有限责任公司、太原理工大学、山西省绿色矿山工程技术研究中心	王学军 杨双锁 于 斌 康福钧 朱 涛 王爱国 张学峰 智俊明 高日元 赵 君 赵 军 戎占凯 李石磊
6	煤矿深井岩巷掘进动态破岩与围岩控制技术研究	三	淮北矿业（集团）有限责任公司、安徽理工大学、中煤第三建设（集团）第三十工程处	葛春贵 徐 颖 张正新 邵东亚 许绍明 宗 琦 陆鹏举 许帮贵 王和志
7	宣东风井寒冷条件快速建井技术的研究与应用	三	冀中能源张家口矿业集团有限公司、中煤第四十九工程处	赵生山 张成文 闫振雄 张宝军 王万海 任建利 李士军 樊云斌 李士英
8	斜井过空巷及小煤柱护巷技术研究	三	山西潞安集团潞宁煤业有限责任公司、天地科技股份有限公司	申志平 杨新建 吴拥政 刘小锋 张连发 李潞斌 林 健 曹虎斌 牛文斌
9	大段高、台阶式双钻机双注浆系统在深井井筒工作面预注浆的应用	三	河南永华能源有限公司、河南理工大学	程东全 张世芳 勾攀峰 罗 元 赵大章 王志坚 郭智君 黄卓敏 李 新
10	宁东矿区软土井巷柔模泵注混凝土快速支护技术应用研究	三	神华宁夏煤业集团有限责任公司、西安科技大学	王 俭 王晓利 严永胜 崔洪明 樊永宁 张新华 赵文华 张忠富 赵 林

表 4－36　2010 年获中国煤炭工业协会科技进步奖项目

序号	项目名称	获奖等级	主要完成单位	主要完成人
1	ZFY3.5/400 电控型反井钻机技术及应用	一	北京中煤矿山工程有限公司、山西晋城无烟煤矿业集团有限责任公司寺河煤矿、沧州海岳矿山机电设备有限公司	刘志强 刘日辉 王平虎 徐广龙 孙建荣 杨仓勋 王 新 周兴旺 王 强 周华群 张广宇 武士杰 程守业 李英全 李恩涛 汪 船 王晓建 杨 红 赵燕铃 姜浩亮 荆国业

表4－36（续）

序号	项目名称	获奖等级	主要完成单位	主要完成人
2	煤矿岩巷机械化高效掘进的关键应用集成技术研究	一	河北金牛能源股份有限公司、中国矿业大学（北京）	杨仁树　白忠胜　赵兵文　李　清　孟亚平　马　利　窦晓峰　张振芳　李新站　郭东明　张志国　王文清　李延文　岳中文
3	胡家河矿井560米深厚软岩全深冻结凿井技术攻关与快速施工	二	陕西彬长矿业集团有限公司、煤炭科学研究总院	严广劳　赵　强　张云利　段王拴　邢丰收　丁剑烁　谢冬季　吴晓辉　陈章庆　赵明祥　孙占勇　高　伟　李继昌
4	超千米立井井筒快速施工综合配套技术研究与应用	二	中国平煤神马能源化工集团有限公司、平煤建工集团建井三处	裴大文　张金常　郭成方　闫昕岭　梁祖军　张自新　张海力　徐继民　王和平　李雪峰　仝洪昌　张民申　郑新峰
5	复杂地质条件下坑道透视精细化层析成像（CT）技术研究及应用	二	江苏省矿业工程集团有限公司	王慧明　王利宏　陈国富　邹永华　邵开胜　樊九林　季先华　王广超　刘焕新　许玉宾　吕志领　郑步连　徐志富
6	高温矿井热害防治关键技术研究与实践	三	兖矿集团有限公司、兖煤菏泽能化有限公司、山东科技大学	黄福昌　王用杰　辛　嵩　王振平　林启国　王树胜　阮国强　张祥云　王保齐
7	千米立井临时改绞关键技术研究及应用	三	江苏省矿业工程集团有限公司、中国矿业大学	王慧明　万援朝　樊九林　邵开胜　吴洪福　胡兴华　任家亮　顾士亮　杨建奎
8	深井复杂地层冻注理论及关键技术应用研究	三	山东科技大学、北京科技大学、北京中煤矿山工程有限公司、煤炭科学研究总院建井分院	乔卫国　林登阁　刘志强　闫常青　周兴旺　周晓敏　张宪堂　刘锋珍　张彦奇
9	城市轨道交通水平冻结综合技术	三	中国矿业大学、上海申通地铁集团有限公司、兖矿新陆建设发展有限公司、中煤特殊凿井（集团）有限责任公司（沪）	岳丰田　白廷辉　齐吉龙　黄海滨　曹化春　杨国伟　黄　炜　张　勇　李文勇
10	麻家梁深厚低含水冲积层大直径立井冻结施工技术研究与应用	三	大同煤矿集团有限责任公司、太原理工大学、太原擎天科技有限公司	张有喜　张召千　李云江　雷云彪　南培珠　张志军　刘锦荣　陈旭忠　周建峰
11	高强高性能喷射混凝土配制与推广应用	三	焦作煤业（集团）新乡能源有限公司、河南理工大学	贾明魁　魏世义　陈新明　白云来　陈武装　李凯奇　张耀辉　慕松利　张四辈

表4－37　2006年获中国施工企业管理协会科学技术奖技术创新成果获奖项目

序号	项目名称	获奖等级	主要完成单位
1	702米深井冻结关键技术研究	特	中煤第一建设公司

表4－38　2007年获中国施工企业管理协会科学技术奖技术创新成果获奖项目

序号	项 目 名 称	获奖等级	主要完成单位
1	深厚表土层冻结立井井壁高强高性能混凝土研究及其应用	一	中煤第七十一工程处
2	大断面长距离过深厚含水层施工技术	一	中煤第五建设有限公司第一工程处
3	复杂环境下浅埋大断面隧道超长水平冻结施工技术研究	一	中煤特殊凿井（集团）有限责任公司
4	深厚冲积层特厚膨胀黏土快速冻结技术研究及应用	一	唐山开滦建设（集团）有限责任公司
5	大型钢结构井架超90度桅杆扳转法吊装与凿井平行作业的技术研究	二	唐山开滦建设（集团）有限责任公司

表4－39　2008年获中国施工企业管理协会科学技术奖技术创新成果获奖项目

序号	项 目 名 称	获奖等级	主要完成单位
1	超大直径储料仓穹顶技术	一	徐州中煤钢结构建设有限公司
2	特大型钢结构井架加工与竖立工艺研究应用	一	中煤第三建设公司机电安装工程处
3	立井井筒煤与瓦斯突出煤层瓦斯抽放及揭煤综合防突技术研究	二	中煤第五建设公司第四工程处、煤炭科学研究总院抚顺分院
4	地铁隧道与旁通道冻结法平行施工技术	二	中煤第五建设公司、上海申通轨道交通研究咨询有限公司
5	建井期间深井井下通风降温技术	二	中煤第一建设公司第三十一工程处
6	抚顺页岩油炼法综合技术创新与应用	二	抚顺中煤建设（集团）有限责任公司

表4－40　2009年获中国施工企业管理协会科学技术奖技术创新成果获奖项目

序号	项 目 名 称	获奖等级	主要完成单位
1	复杂地质条件下大断面、大倾角斜井掘进机械化配套施工技术	一	中煤矿山建设集团有限责任公司
2	千米立井配套施工技术研究与应用	一	中煤第五建设有限公司
3	大直径超高筒仓综合施工新技术的研究与应用	一	平煤建工集团有限公司
4	立井施工过流砂（软土层）整体液压钢板桩帷幕	一	平煤建工集团有限公司
5	全液压中心回转抓岩机的研制及在立井施工中的应用	二	中煤第五建设有限公司
6	液压伞钻的研制及在立井硬岩爆破施工中的应用	二	中煤第五建设有限公司
7	高地压、软岩矿山大型硐室施工关键技术	二	中煤第五建设有限公司
8	焦炉基础顶板预埋管安装施工技术的研究与应用	二	平煤建工集团有限公司
9	综合支吊架施工工法	二	平煤建工集团有限公司
10	反井钻机施工煤仓暗立井过煤及破碎带技术	二	平煤建工集团有限公司

表 4－41　2010 年获中国施工企业管理协会科学技术奖技术创新成果获奖项目

序号	项　目　名　称	获奖等级	主 要 完 成 单 位
1	直径 7.7 米钻井法“一钻成井”施工技术研究与应用	特	中煤矿山建设集团有限责任公司、煤矿深井建设技术国家工程实验室（淮北）
2	立井临时箕斗和罐笼混合提升系统的研究与应用	特	中煤第三建设（集团）有限责任公司三十工程处、中煤矿山建设集团有限责任公司、徐州博信矿山设备制造有限公司
3	深立井工作面预注浆施工方法	一	中煤第五建设有限公司
4	煤矿斜井带式输送机安装技术	一	中煤第三建设公司机电安装工程处
5	大型钢栈桥地面制作与整体吊装技术	二	中煤建筑安装工程公司
6	千米立井液压凿井设备综合配套施工技术	二	中煤第五建设有限公司
7	斜（立）井通过厚软土层顶移钢护筒盾构施工成套技术	二	中平能化建工集团有限公司
8	井塔转换梁结构工程综合施工技术	二	中煤建筑安装工程公司
9	液压钻车、扒装机、梭车斜巷机械化作业线快速施工技术	二	中平能化建工集团有限公司
10	高寒地区井塔工程冬期快速施工综合技术	二	中煤建筑安装工程公司
11	立井大型分体式箕斗安装技术	二	中煤第五建设有限公司
12	安全监控与预警系统在煤矿立井施工中的应用技术	二	中煤第五建设有限公司
13	巷道近顶板管路快速安装施工技术	二	中煤第五建设有限公司
14	煤田稳定塌陷区软弱地基夯扩挤密煤矸石桩施工技术研究与应用	二	中平能化建工集团有限公司
15	大直径预应力钢筋混凝土筒仓刚性平台滑模技术	二	中煤建筑安装工程公司
16	高强预应力混凝土管桩在粉煤灰软土地层引孔锤击施工技术	二	中平能化建工集团有限公司

表 4－42　2006 年获其他省部级成果奖项目

序号	项 目 名 称	获奖类别	等级	获 奖 单 位	主 要 完 成 人
1	润扬长江公路大桥建设关键技术研究	中国公路学会科学技术奖	一	江苏省长江公路大桥建设指挥部、江苏省交通规划设计院、东南大学、河海大学、同济大学、路桥集团第二公路工程局、中港第二航务工程局、江苏省建筑科学研究院有限公司、安徽理工大学、中煤特殊工程公司、上海现代建筑设计集团、西南交通大学、长江水利委员会长江科学院、中国人民解放军总参谋部南京创新工作站	吴胜东　孙　钧　钟建驰　黄　卫　吉　林　郑明珠　林　鸣　韦世国　孙　伟　周志芳　冯兆祥　李爱群　夏国星　卓家寿　杨玉冬　徐　伟　吴寿昌　缪昌文　程　桦　张　鸿　程　刚　王继献　杨　宁　薛光雄　朱文白

表 4－42（续）

序号	项目名称	获奖类别	等级	获奖单位	主要完成人
2	煤田三维地震资料微机可视化与解释系统的研究	安徽省科学技术进步奖	二	淮北矿业（集团）有限责任公司、中国矿业大学	李　伟　范景坤　董守华　王　琦　岳建华　许永忠　张爱印　李　峰
3	冻土爆破与可钻特性及其分级的研究	安徽省科学技术进步奖	三	安徽理工大学	马芹永　马　巍　张志红　蔡美峰
4	复杂地质条件下大直径深井钻井法施工技术研究	安徽省科学技术进步奖	三	中煤特殊凿井（集团）有限责任公司	许宜坤　郑祥坤　周真云　周家山　刘　帆　荣怀宇
5	高应力复杂煤层巷道锚注支护技术研究与应用	安徽省科学技术进步奖	三	淮北矿业集团桃园煤矿、中国矿业大学	崔景龙　张连福　王连国　尤　勇　李明远　张　阳
6	黄淮地区大直径深立井快速掘进技术及工程实践研究	安徽省科学技术进步奖	三	安徽理工大学、中煤三建第二十九处	颜事龙　徐　颖　王厚良　宗　琦　傅菊根　张　平
7	立井深厚表土层冻结造孔与基岩S孔地面预注浆完全平行综合技术	安徽省科学技术进步奖	三	淮南矿业集团有限责任公司、安徽理工大学	雷成祥　昂正福　马芹永　李守好　杨云祥　李传高
8	涡北矿深厚表土冻结法凿井信息化施工技术研究	安徽省科学技术进步奖	三	淮北矿业（集团）有限责任公司、安徽理工大学	陈远坤　汪仁和　金　川　亢延民　李明好　张作樵
9	高承压水饱和软土水平冻结法加固关键技术研究	上海市科技进步奖	三	北京中煤矿山工程公司	王圣公等

表 4－43　2007 年获其他省部级成果奖项目

序号	项目名称	获奖类别	等级	主要完成单位	主要完成人
1	宿南矿区松散层四含水文地质条件分析及开采对策研究	安徽省科学技术进步奖	二	安徽省煤田地质局、淮北矿业（集团）有限责任公司、安徽省皖北煤电集团有限责任公司、天地科技股份有限公司开采所事业部、安徽理工大学、山东科技大学	李学文　许崇信　葛家德　魏振岱　韩东亚　吴玉华　康永华　李　伟
2	复杂环境下浅埋大断面隧道超长水平冻结施工技术研究	安徽省科学技术进步奖	二	中煤特殊凿井（集团）有限责任公司、安徽理工大学、安徽建筑工业学院	赵时运　程　桦　周兴荣　姚直书　马　进　王文升　荣传新　王继献

表 4－43（续）

序号	项目名称	获奖类别	等级	主要完成单位	主要完成人
3	EBH－120 型悬臂式掘进机	安徽省科学技术进步奖	二	淮南煤矿机械有限公司	汪昌龄 杨玉和 周春明 杨传超 秦清增 周春和 徐人宇 曹 杰
4	矿用大功率高压变频器的研制及应用	安徽省科学技术进步奖	三	淮北矿业（集团）有限责任公司、唐山开诚电器有限责任公司、北京合康亿盛科技有限公司、焦作华飞电子电器工业有限公司	丁淮南 刘继平 苗中山 胡晓旭 陈宝光 井多奎
5	基于虚拟现实技术的煤矿安全生产指挥系统关键技术研究与开发	安徽省科学技术进步奖	三	淮南矿业（集团）有限责任公司、同济大学、安徽理工大学、上海同岩土木工程科技有限公司	金 川 朱合华 汪仁和 孔德慧 李晓军 王思其
6	淮北矿区整体结构顶板特大动力突水水害查治试验研究	安徽省科学技术进步奖	三	淮北矿业（集团）有限责任公司、中国矿业大学	李 伟 程新明 李文平 李凤荣 韩东亚 李小琴
7	断层带岩体工程地质力学特征及其对断层防水煤柱留设的影响研究	安徽省科学技术进步奖	三	安徽理工大学、安徽省皖北煤电集团有限责任公司任楼煤矿	吴基文 童宏树 张文永 童世杰 段中稳 张平松
8	大吨位箕斗曲轨安全卸载技术研究	安徽省科学技术进步奖	三	煤炭工业合肥设计研究院	秦 强 胡保林 马 锋 侯国文 杜庆永 胡长华
9	深井三同时快速凿井技术	中央企业青年创新奖	金奖	北京中煤矿山工程有限公司	郑 军 徐 润 周兴旺 楼根达 王建平 赵宏伟 汪崇鲜

表 4－44　2008 年获其他省部级成果奖项目

序号	项目名称	获奖类别	等级	主要完成单位	主要完成人
1	特厚冲积层及强含水岩层中 702 米冻结法凿井技术	山东省煤炭科学技术科技进步奖	一	山东鲁能菏泽煤电开发有限公司、中国矿业大学、中煤国际工程集团南京设计研究院、中煤第一建设公司、兖矿新陆建设发展有限公司、中煤特殊凿井（集团）有限责任公司、中煤第一建设公司特殊凿井处	李长寅 杨维好 陈明磊 谭炳刚 苏茂秋 黄家会 蒲耀年 宋 雷 张亚光
2	巨厚冲积层深、大井筒钻井法凿井关键技术研究及工程应用	安徽省科学技术进步奖	一	国投新集能源股份有限公司、中煤特殊凿井（集团）有限责任公司、安徽理工大学、煤炭工业合肥设计研究院、华煤建设特殊工程技术有限公司、煤炭科学研究总院建井分院	刘 谊 郑高升 赵时运 程 桦 杨裕官 洪伯潜 李文增 姚直书 丁 明 方运买

表 4-44（续）

序号	项 目 名 称	获奖类别	等级	主 要 完 成 单 位	主 要 完 成 人
3	中国煤炭企业 GBS（grater behavioral safety）广角监察集成管理	安徽省科学技术进步奖	三	安徽省淮北矿业（集团）有限责任公司、中国矿业大学	陈　红　曹荣平　龙如银　刘志德　孟献臣　王和志
4	深立井掘进突水机理及综合注浆堵水技术研究	安徽省科学技术进步奖	三	安徽理工大学、中煤第三建设集团（有限）责任公司二十九工程处	王厚良　徐　颖　王劲红　宗　琦　王松青　傅菊根
5	煤矿冻结深井井壁C100混凝土成套技术研究	安徽省科学技术进步奖	三	中煤三建第七十一工程处、河海大学	徐辉东　杨仁树　赵士兵　蒋林华　吴信远　潘声杰
6	矿井瞬变电磁法水害探查技术及应用	安徽省科学技术进步奖	三	安徽省皖北煤电集团有限责任公司、中国矿业大学	吴玉华　于景邨　赵开全　刘志新　段中稳　洪　荒
7	淮北宿县临涣矿区构造复杂程度定量评价及其对瓦斯赋存特征的控制	安徽省科学技术进步奖	三	淮北矿业（集团）有限责任公司、安徽理工大学	李　伟　吴基文　范景坤　陈富勇　程新明　赵志根

表 4-45　2009 年获其他省部级成果奖项目

序号	项 目 名 称	获奖类别	等级	主 要 完 成 单 位	主 要 完 成 人
1	复杂地质条件下井筒安全建设技术	国家安全生产监督管理总局安全生产科技成果奖	一	中煤第五建设有限公司第三工程处	
2	复杂地质条件下冻结法凿井设计理论与施工关键技术	江苏省科学技术进步奖	一	中国矿业大学、中煤国际工程集团南京设计研究院、中煤第五建设公司、大屯煤电（集团）有限责任公司	杨维好　黄家会　沈慰安　许大雄　宋　雷　李海鹏　杜　勇　林鸿苞　张　超
3	孟加拉国巴拉普库利亚煤矿井下降温技术研究与应用	国家安全生产监督管理总局安全生产科技成果奖	二	中煤第五建设有限公司	
4	软土地层水平冻结设计、施工和融沉控制综合技术	上海市科技进步奖	二	上海申通地铁集团有限公司、中国矿业大学、兖矿新陆建设发展有限公司、中煤特殊凿井（集团）责任有限公司	白廷辉　岳丰田　黄海滨　杨国伟　齐吉龙　周兴荣　张　勇　李文勇　石荣剑　张景钰

表 4－45（续）

序号	项目名称	获奖类别	等级	主要完成单位	主要完成人
5	AD130 型动力头钻机研制与工程应用	安徽省科技进步奖	二	中煤矿山建设集团有限责任公司、淮北矿业（集团）有限责任公司、中信重机洛阳矿山工程机械设计研究院、安徽理工大学、安徽建工学院、南京晨光集团有限责任公司 215 所	赵时运　程　桦　史基盛 陈远坤　丁　明　王占军 郑翔鲲　蔡　鑫
6	淮北临涣、涡阳矿区（井）下组煤开采灰岩水害防治关键技术研究	安徽省科学技术进步奖	二	淮北矿业（集团）有限责任公司、安徽理工大学	葛春贵　姚多喜　沈掌旺 王大设　韩东亚　李小龙 许帮贵　代建四
7	煤炭自然发火危险性新预测方法的研究与应用	安徽省科学技术进步奖	三	安徽理工大学	何启林　白国基　袁树杰 周占魁　秦永洋　彭伟
8	煤矿深井岩巷掘进动态破岩与围岩控制技术研究	安徽省科学技术进步奖	三	淮北矿业集团公司、安徽理工大学、中煤第三建设（集团）有限责任公司三十工程处	葛春贵　徐　颖　张正新 邵东亚　许绍明　宗　琦
9	长管注浆在煤矿巷道穿越含水断层破碎带中的研究及应用	安徽省科学技术进步奖	三	安徽省皖北煤电集团有限责任公司、安徽恒源煤电股份有限公司刘桥第一煤矿	王　健　王　强　刘汉喜 尹纯刚　彭龙超　甘圣丰
10	厚松散含水层下煤层安全开采水文地质保障技术研究	安徽省科学技术进步奖	三	淮南矿业（集团）有限责任公司、中国矿业大学	袁　亮　李佩全　李文平 疏开生　黄向菁　孙　如
11	基于工业以太网技术的煤矿综合自动化远程监控系统及应用关键技术研究	安徽省科学技术进步奖	三	安徽世腾信息技术有限责任公司、淮南矿业（集团）有限责任公司	赵　莉　金　川　黄乃斌 李守勤　马　林　黄　海
12	矿山安全生产快速反应联动监控重大灾害的监控预警技术	安徽省科学技术进步奖	三	淮北矿业（集团）有限责任公司、煤炭科学研究总院重庆研究院	李　伟　黄　强　陈家祥 鲁远祥　王和志　张连福

表 4-46 2010 年获其他省部级成果奖项目

序号	项目名称	获奖类别	获奖等级	主要完成单位	主要完成人
1	深井低透气性煤层揭煤防突关键技术研究	安徽省科学技术进步奖	一	淮南矿业（集团）有限责任公司、安徽理工大学、安徽建筑工业学院	刘泽功 方良才 李 平 周德昶 朱长河 雷成祥 柏发松 白国基 刘 健 何启林
2	郓城矿井 530 米冲积层钻井可缩井壁的研究与应用	山东省科技进步奖	二	山东省郓城煤矿、中国矿业大学、煤炭工业济南设计研究院有限公司、中煤特殊凿井（集团）有限公司	庞法扬 王衍森 孙孟杰 丁业元 臧桂茂 杨志江 郑翔鲲 徐风平 程建平
3	深部高地应力软岩巷道长期变形破坏机制及支护关键技术研究	安徽省科学技术进步奖	二	国投新集能源股份有限公司、中国科学院武汉岩土力学研究所	陈卫忠 朱 林 王争鸣 孔德山 谭贤君 吕森鹏 王 跃 伍国军
4	净径 8.3 米超大井筒穿厚表土钻井法设计施工关键技术与智能监控方法	安徽省科技进步奖	二	安徽理工大学、淮南矿业（集团）有限责任公司、煤炭工业合肥设计研究院、中煤特殊凿井（集团）有限责任公司、安徽建筑工业学院	程 桦 黄乃斌 姚直书 李传林 汤江明 陈吉华 朱东林 邓润义
5	立井冻结温度场发展规律研究与应用	江苏省科技进步奖	三	中国矿业大学、中煤第一建设公司特殊凿井处、中煤第五建设公司第三工程处、中煤特殊凿井（集团）有限责任公司、兖矿新陆建设发展有限公司	李海鹏 齐吉龙 杨志江 张 涛 王宗金 刘传申 陈占怀 韩 涛 张 弛
6	冷冻法在云南省水利工程中的应用研究	云南省科技进步奖	三	中煤特殊凿井（集团）有限责任公司	
7	矿山安全生产快速反应联动监控重大灾害的监控预警技术	安徽省科学技术进步奖	三	淮北矿业（集团）有限责任公司、煤炭科学研究总院重庆研究院	李 伟 黄 强 陈家祥 鲁远祥 王和志 张连福
8	极复杂软弱地层井巷工程稳定机理与控制技术	安徽省科学技术进步奖	三	马钢集团姑山矿业有限责任公司、中国矿业大学	王文潇 韩立军 李大培 蒋斌松 董亚宁 曹跃进
9	红黏土斜井掘进高效爆破的关键技术	安徽省科技进步奖	三	中煤矿山建设集团有限责任公司、中煤第七十一工程处、中国矿业大学（北京）	吴信远 杨仁树 徐辉东 方体利 王孟启 郭保国
10	采用自制简易型钢液压机制作支架	安徽省重大合理化建议和技术改造成果奖		中煤矿山建设集团有限责任公司	王衍东

部分获奖项目介绍

龙固主井（双井筒）近600米钻井法凿井技术研究与应用

该项目获2006年度国家科技进步二等奖。

项目概况：该项目为国家“十五”科技攻关课题“复杂地质条件下大直径深井钻井法施工技术研究”（编号：2004BA615A－07）及其应用的综合项目。我国东部经济发达地区煤炭需求量大，但由于多年的超强度开采，浅部煤炭资源日益枯竭，研究解决500～700米深厚冲积层的井筒施工技术，成为我国深井开发的突出课题，该项目被列为国家“十五”科技攻关内容。

山东龙固矿两主井钻井深度582.75米，穿过冲积层厚度546.48米，钻孔直径8.7米，成井直径5.7米。其钻井深度和穿过冲积层的厚度比我国以往采用钻井法完成的最深井筒分别深75米和106米，是我国钻井法凿井的一次巨大跨越（图4－16、图4－17）。该井地质条件复杂，冲积层中第三系地层厚度达388.08米，多为固结和半固结地层，硬度大，黏性强，遇水膨胀性强，极易产生膨胀缩径，卡钻和泥包钻头，且地层多含粒径极细的粉砂，泥浆的处理和维护困难；基岩风化带岩层不稳定，很容易出现塌帮和掉石块，造成卡钻和埋钻。为保证井筒的顺利施工，根据该井筒的设计参数和特殊的地质条件，经反复研究论证，开展了以下科技攻关和技术研究：设备选型及设备改造技术研究、优化钻井施工工艺和钻进参数技术研究、新型单钢板高标号钢筋混凝土复合井壁施工技术研究、泥浆护壁与控制技术的研究、新型超声波测井仪的研制。

图4－16　改造后的钻机钻进施工中

图4－17　9米钻机ϕ7.1米配套钻头

600米特厚表土层冻结法凿井关键技术

该项目获2009年度国家科技进步二等奖。

项目概况：该项目针对山东、安徽、河南等地多个矿区深厚表土层冻结法凿井进行的诸多科研、设计和施工项目取得的成果的汇总，是一系列的综合成果。我国东部深厚表土下有超千亿吨煤炭资源因凿井技术水平的限制未能开采。十余年来，由30多个单位、200多名研究人员通力合作，攻克了“600米特厚表土层冻结法凿井关键技术”。成果对600米特厚表土层冻结法凿井关键技术开展了深入研究，建立了特厚表土层冻结壁和冻结井壁设计计算体系，研发并应用了特厚表土层冻结法凿井施工多项关键工艺。项目成果成功应用于工程，实现了我国冻结法凿井理论和技术的重大突破，达到国际领先水平；突破了特厚表土层下煤炭开发的凿井技术瓶颈制约，对开发深厚表土下的固体矿物资源具有重要价值和意义；取得了显著的经济和社会效益。

成果系统地总结了特厚表土层、多圈孔冻结井筒冻结壁、井壁设计的理论探讨和取得的实践经验，改进了冻结壁、井壁设计体系；总结出冻结法凿井工艺和关键技术：以分圈异步、控制冻结为核心的冻结壁快速形成施工工艺与维护技术，C70～C90 高性能混凝土井壁快速施工及防裂技术，冻结法凿井信息化施工技术等。

两淮矿区复杂地层条件下深大井筒特殊法凿井关键技术与应用

该项目获 2009 年度国家科技进步二等奖。

该项目针对从“九五”末期开始的两淮矿区大规模新井建设高潮，围绕深、大井筒特殊法施工共性核心技术，历经多年攻关与应用，解决了复杂地层条件下特殊凿井关键技术难题。

项目概况：两淮矿区煤炭储量丰富，地理优势明显，为实现国家在两淮建设亿吨煤电基地的战略目标，“九五”末期，两淮矿区兴起了有史以来最大规模的新井建设高潮。两淮矿区浅部煤炭资源几近枯竭，新建矿井多具有井型大、井筒深（650 米以上）、穿越冲积层深厚（450～600 米）、工程地质复杂等特点。当时，我国特殊凿井技术难以满足冲积层厚 450 米以深的立井设计与施工要求，黄淮地区大量在役井筒因地层沉降相继破损，新建井筒预防技术亟待攻克。

该项目围绕特殊法施工深、大井筒工程核心共性技术，历经多年攻关与应用，解决了复杂地层条件下（冲积层厚 450～600 米）特殊凿井关键技术难题。针对特殊沉降地层大量在役井筒破裂现象，研究地层与井筒共同作用机理，研发竖向可缩性井壁结构，并在 22 个井筒工程中得到推广应用；根据特厚冲积层地压大、含水丰富特点，提出新型系列高强井壁结构，解决了特厚冲积层特殊法凿井支护难题，并大量应用于特厚冲积层井筒工程；基于“纵让横抗”原理，提出了竖向可缩性井壁结构设计计算方法；揭示井壁结构受力状态本质，提出引入筑壁材料强度提高系数的井壁结构设计计算方法；完善钻井法传统的井壁筒悬浮下沉竖向结构稳定性设计计算方法；得到工程实践验证。揭示多圈孔冻结温度场形成规律，创新多圈孔布孔方式；提出特厚冲积层冻结壁形成质量评价方法；实测并获得深冻结井（450～573 米）冻结压力显现规律；集成、优化基于大型机械化配套的冻结井筒作业方式，形成特厚冲积层冻结法施工成套技术，确保了两淮矿区新井建设 32 个冻结井筒安全、高效建成；自主研发国内外设计能力大、性能可靠的液压竖井钻机，并成功应用工程实践；通过改进施工方法和技术创新，攻克了深大钻井井筒施工技术难关，形成了深大井筒钻井法施工成套技术。

该项目整体技术在 2006 年 2 月以前已在两淮矿区的 7 个煤矿 21 个井筒（其中冻结井 17 个，钻井 4 个）得到工程应用，随后又在两淮矿区的 8 个煤矿 24 个井筒（其中冻结井 15 个，钻井 9 个）得到大范围推广应用；钻井井壁和冻结井壁厚度分别减薄 21% 和 13% 左右；缩短了深大井筒的建设工期；确保了两淮矿区 45 个新建井筒安全、高效和快速地建成，取得了显著社会经济效益。

深厚表土层冻结立井井壁高强高性能混凝土研究及其应用

该项目获 2007 年度中国施工企业管理协会科学技术奖技术创新成果一等奖。

项目概况：深厚表土层冻结立井井壁高强高性能混凝土研究及其应用，隶属矿井安全生产技术领域，该项目的开展依托了山东省龙固煤矿副井井筒工程（图 4－18）。龙固副井井筒是我国目前已建成的穿过表土层最厚（580 米）、冻结深度最大（650 米）、井壁设计最复杂的高强混凝土结构。由中煤第七十一工程处、中国矿业大学、河海大学等单位组织联合科技攻关，研究深厚表土

图 4-18 山东龙固副井井筒工程

层冻结法施工采用的高强高性能混凝土井壁及其相关问题。

为了抵御高地压，研制负温（-6 摄氏度以下）条件下强度等级为 C70 以上的高强度混凝土；通过分析计算和模拟试验，发现井壁高强混凝土与相应试块混凝土强度之间的关系，以改变目前大都利用试块强度代替井壁强度的测试方法；实测深厚表土层（580 米）的地应力、冻结应力和井壁内应力的应力场，填补了我国在深厚表土层地压资料和科研方面的空白。

特大型钢结构井架加工与竖立工艺研究应用

该项目获 2008 年度中国施工企业管理协会科学技术奖技术创新成果一等奖。

项目概况：20 世纪 90 年代以来，煤矿多向大型化、深井化发展，矿井产量日渐增高，继而带来煤矿井架多向大型化发展，井架由原来的立架加斜撑式迅速演变成 L-A 型式和双斜四柱 A 型井架，其重量由 300 吨左右一直发展到 1300 吨左右，高度由 30 米发展到现在的最高 95 米，由此给井架加工竖立带来一系列施工技术难题。

依托山西屯留煤矿主井井架及淮南口孜东煤矿主井井架竖立开展研究，解决我国特大型钢结构的吊装技术工艺难题（图 4-19～图 4-21）。

图 4-20 空中合龙

图 4-19 井架组装现场

图 4-21 大翻转法起吊副斜架

该项目取得的成果及创新性有：

（1）自主创新研制夹具技术代替了传统的钢丝绳连接。

（2）自主创新研制折页技术取代了传统的地锚绊腿技术。

（3）大平衡穿绳工艺成功地解决了 4 台稳车同步受力的技术难题。

（4）研究应用了空中半翻转法和大翻转法竖立工艺技术，起吊一次到位。

（5）采用空中合龙技术，成功地解决了大型井架在空中对接找正技术问题，同时为减少高空操作提供了有力的技术保证。

（6）下料时采用数控多头火焰切割机一次切割成型，避免板材变形。

（7）箱体组对采用三面定位组对工艺技术，保证焊缝质量，提高生产效率。

（8）采用埋弧焊倾斜送丝工艺技术，保证焊缝根部焊透、焊缝成型美观。

（9）单抱杆起吊变成双抱杆起吊，满足1300吨左右的井架起吊能力。

（10）改善抱杆站位工艺，在施工中反复比较方案，按最佳位置确定抱杆站位；用一副临时小抱杆同时一次性竖立两副大抱杆，减少了工序转换。

复杂地质条件下大断面、大倾角斜井掘进机械化配套施工技术

该项目获2010年度中国施工企业管理协会科学技术奖技术创新成果一等奖。

项目概况：设计并制造了适合倾角小于20度的软岩斜井施工中的防爆小型挖斗式装载机，能连续掘进、装载矸石，减少了工作面的人数，提高了斜井施工速度；研究了坚硬岩石斜井掘进时采用中深孔爆破、侧卸式装岩、耙斗机装岩、链板机转矸、带式输送机出矸的机械化作业线，可实现掘支平行交叉作业，一次成巷，将施工中的掘进、支护、水沟等几个分部工程，在一定距离内实行平行作业，不留或少留尾工，大大提高了斜井的掘进速度；研制适合软岩斜井掘进的综掘机破岩+桥式带式输送机+带式输送机机出矸机械化作业线，实现对斜井的不间断掘进和出矸；研制了大倾角斜井（倾角小于16度）掘进施工中的永久支护钢模台车，对永久支护的提升、稳模、浇注、脱模、拆模等施工工艺流程进行优化，提高了软岩斜井的永久支护质量和速度，机械化施工程度高；研制了斜井掘进爆破参数计算机辅助设计系统，利用该软件对斜井掘进爆破参数和有关施工安全技术措施进行优化设计；研究针对深厚风积沙层复杂地质条件下的斜井掘进施工方法；制定并建立了一套切实可行的、规范化的斜井掘进科学管理方法。

该项目取得的成果及创新性有：

（1）根据斜井掘进施工特点，优化了斜井掘进机械化作业线的设备生产能力的配套技术，特别是应用带式输送机排矸，大大提高了工作面的排矸速度，缩短了斜井掘进的主要工序排矸的时间，解决了影响掘进速度的瓶颈。

（2）根据现场岩石物理力学特性，应用爆破作用原理，优化了斜井掘进爆破参数，使中深孔光面爆破在斜井掘进中达到高效、低抛、壁面光滑和安全的效果。

（3）研制开发了适用于煤矿斜井用的小型挖掘机，提高了工作面的机械化程度，工作面装矸速度大大提高，减少了工作面工人数量，减轻了工人的劳动强度，使工作面安全提高。

（4）研制开发了适用于煤矿斜井用移动液压钢模台车和操作规程，大大提高了斜井井壁浇筑速度和井壁质量。

（5）研制开发了适用于煤矿斜井用的爆破设计专家系统，使工程技术人员烦琐而又重要的工作，变成工程技术人员根据现场的岩石力学特性点击鼠标就能轻松完成的工作。

（6）实施严格的科学管理与质量控制。

该项目研究成功，为斜井掘进机械化作业线的合理选型、大断面斜井钢模台车永久支护的施工工艺的优化、斜井风积沙层特殊地层施工方法，以及现场科学的管理方法提供了保障。所取得的研究成果为复杂地质条件下大断面、大倾角深井安全快速施工的设计与施工提供了可靠的理论指导，应用前景广阔。

六　建井技术发展状况

冻结法凿井技术发展与展望

一、国内外冻结法凿井应用概况

冻结法凿井问世以来在120多年的发展过程中，由于相关科学技术的发展进步，如制冷技术装备、陀螺测斜技术、人工冻土特性的研究成果、高强度井壁材料的应用、冻结方案的完善等以及施工经验积累，使冻结法凿井技术装备日益完善成熟，工期有保证，工程造价合理，施工安全可靠，在世界上不少采煤采矿国家中被广泛采用，是目前井筒穿过冲积层、深部基岩含水层的主要施工方法，不少井筒冻结深度达到或超过600米，有的井筒超过了900米。20世纪以来，欧洲发达国家能源结构进行了调整，煤炭行业发展停滞，冻结法凿井规模减小了。近10年来，尤其是“十一五”时期，随着我国煤炭产量大幅度的增长，建井规模的扩大，冻结法凿井又有了新的发展。

（一）国外冻结法凿井应用概况

冻结法凿井在国外已有120多年的历史，最大的冻结深度近千米。

德国于1883年首先采用冻结法凿井获得成功。1958年前，鲁尔矿区施工了250个井筒，其中多数是采用冻结法施工的。1981年施工的瓦尔朱姆矿维尔德风井，井深1060米，净径6.0米，冻深581.0米。1983年报道，伏尔德矿的冻结深度600米，是当时西德冻结最深的井筒。

波兰于1885年开始采用冻结法凿井，至20世纪70年代末已建成立井井筒约250个。卢布林矿区最大冻结深度为760米。

英国于1909年开始采用冻结法凿井，冻结砂岩含水层。20世纪70年代初建成的博尔培钾盐矿进风井，净径5.0米，冻结深度930米，采用双层钢板混凝土复合井壁，是目前世界上冻结最深的井筒。20世纪70年代末建设的赛尔比煤矿，年产商品煤1000万吨，5对立井10个井筒和2个提煤斜井都采用冻结法施工。

苏联于1928年开始采用冻结法凿井，解体前，是世界上采用冻结法施工规模最大的国家，施工约500个井筒。雅可夫列夫铁矿2号副井冻结深度620米，是最深的冻结井筒。

加拿大开采钾盐矿，最大的冻结深度915.0米。

比利时冻结法凿井冻结深度638米。

（二）国内冻结法凿井应用概况

我国冻结法凿井已有50多年的历史，发展迅速，施工规模、深度不断地攀升，尤其是“十一五”时期，深井冻结的数量、深度显著增加。

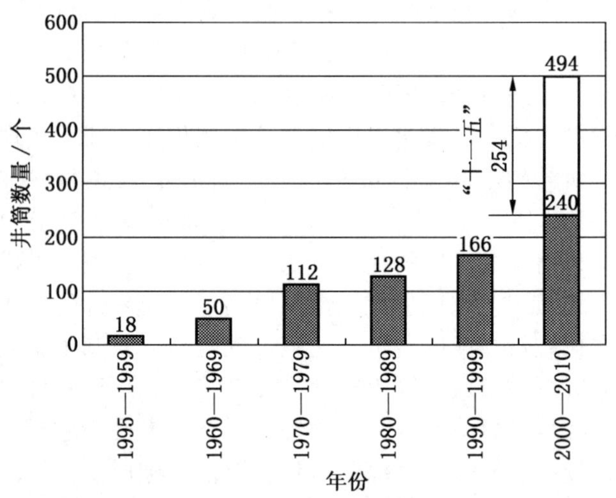

注：表4－47、图4－22资料来源于中国煤炭建设协会2011年统计资料。

资料提供单位：中煤邯郸特殊凿井公司、中煤五建第三工程处、中煤特殊淮化工程处、中煤特凿淮南冻结工程处、中煤三建钻井工程处、北京中煤矿山工程公司、唐山开滦建设公司、兖州新陆建设发展公司、江苏省矿业工程公司、辽宁东煤基本建设公司等。

图4－22　我国冻结法凿井施工规模增长状况

我国冻结法凿井起源于开滦矿区，1955年，林西风井从波兰引进冻结法凿井。由波兰凿井队承担井筒冻结设计施工，提供设备，安装运转，中方配合施工，在我国首次采用冻结法凿井获得成功。1956年，唐家庄风井在苏联专家的指导下，自己设计施工，国产设备，采用冻结法施工又获得成功。从此，开滦冻结法凿井成功的经验在全国推广应用。20世纪主要在我国东部地区，如河北、山西、辽宁、安徽、山东、江苏、黑龙江、河南等省的煤矿基地建设中推广应用。随着国家西部大开发战略的实现及对煤炭需求的增大，煤炭建设基地向西部地区转移。从20世纪末以来，冻结法凿井在西部地区，如陕西、内蒙古、甘肃、宁夏等地区的煤矿基地建设中被广泛采用，冻结法凿井进入了新的发展阶段。

50多年来，我国冻结法凿井施工规模、冻结深度的统计数据见表4－47，如图4－22所示。统计表明，施工规模迅速增长，深度越来越深。

1. 施工规模

表4－47　1955—2010年我国冻结法凿井施工规模及冻结深度统计

年份		1955—2010	其中					
			1955—1959	1960—1969	1970—1979	1980—1989	1990—1999	2000—2010（“十一五”）
井筒数量/个		968	18	50	112	128	166	494（254）
冻结深度/米	＜100	172	11	25	26	34	32	43（22）
	＞100	299	7	18	44	50	71	109（66）
	＞200	211		6	32	26	28	120（61）
	＞300	132		1	9	16	30	76（39）
	＞400	54			1	2	5	46（19）
	＞500	56						56（35）
	＞600	29			冻结深度变化线			29（24）
	＞700	11						11（7）
	＞800	4						0（4）
最大冻深/米		850	162.0	330.0	415.0	435.0	400.0	850

注：2000—2010栏中，括号内数字为“十一五”（2006—2010）时期的井筒数量。

从1955年至2010年建成立井井筒968个，累计长度22.7万米，最大井筒净直径10.5米。其中在21世纪头10年建成立井井筒494个，“十一五”时期施工了254个。由此可见，21世纪头10年尤其是“十一五”时期，冻结法施工规模增幅很大。目前我国冻结法施工规模是世界之首。

2. 冻结深度

20世纪冻结深度不超过500米。“十一五”时期冻结深度增加很快，东部地区冲积层中最大冻结深度800米，西部地区基岩含水层中最大冻结深度850米。21世纪头10年500～800米深井冻结施工了100个井筒，其中700多米的11个，800多米的4个。

“十一五”时期部分深井冻结法凿井统计见表4－48。其中许多井筒冻结深度超过了波兰、苏联、德国等国家。2011年度开工在建项目甘肃省核桃峪矿副井，井深1005米，净径9.0米，冻结深度950米，将超过英国930米的世界纪录。

3. 地质条件

东部地区，冻结的主要地层是第四、三系松散、含水丰富的流砂、黏土层为主的冲积层。西部地区冻结的主要是煤系地层白垩系、侏罗系软弱地层，基岩承压含水层静水位高、水压大。两个地区地层特性差异较大，地质条件复杂，在世界上罕见。

50多年来，尤其是近10年，“十一五”时期，冻结法凿井发展迅速，在冻结深度方面有了突破，

表4-48 "十一五"时期部分深井冻结法凿井项目统计

序号	井 筒 名 称	井筒参数		冲积层厚或基岩含水层深/米	冻结深度/米	开钻日期
		深/米	净径/米			
1	内蒙古纳林河二矿副井	588.5	10.5	76.74	521	2010年9月
2	内蒙古葫芦素矿副井		10.0	41.1	525	2009年6月
3	安徽朱集西矿副井	1015.2	8.0	471.9	540	2008年11月
4	内蒙古泊江海孜矿副井	611	10.5	6.9	556	2009年7月
5	山东杨营矿副井	675	6.0	412	588	2008年11月
6	内蒙古塔然高勒矿风井	569	6.0	3.7	579	2009年1月
7	山东张集矿副井	671	6.5	449.69	619	2009年9月
8	山东陈亦庄矿主井	963	5.0	568.8	629	2008年9月
9	山东陈亦庄矿副井	993	6.5	492.09	640	2008年8月
10	内蒙古塔然高勒矿副井	603	9.0	4.2	614	2009年1月
11	河南赵固二矿副井	739.5	6.9	465.25	628	2006年6月
12	内蒙古虎豹湾矿主井	607.3	6.0	81.8	631	2008年8月
13	宁夏红四矿副井	988	7.0	464.1	682	2010年4月
14	宁夏红四矿风井	963	6.0	395.0	630	2010年2月
15	内蒙古巴彦高勒矿副井	644.5	9.0	649.67	655	2010年5月
16	平顶山一矿北三回风井	1075	6.5	91.0	660	2010年7月
17	内蒙古葫芦素矿回风井	681.3	8.0	525.0	672	2009年7月
18	安徽板集矿主井	795.3	5.5	局部冻结	660	2010年9月
19	安徽板集矿副井	795.3	6.2	局部冻结	673	2010年7月
20	安徽板集矿风井	777.8	7.3	局部冻结	666	2010年9月
21	安徽杨林矿主井	986.9	7.5	283.0	710	2009年6月
22	内蒙古母杜柴登矿副井	711.0	9.4	124.7	721	2008年10月
23	安徽杨林矿副井	1001.9	7.5	536.7	725	2008年12月
24	安徽口孜东矿主井	1005	7.5	568.43	737	2006年6月
25	内蒙古门克庆矿副井	755	10.0	760.23	765.5	2010年5月
26	内蒙古门克庆矿风井	735	8.0	690.0	747	2010年5月
27	河南李粮店矿主井	755.5	5.0	394.8	772	2009年6月
28	内蒙古母杜柴登矿主井	762	6.5	124.67	777	2008年10月
29	河南李粮店矿副井	780.5	6.5	391.25	800	2009年6月
30	安徽杨林矿风井	986.9	7.8	90.6	800	2010年2月
31	内蒙古门克庆矿主井	785	9.6	67.3	802	2010年5月
32	陕西高家堡矿副井	841.5	8.5	22.8	850	2010年12月
2011年在建部分深井冻结井筒						
1	山东龙固矿北风井	764	6.0	675.6	730	2011年3月
2	陕西高家堡矿主井	859	7.5	26.5	791	2011年1月
3	陕西高家堡矿风井	821.5	7.5	320	830	2011年1月
4	甘肃新庄矿风井	1025.3	7.5	210.61	910	2011年9月
5	甘肃新庄矿副井	990.3	9.0	890.0	908	2011年8月
6	甘肃核桃峪矿风井	975	7.0	521	916	2011年3月
7	甘肃核桃峪矿副井	1005	9.0	214	950	2011年3月

建成了一批深冻结井筒，成绩显著，这表明了我国冻结法凿井技术水平发展到了一个新的阶段，达到了世界先进水平。

另外，在斜井及其他行业，如地铁、大桥基础、隧道、隧洞等工程中采用冻结法施工，取得成功并被广泛应用。“十一五”时期采用冻结法施工斜井井筒约16个。

二、“十一五”时期，深井冻结设计理论、施工技术有了长足进步

（一）东部地区深厚冲积层中采用多圈孔冻结方案获得成功

1. 冻结壁厚度

东部地区不少井筒穿过冲积层厚450～600米，按规范要求，在冻结壁设计控制层范围，掘砌段高不得超过2.5米，井壁位移不超过50毫米，暴露时间小于30小时。为此经计算其厚度范围在8.0～12.0米，冻土平均温度为－16摄氏度左右。如山东张集矿副井，净径6.5米，冲积层厚458米，冻深615米，冻土平均温度－15摄氏度，冻结壁厚度8.5米。安徽口孜东矿主井，净径7.5米，冲积层厚568米，冻深737米，冻土平均温度－18摄氏度，冻结壁厚度11.5米。东部地区部分深井冻结壁厚度及冻结孔圈数见表4－49。

表4－49　东部地区部分深井冻结壁厚度

井　　筒	净径/米	冲积层厚/米	冻结深度/米	冻结壁厚度/米	冻结孔圈数	施工年份
山东张集矿主井	5.5	456.66	583	7.8	3	2009
山东张集矿副井	6.5	457.25	615	8.5	3	2009
河南赵固二矿主井	5.0	530.5	615/575	7.2	3	2006
河南赵固二矿副井	6.9	527.5	628	9.4	3	2006
河南赵固二矿风井	5.2	524.5	628/595	7.5	3	2006
安徽丁集矿副井	8.0	525.25	565	11.4	3	2004
山东郓城矿副井	7.2	536.63	590	11.0	4	2005
山东龙固矿副井	7.0	567.7	650	11.5	3	2003
山东郭屯矿主井	5.0	587.4	702	11.0	4	2004
安徽口孜东矿主井	7.5	568.15	737	11.5	4	2005
安徽口孜东矿副井	8.0	571.95	620	12.5	4	2005

2. 单圈孔冻结壁厚度的极限

以往冲积层厚度在400米内，采用单圈孔＋防片孔冻结方案满足了施工要求。根据实测资料表明，单圈孔冻结时，冻结孔外侧厚度接近3.0米时，再向外扩展速度极其缓慢，已接近极限，并且所需冻结时间长达300天以上。加之地温高，难以形成7.0米厚的冻结壁，平均温度也难降至－12摄氏度以下。所以单圈孔冻结方案难以满足深厚冲积层冻结壁的要求。

3. 多圈孔冻结方案

目前东部地区普遍采用了3、4圈多圈孔冻结方案，形成厚度大、强度高的冻结壁。由荒径往外顺序布置防片孔、内圈孔、中圈孔及外圈孔。各圈孔的主要功能是：

（1）外圈孔：加强冻结冲积层中部和下部，使冻结壁外侧厚度达到最大。冻结段应穿过冲积层、强风化带即可。采用局部冻结。

（2）中圈孔：在设计冻结深度范围内形成上下全封闭的主体冻结壁，冻结孔穿过冲积层风化带进入稳定不透水完整基岩达到设计冻结深度，在基岩段可采用差异冻结。

（3）内圈孔：主要加强冻结冲积层，降低平均温度和井帮温度，部分冻土进入荒径。冻结孔穿过冲积层即可，采用全深冻结。

（4）防片孔：加强冻结冲积层上部，降低井帮温度，防止片帮，进行安全掘砌。防片孔深度根

据施工进度及保持井筒连续施工来确定。

采用3圈孔或4圈孔冻结，其中必须有一圈孔穿过冲积层进入稳定的不透水基岩，达到设计冻结深度。这一圈孔可称为主冻结孔。

近10年来，在龙固、郭屯、丁集、郓城、李粮店、杨村等矿井筒施工中，广泛采用多圈孔冻结方案。下面是两个井筒采用多圈孔冻结方案实例，图4－23所示为口孜东矿主井，净径7.6米，冲积层厚568米，冻结深度737米，冻结壁设计厚度11.5米，采用4圈孔冻结方案。图4－24所示为赵固二矿副井，净径6.9米，冲积层厚527.05米，冻结深度628.0米，冻结壁设计厚度9.4米，采用3圈孔冻结方案。图4－23、图4－24所示冻结孔布置示意图中，分别是两个井筒的冻结孔布置圈直径、孔数、开口间距、冻结深度等主要技术参数和冻结方式。两个井筒分别于2007年6月、3月正式开挖，施工顺利通过冻结段，采用多圈孔冻结方案是成功的。

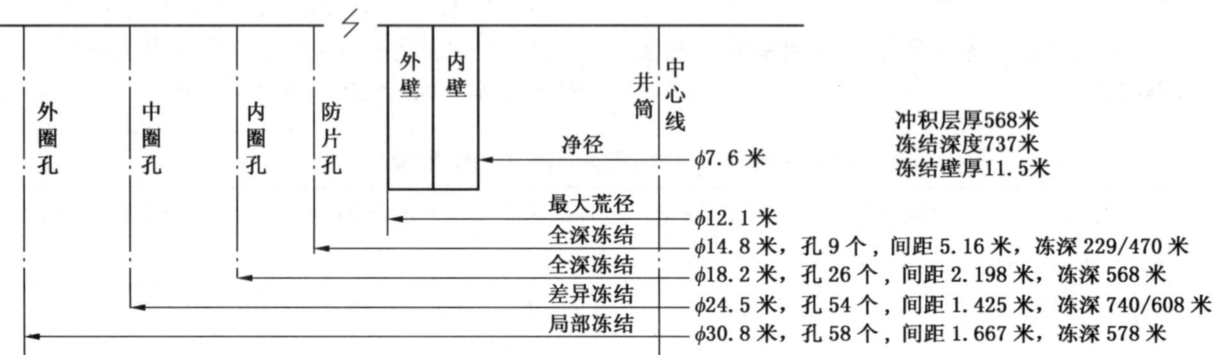

图4－23　口孜东矿主井4圈冻结孔布置示意图及主要技术参数

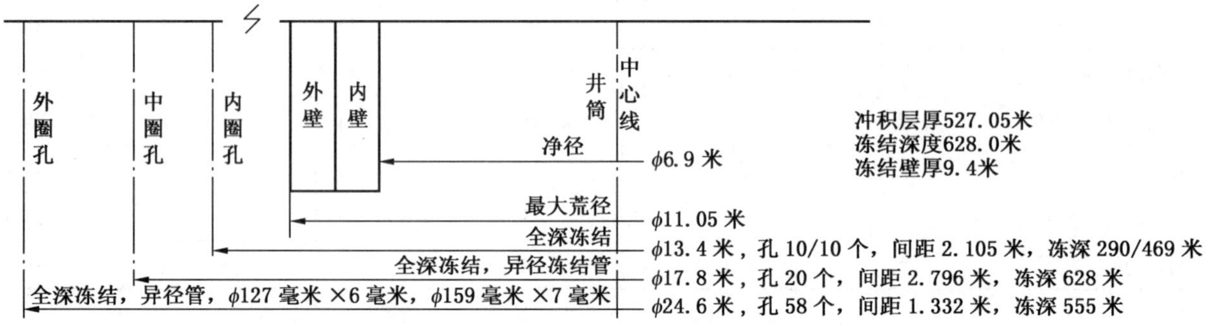

图4－24　赵固二矿副井3圈冻结孔布置示意图及主要技术参数

两个井筒在主要参数和冻结方式上有差别。其一，外圈孔有疏、密的区别，副井密，开孔间距1.332米，孔数多于中间孔；而主井疏，开孔间距1.667米，孔数与中间孔几乎相等。其二，外围孔冻结方式不同，副井为全深冻结，主井为局部冻结。其三，深部黏土层井帮温度差别大，副井开挖至垂深507米时，井帮温度为－3.2～－3.8摄氏度，主井开挖至垂深515米时，井帮温度为－12.1～－15.1摄氏度。另外少数井筒采用多圈孔冻结方案后，发生了冻结管断裂、外壁遭受破坏现象。因此，多圈孔冻结方案需要改进完善。

4. 观测孔

深井冻结需要增加观测孔数量，水文观测孔布置2～3个，在井筒上、中、下含水层中各一个。最深的水文孔下部应有隔水层，为了防止水文孔之间窜水流通，影响正常报导，应采取封孔措施。温度观测孔布置4～6个，外圈孔之外布置一个，其深度与外圈孔深一致。防片孔与荒径之间布置一个，其深度应在防片孔下5～10米。其余观测孔应布置在各圈孔间距最大的部位，其中一个孔深与冻结深度一致，一个孔深与内圈孔深一致。

观测孔的偏斜率与冻结孔一致，测温管不得

漏水。

（二）西部地区采用单圈孔＋防片孔冻结方案，实现封水打干井目的

（1）西部地区设计冻结壁较薄，起到了封堵基岩含水层的作用。西部地区第四系、第三系冲积层较薄，冻结的主要地层是埋深400～900多米的白垩系和侏罗系软弱地层，其中埋藏多层承压含水层。

白垩系地层的岩石自然强度很低，单轴抗压强度0.1～21.1兆帕，平均值3.6～6.9兆帕。侏罗系地层岩石强度略高一些，单轴抗压强度1.2～29.1兆帕，平均值3.9～20.4兆帕。其中泥岩、中砂岩强度最低。

地层中赋存多层孔隙水承压含水层，裂隙不发育，涌水量大，静水位高，水压大。复杂的地质条件，采用普通法施工，注浆堵水的困难很大，工期及井壁质量难以保证。选用冻结法凿井后，井筒施工顺利。

西部地区虽然冻结深度、井筒净径大，但软弱地层冻结后的强度较高，地压较小，主要是静水压，所以冻结壁厚度比东部地区薄（表4－50），冻结深度800多米时，冻结壁厚不超过5.0米。因此，采用－30摄氏度低温盐水，单圈孔＋防片孔冻结方案是合理经济的。

表4－50　西部地区部分深井冻结壁厚度

井筒名称	净径/米	荒径/米	冻结深度/米	冻结壁厚/米	施工年份	备　注
葫芦素矿副井	10.0	12.9	525	3.5	2009	
虎豹湾矿主井	6.0	9.2	631	2.5	2008	
塔然高勒矿副井	9.0	11.0	614	3.0	2009	
母杜柴登矿主井	6.5	9.6	777	4.1	2009	副、风井冻结壁漏水
母杜柴登矿副井	9.4	14.6	721	3.0	2009	
母杜柴登矿风井	6.5	—	675	2.8	2009	
门克庆矿主井	9.6	12.6	802	4.8	2010	
门克庆矿风井	8.0	10.5	747	4.0	2010	

在井筒施工中，普遍采用钻爆法中深孔光面爆破。应控制炮眼深度、装药量，防止爆破震动损坏冻结壁、裂隙或冻结器，导致地下水涌入工作面。

（2）西部地区应谨慎选用差异冻结方式。东部地区采用差异冻结石炭系、二叠系岩层的含水层，其自然强度较高，冻结段长度较小，封水效果好，实现打干井。西部地区白垩系为软弱地层且埋藏深厚，自然强度低，冻结段长度大，水文地质条件复杂，静水压大。因此，采用全深冻结方式为妥，在井筒下部侏罗系岩石强度较高时，谨慎选用差异冻结。

（3）西部地区不少井筒采用全深冻结方案（东部地区也有）。对穿过马头门、巷道、硐室的冻结孔在打钻、井巷施工期间必须进行封堵处理，防止冻结壁解冻后地下水涌入巷道或压坏永久支护。

根据《煤矿井巷工程施工规范》GB 50511—2010中条文规定，在冻结孔施工时，对穿过马头门、硐室、巷道的冻结管与地层之间的环形空间必须封堵充填，充填长度自马头门、硐室、巷道顶板向上应不小于100米。采用缓凝的水泥浆液充填，并且在井巷施工时，必须在冻结壁解冻前割除冻结管，管端不得留在永久支护里，并对管端应进行处理，采用钢板、钢筋焊接在管端，再用混凝土充填。

（三）深冻结孔施工技术

深井冻结孔钻进工程量大，一个井筒60000～80000米，钻孔质量要求高，钻孔偏斜率：冲积层中小于3‰，基岩中小于5‰。相邻两孔最大间距：冲积层中小于3.0米，基岩中小于5.0米，防片孔及内圈孔径向偏斜应符合设计要求。

选用高性能钻机，配备先进的陀螺测斜仪、定向纠偏技术，采用合理的钻进工艺、钻具组合，保证钻孔质量达到设计规范要求，提高钻进效率。

1. 主要施工设备

（1）钻机。目前普遍采用 TSJ－2000 型及 TSJ－1000 型钻机，能力大，扭矩为 15～18 千牛·米，提升能力为 60～80 千牛。配用 ϕ89 毫米钻杆。一般钻场上采用 4～8 台同时施工。

（2）泥浆泵。选用 TBW－850/5 型或 TBW－120/7B 型，泵压 5～7 兆帕，流量 80～1200 升/分钟。满足钻孔冲洗和螺杆钻具工作的要求，并配备旋流器和振动筛等设备净化泥浆。

（3）定向纠偏设备。螺杆钻具选用国产 5LI－165×7、5LI－120×7 等型号，造斜器有 0.5 度、1.0 度、1.5 度和 2.0 度 4 种，配 JDT－3 型陀螺测斜仪。

（4）测斜仪。国产小直径、精度 ±3 分，连续测量自动记录的 JDT－5 型陀螺测斜仪及蔡司 010B 型经纬仪，精度 ±1 分。陀螺仪放在钻杆里，实现不提杆测斜。

（5）钻塔。选用四角钻塔，承载能力大，其高度能满足下放两根连接的冻结管长度。

采用上述设备施工深冻结孔，为保证钻孔质量创造了良好的条件。

2. 测斜方法

贯彻“防偏为主，纠偏为辅”的思想，钻进中，根据不同地层及钻孔状况，加强泥浆管理，提供优质泥浆，选择合理的钻具结合，调整控制钻压、钻速、进尺及泵压泵量等参数进行钻进，每钻进 30 米左右进行测斜，发现超偏时应及时纠偏。

0～100 米深度内采用两种测斜方法，即经纬仪灯光测斜和陀螺仪测斜，使钻孔偏斜率控制在 2‰内，为保证下部钻孔质量打好基础。

100 米以下采用陀螺仪测斜，采用允许偏斜率及“靶域”式钻进来控制钻孔质量，“靶域”半径为 0.8～1.5 米。

3. 纠偏技术

采用国产的陀螺测斜仪、螺杆钻具，掌握了钻孔定向纠偏技术，这为保证钻孔质量起到了重要作用。实践表明，当孔深 200 米左右时，采用传统的铲、扫、扩、移位等纠偏方法效果差，难以保证钻孔质量。钻孔质量的好坏，对井筒冻结、掘砌施工能否顺利进行至关重要。20 世纪 80 年代初，在潘三东风井及东荣二矿风井试验采用美国进口的 YL－100 型液动螺杆钻具进行定向纠偏获得成功。从此在全国推广应用，“十一五”时期深井冻结中采用国产设备实现定向纠偏技术，效果好，保证了钻孔质量，提高了我国深冻结孔钻进施工技术水平。在《煤矿冻结法开凿立井工程技术规范》MT/T 1124 中规定：冲积层厚大于 200 米，应配备井下动力钻具纠偏设备。

4. 冻结管连接方式

冻结管采用 20 号低碳钢无缝管，规格一般为 ϕ168×7（8）毫米、ϕ159×7（6）毫米或 ϕ140×6 毫米。低碳钢冻结管连接采用内套箍焊接方式，施工时执行《煤矿冻结法开凿立井工程技术规范》MT/T 1124 第 6.2.4 条规定。冻结管动压试漏执行《煤矿井巷工程施工规范》GB 50511—2010 第 5.2.8 条 4 款的规定。

（四）制冷供冷技术，设置大型制冷站，提供低温、大流量盐水，制冷设备更新换代，节水节能

（1）深井冻结采用低温 －32～－35 摄氏度、大流量、每孔 10～18 立方米/小时盐水，需要设置大型冷冻站。目前一个井筒的制冷站装机总标准制冷量为 10.5～14.7 兆焦/小时。口孜东矿主井为 17.3 兆焦/小时。东部地区部分深井冻结制冷站装机制冷情况见表 4－51。一个制冷站需要安设冷冻机、蒸发器、冷凝器、盐水泵及配电器等多台设备，电机总容量约 10000 千瓦，液氨近百吨，氯化钙近千吨，占地面积 2000～3000 平方米，形成氨、盐水、冷却水 3 个循环系统，组成一个庞大的制冷系统，这在国内其他行业中是罕见的。口孜东矿主井制冷站安装运转的主要设备见表 4－52。

制冷站能力的大小与冲积层厚度、冻结深度、冻结壁厚度有直接关系。另外与盐水温度有关，盐水温度越低，需要冷冻机的容量越大。液氨气化温度在标准制冷量工况时每下降 1 摄氏度，则冷冻机的制冷量下降 3% 左右。当盐水温度降至 －35 摄氏度时，其制冷量为标准制冷量的 1/3 左右。所以选择合理的盐水温度对节能、降低冻结费用是很重要的。

（2）制冷设备更新换代，提高制冷效率，节能节水。采用新型大容量螺杆冷冻机替代了立式活塞式冷冻机。早在 20 世纪 80 年代初，兖州矿区首次研制成功螺杆冷冻机，在全国推广应用。它具有

表 4-51 东部地区部分深井冻结制冷站装机制冷情况统计

名　　称	丁　集　矿			顾北矿北风井	郓城矿副井	赵固二矿副井	口孜东矿	
	主井	副井	风井				主井	风井
净径/米	7.5	8.0	7.5	7.0	7.2	6.9	7.5	7.5
冻深/米	565	565	558	502	590	628	737	626
冲积层厚/米	530.4	525.2	528.6	464.3	536.6	527.5	568.45	573
地温/摄氏度	32.2	32.2	32.3	—	—	—	24.0	28.0
盐水温度/摄氏度	-32～-34	-32～-34	-32～-34	-32	-32～-34	-28～-32	-35	-34～-36
冻结管总长度/米	69249	77317	67790	51605	71520	52347	92271	89553
标准制冷量/（吉焦·小时$^{-1}$）	102.6	115.4	146.1	104.6	37（工况）	20（工况）	172.3	46.3（工况）

表 4-52 口孜东矿主井制冷站安装运转的主要设备

设备名称	型　号	数量/台	设备名称	型　号	数量/台
低压冷冻机	JHLG25ⅢTA	24	热虹吸贮液器	HGZA-3013	12
高压冷冻机	LG20ⅢA	24	盐水泵	350S-75A 300S-32	4 2
蒸发器	LZ-160	48	清水泵	IS200-150-250	1
蒸发式冷凝器	EXV-Ⅱ-340M	48	箱式变压器	Sa-IL50/1010.4	12
中间冷却器	ZL-80	24			

在低温工况时运转性能显著提高、操作方便、易维护、单机容量大而体积小、占地面积小等优点。“十一五”时期大型制冷站几乎全都采用了优质高效的新型螺杆冷冻机，组成单双级压缩制冷，提高了制冷效率，获取低温盐水。采用蒸发式冷凝器替代了耗水量大的壳管立式冷凝器，节省冷却水。20世纪90年代初，在河北元氏矿首次试用蒸发式冷凝器获得成功，之后在全国推广应用，其具有节水显著、运行可靠、养护方便、搬运装拆方便等优点。目前广泛采用蒸发式冷凝器后节省了大量的冷却水。一个深井制冷站，以前采用壳管立式冷凝器时需要水源井提供600～700立方米/小时的冷却水，目前采用蒸发式冷凝器后只需要40立方米/小时左右，节省冷却水80%～90%。符合国家节水方针，减少了水源井数量、铺设管路等工程量，避免了租地、与农业争用地下水及排水影响冻结等矛盾。

（3）信息化施工，提高了施工管理水平。采用计算机自动化集中监测系统，该系统具有采集、显示、存储、制表、打印、绘画等功能，可以随时采集制冷站运转状况、预报冻结效果等数据来指导施工。在井筒掘砌过程中，将工作面的井帮温度、位移、冻土进入荒径等数据输入计算机，掌握当时工作面冻结壁的稳定状况以及下部冻结壁厚度、井帮温度状况。这为协调好冻结与掘砌的关系、安全施工提供了依据。

50多年来，制冷站制冷系统和设备在不断地改进提高，从20世纪60年代采用单双级压缩制冷，到21世纪广泛采用螺杆冷冻机、蒸发式冷凝器以及研制成功计算机集中监测系统等新设备新技术，标志制冷站的技术装备有了长足进步。

（五）高性能混凝土的成功应用，基本上解决了深冻结井的井壁支护问题

1. 井壁结构

目前深井冻结采用传统的井下现浇钢筋混凝土井壁，普遍采用双层钢筋混凝土塑料夹层复合井壁。它的优点在于井下现浇混凝土施工工艺简单，操作方便，积累了丰富的施工经验，造价低，内壁封水性好，漏水量在规范的允许范围。据不完全统计，至今约有450个立井井筒采用。口孜东矿风井和赵固二矿风井井壁结构主要特征见表4－53。从表中可以看出，内外层井壁的厚度、混凝土强度等级随井筒的深度而增加，内壁厚度主要受静水压力大小控制，外壁厚度受冻土压力控制。口孜东矿风井深部采用了C75混凝土，井壁最大厚度：外壁1.4米，内壁1.2米，总厚2.6米。有人认为太厚了，但至今在国内还没有其他结构形式来替代它。

表4－53　深井冻结井井壁结构主要技术特征

矿井名称	井筒深度/米	外壁		内壁		井壁总厚/毫米	夹层	泡沫板厚度/毫米
		厚度/毫米	混凝土等级	厚度/毫米	混凝土等级			
口孜东矿风井	0～240	500	C50	600	C60	1100	双层	25
	240～390	750	C60	900	C60	1650		50
	390～440	900	C70		C60	2100		75
	440～545	1400	C75	1200	C70	2600		75
	545～618	1000	C75		C75	2600		不采用
赵固二矿风井	0～330	450	C60	500、550	C60	950、1000	双层	—
	330～487	600	C70	700	C70	1300		75
	487～594	650	C90	800	C90	1450		75

内外层井壁之间铺设双层聚乙烯塑料薄板（厚1～1.5毫米）的主要作用，是防止内壁产生温度裂缝，制止井壁漏水。

在深部黏土层井帮上铺设不同厚度的聚苯乙烯泡沫塑料板的主要作用，是减缓早期冻结压力，防止外壁遭受破坏。

2. 高性能混凝土

20世纪末，冻结法施工中，一般采用C50、C40混凝土，很少采用C60混凝土。21世纪头10年，随着深井冻结的发展，高性能混凝土技术发展很快，少量采用了C90、C80混凝土，普遍采用C75、C60混凝土。高性能混凝土的成功推广应用，基本上解决了目前深井冻结井的井壁支护问题。

高性能混凝土能满足井壁设计强度、施工环境、工艺等要求。外层井壁达到早强高强，防止低温、冻土压力对井壁的影响；内层井壁达到高强、低水化热、高耐久性。当采用液压滑模施工时，能满足工艺要求，防止拉裂井壁等现象。工作性能好，坍落度、和易性、凝固时间等性能，满足运输、下料、井下浇筑施工工艺。

高性能混凝土原材料为水泥、粗细骨料、水及掺合料。掺合料有两种，一种是化学剂掺合料（减水剂、密实剂），另一种是矿物外加剂（磨细矿渣、粉煤灰、硅粉）。目前采用双掺技术配制高性能混凝土。首先确定室内配比方案，再根据现场所用材料等实际情况确定现场施工配比方案，并应及时调整现场配比方案，加强监测，保证高性能混凝土质量。

3. 高性能混凝土井壁

近10年来，在郭屯、龙固、丁集、口孜东、赵固二矿等井筒施工中，广泛采用了高性能混凝土。赵固二矿主、副、风井3个井筒采用双掺技术配制C60～C90混凝土。除了混凝土的基本成分水泥、石子、砂子和水之外，另增加磨细矿渣、粉煤灰，以及J851早强剂、JQ密实剂、TK－M矿物增强剂，在配制C80、C90混凝土时，加SM－2A型高性能液体减水剂，见表4－54和表4－55。

3个井筒内外层井壁采用C80～C90混凝土，体积共计28590.8立方米，其中风井采用C90混凝土3387立方米，主、副井采用C80混凝土9769.0立方米，质量合格，对不同深度的外壁取样试验，C40～C90混凝土28天强度值均超过设计强度值。

（六）井筒安全快速掘砌施工

1. 机械化作业

表4-54　赵固二矿内壁混凝土配比　　千克/立方米

水　泥	强度等级	水泥	砂子	石子	磨细矿渣	粉煤灰	TK-M	SM	JQ	水
PO42.5	C60	360	610	1130	110	30	8	—	52/D	158
	C70	425	585	1130	120	60	0	32/113	0	130
	C80	450	570	1100	100	70	0	42/2B	0	115
	C90	490	560	1070	100	70	0	97	0	115

表4-55　赵固二矿外壁混凝土配比　　千克/立方米

<table>
<tr><th>水　泥</th><th>强度等级</th><th>水泥</th><th>砂子</th><th>石子</th><th>磨细矿渣</th><th>粉煤灰</th><th>TK-M</th><th>J851</th><th>水</th></tr>
<tr><td rowspan="4">孟电 PO42.5</td><td>C60</td><td>395</td><td>600</td><td>1100</td><td>110</td><td>30</td><td>8</td><td>25/C</td><td>163</td></tr>
<tr><td>C70</td><td>410</td><td>585</td><td>1130</td><td>120</td><td>60</td><td>8</td><td>28/D</td><td>155</td></tr>
<tr><td>C80</td><td>440</td><td>570</td><td>1100</td><td>110</td><td>70</td><td colspan="2" rowspan="2">SM-2A</td><td>115</td></tr>
<tr><td>C90</td><td>490</td><td>560</td><td>1070</td><td>100</td><td>70</td><td>115</td></tr>
</table>

井筒工作面掘进采用CX55B型挖掘机、风镐破土，HZ-6型中心回转抓岩机、3~5立方米吊桶装岩，两套单钩提升机出矸。当工作面冻土量较少时，将C×55B型挖掘机挖斗换成铲头，配合风镐或破碎机开挖冻土。目前采用机械化作业与以往采用风镐破土、人工铁锹装岩相比，提高了掘进速度和效率，可以减少工作面人数40%左右。

2. 钻眼爆破法施工

在基岩、冻土中广泛采用钻爆法施工。采用伞钻配凿岩机中深孔光面爆破，短段混合作业法。炮眼布置位置必须对照冻结孔偏斜图，周边眼距冻结管不得小于1.2米。向井心偏斜大的冻结管位置，应在工作面标示醒目的标志，并在爆破前应关闭。爆破器材应选用抗冻乳化水胶炸药、毫秒延期电雷管，炮眼深度和装药量不宜过大，防止破坏周边冻结器或震动破坏工作面岩层裂隙而导致工作面涌水。

3. 砌壁

外层井壁采用段高2.5/3.6米MJY型整体金属刃脚下行式模板砌壁，备有部分1.0~1.5米高的短模板，作为应急之用。内层井壁采用多套金属组装式模板，当采用内爬杆式金属液压滑升模板时，应控制滑行速度，采取防粘措施，防止拉裂井壁。内壁一般由下而上一次套壁，少数井筒分两次套壁。

地面采用混凝土集中搅拌站，JS-1000型强制式搅拌机，配PLD-1600型电脑自动配料系统配制高性能混凝土。经混凝土输送泵或混凝土搅拌运输车输送至井口，采用DX-2.5型底卸式吊桶下放混凝土，经分灰器入模，分层振动器捣固。入模温度，外壁20摄氏度左右，内壁15摄氏度左右。

4. 短段安全快速掘砌

在深厚黏土层里施工，要十分重视防止冻结管断裂而威胁井筒的安全施工。应采取的措施包括：

（1）冻结壁厚度、强度应满足施工要求。

（2）掘进段高、暴露时间应与冻结设计相吻，段高应控制在2.5米以内。

（3）开挖日期合理，当井筒掘砌到防片孔底部时，下部冻结壁厚度、井帮温度应满足井筒往下连续施工。

（4）冻结和掘砌单位应及时掌握井帮温度、位移量等资料，并对计算机集中监测系统、工作面实测收集的数据资料，共同进行分析研究，冻结与掘砌相互配合。当遇到井帮温度偏高、位移大等情况时，应停止掘进，及时研究采取措施。

（5）深厚黏土层里，在外壁施工时，井帮上铺设25~75毫米厚的泡沫塑料板，对减缓冻土压力效果明显。避免外壁遭受破坏，应执行《煤矿冻结法开凿立井工程技术规范》MT/T 1124有关规定。目前有的井筒施工中泡沫板从冻结段上部一直铺设至风化带基岩，这种做法不妥。其弊病是：井筒施工时，导致上部外壁下坠产生裂缝，影响井壁质量；冻结壁解冻后，泡沫板成为地下水通道，对井壁不利。

5. 井筒成井速度显著提高

深井冻结施工中，冻结与掘砌关系的配合协调，工作面机械化作业，钻爆法施工，使井筒成井速度显著提高。目前，外壁月进100米为正常的施工速度，月进达到120～150米的速度并不难，外壁平均月进90米左右。从井筒正式开挖到内壁施工结束，综合平均月进度70米左右。一个深600～700米的井筒，采用全深冻结或上部冻结下部普通法施工，可以实现当年开工当年到底或一年内到底的最佳工期。

三、展望

近10多年来，尤其是“十一五”时期，深井冻结法凿井发展十分迅速，在全国建成了一批立井井筒，冻结深度有了很大的突破，取得了令人瞩目的成绩。同时目前存在的亟待解决的问题也令人担忧。当前存在的主要问题表现在“二大一高”上，即耗钢量大、耗电量大及工程造价高。深井冻结一个井筒，埋在地下消耗的无缝钢管1500～3000吨；制冷站装机容量大，有的超过10000千瓦，耗电量大；每米井筒成井的造价高达25万元左右。这不但浪费了国家资源，而且会影响深井冻结法凿井的发展和推广应用。因此，应积极地采取措施将“二大一高”降到合理的范围内。形成“二大一高”的主要原因是“二壁”（井壁和冻结壁）太厚，井壁厚了，随之要增加冻结壁厚度，掘砌、钻孔工程量，耗钢量、制冷站装机容量、电费等随之增加。所以，当前关键的问题是选择合理的井壁结构形式和井壁材料，使井壁厚度控制在合理的范围内。另外应优化多圈孔冻结方案，使冻结壁设计、冻结孔的圈数、布置以及冻结工艺更为合理，并加强专业基础理论的研究，为施工提供科学依据指导施工。

（一）继续研究、采用高性能混凝土井壁，研究、采用强度更高、安全度更好的井壁结构形式及其材料

1. 继续开展高性能混凝土井壁的研究，确保混凝土井壁质量

（1）防止高性能混凝土存在脆性、干缩及温度应力对井壁质量的影响。

（2）解决现场配制高性能混凝土的装备和工艺。

（3）建立完善现场高性能混凝土质量控制、检测制度。

2. 吸取国内外经验，推广应用强度更高、安全度更好的井壁结构形式及其材料

国内外，在深厚冲积层或在埋藏深的基岩含水层中，井筒上部采用混凝土井壁，而井筒深部广泛采用铸铁丘宾筒混凝土复合井壁或钢板混凝土复合井壁，井壁薄而强度高，使用安全可靠。

在波兰、加拿大、英国和苏联都在井筒深部广泛采用铸铁丘宾筒混凝土复合井壁，内壁厚度不超过1米，总厚度不超过1.5米。如波兰卢布林矿区，井筒净径7.0米，冻结700米，内外壁总厚度1.25米；苏联，净径7.5米，冻深620米，地压55千克/平方厘米，井壁总厚度1.05米；英国博尔培钾盐矿进风井，净径5.5米，冻深930米，静水压80千克/平方厘米，内壁采用双层钢板混凝土复合井壁，厚0.9米，总厚1.2米。20世纪80年代初，英国注浆公司为我国两淮矿区设计深井冻结井壁，净径8.0米，冲积层厚530米，采用铸铁丘宾筒混凝土复合井壁，内壁厚0.335米，其中丘宾筒厚0.105米，充填混凝土厚0.25米，外壁混凝土厚0.875米，总厚1.23米。这种结构形式在国外被广泛采用，其主要原因：一是球墨铸铁的允许抗压、抗拉强度、韧性延伸率等性能均比脆性的混凝土强，其设计强度比C80混凝土高3倍之多；二是井壁薄，强度高，防水性能好，井壁质量有保证，安全度高；三是施工工艺简单，造价比钢板混凝土复合井壁便宜；四是积累了丰富的经验，设计施工规范化。

20世纪80年代中期—2005年，我国共有10个井筒成功地采用钢板（单、双层）混凝土复合井壁，其厚度比冻结法施工的井壁薄，质量好。其中3个井筒在较浅的冲积层（350米左右）中采用钢板混凝土复合井壁，比钢筋混凝土井壁经济效益好，工期短。经验表明，钻井法施工的钢板混凝土复合井壁，虽然工艺较复杂，增加了钢材用量、加工、运输、组装等费用，但是井壁薄了，减小了钻井荒径，减少了钻进工程量、钻井费用，减少了扩孔次数，缩短了工期，比钢筋混凝土井壁经济效益

好。为此，可以预测，冻结法施工的井壁减薄后的经济效益会更好。因为除了减少掘砌工程量外，还减薄冻结壁厚度，减少冻结孔工程量、冻结管用量、制冷站装机容量、电费等费用，经济效果更为明显。

我国在20世纪70年代末期和80年代中期，个别井筒曾发生在基建期间井壁严重涌水现象，被迫停工注浆或套壁。矿井生产时期井壁遭受严重破坏而停产抢修，主要原因是当时对井壁受力的复杂性认识不足。因此，在设计井壁时应有足够的强度安全储备，适应复杂的地质条件下大直径井筒支护的需要，保证井壁的安全。

（二）采用强化冻结、小段高掘砌经验来优化多圈孔冻结壁设计

1. 强化冻结

20世纪80年代末，在深厚黏土层施工中冻结管断裂现象十分严重，威胁着井筒安全施工。1984年谢桥主井施工中，当深部黏土层发现井帮温度高、位移量大、底鼓量大、外壁压坏时，吸取副井断管冻结壁透水事故的教训，主井立即停止掘进，采取加强冻结的措施，继续冻结86天后恢复掘砌。井帮温度低，冻土大量进入荒径，冻结壁稳定性好，安全掘砌到底。从此，将停止掘进后继续加强冻结深部黏土层的措施称为强化冻结，往后遇到类似谢桥主井情况的井筒采用强化冻结后效果很好。1990年邱集矿施工中，将被动变为主动的强化冻结，冻结供冷期分为冻结壁形成期（又称为积极冻结期）、强化冻结期和维护期，强化冻结期安排在水文孔冒水后井筒上部开挖的时间段里。这与常规冻结有以下区别：

（1）冻结壁内侧的井帮温度应降至0摄氏度以下，允许冻土进入荒径。

（2）确定井筒开挖日期，应根据水文孔报导和强化冻结后深部黏土层冻结壁状况来决定，保持井筒连续施工。

（3）水文孔冒水后在井筒上部掘砌期间继续加强下部黏土层的冻结，冻结壁达到设计要求。目前深井多圈孔冻结施工中也采用了强化冻结，如口孜东矿主井，强化冻结186天，挖至井深515米黏土层井帮温度－12.1～－15.1摄氏度，井深564米含砾石黏土层井帮温度－16.3～－17.7摄氏度。冻土进入荒径约4.0米，强化冻结效果好，井筒连续施工安全掘砌到底。

强化冻结后，冻结壁有了很大的改善。冻结壁厚度增加了，尤其是在开挖前，工作面下部大量冻土进入荒径，增加了冻结壁内侧厚度，可以抑制工作面底鼓和冻结壁超前变形，这对防止冻结管断裂起了关键作用，也为冻结壁设计按两端固定条件来计算厚度提供了依据。另外，降低了掘进段高内的有效冻结壁的温度，提高了强度和稳定性，为外层井壁安全施工、冻结器安全运转创造了良好的条件。目前强化冻结经验仅作为施工中的一种措施，若推广应用在多圈孔冻结壁设计中，将会获得更好的效果。

2. 小段高掘进

掘进段高直接影响施工进度、安全、井壁质量和经济效益，所以一直为人们所重视。尤其目前深井冻结，冻结壁厚度计算采用有限长黏塑性体厚壁圆筒公式，段高的大小直接关系到冻结壁的厚度，影响到井筒的造价高低。因此，在冻结壁设计控制层范围内应采用小段高来控制过厚的冻结壁，控制工程造价。波兰冻结法施工采用小段高掘砌和较薄的冻结壁取得了很好的效果。外层井壁采用地面预制大型钢筋混凝土弧形砌块，在井下干叠2～3层，段高小于2.0米，壁后充填砂浆。他们认为小段高暴露时间短，变形小，因此可用较薄的冻结壁做到安全掘砌。我国在深厚黏土层中曾采用1.0～1.5米小段高施工的经验。为此，在多圈孔冻结壁设计时，计算段高采用1.5～2.0米更符合深井冻结的实际，安全可靠，降低工程造价。小段高是在控制层范围约30米内采用，对全井的施工速度影响不大，何况目前广泛采用钻爆法施工，掘进速度也不慢，也不影响井筒上部挖“糖心”，采用3.6米金属下放式模板实现快速施工。所以在设计、施工中采用小段高是合理的、经济的。

（三）西部地区冻结壁设计、冻结方式的选择

东西部地区的地层特性有较大差异，如西部地区第四、第三系地层薄，基岩是软弱地层，埋藏多层孔隙水承压含水层，静水位高，压力大，软弱地层强度较第四系高。另外西部地区井型大，井筒直径大，一般8～9米，最大的10.5米。应根据这些特点，因地制宜地吸取东部经验进行冻结设计施工。在基岩冻结段应选择合理的冻结壁厚度，封堵基岩含水层和加固井帮围岩的软弱地层，实现打干井。

冻结壁厚度计算中的主要参数应根据西部地区的地层特点选择。

（1）地压：在软弱地层中，地压为水压＋悬浮土压，在深部含水层中土压较小，主要是水压。应慎重选择水压折减系数。

（2）冻岩强度：应由试验报告提供数据。根据英国的资料，在－10摄氏度时，泥岩的冻岩强度很低，砂岩强度高，比自然强度提高30%～40%。平均温度取－10摄氏度。

（3）冻结壁厚度计算公式：采用多姆克公式或有限长塑性体厚壁圆筒的计算公式。

（四）加强专业基础理论研究

近10年来，深井冻结法凿井技术发展迅速，研究开发滞后于工程实践，需要给予技术支持。应加强专业基础理论的研究，指导施工实践，主要研究内容有：

（1）继续研究试验冻土、冻岩的物理力学性能，试验方法应执行《人工冻土物理力学性能试验（MT/T 593—2011）》的规范，并建立冻土（岩）试验数据库。

（2）开展进行现场深井冻结法凿井工程的实测研究，为设计施工提供依据，主要内容有：

① 冻结壁温度场：多圈孔冻结、深部基岩冻结壁温度场。

② 冻结壁稳定性：开凿后的井帮温度、位移，工作面底鼓，冻土进入荒径距离。

③ 混凝土井壁温度场：内外层井壁混凝土入模温度、井壁混凝土及壁后冻土（岩）温度变化，混凝土温度等级。

④ 内外壁钢筋应力：外壁环向纵向钢筋应力，内壁环向钢筋应力。

⑤ 静水压力：内外壁层间水压，土层水压。

⑥ 冻土（岩）压力：深部黏土层、基岩的冻土（岩）压力。

（3）开展进行室内物理模型、数值模拟试验研究，主要内容有：

① 多圈孔冻结壁温度场和冻结工艺，合理的冻结壁厚度计算方法和圈数及布置圈直径。

② 深井冻结合理的盐水温度、流量及冻结管直径。

③ 深井冻结井壁结构形式及其材料的选择。

④ 局部冻结冻结管保温方式以及材料的选择。

（五）改进提高现有施工装备性能

（1）改进提高深冻结孔施工装备，加大钻机功率、增加加重管重量、提高陀螺测斜仪精度，保证钻孔质量。

（2）推广应用新型螺杆冷冻单机双级压缩机、热虹吸卧式蒸发器，提高制冷效率、简化制冷系统、便于安装操作。

钻井法施工技术发展与展望

一、钻井法施工概况

钻井法凿井最早开始于西欧，最初是作为通过复杂含水冲积层的一种特殊施工方法。1849 年，德国首先发明了冲击式钻井法。1894 年，霍尼格曼又成功地采用了旋转式钻井，分次扩孔、减压钻进、反循环洗井和悬浮下沉井壁的钻井方式。霍尼格曼钻井法至今仍是现代钻井法凿井技术的基础。

我国于 1969 年开始钻井法施工，建成了第一口钻井——朔里南风井（净径 3.5 米、井深 90 米）。至今，我国已成功运用钻井法成井 80 多个，总深度超过 20 千米，通过冲积层的厚度由 60 多米达到目前的 580 多米。所钻的井型由风井推广到主井、副井，所钻的深度由开始的 100 米到目前最深已达到 660 米，钻井直径由 4.3 米到目前最大钻井直径已达 10.8 米，成井直径由 3.5 米达到目前的 8.3 米，钻凿岩石的硬度也达到了 190 兆帕。

目前在含水或不稳定地层中，最可靠的凿井方法只有钻井法和冻结法。钻井法具有以下优势。

（1）机械化、自动化程度高，作业条件好、劳动强度低、安全性好，凿井工人不下井。

（2）井壁质量好。钻井井壁全部在地面进行现场预制，井壁制作质量易于控制，采用钢板混凝土复合井壁技术减薄了井壁厚度，成井后的井壁能做到滴水不漏，为业主节省了大笔的矿井永久排水费用。

（3）工程造价低。对冲积层厚度大于 400 米，净径大于 5 米，井深大于 450 米的井筒来说，钻井法比冻结法成本更低（低 10% 以上），随着冲积层厚度的加大，净径和深度的加大，成本优势更加明显。部分井筒钻井、冻结造价比较情况见表 4－56。

表 4－56　部分井筒钻井、冻结造价情况

井筒名称		龙固主井	板集主井	龙固副井	丁集主井	郭屯风井
施工方式		钻井	钻井	冻结	冻结	冻结
井筒概况	全深/米	860		860	840	780
	冲基层/米	540	586	540	530	560
	钻深或冻深/米	582	660	650	570	702
	井筒净径/米	5.7	6	7	7.5	5.5
延米单价/（万元·米$^{-1}$）		19.57	21.77	26.1	23.77	26.73

（4）工期相当。一般净径 5.5 米以下，深度 500 米井筒月成井 50 米，若按相同时间进场施工，总工期与冻结井筒相当。

（5）节省能源。特别对深井、大井而言，钻井法施工装机容量（单井）约为 1800 千瓦，且井筒深或大，不改变装机容量；而冻结法随着井深、井大装机和用电量很大，若一个矿中央区 3 口井全用冻结法施工，其装机总容量往往大于整个矿的永久用电量。

（6）节约资源。钻井法因井壁薄，材料总消耗不到冻结法的一半。

（7）可靠性高。钻井法施工的成功率达到百分之百。

二、我国钻井法施工发展历史

我国钻井法凿井技术研究始于 20 世纪 50 年代末 60 年代初，1965 年国家科委下达钻井法凿井中间工业性试验任务，下达给煤炭工业部。煤炭部明确指出，试验负责单位为煤炭科学研究总院，实际执行单位是天地科技建井研究院（原为北京建井研究所）；试验施工单位为中煤矿建集团公司（实际实施单位，原特殊凿井公司）。1968 年底，经改造石油钻机，组装了中间试验钻井机 ZZS－1 型。1969 年上半年，完成了中间试验钻井机工业性试验并获得了成功，建成了朔里南风井（净径 3.5 米、井深 90 米）。在中国，产生了钻井法凿井。煤矿钻井法凿井技术的发展大致可分为 3 个阶段。

第一阶段（1969—1973）：应用石油钻机配套钻井机阶段。1965 年国家科委批准立项并下达钻井法凿井中间试验任务，开始了利用石油钻机的转盘、绞车、天车、游车、水龙头、大钩六大件，研制成功 ZZS－1 型（4.5 米）钻机。此外设计了钻台、井口盘、平车、吊卡、龙门吊车、钻头（ϕ1.0 米、ϕ2.6 米、ϕ3.5 米、ϕ4.3 米）、井架等配套设备。

第二阶段（1973—2006）：使用专用钻井机阶段。石油钻井机和其他一些不完善的机型被逐步淘汰。这期间钻井法技术和设备进一步得到了完善，主要有：钻杆、钻头、刀具的改进；钻井设备的绞车、转盘、进给系统的改进，使钻井作业正常化；泥浆系统的综合改进，有完善泥浆池布置，泥浆参数、泥浆化学处理、机械处理的综合研究，泥浆絮凝造粒处理；单层或双层钢板混凝土复合井壁与高标号混凝土的应用；壁后充填第一段高采用内管充填技术等。

第三阶段（“十一五”期间）：超大超深型动力头式钻井机的研制、钻井法技术的全面提升和中型钻机非煤矿山的应用阶段。“十一五”期间大型立井钻机的主要技术性能见表 4－57，主要应用于非煤矿山和煤矿小井筒的中型立井钻机的主要技术性能见表 4－58。

表 4－57　大型立井钻机的主要技术性能

钻　机　型　号	AD130／1000	AD120／900	AS12／800	AS9／500G	L40／1000
钻井深度/米	1000	900	800	700	800
钻井直径/米	13.0	12.0	12.0	11.0	10.0
洗井方式	压气反循环	压气反循环	压气反循环	压气反循环	压气反循环
提升力/千牛	7000	7000	6500	3857	4000
扭矩/(千牛·米)	600	600	500	400	420
转速/(转·分钟$^{-1}$)	0～9～18	0～9～18	0～12	0～12	0～12
钻头直径/米	6、10、13	5、9、12	5、8、12	4、7.1、9、11	4、8、10
设备总功率/千瓦	983.5	670	640（主机）	400（主机）	400（主机）
主机质量/千牛	4500	4760	5000	5000	3000

表 4－58　“十一五”期间大型钻机施工业绩

序号	井 筒 名 称	机　型	钻孔直径／米	成井净径／米	井深／米	竣 工 日 期
1	郓城矿风井	AS9/500G	9.0	6.0	580	2007 年 5 月 7 日
2	板集矿风井	L40/1000	9.85	6.5	656	2007 年 8 月 16 日
3	板集矿主井	L40/1000	9.5	6.2	660	2007 年 11 月 11 日
4	板集矿副井	AS12/800	10.8	7.3	640	2007 年 11 月 27 日
5	张集回风井	ZS9/700G	9.6	7.2	440	2007 年 9 月 10 日
6	张集进风井	AS9/500G	10.8	8.3	458	2008 年 5 月 8 日
7	袁店一矿南风井	AD130/1000	7.1	5.0	301	2008 年 1 月 8 日
8	袁店二矿主井	AD120/900	7.1	5.0	303	2008 年 1 月 31 日
9	袁店二矿副井	AS9/500G	9.3	6.8	307.8	2008 年 5 月 21 日

表 4－58（续）

序号	井筒名称	机型	钻孔直径/米	成井净径/米	井深/米	竣工日期
10	袁店二矿风井	AD120/900	7.1	5.0	305.1	2008 年 3 月 15 日
11	朱集西矿矸石井	AD130	7.7	5.2	521.8	2010 年 2 月 10 日
12	平顶山八矿回风井	AD120/900	8.7	6.0	470	2010 年 3 月开工
13	信湖矿主井	AS12/800	9.0	6.0	477.5	2010 年 4 月开工
14	信湖矿中央风井	AD130/1000	9.8	7.0	472	2010 年 12 月开工

以 AD130/1000 型钻井机为代表的动力头形式超大超深型钻机，于 2008 年出厂，该钻机能力大，净径 5.2 米，钻孔直径 7.7 米的朱集西煤矿矸石井“一钻成井”；净径 7.0 米，钻孔直径 9.8 米的信湖矿风井“一扩成井”，在我国是第一次，在国际上也属于先进水平。AD130 和 AD120/900 钻机采用的动力头集中了以前钻机的三大件（水龙头、主动钻杆和转盘），整机设计合理，结构紧凑，钻机的可移动式设计先进，符合钻井工艺需要，安装工艺科学，措施工程少，钻机安装拆除不占用井口，大大地减少准备期，与以前钻机相比，安装时可减少 30 天左右，拆除时亦可减少 15 天左右。“十一五”期间大型钻机施工业绩见表 4－58。

“十一五”期间中型钻机进入发展的快速期，以 AD60/300 型钻机为代表的动力头式钻机（表 4－59），在非煤矿山立井井筒施工中取得了很好的成绩。特别在硬岩的钻井施工中钻凿过强度 200 兆帕的微风化花岗岩、片麻岩。在单层钢板井壁（带加强圈）的设计和施工中取得了突破，单层钢板井壁在我国应用较少，而国外基本都是用单层钢板井壁，壁后充填水泥砂浆。“十一五”期间中型钻机钻井施工业绩见表 4－60。

表 4－59　中型立井钻机的主要技术性能

钻机型号	AD60/300	GYD－400	ZDZ3500	ZDZ3000	ZSD250/120
钻井深度/米	300	120	300	300	100
钻井直径/米	6.0	4.0	3.5	3.0	2.5
洗井方式	压气反循环	压气反循环	压气反循环	压气反循环	压气反循环
提升力/千牛	3000	1200	2000	2000	1200
扭矩/(千牛·米)	300	230	200	200	120
转速/(转·分钟$^{-1}$)	0～8～16	0～18	0～18	0～33	0～7.5～15
设备总功率/千瓦	350	165	170	170	150
主机质量/千牛	720	450	430	450	200

表 4－60　“十一五”期间中型钻机施工业绩

序号	井筒名称	机型	钻孔直径/米	成井净径/米	井深/米	竣工日期
1	相公营铁矿	GYD－300	3.2	2.5	95.9	2006 年 4 月
2	恒威矿业铁矿	GYD－400	3.4	2.6	62.0	2006 年 8 月
3	小邹庄铁矿	GYD－400	3.2	2.6	60.2	2006 年 5 月
4	前黎河店铁矿	GYD－400	3.4	2.8	60.5	2006 年 12 月
5	高官营铁矿主井	AD60/300	6.3	4.6	98.7	2007 年 8 月
6	高官营铁矿副井	AD60/300	6.3	4.6	98.7	2007 年 8 月

表 4 -60（续）

序号	井 筒 名 称	机型	钻孔直径/米	成井净径/米	井深/米	竣工日期
7	高官营铁矿入风井	AD60/300	6.3	3.6	108.0	2007 年 8 月
8	高官营铁矿回风井	AD60/300	6.3	4.3	98.0	2007 年 8 月
9	甘肃旗杆楼铁矿风井	AD60/300	4.0	3.0	145.0	2008 年
10	河北东凯二矿铁矿主井	AD60/300	5.5	4.2	80.0	2008 年
11	河北东凯二矿铁矿风井	GYD -400	3.5	3.0	64.2	2008 年
12	下曹铁矿主井	ZDZ -4500	5.5	4.1	147.0	2009 年 6 月
13	余庄铁矿主井	ZDZ -4500	5.5	4.1	158.0	2009 年 10 月
14	余庄铁矿北风井	ZDZ -4500	3.7	2.5	172.0	2010 年 10 月
15	温家庄铁矿主井	AD60/300	8.3	6.0	284.6	2010 年 5 月
16	温家庄铁矿副井	AD60/300	7.6	5.5	286.4	2010 年 5 月
17	下曹铁矿南风井	ZDZ -4500	3.7	2.5	172.0	2010 年 11 月开工

三、钻井法施工工艺

钻井法施工是根据矿井井筒设计的要求，采用现有的钻井设备，在设计的位置上，钻凿一个需要的深度和直径的井孔，之后进行永久支护，使之成为符合设计要求的矿井井筒。钻井法施工工艺主要包括井筒钻进、井壁预制、下沉井壁和壁后充填。钻井法施工工艺如下所示：

施工准备 → 基础施工 → 钻进 → 下沉井壁 → 壁后充填

井壁预制 → 下沉井壁

（一）井筒钻进

井筒钻进有两种方式：当井筒直径较小时，采用全断面一次性钻进；当井筒直径较大时，可采用一级超前多级扩孔的方式。图 4 -25 所示为 L40/1000 型钻机起钻检查钻头实景。

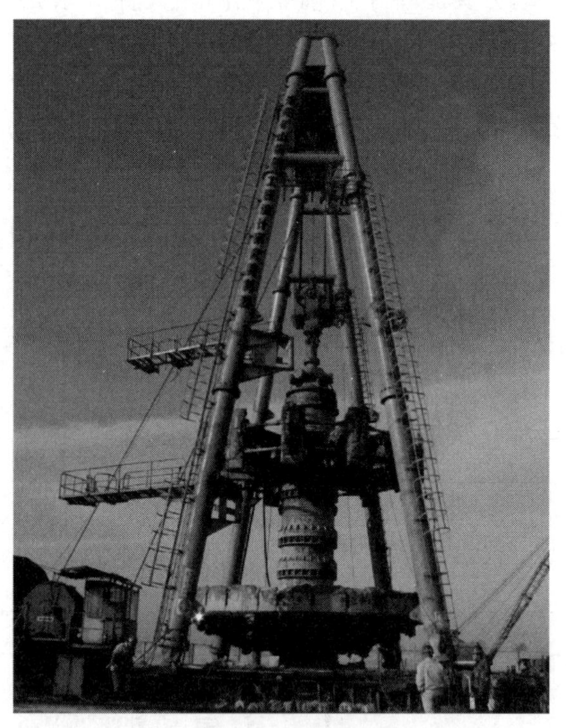

图 4 -25　L40 / 1000 型钻机起钻

为了提升钻屑（相当于普通打井的排矸），采用压气反循环洗井方式，将含有钻屑的泥浆排至地面，经沉淀池沉淀后清出岩屑，泥浆冲洗系统如图 4 -26 所示。为了在钻进时保护井帮稳定，使其不坍塌，采用有一定性能的泥浆，泥浆柱形成的静液压力和泥浆在井帮上由于泥浆柱与地下静水压力差，产生渗透，使泥浆中的细小颗粒堆积在井帮上，形成泥皮（造壁作用），起到临时支护的作用。

为监控钻孔的垂直度，当钻进到一定深度或一级钻孔结束时，采用超声波测井仪，对钻孔进行测斜，符合标准后可继续施工；否则，采用纠偏技术进行处理。

（二）井壁预制

井壁预制与井筒钻进同步进行，井壁一般为钢筋混凝土井壁和钢板复合井壁，为保证井壁的垂直度，预制井壁都在经操平后的基础上制作。图 4 -27 所示为钻井井壁预制现场和井壁堆放现场。

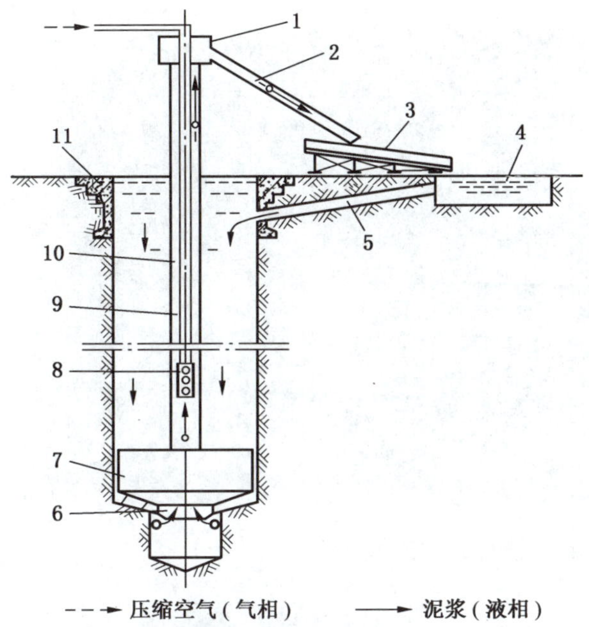

1—水龙头；2—排浆管；3—排浆溜槽；4—沉淀池；5—回浆沟槽；6—洗渣口；7—钻头；8—混合器；9—钻杆内风管；10—钻杆；11—锁口

图 4－26 泥浆冲洗系统

（三）下沉井壁

在钻进达到设计要求后，经调制泥浆、测井，确认符合要求时，即可开始漂浮下沉井壁，井壁下沉是利用泥浆对井壁的浮力然后向井内加配重水，使井壁缓缓下沉，下沉时要控制其在泥浆中的漂浮高度。井壁接长时经找正后才进行焊接。井壁下沉到底后进行扶正，合格后即将井口固定牢固。图 4－28 所示为钻井井壁底的下沉和井壁间的对接找正。

（四）壁后充填（固井）

壁后充填按设计由下而上分若干段高进行，采用水泥浆和碎石交替充填，第一充填段采用内管注浆法充填水泥浆液，随后的水泥段高采用外管充填，碎石充填由井口均匀地填入壁后。最后井壁与岩帮之间的环形空间全部被水泥浆或碎石充满，井壁与地层固结成井。

图 4－29 所示为下沉外注浆管作业和机械化充填水泥浆设备。

四、主要钻井机介绍

（一）AD130／1000 型立井钻机

该钻机采用 2 根特大型油缸为主提升，具有结构简单、安装方便、控制简便等特点，如图 4－30 所示。

该机为世界上最大立井钻机，已完成 2 口井施工。目前正在淮北矿业集团的信湖矿风井施工。

（二）AD120／900 型立井钻机

该钻机采用 8 根小型油缸分 2 层每层 4 根油缸叠加技术，取代 2 根巨型提升主油缸，为世界首创。该钻机能力大、结构巧、安装方便，钻进时仅需使用下层 4 根油缸，稳定性好，如图 4－31 所示。

图 4－27 钻井井壁预制现场和井壁堆放现场

图 4－28　钻井井壁底的下沉和井壁间的对接找正

图 4－29　下沉外注浆管作业和机械化充填水泥浆设备

图 4－30　AD130／1000 型立井钻机

图 4－31　AD120／900 型立井钻机

（三）AS12／800 型立井钻机

该钻机结合国产 AS9/500 型钻机和德国维尔特公司生产的 L40/800 型钻机的优点，再加上钻机的可移动性，大油缸顶升安装，使安装和拆除既不占用井口，又快捷方便，如图 4－32 所示。

图 4－32　AS12／800 型立井钻机

（四）AS9／500G 型立井钻机

该钻机是我国具有自主知识产权的第二代转盘式立井钻机，采用直流电机拖动，可控硅控制，设计制造于 1980 年，是当时最为先进的钻机之一，如图 4－33 所示。

图 4－33　AS9／500G 型立井钻机

该钻机在淮南张集煤矿西进风井创造了钻井直径（10.8 米）最大、成井净径（8.3 米）最大的世界纪录，钻深达 456 米。

（五）L40／1000 型立井钻井

该钻机是 20 世纪 80 年代初从德国引进，为液压驱动，最大特点是运输、安装、拆除方便。

该钻机经改造后在国投新集板集煤矿主井创造了国内钻井最深纪录，钻井深度达 660 米，钻井直径 9.85 米。

（六）AD60／300 型立井钻井

该钻机由洛阳矿山机械工程设计研究院设计和制造，如图 4－34 所示。

图 4－34　AD60／300 型立井钻机

五、近年来钻井技术进步简介

（一）直径 7.7 米钻井法“一钻成井”施工技术研究与应用

该项目荣获 2010 年度中国施工企业管理协会科学技术奖技术创新成果特等奖。获奖单位：中煤矿山建设集团有限责任公司。

1. 成果的创新性

（1）首次采用新型 AD130/1000 型立井钻机“一钻成井”技术完成皖北煤电集团的朱集西煤矿矸石井，直径 7.7 米、深度 545 米的钻孔，单级钻孔直径达 7.7 米，切割带宽度达 3.85 米，破岩面积达 46.57 平方米，破岩体积达 25378.67 立方米，钻孔深度达 545 米，其中冲积层厚度 469.55 米，岩石层厚度 75.45 米，综合月成井速度达 38.9 米，与袁店二矿风井相比，有了更大突破。创造了钻井法凿井施工以来单级钻孔直径最大、切割带宽度最宽、破岩面积最大、钻孔深度最深的新纪录。根据安徽省科技情报研究所出具的查新报告显示，该成果在国内未见有文献报道。

该技术自主知识产权所占比重为70%以上。钻井法凿井技术自引入我国以来，已完成井筒60余口。其中钻大钻井直径已达10.8米，最大钻井深度近660米。对于钻井直径6.0～7.5米的井筒，国外通常分多级钻孔完成，国内通常分两级完成。淮北矿业集团袁店二矿风井采用“一钻成井”，其单级钻孔直径达到了7.1米，钻孔深度达307米，在当时为单级钻孔破岩面积最大的井筒。

（2）采用新型螺杆空压机和并联供风方式进行压气循环洗井，供风量达60立方米/分钟，混合器平均埋置深度超过115米，确保了ϕ7.7米钻孔的及时冲洗、排渣和钻孔速度。该技术自主知识产权所占比重为100%。

（3）通过钻头结构和钻孔参数的研究和实践，有效地控制了大断面深井钻孔的偏斜，终孔钻孔偏斜率为0.707‰，确保了成孔质量。该技术自主知识产权所占比重为100%。

（4）钻井泥浆无害化处理技术的研究与工业性试验成功，实现钻井泥浆的泥、水分离，泥水脱出率≥80%，单套设备日处理量达204立方米，实现了规模化处理，彻底解决了钻井泥浆的占地、污染问题，废水、废渣达标排放，节约了大量的土地资源。该技术自主知识产权所占比重为65%。

（5）采用低密度泥浆漂浮下沉井壁，泥浆密度仅为1.15克/立方厘米，解决了成孔后泥浆密度偏小、井壁不能安全下沉的问题，省去了调浆，实现了安全、经济效益的双赢。该技术自主知识产权所占比重为85%以上。

2. 项目的经济效益和社会效益

AD130/1000型钻机进行改造取得的经济效益393万元。其中，机械设备费用节省200万元，采用低密度泥浆漂浮下沉井壁取得的经济效益152万元，泥浆固化处理取得的经济效益41万元。

项目的社会效益体现在：

（1）朱集西煤矿矸石井ϕ7.7米、545米深井“一钻成井”的成功，改变了以往分级钻孔的模式，实现安全、质量双赢，并将钻井法凿井技术提升到一个新水平。这将对我国深厚冲积层下煤炭资源的开发具有重要作用，将为解决我国煤炭紧缺问题作出重要贡献。

（2）泥浆固化处理工业性试验的成功，实现钻井泥浆的泥、水分离和规模化处理，彻底解决钻井泥浆的占地、污染问题，废水、废渣达标排放，节约了大量的土地资源。改变了钻井泥浆没有有效处理方法的现状，使20000立方米钻井泥浆得到了处理，减少土地占用近10亩，同时还可降低施工成本和安全风险，对保护矿区周围生态环境，确保居民饮水安全具有重大意义。同时对钻井法施工今后的可持续发展奠定了坚实的基础。

（3）AD130/1000型钻机的改造成功，大大提高了钻机的整体性能，减少了钻机维修时间近45%，提高了纯钻进效率，加快了钻井速度，缩短了建井工期，确立了市场竞争优势，对今后加快井筒建设速度具有重要意义。钻机安装方法的革新，大大降低了钻机的安装、拆除难度和危险性，缩短了安装工期，对实现安全生产具有重要意义。

（4）LMQ300－18型门式起重机电缆卷筒的改进，将收、放电缆分开调速，电缆收放自如，减少了对电缆的破坏，确保门式起重机安全运行。

（5）通过新技术、新工艺、新材料、新设备的应用，提高了井筒质量，降低了职工的劳动强度，改善了职工的工作环境，缩短了建井工期。

（二）“一扩成井”快速钻井法凿井关键技术及装备研究

该项目获得安徽省2011年度科技进步一等奖。

该项目是国家“十一五”科技支撑计划“深厚冲积层千米深井快速建井关键技术”项目的课题之一，属于煤矿深井建设特殊凿井技术领域。课题针对深厚冲积层钻井法特殊凿井技术中，钻进过程需要多次扩孔才能达到所要求钻井直径，使综合成井速度低、泥浆排放量高、环境污染严重、占地多等制约钻井技术发展的难题，开展了旨在减少钻进时间、加快成井速度、提高设备利用率、减少泥浆排放及对环境污染的攻关研究。创造性地建立了“一钻成井”和“一扩成井”钻井法凿井新技术、新工艺、钻进过程风险评价和控制体系，并经过理论分析、数值计算、室内实验、设计加工、工程试验等研究过程，研制出新型岩石滚刀、冲积层滚刀，包括正刀、边刀、中心刀，新型岩石钻头、大直径冲积层钻头、泥浆固化研究，以及泥浆固化的大规模应用，进行了2个井筒钻进工业性试验，取得十分显著的经济效益和社会效益，总体技术达到国际领先水平。该项目形成一项行业标准《多刃镶齿盘形滚刀》，申报专利12项，其中发明专利7项，实用新型专利4项，外观专利1项。已受理8项，取得证书专利4项，发表论文30多篇。

该项目重点解决了以下关键技术问题：

（1）研究成功的“一扩成井”和“一钻成井”钻井新工艺，减少了扩孔次数，降低了能源消耗和设备占用，提高了钻井速度，从工艺上减少了废弃泥浆排放量。

（2）通过理论分析和计算机模拟，建立了钻头泥浆流动规律模型，提出了滚刀、吸收口的优化布置理论，解决了大截割带岩屑的高效吸收问题。

（3）研制成功了新型“一钻成井”（“一扩成井”超前钻进）钻头结构，按照计算机模拟优化设计，滚刀、吸收口布置合理，达到了高效破岩和钻屑的吸收。新型结构钻头实现了钻头稳定钻进,减少了由于保证精度而扩大直径造成的无效钻进消耗。

（4）研制成功高效“一扩成井”扩孔钻头，采用有限元优化的新型中心管结构，减少了钻头在大推、拉力和大扭矩复杂受力条件下中心管疲劳破坏概率；配重合理，保证了钻进参数优化和钻井精度控制；优化了长截割带大断面钻头设计和钻头泥浆吸收口的合理布置，降低了钻头滚刀的无功损耗，减少了重复破碎现象，提高了滚刀组合的破岩效率问题。

（5）通过解决刀壳材质、密封结构、铸造工艺、镶齿工艺，形成新型钻井岩石滚刀、冲积层滚刀、高效中心刀和耐磨刀座结构，提高了滚刀寿命和破岩效率，减少了辅助作业时间。

（6）利用双金属刀壳镶齿的岩石滚刀，解决了多年困扰钻井法岩石地层钻进效率低的问题，大大提高了综合成井速度。

（7）采用风险评价法中的“信心指数法”，对钻井法凿井进行了全风险评价，保证了“一钻成井”、“一扩成井”钻井工艺的安全实施。

（8）建立了钻井风险分析控制理论，形成了“一扩成井”钻进过程中井帮稳定性控制及安全保障关键技术。

（9）从钻井工艺上控制了施工过程废弃泥浆排放量，并通过化学、压滤等方法固化废弃泥浆和利用泥浆作为注浆材料应用等关键工艺技术，实现了从减少排放到实现泥浆零排放过渡，固化后的固体物可以作为建筑材料，析出的水不具污染性，达到了直接排放标准。

（10）对现有立井钻进进行改进、优化研究，提高了钻机工作效率，减少了钻机安装、拆除等辅助作业时间。

皖北煤电集团朱集西煤矿矸石井采用“一钻成井”钻井工艺，钻井深度545米，钻井直径7.7米，成井井筒净直径5.2米，成井偏斜率0.159‰，综合月成井速度39米，减少泥浆排放约30000立方米。淮北矿业集团袁店二矿副井采用“一扩成井”钻井工艺，钻井深度307.8米，钻井直径9.3米，成井井筒净直径6.8米，成井偏斜率0.234‰，综合月成井速度31米，减少泥浆排放约13000立方米。该项技术正在平顶山煤业集团八矿回风井和淮北矿业集团信湖煤矿主井、风井推广应用。

（三）钢井壁和高强混凝土的应用技术

近年来高标号混凝土应用于井壁制作上，C70可泵送混凝土已成功地运用于板集主井、风井，张集西回风井、进风井；单层或双层钢板混凝土复合井壁技术已广泛应用于深大型钻井井壁，目前制作过的钢板混凝土复合井壁最厚钢板达到40毫米，已具备能制作钢板厚度达到60毫米的钢板井壁的能力。钢板复合井壁的应用使井壁厚度变薄，从而减少了钻孔直径，直接降低了钻井成本。

（四）废弃泥浆处理技术

针对钻井法施工废弃泥浆的特点，首先进行理论研究和实验室试验，将试验的泥浆按1：1的比例进行稀释，同时加入两种药剂对污泥进行前期脱稳。经脱稳后的污泥进入污泥提升破稳一体化装置加药后，进行二次脱稳。二次脱稳后的污泥进入固液分离装置，进行固液分离。分离出的泥饼进行干化回填，分离出的污水用来稀释泥浆或溶解药剂或进入污水处理装置进行处理。对污水处理装置处理后的污水进行过滤，过滤吸附后排放。实验室试验获得成功后，在朱集西煤矿矸石井进行了工业化试验，试验效果很理想。处理后的泥饼如图4－35所示。

（五）大型双梁门式起重机的研制

为保证超大型钻头的下放，大型预制井壁的制作与吊运，减少井壁节数，节省法兰盘数量，减少井壁下沉的工作量，2006年研制了自顶升安装的

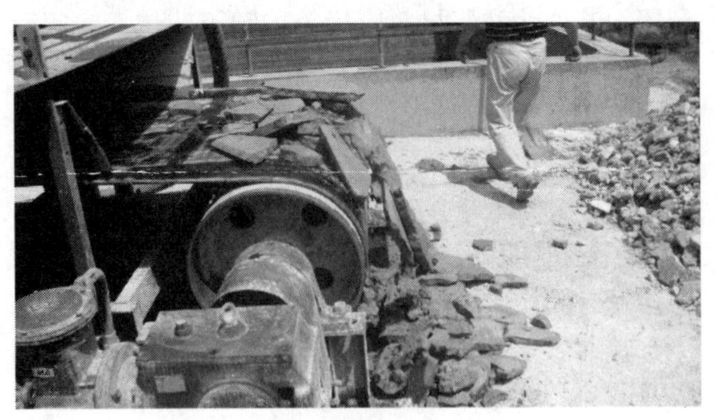

图 4-35　泥浆处理后的泥饼

LMQ300-18 型门式起重机。该机主提升力为 300 吨，提升高度 18 米，轨距 18 米。淘汰了以前的 200 吨（需抱杆安装）门吊。2008 年为配套 AD130/1000 型钻机，又研制了 MG400/30-18 型门式起重机。该机采用自顶升安装结构，主提升力为 400 吨，提升高度 18 米，轨距 18 米。图 4-36 所示为双梁门式起重机。

六、近年来钻井科技获奖情况

近年来钻井科技获奖情况见表 4-61。

（a）LMQ300-18 型门式起重机　　（b）MG400/30-18 型门式起重机

图 4-36　双梁门式起重机

表 4-61　近年来钻井科技获奖情况表

序号	项目名称/颁奖时间	奖励类型	等级	主要获奖单位
1	直径 7.7 米钻井法“一钻成井”施工技术研究与应用/2011 年 10 月	中国施工协会科技进步奖	特等	中煤矿山建设集团有限责任公司
2	“一扩成井”快速钻井法凿井关键技术及装备研究/2011 年 12 月	安徽省科技进步奖	一等	淮北矿业集团、北京中煤矿山工程有限公司
3	净径 8.3 米超大井筒穿厚表土钻井法设计施工关键技术与智能监控方法/2010 年 12 月	安徽省科技进步奖	二等	安徽理工大学、淮南矿业集团、煤炭工业合肥设计院
4	复杂地层特大型钻机及成井工艺关键技术/2009 年 12 月	国家科技进步奖	二等	中信重工股份公司

表 4－61（续）

序号	项目名称/颁奖时间	奖励类型	等级	主要获奖单位
5	AD130/1000 型动力头钻机研制与工程应用/2009 年 11 月	安徽省科技进步奖	二等	中煤矿山建设集团有限责任公司、安徽理工大学
6	龙固主井（双井筒）近 600 米钻井法凿井技术研究与应用/2007 年 2 月	国家科技进步奖	二等	新汶矿业集团、北京中煤矿山工程有限公司

七、钻井技术进步展望

煤矿深井建设国家工程实验室是我国煤矿建设领域的国家级工程实验室，于 2008 年 11 月由国家发改委同意批复，主要依托天地科技北京建井研究院和中煤矿山建设集团有限责任公司共同建设，该实验室分北京和淮北两个片区。目前，淮北片区实验室已建成（通过了国家发改委的验收）。实验室拥有冻结工程和钻井工程两个现场检测实验室。

实验室已建立煤矿深井建设所需的冻结、钻井等综合研究试验系统，拥有一大批从事特殊凿井科技研究的国内中高级专家，并长期与煤炭科学研究总院、中国矿业大学（徐州）、山东科技大学、安徽理工大学、淮北矿业集团、淮南矿业集团等高校、科研院所及企业开展产学研合作，开展具有独立自主知识产权的深井建设核心技术研发，掌握冲积层厚 600～800 米、井筒深度 850～1200 米的深井特殊凿井等关键技术，提升我国煤炭资源的保障能力，并对全社会开放，共享实验资源。

煤矿深井建设国家工程实验室正在进行钻井方面的技术研究，目前进行的项目主要有以下几项。

（一）优化钻头结构提高钻进速度

1. 钻头体

根据统计数据，ϕ4 米的超前钻头，25 度锥角的钻头钻进效率比平底钻头高 20%～30%；35 度锥角的扩孔钻头钻进效率比 25 度锥角的钻头高 15% 左右。目前，钻头的锥角不是最科学合理的，应通过理论计算确定最佳锥角，通过煤矿深井建设技术国家工程实验室进行模拟试验最终确定钻头锥角。同时，试验钻头的镶边、导流板、吸收口的最佳布置方法和位置。根据相关研究，已得到理论研究结论：一是超前孔宜采用 W 形钻头，该钻头兼有平底和锥体钻头的特点，在保证垂直度的前提下，提高钻进速度（待验证）；二是扩孔钻头的井底角应大于 45 度（待验证）。

2. 破岩刀具

当前，国内钻井法施工仅使用 12 系列牙轮，其锥角 6 度，楔齿形大端直径 340 毫米，球齿形大端直径 300 毫米。对于不同直径的钻井井筒都采用一种型号的牙轮是很不合理的。国外，牙轮分 8、10、12、15、17 等系列，锥角有 6 度、10 度、20 度，但国外钻井工程少，20 世纪 90 年代已停止研究。根据经验公式，钻头最大转速 $n=36d/D$ 或 $n=120d/D$（式中，D——钻头直径，d——牙轮大端直径），由于钻机能力的提高，钻头转速大大超出最大限速，因此，牙轮芯包失效提前。目前使用的牙轮承受轴向力的能力较差，不能用于大倾角钻头。研究从理论开始，研究不同直径的钻头对牙轮的最佳配置（锥角、系列），研究牙轮的齿形与不同岩层破岩效率的关系，研究能承受大的轴向推力的牙轮芯包。制作实物在煤矿深井建设技术国家工程实验室试验验证。

（二）钻井孔底辅助冲洗技术研究

总结几十年的施工技术，综合国内外相关的先

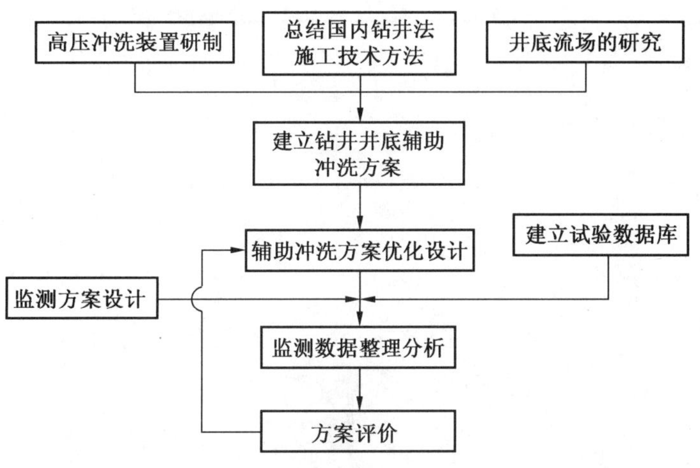

图 4－37　钻井井底辅助冲洗技术研究流程

进经验，主要研究 AD130/1000 型和 AS9/500G 型钻机钻头辅助冲洗技术，解决钻井法施工中的钻屑重复破碎和泥包钻头的难题，其流程如图 4 - 37 所示。期望达到提高纯钻进效率 30% 以上。主要研究内容包括：冲洗用的高压射流装置及其管路、喷头，冲洗介质水或优质低固相泥浆，喷头布置数量及布置位置，井底流场。

（三）立井掘进机的研制

针对岩石为主的井筒，研制开发具有自主知识产权矿山立井井筒破岩机械化、控制自动化、掘进支护一体化、利用反井钻机钻孔作为导孔的具有安全防护的大型全断面掘进机综合凿井装备，攻克 5 ~ 10 米大直径井筒破岩刀具在刀盘的合理布置、岩石与破岩刀具适应关系、迈步式推进方式、掘进方向智能控制等技术难题，“十一五”期间将完成立井掘进机样机的研制，并进行出厂检验，为我国矿山立井非爆破凿井的机械化、自动化、智能化奠定基础，填补我国矿山立井掘进机的空白，摆脱目前常用钻眼、爆破普通凿井法在深度、安全、效率、作业环境束缚，大大减少井筒内危险环境作业的操作人员，使井筒建设向综合机械化自动化方向发展。

反井钻井技术的发展及展望

一、国内反井钻井技术发展

从20世纪80年代开始，云南锡业公司、长沙矿山研究院、天地科技建井研究院（原煤炭科学研究院建井研究所）、南京研究所等单位先后研究和使用反井钻机。反井钻井技术的发展经历了以下3个阶段。

1. 初始阶段（1980—1989）

钻杆采用石油钻杆API标准模仿国外设备，框架式主机结构、软岩滚刀、液压驱动，钻进深度小于100米，钻孔直径1～1.5米，反井钻机主要用于井下煤仓、溜煤眼、暗井。代表性工程有：原开滦矿务局赵各庄矿利用LM－120型反井钻机，钻进煤仓、暗井等反井工程，最大深度84米；原鹤岗矿务局南山矿等，为改变开采巷道布置，以溜煤眼联络开采和运输系统，达到减少巷道开拓目的，利用LM－120型和LM－200型反井钻机，钻进大量直径1.2米溜煤眼。

2. 发展阶段（1990—2005）

钻机的技术参数包括扭矩、推力、拉力增加，破岩滚刀适用范围增大，反井钻机工艺成熟，反井钻机应用范围扩大。代表性工程有：山东省新泰市汶南煤矿采用LM－120型反井钻机，在地面钻成直径1.4米、深度316米的新立井溜矸孔工程；十三陵抽水蓄能电站采用改造的LM－200型反井钻机，钻成直径1.4米、倾角50度、斜长203米的压力管道工程，开拓了反井钻机在水电工程领域的应用。

3. 完善阶段（2006—）

反井钻机偏斜控制技术，硬岩滚刀、新型钻杆丝扣联结、多油缸推进、多马达驱动形成大直径反井钻机和大直径反井钻井工艺，其中BMC400型、BMC500型和BMC600型大直径反井钻机研制成功，其主要技术参数见表4－62。代表性工程有：河南平煤集团四矿瓦斯抽放井，钻孔直径0.75米，深度462米；山西晋煤集团赵庄煤矿瓦斯管道井，直径2.5米，深度431米；山西晋煤集团王台铺煤矿风井，直径5.0米，深度168米。

国内从20世纪80年代开始，先后引进美国83RM－HE型反井钻机两台，在大同煤矿集团和西山煤电集团应用。目前，这两台钻机已经合并到西山煤电集团，该钻机原设计钻孔直径3.3米，考虑工程和地质条件，天地科技建井研究院为其配套了直径1.4米的扩孔钻头。西山煤电集团从芬兰引进

表4－62　大直径BMC系列反井钻机主要技术参数

机　型	BMC400	BMC500	BMC600
导孔直径/毫米	270	311	350
扩孔直径/毫米	1.4～3.5（软岩）	2.0～3.5（中软）	3.5～5.0
钻孔深度/米	400	500	600
钻杆直径/毫米	228	254	327
额定推力/千牛	1650	1500	1300
额定拉力/千牛	2450	3000	6000
额定扭矩/(千牛·米)	80	120	300
主机功率/千瓦	132.5	172.5	286.5
主机机重/吨	12.5	15	25
驱动方式	液压/电液	电液	电液
主机工作尺寸（长×宽×高）/(米×米×米)	4.85×1.9×5.25	4.85×1.9×5.5	3.71×2.09×5.52

的 RHINO1000 型反井钻机，开滦矿业集团从德国引进的 P/EH1200 型反井钻机，水电系统引进的 RHINO400 型反井钻机，总体看来引进的反井钻机没有起到应有的作用。

二、反井钻机研制进展

天地科技建井研究院（原煤炭科学研究总院北京建井研究所）从 20 世纪 50 年代末开始进行钻井法凿井技术研究，经过多年研究与实践，形成我国特有钻井法凿井技术，总体技术已处于国际先进水平，为解决我国复杂地层井筒建设作出了巨大贡献。从 20 世纪 80 年代初，开始反井钻机、反井钻井工艺研究，使我国反井钻井技术进入国际先进行列，主要研究成果如下。

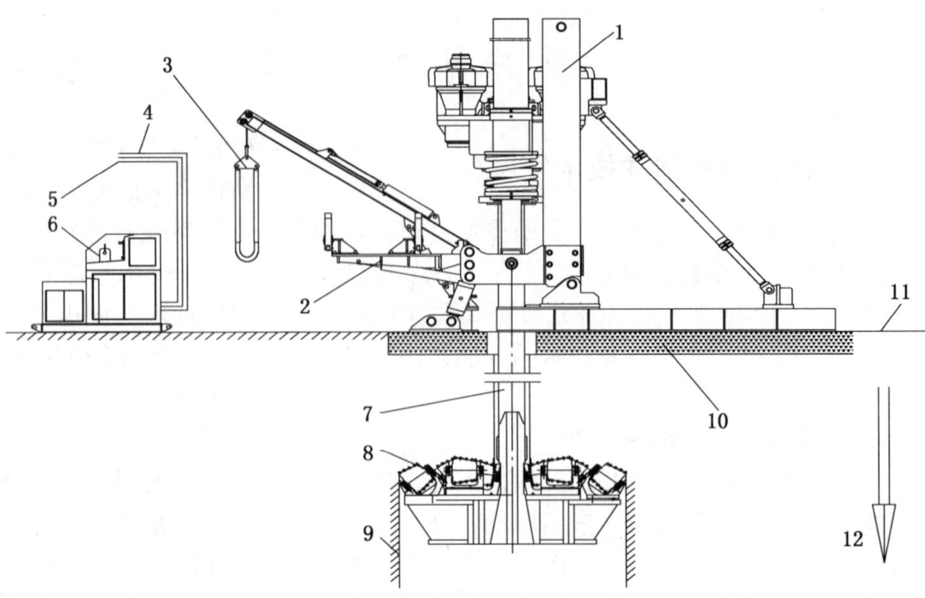

1—主机；2—机械手；3—转盘吊；4—高压胶管；5—接泵站和主机；6—液压控制台；7—钻杆；8—扩孔钻头；9—井壁；10—主机基础；11—上水平巷道；12—至下水平巷道

图 4－38　ZFY20／400 型（BMC400 型）反井钻机

1. LM－120 型反井钻机

该钻机为国家“七五”重点攻关项目“LM－120 型反井钻机研制”计划任务，于 1986 年 7 月完成试制。1987 年 5 月 20 日在原开滦矿务局赵各庄煤矿完成工业性试验，并通过煤炭部组织的鉴定，获得煤炭部科学技术进步二等奖。

2. LM－200 型反井钻机

该项目起止时间为 1987—1989 年，为煤炭部重点科研项目，研制成功 LM－200 型反井钻机。在山东省新泰市汶南煤矿钻成直径 1.4 米，深度 316 米的新立井溜矸孔工程，项目通过技术鉴定，并获得煤炭部科技进步一等奖。

3. LM－90 型反井钻机

该项目为原国家煤炭工业局一般科研项目，1992 年研制成功，在山东横河煤矿应用，钻成国内第一个倾角 60 度，斜长 62 米，穿过具有中间巷道的直径 0.9 米的反井，并通过技术鉴定。

4. ZFY2.0／400 型（BMC400 型）反井钻机

该钻机是国家科技部科研院所专项资金项目“深井反井钻井技术及装备研究”的重要设备（图 4－38），项目从 2000 年开始到 2003 年鉴定验收，成为当时国内型号最大的，其技术达到国内领先、国际同类机型先进水平。在河北张河湾抽水蓄能电站，钻成直径 1.4 米，深度 300 米的压力管道，解决了压力管道施工技术难题。

5. 系列破岩滚刀

2003—2005 年，对滚刀进行专项研究，特别是硬岩反井破岩滚刀。水电系统大部分水电站坝址岩石坚硬，如山东泰安抽水蓄能电站花岗岩单轴抗压强度达到 310 兆帕，其中石英、长石等磨蚀性强的矿物含量在 70% 以上。采用普通滚刀，寿命只有 5～10 米，刀具费用达到 1 万元/米以上，这必将限制反井钻机作为工程设备的推广应用。为此，研制出了特殊的硬岩滚刀（图 4－39、图 4－40），

图 4－39　新型镐齿滚刀

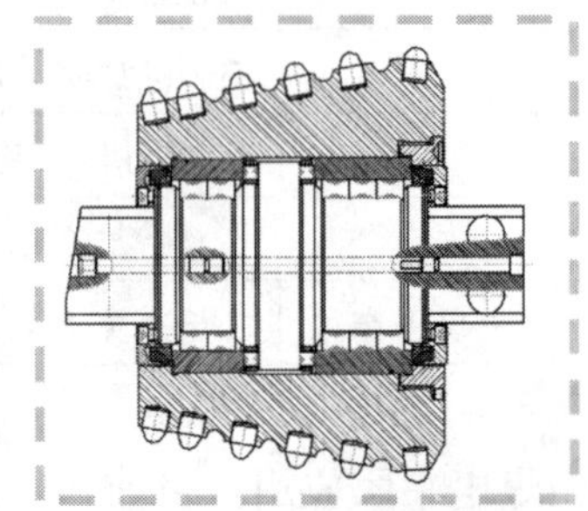
图 4－40　滚刀结构图

在泰安工程应用中其寿命达到125米以上，并经多个水电站不同岩石条件的应用实践，硬岩滚刀可以满足不同工程需要，解决了硬岩地层中钻进反井的难题。

6. BMC600型反井钻机

自2006年起，国家科技部科研院所专项资金项目“反井钻井导孔轨迹测控装备与技术研究”项目，解决了反井钻机导孔钻孔偏斜的自动控制问题。2008—2010年，国家科技部科研院所专项资金滚动项目“大直径煤矿风井反井钻井技术及装备”，用3年的时间完成大直径反井钻机、钻具和钻井工艺研究，研制的BMC600型反井钻机在山西王台铺煤矿钻成大直径风井工程，钻井深度168米，钻井直径5.0米。

7. 大直径扩孔钻头系列

研制成功0.75、0.9、1.0、1.2、1.4、1.8、2.0、2.5、3.0、3.5、5.0、5.3米多种类型扩孔钻头，可满足不同反井钻井工程需要，图4-41所示为直径5.0米扩孔钻头结构图。

8. ZFYD系列反井钻机

煤炭科学研究总院南京研究所研制的ZFYD系列反井钻机采用两柱三缸结构形式，主要技术参数见表4-63。

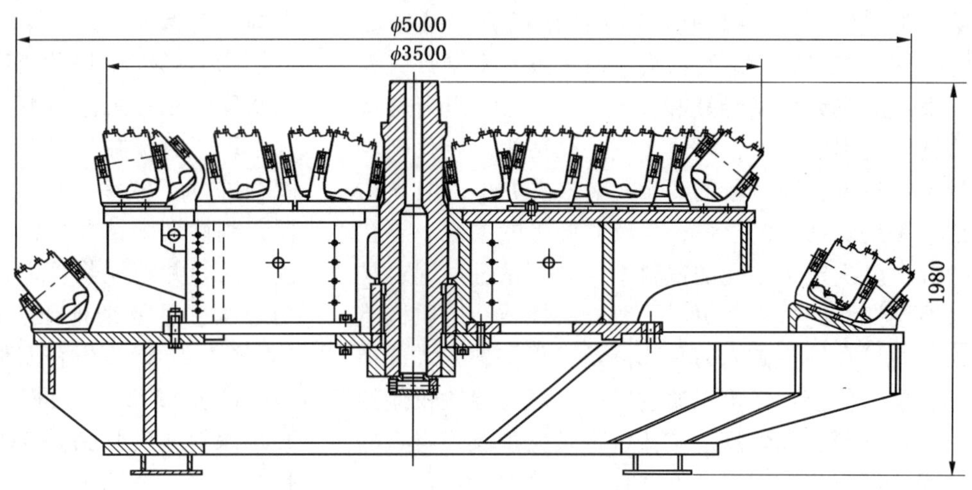

图4-41　直径5.0米扩孔钻头

表4-63　ZFYD系列反井钻机主要技术参数

机　　型	ZFYD1200	ZFYD1500	ZFYD2500
导孔直径/毫米	200	250	250
扩孔直径/毫米	1200	1500	2500
钻孔深度/米	200（低矮型） 300（普通型）	100（低矮型） 300（普通型）	100（低矮型） 300（普通型）
钻杆直径/毫米	150	200	200
扩孔额定扭矩/(千牛·米)	14.9	29	68.5
扩孔最大扭矩/(千牛·米)	21.5	44	98
钻头最大推力/千牛	196	222.5	222.5
扩孔最大拉力/千牛	550	1154	1470
钻孔倾角/度	60~90	60~90	60~90
主机质量（包括运搬车)/千克	3650	6510	9410
主机工作尺寸（长×宽×高)/(毫米×毫米×毫米)	1915×1020×2700	2265×1245×2964	2690×1590×3100
电机功率/千瓦	66	86、101、121	161
驱动方式	全液压驱动	全液压驱动	全液压驱动

三、反井钻井工艺技术进展

反井钻机在恶劣的环境、复杂的地质条件下施工地下工程，不但需要有可靠的设备，而且需要适合的钻进工艺，以便在达到一定质量要求的前提下，安全、高效、快速地完成施工任务。反井钻机钻井工艺如图 4－42 所示，反井钻机驱动钻杆旋转，钻杆将能量传递给钻头，通过滚刀将岩石破碎下来，形成钻孔（导孔和扩孔）。导孔的作用是将钻具下放到下水平，以便连接扩孔钻头。导孔破岩量虽然只占总破岩量的 2.5% 左右或更小，但导孔钻进关系到钻孔的质量，是反井施工的关键。导孔的垂直度决定了钻孔的偏斜率；导孔钻进过程也是对地层探测的过程，可以了解岩石性质、地质构造等，对扩孔钻头破岩刀具选择及工程支护方式选择都有参考价值；还可以通过导孔，对稳定性较差的地层进行预加固处理。扩孔过程是大量破碎岩石的过程，需要根据岩石条件选择破岩滚刀，布置扩孔钻头，制定相应的钻进参数，以达到钻进效率最高。

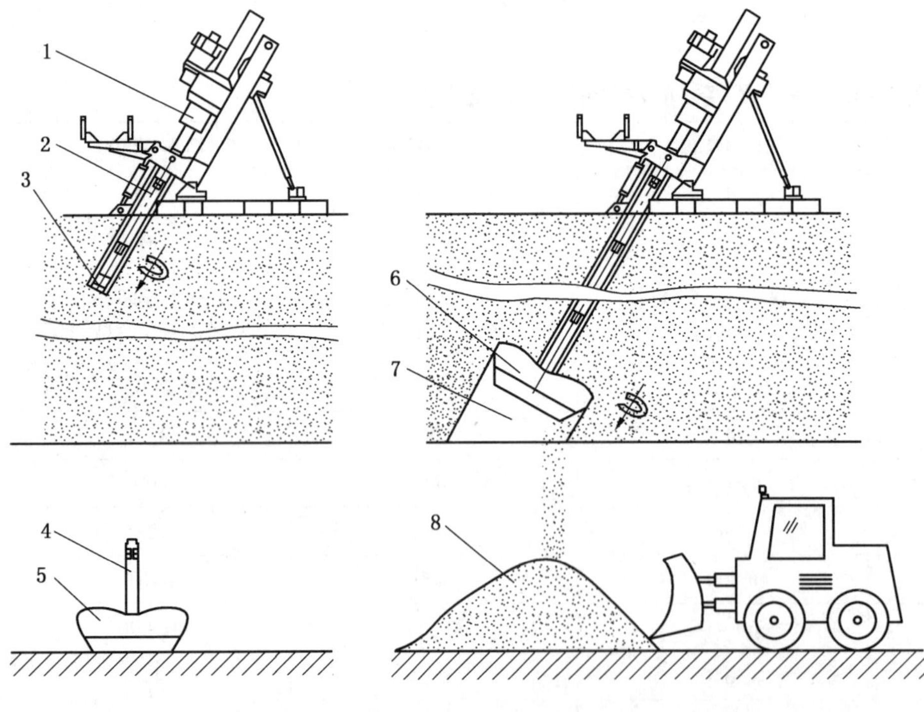

1—主机；2—钻杆；3—导孔钻头；4—中心管；
5、6—扩孔钻头；7—反井孔；8—破碎岩渣

图 4－42　反井钻机钻井工艺

国内反井钻井工艺技术的发展大体上经历了以下几个阶段：

（1）国家“七五”项目研究期间，除了对反井钻机进行研究之外，对钻具的受力、钻杆的弯曲、洗井液循环等影响钻孔质量的反井钻井工艺作了初步研究，其成果与 LM－120 型反井钻机同时鉴定并获奖，可以满足深度 50 米左右反井钻孔工程的工艺需要。

（2）1988—1989 年，进行了煤炭部“300 米深井反井钻井工艺研究”，结合汶南煤矿 316 米深井工程，对深井、复杂地层条件下控制钻孔精度等课题进行了较深入的研究。采用开孔钻杆加扶正器、刚性满眼钻具配置、控制钻压、控制钻速的工艺方法，并将泥浆管理技术应用到反井钻井中，成功地通过了复杂地层，取得了综合月成孔 158 米（直径 1.4 米）的好成绩。

（3）1992 年，进行了煤炭行业研究课题“大倾角深斜孔反井钻井工艺及专用设备研究”，该项目结合十三陵抽水蓄能电站大倾角压力管道工程，研究斜孔钻进工艺，包括钻具受力、钻具布置、测斜等，成功钻成直径 1.4 米，长度 203 米和 236 米两个斜井，项目获得电力科技进步三等奖，填补了国内大倾角斜井机械化施工空白。

（4）2001—2003 年，结合河北张河湾抽水蓄能电站，进行科技部科研院所专项资金项目“深井反井钻井技术及装备研究”，开展了硬岩深井反井钻井工艺研究，项目获得国家电网科技进步三等奖，在坚硬的安山岩、砂岩地层等复杂的地质条件下，钻成两个深度超过 300 米（直径 1.4 米）的反井钻孔。

（5）2006 年，通过对反井钻机及工艺研究，采用综合反井施工方法，钻成平顶山矿业集团四矿瓦斯抽放井（直径 750 毫米），完成了一项国内最深（深度 562 米）的反井工程，使

国内反井钻井施工技术和施工工艺在深度、偏斜率等方面又有了新的突破。

(6) 2007 年，开始大直径反井钻井工艺研究，形成钻孔深度600米，直径5米的大直径反井钻井工艺。

四、反井钻井工程应用典型案例

反井钻机可以应用于各种地下工程，尤其适用于岩层稳定、上下具备施工条件的立井或斜井工程（表4-64）和各种地下矿山工程，如煤矿、金属矿、非金属矿等采矿工程，地铁、公路、铁路等隧道的通风和进出通道，各种山体采石和采矿工程，普通水电站和抽水蓄能电站工程，城市地下建筑、人防工程，军事工程等地下工程建设领域等。

“十一五”期间完成的部分海外反井钻井工程和大直径反井钻井工程见表4-65、表4-66。

表4-64　反井钻机主要应用范围

应用部门	应用工程类型
煤炭系统	煤仓、溜煤眼、通风孔、暗井、延深井筒、新建井筒、联络通道、取水孔、泄水孔、管缆孔
其他地下采矿系统	矿石仓、溜矿井、行人眼、通风眼、材料眼、暗井、延深井筒、新建井筒
水电系统	通风井、吊物井、闸门井、调压井、压力管道井、电缆井、电梯井
交通、铁道、建筑部门、人防工程、军事工程	隧道通风井、地下建筑物出口、发射井、观测井等

表4-65　“十一五”期间完成的部分海外（包括台湾）反井钻井工程

序号	工程名称	签约时间	总钻井深度/米	钻井直径/米	倾角/度
1	马来西亚巴贡项目反井工程	2004年8月	720	1.4	90
2	哈萨克斯坦玛依纳水电站反井工程	2008年6月	840	1.4	90
3	马来西亚沐若反井钻井工程	2009年6月14日	240	1.4	90
4	赞比亚卡里巴水电站反井钻井工程	2010年2月10日	146	1.4	90
5	台湾青山电厂通风直井反井施工工程	2010年3月30日	240	2.0	90

表4-66　“十一五”期间完成的部分大直径反井钻井工程

序号	工程名称	工程时间	钻机机型	钻井直径/米	钻井深度/米
1	晋城寺河煤矿小东山风井反井工程	2006年	BMC400	2.5	268
2	晋城寺河煤矿小东山风井反井工程	2006年	BMC400	3.5	268
3	赵庄矿回风立井反井钻井工程	2008年	BMC400	2.5	421
4	赵庄矿瓦斯抽放管道井	2008年	BMC400	2.5	431
5	晋城王台铺矿1号辅助回风立井工程	2009年	BMC600	5.0	165
6	太原煤气化东河煤矿梯子井工程	2010年	BMC400	3.0	150
7	晋城寺河煤矿三水沟反井工程	2010年	BMC600	3.5	396
8	杨家庄煤矿反井工程	2010年	BMC600	5.0	200

（一）寺河煤矿小东山风井

1. 工程概况

寺河煤矿上庄通风井位于山西省晋城市境内，井筒深度264米，井筒直径3.5米。

2. 地质条件

风井地层冲积层厚度约8米，岩石部分以煤系地层为主，有砂岩、页岩、泥岩，其中砂岩地层较坚硬，裂隙较发育，地层涌水量不大。

3. 施工方案

首先将井筒冲积层地层挖掉，形成直径5米的井筒；然后浇筑混凝土，在上面1米厚的位置做钻机钢梁基础，安装ZFY3.5/400电控型反井钻机，钻进直径295毫米的导孔，将扩孔钻头运输到风井下部马头门位置，将扩孔钻头和钻杆连接；再由下向上扩孔至直径3.5米，进行锚喷支护，建设风道，形成风井井筒通风系统。其现场布置如图4-43所示。

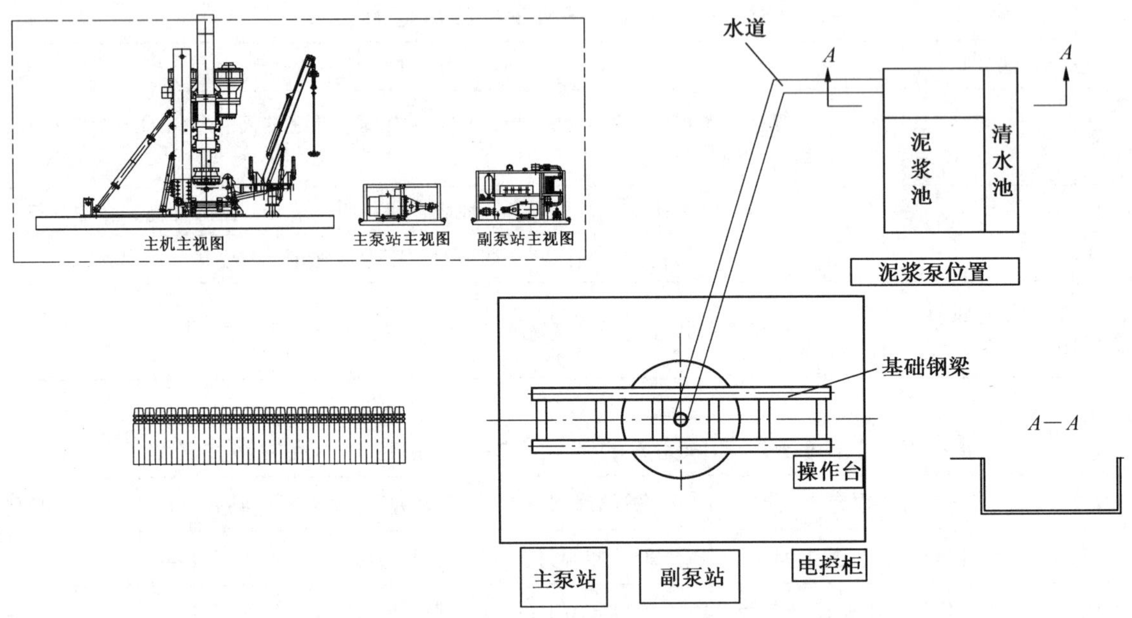

图4-43　ZFY3.5/400电控型反井钻机工业性试验现场布置

4. 导孔钻进

2007年10月12日开始钻进导孔，导孔直径295毫米、深度264米，10月24日导孔结束。导孔纯钻进用时11.5天，导孔平均偏斜率0.114%，导孔平均钻速20.3米/天。

5. 扩孔钻进

导孔贯通后，安装扩孔钻头，扩孔直径3.5米、深度264米，2007年11月23日扩孔结束。扩孔钻进时间25天，扩孔纯钻进用时20.5天，扩孔平均钻速20.3米/天。

综合月成井速度为165米。

（二）赵庄煤矿瓦斯管道井

1. 工程概况

赵庄煤矿位于山西省长子县境内，属于山西晋城无烟煤矿业集团有限责任公司，为高瓦斯矿井。该瓦斯管道井是赵庄煤矿为了满足矿井瓦斯抽放而建的，井筒深度为431米，井筒净径4.0米，开挖荒径5.0米，井筒采用反井和正井刷大相结合的方法建成，混凝土井壁（图4-44）。

2. 地质条件

井筒检查孔地处浊漳河南源，属河海流域。依据井检孔资料分析，主要含水层情况包括：第四系及基岩风化带含水层组，上石盒子组砂岩裂隙含水层组，下石盒子组砂岩裂隙含水层组，山西组砂岩裂隙含水层组，太原组石灰岩岩溶裂隙含水层组，上石盒子组中、下部及下石盒子组隔水层组，太原组及山西组隔水层组。整体上看含水层多，涌水量大，垂直裂隙及高角度裂隙发育。

3. 施工装备

反井施工采用BMC400型反井钻机，导孔直径270毫米，扩孔直径2.5米。

4. 导孔钻进

图4－44　赵庄矿瓦斯井施工现场

2006年2月16日，决定采用高压风钻方式钻进导孔，投入两台空压机进行施工，该钻进方式进尺较快，且孔内漏失现象对其影响较小，因此在一段时间内日进尺达50余米。为了保证偏斜及控制钻进速度的考虑，分别于2月19日、20日、21日、23日、25日和3月5日对钻孔进行测斜工作。23日测斜数据显示，水平偏斜1.4米，偏斜率大于4‰，超出合同规定范围。为保证下一步工作正常顺利开展，施工中采用了几种不同方式进行纠偏。3月7日导孔钻透，下口终孔位置水平偏斜值为1.7米。按合同规定需要将导孔二次扩孔至270毫米，3月9日开始扩孔工作，3月11日导孔结束。

5. 扩孔钻进

导孔贯通后，3月28日，扩孔钻头安装完毕。扩孔结束，经综合计算，总施工时间660小时，停机305.5小时（出渣影响），纯钻机时间约354.5小时，平均工效1.19米/小时。

（三）王台铺煤矿通风立井

1. 工程概况

王台铺煤矿位于山西省晋城市，属低瓦斯煤矿，设计生产无烟煤能力210万吨/年，为了增加生产能力和安全条件，增设一个深165米、直径5米的采区风井。

2. 地质条件

风井穿过的地层，以砂质泥岩、石灰岩、砂岩为主，并穿过3号煤层和4号煤层。岩层属中软硬度，完整性好、倾角小、含水量低、破碎较少，仅在3号煤层和4号煤层之间砂岩有裂隙，较适于用反井钻机施工大直径的立井，不易发生塌孔。

3. 施工方案

由于风井冲积风化层较厚，采用反井钻井法施工要先进行预处理，即人工开挖到基岩段，然后绑扎钢筋，浇筑混凝土，形成钢筋混凝土井壁。经过讨论确定井壁内径设计为5.2米，以避免扩孔施工时损伤钢筋混凝土井壁。下部基岩段采取挂网喷浆支护。

4. 导孔钻进

在王台铺风井安装反井钻机（图4－45），自2009年2月3日开始导孔钻进，至2月16日透孔，钻成直径350毫米、深度为165米的导孔，计13天，其中纯导孔钻进时间140小时，导孔平均钻速12.7米/天，导孔偏斜100毫米，偏斜率小于1‰。

图4－45　钻井施工现场

5. 扩孔钻进

导孔完成后进行风井井筒下部支护锚杆，2009年3月2日开始扩孔钻进，扩孔直径5.2米、深度164.5米，4月17日扩孔结束（图4－46）。扩孔钻进时间32天，扩孔纯钻进用时12.5天，扩孔平均钻速5.1米/天。

（四）台湾青山电厂反井钻井工程

1. 工程概况

台湾青山电厂坐落于台湾台中县大甲溪之上，为大甲溪梯级开发的第二座电站。电站初建成于20

图 4-46　扩孔完成提出钻头的现场

世纪70年代，1999年9月21日受台湾921大地震及台风影响，山体滑坡，河床淤积抬高，导致厂房进水废弃。按2009—2014年青山电厂复建计划，要求兴建一个深240米、直径6.0米的通风直井兼做电梯井。首先采用反井钻井法施工深度230.7米、直径1.6米的溜渣孔，之后用钻爆法刷大施工井筒至设计规格。

2. 地质条件及钻机选型

台湾青山电厂反井工程中，岩石主要为沉积岩及变质岩，以石英砂岩、变质砂岩为主。岩体完整性差，岩层倾角大，破碎带多，给反井钻井施工带来较大困难。经取样化验，石英含量达到83%。石英含量高，钻具极易磨损，故将扩孔直径由原定的2.0米调整至1.6米。施工设备采用北京中煤矿山工程有限公司生产的电液比例控制新型BMC400型反井钻机。

3. 回填层处理

反井上部至深度17.5米均为回填层，采用直径1.2米桩筒施工的方式，在成井直径周围施工桩筒进行外围加固，之上与施工环形梁相联结；内部在反井钻机基础图位置施工一圈共6只桩筒，正中再施工桩筒，由低标号素混凝土回填至地面标高，供反井施工导孔使用。

4. 施工场地布置

反井钻机施工场地一般在地面上或巷道内，要求有足够的面积布置钻机基础、循环池、钻机、泵站、操作台、电液控制系统、泥浆泵以及堆放钻杆等。BMC400型反井钻机现场布置如图4-47所示，反井施工现场布置如图4-48所示。

5. 导孔钻进

2011年2月1日开始导孔施工，2月18日导孔完成，共历时18天，完成深度230.7米，透孔位于隧道中心偏右侧约2米处，偏斜率0.87%，小于1%。期间2月4日、2月6日、2月8日3次灌浆以封堵地层中出现的漏水情况。由于导孔钻头缩颈严重，2月15日对导孔钻头进行了更换。

6. 扩孔钻进

2011年2月19日开始扩孔施工，2011年3月12日扩孔完成。扩孔钻进累计进尺231.2米，钻进时间21天，纯钻进时间402小时，平均扩孔钻进速度为0.58米/小时。

五、反井钻井技术发展展望

反井钻机的更新发展对国内反井钻井技术的发展起到了巨大的推动作用，不但在煤炭系统，而且

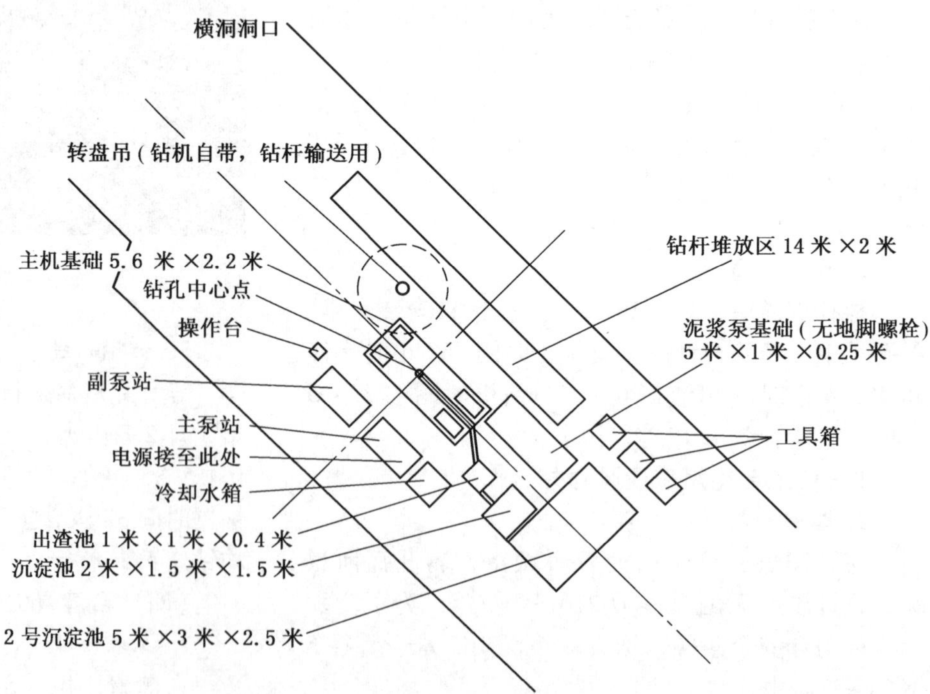

图 4-47　BMC400 型反井钻机现场布置

图 4-48　反井施工现场布置

在水电、冶金、交通等地下工程建设领域的立井、斜井施工中开辟了新的途径，应用前景十分广阔。但是，国内现有的反井钻井装备和技术在性能方面如最大扭矩、最大推力等性能指标、硬岩适应性以及综合多用途等方面与国外先进装备水平相比较尚有一定的差距，还要更深入地进行以下研究工作。

1. 机器人及计算机遥控技术

随着反井钻机技术的发展，应用领域逐渐扩大，反井钻机本身可适宜具有放射和有害气体溢出条件下施工，但操作人员仍有可能受到放射和有害气体的伤害。为此，可将机器人及计算机遥控技术应用在这一领域。通过智能技术，使反井钻机的工作处于无人状态，钻机的工作循环靠预先编好的程序和遥控进行。

2. 偏斜测控技术

钻孔精度是反井钻机施工所需解决的重要问题。提高精度可减少钻进成本，应引进航天、石油和其他先进测控和纠偏技术，为反井钻机服务。同时对反井钻机的钻具系统进行深入的研究，提高钻机本身的防偏能力。

3. 高效、低能耗的破岩刀具

破岩滚刀是反井钻机施工的主要消耗材料，其破岩能耗远高于爆破等常规的破岩方法，应从滚刀刀体结构、刀齿结构以及利用新材料方面入手，研制高效、低能耗的破岩刀具，降低反井钻机施工成本，提高施工效率。

地面预注浆技术发展与应用

“十一五”期间，随着我国煤矿新井建设的高速发展，在立井井筒施工中大量采用了地面预注浆、冻结、钻井等特殊凿井技术，以及注浆、冻结、凿井平行作业技术，大大提高了立井凿井速度、井筒施工质量和施工安全。同时，随着我国中东部地区煤炭开采深度的增加，近年来有许多立井井筒接近或者超过1000米。在“十一五”期间，针对千米深井注浆存在的问题，重点研究成功了地面化学注浆材料、塑性早强注浆材料、钻井废弃泥浆注浆材料、无级调速高压注浆泵、自动上料搅拌及参数监控系统、高精度随钻测斜仪和钻－注平行作业技术等，有效地促进了深井建设技术的发展。

一、“十一五”期间煤矿立井地面预注浆技术应用情况

我国煤矿立井地面预注浆技术从20世纪90年代初开始，已经逐步完成从水泥注浆技术到黏土水泥注浆技术的换代。90年代末研究开发的冻－注－凿平行作业技术，随着技术的不断完善和煤矿建设速度的要求，在“十一五”期间得到大量应用。

立井基岩含水层地面预注浆在实际应用中，根据现场条件和与其他工序的关系不同，有多种技术方案：

（1）直孔地面预注浆的顺序施工方案。

（2）上部冻结、下部注浆的冻－注平行作业方案。

（3）上部凿井、下部注浆的凿－注平行作业方案。

（4）上部冻结、凿井，下部注浆的冻－注－凿平行作业方案。平行作业方案虽有一定的技术难度，增加了一定的费用，但可以大大缩短施工工期，加快建井速度，近年来逐渐被普遍认可和使用。

据不完全统计，2006—2011年，我国煤矿共有51个立井井筒采用了地面预注浆技术，全部采用黏土水泥浆注浆技术，有32个井筒采用了冻－注－凿平行作业施工技术，4个井筒采用了钻－注平行作业技术。应用范围从两淮地区、山东、河南、山西到宁夏、内蒙古等地区，其中两淮地区应用最多，有34个井筒采用地面预注浆施工。

二、千米深立井注浆技术研究成果

“十一五”期间，针对千米深立井注浆存在的设备能力、特殊地层注浆效果等问题，研究了塑性早强注浆材料、低黏度水玻璃化学注浆材料、钻井废弃泥浆作为注浆材料，高压注浆泵、变频化学注浆泵、自动搅浆注浆记录系统、耐压注浆机具、高精度随钻仪等，以及上部钻井和下部注浆平行的作业技术，解决了一些深井注浆的关键技术问题。

（一）特殊地层注浆材料

1. 塑性早强注浆材料

深井注浆经常遇到的断层带和大裂隙地层，吃浆量大、跑浆远，普通水泥浆和黏土浆液材料堵水和加固效果较差、施工效率低，往往是造成井筒掘进局部出水的层段。针对该类地层，近年来研究了可有效控制超扩散，并兼具堵水、加固性能的塑性早强注浆材料。该浆液是在单液水泥浆的基础上，添加微硅、聚乙烯醇和硅酸钠复合类稳定剂和早强剂，对浆液黏度影响小，可注性好，析水率小于5%，初凝时间小于8小时，可满足深井地面预注浆对断层破碎带加固和大裂隙地层控制注浆的需求。

2. 低黏度水玻璃类化学注浆材料

随着井筒注浆深度增加，经常遇到孔隙、微裂隙类含水地层，采用普通的黏土水泥浆和水泥浆扩散距离小、堵水效果差，“十一五”期间有单位研究低黏度水玻璃化学注浆材料用于地面预注浆。该材料以水玻璃为主剂，添加二乙酸酯类复合添加剂，黏度小于6毫帕·秒，凝胶时间可以在5～90分钟范围内调节，可注性能好，结石体的强度可达到2兆帕左右。通过裂隙注浆模拟试验中，浆液凝胶后的结石体能够抵抗12兆帕的裂隙水压力，可用于地面钻孔对微裂隙地层的注浆堵水，避免地面注浆后再在工作面进行二次注浆。应用较少，效果有待进一步检验。

3. 钻井废弃泥浆注浆材料

钻井法凿井要产生大量的废弃泥浆，目前主要

采取直接排放的处理方式，占地面积大并且对环境污染严重。钻井泥浆中的主要成分都是黏土颗粒，区别是钻井泥浆比重小、黏粒细、黏度大并含有大量添加剂和岩粉。通过研究认为，泥浆添加剂对水泥的水化作用影响较小，岩粉颗粒可以用沉淀和除砂器进行处理，黏度可通过添加降黏剂和加水稀释解决，经处理后的钻井废弃泥浆完全可以作为黏土水泥浆的原浆使用，在地面预注浆与钻井法同时施工的矿井可以大量减少钻井废弃泥浆的排放和黏土浆的制作，其配方基本与普通黏土水泥浆相同。

钻井废弃泥浆注浆已在安徽淮北袁二主井、皖北朱集西煤矿矸石井、信湖主井和风井地面预注浆工程中成功应用，注入钻井泥浆超过 7 万立方米，效果良好，前两个井筒凿井时注浆段涌水量都在 6 立方米/小时左右。

（二）深井地面注浆装备研究

随着注浆深度超过千米，现有的注浆泵、止浆机具、制浆系统等关键装备已不能满足注浆施工需求，在“十一五”期间研制了 50 兆帕高压注浆泵、35 兆帕变频调速高压化学注浆泵、深井耐压止浆机具、高效制浆和注浆参数自动监测记录系统。

1. 50 兆帕高压注浆泵

新型高压注浆泵采用变频电机代替挡位式机械变速箱，实现注浆流量无级调节（0～380 升/分钟），并可降低能耗；最高压力达到 50 兆帕，正常工作压力可达到 30 兆帕以上，满足千米深井 3 倍水压的注浆压力要求。

2. 35 兆帕变频调速高压化学注浆泵

该泵采用现有 BQ－350 型高压注浆泵头，通过采用耐腐蚀的柱塞、吸排浆阀以及对泵头内腔的耐腐蚀处理，适用于有腐蚀性的化学注浆材料；采用变频电机实现泵量无级调节（0～300 升/分钟），满足化学浆液双液混合配比任意调节的需求；最高压力达到 3 兆帕，正常工作压力可达到 20 兆帕以上，满足千米深度 1.5 倍水压的化学注浆压力。

3. 深井耐压止浆机具

止浆塞是地面注浆钻孔实现分段注浆，保证注浆质量的关键机具，常用的普通卡瓦止浆塞在高压注浆状态下损坏较快，造成频繁下塞、起塞，是导致深井注浆施工效率低的主要原因之一。为解决该问题，通过研究对主要受力部件和密封的胶筒材料进行了改进，止浆压力达到 25 兆帕以上，最高压力达到 31.29 兆帕，大大提高了止浆效率。但仍存在复用次数少、软岩止浆效果不好的问题。

4. 高效制浆和注浆参数自动监测记录系统

在地面注浆施工中，为解决人工制浆劳动强度大、配比不准确的问题，研制了适用于水泥浆、黏土水泥浆注浆的自动上料搅拌系统。该系统通过定量称量料斗实现黏土浆配比的自动调节、水泥和水玻璃材料的定量添加；上料、投料、一二次搅拌自动运行。系统制浆能力 20 立方米/小时，配料重量误差小于或等于 1%。

通过连接自动上料搅拌装置的控制单元、高压电磁流量计、压力传感器等，采用专用的注浆参数监测记录软件，组成注浆记录系统，由计算机自动记录注浆压力、流量、浆液配比、材料消耗、总注浆量等注浆参数，实现注浆数据记录处理和输出的自动化。

（三）钻－注平行作业技术

在冲积层和风化基岩段采用钻井法施工、基岩段采用地面预注浆法施工立井井筒，一般顺序是先进行基岩段预注浆施工，再进行钻井法施工。“十一五”期间，借鉴被广泛应用的冻－注－凿“三同时”施工技术，在研究解决了注浆与钻井时空安全距离、高精度定向钻进技术、注浆浆液对钻井泥浆性能影响及快速检测等关键技术后，开发了立井凿井的钻－注平行作业施工技术，在保证钻井法施工安全和注浆施工质量的基础上，大大提高了综合施工效率，缩短了井筒建设工期。

钻－注平行作业的关键技术是采用高精度定向钻进技术、直孔＋S 孔的注浆工艺、钻井泥浆性能快速检测技术和钻注设备和合理布置，保证上部钻井不受下部注浆影响、下部注浆最大限度地与钻井平行，以实现平行作业、达到节约工期的目的，如图 4－49 所示。

据统计，“十一五”期间施工的注浆深度超过千米的井筒共有 24 个，其中最深的是峰峰磁西副井，达到 1355 米。采用钻－注平行作业施工的井筒有 4 个，其中 3 个都在 1000 米深度左右。采用钻－注平行施工作业技术,可节约工期 6～10 个月。

三、井筒地面注浆存在的问题及技术发展展望

经过多年的发展，以黏土水泥注浆和平行作业

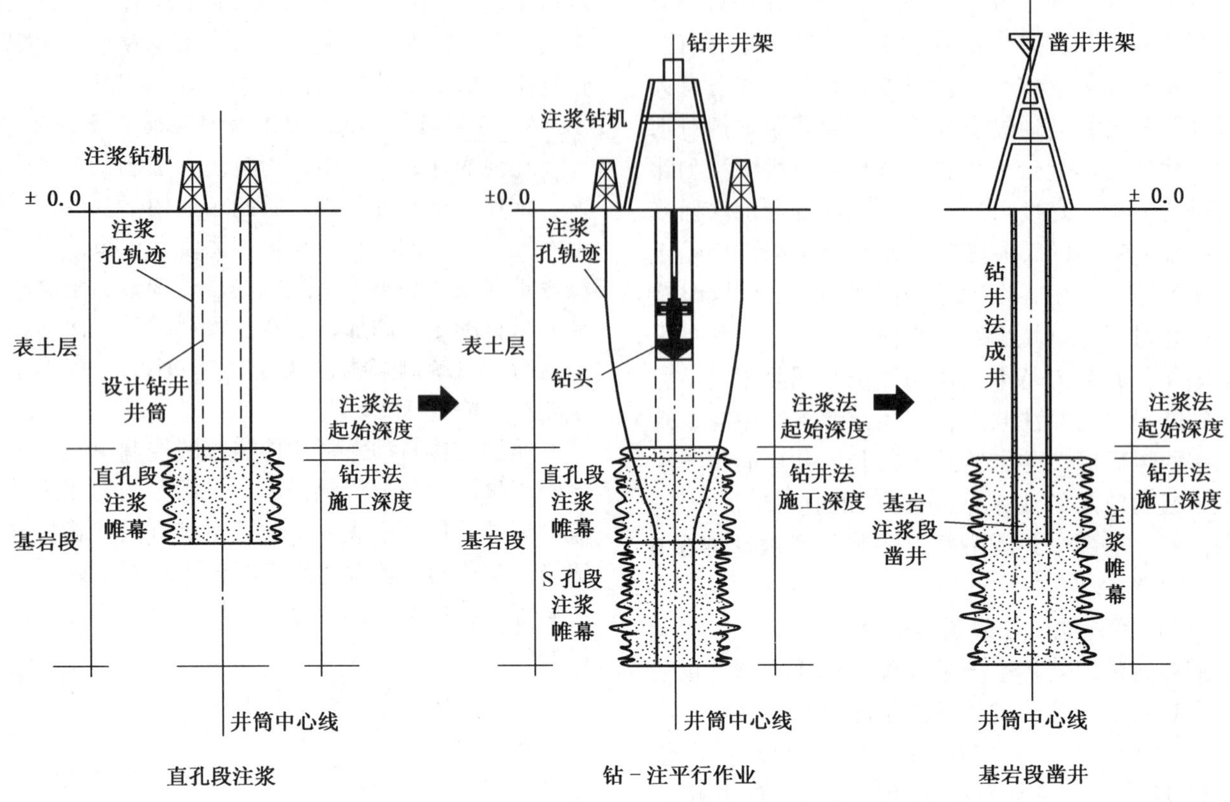

图4－49　钻－注平行作业

为核心的综合注浆技术，已基本保证立井井筒注浆达到千米水平。但随着开采深度的加大、西部井筒的大量增多，地面注浆技术需要解决下列一些问题：

（1）深井地面注浆工期较长，虽采用了平行作业技术，但千米井的注浆工期仍在一年以上，需要解决钻注效率问题。

（2）在西部凿井施工过程中遇到的大量白垩系半胶结砂岩地层，含水丰富、孔隙发育、岩石强度低，采用目前常用的水泥浆液、黏土水泥浆液都无法正常注入，虽然也尝试了几种化学浆液，但与止浆方法、注浆工艺不能有效配合，都没能很好地解决问题。

（3）深井马头门、大硐室容易破坏，井下工作面加固时间长、效果不佳，需要研究包括地面水平注浆的方法提前加固，以减少对马头门、巷道掘进施工的影响，提高加固效果。

（4）很多井筒检查孔勘察简单、水文地质参数针对性不强，没能为制定注浆方案提供准确的依据，致使含水层和非含水层采用相同的注浆参数，浪费注浆资源，延长工期。

四、针对目前地面注浆仍存在的问题，今后几年需要研究的方向

（1）加强对井筒地质和水文地质条件的勘察工作，采取分层抽水、流量测井等手段，准确定位含水层位置、水文地质参数，为注浆方案制定提供详细依据。

（2）加快注浆定向钻进设备的研究，提高钻注效率。目前国内有石家庄煤机厂、天地建井研究院等单位在开发适用于冻结、注浆的顶驱钻机，无线随钻测斜定向系统也在尝试应用，可以大大加快钻进速度。

（3）在特殊地层的注浆材料方面应加强工作，研究多种适用于细小裂隙和孔隙性含水地层的化学材料，以及在地面注浆中采用超细水泥等特种水泥材料，解决西部地区白垩系地层的注浆问题。

（4）研究地面水平孔钻进注浆技术，解决深井软岩巷道的预加固问题。

千米立井井筒施工新技术

一、国内外深井凿井技术现状

（一）国内现状

据统计，我国已有平顶山、淮南和峰峰等58个矿区的200多座矿井开采深度超过600米，逐步进入深部开采的范畴。其中开滦、北票、新汶、沈阳、长广、鸡西、抚顺、阜新和徐州等171处矿井开采深度超过800米。开采深度超过1000米的有开滦矿务局赵各庄煤矿（1160米），沈阳彩屯煤矿（1199米），新汶孙村煤矿（1055米），北票冠山煤矿（1059米）。采用混合作业法施工井筒，必须加强机械化配套作业水平，通过近十几年的发展，目前施工井筒普遍采用JKZ型2～5米单绕式提升机、FJD－6型液压伞形钻架、HZ－4和HZ－6型中心回转式抓岩机、3～5立方米吊桶、液压脱模金属模板等，初步形成了适合我国短段掘砌混合循环作业凿井机械化的配套设备。一大批凿井配套设备，如底卸式吊桶、QFH型混凝土分料器、ZNQ－50型气动高频振捣器、QF型除水分风器、BQ20/35型气动潜水泵、HCS－10型水泥自动拆包机、JH－20型连续式混凝土搅拌机等设备，以及井壁吊挂技术，中深孔爆破技术，井筒涌水截、排、导技术等也在研发中应运而生。

立井井筒建设历来是煤矿建设的咽喉工程，立井工程量一般只占矿建工程总量的10%，但凿井时间却占总工期的50%～60%。“十一五”期间，中煤四十九工程处创造了月进尺220.6米的好成绩，千米深井唐口立井创造了平均月进尺110米的好成绩，使立井工程不再对工期产生重大影响。“十一五”期间，随着矿井建设技术的进步，凿井机械设备的大型化，煤矿建设的速度也大大加快。过去8～10年才能完成的矿井，现在3～5年就能建成，如新集刘庄、淮南顾桥、淄博济北等现代化矿井都是成功的典范。

目前国内最深立井是武钢矿业有限责任公司施工的程潮铁矿深部接续主井工程，其井筒净直径6米，井口标高＋100米，井底标高－1035米，井深1135米，基岩段采用短段掘砌立井机械化配套作业，于2006年9月—2007年1月连续5个月成井速度超过百米。

（二）国外现状

国外苏联、德国、捷克、波兰、加拿大不少井筒深度在1000米左右，在南非深达1500～2000米，说明深井开凿已成为国外机械化配套设备的发展趋向。苏联及东欧国家平均月成井速度达50～60米，人工工效达3～3.5立方米，德国平均月成井速度为80～100米，人工工效为4～5立方米。国外施工速度是我国的2～3倍，人工效率是我国的5～6倍以上。

苏联每年要完成大量各种用途的立井掘进工程量约20000米，其中煤炭工业占50%以上。限于基建投资削减，今后主要是改建现有生产矿山企业需要开凿的大量新矿井。这些矿井的净径一般为6～9米，深度为1000～1500米。1952年以来，乌克兰顿涅茨克凿井公司主要施工的立井工程多达184千米，共完成了358个井筒，其中最深的1417.5米，曾于1969年创造了401.3米/月的掘进世界纪录。

20世纪90年代后，苏联的解体导致了矿井建设体系的巨大变化，但乌克兰顿涅茨克凿井公司始终坚持了自己的生产和科技优势，保持了在国内外立井市场的竞争力。

2002—2004年顿涅茨克凿井公司立井工程项目见表4－67。

表4－67　2002—2004年顿涅茨克凿井公司立井工程项目

序号	项　　目	2号进风井	北夏德科矿 2号进风井	北夏德科矿 2号回风井	北夏德科矿 3号回风井
1	井筒直径/米	8.0	7.0	7.0	7.0
2	井筒深度/米	861.3	1265	1022	1222

表 4－67（续）

序号	项　　目	2 号进风井	北夏德科矿 2 号进风井	北夏德科矿 2 号回风井	北夏德科矿 3 号回风井
3	凿井总时间/月 其中：掘进时间/月 井筒装备时间/月	30 18 12	20 13 7	29 14 15	25 9（770 米） 13

南非金属矿开采深度较深，直径为 10 米的立井有 1 个，一般直径为 8 米，6 米直径风井约 150 余个。普遍采用先注浆治水后开凿的凿井方法。

大直径深井凿井，一般使用的机具为大型吊盘（6 层，起升总重 140 吨）、大型多臂（7 臂）气动伞钻、大抓斗（0.85 立方米）、大吊桶（13.6 吨/10 立方米）等设备。例如，开挖净直径为 10 米的井筒，采用 7 臂气动伞钻遥控钻孔，中心孔直径 200 毫米，周围布爆破孔共 7 圈 124 个、直径 54 毫米，孔深 6 米，钻眼时间 4 小时。钻眼后，使用泵送液态炸药装药，延时爆炸破岩。由于装药量多，起爆时震动十分剧烈。有些矿井则采用 8 臂钻机配 0.84 立方米抓斗完成钻孔、爆破和装矸等工艺。

国外某矿开凿的井筒井深为 3000 米，仅吊盘悬吊钢丝绳就需 6 根 11.6 千米的长绳，其安全系数仅为 3.4，但要开凿 3000 米深井，钢丝绳的长度仍不够长。矿方设法将钢丝绳的死点从井口下移 300 米在井筒内固定，以延续凿井。为克服井筒中部地层条件变化对井壁的影响，该矿主立井在 －2348 ~ －2733 米段采用了不锈钢制井壁。此段钢筒壁厚 120 毫米，内有钢结构支撑，外部浇注钢丝纤维混凝土，整体构成总高 385 米的柔性井壁，以适应地层岩石移动和压力变化。

（三）国内井筒施工设备现状

1974 年，三部立井掘进机械化配套科研攻关会战取得近百项科研成果。1985 年以后，在推广应用中专门研究了混合作业法，发展了综合注浆法新技术，又开发出了井壁支护系统的新设备和新工艺，成功研制出 3.5 米高、单伸缩缝的整体下移金属模板，改进了伞形钻架，开发出系列抓斗，初步形成了我国煤矿独具特色的短段掘砌混合作业的凿井新技术，为快速施工提供了物质基础。这些设备全部国产化，机械配套合理，性能可靠，使用得心应手，在立井井筒快速施工中发挥了重大的作用。

20 世纪 80 年代初，当时煤炭部在许多单项科研课题取得初步成果的基础上，又组织了 30 个井筒进行凿井机械化配套，生产配备一大批凿井设备，主要包括凿井提升机、稳车、井架、伞形钻架、抓岩机、吊泵、吊桶，同时也进口部分瑞典提升机，日本伞形钻架、抓岩机。开滦东欢坨煤矿副井还整套引进德国凿井机械化配套设备，经过近 20 年使用，这批设备已基本到服务年限。

近 10 年，煤炭基本建设进入第二个春天，随着新建井筒数量的增加，主要凿井设备又添置，开始了一个新的高潮。其中，凿井提升机、稳车、伞形钻架、抓岩机等设备增加较多，经过中煤第一、三、五建设公司和部分矿建公司不完全统计，主要

表 4－68　国内主要凿井设备使用数量

序号	设 备 名 称	1999 年底前	2000—2005 年	2006—2010 年
1	凿井井架/座	260	115	240
2	凿井提升机/台	200	130	200
3	凿井稳车/台	1500	360	1000
4	FJD 型伞形钻架/台	70	97	190
5	ZH 型抓岩机/台	80	132	220
6	MJY 型金属模板/台	122	320	410
7	BYQ 型模板脱模泵/台	90	280	360
8	0.4 ~ 0.6 立方米抓斗/台	150	350	620

凿井设备使用数量见表4－68。

（四）国内深井井筒施工情况

从我国能源结构情况可知，今后10年煤炭仍占全国能源总量的60%～70%。随着开采深度的增加，新井开凿和老矿改扩建，矿井施工正向深井过渡，“十一五”期间有近300个井筒施工，其中有约15%的是千米级深井井筒，以短段掘砌混合作业法为基础的深井机械化凿井，已成为凿井施工建设发展的基本趋势。我国近5年部分千米级深井井筒凿井施工情况见表4－69。

表4－69　我国近5年部分千米级深井井筒凿井施工情况

序号	井筒名称	井径/米	井深/米	开工时间	竣工时间	平均月进尺/米	最高月进尺/米	备注
1	平煤十矿三水平进风井	6.5	1117	2006年1月	2008年			
2	程潮铁矿主井	6	1135	2006年2月	2007年4月	117.62	170.6	
3	口孜东矿主井	7.5	1005	2007年	2008年			
4	口孜东矿副井	8	1032	2007年			158	
5	朱集副井	8	1036	2007年				
6	顾南进风井	8.6	1038.6	2007年	2008年			
7	口孜东矿风井	7.5	1005	2007年6月				
8	顾桥回风井	7.2	1010	2007年7月9日	2008年6月		155	
9	平煤六矿三水平风井	6.5	1100	2008年10月1日	2009年12月			
10	朱集西矸石井	5.2	1068.2	2008年12月	2010年			
11	羊东副井	7	1013.7	2008年4月	2009年7月			
12	羊东风井	6	945	2009年11月	2010年8月	110		
13	朱集西主井	6	993.2	2009年6月	2010年11月			
14	朱集西副井	8	1015	2009年7月	2010年12月		152	
15	核桃峪副井	9	1005	2009年				正在施工
16	谢桥副井	8.2	1011.5	2009年	2010年			
17	梁宝寺主井	5	1060.5	2009年	2010年			
18	梁宝寺副井	9.5	1091.5	2009年	2010年		161	
19	潘一东区主井	7	905	2009年	2010年			
20	潘一东区副井	8.6	905	2008年10月20日	2010年		171.6	
21	潘一第二副井	8.5	1034	2009年	2010年		219	
22	潘一箕斗井	7.5	986	2009年	2010年		187	
23	济宁安居副井	6.5	1008	2009年	2010年		151.2	
24	杨村主井	7.5	986	2010年				
25	杨村风井	7.8	986	2010年				
26	淮北信湖副井	8.1	1037	2010年				正在施工
27	淮北信湖主井	6	1009	2010年				正在施工
28	淮北信湖风井	7	989.5	2010年				正在施工
29	平煤十矿三水平进风井	6.5	1093	2007年	2008年			
30	安居煤矿副井	6.0	1008	2009年1月	2010年			
31	孔庄混合井	8.1	1083	2009年	2010年			
32	大红山铜矿箕斗井	5.5	959	2007年	2008年3月			

二、千米深井凿井主要存在的问题

（一）设备能耗多、施工环境恶劣

凿岩钻架、抓岩机以压缩空气为动力，地面需要配置两台排气量40立方米/分钟和备用一台20立方米/分钟的空压机，压缩空气通过压风管道送到井下，电力动能通过两次转换，功效只有15%左右。凿岩钻架用气动马达驱动油泵供油实现液压传动形式驱动，配用YGA-70型独立回转凿岩机，工作面凿岩噪声大（125~130分贝），雾气大，施工环境恶劣，操作工人长时间井下工作会出现耳鸣、头晕状况，严重的还可能造成失聪等职业病。要根除这些问题应着力研究液压凿井钻架。

（二）装岩速度慢

装岩工序占整个掘砌循环时间的50%~60%，国内抓斗以0.4~0.6立方米为主，0.6立方米中心回转抓岩机在深井筒中平均抓岩能力为36立方米/小时。特别是近几年8.0米以上大直径井筒逐渐增多，使用4立方米的吊桶提升，而用0.6立方米抓斗需连续抓岩8~10次才能装满一桶。有些施工单位在井筒内布置2~3套0.6立方米中心回转式抓岩机抓岩，实际使用中两台抓岩机相互干扰，抓岩效率仅比单台提高30%左右。另外，目前井下中心回转式抓岩机全部采用压缩空气作为动力，要提高抓岩效率、彻底改善井下施工环境，抓岩机必须使用电动-液压驱动形式并加大抓斗容积。

（三）凿井设备钢丝绳悬吊，重量大

在深立井施工中，大量的重型机械设备都要用钢丝绳悬吊，加上钢丝绳本身的悬垂长度，致使悬吊重量过大。目前国产稳车最大悬吊能力为40吨，最大悬吊深度为1000米，立井凿井期间吊盘、模板、管线等大量的凿井设备需要用稳车钢丝绳悬吊，井筒加深后悬吊设备的能力、移动安全灵活性等都会出现问题。借鉴国外先进经验，采用井壁悬吊管线、迈步式模板、稳绳兼吊盘悬吊绳等方式是解决该问题的有效途径。

（四）掘进效率低

立井掘进采用普通法凿井掘砌正规循环，段高一般在3~3.5米以内，工序转换多，辅助作业时间较长，井壁接茬多，其掘进工效近10年来一直在1.0立方米/工左右。在有利于井帮稳定和施工安全的前提下，一次掘砌段高越大，掘砌转换和清底的次数越少，效果越好。就施工设备和技术而言，段高要由一次爆破深度来确定。通过对4.2米段高掘砌正规循环作业的研究及其配套施工设备的工业性试验，可得到取代临时支护的短段掘砌新工艺，及与之配套的伞形钻架、大抓岩机、整体下移金属模板等成套设备及其技术参数，提高了立井掘进效率，加快了我国立井凿井速度。

（五）伞形钻架用钻杆、钻头

采用5米及以上深度的钻孔，要配置具有良好力学性能的钻杆。在采用电动-液压式伞钻后，对钻杆的抗弯性能有更加高的要求。

提高钻头的钻进效率和提高钻头的寿命也是急需解决的问题。

钻杆、钻头要采用近年来研制的新材料，新的热处理技术使钻进工具有一个新的突破。

三、千米深井凿井新技术研究

我国煤矿凿井技术经过几十年的奋斗，取得了可喜的进步和成绩，特别是三部会战和“六五”、“七五”攻关，已连续上了两个台阶，但是与发展的需要和国外凿井技术相比，还有一定差距。为了提高现有凿井设备的耐久性和利用率，应尽可能利用现代科技改进其性能，使它具有更好的自动化水平，更大的适用范围，及与施工工艺更好地配合。因此，在总结经验的基础上，为了提高凿井技术水平，必须加大科研开发的力度。国家“十一五”科技支撑计划重点项目“深厚冲积层千米深井快速建井关键技术”的研究中对深井掘砌关键技术及装备研究进行全面研究。通过近3年开发研究，在以下几个方面取得如下新成果。

（一）千米深井施工工艺研究

千米深井快速掘砌施工工艺全面推行一掘一砌正规循环的短段掘砌混合作业施工方法。采用4~5米深孔钻爆法快速掘进；用0.6~1.0立方米大斗容抓岩机配4~5立方米吊桶高效出岩；用3.6~4.2米整体移动金属模板并辅以井内其他大型设备对井筒进行快速施工，在涌水量小于10立方米/小时的条件下，使月平均成井速度达80米以上。研究适宜千米深井快速施工工艺及施工组织，开发出千米深井施工组织设计专家系统。

立井施工组织设计软件采用Visual Basic5.0/6.0为开发平台，界面友好，操作简单。系统运行

平台为 Windows XP/Win 7、Auto CAD 2002 及以上版本、Office 2000 及以上版本，使用 Active X 自动化界面技术实现与 Auto CAD 系统和 Word 系统的链接，自动生成相关格式的文档。在编程中，可以将 Auto CAD 系统和 Word 系统当做 VB 程序中的一个图形窗口对其进行打开、绘图、编辑、打印和关闭等操作。人机对话界面将复杂的程序运行过程置于后台，简化了输入条件，方便了操作人员在短时间内掌握，同时可根据需要随时增加相应的功能模块。

千米深井施工组织设计专家系统主要功能包括：凿井设备选型计算（包括提升钢丝绳、悬吊钢丝绳的选型计算）、凿井设备布置、爆破图表生成、正规循环图表生成、绞车电阻提升机调速电阻配置计算、用电负荷统计、劳动组织、大临工程量（土建、安装）清单等。该系统适应井筒净直径范围在 4.4～12 米，井筒深度范围在 1200 米以内，该系统是在通过总结国内许多专家的施工和设计经验的基础上优化设计而成的，具有企业施工和经营管理理念，在使用时应结合企业自身管理水平、经济实力等情况进行综合考虑。

（二）液压伞形钻架研制

液压伞形钻架采用了电动－液压驱动形式和导轨式液压凿岩机，提高了凿岩效率；采用液压自动平移装置，提高了凿岩机移动定位的速度，保证凿孔的垂直精度；采用液压缸－钢丝绳行程倍增推进系统，使凿孔深度增为 5 米；合理的钻架结构使推进器摆动角增大至 150 度（±75 度）。液压伞钻与国内钻架性能见表 4－70（图 4－50），其主要技术特点如下：

表 4－70　SJDY 型钻架与国内钻架性能比较

序号	技术特征	型号			提高性能内容
		FJD6A	FJD6.7	SJDY4 型液压钻架	
1	适用井筒净直径/米	5.5～8	6～7	6～7.5	
2	收拢后外形尺寸				
	高×外接圆直径/(毫米×毫米)	7200×1850	6500×1850	8500×1900	
3	总重/吨	7.5	7	8.5	
4	推行长度/毫米	4200	4000	5000	增加 1000
5	凿岩钻臂/个	6	6	4	
6	工作时噪声/分贝	大于 125	大于 125	约 115	降低噪声 10 以上
7	凿岩机型号	YGZ70D	YGZ70D	KYD200	液压凿岩机
8	动力驱动型式	压缩空气	压缩空气	电液驱动	电液驱动
9	消耗功率/千瓦	480	360	110	节约能耗 3 倍以上

图 4－50　5 米行程凿岩钻架及液压泵站

（1）凿岩耗能低。气动伞形伞钻通常使用 2 台 40 立方米空压机作为动力，电机功率为 500 千瓦；而液压伞钻以电机总功率不到 120 千瓦的液泵压站为动力，能耗不到气动凿岩机的 1/3。

（2）凿岩速度快。在同类岩石和相同孔径的条件下，气动凿岩机凿岩速度是 0.5～1 米/分钟；而液压凿岩机的凿岩速度是 1～3 米/分钟，其工作效率是气动凿岩机的 2～3 倍，加快了井筒的凿井速度。

（3）钻具损耗少。由于液压压力比气动压力高10倍左右，因此在同样冲击功率时液压凿岩机活塞受力面积小，冲击活塞面积接近钎尾面积，应力传递损失小，受力均匀，使用寿命高，钻具成本费可降低70%左右。

（4）经济效益好。一台6臂气动伞钻，2台排气量40立方米/分钟和备用1台20立方米/分钟的空压机，设备费用基本与SJDY4型液压伞钻价格持平，每月按施工100米井筒计，液压伞钻比气动伞钻可节约设备动力费约6万元。

（三）5米深孔爆破技术研究

采用三维大规模仿真工程模型及其测试系统，结合微观、细观和宏观力学分析，建立了立井深孔掏槽爆破、深孔定向断裂爆破的基本理论；研究深孔大当量炸药爆破对立井围岩、支护结构的破坏机理，形成立井爆破破坏评价标准；研究高效深孔掏槽爆破技术，提出适合立井基岩深孔爆破的合理掏槽形式和掏槽参数；优化周边眼爆破参数，研究深孔、超深孔的周边定向断裂爆破形成技术；解决深孔装药和深孔炸药连续爆轰的关键工程技术问题，提高爆破效率及循环进尺，减少爆破对围岩的破坏，在立井深孔控制爆破应用技术方面取得了新的突破。

通过上述研究构建了千米深井基岩5米深孔控制爆破关键应用技术体系。从孔网参数和装药量、装药结构、起爆顺序等方面提出了适合立井基岩5米深孔爆破的二阶二分段直眼掏槽和聚能药卷周边定向断裂控制爆破等系列技术，形成了适应立井5米深孔爆破安全高效的机械化配套、生产工艺和技术体系。该技术爆破效率高，围岩破坏小，在立井凿岩中实现了深孔控制爆破约1200米，其爆破效率平均达到85%～90.5%，周边半眼痕率达83%以上，可满足我国千米立井凿井快速优质施工的需要。

（四）1立方米液压中心回转式抓岩机

1立方米液压中心回转式抓岩机首次采用全液压驱动和集成控制、集中操纵的方式，实现了升降、回转、变幅、抓岩等机构的各项运动要求。

1立方米液压抓斗容积大，以差动油缸取代气缸，使抓斗张开速度快，抓岩效率高；抓斗重心低，插入性能好，抓满系数高。机组的提升、回转、变幅和抓岩用液压传动代替了气压传动，简化了机组结构，使整机质量降低了2000千克。由多路阀集成控制和先导阀集中遥控操纵的液压控制系统，可以实现机组的单项或双项复合运动。司机室的座椅、操作手柄采用人性化设计，降低了工人的劳动强度。液压驱动能耗少，液压抓岩机动力能耗仅为气动抓岩机的1/3。噪声低，噪声可降低10分贝以上，改善了抓岩作业环境。机构中设有安全保护装置，传动平稳，工作安全可靠。经过地面和井下施工试验，证明1立方米液压中心回转式抓岩机研究是成功的，实际抓岩生产能力可达80立方米/小时以上。HZY型液压抓岩机（图4－51）与原气动抓岩机性能比较见表4－71。

图4－51　液压中心回转式抓岩机整机及抓斗

表4－71　HZY型液压抓岩机与原气动抓岩机性能比较

序号	技术特征	型号			提高性能内容
		HZ－4	HZ－6	HZY型液压抓岩机	
1	适用井筒净直径/米	4～6	6～7	6.5～7.5	
2	抓岩能力/(立方米·小时$^{-1}$)	20～25	30～36	60～80	增加60%以上
3	抓斗容积/立方米	0.4	0.6	1	
4	总质量/千克	7710	10410	19500	
5	动力驱动型式	压缩空气	压缩空气	电液驱动	电液驱动
6	消耗功率/千瓦	120	180	55～75	节约能耗2倍以上
7	工作时噪声/分贝	120～125	120～125	约110	降低噪声10左右

（五）液压迈步式模板

根据千米深井快速建井施工需要，开发研制了非地面钢丝绳悬吊的立井凿井液压迈步式整体移动模板，实现模板靠井壁支撑悬挂、自行调平找正和液压迈步移动，替代了此前靠地面稳车悬吊模板的方式，节省了3台以上稳车和数千米钢丝绳，减少了凿井井架的负载，从而达到简化深井井筒悬吊布置的目的。

对迈步式液压模板的模板主体和迈步行走机构（图4－52）、上支撑环、下支撑环和悬吊装置分别进行了研究。模板主体由数段弧形模板块组成环状，在模板圆周上只设一个可伸缩搭接缝，模板整体性好，刚度大，不易变形；模板的伸缩是靠一组伸缩液压缸将整个模板主体直径收缩变小或恢复变大，从而实现脱模和立模。用液压迈步式模板井壁悬吊闭锁机构在井壁上支撑悬吊模板，用液压迈步机构整体移动模板，用悬吊装置实现自行调平找正。

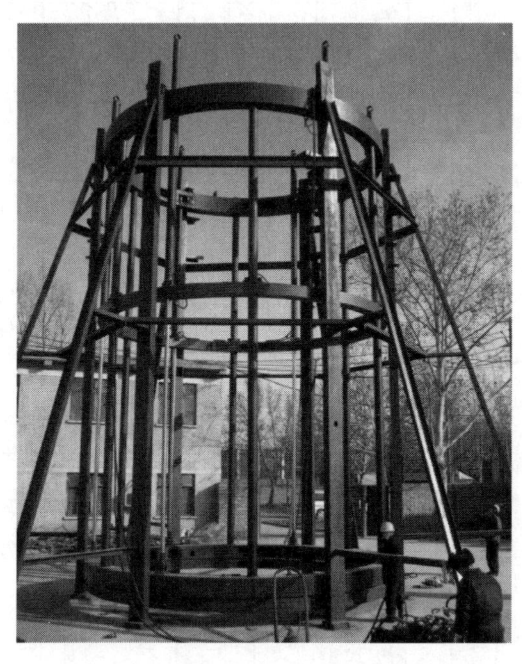

图4－52　液压迈步行走机构外观

（1）根据我国新建千米立井日益增多的情况和稳车悬挂提升模板难度增大的现实问题，确定将砌壁模板悬挂在井筒井壁之上，靠液压系统实现迈步移动和支托模的技术是先进的。

（2）由于MJY型模板已经得到普遍推广应用，使用模板液压迈步支架与该模板配合使用操作更方便，掘砌综合配套情况更好，适合深井施工的要求。

（3）使用液压迈步式模板，可有效地节省3台稳车、数千米钢丝绳及其他配套设施，有效地降低了井架荷载，对深立井施工具有重大推广价值。

（4）整个迈步支架及液压系统运行平稳、工作安全可靠，模板升降操作简单易行，更适应井下工作环境使用。

（六）千米深井凿井专用提升机研制

凿井提升机主要用于矿山初期打井行业，是井筒作业的关键设备，在建井产业中占有特殊地位，承担着吊桶的提升、人员的上下、材料和设备的运送任务。随着矿山开采技术不断进步，凿井提升机已向大型、高效、纵深方向发展，提升载荷越来越大，井深越来越深，提升速度越来越快，工况更加复杂，对超千米井型提升要求也越来越高。“十一五”期间我国研究试制了4米大型凿井提升机（表4－72），以解决井深在1200～1500米凿井提升问题。

表4－72　凿井提升机技术性能

序号	技术特征	型号	
		JKZ－4	2JKZ－4
1	最大静张力/千牛	250	250
2	最大静张力差/千牛	250	210
3	钢丝绳直径/毫米	40	40
4	提升高度/米	1600	1300
5	卷筒宽度/毫米	3000	2650
6	提升速度/（米·秒$^{-1}$）	7.49	6.84
7	减速器速比	14（行星）	15（平行轴）
8	电机功率/千瓦	2500（单机）	2×1000（双机）
9	电机转速/（转·分钟$^{-1}$）	500	491
10	设备质量/千克	109293	135850
11	使用地点	中煤五建	亳州江淮坊

凿井提升机应具备如下特点：静张力大、大容绳量、多水平提升、调速范围广、便于解体运输、电控采用集装箱式、配置专用工具、低速重载双驱动。

（七）千米深井4.2米段高一掘一砌装备配套试验

峰峰矿务局羊东项目部施工的羊渠河东风井井筒直径6.0米，井深945米，于2009年11月正式开工。用5米深孔钻爆法快速掘进；用1.0立方米大抓斗抓岩机，配4～5立方米吊桶高效出岩；用4.2米液压迈步大模板，并辅以井内其他大型设备进行快速施工。基岩段掘砌施工作业正规循环图表见表4－73。该项目采用新技术、新工艺，在施工中高效组织、严格管理，以“预防为主、安全第一”为前提，全体员工发扬了攻坚精神，使风井井筒连续8个月实现月成井超百米的好成绩，最高月进度138米。全井月平均进度110米以上，人员工效达2.22立方米/工以上，实现段高为4.2米的短段掘砌混合作业施工方法（图4－53）。

“十一五”期间，开展千米深井凿井新技术研究，已开始形成了一系列拥有技术知识产权的新型凿井配套设备，将原来气动抓岩、气动打眼、稳车悬吊模板的方式改为液压抓岩机快速抓岩、深孔液压伞钻快速钻进、液压迈步式模板井壁悬吊的新设

表4－73　井筒基岩段掘砌施工作业正规循环图表

序号	工程名称	工程量	持续时间/分钟	打眼班					出渣班						支护班					清底班					
				1	2	3	4	5	6	7	8	9	10	11	12	13	14	15	16	17	18	19	20	21	22
1	交接班		10																						
2	下钻、定钻		20																						
3	打眼	123米	180																						
4	伞钻升井		20																						
5	装药连线		50																						
6	爆破、通风		20																						
7	交接班		10																						
8	出渣	244.13立方米	350																						
9	交接班		10																						
10	平渣		20																						
11	脱、立模、校正		45																						
12	浇筑混凝土	59.33立方米	180																						
13	清理		45																						
14	交接班		10																						
15	出渣清底	125.77立方米	300																						
16	收尾		50																						
17	合计		1320																						

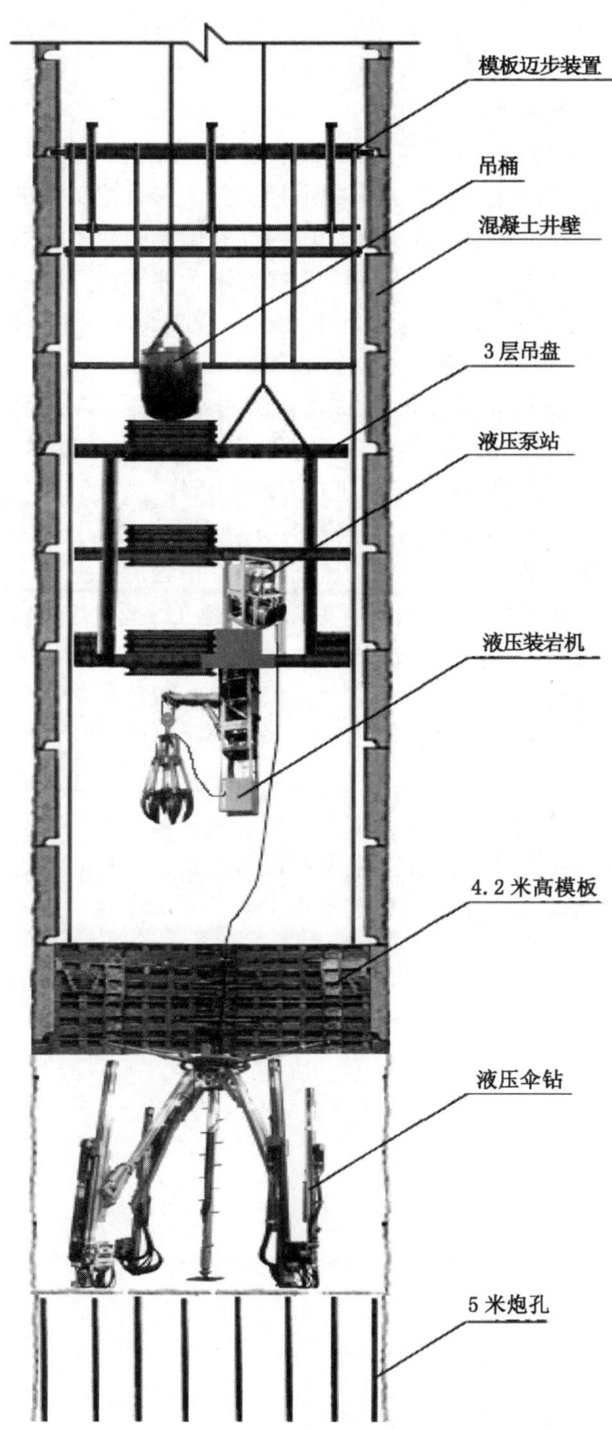

图4－53　4.2米正规循环掘砌工艺图

图4－54　立井快速施工
（双挖机配合双大抓施工）

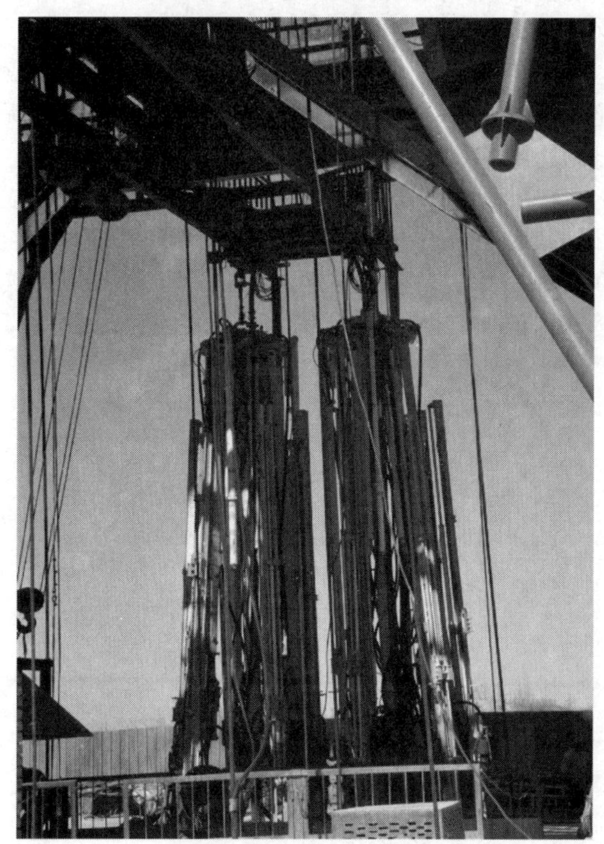

图4－55　凿岩伞钻

备。上述设备共用一套液压动力系统，取代了原压缩空气动力系统，简化了相应设备的自身结构和井筒施工设备布置，省去了部分地面稳车等设备。使用新型设备大幅度降低了施工噪声和粉尘，从根本上改善了井下工人的施工环境，有效降低了能耗和施工成本。该项技术创新使深井施工技术迈上了一个新的台阶，其总体技术达到国际先进水平，在我国矿山立井建设发展中具有深远意义和重要的推广价值。

四、发展趋势

随着我国矿产资源开发向西部和深部发展，建设特大型矿井和千米以上矿井是我国今后一段时间矿山建设的主要任务。西部的特大型矿井井筒直径大，立井井筒施工工作面有了更大的空间，传统的施工工艺需要进一步发展，因此，应瞄准和跟踪世界先进技术水平，加大投入，开展专项研究。在解决当前大直径深立井井筒掘砌关键技术及装备的一些重大、急迫技术“瓶颈”问题方面取得突破，完成大直径深立井井筒掘砌施工装备技术研究，可以从以下方面进行：

（1）新型大井径凿井井架研制。基于井筒直径和深度的增大，井筒施工设备的布置范围增大，凿井井架悬吊的施工荷载也在增大，我国已有的5个系列6个型号的凿井井架已不能满足深大立井施工的需要，深大立井井筒施工所需的大型凿井井架必须具有合理的结构尺寸和更大的承载能力。

（2）深井凿井专用提升机继续研制。研究满足1500～2000米深井的5米大型凿井提升机，提升力达到410千牛。

（3）大直径双联液压凿岩钻架研制。双联立井钻架由两台独立的钻架组成，工作时，通过安装在其中一台钻架上的连接机构与另一台钻架刚性连接并保证工作过程中连接稳固。然后调整每台钻架的调高器和支撑臂。以上工作完成后就可以开始钻孔工作。钻孔工作结束后，断开两钻架之间的连接，顺序吊离井下。

（4）新型大容量吊桶研制。目前国外在立井施工中已使用8立方米的吊桶，开滦东欢坨矿引进的西德吊桶达6立方米。国内立井施工中使用的吊桶有容积2、2.5、3、4、5立方米5种规格。国内目前使用最大的达到5立方米。有必要研究6～8立方米的吊桶结构、材料和加工工艺。

（5）液压履带式装岩、清底机研制。为提高抓岩清底和抓岩效率，抓斗斗容为0.25立方米，实际清底抓岩能力为20立方米/小时。

（6）多功能迈步式凿井吊盘研制。深立井施工凿井吊盘采用井壁吊挂技术，其吊盘的井壁安全吊挂和迈步移动升降是实现井筒施工工艺的前提，研制开发全液压控制的迈步吊盘设备并实现工程应用，可使深立井施工技术得以提升和发展。

完成上述研究可实现大直径深立井井筒（10～12米）掘砌循环作业，形成一套新的大直径深立井井筒掘砌混合作业法及配套装备，填补我国在大直径深立井井筒施工中大型设备的空白，提高我国大型矿井建设速度和技术水平。

立井快速施工

一、我国立井施工技术发展过程

20世纪80年代，全国煤炭行业基本建设活动中，由于立井施工技术及机械化程度均很低，立井平均施工速度仅为20～30米/月，1986—1996年的10年间，全国立井井筒月成井只有23次突破百米大关。

我国最早广泛使用的施工方式是单行作业方式。20世纪70—80年代初，少数地区临时支护由井圈背板改为锚喷或锚网喷，掘砌段高一般为30～60米，最大为100米，缩短了掘砌作业的工序转换时间，提高了施工速度。

掘砌平行作业于20世纪60—80年代曾在我国立井中采用。掘进和砌壁在两个相邻井段内反向进行，须为掘进和砌壁分别设置作业盘和独立的悬吊系统，不但增加了施工设备，施工管理也更加复杂。随着砌壁设备和工艺的改进，砌壁占用掘砌循环工时由35%～40%降低到15%～20%，月成井速度比其他作业方式增长有限，80年代中期以后很少采用。

20世纪60年代在我国开始应用短段掘砌作业方式，至80年代已达施工井筒数量的1/3左右。短段掘砌以模板砌壁高度为掘砌段高，掘一段砌一段，取消临时支护，永久混凝土井壁紧跟掘进工作面，掘砌作业依次进行。掘砌段高开始为1.0～1.5米，后期到2.0～2.5米。由于当时的工艺和设备不完善，施工速度一直比长段掘砌单行作业和平行作业低。

掘、砌、安一次成井作业方式是把井筒永久装备的安装与掘砌同时施工。这种作业方式井筒施工布置比较复杂，必须在一定条件下方可采用，其施工井筒数量有限。

1974年，煤炭、冶金、一机三部组织立井掘进机械化配套科研攻关会战以来，相继研制大型凿井设备，进行凿井设备的更新换代。作业仍多延用单行作业方式，在凿井作业方式、工艺与装备间的配套方面，没有相应地进行系统、深入的研究。因而，20世纪80年代初长段单行作业在我国仍很流行，其次是平行作业。立井短段掘砌混合作业法及其配套施工设备的研究为国家“六五”重点攻关项目，经煤炭科学研究总院北京建井研究所与有关单位共同研究试验，形成了以伞形钻架、大斗容抓岩机和MJY型整体金属模板为主体的立井施工机械化作业线，使短段掘砌混合作业法成为一种工艺简单、施工安全、成井速度快、成本较低的施工作业方式，很快被推广使用。进入90年代，国内使用短段掘砌混合作业法施工的立井比例不断提高，目前已趋成熟并普遍使用，使我国立井施工速度迅速提高，取得了良好的经济效益和社会效益。

二、目前我国立井井筒施工工艺及机械化装备

（一）立井井筒施工工艺

目前我国立井施工普遍采用立井机械化快速施工工法，其核心技术是按“四大一深”工艺进行施工，即提升选用凿井专用“大提升机”配“大吊桶”，出矸选用“大抓岩机”，凿岩采用“伞钻深孔光面爆破”，砌壁选用“大模板”。作业方式一般为一掘一砌短段掘砌单行作业，工艺流程为：钻眼爆破→出矸找平→立模砌壁→出矸清底，相应成立4个专业班组，采用“滚班”作业制度。

具体的施工工艺为：表土段采用机械挖掘，挖掘机配合中心回转式抓岩机掘进，基岩段采用钻爆法施工，即伞钻凿岩、中心回转抓岩机装矸、挖掘机清底、矸石通过提升绞车配矸石吊桶提升上井后经溜矸槽溜入地矸仓，再由自卸式汽车外运；衬砌采用MJY型整体下行金属刃脚模板砌壁。双层井壁的内壁施工时，多采用液压滑升模板或多套组合钢模板自下而上套壁，混凝土由地面搅拌站配制，采用底卸式吊桶下料，吊盘上设接灰槽，经溜灰管送灰入模。

（二）立井井筒施工机械化装备

近些年，立井施工又采用了许多新型装备，如螺杆式压风机、箱式变压器、移动式开闭锁、井口整体移动信号室、液压挖掘机、液压伞钻、液压中心回转抓岩机、双联伞钻、Ⅵ型井架、卷筒直径超过4米的大功率提升机、提升机变频电控等，极大提升了立井尤其是超大直径深立井的机械化装备

水平。

1. 提升设备

根据井筒直径及深度不同，一般采用一套单钩、两套单钩或三套单钩提升，配JK系列、卷筒直径2.5～4米的单卷筒或双卷筒提升机，提升机电控目前应用最先进的是变频电控，虽然设备投入成本高，但节能效果显著。

2. 凿岩设备

采用6臂、8臂或9臂伞形钻架，配YGZ－70型导轨式高频机凿岩。岩石硬度较高的金属矿山（如岩石硬度f值超过10），可采用液压伞钻。当井筒净直径很大时（如超过9米），可采用由两台FJD－6型伞钻组合而成的双联伞钻打眼。采用深孔光面爆破技术，打眼深度一般为5米左右。

3. 装矸（土）与排矸设备

采用1～2台HZ－6型或HZ－4型气动或液压中心回转抓岩机装矸，采用3～5立方米吊桶提升至地面。清底时可由短臂挖掘机配合装矸。

4. 砌壁设备

采用MJY型整体金属刃脚下行模板，地面由3～4台稳车悬吊，段高一般为3～4米。当井壁为双层时，内壁一般采用液压滑模或多套高度不大于1.2米的组合钢模板自下而上施工。砌壁混凝土一般由井口混凝土集中搅拌站提供，强制式搅拌机拌料。

三、立井施工技术应用部分实例

进入21世纪，国内立井机械化配套施工技术得到了广泛应用，立井施工队伍的技术、装备及施工速度均得到极大提高。自2007年开始，中国煤炭建设协会开展了对煤炭行业井巷施工速度的统计工作，立井方面目前已统计了2007—2010年间月成井超过150米的次数，分别为19、16、33、36次，年度最高月进度分别为188、186、244、228.8米。这些统计数据充分表明了“十一五”期间国内立井施工速度呈较快上升态势。以下是国内部分煤炭行业施工单位的立井施工业绩。

中煤五建第三工程处2006年以立井井筒机械化快速施工综合配套为技术核心，系统优化了以大提升机、大模板、大抓岩机、大吊桶及伞钻深孔光面爆破为核心的立井施工技术，总结出了国家级一级工法“立井冻结表土机械化快速施工工法”、“立井机械化快速施工工法”。目前，这两个工法代表了我国立井施工的最新技术而得到广泛推广应用。基岩段施工总结应用了“立井施工硬岩爆破液压伞钻凿岩工法”（2009—2010年度国家二级工法），“立井施工液压挖掘机与抓岩机配套装岩工法”（2009—2010年度部级工法），“深立井工作面预注浆施工工法”（2009—2010年度部级工法）。第三工程处采用立井机械化配套技术，累计施工立井井筒36个，共计64次月成井超百米，井筒平均施工速度已达100米/月。曾创造连续7个月（李楼铁矿1号副井）、连续8个月（滕东煤矿副井，获大世界基尼斯之最）成井超百米的全国纪录。立井表土段施工中曾取得月成井219米（潘一煤矿二副井）、228.8米（刘塘坊铁矿北风井）、244米（顺和煤矿副井）的施工佳绩，立井基岩段施工中曾取得180米（朱集煤矿副井）、183.6米（港里铁矿东风井）的良好业绩，取得多项施工企业新纪录。“十一五”期间，第三工程处明确了立井施工专业化发展方向，坚定“四化”、“五高”标准要求，发挥冻掘一体优势，精心培育专业队伍，优化配置施工装备，持续开展科技攻关，积极抢占高端市场，创出了一流施工业绩，竣工项目优良品达到100%，获得国家优质工程1项，“太阳杯”奖10项，省部级优质工程奖13项，国家级工法3项，部级工法4项，科技成果16项，凿井设备获国家专利9项。2011年已施工完成国内直径最大立井井筒——内蒙古纳林河副井（净直径10.5米）；目前正施工国内煤矿系统最深立井井筒——河北峰峰矿区磁西副井，井深1341米。

中煤五建第三十一工程处承建的山东省兖煤集团菏泽能化有限公司赵楼煤矿主、副井井筒，净径分别为7.0米、7.2米，井深950米，表土段冻结段525米，取得了大断面条件下3个月连续突破百米的好成绩，被中华人民共和国住房和城乡建设部授予“全国建筑业新技术应用示范工程”称号。2006年承建的山东鲁能集团郭屯煤矿风井井筒，净径5.5米，井深781米，冻结深度702米，其中冻结冲积层厚度575米，获得中国施工企业管理协会颁发的“郭屯煤矿风井创全国立井冻结冲积层掘砌深度新纪录”。2010年承建的内蒙古中煤能源葫芦素煤矿副立井井筒，净径10.0米，井深704米，冻结段设计为单层井壁，采用止水钢板等新工艺，掘砌与壁后注浆平行作业，实现了优质高速，顺利到底。2011年承建的山东双合煤矿主井井筒，净径5.5米，井深1097.8米，井筒冻结深度305米，创出了基岩段掘砌204米的好成绩。2009年总结的“深立井基岩段井壁漏水防治施工工法”获得国家二级工法。

中煤五建第四十九工程处2007年6月在新集口孜东煤矿中央回风井筒施工中，单月创出172米的施工佳绩。2009年在大直径（掘进荒径13.5米）的内蒙古母杜柴登项目施工中，安全穿越90米地表沙层区，创出了外壁月进111.7米的好水平。宁夏梅花井煤矿两个井筒连续4个月双超百米。2009年单进超百米59次，连续3年实现安全生产，成为我国煤矿立井快速、安全施工的典型。2010年开发申报了“千米立井液压凿井设备综合配套施工工法”和“安全监控与预警系统在煤矿立井施工中的应用工法”，已推广应用。

中煤三建第七十一处2006年施工的山东滕东主井基岩段，连续6个月平均月成井142米，最高月成井166.6米。2007年施工的安徽顾南风井和2008年施工的潘一东区副井冻结段施工，先后两次创国内大井径（净径8.6米）月成井158米和171.6米全国纪录。在山东许楼主井井筒冻结砾石层施工中，以月进101.8米刷新国内纪录。2009年5月，在淮南谢桥箕斗井井筒（净径7.6米）施工中创月进185.2米施工新纪录。

中煤三建第二十九工程处施工的鲁能菏泽煤电公司郭屯矿井主井工程，掘砌深度870米，冻结深度702米，冲积层厚达586米，地质条件复杂，在表土冻结段，连续4个月成井超过百米，月平均进尺118米，并仅用203天安全顺利穿过世界罕见的特厚表土层。施工的潞安矿业集团高河煤矿副井工程，井筒净径8.2米，当时为国内最大断面井筒，掘砌深度498.5米，冻结深度245米，2006年9月在基岩段施工中创月进121米的潞安矿区纪录。施工的皖北地区最深井淮北矿业集团桃园煤矿新副井工程，井筒直径6.5米，冻结深度332米，掘砌深度855米，2006年11月，实现外壁掘砌171米，创安徽省冻结凿井表土段进尺最高纪录。施工的潞安矿业集团高河煤矿进风立井工程，井深484.5米，井筒净径7.5米，在基岩段施工中克服了岩石硬度高的困难，2007年8月实现成井进尺138米，刷新了潞安矿区纪录。施工的国投新集集团口孜东煤矿副井工程，井深1032米，冻结深度617米，净径8米，荒径12米，充分采用新技术、机械化作业线，2007年8月在表土段实现进尺165.7米，首创华东地区同井径立井施工最高纪录。施工的扎赉诺尔煤业有限责任公司铁北矿风井井筒工程，地质条件复杂，2008年7月，实现月进尺181.8米的骄人成绩。

中煤三建第三十工程处施工的巴基斯坦杜达铅锌矿混合立井（净径5.5米，井深1049米），克服井筒涌水36立方米/小时，水温达40多摄氏度等不利条件，继2008年2月完成月掘砌成井130米后，于3月又创出月掘砌成井152米的骄人业绩，创巴基斯坦立井施工最好成绩。2008年施工的大直径（净径8.3米）、超千米（1046.5米）淮南矿业集团朱集矿井矸石井井筒基岩段连续3个月月成井达125米以上。2009年3月施工的淮北矿业集团袁店二矿主井井筒月掘砌成井164.5米。2009年11月施工的塔山二盘区回风立井（净径7.0米）月成井152.6米。2009年12月施工的内蒙古察哈素煤矿风井井筒基岩冻结段外壁（荒径10米）掘砌月成井142.5米。2010年11月施工的同煤马道头煤矿进风立井（$\phi8.0$米）创出了月成井161.3米的好成绩。

根据资料统计，“十一五”期间立井年度最高月进度分别如下：

2007年月进度超过150米的有19项，最高月进是中煤一建十处在山西霍州李雅庄矿井进风井筒创造的，断面36.3平方米，月进度188米(表4－74)。

表4－74　2007年度立井掘砌工作面月进度前10名

最高月进度/米	设计深度/米	断面/平方米	时　间	工 程 名 称	施 工 单 位
188	404.5	36.3	2007年4月	山西霍州李雅庄矿井进风井筒	中煤第一建设公司十处
184	784	37	2007年4月	神火集团新庄煤矿风井井筒	河南煤炭建设集团有限公司

表 4－74（续）

最高月进度/米	设计深度/米	断面/平方米	时　间	工 程 名 称	施 工 单 位
180	468		2007 年 11 月	永煤城郊矿西回风井筒	永城煤电集团龙宇能源开发有限公司
172	1005	74.7	2007 年 6 月	新集口孜东煤矿中央回风井筒	中煤第一建设公司四十九处
165	455		2007 年 1 月	淮北临涣矿风井井筒	永城煤电集团龙宇能源开发有限公司
159	1005	72	2007 年 9 月	新集集团口孜东主井井筒	江苏华美工程公司
158	1035	103.82	2007 年 1 月	淮南顾南煤矿进风井筒	中煤矿山建设集团七十一处
157	929	28.26	2007 年 4 月	山东金黄庄矿副井井筒	山东华新建筑工程公司
157	713	24	2007 年 11 月	山西兴跃煤矿主井井筒	河南煤炭建设集团有限公司
157	711.5	19.6	2007 年 1 月	河南焦作赵固矿主井井筒	中煤第五建设公司三处

2008 年月进度超过 150 米的有 16 项，最高月进是中煤三建二十九处在内蒙古扎赉灵东煤矿风井井筒创造的，断面 49.5 平方米，月进度 186 米（表 4－75）。

表 4－75　2008 年度立井掘砌工作面月进度前 10 名

最高月进度/米	设计深度/米	断面/平方米	时　间	工 程 名 称	施 工 单 位
186	765	49.5	2008 年 7 月	内蒙古扎赉诺尔灵东煤矿风井井筒	中煤矿山建设集团二十九处
181	848	62.2	2008 年 10 月	陕西彬长胡家河煤矿风井井筒	中煤矿山建设集团二十九处
180	1036	52.78	2008 年 3 月	安徽淮南朱集矿副井井筒	中煤第五建设公司三处
173	865	50.2	2008 年 4 月	安徽新集板集煤矿风井井筒	中煤矿山建设集团二十九处
172	904.5	75.4	2008 年 11 月	安徽淮南潘一东煤矿副井井筒	中煤矿山建设集团七十一处
168	1032	63.6	2008 年 5 月	安徽新集口孜东煤矿副井井筒	中煤矿山建设集团二十九处
166	848	62.2	2008 年 11 月	陕西彬长胡家河煤矿风井井筒	中煤矿山建设集团二十九处
162	624	56.7	2008 年 8 月	安徽淮北袁店二矿风井井筒	中煤矿山建设集团二十九处
160	940	44.18	2008 年 6 月	吉林白山八宝矿井副井井筒	中煤第一建设公司十处
157	734	36	2008 年 9 月	河南平煤集团二矿回风井井筒	平煤建工集团公司三处

2009 年月进度超过 150 米的有 33 项，最高月进是中煤五建三处在河南永煤集团永城顺和煤矿副井井筒创造的，断面 70.09 平方米，月进度 244 米（表 4－76）。

表 4－76　2009 年度立井掘砌工作面月进度前 10 名

最高月进度/米	设计深度/米	断面/平方米	时　间	工 程 名 称	施 工 单 位
244	769	70.09	2009 年 11 月	河南永煤集团永城顺和煤矿副井井筒	中煤第五建设公司三处
219	1034	75.50	2009 年 4 月	安徽淮南潘一矿第二副井井筒	中煤第五建设公司三处
206	679		2009 年 11 月	永煤集团河南永煤顺和煤矿风井井筒	河南国龙矿业建设公司

表 4－76（续）

最高月进度/米	设计深度/米	断面/平方米	时　间	工 程 名 称	施 工 单 位
187	986	58.09	2009 年 5 月	淮南矿业淮南潘集潘一矿箕斗井筒	中煤矿山建设集团公司
186	333	50.24	2009 年 3 月	新汶矿业内蒙古乌拉盖鲁新煤矿副井井筒	华新建筑工程集团公司
180	1034	75.50	2009 年 8 月	淮南矿业安徽淮南潘一矿第二副井井筒	中煤第五建设公司三处
180	580	28.27	2009 年 8 月	华能甘肃能源甘肃庆阳核桃峪矿措施立井	甘肃华能工程建设有限公司
173	498	42.00	2009 年 11 月	金狮矿业安徽宿州龙王庙矿冻结段套壁	中煤第一建设公司三十一处
171.6	905	78.50	2009 年 11 月	淮南潘集潘一矿东区副井井筒	中煤矿山建设集团公司七十一处
171	632	38.00	2009 年 12 月	山西乡宁煤矿副井井筒	河南煤炭建设集团公司

2010 年月进度超过 150 米的有 36 项，最高月进是中煤五建三处在中钢集团刘塘坊矿业有限公司刘塘坊矿北风井井筒创造的，断面 43 平方米，月进度 228.2 米（表 4－77）。

表 4－77　2010 年度立井掘砌工作面月进度前 10 名

最高月进度/米	设计深度/米	断面/平方米	时　间	工 程 名 称	施 工 单 位
228.2	525	43	2010 年 8 月	中钢集团刘塘坊矿业有限公司刘塘坊矿北风井井筒	中煤第五建设公司三处
222.8	933	38.00	2010 年 3 月	峰峰集团有限公司羊渠河羊东矿井风井井筒	中煤第一建设公司四十九处
210	755.5	19.6	2010 年 3 月	郑州华辕煤业有限公司李粮店矿立井井筒	河南煤炭建设集团有限责任公司
202.8	652.5	37.39	2010 年 8 月	潞安环保能源股份有限公司赤峪煤矿北回风井井筒	中煤河北煤炭建设第四工程处
188	738	56.72	2010 年 6 月	潞安环保能源股份有限公司赤峪煤矿主井井筒	中煤第一建设公司四十九处
186	718	56.72	2010 年 6 月	潞安环保能源股份有限公司赤峪煤矿副井井筒	中煤第一建设公司四十九处
186	718	56.72	2010 年 5 月	潞安环保能源股份有限公司赤峪煤矿副井井筒	中煤第一建设公司四十九处

表 4-77（续）

最高月进度/米	设计深度/米	断面/平方米	时间	工程名称	施工单位
182	738	56.72	2010年5月	潞安环保能源股份有限公司赤峪煤矿主井井筒	中煤第一建设公司四十九处
176	665.5	31.17	2010年9月	潞安环保能源股份有限公司赤峪煤矿北回风井井筒	中煤河北煤炭建设第四工程处
175.4	663.9	50.27	2010年4月	潞安环保能源股份有限公司赤峪煤矿中央风井井筒	中煤河北煤炭建设第四工程处赤峪项目部

四、立井施工发展主要工作思路

（1）坚持“安全第一、预防为主”的指导思想，依靠现代先进的掘砌技术、信息技术、自动控制技术优化集成和自主创新，按照高起点、高目标、高质量、高效率、高效益“五高”标准，坚持生产模式标准化、技术装备机械化、施工队伍专业化、管理手段信息化，提高安全技术保障能力。

（2）加强机械化建设，提高施工单进水平。坚定施工设备变频化、液压化方向，投入使用绞车、稳车变频电控以及液压伞钻和液压抓岩机，逐步更新陈旧设备，努力降低能耗，提高生产工效，优化施工环境。确保先进设备发挥最大效能，保障正规循环作业，提高单进水平，实现一期工程95%的掘进队达到正规循环作业标准，正规循环率在90%以上的目标。

（3）推进信息化建设，丰富现场管理手段。应用“信息化”丰富管理手段，建立视频会议系统，实现处对项目部所有监控画面的远程监控；大力推广应用机电六大系统的信息采集设备，对主要机电设备进行信息采样监测，实现远程数据监测，保证机电设备安全运转；配置有害气体监测探头，建立远程监控系统、入井考勤识别等系统，有效地促进安全生产。

（4）坚持科技创新，打造核心竞争力。一是加强瓦斯防治、矿井通风技术的学习和研究。二是加强技术攻关，围绕深井悬吊、地压地温等技术难题进行经验总结。三是继续研究西部主要矿区不同地层的冻结掘砌配套施工方案，进一步提高应对各种地层正确选择冻结掘砌方案的能力。四是继续研究、总结深立井工作面预注浆技术，在合适的条件下研究实施工作面黏土水泥浆注浆技术。

（5）实施人才战略，加强技术队伍建设。树立人才资源是第一资源观念，高度重视管理人才、专业技术人才和高技能人才队伍建设，做到大力引进、积极培养，加强教育，正确引导，完善监督，造就专业化的人才队伍。

斜 井 快 速 施 工

斜井是煤矿主要开拓方式之一。由于斜井具有投资省、运输量大、成本低等优点，在开拓方案选择中，一般优先考虑斜井方案。通过提高斜井施工速度缩短建井工期，一直是项目业主和施工单位的努力方向。“十一五”期间，煤炭建井技术日新月异，斜井施工技术水平也得到较大提高，施工机械化作业线配套方式、施工工艺、劳动组织均发生了变革、创新和提升。新技术、新工艺、新装备的推广和应用，提高了劳动生产率和施工安全保障能力，加快了施工进度，缩短了建井工期。

一、我国斜井施工技术发展过程

1. “十一五”之前

煤矿井型设计普遍较小，国内煤矿斜井井筒设计长度大部分不超过1000米。无论井筒坡度大小，施工方法基本一致，即采用气腿式风动凿岩机凿岩、中浅孔（$L\leqslant2.4$ 米）光面爆破、耙斗式装岩机装渣、$\phi\leqslant3.0$ 米的凿井提升机配以小容量箕斗（$Q\leqslant6$ 立方米），1 吨或 1.5 吨矿车运输。不论是采用一套提升还是两套提升，均为有轨运输，工作面爆破后不能实现连续排矸，在稳定的基岩段内，斜井筒施工平均速度不超过100米，加上斜井施工过程中防治水工作的影响，施工速度整体较慢。

2. “十一五”初期

新建矿井的设计理念发生重大变化，300万吨以上特大型矿井越来越多。斜井设计也向着断面大、斜长大的方向发展，斜长 $L\geqslant1500$ 米的井筒逐渐增多，但设计建井周期却大大缩短，对斜井的施工速度提出更高的要求。为此，各施工单位均积极进行了革新与尝试。一是在传统机械化配套方式的基础上进行劳动组织的创新，组织开展平行交叉作业，提高工效；二是尝试进行中深孔爆破，提高小循环进尺，缩短辅助作业时间；三是提高装备能力，如增加耙装机的型号和数量（一台改两台），加大箕斗容量来提高排矸和运输能力；四是针对斜井出矸困难的特点，尝试使用挖斗机代替耙装机；五是针对斜长较长、小角度斜井，开始尝试利用无轨胶轮车实现无轨运输，施工速度得到大幅度提高，部分工程斜井井筒月单进已经超过200米。如中煤五建一处形成的“大断面斜井机械化快速施工作业线工法”，被评为国家级施工工法，代表了这一期间我国煤矿斜井井筒施工技术的成就。

3. “十一五”后期

随着施工装备的不断创新，在认真总结、集成“十一五”初期斜井施工经验的基础上，各施工单位根据斜井坡度、长度、断面、支护形式、地质水文条件等因素，通过综合经济技术分析，进行机械化作业线配套设计，推广使用新装备，并力求各施工工序机械设备能力应相互协调匹配，综合能力最大限度地得到发挥。通过施工实践，形成了使用凿岩台车钻眼、在大角度斜井配备大型耙斗式装岩机、液压挖斗式装载机、选用大型箕斗；小角度斜井采用防爆胶轮车运输、岩石掘进机破岩、带宽1米或以上的带式输送机运输等不同装备和不同配套方式的机械化作业线。创造了多项斜井施工先进工法。如中煤五建一处形成的“小坡度斜井机械化快速施工工法”，被评为国家级施工工法，代表了“十一五”期间我国煤矿小坡度斜井井筒施工最新技术成就。

二、国内煤矿斜井施工作业线主要配套方式

国内煤矿斜井施工作业线主要配套方式如下：

（1）凿岩台车或气腿式凿岩机凿岩，挖斗式或耙斗式装岩机装岩，箕斗排矸。该配套方式适用于各种断面与岩石硬度、倾角 $\alpha\leqslant25$ 度的斜井井筒施工。该配套方式需采用凿井提升机牵引固定式矿车（人车）作为辅助提升。

（2）气腿式凿岩机凿岩，挖斗式或耙斗式装岩机装岩，带式输送机出矸。该配套方式适用于各种断面与岩石硬度、倾角 $\alpha\leqslant16$ 度的斜井井筒施工。该配套方式也需采用凿井提升机牵引固定式矿车（人车）作为辅助提升。

（3）掘进机掘进破岩，带式输送机排矸。该配套方式适用于岩石硬度 $f<6$，工作面涌水量小，倾角 $\alpha\leqslant16$ 度的斜井井筒施工。

（4）凿岩台车或气腿式凿岩机凿岩，铲运机、

挖斗式装载机、侧卸式装载机装岩，后配无轨胶轮车运输排矸。该配套方式适用于 $\alpha \leqslant 6$ 度各种硬度岩石的斜井井筒施工。采用该配套方式，斜井设计断面必须满足装岩及胶轮车操作和行驶的需要。

三、劳动组织及工艺

劳动组织及工艺如下：

(1) 劳动组织。斜井施工作业，根据不同断面，不同施工工艺、工序，不同的施工设备，配备人员。采取“三八”或“四六”作业制，或采用专业工种、专业工序“滚班”作业制度。

(2) 支护。长距离混凝土浇筑采用大段长衬砌模板台车，实现混凝土浇筑与掘进平行作业，利用混凝土输送泵长距离输料，采用混凝土泵车送料或两台以上混凝土输送泵接力输料。锚喷支护采用风动 MQT 型系列锚杆机、锚索钻机安装锚杆、锚索。支护距工作面不大于一个排距。转子喷浆机喷射混凝土，喷浆成巷滞后工作面平行作业。在表土段或围岩较软的基岩段，设计常采用 U 型钢支护，再浇筑混凝土。U 型钢棚边掘进边架设，工作面设置架棚操作平台，可采用掘进机械的液压装置辅助架设钢棚。

(3) 通风。斜井工作面掘进，采用局部通风机供风，独头供风距离可达 2000 米以上。相距较近的同方位两条长距离斜井施工，为解决独头长距离掘进供风困难，两斜井可利用联络巷或措施巷连通，采取负压通风方式，在一条井筒地面设置建井风机。独立长距离井筒掘进，采取在井下设置风库，局部通风机串联通风方式。

(4) 防治水。涌水量较大的强含水层或流砂层，应优先采用冻结法施工。一般裂隙含水层，通常采取工作面预注浆方式（少数井筒采取地面预注浆）。利用 ZYJ 系列钻机在工作面钻孔，采取注化学浆、水泥单液、C－S 双液浆相结合的方法，利用浆液扩散封闭围岩，逐步形成围岩密实帷幕。施工过程中根据斜井井筒涌水量大小，设置截水槽、临时水仓，配备排水设备及管路。通常在耙矸机后设置截水槽，井筒中分段设置临时水仓。工作面涌水和施工废水利用 QBF 系列的风动泵将水排入耙矸机后截水槽内，利用潜水泵将截水槽内水排至临时水仓，再经卧泵以接力方式排至地面。

四、主要装备及工艺应用实例

国家级工法“小坡度斜井机械化快速施工工法”在山西斜沟煤矿小坡度副斜井施工中得到较好运用。斜沟煤矿副斜井断面 23.2 平方米，施工凿岩采用配备双臂液压钻车凿岩，3 台激光指向仪指向，中深孔（$L=2.4$ 米）光面爆破；选用 PB90 型耙装机及液压侧卸式装载机，连续倒运工作面矸石、装渣，辅助清底；采用载重量 $Q=5$ 吨防爆胶轮车运输矸石，运输材料及人员，地面设置矸石集中转载平台，配备 20 吨大型斯太尔自卸汽车转运；采用混凝土输送泵长距离输料，实现混凝土浇筑与掘进平行作业；采用风动 MQT 型系列锚杆机、锚索钻机安装锚杆、锚索，转子喷浆机喷射混凝土，喷浆成巷滞后工作面平行作业。井筒平均月进尺达 140 米，最高月进尺为 272 米，副斜井施工总工期提前 10 个月。

五、斜井施工发展趋势

随着机械化装备水平的提高，在未来一定时期内，斜井采用掘进机后配套输送带运输的作业线配套方式将越来越多，但掘进设备需进一步完善改造，完善其爬坡和防止下滑能力及硬岩破岩能力，提高适用范围，实现斜井无爆破掘进。

在斜井机械化作业线后配套方面，也将得到很好的发展，各种装载、转载、运输设备的发展将使机械化作业线配套系统趋向于更加匹配、适应，机械设备的“钻、装、转、运、支”各环节衔接越来越紧密，为提高斜井施工进度水平提供可靠的保障能力。

在防治水方面，随着冻结技术的不断创新和完善，斜井冻结技术日渐成熟，采用区段冻结、局部冻结技术有望取得新突破。小坡度斜井冻结配合盾构施工技术也是今后的研发方向，以大幅度减少劳动用工，进一步提高机械化程度。

六、“十一五”期间斜井施工新水平

(1) 根据中国煤炭建设协会统计资料，“十一五”期间最高月进度统计如下：

2007 年，月进度超过 150 米的有山西中兴煤矿峁上主斜井等 18 项。最高月进是重庆巨能建设集团公司第十工程处，在贵州松河煤矿中央采区副斜井创造的，断面17.4平方米，月进度268米。

2008年，月进度超过200米的有宁煤集团枣泉煤矿西缓坡副斜井，山西焦煤斜沟矿井副斜井等29项。最高月进是中煤矿山建设集团三十处，在华电内蒙古不连沟煤矿主井创造的，断面18.38平方米，采用掘进机掘进，带式输送机运输，月进度为280米，且主、副斜井分别连续4个月和7个月超200米。

2009年，月进度超过200米的有内蒙古智能准格尔旗麻地梁煤矿1号副斜井等36项。最高月进是中煤三建二十九处，在内蒙古智能准格尔旗麻地梁煤矿回风斜井井筒创造的，断面15.38平方米，采用综掘机掘进，月进度613.45米，且连续6个月超200米。

2010年，月进度超过200米的有神华宁夏煤业集团枣泉煤矿扩建西翼采区扩建缓坡副斜井等42项。最高月进度是中煤三建二十九处，在陕西彬长大佛寺矿业有限公司大佛寺煤矿副斜井井筒创造的，断面20.66平方米，创月进度312米，且连续7个月超200米。

（2）根据中国煤炭建设协会统计资料，“十一五”期间斜井施工前十名统计见表4－78～表4－81。

表4－78　2007年度斜井掘砌工作面月进度前10名

最高月进度/米	设计长度/米	断面/平方米	时　间	工程名称	施工单位
268	810	17.4	2007年9月	贵州松河煤矿中央采区副斜井	重庆巨能建设集团公司第十工程处
253	3286	26.12	2007年3月	宁夏羊场湾煤矿2号副斜井	吉林华煤建设有限公司
190		21.89	2007年1月	山西中兴煤矿峁上主斜井	中煤第五建设公司一处
190	3000	23.63	2007年1月	江西永平铜矿露转坑辅助斜坡道	江西省矿山隧道建设总公司
180		15.6	2007年11月	黑龙江鹤岗振兴煤矿主运道及联络巷	鸡西矿务局建设工程公司
176		9.3	2007年11月	淮北孙疃煤矿102采区人行上山	淮北矿业工程公司
174	1063	24.3	2007年4月	山西赵庄煤矿西翼南斜井回风大巷	中煤第五建设公司一处
168	688	16.05	2007年6月	山西四台矿412盘区进风井	大同煤矿集团宏远工程公司
162	688	16.05	2007年6月	山西四台矿413盘区进风井	大同煤矿集团宏远工程公司
160		11.76	2007年9月	山西清徐县李家楼煤矿瓦斯抽放尾巷	中煤第一建设公司六十三处

表4－79　2008年度斜井掘砌工作面月进度前10名

最高月进尺/米	井巷断面/平方米	时　间	工程名称	施工单位
280	18.38	2008年9月	华电内蒙古不连沟煤矿主斜井	中煤矿山建设集团三十处
264	18.9	2008年8月	宁煤集团枣泉煤矿西缓坡副斜井	华煤集团有限公司
248	29.61	2008年10月	华电内蒙古不连沟煤矿副斜井	中煤矿山建设集团三十处
240	24.27	2008年6月	陕西煤化张家峁煤矿4煤组辅运斜巷	中煤矿山建设集团三十处
240	24.27	2008年8月	陕西煤化张家峁煤矿5煤组辅运斜巷	中煤矿山建设集团三十处
236	18.38	2008年10月	华电内蒙古不连沟煤矿主斜井	中煤矿山建设集团三十处
235	18.38	2008年7月	华电内蒙古不连沟煤矿主斜井	中煤矿山建设集团三十处
233	18.38	2008年4月	华电内蒙古不连沟煤矿主斜井	中煤矿山建设集团三十处
226	13.5	2008年6月	黑龙江鸡西张辰矿风井	鸡西矿务局建设工程公司
225	29.61	2008年7月	华电内蒙古不连沟煤矿副斜井	中煤矿山建设集团三十处

表 4－80　2009 年度斜井掘砌工作面月进度前 10 名

最高月进尺/米	巷道断面/平方米	时　间	工 程 名 称	施 工 单 位
613.45	15.38	2009 年 6 月	内蒙古智能准格尔旗麻地梁煤矿回风斜井井筒	中煤矿山建设集团二十九处
526	22.57	2008 年 11 月	内蒙古智能准格尔旗麻地梁煤矿 1 号副斜井	中煤矿山建设集团七十一处
489.8	15.38	2009 年 8 月	内蒙古智能准格尔旗麻地梁煤矿回风斜井井筒	中煤矿山建设集团二十九处
434.2	15.38	2009 年 7 月	内蒙古智能准格尔旗麻地梁煤矿回风斜井井筒	中煤矿山建设集团二十九处
342.6	15.38	2009 年 5 月	内蒙古智能准格尔旗麻地梁煤矿回风斜井井筒	中煤矿山建设集团二十九处
342.4	15.38	2009 年 9 月	内蒙古智能准格尔旗麻地梁煤矿回风斜井井筒	中煤矿山建设集团二十九处
321	23.26	2009 年 3 月	赛蒙特尔农业内蒙古东胜赛蒙特尔煤矿副斜井井筒	中煤矿山建设集团三十处
310.45	18.6	2009 年 2 月	内蒙古智能准格尔旗麻地梁煤矿回风斜井井筒	中煤矿山建设集团二十九处
300	15.64	2009 年 8 月	山东鲁能山东菏泽郭屯矿 1302 胶带巷	中煤第一建设公司三十一处
284	17.7～20.4	2009 年 8 月	淮北矿业安徽淮北杨柳矿北翼轨道上山	淮北矿业（集团）工程建设公司

表 4－81　2010 年度斜井掘砌工作面月进度前 10 名

最高月进尺/米	井筒断面/平方米	施工时间	工 程 名 称	施 工 单 位
312	20.66	2010 年 7 月	陕西彬长大佛寺矿业有限公司大佛寺煤矿副斜井井筒	中煤矿山建设集团二十九处
308	20.66	2010 年 8 月	陕西彬长大佛寺矿业有限公司大佛寺煤矿副斜井井筒	中煤矿山建设集团二十九处
305	24.8	2010 年 4 月	神华宁夏煤业集团枣泉煤矿扩建西翼采区扩建缓坡副斜井	华煤集团有限公司
303	20.66	2010 年 5 月	陕西彬长大佛寺矿业有限公司大佛寺煤矿副斜井井筒	中煤矿山建设集团二十九处
302	10.73	2010 年 12 月	新疆巴里坤同合矿业有限公司段家地煤矿主斜井井筒	中煤矿山建设集团二十九处

表4－81（续）

最高月进尺/米	井筒断面/平方米	施工时间	工程名称	施工单位
301	15.41	2010年8月	扎赉诺尔煤业有限责任公司灵露煤矿主斜井井筒	中煤矿山建设集团二十九处
297	15.11	2010年12月	新疆巴里坤同合矿业有限公司段家地煤矿回风斜井井筒	中煤矿山建设集团二十九处
296	15.41	2010年9月	扎赉诺尔煤业有限责任公司灵露煤矿主斜井井筒	中煤矿山建设集团二十九处
295	20.66	2010年6月	陕西彬长大佛寺矿业有限公司大佛寺煤矿副斜井井筒	中煤矿山建设集团二十九处
293	16.53	2010年10月	扎赉诺尔煤业有限责任公司灵露煤矿副斜井井筒	中煤矿山建设集团二十九处

平硐机械化配套快速施工

一、平硐施工发展史

我国煤矿平硐施工通常采用钻爆法掘进施工作业。目前岩石平硐掘进中钻爆法仍占有较大比重，在采用钻爆法掘进施工中，我国平硐施工机械化作业线配套方式有以下 4 种机械化作业线：

（1）普通钻爆法凿岩，铲斗装岩机装岩，电机车牵引矿车运输，这是我国煤矿早期使用的机械化配套方式，如图 4－56 所示。一般月进度能达到 80 米。

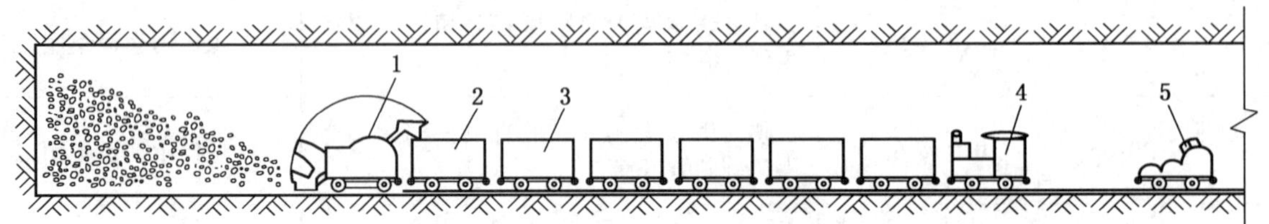

1—铲斗装岩机；2—正在装岩的矿车；3—待装空矿车；4—电机车；5—混凝土喷射机

图 4－56　铲斗装岩机为主的岩巷掘进机械化作业线

优点：适用性强，工作面干净、整洁。

缺点：装岩速度慢，出矸、钻眼不能平行作业。

（2）普通钻爆法凿岩，耙斗装岩机装岩，带式输送机转载，电机车牵引矿车运输机械化作业线，如图 4－57 所示。大、中、小断面，弯巷，交岔巷，变坡点都适用，当前已是我国采用最多的一种施工机械化作业线。一般月进度能达到月进 100 米。

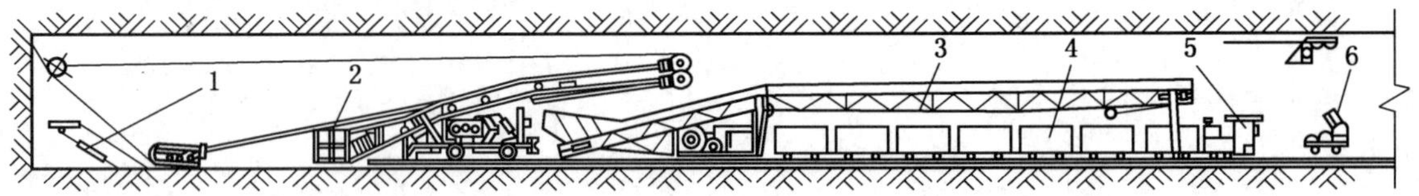

1—凿岩机；2—耙斗装岩机；3—LZP－200 型胶带转载机；4—矿车；5—电机车；6—混凝土喷射机

图 4－57　耙斗装岩机为主的岩巷掘进机械化作业线

优点：适用巷道施工范围广，已研制不同规格的耙矸机系列产品，耙矸机结构简单而耐用，运转故障少；价格便宜，零配件好解决；运营费用低；耙矸机与掘进工作面之间可储存 1～2 个爆破循环的矸石，不会因矿车供应紧张而中断施工。

缺点：耙矸机与掘进工作面之间距离长、不畅通，不利于安全；如遇掘进工作面涌水、底板软，作业条件差，容易造成低洼积水。

（3）凿岩台车凿岩，侧卸装载机装矸，电机车牵引矿车运输的机械化作业线，如图 4－58 所示。根据所有国产装运与钻孔产品的卸装条件、错车条件、最大打眼范围，作业线适用于巷道断面不小于 3.5 米 ×3.5 米，不大于 5 米 ×4 米的巷道。一般月进度可达到 120～150 米。

优点：侧装机机械化程度高，工人体力劳动强度较低，装岩能力大，耗时短，用人少，工效高，在操作熟练和维修得法的情况下，能实现较稳定的平均高速度施工。

缺点：钻车和侧卸装岩机外形较大，又是侧卸装矸，要求巷道断面大，限制了使用范围；侧装机结构较复杂，维修要求严，要求工人素质高；设备初期投资大，日常运营费用也较高；工作面布置一台凿岩台车，一旦出现故障，将严重影响正常作业。

（4）钻装机钻爆装岩，带式输送机转载，电机车牵引矿车运输的机械化作业线，如图 4－59 所示。目前，国产的大、中、小型号钻装机，可满足在 8～20 平方米断面的巷道中施工，该产品可实现钻孔与装运一体化，尚未广泛使用。

优点：装岩与凿岩功能合为一体，解决了凿岩

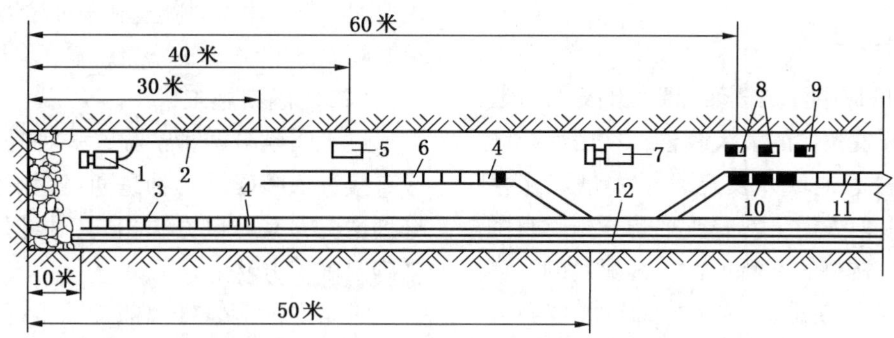

1—装岩机；2—装岩机电缆及钢丝绳；3—正在装岩的矿车；4—电机车；5—凿岩台车；6—待装空矿车；7—备用装岩机；8—混凝土喷射机；9—备用喷射机；10—料车；11—空矿车；12—风筒

图4－58　侧卸装岩机为主的岩巷掘进机械化作业线

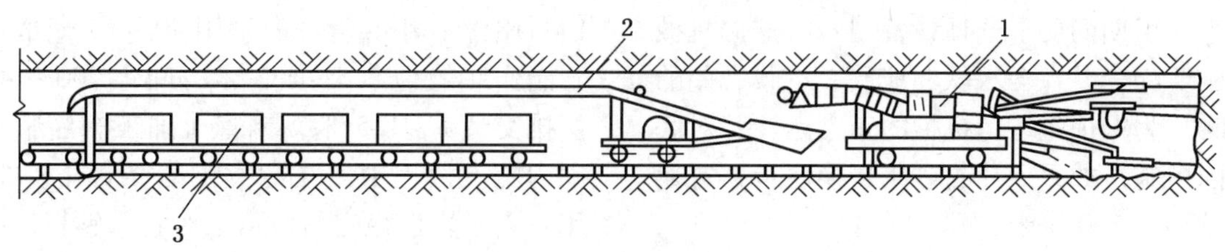

1—钻装机；2—带式转载机；3—矿车

图4－59　钻装机为主的岩巷掘进机械化作业线

台车与装岩机进出掘进工作面的错车空间与时间，机械化程度高，可兼顾打锚杆眼和中深孔作业，用人少、工效高、工人体力劳动强度低。

缺点：设备结构较复杂，维修要求严，一旦出现故障影响正常施工，初期设备投资大，平常运营费用较高，爆破前后作业线进出掘进工作面，因机重体大，电缆挪移比较麻烦和费时。

目前我国亦有少部分岩石平硐采用岩石掘进机为主的平硐施工机械化作业线，如图4－60所示。国产有两种机型分别可在巷道直径3.2米，围岩压强50～140兆帕的巷道中施工，国产直径5米掘进机在古交矿区东曲矿东平硐施工中，平均月进103.4米，最高月进202米，国外机平均月进300～400米。

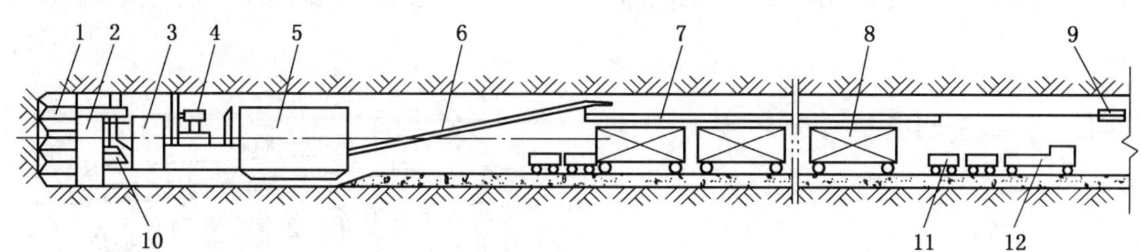

1—刃盘；2—机头架；3—水平支撑板；4—锚杆钻机；5—司机房；6—斜带式输送机；7—转载机；8—龙门架车；9—激光指向仪；10—料车；11—环形支架机；12—矿车

图4－60　岩石掘进机为主的岩巷掘进机械化作业线

优点：机械化程度高，可实现连续作业，作业条件好，粉尘少，噪声低；在合适的地质和巷道条件下，掘进机组可实现稳定而快速的施工速度和高工效；掘进巷道质量好，成型好，超挖量少，对围岩扰动小，围岩稳定，支护费用较低。

缺点：机组适应巷道范围有限，要求围岩软硬均匀，赋存稳定，无水、平直、少拐弯、长度大；机器庞大笨重，结构复杂、拆装费时费力，维修不易，设备投资大；施工动力消耗大，刀具寿命短，零配件不易解决，设备利用率低。

二、平硐施工工艺

"十一五"期间，随着国家西部大开发的兴起以及西部交通等开发条件的大大改善，在山西、陕西、内蒙古、新疆等地域开发建设了大量煤炭基地，西部矿井更多地采用了斜井或平硐开拓，且随着施工机械和支护材料的不断更新，其配套的机械化作业线也得到了不断的完善，平硐和缓坡斜井（<8 度）的开拓技术也得到了迅速发展。

（一）明槽施工

明槽挖掘施工除特殊情况外，一般采取机械挖掘、运输。挖掘机械和运输机械根据明槽开挖的土石方量大小、工期的要求选择设备型号，挖掘机械和运输机械要配套。在含水软弱地层、承载力差的地段施工时，为保证挖、运机械的正常运转，对底板采取加固措施，如采用片石砂浆置换底板，置换深度一般不小于 500 毫米。

明硐衬砌施工的顺序一般是：处理不良地段地基→放线找平→铺底→放线→绑扎钢筋→立模→加固模板→浇筑混凝土→等强→拆模→养护。

模板的形式有组装模板、整体模板、液压整体移动模板，模板的长度应视平硐和缓坡斜井（<8 度）的长短和岩土稳定情况确定，目前整体模板长度有 6 米、9 米，最长的已达 12 米。

目前平硐和缓坡斜井（<8 度）在软弱地层中的支护形式一般以混凝土支护为主，料石砌碹支护已很少采用，采用泵送混凝土实现混凝土连续浇灌已得到广泛应用，混凝土输送泵品类繁多，一般采用 20 ~ 40 立方米/小时的混凝土输送泵即可满足使用。

（二）硐口施工

进入暗硐分两种情况：一种是在山区或丘陵地区直接进入暗硐，一种是通过明硐进入暗硐。无论哪种情况，其开口方法相同，根据岩土的稳定程度来确定施工方法。

进暗硐前应做好超前支护，特别在土层和风化松软岩层条件下尤为重要。目前比较推广管棚法施工（图 4 - 61、图 4 - 62）。管棚施工有大管棚和小导管之分，大管棚一般采用 75 ~ 108 毫米直径的钢管制作，长度应视岩土稳定程度确定，一般为 15 ~ 18 米；小导管一般采用 40 ~ 45 毫米直径的钢管制作一般为 2.5 ~ 4.5 米，间距 200 ~ 400 毫米，两排交叉 1 ~ 1.5 米，钢管上加工有注浆小孔。在硐内施工过程中，在此类围岩条件下亦应延续采用，直至岩性稳定后方可改为正常钻爆法施工。

2007 年，中煤第三建设（集团）有限责任公司三十工程处施工陕煤集团神木红柳林煤矿副斜井，运用"管棚法"成功穿越垂深 46 米、斜长 580 米的风积沙层，最高月成井 110 米，并在此基础上形成了国家一级工法"风积砂地层巷道小管棚超前注浆配合网喷混凝土施工工法"。

（三）暗硐施工

1. 掘进方法

1）机械或人工挖掘

在土层和松软岩层中掘进采取机械挖掘的方法

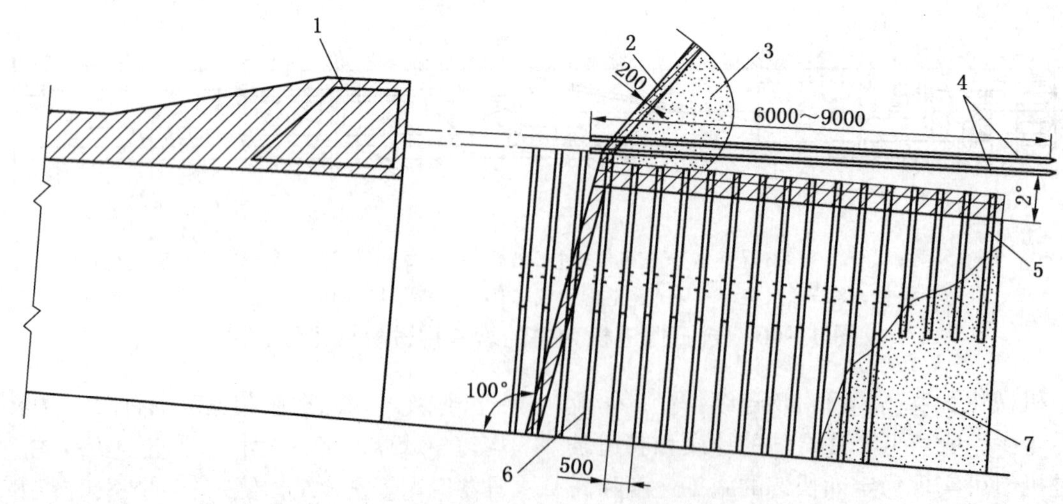

1—碹头配筋直径 14 毫米；2—护坡网喷层；3—风积沙层；4—注浆导管；5—拱部支架；6—导向支架；7—核心土

图 4 - 61　硐口碹头加固、导向支架及管棚施工图

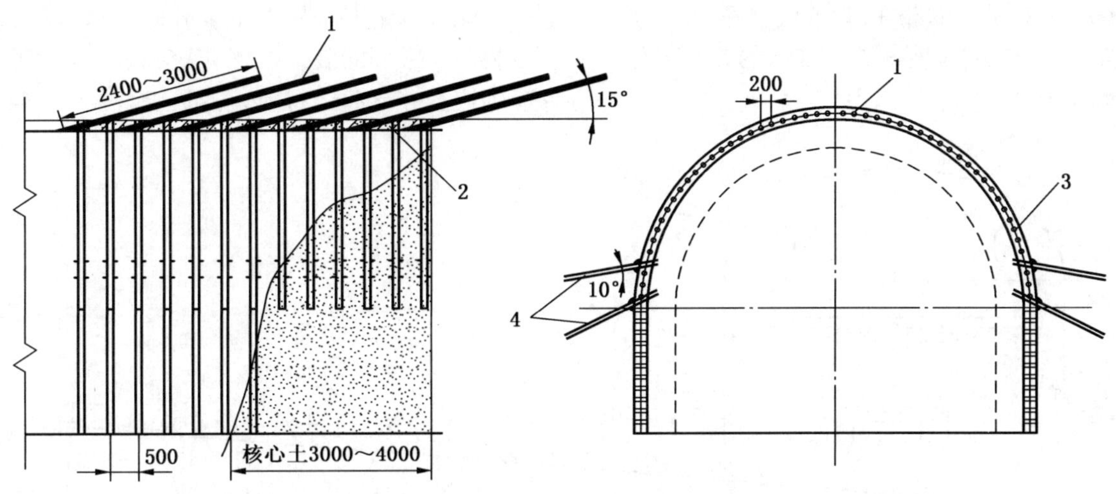

1—注浆管棚小导管；2—200 毫米厚网喷层；3—钢支架；4—托棚导管

图 4－62　硐口管棚施工剖面、断面示意图

已得到广泛应用。人工挖掘目前已很少采用。由于受工作空间的限制，机械挖掘普遍采用小型短臂无尾挖掘机，如凯斯、久保田挖掘机等。

2）普通钻爆法掘进

采用钻眼台架车和复喷台架车，实现了掘进工作面拱基线上部和下部打眼平行作业，拱部与墙部锚杆支护的平行作业，复喷混凝土与打眼、排渣、安设锚杆平行作业，实现了全断面一次爆破、多工序平行作业、一次成巷，改进了施工工艺。

工艺流程：按岩性进行爆破设计→绘出爆破图表→依中腰线（或激光指向）布眼→进台（架）车→打眼→瓦斯检查→装药→退台（架）车→瓦斯检查→爆破→通风→安全、瓦斯检查→出矸→打正顶锚杆眼→铺设金属网→安装正顶锚杆→从正顶依次向两帮打锚杆眼→安装锚杆→喷射混凝土（图 4－63）。

3）掘进机掘进

全断面掘进机在我国尚未广泛使用，目前在我国较广泛使用的为部分断面掘进机，俗称综掘机，通常在煤层和松软岩土掘进中使用。综掘机的推广使用不仅使我国的煤巷和松软岩土巷道施工速度大大提

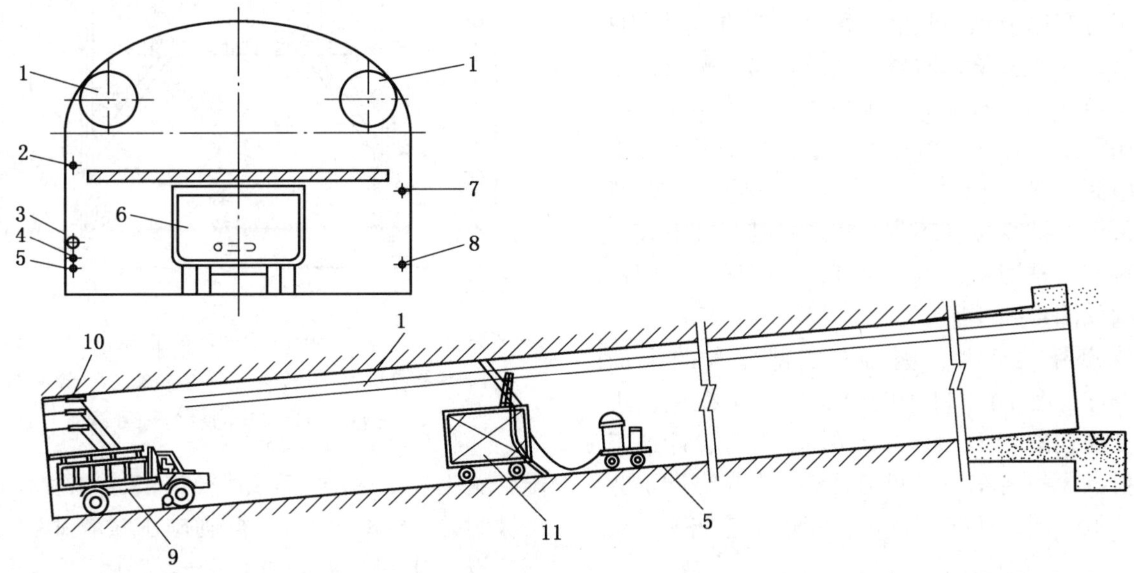

1—风筒；2—动力电缆；3—压风管；4—供水管；5—排水管；6—自卸汽车；7—信号电缆；8—混凝土输送管；9—多功能凿岩台架车；10—凿岩机；11—喷射混凝土平台

图 4－63　平硐及缓坡斜井机械化施工作业及断面布置（钻眼喷混凝土）

高，而且减少了对围岩的破坏，巷道成型好，保证了工程质量，提高了施工安全度，减轻了工人的劳动强度。

2. 排矸方式

除特殊情况采用人工装矸外，基本都实现了机械装矸。常用的装矸机械有挖掘机、装载机，装矸速度快，并能起运材料、器具等（图4－64）。

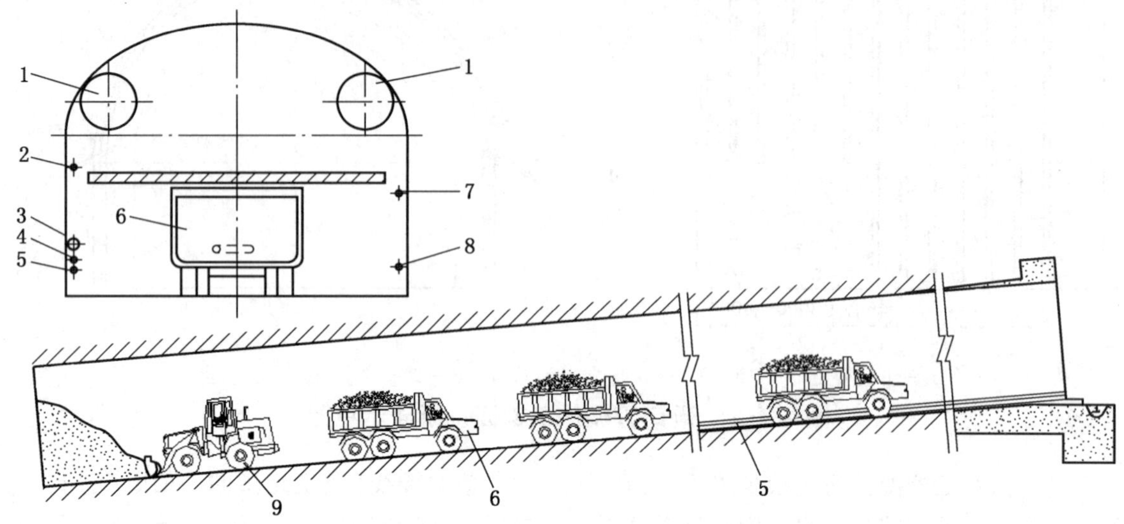

1—风筒；2—动力电缆；3—压风管；4—供水管；5—排水管；6—自卸汽车；
7—信号电缆；8—混凝土输送管；9—装载机

图4－64　平硐及缓坡斜井机械化施工作业及断面布置（出矸）

运矸方式通常有防爆无轨胶轮车运矸、带式输送机运矸（煤）等几种方式。

（四）混凝土支护施工

混凝土衬砌根据平硐断面大小采用整体液压导轨式模板台车，其结构由台车和整体模板两部分组成，台车有支撑模板、脱模和移动模板的作用。脱立模容易，便于调整，缩短了立模时间。模板台车利用两条导轨和卡轨器，易于整体模板的移动和固定。采用混凝土输送泵输送混凝土，减少了混凝土运输的中间环节，用“人”字形分灰管，保证两侧对称入模，减少接管环节。实现衬砌混凝土表面光滑，接茬平整圆顺，施工速度快。液压异型模板台车结构如图4－65所示。

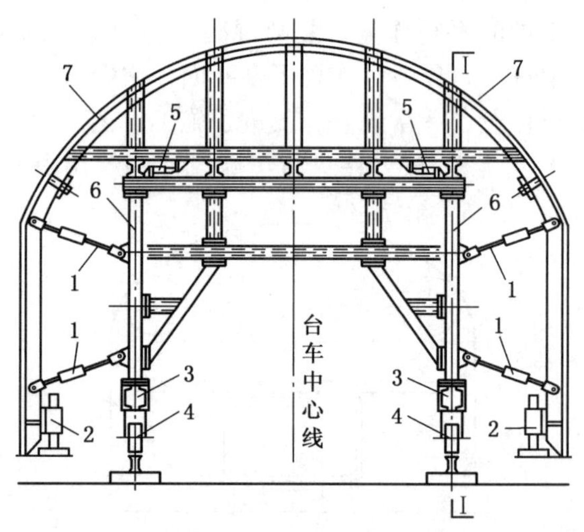

1—液压缸；2—支撑丝杆；3—台车组合梁；4—行走车轮；
5—水平调整千斤顶；6—台车立柱；7—整体模板

图4－65　模板台车结构

整体模板共6片，覆盖在底部台车的上面（图4－66），图中窗口只限于1、3、5节模板，中间拱顶浇注孔限于2、4、6节模板。自行设计加工制作的衬砌模板台车通过配套设备，大大降低了劳动强度，保证混凝土砌筑质量，实现快速施工。

三、平硐及缓坡斜井施工技术部分应用实例

“十一五”期间，国内平硐及缓坡斜井机械化配套施工技术逐步提高并得到广泛应用。在平硐和缓坡斜井（<8度），在掘砌施工过程中，中煤第三建设（集团）有限责任公司三十工程处采用钻眼台架车和复喷台架车，实现了掘进工作面拱基线上部和下部打眼平行作业，拱部与墙部锚杆支护的平行作业，复喷混凝土与打眼、排渣、安设锚杆平

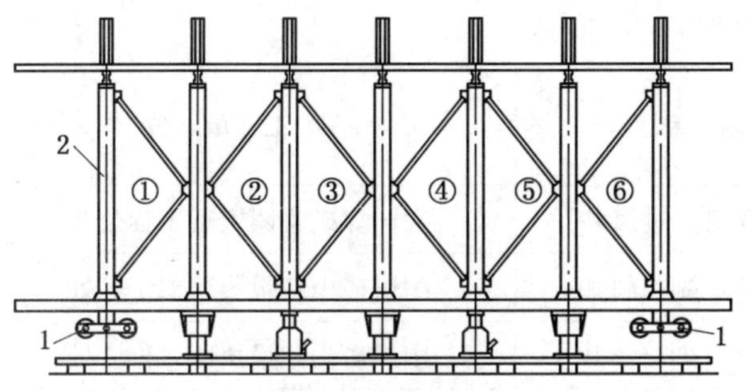

1—行走车轮；2—组合梁；
①~⑥—整体模板

图 4-66 模板台车剖面

行作业，实现了全断面一次钻眼爆破、多工序平行作业、一次成巷，改进了施工工艺。其关键技术于2008年5月29日，由中国煤炭建设协会组织有关专家进行了鉴定，认为该技术达到了国内平硐施工领先水平。中煤矿山建设集团三十工程处2006年底开始施工的张家峁副平硐工程，掘进断面23.02平方米，总长度3441米，平均月成井速度215米，其中2007年6、7、10月和2008年3月，月掘砌成井分别为302、304、308.2米和311.35米，4次刷新全国平硐施工新纪录。由中煤第一建设公司、中煤矿山建设集团三十工程处共同施工的华晋焦煤王家岭煤矿主、副平硐，先后18次月掘砌进尺突破200米，工程质量优良。2010年6月，四川宜宾川南建设有限公司在芙蓉集团新维煤矿新场主平硐月掘砌成井320米。

在内蒙古蒙泰不连沟煤矿主、副斜井工程施工中，中煤矿山建设集团三十工程处首次在国内斜井表土施工中掘进采用综掘机、砌碹采用自行设计加工的导轨式整体液压模板台车、基岩段采用钻眼台架车和复喷台架车，工程于2007年10月18日开工，2008年12月10日竣工，比合同工期提前114天，最高月成井280米，创国内斜井井筒施工新纪录，综合月成井速度达到203米；该处在2009年3月内蒙古赛蒙特尔煤矿副斜井施工中，月成井321米，再创国内大断面斜井施工月成巷最高纪录。在陕西彬长大佛寺煤矿副斜井井筒施工中，中煤矿山建设集团二十九工程处在2010年5、7、8月，月掘砌成井分别为303、308和312米。

在缓坡斜井煤层段综掘施工中，中煤矿山建设集团第七十一工程处于2008年11月，在内蒙古麻地梁煤矿1号副斜井月掘砌成井526米，中煤第三建设（集团）有限责任公司二十九工程处于2009年6月，在内蒙古麻地梁煤矿回风斜井月掘砌成井613.45米。

根据煤炭建设协会统计资料，“十一五”期间平硐及缓坡斜井年度最高月进度分别为：

2007年度，岩石平硐及缓坡斜井（<8度）月进度超过150米的有15项，最高月进是中煤矿山建设集团三十工程处在陕西张家峁煤矿副平硐创造的，断面23.02平方米，月进度304米（表4-82）。

表 4-82 2007年度岩石平硐及缓坡斜井创150米以上月进度15项

序号	最高月进度/米	断面/平方米	时 间	工 程 名 称	施 工 单 位
1	304	23.02	2007年6月	陕西张家峁煤矿副平硐	中煤矿山建设集团三十处
2	268	17.4	2007年9月	贵州松河煤矿中央采区副斜井	重庆巨能建设集团公司第十工程处
3	253	26.12	2007年3月	宁夏羊场湾煤矿2号副斜井	吉林华煤建设有限公司
4	220	14.45	2007年12月	山西王家岭煤矿主平硐	中煤矿山建设集团三十处
5	210	20.42	2007年12月	山西王家岭煤矿副平硐	中煤矿山建设集团三十处
6	190	21.89	2007年1月	山西中兴煤矿峁上主斜井	中煤第五建设公司第一工程处
7	190	23.63	2007年1月	江西永平铜矿露转坑辅助斜坡道	江西省矿山隧道建设总公司
8	180	15.6	2007年11月	黑龙江振兴煤矿主运道及联络巷	鸡西矿务局建设工程公司
9	168	16.05	2007年6月	山西四台矿412盘区进风井	大同煤矿集团宏远工程公司

表 4－82（续）

序号	最高月进度/米	断面/平方米	时间	工程名称	施工单位
10	162	16.05	2007 年 6 月	山西四台矿 413 盘区进风井	大同煤矿集团宏远工程公司
11	160	13	2007 年 5 月	陕西黄陵二号煤矿副二斜井	中煤矿山建设集团二十九处
12	160	13	2007 年 8 月	陕西黄陵二号煤矿副二斜井	中煤矿山建设集团二十九处
13	158	10.3	2007 年 6 月	江西铅山县永平铜矿主斜井	湖南涟邵建设工程集团公司
14	150	14.7	2007 年 1 月	神华骆驼山煤矿主斜井	中煤第五公司一处
15	150	21.9	2007 年 4 月	陕西三道沟煤矿副平硐	陕西煤炭建设公司

2008 年度，岩石平硐及缓坡斜井（<8 度）月进度超过 200 米的有 37 项，最高月进是中煤矿山建设集团三十工程处在陕西张家峁煤矿副平硐创造的，断面 23.6 平方米，月进度 311.4 米（表 4－83、表 4－84）。

2009 年度，岩石平硐及缓坡斜井（<8 度）月

表 4－83　2008 年度岩石平硐创 200 米以上月进度 16 项

序号	最高月进尺/米	井巷断面/平方米	时间	工程名称	施工单位
1	311.4	23.6	2008 年 3 月	陕西煤化张家峁煤矿副平硐	中煤矿山建设集团三十处
2	305	16.37	2008 年 5 月	四川煤业石屏煤矿平硐	四川芙蓉集团宜宾川南建设工程公司
3	252	20.95	2008 年 4 月	山西华晋王家岭煤矿副平硐	中煤矿山建设集团三十处
4	251	14.44	2008 年 4 月	山西华晋王家岭煤矿主平硐	中煤矿山建设集团三十处
5	250	14.44	2008 年 3 月	山西华晋王家岭煤矿主平硐	中煤矿山建设集团三十处
6	245	109	2008 年 1 月	山西太中银铁路离石隧道	中煤矿山建设集团二十九处
7	241	14.44	2008 年 1 月	山西华晋王家岭煤矿主平硐	中煤矿山建设集团三十处
8	240	14.44	2008 年 5 月	山西华晋王家岭煤矿主平硐	中煤矿山建设集团三十处
9	237	20.95	2008 年 3 月	山西华晋王家岭煤矿副平硐	中煤矿山建设集团三十处
10	230	20.95	2008 年 5 月	山西华晋王家岭煤矿副平硐	中煤矿山建设集团三十处
11	226	14.44	2008 年 6 月	山西华晋王家岭煤矿主平硐	中煤矿山建设集团三十处
12	225	20.95	2008 年 6 月	山西华晋王家岭煤矿副平硐	中煤矿山建设集团三十处
13	217	20.95	2008 年 1 月	山西华晋王家岭煤矿副平硐	中煤矿山建设集团三十处
14	208	20.4	2008 年 6 月	贵州兴安糯东煤矿主平硐	中煤矿山建设集团二十九处
15	201	20.43	2008 年 7 月	山西华晋王家岭煤矿副平硐（北）	中煤第一建设公司六十三处
16	200	20.43	2008 年 5 月	山西华晋王家岭煤矿副平硐（北）	中煤第一建设公司六十三处

表 4 - 84　2008 年度缓坡斜井（岩石）创 200 米以上月进度 20 项

序号	最高月进尺/米	井巷断面/平方米	时　间	工　程　名　称	施　工　单　位
1	280	18.38	2008 年 9 月	华电内蒙古不连沟煤矿主斜井	中煤矿山建设集团三十处
2	264	18.9	2008 年 8 月	宁煤集团枣泉煤矿西缓坡副斜井	华煤集团有限公司
3	248	29.61	2008 年 10 月	华电内蒙古不连沟煤矿副斜井	中煤矿山建设集团三十处
4	236	18.38	2008 年 10 月	华电内蒙古不连沟煤矿主斜井	中煤矿山建设集团三十处
5	235	18.38	2008 年 7 月	华电内蒙古不连沟煤矿主斜井	中煤矿山建设集团三十处
6	233	18.38	2008 年 4 月	华电内蒙古不连沟煤矿主斜井	中煤矿山建设集团三十处
7	226	13.5	2008 年 6 月	黑龙江鸡西张辰矿风井	鸡西矿务局建设工程公司
8	225	29.61	2008 年 7 月	华电内蒙古不连沟煤矿副斜井	中煤矿山建设集团三十处
9	224	29.61	2008 年 4 月	华电内蒙古不连沟煤矿副斜井	中煤矿山建设集团三十处
10	220.2	23.26	2008 年 12 月	内蒙古赛蒙特尔矿副斜井	中煤矿山建设集团三十处
11	220	18.38	2008 年 6 月	华电内蒙古不连沟煤矿主斜井	中煤矿山建设集团三十处
12	220	29.61	2008 年 6 月	华电内蒙古不连沟煤矿副斜井	中煤矿山建设集团三十处
13	214	29.61	2008 年 2 月	华电内蒙古不连沟煤矿副斜井	中煤矿山建设集团三十处
14	201	29.61	2008 年 1 月	华电内蒙古不连沟煤矿副斜井	中煤矿山建设集团三十处
15	201	29.61	2008 年 5 月	华电内蒙古不连沟煤矿副斜井	中煤矿山建设集团三十处
16	200	23.2	2008 年 9 月	山西焦煤斜沟矿井副斜井	中煤第五建设公司一处
17	200	23.2	2008 年 10 月	山西焦煤斜沟矿井副斜井	中煤第五建设公司一处
18	200	23.2	2008 年 11 月	山西焦煤斜沟矿井副斜井	中煤第五建设公司一处
19	200	20.6	2008 年 9 月	山西焦煤斜沟矿井 2 号主斜井	中煤第五建设公司一处
20	200	18.93	2008 年 1 月	神华亿利黄玉川煤矿主斜井	中煤第五建设公司四处

进度超过 200 米的有 24 项，最高月进是中煤矿山建设集团三十工程处在内蒙古赛蒙特尔煤矿副斜井创造的，断面 23.26 平方米，月进度 321 米（表 4 - 85、表 4 - 86）。

表 4 - 85　2009 年度岩石平硐创 200 米以上月进度 5 项

序号	最高月进尺/米	巷道断面/平方米	时　间	工　程　名　称	施　工　单　位
1	241	20.55	2009 年 6 月	黔渝煤业贵州庙新煤矿主平硐	重庆中环遵义庙新项目部
2	230	20.40	2009 年 9 月	华晋焦煤山西河津王家岭矿副平硐（北）	中煤第一建设公司六十三处
3	220	21.30	2009 年 7 月	华晋焦煤山西临汾王家岭矿副平硐北	中煤第一建设公司三十一处
4	205	14.50	2009 年 4 月	华晋焦煤山西临汾王家岭矿井主平硐北	中煤第一建设公司三十一处
5	200	20.40	2009 年 8 月	华晋焦煤山西河津王家岭矿副平硐（北）	中煤第一建设公司六十三处

表4－86　2009年度缓坡斜井（岩石）创200米以上月进度19项

序号	最高月进尺/米	巷道断面/平方米	时　间	工　程　名　称	施　工　单　位
1	321	23.26	2009年3月	内蒙古赛蒙特尔煤矿副斜井井筒	中煤矿山建设集团三十处
2	281	23.15	2009年7月	神华宁煤宁夏灵武枣泉矿缓坡副斜井	华煤集团有限公司
3	260	23.63	2009年9月	江西铜业永坪铜矿辅助斜坡道井筒	中鼎国际矿山随道公司
4	260	23.33	2009年9月	甘肃华能甘肃庆阳核桃峪煤矿主斜井	华煤集团有限公司
5	252	23.2	2009年3月	晋兴能源山西省吕兴斜沟矿斜沟副斜井	中煤第五建设公司一处
6	241	23.26	2009年1月	内蒙古赛蒙特尔煤矿副斜井井筒	中煤矿山建设集团三十处
7	240	28.33	2009年12月	内蒙古双欣矿业东胜杨家村煤矿副斜井井筒	中煤第五建设公司四处
8	240	23.26	2009年2月	内蒙古蒙特尔煤矿副斜井井筒	中煤矿山建设集团三十处
9	230	19.55	2009年4月	山西汾西曙光山西灵石灵北矿主斜井	中煤第五建设公司一处
10	230	17.07	2009年3月	陕西宝鸡郭家河煤矿主斜井井筒	中煤矿山建设集团三十处
11	230	22.33	2009年6月	宁夏灵武梅花井煤矿2号缓坡副斜井	华煤集团有限公司
12	213.5	20.43	2009年11月	新疆巴里坤黑眼泉煤矿回风斜井井筒	中煤矿山建设集团二十九处
13	206	22.25	2009年1月	陕西宝鸡郭家河煤矿副斜井井筒矿	中煤矿山建设集团三十处
14	206		2009年9月	河南长虹矿业平顶山长虹矿主斜井	平煤建工集团有限公司一处
15	206	25.97	2009年8月	神华宁煤宁夏羊场湾煤矿胶轮运输斜井	甘肃煤炭第一工程公司
16	205	20.6	2009年5月	晋兴能源山西吕兴斜沟矿2号主斜井	中煤第五建设公司一处
17	205		2009年5月	天安平煤天安一矿三水平主斜井	平煤建工集团有限公司一处
18	200	22.25	2009年4月	陕西宝鸡郭家河煤矿副斜井井筒	中煤矿山建设集团三十处
19	200	17.07	2009年12月	陕西宝鸡郭家河煤矿主斜井井筒	中煤矿山建设集团三十处

2010年度，岩石平硐及缓坡斜井（<8度）月进度超过200米的有35项，最高月进是四川宜宾川南建设有限公司在芙蓉集团新维煤矿新场主平硐创造的，断面20.17平方米，月进度320米（表4－87、表4－88）。

在缓坡斜井煤层段综掘施工中，“十一五”期

表4－87　2010年岩石平硐创200米以上月进度3项

序号	最高月进尺/米	巷道断面/平方米	施工时间	工 程 名 称	施 工 单 位
1	320	20.17	2010年6月	芙蓉集团新维煤矿新场主平硐	四川芙蓉集团宜宾川南建设工程有限公司
2	210	14.5	2010年2月	山西华晋焦煤有限公司王家岭矿井主平硐	中煤第一建设公司三十一处
3	210	21.3	2010年2月	山西华晋焦煤有限公司王家岭矿井副平硐	中煤第一建设公司三十一处

表 4－88 2010 年缓坡斜井（岩石）创 200 米以上月进度 32 项

序号	最高月进尺/米	井筒断面/平方米	施工时间	单项（单位）工程名称	施 工 单 位
1	312	20.66	2010 年 7 月	陕西彬长大佛寺煤矿副斜井井筒	中煤矿山建设集团二十九处
2	308	20.66	2010 年 8 月	陕西彬长大佛寺煤矿副斜井井筒	中煤矿山建设集团二十九处
3	305	24.8	2010 年 4 月	宁夏枣泉煤矿西翼采区扩建缓坡副斜井	华煤集团有限公司
4	303	20.66	2010 年 5 月	陕西彬长大佛寺煤矿副斜井井筒	中煤矿山建设集团二十九处
5	302	10.73	2010 年 12 月	新疆段家地煤矿主斜井井筒	中煤矿山建设集团二十九处
6	301	15.41	2010 年 8 月	扎赉诺尔煤业有限责任公司灵露煤矿主斜井井筒	中煤矿山建设集团二十九处
7	297	15.11	2010 年 12 月	新疆段家地煤矿回风斜井井筒	中煤矿山建设集团二十九处
8	296	15.41	2010 年 9 月	扎赉诺尔煤业有限责任公司灵露煤矿主斜井井筒	中煤矿山建设集团二十九处
9	295	20.66	2010 年 6 月	陕西彬长大佛寺煤矿副斜井井筒	中煤矿山建设集团二十九处
10	293	16.53	2010 年 10 月	扎赉诺尔煤业有限责任公司灵露煤矿副斜井井筒	中煤矿山建设集团二十九处
11	287	16.53	2010 年 9 月	扎赉诺尔煤业有限责任公司灵露煤矿副斜井井筒	中煤矿山建设集团二十九处
12	278	21.3	2010 年 4 月	神华包头分公司李家壕煤矿主斜井	华煤集团有限公司
13	275	25	2010 年 8 月	陕西宝鸡郭家河煤矿副斜井井筒	中煤矿山建设集团三十处
14	267	16.99	2010 年 4 月	扎赉诺尔煤业有限责任公司灵露煤矿主斜井井筒	中煤矿山建设集团二十九处
15	260	20	2010 年 1 月	山西锦兴能源有限公司肖家洼煤矿主斜井井筒	中煤矿山建设集团三十处
16	253	23.05	2010 年 1 月	陕西彬长大佛寺煤矿副斜井井筒	中煤矿山建设集团二十九处
17	251	23.05	2010 年 3 月	陕西彬长大佛寺煤矿副斜井井筒	中煤矿山建设集团二十九处
18	249	23.05	2010 年 2 月	陕西彬长大佛寺煤矿副斜井井筒	中煤矿山建设集团二十九处
19	240	20	2010 年 11 月	山西锦兴能源有限公司肖家洼煤矿主斜井井筒	中煤矿山建设集团三十处
20	240	24.9	2010 年 11 月	山西锦兴能源有限公司肖家洼煤矿副斜井井筒	中煤矿山建设集团三十处
21	240	28.3	2010 年 8 月	内蒙古汇能集团尔林兔煤矿副斜井井筒	中煤三建三十处
22	232	28.3	2010 年 9 月	内蒙古汇能集团尔林兔煤矿副斜井井筒	中煤矿山建设集团三十处

表 4-88（续）

序号	最高月进尺/米	井筒断面/平方米	施工时间	单项（单位）工程名称	施工单位
23	222	25	2010年7月	陕西宝鸡郭家河煤矿副斜井井筒	中煤矿山建设集团三十处
24	221	24.64	2010年10月	山西王家岭煤矿主斜井井筒	中鼎国际矿建分公司
25	220	20	2010年8月	山西锦兴能源有限公司肖家洼煤矿主斜井井筒	中煤矿山建设集团三十处
26	211.5	19.06	2010年3月	陕西宝鸡郭家河煤矿主斜井井筒	中煤矿山建设集团三十处
27	210	20	2010年9月	山西锦兴能源有限公司肖家洼煤矿主斜井井筒	中煤矿山建设集团三十处
28	200	24.9	2010年1月	山西锦兴能源有限公司肖家洼煤矿副斜井井筒	中煤矿山建设集团三十处
29	200	32.2	2010年4月	内蒙古汇能集团尔林兔煤矿副斜井井筒	中煤矿山建设集团三十处
30	200	32.2	2010年5月	内蒙古汇能集团尔林兔煤矿副斜井井筒	中煤矿山建设集团三十处
31	200	28.3	2010年11月	内蒙古汇能集团尔林兔煤矿副斜井井筒	中煤矿山建设集团三十处
32	200	28.3	2010年12月	内蒙古汇能集团尔林兔煤矿副斜井井筒	中煤矿山建设集团三十处

间最高月进是中煤矿山建设集团二十九工程处于2009年6月在内蒙古麻地梁煤矿回风斜井创照的，断面15.38平方米，月进度613.45米。

四、平硐施工展望

（1）采用冻结法在穿过含水地层施工平硐及缓坡斜井，目前已有施工实例，但大多是垂直冻结，该冻结方法冻结管需穿过巷道，一是施工成本高，二是在掘砌施工中工序烦琐，且不利于安全施工。因此，解决冻结管穿越巷道的问题是发展平硐、斜井含水地段冻结的攻关方向。

（2）管棚法超前支护过破碎、软弱地层的施工方法尚需改进完善，以利施工安全。

（3）努力推广湿式喷浆，降低回弹率和粉尘，改进综掘机的除尘设施，改善工作面作业环境。

（4）推广岩石掘进机掘进技术，提高煤矿巷道施工科技水平。

岩巷机械化配套快速施工

近几年随着国民经济的快速发展，对能源的需求也在不断增长，煤炭作为支撑发展的主要能源，开发力度不断加大。许多项目业主为了尽早实现投资目的，不仅在矿井的设计理念上同以往发生了重大变化，对各阶段的施工工期也提出了更高的目标，建井总工期越来越短。岩巷施工贯穿于从新井建设到生产矿井开拓的全过程，其技术水平的高低、施工质量的好坏和施工速度的快慢直接影响新建矿井的建井工期和建设质量，以及生产矿井的采掘平衡关系。因此，各单位都十分重视岩巷施工速度，均在积极尝试实施岩巷机械化作业线、中深孔光面爆破等措施，千方百计地在提高岩巷施工速度上下工夫。

一、我国岩巷施工技术发展简述

20世纪50年代，岩巷施工主要采用手持式凿岩机钻眼、人工装岩、人工推车出矸、木支架和料石砌碹支护，工人体力劳动强度极大，机械化程度很低。

20世纪60年代，推广了铲斗后卸式装岩机、气腿式风动凿岩机，降低了工人体力劳动强度。但是，料石砌碹作为永久支护、转载调车和运输方式依然制约着施工速度和效率，平均月进度30～40米。

20世纪70年代，耙斗式装岩机得到推广应用，气腿式风动凿岩机的性能日趋完善，许多施工单位采用多台气腿式风动凿岩机与耙斗式装岩机或铲斗后卸式装岩机为主的配套方式，取得了良好成绩，创造了一批岩巷施工记录。70年代后期，岩巷施工技术得到较全面发展。钻、装、转、运、支各主要工序均有了性能可靠、使用灵活方便的施工设备；“光爆锚喷”成套技术初步形成，1975年确定“光爆锚喷”技术为井巷支护技术革新的发展方向并在全国煤矿中推广。“光爆锚喷”技术极大地降低了支护作业劳动强度，实现了支护机械化，缩短了支护工序时间，提高了岩巷施工速度和工效。1983年，中煤三十一处总结的“光爆锚喷技术”科技成果获得煤炭工业部授予的科学技术进步奖和特等奖，现“光爆锚喷”技术已经在煤矿及金属矿山得到了广泛的应用。

进入20世纪80年代，开始进行以多台气腿式风动凿岩机、侧卸式装岩机为主的机械化作业线试验和推广工作。1986年，我国在对国外技术研究基础上实现了凿岩台车国产化，以凿岩台车、侧卸式装岩机为主的机械化作业线开始在我国煤矿推广使用，并取得了一定的成绩。该机械化作业线在断面约15平方米的巷道施工中曾创月进尺310米的全国纪录。但是由于当时国产液压件不过关，设备故障率高，漏油严重而没能得到很好的推广和应用。

2000年以来，随着液压技术的发展，我国凿岩台车质量得到了提高，开始在煤矿大范围进行推广，同时在装运配套设备及施工工艺的研究方面取得了长足的进步，且凿岩台车对炮眼的深度、角度便于控制，有利于光面爆破和推广中深孔爆破，炮眼深度可达到2.5～3.5米，对岩巷的快速施工起到了极大的推动作用。

目前，国内岩巷施工工艺主要有：以气腿式风动凿岩机钻眼、耙斗式装岩机装岩、固定箱式矿车运输的传统施工工艺；以凿岩台车配侧卸装岩机或挖掘式转载机的施工工艺；以气腿式风动凿岩机打眼，挖掘式装载机或侧卸式装岩机或铲车装岩，汽车或无轨胶轮车排矸的施工工艺；还有就是自“十一五”后期开始尝试使用的岩巷悬臂式掘进机配梭式矿车或带式输送机的综掘施工工艺。

“十一五”期间，各单位通过岩巷机械化作业线的创新实践，形成了多项成熟先进的施工工法。如中煤三十一处总结的“光爆锚喷支护施工工法”、“一次成巷施工工法”和“大断面岩石平巷全断面中深孔光爆施工工法”获得了部级优秀工法，代表了国内岩巷施工的工艺水平。

二、岩巷施工工艺

（一）传统施工工艺

该工艺主要工序是气腿式风动凿岩机钻眼、串联装药、预留光爆层光面爆破、前探梁临时支护、气腿式风动凿岩机和锚杆钻机打锚杆永久支护、耙斗式装岩机装矸、固定箱式矿车运输。采用“两掘一支”或“三掘一支”的作业方式，“三八”或“四六”制作业。该工艺设备构造简单，性能可靠、维修方便，各工序平行作业程度高，适用范围广，在各种地质条件和工程条件的巷道均可采用。

传统施工工艺的进度水平一般不超过80米，在围岩状况良好、支护较简单、采取支护与掘进平行作业的情况下，进度水平可达到100米以上。由于煤矿基建条件的特殊性，目前大部分工程仍需采用传统的施工工艺。近几年，许多施工单位积极推行岩巷施工工艺改革，逐步从传统的台阶法施工和浅眼多循环的框架中走出来，推行中深孔、全断面一次爆破，减少循环次数和辅助作业时间，进度水平得到了大幅度的提高。

（二）凿岩台车配侧卸装岩机或挖掘式装载机的施工工艺

采用凿岩台车钻眼爆破的方式破岩，侧卸装岩机或挖掘式装载机装岩，矿车或胶轮车等运输设备运输机械化配套方式，采用“三掘两支”的作业方式，“三八”制作业。掘进采用凿岩台车全断面一次钻眼、一次装药、一次爆破、一次支护，中深孔爆破，钻眼深度为2.5～3.5米，钻眼速度快，劳动强度低、效率高，人员少，能够保证围岩整体性及支护整体性；装岩采用侧卸式装岩机或挖掘式装载机，在连续装矸的条件下，装岩效率比普通耙斗式装岩机高3倍，且机动灵活，可全断面装矸，距离工作面近，视线清晰，有利于安全操作，运输设备可选择范围广；运输采用胶轮车或电机车牵引矿车，实现与侧卸式装岩机或挖掘式装载机的配套作业，充分发挥装岩效率，减少排矸时间。

凿岩台车配侧卸装岩机或挖掘式装载机的施工机械化作业线具有钻眼速度快、质量高、深度有保障、岩石适应性高、易采用中深孔爆破、劳动用工少等特点，月进度可达150～180米，在金属矿山及巷道断面较大的煤矿应用较为成功。

（三）采用气腿式风动凿岩机钻眼、挖掘式装载机或侧卸式装岩机或铲车装岩、汽车或无轨胶轮车排矸的施工工艺

本作业线初期投入小，机动灵活，多台凿岩机可同时工作，不受断面大小的影响，具有充足的后配套运输能力，可充分发挥装岩效率，降低出矸时间。如同时采取增加钻机台数、掘支平行作业等措施，容易取得较高的单进水平。其缺点一是工程的断面大小必须满足设备的运行要求；二是工作面后方必须具备无轨运输条件和顺畅的矸石排放环节。

（四）岩巷悬臂式掘进机配梭式矿车或带式输送机的综掘施工工艺

该施工工艺就是采用悬臂式掘进机破岩，梭式矿车或带式输送机运输排矸，“三班掘进、两班支护”的平行作业方式，“三八”制作业方式。掘进采用掘进机进行岩石的截割，先从巷道的中上部开始进刀，按照横向往复式截割，先上后下，先中间后四周的原则，按照巷道的设计尺寸，上部截割完毕后，退出综掘机进行支护，待拱部支护完后再进行下部循环截割；运输采用梭式矿车或带式输送机，与掘进机配套，实现连续运输，有效保障掘进机的连续运转，提高掘进效率。

该施工工艺采用掘进机掘进，无须爆破震动，巷道围岩破坏小，可连续出矸，但存在岩石硬度$f>6$时切割效率低、震动大、粉尘高，要求巷道断面大、坡度小等问题，因此该机械化作业线只适用于部分岩石硬度较小，巷道断面大、坡度小的煤矿大巷工程施工。在各项条件具备的情况下，该作业线月进度可达300～500米。

三、岩巷施工机械化装备

近年，岩巷的施工采用了大量的新型设备，如系列全液压凿岩台车、系列全液压侧卸式装岩机、系列挖掘式装载机、梭式矿车、岩石系列掘进机、转载机、带式输送机、系列无轨胶轮车等，极大地提升了岩巷尤其是半煤岩、大断面巷道施工的机械化作业线装备水平。

（一）凿岩设备

1. 凿岩台车

凿岩台车有单臂和多臂之分，其均具有效率高、机械化程度高、可钻中深孔眼、钻眼质量高等优点。液压凿岩机、凿岩台车和柱齿硬合金镶焊钎头的推广使用，大大提高了凿岩效率、钻孔质量和岩巷掘进机械化水平，改善了劳动条件。CMJ系列凿岩台车除正常钻工作面炮眼外，还可以兼钻锚杆眼作业。

最新研制开发的煤矿用钻装机是一种在凿岩台车的基础上、集凿岩与装载出矸于一体的高效综合掘进设备，其除具有凿岩台车的优点外，还配备了操作无线遥控系统，手控、遥控均可，操作方便，可全断面装岩，不留死角。从而大幅度提高了岩巷掘进机械化作业水平与掘进速度，使掘进施工作业更加安全。

2. 悬臂式掘进机

掘进机是集截割、装载、运输、行进等于一体的悬臂式纵轴（EBZ 系列）或横轴（AM 系列）掘进机，广泛应用于煤矿岩巷、半煤岩、地下隧道和采掘工作面的现代化机械；其分为部分断面和全断面掘进机两种类型。采用机械和液压混合传动，结构紧凑，操作方便、可靠、运转平稳，配有内外喷雾装置，可有效抑制切割时产生的粉尘；截割臂回转、升降可实现联动能够进行弧形截割；采用独特的分装分运系统，降低了装运机构的故障率，改善了装运效果，提高了装运能力；另外还可选装液压锚杆钻机驱动装置，驱动一台或两台液压锚杆钻机作业。其在进行巷道掘进作业时，可同时进行截割、装载、运输、行进等工作，通过与后配套设备（桥式转载机和可伸缩带式输送机）配合，能够实现连续作业。

（二）装岩设备

1. 侧卸式装岩机

全液压侧卸式装岩机为履带行走式无轨装载设备，主要用于巷道中煤、岩及其他物料的装载，其具有铲力大、机动性好、全断面作业、安全性好、一机多用等特点。其可与巷道中其他设备如全液压凿岩台车、刮板输送机、带式输送机、梭车、矿车等配套，机动灵活，适用性好。

2. 挖掘式装载机

挖掘式装载机是一种高效的连续装载设备，其与煤矿用凿岩台车及带式输送机、胶轮车、梭车配套使用可实现煤矿掘进机械化作业线，大大提高掘进速度。该机加装液压破碎锤后，具有井下挖水沟、清底等功能。

（三）运输设备

1. 矿车

固定箱式矿车具有坚固耐用、使用灵活等特点；装岩配置耙斗式装岩机或挖掘式装载机等，牵引采用电机车或绞车，是目前最常用的运输设备。

2. 无轨胶轮车

防爆柴油机无轨胶轮车以防爆低污染柴油机为动力，采用成熟整体底盘、机械转动、液压助力转向、后轮驱动，货箱带有自卸功能。具有结构紧凑、操作方便、转弯半径小、爬坡能力强、污染低、运输效率高等特点。采用该车运输，不仅省去了有轨运输烦琐的轨道敷设等辅助设施施工的程序，而且为提高矿井生产能力创造了有利条件，从根本上解决了煤矿长期以来辅助运输制约生产能力的瓶颈问题。

3. 带式输送机

固定和伸缩带式输送机是一种连续运输机械，主要用于井下综采、工作面巷和巷道掘进运输。其与桥式转载机都是掘进机的后配套设备，可以与掘进机配套使用完成运输工作。它可以根据巷道长度伸长和缩短。其型号较多，单安装主要有落地式和吊挂式两种。吊挂式输送机较落地式输送机具有结构简单，节省钢材，不受巷道底板不平和积水的影响，便于清理和维修。

伸缩带式输送机长度大、运行速度高、运输能力大，且工作阻力小、耗电量低。同样的运输条件和距离，带式输送机使用台数少，中间转载次数也少，故能节省大量的设施和人力。是目前机械化作业线施工最优选的方案之一。

4. 梭式矿车

梭式矿车是一种大容积的矿车，也是一种转载设备。根据工作面的条件可以采用一台，也可采用多台搭接组列使用，将工作面一次爆落的矸石装走。

四、岩巷机械化施工发展趋势

在未来一定时期内，以液压凿岩台车凿岩、侧卸式装岩机或挖掘式装载机等设备装岩为主的施工工艺将成为岩巷机械化作业线发展的主流，但机械化作业线设备需进一步进行改造，使其具备一定的爬坡和防止下滑能力，提高岩巷机械化作业线的适应性。

另外岩巷综掘施工也将得到很大的发展，尤其是重型、超重型悬臂式掘进机的研制，使得掘进机在岩巷施工中应用范围越来越广，将成为岩巷施工未来发展的方向。

在岩巷机械化作业线后配套方面，也将得到很好的发展，各种装载、转载、运输设备的发展将使岩巷机械化作业线配套系统趋向于更加匹配、适应，机械设备的“钻、装、转、运、支”各环节衔接越来越紧密，为提高岩巷施工进度水平提供可靠的保障能力。

五、岩平巷施工技术应用实例

2009年，中煤三十一处施工的中煤集团华晋焦煤有限公司王家岭煤矿副平硐，设计长度12406米、断面22平方米、坡度6‰，采用气腿式风动凿岩机钻眼、中深孔光面爆破、侧卸式装岩机装岩、无轨胶轮车运输，“三八制”作业，三班掘进、两班支护喷浆，最高施工月进度达220米。

2010年，中煤四十九处施工的哈密鲁能煤电化大南湖煤矿一号矿井三煤回风巷，设计长度2500米、断面18.4平方米、坡度7‰，采用EBZ230掘进机掘进、带式输送机运输，“三八制”作业，最高施工月进度342米。

2010年，中煤三十一处施工的兖矿集团山东菏泽赵楼矿南部辅助运输大巷，设计长度5000米、断面22平方米、坡度3‰，采用气腿式风动凿岩机钻眼、中深孔光面爆破、ZWY160型挖掘式装载机装岩、梭式矿车运输，“三八制”作业，最高施工月进度达239米。

六、“十一五”期间岩巷施工新水平

根据资料统计，“十一五”期间岩巷年度最高月进度分别为：

2007年，月进度超过200米的有26项，最高月进是重庆巨能建设集团有限公司第十工程处，在天府合川三汇一矿北运输大巷+590米水平开拓巷创造的,断面13.4平方米,月进度310米(表4-89)。

表4-89　2007年度井巷掘进工作面（岩石平巷）月进度前10名

最高月进尺/米	设计长度/米	断面/平方米	时　间	工 程 名 称	施 工 单 位
310	3900	13.4	2007年4月	天府合川三汇一矿北运输大巷+590米水平开拓巷	重庆巨能建设集团有限公司第十工程处
304		23.02	2007年6月	陕西张家峁煤矿副平硐	中煤矿山建设集团三十处
301		14.2	2007年12月	山西霍州干河矿井联络巷	中煤第一建设公司十处
249		12	2007年7月	淮北刘店煤矿回风石门	中煤矿山建设集团二十九处
230	3300	14.42	2007年7月	陕西黄陵一号井西一进风巷	江西省矿山隧道建设总公司
225	1800	11.57	2007年4月	天府合川三汇一矿北运输大巷水平北茅口	重庆巨能建设集团公司第十工程处
220		14.45	2007年12月	山西王家岭煤矿主平硐	中煤矿山建设集团三十处
221.5		9.2	2007年7月	广东河源铁矿运输平巷	湖南涟邵建设工程集团公司
214.2		8.80	2007年12月	江西永平铜矿北风井运输平巷	湖南涟邵建设工程集团公司
210		20.42	2007年12月	山西王家岭煤矿副平硐	中煤矿山建设集团三十处

2008年，月进度超过200米的有26个，最高月进是江西省矿山隧道建设总公司永平项目部，在江西永平铜矿露转坑-100米中段巷道创造的，断面23.3平方米，月进度554米（表4-90）。

表4-90　2008年度井巷掘进工作面（岩石平巷）月进度前10名

最高月进尺/米	设计长度/米	井巷断面/平方米	时　间	工 程 名 称	施 工 单 位
554	3000	23.3	2008年9月	江西永平铜矿露转坑-100米中段巷道	江西省矿山隧道建设总公司
312	1218	18.37	2008年11月	安徽淮北青东煤矿东翼胶带大巷	中煤矿山建设集团二十九处

表 4-90（续）

最高月进尺/米	设计长度/米	井巷断面/平方米	时　间	工 程 名 称	施 工 单 位
311.4		23.6	2008 年 3 月	陕西煤化张家峁煤矿副平硐	中煤矿山建设集团三十处
305		16.37	2008 年 5 月	四川煤业石屏煤矿平硐	四川芙蓉集团宜宾川南建设工程公司
293		14.2	2008 年 3 月	山西霍州干河矿井轨道巷	中煤第一建设公司十处
282	1100	21.9	2008 年 10 月	安徽淮北青东煤矿东翼回风大巷	中煤矿山建设集团二十九处
275		14.2	2008 年 1 月	山西霍州干河矿井轨道巷	中煤第一建设公司十处
266	356	17.6	2008 年 10 月	山西潞安高河煤矿材料库	中煤矿山建设集团二十九处
260		12.9	2008 年 4 月	安徽淮南张集矿井 1122（1）底抽巷	淮南集团矿业公司
252		20.95	2008 年 4 月	山西华晋王家岭煤矿副平硐	中煤矿山建设集团三十处

2009 年，月进度超过 200 米的有 36 个，最高月进是中煤第五建设公司第二工程处，在山西高河能源山西长子高河煤矿南翼回风大巷创造的，断面 20.65 平方米，月进度 330.5 米（表 4-91）。

表 4-91　2009 年度井巷掘进工作面（岩石平巷）月进度前 10 名

最高月进尺/米	设计长度/米	井巷断面/平方米	时　间	单项（单位）工程名称	单 位 名 称
330.5		20.65	2009 年 4 月	山西高河能源山西长子高河煤矿南翼回风大巷	中煤第五建设公司二处
330	3962	23.3	2009 年 9 月	内蒙古双欣东胜杨家村煤矿 2-2 煤层辅助运输大巷	中煤第五建设公司四处
324	1745	14.4	2009 年 5 月	淮北矿业淮北杨柳矿风巷底板抽采	淮北矿业（集团）工程建设公司
317		10.81	2009 年 3 月	古叙煤电公司石屏一矿瓦斯底板抽采巷	四川芙蓉集团宜宾川南建设工程公司
310	1682	14.4	2009 年 5 月	淮北矿业淮北杨柳矿 10414 机巷底板抽采	淮北矿业（集团）工程建设公司
305		19.95	2009 年 11 月	淮北矿业淮北桃园矿二水平充电硐室	淮北矿业（集团）工程建设公司
288.5	1504	11.17	2009 年 9 月	淮北矿业安徽濉溪青东煤矿二号瓦斯抽排巷	中煤矿山建设集团二十九处
280	281.3	20.9	2009 年 3 月	陕煤集团陕西神木张家峁煤矿 4-2 煤带式输送机斜巷	中煤矿山建设集团三十处
278	1504	11.17	2009 年 12 月	淮北矿业安徽濉溪青东煤矿二号瓦斯抽排巷	中煤矿山建设集团二十九处
276	1780	11.07	2009 年 8 月	山西同煤大唐塔山矿 8104 顶回风巷	同煤集团宏泰公司

2010年，月进度超过200米的有42个，最高月进是中煤五建四十九处，在哈密鲁能煤电化大南湖煤矿一号矿井三煤回风巷创造的，断面18.4平方米，月进度342米（表4－92）。

表4－92　2010年度井巷掘进工作面（岩石平巷）月进度前10名

最高月进尺/米	设计长度/米	巷道断面/平方米	施工时间	单项（单位）工程名称	施工单位
342		18.4	2010年1月	哈密鲁能煤电化开发有限公司大南湖煤矿一号矿井三煤回风巷	中煤第一建设公司四十九处
320		20.17	2010年6月	芙蓉集团新维煤矿新场主平硐	四川芙蓉集团宜宾川南建设工程有限公司
316	1759	16.65	2010年8月	陕西省郭家河煤业有限责任公司郭家河煤矿主运输大巷	中煤矿山建设集团二十九处
313	1824	15.67	2010年1月	淮北矿业集团有限责任公司袁二煤矿南翼带式输送机巷	中煤矿山建设集团二十九处
308	1450	20.20	2010年8月	淮北矿业集团杨柳煤矿采区巷道	淮北矿业集团工程建设公司
307	1357	14.89	2010年6月	陕西彬长胡家河矿业有限责任公司胡家河煤矿泄水巷	中煤矿山建设集团二十九处
297	1653	11.17	2010年1月	淮北矿业集团有限责任公司青东煤矿三号瓦斯抽排巷	中煤矿山建设集团二十九处
297	778	11.51	2010年12月	淮北矿业集团有限责任公司青东煤矿728顶抽巷	中煤矿山建设集团二十九
286	576.4	8.92	2010年1月	江西铜业集团东同矿业有限责任公司东同矿业V号矿体深部开采	中鼎国际矿建分公司（二公司）
286	1357	14.89	2010年11月	陕西彬长胡家河矿业有限责任公司胡家河煤矿泄水巷	中煤矿山建设集团二十九处

煤巷机械化配套快速施工

随着我国西部煤矿开发的加快，矿井建设迅猛发展，现代化大型矿井不断涌现，为了快出煤、多出煤，很多主要巷道直接布置在煤层中，煤巷在井巷工程总量中比例大幅增高，工程量随之增多。由于煤巷施工总体水平较低，施工速度跟不上现代化矿井建设的发展需要，加之煤矿综采设备不断更新，采、掘接替失调现象时有发生，因此，加快煤巷施工速度，为缩短建井施工总工期，解决采掘失调矛盾，十分重要。

一、煤巷施工发展过程

20 世纪 70 年代以来，煤炭基建行业煤巷掘进一直采用7655 型凿岩机打眼，架棚支护，矿车出矸，用工多，且劳动强度大，生产效率极其低下；随后发展为 YT－24 凿岩机打眼，锚网喷支护，MQT110－C 锚杆钻机打装锚杆，ZP－Ⅶ喷浆机喷浆，矿车配合绞车运输或者 5 吨电机车运输，在发展过程中施工装备水平有所提高，但掘进运输环节多、速度慢、工效低；随着煤巷施工实践的发展，炮掘工艺逐步优化，渐渐形成了以凿岩机打眼、P－60B/90B 耙装机装煤矸、矿车配合绞车运输或者 5 吨电机车运输、MQT110－C 锚杆钻机、MQT－120/2.3 锚索钻机打装锚杆、ZP－Ⅶ喷浆机喷浆等为主的钻、装、运、支的简易机械化配套作业线，同时利用中深孔爆破技术，科学制定爆破掏槽方式，增大爆破循环进尺，炮掘平均进尺大幅提高，国内煤巷施工平均月进尺达到 120～240 米。

“十一五”期间，煤巷施工速度有了进一步提高，随着煤矿建设项目的增多，煤矿施工企业加大了对新型煤巷施工设备、材料、机具的研制和投入，国内已装备了 300 多条煤巷综掘机械化作业线。2006 年，中煤矿山建设集团二十九工程处在黄陵二号煤矿西一采区运输大巷施工中，首次使用煤巷综掘机械化作业线快速施工，当月完成进尺 386 米，创黄陵矿区煤巷施工最高纪录。煤巷综掘施工装备与技术的应用，给煤巷掘进带来一场跨越式的革命，大大提高了煤巷的单进水平。一般煤巷综掘月单进都保持在 350 米以上的进度，最高月进尺超过 1500 米以上，这是炮掘施工无法做到的。

实践证明，煤矿应用综掘机械化配套设备进行煤巷掘进，实现了掘进工艺的高效、安全、快速发展，使质量与进度指标齐头并进，极大地缩短了煤巷工作面的施工工期，为生产连续性提供了有力保障。煤巷掘进全面实现机械化生产作业，已成为煤矿建设生产发展的必然趋势。

二、煤巷机械化配套快速施工

（一）煤巷综掘机械化配套一

目前在全国煤巷综掘施工中，以综掘机为主，装配液压前探支架进行临时支护，永久支护与二运转载，后配套可伸缩带式输送机运输出渣平行作业，采用 MQT110－C 锚杆钻机打装锚杆；无轨防爆胶轮车（或 5 吨电机车牵引矿车）运输物料；工作面配备 ZP－Ⅶ型喷浆机两台，一台初喷，一台用于后方复喷；500 米以上巷道采用激光指示仪；计算机辅助管理等配套的机械化施工作业线。综掘机、带式输送机协同作业，同时采用无轨防爆胶轮车（或机车牵引矿车）运料，实行短掘快支护，在综掘破、装、运、支 4 个环节中充分发挥了机械化的快速度、高性能，缩短煤巷快速掘进重要环节支护和运输环节循环时间，为加快煤巷施工速度提供了坚实的基础。某煤巷综掘机械化配套施工装备见表 4－93。

表 4－93　综掘机械化配套施工装备表

序号	名　称	型　号	单位	备注
1	综掘机	EBZ 型 （S－J 型）	台	
2	带式输送机	SSJ800/80	部	
3	简易带式输送机	自制	部	
4	气动锚杆钻机	MQT－120/2.3	台	
5	气动帮锚杆钻机	MQT11Q－C	台	
6	搅拌机	JS－1000	台	
7	配料机	PL－1600	台	
8	混凝土喷射机	ZP－Ⅶ	台	
9	激光指向仪	YBJ－600	台	
10	无轨胶轮车(电机车)	5 吨	辆	
11	螺旋式除尘风机	KCS－408ZZ	台	

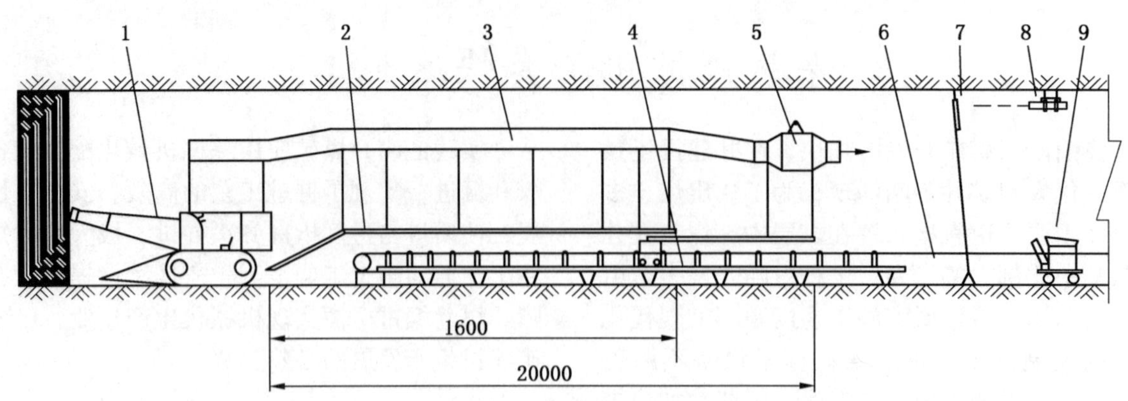

1—综掘机；2—转载带式输送机；3—伸缩风机；4—带式输送机机尾滑道；5—除尘风机；
6—可伸缩带式输送机；7—气腿式凿岩机；8—激光指向仪；9—喷浆机

图 4 -67　煤巷综掘施工机械化作业线

综掘施工工艺流程：准备→切割→转载→运输→准备支护材料→退出→支护。煤巷综掘施工机械化作业线如图 4 -67 所示。

1. 掘进

为了确保巷道成形，巷道采用横向往复式截割，并按照先上后下、先中间后四周的原则截割。综掘机截割时将截割头调至巷道中上部，由巷道中上部开口进刀，先截割至与设计接近的断面，截割工作完成后，退出综掘机进行支护，支护工作完成后再开始进行巷道下部循环截割。为了保证工程质量，便于掌握巷道规格尺寸、方向，采用 3 台激光指向仪定向。

综掘机截割顺序示意图如图 4 -68 所示。

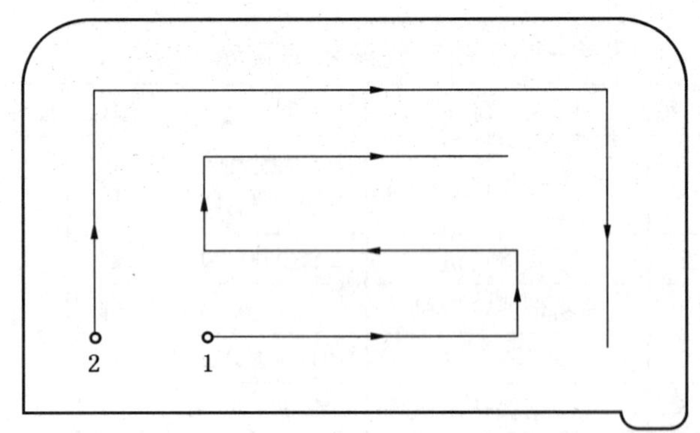

图 4 -68　综掘机截割顺序示意图

说明：（1）本图为机掘巷道截割卷筒运行轨迹示意图。

（2）图中 1 点为卷筒进刀起始点。

（3）图中 2 点为刷宽成巷起始点。

2. 装载

切割的煤落入综掘机铲板的收集头上，收集头上的圆盘耙爪连续运转将煤转入综掘机自带的运输装载系统。

3. 运输

综掘机机头切割、铲板收集装载、机尾转载输送带转运，经带式输送机运送至矿井主运输系统运送至地面储煤场。施工用料采用无轨防爆胶轮车运送至工作面。

综掘机后面接一部转载长输送机进行转载，以增加综掘机的使用效率，掘进机割下的煤通过掘进机自身的铲板输入转载输送带，接入带式输送机，该带式输送机为双向可伸缩式。综掘机的操作必须严格按照其操作程序来进行。

4. 支护

煤巷支护一般采用锚网梁索喷联合支护，综掘机每掘进 2.0 米后必须停下来，前移前探梁作临时支护，利用前探梁临时支护进行顶部锚网梁初次支护施工，然后进行下部切割，再铺设墙部金属网，进行锚网梁（索）初支护。前探梁临时支护尽可能及时，减少巷道顶板悬空空顶时间，一旦掘进够支护距离时，落下综掘机截割头，便立即进入临时支护作业。当锚网梁索支护完成后，及时进行初喷，以封闭围岩，后面一台 ZP - Ⅶ喷射机滞后一定距离进行复喷混凝土成巷作业。

顶板锚杆安装采用 MQT - 120/2.3 型气动锚杆钻机打眼及安装；侧帮锚杆钻孔及安装采用 MQT11Q - C 型气动锚杆钻机施工。顶板锚杆施工时，先施工顶板中间锚杆孔，然后依序向两边施工，钢筋梁压住网片搭接处，网片搭接符合设计要求。锚杆施工前先点好位置，使锚杆施工后成一直线。施工顺序自上而下，由后向前逐排进行。

（二）煤巷综掘机械化配套二

当煤层倾角大，煤巷倾角在 10～20 度时，配备悬肩式 EBZ－200 型综掘机掘进，SSJ800/80 带式输送机运输，使用 MQT11Q－C 型锚杆钻装机打装锚杆，ZP－Ⅶ型喷浆机喷射混凝土，工作面施工用物料由 JYB－60×1.25 绞车串车提升 1.5 吨箱式矿车运输材料到工作面，工作面配备 ZP－Ⅶ型喷浆机两台，一台初喷，一台用于后方复喷，500 米以上巷道采用激光指示仪指向等为主的煤巷综掘机械化快速施工作业线。施工时，锚喷支护紧跟采掘工作面，掘进、运送、支护等工序平行交叉作业。

（三）煤巷综掘机械化配套三

联采机在煤巷掘进施工中的应用，使煤巷施工速度又大大向前推进，其机械化配套施工作业线与悬肩式综掘机大体相同，但联采机械化掘进速度快、效率高，而且基本实现了掘支一体化，施工安全。中煤第五建设公司一处、中煤第一建设公司十处分别把联采机投入使用于煤巷机械化掘进，月成巷进尺达 800 米以上。2009 年 8 月，中煤第五建设公司一处在西山晋兴能源山西吕兴斜沟矿 11 采区辅助运输上山施工中最高月进尺 1576 米。

（四）煤巷综掘机械化应用特点

1. 施工速度快、效率高

综掘机的投入使用，使煤巷掘进速度加快，进尺比炮掘提高 1～4 倍，月成巷进尺 350～1600 米，极大缓解了矿井采掘接续失衡的矛盾，这是炮掘难以企及的。

2. 成本低、效益提高

综掘机施工初次投入高，但能多次使用，而且减去了炮掘施工中的炸药和雷管；使用综掘机掘进时巷道围岩受震动小，巷道成形好，支护材料投入较少；综掘巷道掘支进度快，围岩受淋水及风化程度较小，巷道成形后变形量减小，维护量随之减小，从而减少了后期巷道二次维护的投入。由于掘进速度加快，降低了工人劳动强度及每米巷道掘进成本，生产效益进一步提高。

3. 安全状况得到极大改善

采用综掘机掘进对巷道围岩破坏小，不易破坏巷道顶板围岩，有效减少了顶板事故，同时，与炮掘相比，摈弃了火工品的使用，杜绝了爆破伤人、炮烟熏人等事故，以及对火工品管理、运输中的其他潜在危险源，有效地保障了施工安全，减免了轻伤及以上事故发生。

4. 工程质量提高

综掘机掘进对巷道围岩扰动小，巷道轮廓规整、成形好，锚网支护效果好，巷道观感好，工程质量明显提高。

目前国内综掘机设备主要有 EBZ－150 型、EBZ－150A 型、S－150J 型、EBZ－160 型、EBZ－160C 型、EBZ－200 型、EBZ－200A 型、EBZ－200H 型及 EBZ－230 型。中煤一公司、五公司和中煤矿山建设集团现有综掘机械化作业线 200 多条，由于综掘机设备不断升级、装机功率越来越大，综掘机械化作业线逐步成熟，煤巷综掘施工速度越来越高。

（五）煤巷综掘施工安全保障技术

（1）掘进机采用内、外强化三重喷雾降尘技术：在掘进机的截割头上及伸缩臂上安装雾化喷嘴，同时对喷雾装置进行改造，在外喷雾外，再加一道强化风水喷雾，形成内外强化三重喷雾降尘系统，形成水雾屏障，润湿煤体、抑制粉尘的扩散，保障员工职业健康。另外，除尘风机的使用，有效地降低了工作面粉尘。

（2）在联络巷和大角度转弯煤巷，利用电卷筒作为驱动装置，利用现有的 H 架、纵梁制作了简易带式输送机，实现了单机驱动 35 米、双机驱动 75 米带式输送机输送，充分发挥带式输送机输送能力强，维修量小，制作成本低，搬运方便，组装快捷等优点，实现无轨运输。

（3）在小角度转弯煤巷，科学论证，研制带式输送机弯曲装置，施工时实现直接运输，无须使用刮板输送机进行二次转载，运输环节少，便于管理维护，减少设备投入。

（4）研制了新型刮煤器，在使用过程中由于清煤器安装在卸载卷筒上，清下来的煤直接上了输送带；清煤器作成框式结构，设置为两道，清扫效果很明显；清煤器可以在两端凸出夹板，磨损后，反转一下可以继续使用，两侧都磨损后再更换，减少更换清煤输送带时间。使用反臂杠杆是为了安装时不占用两部输送带的搭接空间，减小煤巷高度。清煤器可以压紧在滚筒上，接触压力大，清扫效果非常好。

（5）采用δ3毫米钢板，切割成长1.2米，宽400毫米两块，切割成宽1000毫米，长1200毫米一块，三块采用铰链式连接成整体，三块板和管子也采用铰链连接，后焊接两根管子支撑在综掘机上，加工制作成综掘机切割头防护罩。防止司机误操作，酿成伤亡事故。

（6）将综掘机普通型截齿改为高强度截齿，实现了500米截齿零消耗，节省截齿维护和更换工序，月进尺大幅度提高。

（7）根据现场实际情况，对综掘机冷却系统进行改进，将外冷却器改为蛇形管路，内置于油箱进行冷却，解决了综掘机冷却系统中的冷却器、冷却芯故障频繁，并且冷却系统出现故障后常会造成水油相串、油脂乳化等问题。

（8）在复杂地质条件下施工时，应采取“有疑必探、先探后掘”的施工原则，加强对断层破碎带、含水层等不良地层进行探查，根据水文地质资料和地质探查报告等资料，在过断层破碎带、含水层时，首先对已掘巷道进行加强支护，探明断层破碎带、含水层等情况，然后制定相应的预防措施，当确认无安全风险时，再进行掘进，并采取短掘短支，确保安全通过。

（9）在高瓦斯矿井综掘施工时，严格坚持“先抽后掘”施工工艺。

针对部分矿区高河煤矿瓦斯大，煤层具有突出危险性，且煤层透气性差，为了安全高效地提高综掘掘进效率，主要采取以下措施，保证高瓦斯矿井煤巷综掘安全施工：

（1）平行布置的两条巷道，进行一掘一抽，两条巷道每月交替向前掘进，做到掘前预抽的效果。

（2）巷道在掘进过程中，在巷道两侧帮部分别布置钻场，巷道同侧每80米布置一个钻场，异侧钻场相距9米，迈步式布置。每个钻场布置5个直径为94毫米，深度为130～150米的钻孔进行抽放瓦斯。在掘进期间保证钻孔始终超出工作面前方20米的安全距离，让掘进巷道始终在抽采钻孔的有效控制范围内，真正做到边掘边抽。

（3）当掘进工作面预测有瓦斯突出危险性时，采用超前排放钻孔消突措施。在工作面布置25个直径为42毫米，深度为15米的瓦斯排放钻孔。掘进工作面的允许进尺量应同时保证留有7米的排放孔超前距和不小于2米的预测（效检）孔超前距。当上一循环防突措施进尺到位后，预测无突出危险时也应采取防突措施，只有连续2次预测无突出危险时，该工作面方可视为无突出危险工作面。

（4）加大工作面风量，采用双路风筒供风，一趟直径为1000毫米主风筒与一趟直径为800毫米副风筒，巷道两帮各吊挂一趟风筒，主风筒出风口距工作面5米，副风筒出风口距工作面不大于20米。

（5）缩短单循环进尺以及掘进机进刀深度，工作面3米以外严禁堆积浮煤，以降低瓦斯释放量。

三、煤巷综掘快速施工成果及实例

中煤矿山建设集团编写的“建井期间部分断面掘进机快速施工工法”获得2007—2008年度煤炭行业部级工法，“大断面煤巷综掘机快速施工工法”获得2009—2010年度煤炭行业部级工法。

2007年，中煤矿山建设集团二十九工程处在黄陵矿业集团公司黄陵一号井西一轨道大巷工程施工中，3—7月，连续5个月以超千米的速度刷新黄陵矿区综掘施工纪录。其中，2007年7月，实现独头掘进成巷进尺1458米，被中国企业家协会、中国企业联合会认定为第十三批中国企业新纪录。

中煤矿山建设集团二十九工程处在陕西彬长大佛寺煤矿40106回风巷（断面18.9平方米）施工中，2008年5、6、8月分别完成进尺573、604和753米。全年取得了9次月进尺超500米的好成绩。在扎赉诺尔煤业内蒙古满洲里灵东煤矿首采区运输巷（断面17.3平方米）施工中，克服了运输条件差、距离长、天气特别寒冷等难题，采用综掘机械化作业，2009年4、5、6月，分别成巷进尺497、500和499米，受到了社会各界的一致赞誉。2010年11月，在扎赉诺尔煤业有限公司灵东煤矿泄水巷施工中，取得了月成巷进尺686米的矿区最高纪录。

中煤矿山建设集团三十工程处在陕西煤化张家峁煤矿5－2煤辅运巷（断面23.2平方米）施工中，采用综掘施工，2008年10月成巷进尺900

米；2009 年 7 月在内蒙古东胜赛蒙特尔煤矿 1401 运输巷（断面 18.2 平方米）施工中，采用综掘施工，月成巷进尺 1208 米；2009 年 12 月在陕西神木石窑店煤矿 215206 工作面辅运巷施工中，月成巷进尺 1002 米。

中煤第五建设公司一处在西山晋兴能源山西吕兴斜沟矿 11 采区辅助运输上山（断面 20.52 平方米）施工中，采用联采机掘进，2009 年 8 月取得成巷进尺 1576 米的好成绩；在潞安矿业山西屯留煤矿北一采区 2 号回风上山施工中，采用综掘施工，2009 年 1 月成巷进尺 1030 米；2010 年 5 月在西山晋兴斜沟煤矿二期 8 号南翼回风大巷施工中，月成巷进尺 1000 米。

中煤第一建设公司三十一处在山西潞安司马煤矿 4101 瓦斯排放巷（断面 12.5 平方米）施工中，采用综掘施工，2008 年 5 月成巷进尺 601 米；2008 年 11 月在山东肥城梁宝寺煤矿 3300 回风大巷施工中，创造了月成巷进尺 300 米的矿区最高纪录。

江苏华美工程建设集团有限公司在西川矿业陕西铜川西川煤矿 1105 工作面运输巷（断面 14.4 平方米）施工中，采用综掘施工，2009 年 4 月取得了成巷进尺 720 米的好成绩。

经中国煤炭建设协会统计，全国煤巷施工月成巷超 500 米以上的综掘机械化作业线，2008 年 23 项、2009 年 39 项、2010 年 56 项。“十一五”期间全国煤巷综掘施工月成巷进尺（部分）见表 4－94。

表 4－94 “十一五”期间全国煤巷综掘机械化快速施工统计

序号	最高月进尺/米	设计长度/米	巷道断面/平方米	施工时间	单项（单位）工程名称	施工单位
1	1025	2800	13.6	2007 年 3 月	陕西煤化黄陵一号煤矿西一回风大巷	中煤矿山建设集团二十九处
2	1206	2800	13.6	2007 年 4 月	陕西煤化黄陵一号煤矿西一运输大巷	中煤矿山建设集团二十九处
3	1241	2800	11.2	2007 年 5 月	陕西煤化黄陵一号煤矿西一运输大巷	中煤矿山建设集团二十九处
4	1217	2800	11.2	2007 年 6 月	陕西煤化黄陵一号煤矿西一输送带大巷	中煤矿山建设集团二十九处
5	1458	2800	11.2	2007 年 7 月	陕西煤化黄陵一号煤矿西一输送带大巷	中煤矿山建设集团二十九处
6	900		23.2	2008 年 10 月	陕西煤化张家峁煤矿 5－2 煤辅运巷	中煤矿山建设集团三十处
7	753	2620	18.9	2008 年 8 月	陕西彬长大佛寺煤矿 40106 回风巷	中煤矿山建设集团二十九处
8	732	2130	17.2	2008 年 11 月	陕西彬长大佛寺煤矿 3801 运输巷	中煤矿山建设集团二十九处
9	669	2560	16.4	2008 年 7 月	陕西彬长大佛寺煤矿 40106 灌浆巷	中煤矿山建设集团二十九处
10	601		12.5	2008 年 5 月	山西潞安司马煤矿 4101 瓦斯排放巷	中煤第一建设公司三十一处
11	1576	3352	20.52	2009 年 8 月	西山晋兴能源斜沟矿 11 采区辅助运输上山	中煤第五建设公司一处

表 4－94（续）

序号	最高月进尺/米	设计长度/米	巷道断面/平方米	施工时间	单项（单位）工程名称	施工单位
12	1208	2166	18.2	2009 年 7 月	内蒙古东胜赛蒙特尔煤矿 1401 运输巷	中煤第三建设公司三十处
13	1030	348	20.5	2009 年 1 月	潞安矿业屯留煤矿北一采区 2 号回风上山	中煤第五建设公司一处
14	1020	6500	10.01	2009 年 9 月	陕西黄陵一号煤矿 602 工作面回风巷	中鼎国际矿山隧道黄陵项目部
15	1006	2166	18.72	2009 年 7 月	内蒙古东胜赛蒙特尔煤矿 1401 回风巷	中煤第三建设公司三十处
16	893	1813	12.16	2009 年 4 月	潞安矿业山西屯留煤矿 S1201 进风巷	中煤第五建设公司一处
17	810	3491	19.5	2009 年 5 月	西山晋兴能源吕兴斜沟矿 11 采区输送带上山	中煤第五建设公司一处
18	613	3237	18.9	2009 年 7 月	西山晋兴能源吕兴斜沟矿 11 采区回风上山	中煤第五建设公司一处
19	1342	3700	14.5	2010 年 3 月	黄陵一号煤矿西一进风巷 605 回风巷	中鼎国际矿建分公司（一公司）
20	1205	3480	18.2	2010 年 1 月	陕煤集团神木张家峁煤矿 4－2 煤北部探巷	中煤矿山建设集团三十处
21	1000	6280	19.8	2010 年 5 月	西山晋兴斜沟煤矿二期 8 号南翼回风大巷	中煤第五建设公司一处
22	794	6280	19.8	2010 年 6 月	西山晋兴斜沟煤矿二期 8 号南翼回风大巷	中煤第五建设公司一处
23	686	4217	13.66	2010 年 11 月	扎赉诺尔煤业有限公司灵东煤矿泄水巷	中煤矿山建设集团二十九处
24	663	3564	19.5	2010 年 12 月	山西西山晋兴能源有限公司斜沟煤矿二期	中煤第五建设公司一处
25	658	2340	21.35	2010 年 5 月	大同煤矿集团塔山煤矿二期采区巷道	华煤集团有限公司
26	602	4217	13.66	2010 年 7 月	扎赉诺尔煤业灵东煤矿泄水巷	中煤矿山建设集团二十九处
27	600	2988.75	11.88	2010 年 11 月	黄陵矿业黄陵一号煤矿 611 进风巷	中煤矿山建设集团三十处

表 4 -94（续）

序号	最高月进尺/米	设计长度/米	巷道断面/平方米	施工时间	单项（单位）工程名称	施 工 单 位
28	569.7	4217	13.66	2010 年 5 月	扎赉诺尔煤业有限公司灵东煤矿泄水巷	中煤矿山建设集团二十九处
29	560	2340	21.35	2010 年 5 月	大同煤矿集团塔山煤矿二期采区巷道	华煤集团有限公司
30	550	2725	15.24	2010 年 5 月	潞新砂墩子煤矿北翼采区 N4002 回风巷	中煤矿山建设集团二十九处
31	545.5	3480	18.2	2010 年 12 月	陕煤集团神木张家峁煤矿 4 - 2 煤北部探巷	中煤矿山建设集团三十处
32	536	1863	16.67	2010 年 8 月	陕西省郭家河煤业郭家河煤矿输送带下山	中煤矿山建设集团二十九处
33	513	1759	19.91	2010 年 10 月	陕西省郭家河煤业郭家河煤矿回风巷	中煤矿山建设集团二十九处
34	512	3564	18.9	2010 年 9 月	西山斜沟煤矿二期 12 采区辅助运输下山	中煤第五建设公司一处
35	510	2725	15.24	2010 年 6 月	潞新砂墩子矿北翼采区 N4002 回风巷	中煤矿山建设集团二十九处
36	505	2357	18.7	2010 年 4 月	西山斜沟煤矿二期 12 采区辅助运输下山	中煤第五建设公司一处

注：表中数据来自中国煤炭建设协会网。

四、煤巷综掘施工展望

煤巷综掘施工正逐步走向成熟，但还有不足之处，尚需进一步完善。目前国内煤巷综掘施工已基本实现掘、装、运、支智能一体化，但悬肩式掘进机在支护上与其他工序还没有完全实现平行作业，由于综掘施工速度快，经常会造成喷浆支护严重滞后，还要进一步改进和完善，在掘综机掘进降尘、除尘、降噪等方面也有待于改进和提高。随着我国煤矿开采逐步向西部发展，大型现代化矿井越来越多，与矿井采掘能力相匹配的采区巷道增多，煤巷快速施工、缩短建井施工总工期，是现代化矿井发展的必然方向，而且，随着综掘设备的配套发展，综掘机运用技术越来越成熟，平硐、斜井、岩石巷道在借鉴煤巷综掘施工时，也应逐步走向机械化配套施工作业。

平巷机械化施工装备与技术

一、国内外煤矿平巷机械化掘进现状

早在20世纪30年代，德国、苏联、英国、美国等西方国家就开始了煤矿巷道掘进装备的研制，目前，所生产的掘进装备已被广泛用于硬度低于f 8的半煤岩采准巷道掘进，并扩大到岩巷。重型机定位截割断面达35～42平方米，多数机型能在纵向±16度、横向8度的斜坡上可靠工作，截割功率在132～350千瓦，机重在50～100吨，切割岩石硬度f 12，部分机型截割线速度已降至1米/秒以下。代表机型有奥地利山特维克的AHM105、德国的WAV300等。

我国从20世纪60年代开始掘进装备的探索与研究，半个世纪以来，实现了从无到有，从轻到重的历史性变革，已形成年产2000余台的生产能力。而且随着开采技术与工艺的不断发展，我国煤矿巷道的布置方式发生了根本性的变化，需要掘进的巷道数量也大幅增加。据统计，每年开拓巷道的长度已超过850余万米（其中煤巷约占总掘进巷道工程量的70%左右）。

2010年，我国综采机械化程度达到84.15%，而综掘机械化率仅达到42.71%（图4－69）。由此可见，与综采技术发展状况相比，巷道掘进技术仍然步履缓慢，采掘比例失调问题依旧突出，煤、岩巷机械化配套施工装备与技术成为制约煤矿整体生产能力的瓶颈。

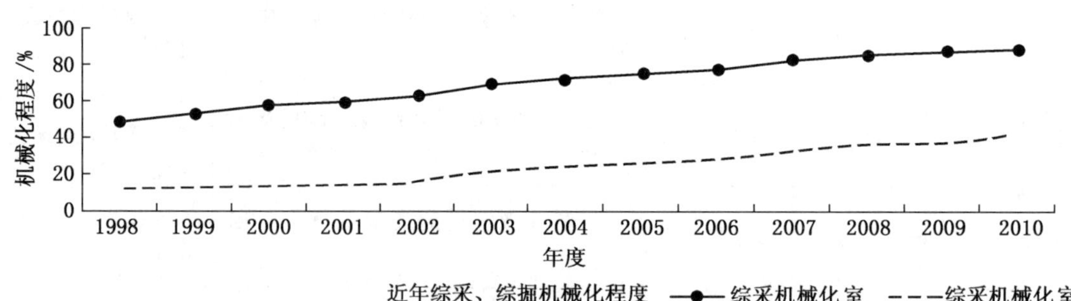

图4－69　1998年以来我国的综采机械化率和综掘机械化率

我国煤矿平巷掘进配套装备主要有以下3种，具体见表4－95。①综合机械化掘进，主要设备为悬臂式掘进机；②连续采煤机快速掘进，主要设备为连续采煤机；③掘锚机组快速掘进，主要设备为掘锚机组。

（一）综合机械化掘进

巷道综合机械化掘进技术所使用的掘进机可分为全断面掘进机和部分断面掘进机，以下主要以适合煤矿使用的部分断面掘进为主要内容。

目前，我国已研制生产了截割功率30～418千瓦的掘进机20余种，根据地质条件的不同，主要有煤巷掘进、半煤岩巷掘进及全岩巷掘进，作业线主要由悬臂式掘进机、转载机、可伸缩带式输送机（或刮板输送机）、单体锚杆钻机、通风除尘设备及供电系统等设备组成（图4－70）。

表4－95　常用巷道掘进作业线

配　套　设　备	特 点 及 适 应 范 围
作业线一：掘进机、单体锚杆钻机、桥式转载机、带式输送机、机载除尘设备	适用于单巷掘进，适应范围广，掘锚不能平行作业
作业线二：连续采煤机、梭车、给料破碎机、带式输送机、四臂锚杆钻车、铲车	适用于巷道条件较好的大断面双巷或多巷掘进，掘锚交叉作业，掘进速度快，成本高，对地质条件要求严格
作业线三：掘锚机组、桥式转载机、转载破碎一体机、带式输送机	适用于巷道断面大的单巷掘进，掘锚平行作业，掘进速度快，成本高，使用维护水平要求高

1. 煤巷掘进

煤巷综合机械化掘进中使用较多的悬臂式掘进机型主要有 EBJ-120TP、EBZ150、EBZ160等，其中 EBJ-120TP 使用最为广泛，具体见表4-96。

2. 半煤岩巷掘进

我国重点煤矿半煤岩巷掘进中使用较多的悬臂式掘进机以中型和重型机为主，有 EBZ160、EBH315、EBH350 等，以 EBZ160 和 EBZ220 使用最为广泛，具体见表4-97。

表4-96 部分煤巷悬臂式掘进机主要技术参数

名称 / 机型	技术参数			
	EBJ-120TP（EBZ120）	**EBZ-132Z**	**EBZ150**	**EBZ160**
最大掘进高度/米	3.75（4.5）	3.8	4.8	4.0
最大掘进宽度/米	5.0（5.5）	4.5	5.0	5.5
可截割硬度/兆帕	60（65）	70	80	80
机重/吨	36（34）	40	42	51.5
总功率/千瓦	190（206）	218	251	250
截割功率/千瓦	120	132	150	160/160
外形尺寸/(米×米×米)	8.6×2.1×1.55（9.3×2.8×1.48）	10.6×2.2×1.28	9×2.3×1.68	9.8×2.55×1.7

表4-97 部分国内半煤岩巷及岩巷悬臂式掘进机主要技术参数

名称 / 机型	技术参数			
	EBZ160	**EBZ220**	**EBZ318H**	**EBZ350**
掘进高度/米	4.0	4.8	5.6	6.0
掘进宽度/米	5.5	6.0	7.0	7.0
截割硬度/兆帕	80	90	120	120
机重/吨	51.5	62	120	125
总功率/千瓦	250	355	589	555
截割功率/千瓦	160/160	220/160	318	350
外形尺寸/(米×米×米)	9.8×2.55×1.7	10.53×2.7×1.8	12.9×2.85×2.2	12.9×2.90×2.2

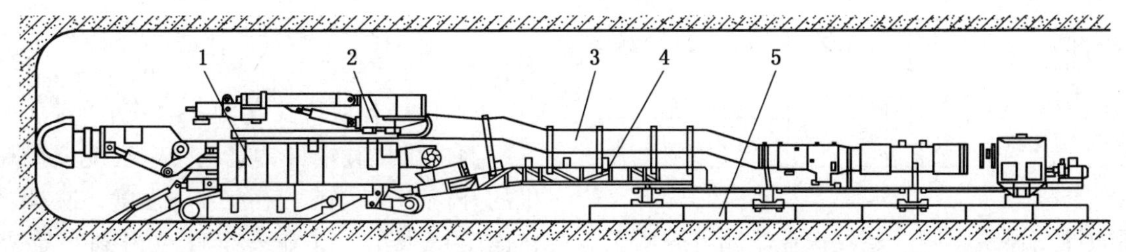

1—悬壁式掘进机；2—机载锚杆钻机；3—除尘系统；4—桥式转载机；5—带式输送机

图4-70 巷道综合机械化掘进作业配套线

3. 岩巷掘进

我国岩巷掘进方式主要有全液压钻车配侧卸装岩机（液压扒装机）岩巷掘进和全岩巷重型悬臂式掘进机掘进两种。

1）全液压钻车配侧卸装岩机（液压扒装机）岩巷掘进

我国大断面岩巷机械化综合配套作业线以CMJ17履带式全液压双臂钻车配ZC－3履带式侧卸装岩机为代表，在岩巷掘进中取得了较好的成绩。

采用履带式全液压双臂钻车配套履带式侧卸装岩机作业线（图4－71），在开滦集团公司施工轨道大巷，掘进断面5.1米×3.85米，月最高进尺达到249米，月平均进尺137.4米，工效为2.18米/(月·人)，实现了全岩巷道的快速、高效施工。

2）全岩巷悬臂式重型掘进机掘进

(a) 侧卸式装岩机　　(b) 履带式全液压双臂钻车

图4－71　履带式全液压钻车和侧卸装岩机

目前，我国已研制出截割功率260～350千瓦的重型全岩悬臂式掘进机用于岩巷掘进，可截割硬度小于或等于120兆帕，适应巷道断面16～35平方米，装机总功率小于或等于550千瓦，供电电压1140伏，代表机型有EBH315和EBH318，具体见表4－98。

表4－98　部分国内岩巷悬臂式掘进机主要技术参数

名称 / 机型	技术参数			
	EBZ260	**EBZ300**	**EBH315**	**EBH318**
最大掘进高度/米	5.0	5.2	5.83	5.6
最大掘进宽度/米	6.0	6.0	7.01	7.0
可截割硬度/兆帕	110	100	120	120
机重/吨	110	102	130	118
总功率/千瓦	426	432	533	518
截割功率/千瓦	260	300	315	318

我国的神东煤炭集团、新汶矿业集团等先后引进岩巷掘进机进行巷道工程施工，具体见表4－99，实践证明，我国的掘进机设计和生产使用技术已跨入了国际先进国家的行列。

表4－99　国内外全岩掘进机工程实践对比

机　型	巷道断面/平方米	岩石硬度系数f	月进尺/米	使用地点
山特维克AHM105	25.2	10	90	新汶矿业
太原院EBH315	25.6	10～14	90	新汶矿业
太原院EBH315	21.3	6～10	175	神东煤炭集团

4. 悬臂式掘进机机载锚杆钻机技术

悬臂式掘进机机载锚杆钻机是指在掘进机上加装机载锚杆钻机，实现掘进及锚杆支护一体化作业的技术，目前主要有跨骑式（图4－72）、机身式（图4－73）和滑轨式（图4－74）3种。

掘进机机载锚杆钻机在一定程度上提高了掘进机的开机率，减轻了工人劳动强度，减少了综掘工作面生产人员，作业安全性也得到一定提高。但是，这种方式仍无法较好地实现掘锚同步作业，而且机载锚杆钻机影响了掘进机整机性能的发挥，因

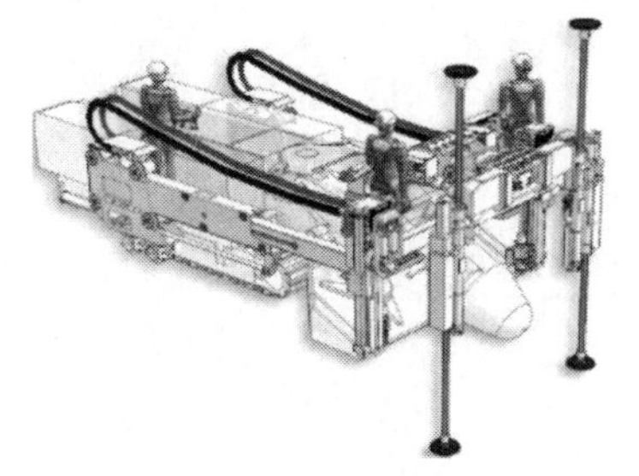

图 4-72　跨骑式

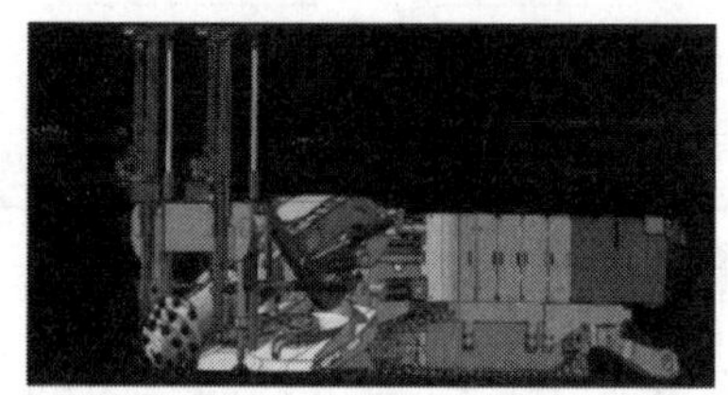

图 4-73　机身式

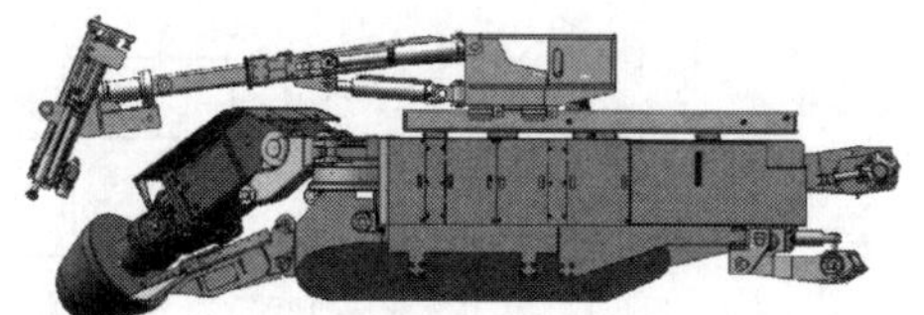

图 4-74　滑轨式

此至今未能进行大面积推广使用。

（二）连续采煤机快速掘进

连续采煤机快速掘进是近年来我国引进、发展的可用于煤巷快速掘进的一种先进技术，在近水平、顶板稳定的条件下，可以实现多巷快速掘进，且能够做到掘进与支护平行作业，国产成套连采设备快速掘进，双巷掘进日均进尺 50 米，月进尺可达到 1100 米以上，单巷掘进月均可达 513 米，是集采、掘、运、支机械设备于一身的连续生产的综合机械化开采，其切割机理与采煤机类似，其动作机理与部分断面掘进机类似。

连续采煤机快速掘进要取得较好的效果，就必须注意选择合适的、完善的后配套运输系统。

1. 设备配套

以连续采煤机为龙头的掘进工作面设备配置按运输方式分为连续运输方式与间断式运输方式两种。

1）连续运输方式设备配套

连续运输方式是以连续采煤机为龙头，以连续运输系统、履带行走式锚杆钻车、铲车为后配套设备进行掘进（图 4-75），连续运输工序框图如图 4-76 所示。

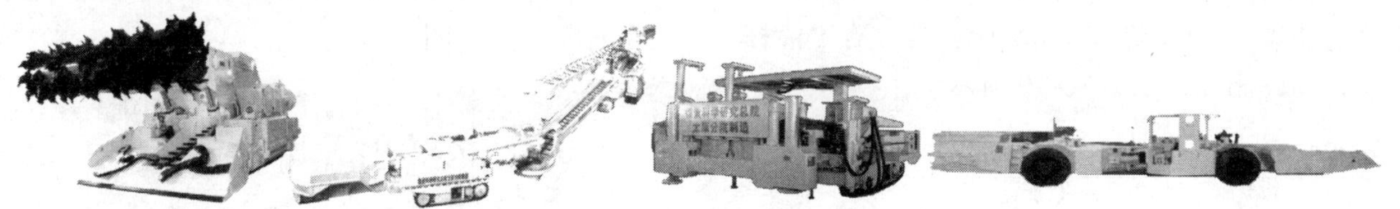

(a) 连续采煤机　　(b) 连续运输系统　　(c) 履带式锚杆钻车铲车

图 4-75　连续运输方式成套装备

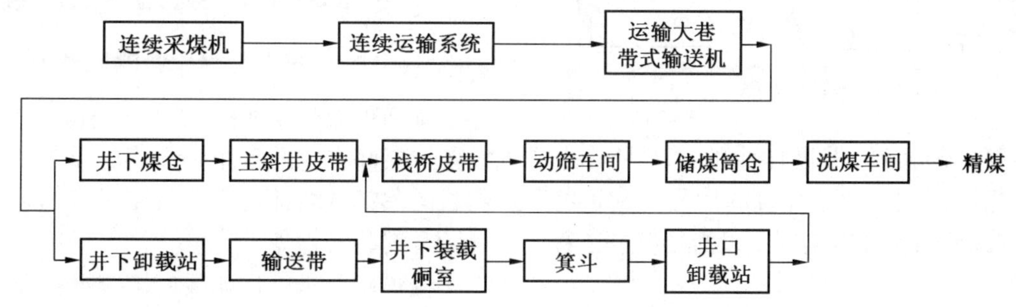

图 4-76　连续运输方式工序框图（实现掘、装、运连续作业）

2）间断运输系统设备配套

连续采煤机落煤后，通过梭车运输，如图 4-77 所示。

2. 掘进工艺

连续采煤机掘进以双巷掘进为主，如图 4-78 所示。

1）布置方式

布置方式如图 4-78 所示。

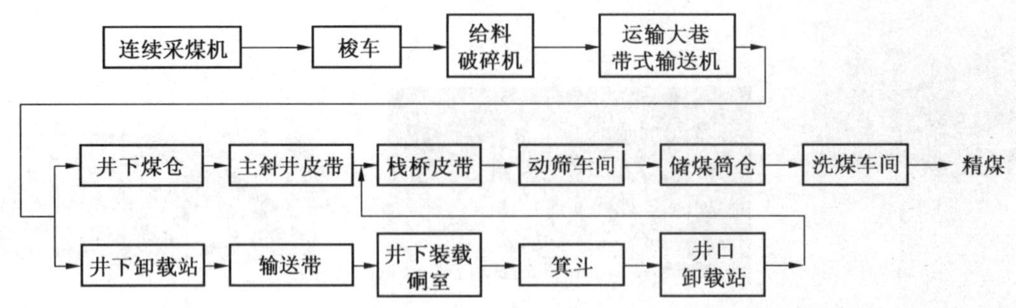

图4－77　间断运输系统工序框图（实现掘、装、运作业）

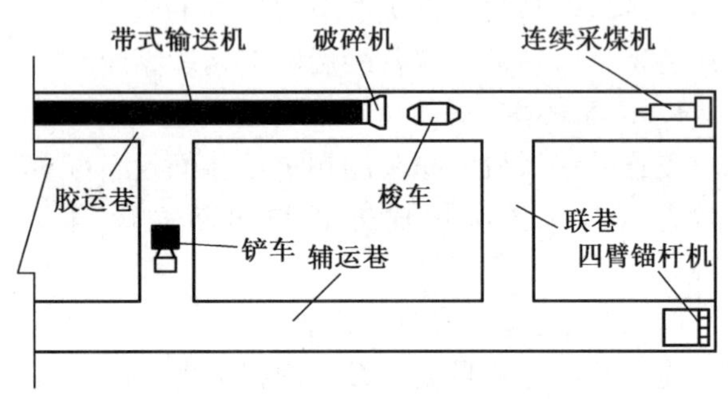

图4－78　双巷掘进工艺

2）掘进工序

连续采煤机掘进工序先后为“切槽、采垛”、“截割与装煤”、“运煤”、“清理浮煤”及“锚杆支护”，如此循环，如图4－79所示。

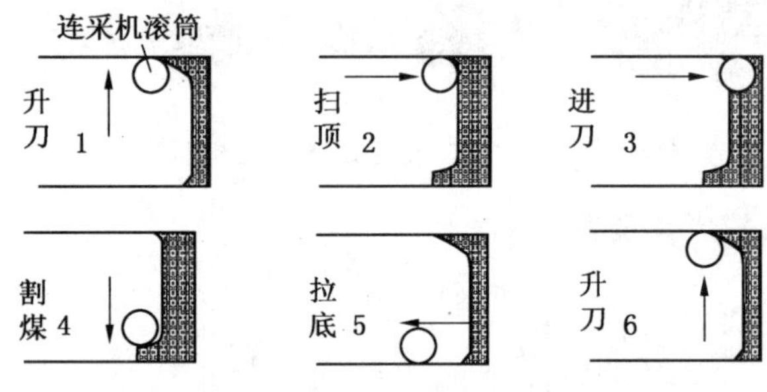

图4－79　掘进工序

采用连续采煤机进行掘进作业的“循环作业图表”，应根据所选用连续采煤机的型号、巷道特征，后配套方式等情况进行编制，以指导掘进工程的进行。

近年来，连续采煤机掘进技术在我国发展较快，目前有80余套连采设备在我国用于煤巷快速掘进，其中，国产连采设备可以实现月均进尺1100米，最高月进尺3247米，基本达到了国际先进水平。

（三）掘锚机组掘锚一体化掘进

掘锚一体化是指将掘装功能与锚杆钻机的钻锚支护功能有机地结合在一起，构成整体的掘锚装备，实现切割、装运、行走、锚杆支护于一体，达到掘支平行作业，快速掘进。进入21世纪，世界上主要产煤国家已广泛采用掘锚一体化技术，即通过掘锚联合机组作业线实现煤巷的快速掘进。

同连续采煤机和锚杆钻车交叉换位施工相比，掘锚一体化技术适用范围更广；同悬臂式掘进机作业线相比，掘锚联合机组作业线的掘进工效至少可以达到2倍以上。

目前国内引进使用了20余套掘锚机组，我国正在研究开发（图4－80）。

图4－80　掘锚机组

掘锚机组是作业线（图4－81）中最为重要的设备，能够完成的工作是：巷道掘进切割、被切割物料的收集装载并运输至机器后面，同时完成钻锚杆孔及安装锚杆等工作。

掘锚联合机组作业线后配套设备根据掘锚机组是进行双巷作业还是单巷作业的不同而有所不同，当双巷掘进时，所采用的后配套设备与连续采煤机所采用的配套设备相同；当进行单巷掘进作业时，配套组合为：掘锚机组—行走给料破碎转载机—桥式输送带转载机—可伸缩带式输送机—运输大巷输送带。

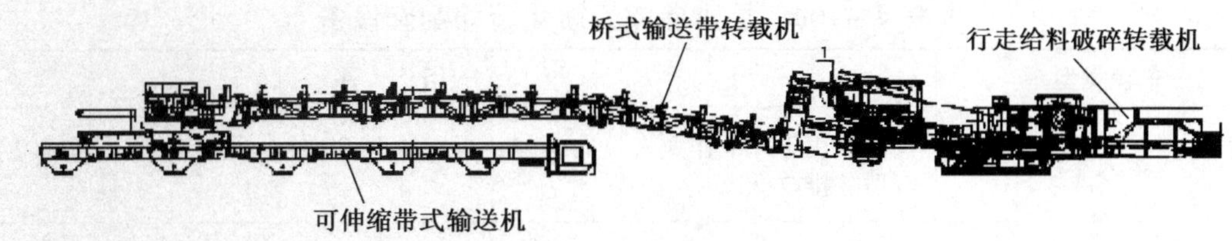

图 4－81　掘锚机组作业线

掘锚机组作业工序如图 4－82～图 4－85所示。

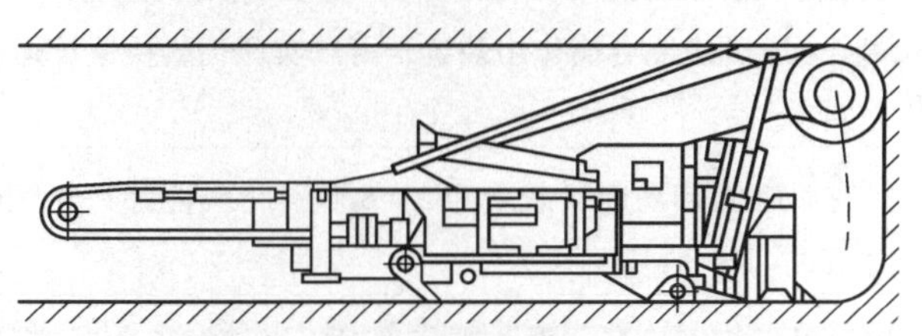
图 4－82　掘锚机组作业工序（一）

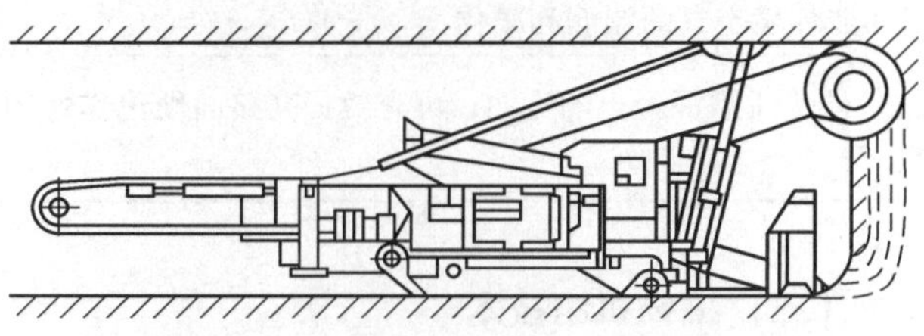
图 4－83　掘锚机组作业工序（二）

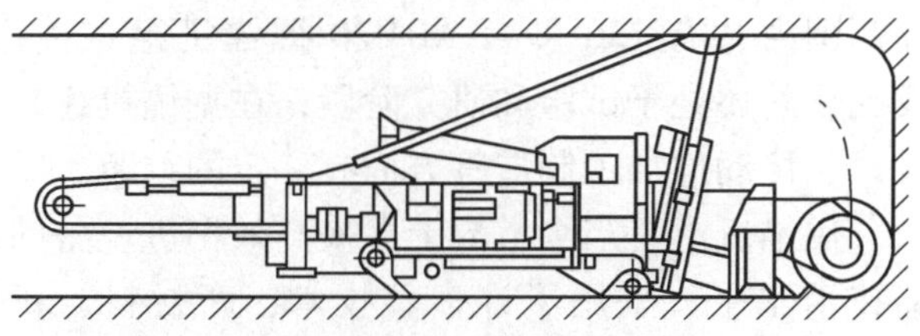
图 4－84　掘锚机组作业工序（三）

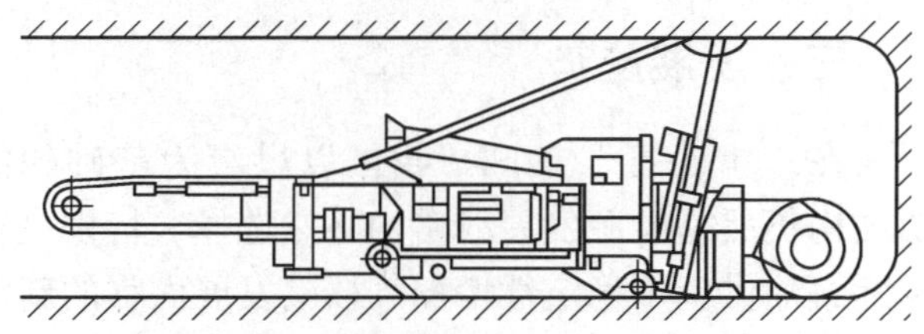
图 4－85　掘锚机组作业工序（四）

机器前进至截割卷筒紧靠端头煤壁及顶板，后稳定器放下稳定机身，撑起液压支持架，减小履带对底板的压力，同时开始进行锚杆作业准备工作（图 4－82）。

截割机构和装载输送机构随滑动机架由进给油缸向前推移，推移距离最大为 1 米，截割卷筒切入煤壁开始切割，同时装载输送机构将煤炭运至机器后面，此时主机架及履带等均在原位保持稳定状态，锚杆机开始进行锚杆作业（图 4－83）。

截割卷筒从顶向底完成巷道全断面切割，装运机构同时装运所采落的煤炭，锚杆机继续进行锚杆作业（图 4－84）。

进给油缸缩回，拉动滑动机架，截割机构和装载运输机构随之回到原位。拉回的过程中，截割卷筒完成了扫底工作，同时完成一排锚杆的安装作业，机器回到作业前的状态，开动履带前移一个循环步距（图 4－85）。

（四）掘进巷道无轨化运输技术与装备

巷道掘进效率的高低，与掘进设备、锚杆支护、后配套运输以及操作人员的技术水平、物料运输的设备等密切相关，任何一个环节发生滞后就会影响整个作业过程的进度。由于无轨辅助运输设备速度快、安全性好、机动灵活等特点，20 世纪 90 年代以来，我国逐步加大了研发的范围和力度。针对不同的地质条件和使用要求，先后研发成功可用于掘进巷道的运人车、材料车以及平巷车、梭车、多功能铲运车等一系列具有国际领先或先进水平的无轨辅助运输车辆，极大地提高了煤矿企业的生产效率（表 4－100）。

二、国内外煤矿巷道掘进技术比较

（一）悬臂式掘进机技术

尽管 21 世纪以来我国悬臂式掘进机得到快速发展，并形成了系列化，但是，与国外机械相比，国内重型掘进机仍然存在元部件可靠性差、基础研究薄弱以及自动控制技术落后等差距。

（二）连续采煤机技术

我国连续采煤机及后配套设备的开发起步较晚，目前国内研制开发的连采设备，技术水平已达

表4－100　掘进巷道无轨化运输配套设备

序号	车辆类型	用　途
1	运人车	主要用于井下作业人员的运输，可载人员20位。采用承载式全封闭客厢，乘坐舒适、排放低
2	指挥车	主要用于井下指挥人员的往来，可载人员6位。采用了气体弹簧悬挂、四轮分时驱动等新技术，车辆可靠性高，舒适性、平稳性好
3	平巷车	适用于井下平巷中，宽1.6米，载重3吨，运输长形物料、散装物料及小型设备。具有双向驾驶、六轮驱动、原地转向等特点
4	多功能铲运车	宽1.6米，载重覆盖4～15吨，通过快速更换作用装置，可以实现物料快速铲运、举升、吊装以及巷道修整等
5	四轮驱动防爆胶轮车	可用于各种物料的运输。具有后翻侧卸功能，载重为3～8吨，爬坡性好，气/电双启动方式，双向驾驶
6	梭车	可作为掘进机或者连续采煤机的后配套设备，在巷道掘进时将煤炭转运到破碎机或输送机上。具有转弯半径小、运行速度快等特点，可载重10～15吨
7	洒水车	主要用于井下路面降尘、作业环境空气的湿润和净化
8	井下混凝土搅拌输送车	主要用于井下路面（底板）硬化所需混凝土的运输，可有效提高路面硬化作业的机械化程度，容量5立方米

到了国际先进水平，具体见表4－101。

表4－101　连续采煤机主要技术参数

名称／机型	技术参数	
	EML340	**12CM15－10D**
外形尺寸/（米×米×米）	11.3×3.3×2.05	11.05×3.3×2.1
截割宽度/毫米	3300	3300
截割高度/毫米	2600～4650	2657～4600
机重/吨	62	58.3
总功率/千瓦	597	553
生产能力/（吨·分钟$^{-1}$）	15～27	15～27
行走形式	履带，交流变频调速	履带，直流调速
调动速度/（米·分钟$^{-1}$）	0～18	0～18.3
集尘方式	湿式	湿式

（三）掘锚机组技术

20世纪90年代，奥地利奥钢联采矿设备公司开发了ABM20掘锚机组并投入市场，到现在全世界范围内共有120多台ABM20掘锚机组在使用。我国目前还处于试验和研究阶段，在掘锚机组总体设计、传动件加工制造等方面有一定的差距。

掘锚机组是当今世界上代表高效掘进设备的最高技术水平，采用了许多新技术、新材料、新工艺，其研制开发的关键在于如何实现掘锚平行作业。

三、发展趋势

在“十二五”期间，我国以煤炭为基础的能源结构仍然是能源发展战略的必然选择，特别是在国际石油供应不稳定性增加、核电发展面临的新问题等多重因素影响下，将着力推动能源生产和利用方式的变革，积极研发和推广新技术、新工艺、新装备。巷道掘进作为煤矿生产链条的关键环节，其效率的高低直接关系到煤矿企业的整体产能，因此，我国煤矿平巷机械化施工装备与技术在未来的发展思路必然是以提高效率、加快成巷速度为主，具体应从以下几个方面进行考虑。

（一）继续发展平巷综合机械化掘进技术

从国外悬臂式掘进机半个多世纪的发展过程来看，截割功率增加、整机重型化是一个必然的趋势，同时，在自动控制、稳定性方面也有很大的提升空间。主要有以下7个方面：

（1）不断扩大适用范围。不断加大掘进机截割断面与截割硬度，研究新型的截割方式与硬岩截齿，扩展掘进机的适用范围。

（2）不断探索新的截割技术。目前还在不断地研究、试验新的截割技术，尤其是全岩巷岩石截割技术的研究。

（3）大力发展自动控制技术。随着实用型新技术的发展，新型掘进机自动化趋势越来越明显。主要表现为：推进方向监控、全功能遥控、智能监测、预报型故障诊断、记忆截割、数据远程传输等。虽然还有部分技术尚需时间的考核，但掘进机自动控制技术的发展趋势不会变。

（4）多功能集成趋势明显。掘进机主机集成机载锚钻系统、机载临时支护系统、机载除尘系统等，通过多功能的集成达到提高单机成巷速度和安全生产的目标。

（5）工作可靠性不断提高。机器的可靠性是其进行高效作业的根本保证。因此，掘进机各部分的结构型式、传动方式、使用材质等都要建立在实践验证的基础上。

（6）研究试验手段更趋完善。进行新型破岩理论、新型截割刀具、降低截割功耗技术的研究和试验，通过实物和数字仿真各类煤体、岩体的层理结构和强度特性，实验和分析截割卷筒上的截齿、齿座和筒体在岩（煤）体的作用下的载荷特性。

（7）掘进装备的综合配套能力进一步加强。

（二）推广使用以连续采煤机为龙头的成套技术与装备

国内外生产实践表明，在条件适宜矿区使用连续采煤机成套装备，具有投资少、出煤快、机动灵活、适应性强、用人少、安全等特点。

我国神东煤炭集团及晋城煤业集团采用连续采煤机掘进工作面巷道，取得了较好的效果。连续采煤机在我国的使用数量以每年15台左右递增，其多巷高效掘进是目前高产高效工作面采掘准备的优选方式。因此，在我国条件适宜的煤矿中，应大力推广连续采煤机快速掘进技术。

（三）开展掘锚机组研究

掘锚一体化技术代表了煤矿巷道快速掘进技术的发展方向，是高产高效矿井技术的重要组成部分，同连续采煤机和锚杆钻车交叉换位施工相比，其适用范围更广，支护效果、掘进工效也有进一步改善。

掘锚机组施工技术优势明显，在我国有广泛的应用前景，要针对我国煤矿的地质条件和施工工艺进行研究，提供多种配套形式，同时要抓好配套设备的研制工作。

（四）引进盾构隧道掘进技术，研制煤矿硬岩掘进机

略。

（五）提高平巷掘进配套技术水平

1. 发展平巷综合机械化掘进自动控制技术

煤矿井下综合机械化掘进自动控制技术主要是以掘进机为龙头，配套其他辅助设备，如除尘系统、掘进机机载锚杆钻机、输送带转载机、截割断面监控系统、故障诊断系统、信息传输设备等来实现掘进工作面生产过程的自动化控制和生产信息计算机管理网络化，提高掘进水平，促进煤矿安全高效生产。

2. 发展平巷掘进工作面配套综合除尘系统

掘进工作面是粉尘生成量大而集中的工作场地，岩石掘进工作面产生的岩尘含游离的二氧化硅很高，一般为30%～70%，掘进打眼产生的呼吸性粉尘可达到90%以上，锚喷作业的附加粉尘飞扬严重，因此极易造成工人的硅肺病。在煤巷掘进中，工作面沼气含量较大，它同浓度很高的煤尘混合在一起，更提高了爆炸的危险性。目前国内煤矿使用的掘进机一般都配有外喷雾和内喷雾装置，但在使用方面出现堵塞喷嘴，水封易损坏等问题，外喷雾勉强使用，内喷雾却一直没有很好发挥作用，整体除尘效果并不理想。中国煤炭科工集团太原研究院与德国CFT公司共同研制开发了一套适合我国巷道条件的掘进工作面高效除尘系统（图4－86），除尘效率可达到99.4%，这种掘进工作面高效除尘系统具有广阔的应用前景，是掘进工作面配套机载除尘设备的发展方向。

3. 完善平巷快速掘进的地质保障关键技术

巷道施工中经常要遇到地质条件的变化，影响了掘进速度。重点发展独头掘进巷道小构造等地质异常体的150米超前探测和探测结果的三维可视化快速显示等技术。

图4－86　掘进面除尘系统

4. 全面推广锚杆支护技术

锚杆支护技术在我国重点矿区得到了广泛应用，今后重点推广煤及半煤岩巷围岩（煤）地质力学测试与评估、动态信息锚杆设计技术，完善锚杆支护技术。

综上所述，煤矿巷道高效机械化配套装备与施工技术是我国安全高效矿井建设的重要组成部分，是保障矿井实现高产高效的必要条件。因此，我们必须提高自主创新能力，掌握核心技术，缩小与国外先进技术的差距，努力提高国产装备水平，为我国煤矿事业的发展作出应有的贡献。

钢筋混凝土井塔施工技术的应用和发展

一、钢筋混凝土井塔建设发展概述

作为煤矿主要地面建筑的钢筋混凝土井塔，具有安全、耐久、占地面积小、便于设备操作维修等优点，“十一五”期间被广泛应用。传统的倒模、滑模施工技术仍是“十一五”期间井塔施工应用较多的技术，随着煤矿立井井口直径、提升重量和井塔结构形式的变化，煤矿建设新的需求，以及通过吸纳当今建设领域的新成果，井塔施工技术和组织技术有了新的提高和发展，多项技术达到了国内和国际领先水平，在井塔施工的高度、速度、质量和环境适用范围上有了新的突破，创造了多项全国新纪录。

煤矿立井井筒施工时多采用冻结法施工，在人工冻融土上建钢筋混凝土井塔是否安全可行，以前没有进行过系统研究。“十一五”期间，由国投新集能源股份有限公司组织，在国内首次对人工冻融土地基建设特大型井塔技术进行了全面细致的研究和评价，形成了井塔人工冻融土地基基础综合研究成果，并应用到刘庄煤矿主井井塔建设中，井塔自2006年使用至今，未发现异常情况。

出于工艺和井口矿建、土建、安装工程总体流水施工组织的需求，“十一五”期间，合肥煤炭设计院设计了一种转换梁结构类型的新型井塔，此类型井塔的结构特点是首层无柱，每层的结构梁截面尺寸大，高度通常超过4米，且井塔高度较高。对此类型井塔，如果采用滑模、普通倒模技术，从质量、速度、经济方面来看存在着不适之处，中煤建安集团公司从工程特点出发，以优质、快速、高效、低耗为原则，开发了转换梁类型井塔成套施工技术，并在刘庄煤矿、泊江海子煤矿等煤矿建设中成功应用，取得了良好的经济和社会效果。

2008年，为了确保扎赉诺尔煤业有限公司灵东煤矿按期投产，在满洲里地区冬季进行灵东矿副井井塔主体结构施工，在高寒地区冬季长时间施工井塔，国内尚属首次。面对高寒地区冬季施工和快速施工的要求，中煤建安集团公司对井塔施工总体工艺、关键技术、组织技术进行了研究，形成了高寒地区冬期井塔快速施工技术，快速、安全地完成了高寒地区冬季井塔主体结构的施工，顺利交付安装，为国内此类地区冬季类似工程施工提供了成功经验。

以往有立井井筒的煤矿建设周期较长，井口的矿建、土建、安装工程通常依次组织施工，导致井口工程施工时间过长，制约了煤矿建设周期。“十一五”期间针对此问题，进行了井口矿建、土建、安装工程一体化施工组织技术的研究开发，通过系统策划、结构改型、总工艺流程的改进等，大大地缩短了井口工程的建设时间，从而减少了煤矿的整体建设周期。刘庄煤矿、灵东煤矿等项目建设通过应用此项组织技术，取得了良好的效益。

另外，“十一五”期间通过研究、引进和应用大模板滑模、信息化等技术，解决了以前施工中存在的问题，提高了工程质量、速度，取得了良好的经济和社会效益。

二、钢筋混凝土井塔施工技术应用和发展

（一）普通倒模施工技术

1. 普通倒模施工技术特点

倒模施工技术取材方便，通常采用木模板或胶合板作为模板体系的面层，与普通钢管脚手架组合成模板体系（图4－87）。施工中可根据建筑的形状进行灵活的设计、制作和安装，模板自重轻、便于操作。在对模板接缝等部位经过细部处理后，可以获得较好的混凝土外观质量，可根据施工安排，灵活采取竖向结构和水平向结构分开施工或竖向结构和水平向结构整体浇筑的组织方式，对于高度较低、外立面复杂和竖向截面尺寸变化较大的井塔工程较为适宜，但采用倒模施工技术，必须设置外架，模板多为木质周转材料，耗工耗料，节能环保性差，施工速度低于滑模施工，安全风险较大。

2. 应用工程

李楼矿副井井塔，平面尺寸为13米×17米，井塔高度为37.37米，共5层。在井塔施工上采用了普通倒模技术，主体施工工期为150天，在施工过程中，通过对模板接缝等细部质量的控制，井塔混凝土外观质量良好。

图 4－87　倒模施工

（二）“滑打结合”施工技术

1. “滑打结合”施工技术特点

我国滑模技术始于 20 世纪 30 年代，70 年代开始全国推广，至 80 年代此项技术日臻成熟，特别是采用大（中）吨位千斤顶（图 4－88）和钢管式爬杆后，滑模技术应用更加安全、广泛。滑模施工技术在井塔墙壁施工中与其他技术相比有明显的优点，连续施工，增强了建筑物的整体性和抗震性能；钢制模板配置量少，能多次重复使用，节约了大量的模板、脚手架材料；一次成型后可一直滑升到顶，过程中无须反复支拆模板，节约了用工，综合效益好。

图 4－88　大吨位千斤顶

当墙壁采取滑模施工时，井塔一般采取“滑打结合”的工艺，梁板等水平向结构采用普通支模方法，在施工组织上多采用“滑一打一”或“滑多打一”的方式。从质量和工期而言，“滑打结合”的技术对于钢筋混凝土井塔施工较为理想。以往采取滑模施工的井塔，墙体混凝土外观质量不好，主要是小钢模板体系不平整、接缝多以及在滑升过程中的不同步等原因造成，另外井塔多为方形，常有外柱等构件，滑模工艺很难保证其精度要求。“十一五”期间有些企业通过改进模板体系，采用定型大钢模板和采取其他措施，同时加强滑模精度控制技术，减小倾斜扭转，提高了混凝土观感质量，取得了良好效果。

2. 应用工程

“十一五”期间，“滑打结合”的施工技术在井塔建设中发挥了重要作用，满洲里灵东矿主、副井井塔，吉林白山八宝煤矿主、副井塔，泊江海子矿副井井塔等均采用了“滑打结合”的施工技术，取得了良好的效果。满洲里灵东矿主井井塔，平面尺寸为 18.7 米 ×20 米，井塔高度为 84.2 米，共有 7 层，内框外筒结构，施工中采用“滑打结合”的施工技术，速度快、质量好、成本低，主体结构施工工期仅为 105 天，混凝土观感质量好。

（三）转换梁井塔成套施工技术

1. 转换梁井塔成套施工技术特点

“十一五”期间出现的转换梁结构类型的新型井塔，如果采用滑模和普通倒模技术，从质量、速度、经济性等方面来看存在不适之处，为此，中煤建安集团公司开发出适用于转换梁类型井塔的成套施工技术，其核心是竖向结构应用大模板和爬架配套施工，水平向结构采用碗扣式脚手架高大模板支撑体系。转换梁类型井塔成套施工技术工业化、机械化程度高，模板工厂加工质量好、装拆速度快、周转次数多、耗工少；导轨式爬架附着在建筑物上提升或下降，无须搭设外架，省工省料安全；碗口式脚手架模板体系安全可靠。采用此成套技术施工的井塔混凝土外观质量达到清水混凝土的质量标准，可直接在混凝土面做涂料，消除了混凝土面抹灰空鼓、开裂通病，缩短了工期，经济、社会效益好。

2. 应用工程

转换梁结构类型井塔施工成套技术，在刘庄矿主井井塔、泊江海子矿主井井塔等多个工程得到成功应用（图 4－89）。刘庄主井井塔为当时亚洲第一塔，平面尺寸为 21 米 ×23.9 米，井塔高度为 90.8 米，共 8 层，应用此项技术，主体施工工期仅 135 天，混凝土质量好，创造了同类工程国内施工新纪录。

图 4－89　泊江海子施工中的主井井塔

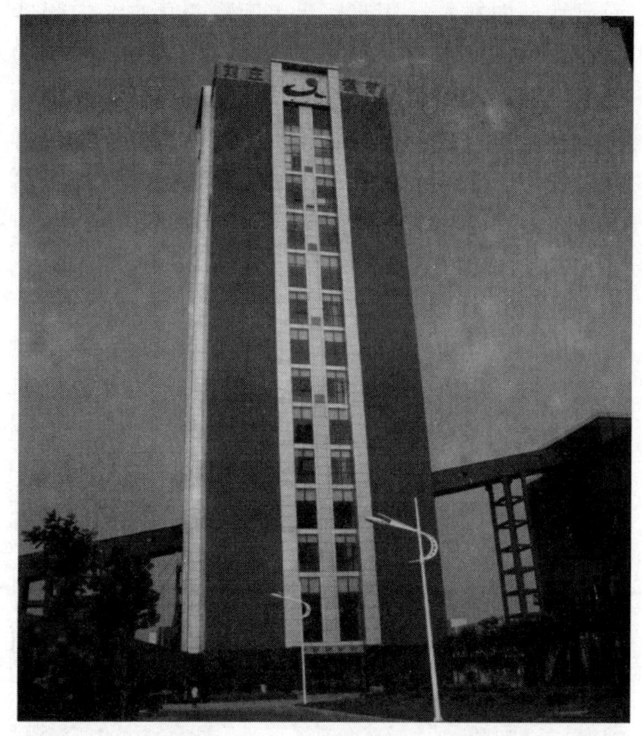

图 4－90　刘庄矿主井井塔

（四）人工冻融土地基基础综合技术

1. 人工冻融土地基基础综合研究

刘庄矿主井井塔（图 4－90）坐落在人工冻结土上，采用桩基础，为了确保工程安全，新集集团对人工冻融土地基上建设大型井塔组织了专项研究，首次对人工冻融土进行了较全面细致的研究和评价。通过模拟试验、荷载试验和监测，揭示了人工冻融土的物理力学性质、化学矿物成分、微结构的变化规律，通过建模和计算，论证了快速解冻后施工的可行性，提出了桩基完成后采用后注浆法提高桩基承载力的方案理论，确保了人工冻融土上施工井塔的安全性。

2. 桩基范围内全面解冻人工冻融土技术

刘庄矿主井井塔桩基桩长为 45 米，基础埋深 5 米，解冻深度为 60 米，自然解冻需 2 年以上，采用人工快速解冻技术仅用时 138 天。方法为在冻结管内下聚乙烯塑料软管作供液管，在地面设置盐水箱，对箱内盐水加热，用盐水泵把热盐水送入冻结孔去回路分配器，对冻结孔进行加热循环后，直至冻土融化（图 4－91）。解冻范围自地面下 60 米，解冻孔为间隔布置。工艺流程为：放线→定孔位→制解冻管→钻孔→下解冻管→循环热水泵→完成解冻。

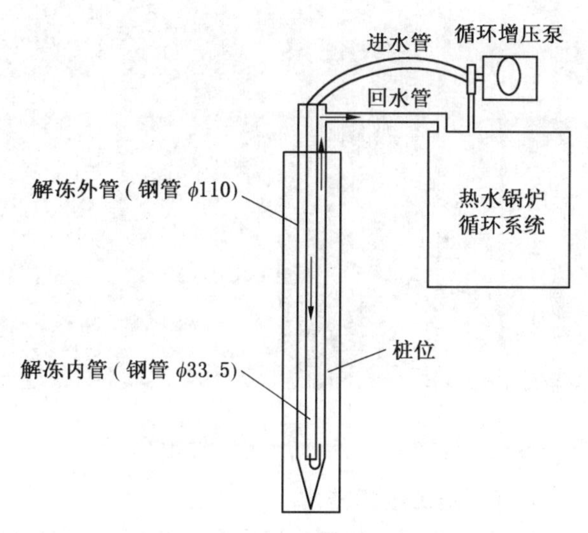

注：多个冻孔解冻管可进行串联

图 4－91　快速解冻系统

3. 后压浆施工技术

钻孔灌注桩后压浆技术是通过预埋后压浆管路，对钻孔灌注桩的桩侧压入水泥浆液，通过浆液的渗扩、挤密和劈裂等，改善桩土界面，增大桩侧摩阻力，减少沉降量，达到提高钻孔灌注桩的承载力的目的。施工时，桩侧压浆器分别距桩顶 3 个断面尺寸环向布置，压浆器为表面附着具有一定弹性的材料的铝塑花管，侧壁压浆导管选用内径为20毫米的镀锌钢管，所有压浆管路均采用丝扣和隔水带紧密连接，桩身混凝土养护7天后，先压稀浆再逐渐加浓，注浆量根据现场试注情况确定，桩头出现返浆时，停止高压注浆，24小时后补注浆一次。

4. 工程实例和效果

通过对刘庄矿主井井塔监测和分析研究表明，人工冻融土地基上施工特大型井塔是安全可行的，应用后压浆技术在快速解冻人工冻融土中效果明显，可提高桩基摩擦阻力30%～40%。

（五）井塔高大模板支撑技术

井塔施工中，高大模板支撑是技术难点，“十一五”期间，施工企业通过技术创新，形成型钢、碗扣式脚手架和普通钢管脚手架组合对高大模板支撑（图4－92）的施工技术，并在多项工程中得到成功应用，确保了施工质量和安全。

图4－92　高大模板支撑

（六）施工组织技术

煤矿建设中，井口工程常常决定了项目建设周期，过去多采用矿建、土建、安装工程依次作业的方式，导致工期过长。西方寒冷地区，冬季休工，更要加长项目建设周期。“十一五”期间，通过对井口（矿建、土建、装备）工程一体化施工组织研究，形成了矿建、土建、安装工程立体交叉作业施工组织技术，先后在刘庄煤矿、灵东煤矿、泊江海子煤矿、唐家会煤矿等工程中得到成功应用，有效地缩短建设周期，此技术主要有两种：一种是先施工井筒，到预定部位后，施工井塔土建工程，井塔施工到预定高度后，进行封闭改绞，实施土建和矿建或井筒装备的交叉施工，土建主体完成后，进行地上提升设备安装，实现地上地下、矿建、土建、安装的全方位的立体交叉作业；另一种是先施工井塔土建工程，到预定部位后，封闭改绞，实现土建和矿建的立体交叉作业，条件允许后实施矿建、土建、安装的立体交叉作业。

除井口工程的一体化组织技术的创新和改进外，一些企业对井塔土建工程的施工组织技术也进行了创新。如应用“时空置换”的组织理论，以空间换时间，采取了“滑多打一”的方式，间隔封闭在立面上形成多个工作面，实现立体交叉作业，加快了施工速度。

（七）高寒地区井塔冬期快速施工技术

随国家煤炭基地向西北转移，严寒地区土建工程冬期施工成为急需解决的技术问题，如果井塔工程冬季不能施工，将会使煤矿建设整体施工组织更加复杂，往往会造成项目建设时间的加长。为此，在“十一五”期间，中煤建安集团公司对高寒地区井塔冬期快速施工成套技术进行了探索、研究和实践。

1. 高寒地区井塔冬期快速施工技术的研究

高寒地区土建工程一般冬季休工，局部施工时采取暖棚法施工，对于井塔类高耸结构，采取暖棚法施工，耗工耗料，施工风险大。在扎赉诺尔煤业有限公司灵东矿副井井塔施工中，针对“快速、高寒”课题，通过把滑模施工、混凝土负温施工等技术集成应用，解决了高寒地区冬期井塔快速施工和混凝土超低温施工难题。其核心是利用滑模液压提升系统实现井塔连续施工；采取“滑多打一”的方法实现多工作面立体交叉作业，加快施工速度；综合应用负温混凝土、热模养护和应用混凝土复合保温墙技术，保证混凝土滑升出模后在－30摄氏度以内负温环境里，免受冻害，保证了施工质量。

2. 应用工程

高寒地区冬期井塔快速施工技术在满洲里灵东矿副井井塔工程上得到成功应用，确保了在高寒地区冬季恶劣环境下工程的质量和施工速度，创造了全国高寒地区施工新记录。满洲里副井井塔工程属内框外筒结构，平面尺寸为17.5米×16.5米，地面以上共7层，其中导向轮层、绞车大厅层因荷载大，主梁截面高度最大达4.2米，支模高度高、承受荷载大，施工技术难度大、质量要求高，副井井塔总高度为63.7米，钢筋混凝土墙壁厚0.25米，混凝土强度等级C30。2008年10月开始主体施工，同年12月完成，仅用66天时间完成了井塔主体施工并交付安装，确保了灵东矿按期投产，该技术先进适用，降低了冬季施工成本，创造了良好的社会效益。

（八）其他施工技术的应用

“十一五”期间，从快速、优质、低耗、环保出发，井塔施工在其他方面也得到提高和改进，钢筋混凝土井塔屋面结构改变传统形式，采用网架和压型钢板、钢筋混凝土板组合的方式，绞车大厅不需支模搭架，使井口提升设备安装工程提前进行，从而缩短主副井的施工建设时间近40天；井塔楼梯采用钢制楼梯，较好与滑模工艺结合，加快了施工速度；高寒地区井塔冬期施工中，采取复合保温墙技术，使墙体保温层在滑模过程中完成，既提高了保温墙的质量，避免开裂空鼓质量问题出现，又简化了工序，缩短了工期。

三、钢筋混凝土井塔施工技术发展展望

随着煤层变深，井口直径变大，提升能力的增加，对未来井塔设计、施工提出了新课题。在钢筋混凝土井塔主要施工技术方面，倒模施工技术、滑模施工技术仍然有应用的价值和发展的空间，但倒模施工技术只能局限于高度较低的井塔，随着井塔高度的增加，倒模施工技术将会逐渐退出。滑模施工技术在未来的发展方向，主要是提高滑模工程混凝土的观感质量，引进智能化、信息化控制技术控制滑模精度。根据工艺设备和一体化施工组织的需求，转换梁类型的井塔将会逐渐增多。同时随着创优质工程、品牌矿山意识的增强，对井塔工程质量会提出更高要求，也必将促使转换梁类型井塔成套施工技术的广泛应用，对于转换梁类型成套施工技术，未来发展的主要方向是提高施工速度。除了上述施工技术以外，内爬外挂、爬打结合的施工技术，在经过引进、消化和改进后，必然会进入钢筋混凝土井塔的施工中，爬打结合的施工技术是转换梁类型井塔施工技术的发展方向。为了减小混凝土结构断面，预应力技术将会被应用。同时社会飞速发展所形成的新技术、新工艺、新材料、新设备等必然会应用到井塔施工，如高强混凝土、高强钢筋等。信息化技术、节能环保低碳施工技术是井塔施工技术的重点发展方向，节能、智能化施工将走进矿山。我们相信：未来的钢筋混凝土井塔施工技术必然会是科学先进，低碳环保，高度信息化、工厂化、机械化，安全可靠的施工技术。

大直径筒仓施工技术的应用和发展

一、大直径筒仓建设发展概述

煤矿圆筒仓主要用于煤炭的存储和装车，主要有矸石仓、原煤仓、缓冲仓、装车仓、产品仓等。“十一五”期间，随着国家煤矿大规模建设和环保要求，建成了大量的筒仓工程。“十一五”之前，22米直径万吨仓即是大型筒仓，而“十一五”期间在筒仓直径和容量均有较大提高，筒仓的容量由原先的万吨仓发展到3万吨仓、直至5万吨仓；直径也由22米发展到30米、45米，筒仓也由原来的普通钢筋混凝土筒仓发展到现在的预应力钢筋混凝土筒仓。针对大直径筒仓的建设，筒仓的施工技术也有了新的发展，解决了大直径筒仓的施工难题，取得了良好的经济和社会效益。

“十一五”期间新出现的大直径筒仓主要有两种结构形式，一种为直径25～34米的预应力钢筋混凝土筒仓，仓壁为无黏接预应力结构，仓顶为钢筋混凝土梁板结构。针对该结构的特点，施工中对传统的刚性滑模施工技术进行了改进，形成了中心井架支撑辐射式桁架平台滑模施工技术，既解决了大直径筒仓刚性滑模问题，又可利用滑模平台支撑仓顶混凝土结构施工。另一种为特大直径预应力钢筋混凝土筒仓，筒仓直径达45米，仓顶为钢结构。在施工中采用了抗扭柔性滑模装置施工，在传统的柔性滑模平台的基础上，增设抗扭桁架、抗扭爬杆等构造，克服了大直径筒仓滑模施工易变形、易偏扭的问题，创造了煤炭行业亚洲最大直径筒仓工程施工纪录。

从滑模施工工艺、筒仓总体施工组织要求出发，为了进一步确保漏斗结构施工质量，“十一五”期间出现了筒仓漏斗和筒仓仓壁分离的结构形式，该结构利于筒仓从基础开始滑模，解决了滑模施工漏斗与仓体接茬质量不好的问题。同时随着筒仓直径的增大，漏斗数量增多和越来越复杂的问题，施工中应用了3D建模仿真技术，明晰各模板、钢筋之间关系和顺序，确保顺利施工，加快了工程进度，保证了漏斗施工质量。

另外，“十一五”期间开发并应用了筒仓大模板滑模和整体模板滑模施工技术，进一步提高了滑模施工混凝土的观感质量。

二、大直径筒仓施工技术应用和发展

（一）大直径筒仓仓壁滑模施工技术

“十一五”期间筒仓滑模施工技术主要有3种，第一种为柔性平台滑模施工技术，普通的柔性平台滑模施工经过几十年的应用和发展，已经形成成熟的施工技术，该技术适用于直径30米及以下筒仓工程滑模施工，主要应用在高度较低的筒仓工程，对于一些没有掌握刚性平台支撑仓顶模板施工技术的企业，也多采用此项技术。对于近几年出现的34米及以上超大直径筒仓，采用原有的柔性平台滑模装置施工时，易偏扭变形，中煤建筑安装工程集团有限公司对此进行了研究和开发，形成了超大直径圆筒仓综合施工技术。第二种为无中心支撑辐射式桁架平台滑模施工技术，主要适用于直径25米以下及仓顶结构利用滑模平台作为模板支撑的筒仓施工。第三种为有中心支撑辐射式桁架平台滑模施工技术，对于直径25米以上的筒仓工程，并且仓顶结构利用滑模平台作为模板支撑时，从安全和经济上，较为适用，中煤建筑安装工程集团有限公司研究并形成了中心支撑辐射式桁架平台滑模成套施工技术，用于此类筒仓施工。

1. 柔性平台滑模施工技术

1）施工技术特点

柔性滑模施工装置主要由模板系统、操作平台系统、液压系统和精度控制系统组成，提升架与千斤顶布置在筒壁内（图4－93）。柔性平台滑模装置与辐射式桁架平台滑模装置相比，优点是滑模装置重量轻，钢材和木材用量少，需要的千斤顶数量少，液压系统简单有利于提升，滑模装置安拆简单、用工量少，无刚性平台降模风险。对于34米及以上超大直径筒仓施工时，因为直径过大，原有柔性滑模平台易出现偏扭和失圆问题，因此新型抗扭柔性滑模装置增加了抗偏扭千斤顶、抗偏扭柱、抗偏扭桁架等构造，确保滑模质量。

2）应用工程

淮南潘北选煤厂5个直径22米原煤仓工程应用柔性平台滑模技术，仓壁滑升高度为40米，壁

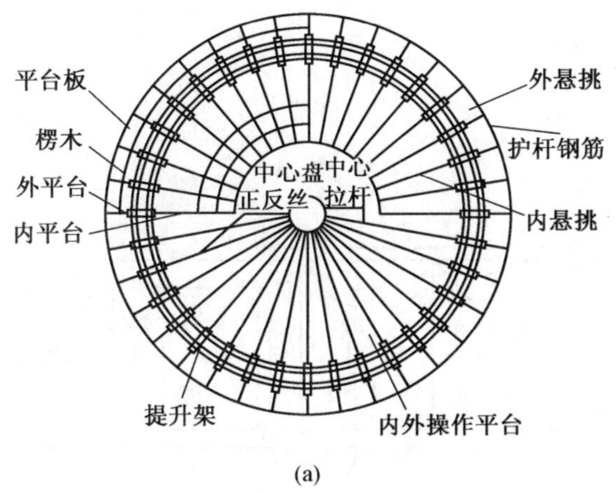

(a)

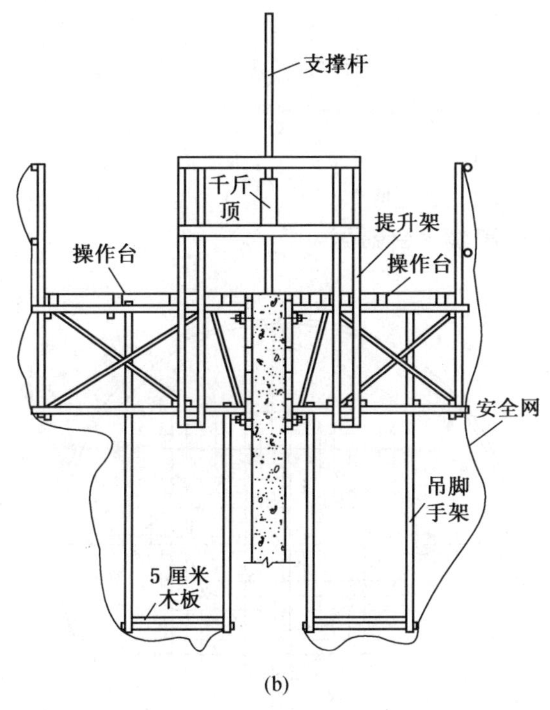

(b)

图4－93　柔性平台滑模

厚0.25米，日平均滑升速度3.6米，获得了较好的效益。

平朔东露天选煤厂原煤筒仓工程（图4－94），筒仓内直径45米，为目前亚洲直径最大的原煤仓，筒仓仓壁厚0.55米，滑模总高度为47.85米，仓壁采用新型抗扭柔性滑模技术施工，从漏斗以上开始滑升至仓顶，整体垂直偏差小、扭转少。施工中取得了相关理论数据与实践经验，形成了超大直径深圆筒仓综合施工技术，并已申报了相关专利，为今后的超大直径筒仓滑模施工提供了支撑。

2. 辐射式桁架平台滑模施工技术

1）施工技术特点

图4－94　平朔东露天原煤仓滑模施工

利用辐射式钢桁架，由中心鼓圈、拉杆、辐射式钢桁架（梁）组装成整体操作平台，既是仓壁滑模施工操作平台，又是仓顶锥壳结构施工的支撑平台，实现“一台两用”，适用于25米以下直径筒仓施工（图4－95）。辐射式桁架操作平台滑模施工技术不但解决了柔性平台滑模施工中稳定性差、仓壁质量难控制等问题，而且能利用滑模平台支撑上部仓顶结构施工，既经济又可形成多工作面同时作业，有效缩短了工期，在高度较高的筒仓施工中有明显优势。

2）应用工程

淮南矿业集团朱集选煤厂4个22米直径原煤仓工程，仓壁厚度0.35米，仓壁滑升高度35米，应用辐射式桁架平台滑模技术进行施工。

3. 中心支撑辐射式桁架操作平台滑模施工技术

1）施工技术特点

仓中心搭设脚手架，利用中心脚手架和仓壁提升架支撑平台钢桁架形成滑模平台，中心井架随滑升同步搭设，滑模到顶后，利用中心井架和仓壁安装的钢牛腿支撑操作平台，在操作平台上搭设脚手架支撑仓顶结构模板施工（图4－96～图4－98）。

2）应用工程

在神华北电胜利煤矿3个34米直径贮煤仓、西山煤电镇城底矿2个30米直径储煤筒仓、内蒙古神华集团布尔台矿5个30米直径产品仓、西山煤电杜儿坪矿3个27米直径原煤筒仓和太钢自备电厂3个25米直径原煤仓等多个工程中应用，该

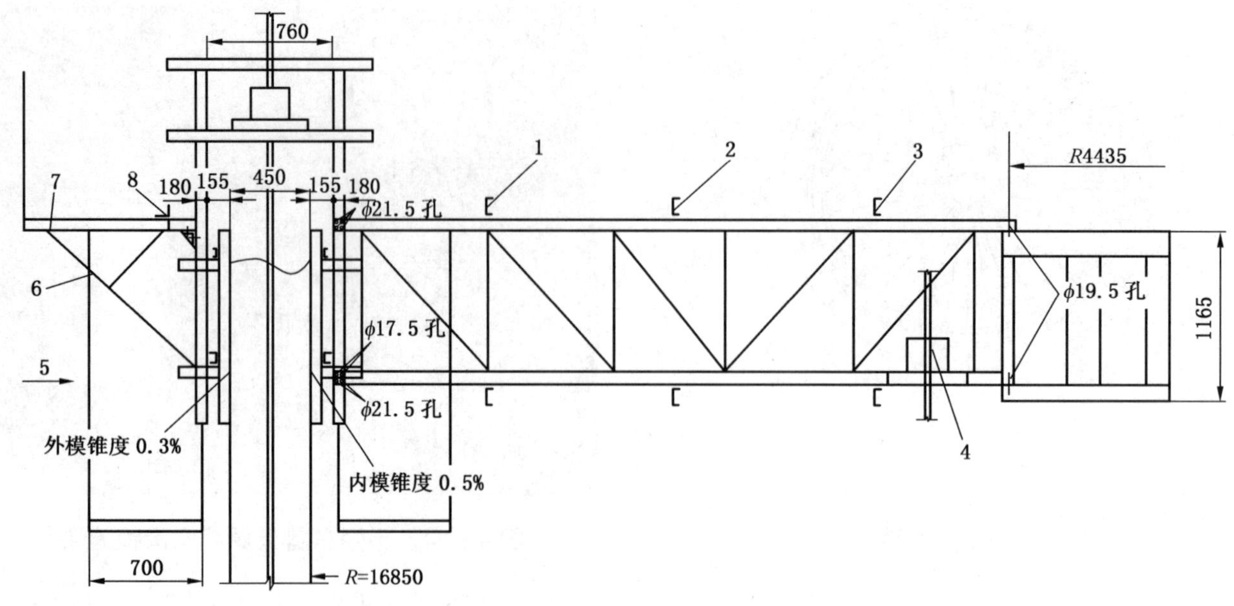

1—内连圈 1；2—内连圈 2；3—内连圈 3；4—中心千斤顶；
5—吊架；6—外三角架；7—外连圈 1；8—外连圈 2

图 4－95　无中心支撑辐射式桁架滑模平台剖面

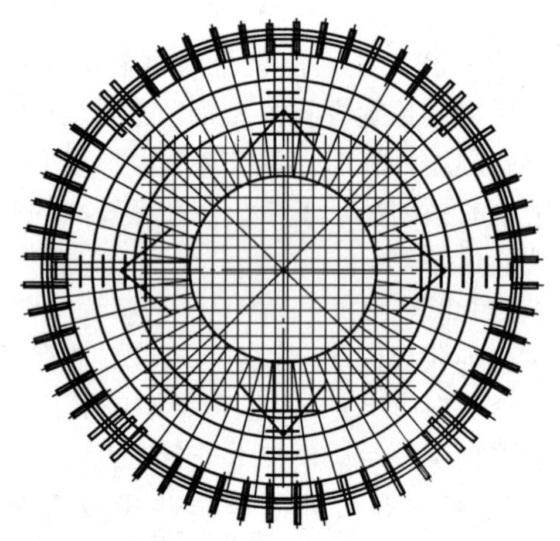

图 4－96　操作平台平面

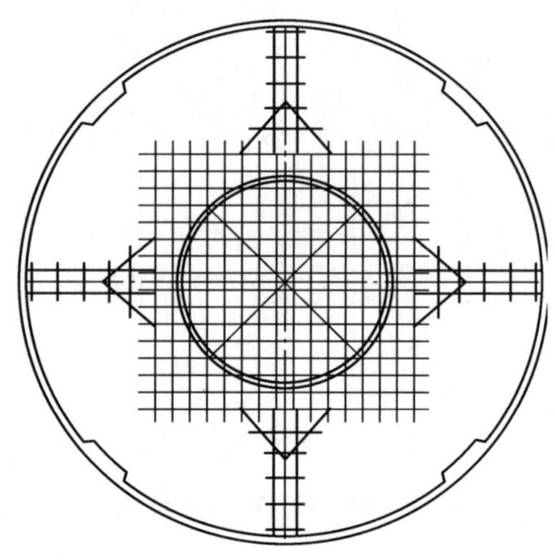

图 4－97　中心支撑井架平面

技术表现出适应性强、操作简单、施工速度快，安全可靠的技术特点。

（二）大直径筒仓漏斗结构施工技术

1. 施工技术特点

大直径混凝土筒仓漏斗施工，一般有两种情况：一是漏斗及以下结构采用常规支模施工，漏斗以上仓壁采用滑模施工，漏斗施工与仓壁同时施工，但由于漏斗施工时间较长，影响了滑模的连续性，降低了滑模装置的利用率；二是从基础顶面先滑模，连续滑升至仓顶，在漏斗环梁部位留置施工缝，该方式加快了工程进度，但漏斗环梁施工缝处理难度大，质量难保证。“十一五”期间，出现了筒仓漏斗与仓壁分离的结构形式，为大直径筒仓仓壁连续滑升施工创造了条件，提高了施工连续性，同时解决了漏斗与筒体的连接的质量问题。

45 米直径筒仓，漏斗处结构复杂，模板之间、钢筋之间位置和关系繁杂，施工中易出现问题，对于复杂的漏斗施工通过利用 3D 建模仿真技术，分析漏斗模板、钢筋施工过程的相互关系，解决漏斗施工过程墙、柱、梁、折板结构模板、钢筋、混凝土施工的相互穿插及施工顺序不清的问题，达到了

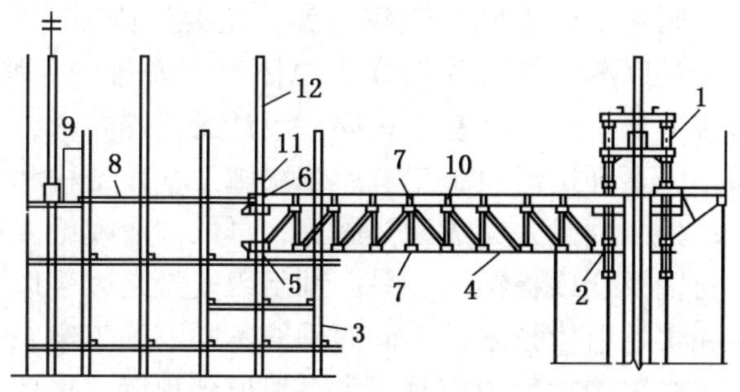

1—提升架；2—托架；3—中心井架；4—轻型桁架；5—钢环梁（上）；6—钢环梁（下）；7—水平支撑；8—“米”型水平撑；9—圆形连接钢板；10—操作平台；11—中心千斤顶；12—支撑杆

图4-98 操作平台剖面

优质、快速施工的效果。

2. 应用工程

淮南矿业集团潘北选煤厂原煤仓工程，采用折板式漏斗结构形式设计，在筒仓仓壁滑模施工中漏斗环梁部分留设施工缝，滑模施工完毕以后把施工缝清理干净再做环梁及漏斗。此种施工技术比以往先施工漏斗结构再组装滑模机具进行仓壁滑升方法，大大缩短了工期。

淮南矿业集团朱集选煤厂原煤仓工程，漏斗上环梁采取了环梁与筒仓仓壁分离方式，从基础顶开始滑模至仓壁顶，在施工上部锥壳的同时，同步施工仓内漏斗，既保证了工期，又节约了人工，取得了良好的效果。

平朔东露天选煤厂45米直径原煤仓漏斗施工，通过应用3D建模仿真技术，达到了漏斗模板和钢筋施工一次达标无返工的效果。

（三）大直径筒仓仓壁预应力施工技术

1. 施工技术特点

直径25米及以上筒仓仓壁基本采用后张法无黏结预应力结构，仓壁滑模施工时将预应力钢绞线敷设在仓壁内，由于滑模施工的特殊性，预应力张拉端采用特制开字架，在壁柱端头采取围圈延长与原仓壁围圈连接形成端部突出状，确保了钢绞线露出长度、位置准确，预应力筋封锚端部制作特殊形状模板，在浇筑墙壁混凝土时进行孔洞预留，仓壁混凝土强度达到设计要求后进行预应力张拉和封锚，目前多采用大吨位千斤顶对钢绞线束整体张拉技术。

2. 应用工程

神华北电胜利煤矿34米直径贮煤仓、平朔东露天选煤厂45米直径原煤筒仓等工程仓壁均采用无黏结预应力技术。

（四）大直径筒仓仓顶结构施工技术

大直径钢筋混凝土仓顶主要有辐射式滑模平台支撑上部仓顶结构和中心支撑辐射式桁架滑模平台支撑仓顶结构两种施工技术。

1. 辐射式滑模平台支撑上部仓顶结构的施工技术

1）施工技术特点

大直径筒仓仓顶混凝土结构模板施工多采用刚性滑模平台做支撑，滑模施工时沿筒仓埋设与桁架数量相等的预埋件，利用预埋件安装牛腿支撑滑模平台（图4-99），待斜撑和斜拉杆件施工完毕后搭设仓顶结构支撑体系，支模施工仓顶钢筋混凝土结构。此施工技术与从仓底地面上进行架体搭设相比节约了大量的周转材料，减少了劳动力的投入，缩短了施工工期。

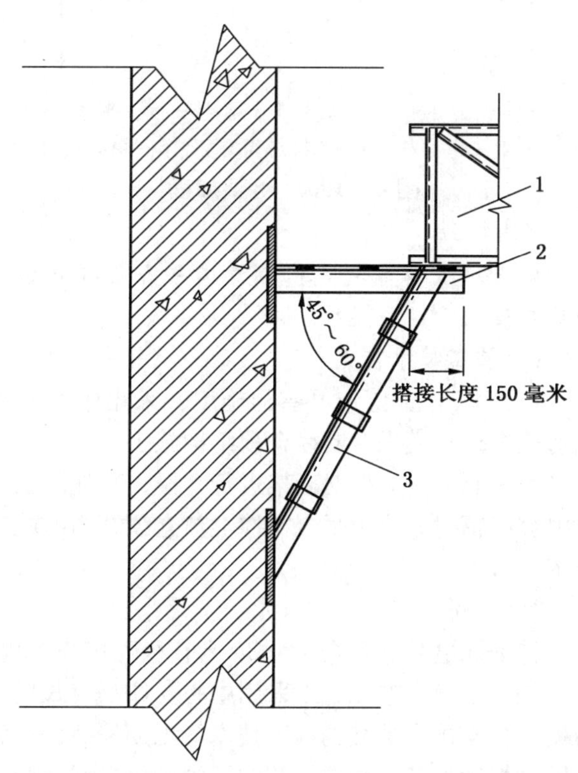

1—桁架；2—钢牛腿横梁；3—钢牛腿斜撑

图4-99 隆模牛腿

2）应用工程

禾草沟选煤厂筒仓工程，仓体直径为22米，仓壁厚度为0.35米，筒仓高度为40米。施工中采用了滑模桁架作为锥壳及上部梁板结构支撑体系（图4－100），在施工锥壳的同时，穿插了仓内漏斗结构层施工，取得了速度快、质量好、成本低的施工效果。

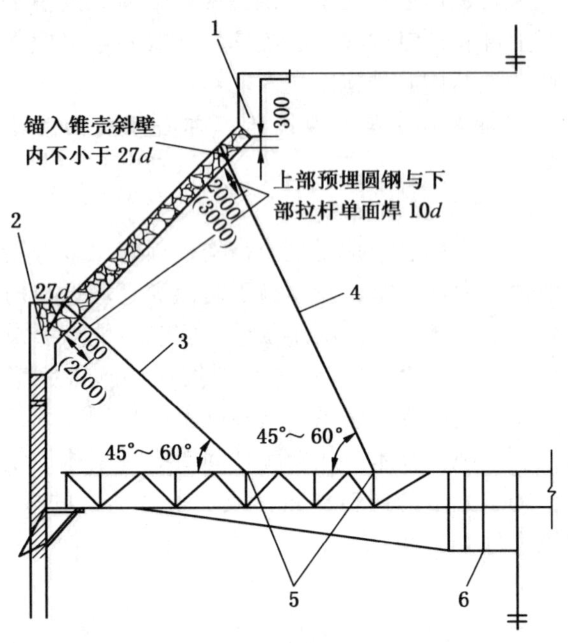

1—锥壳上环梁；2—锥壳下环梁；3—第一道拉杆；4—第二道拉杆；5—圆钢封闭套环；6—中心鼓圈

图4－100　桁架加固

2. 中心支撑辐射式桁架滑模平台支撑仓顶结构施工技术

1）施工技术特点

25米以上筒仓仓顶结构施工，采用中心支撑辐射式桁架滑模平台支撑仓顶结构施工，即于仓中心搭设中心支撑架，对桁架进行支撑，其他施工技术内容同辐射式滑模平台支撑上部仓顶结构的施工技术。

2）应用工程

神华北电胜利煤仓3个37米直径贮煤仓工程，该工程3个筒仓锥壳施工采用中心支撑辐射式桁架滑模平台支撑仓顶结构施工技术，工期较短，节省周转材料和设备租赁费，节约了周转材料用量和人工的投入，保证了工程安全和质量。

（五）大直径筒仓施工组织技术

大直径筒仓的施工组织因技术方案和设计要求的不同而采取不同的组织方案，主要原则有两种，一种是以漏斗施工先后作为总体组织安排的原则，漏斗上下仓壁厚度基本相同，设计无特殊要求，从漏斗以下开始滑模施工，后依次施工仓顶结构和漏斗；另一种是先完成漏斗施工，再依次滑模施工以上仓壁及仓顶板结构。另一种组织安排是因采取刚性和柔性滑模技术的不同而采取不同的施工组织方式，当采用柔性滑模时通常是滑模到顶后，再依次施工漏斗和仓顶结构；而采用刚性滑模工艺时通常滑模到顶后，再依次施工仓顶和漏斗结构。对于高度较低的筒仓，采取柔性滑模技术，先施工漏斗后施工仓顶的组织方案，工期短、成本低；对于高度较高、直径较大的筒仓，采取刚性滑模工艺，先施工仓顶板结构再施工漏斗的组织方案较为合理。无论采取哪种组织方案，在筒仓施工过程中与漏斗结构及其填充料、耐磨料施工相关的线路是最为关键的线路，在施工中应密切关注。

三、大直径筒仓施工技术发展展望

未来煤矿，储装系统是不可或缺的设施之一，筒仓具有存储方便、快捷、环保的优点仍将被广泛采用。未来的筒仓直径和容量将越来越大，在大直径筒仓施工技术方面，传统的柔性滑模及刚性滑模施工技术仍然会被应用，但随着大直径筒仓的建设，中心支撑辐射式桁架平台滑模技术和新型抗扭柔性平台滑模技术将是主要应用的技术，对于“十一五”期间中心脚手架支撑辐射式桁架滑模平台支撑仓顶结构的施工技术，中心脚手架将向定型钢支撑转变，以提高施工的效率和安全可靠性。滑模装置的水平控制和同步控制智能技术将会被应用到筒仓施工中，进一步控制滑模的偏扭，提高精度，提高滑模工程质量。提高滑模混凝土观感质量的技术将会进一步研究、开发和应用。漏斗结构将向漏斗环梁与筒壁分离方向发展，同时将对筒仓施工技术和组织技术产生影响，漏斗施工模具将向定型化、工厂化方向发展，随着筒仓的直径增大，更多的预应力施工技术被应用到筒仓工程中，同时快速发展的社会所形成的科技成果也必然会越来越多地被应用到大直径筒仓施工中，必然带动筒仓施工技术向更高的方向发展。

大型产品煤槽仓施工技术发展

一、概述

原煤经筛分和洗选后形成产品煤，产品煤在出厂前难免需要短期储存，最早的产品煤是露天存储，为了保证产品煤的质量以及环保的要求，开始修建封闭式筒仓结构储煤仓。现已修建的筒仓最大储量为5万吨，由于单仓储量有限，往往需要修建2个或2个以上的筒仓并联使用，造成占地多、投资大等缺陷。随着我国经济的快速发展，能源需求不断增加，煤炭产业出现了突飞猛进的发展，对储煤仓的储量要求越来越大，筒仓结构形式已不能满足煤炭生产的要求，于是产品煤槽仓应运而生，它具有单仓储量大，占地面积小，施工方便，造价低廉，环保节能等优点。中煤建筑安装工程集团有限公司是煤炭地面建筑大型施工企业，也是煤炭地面建设的主力军，“十一五”期间，与设计院合作建造了按仓壁结构划分3种不同类型的槽仓。

二、槽仓结构形式介绍

槽仓一般由上部进煤走廊，落煤筒、储煤仓、漏斗、出煤暗道、隔煤墙、围护结构和附属提升间等部分组成，3种类型槽仓的主要区别在于储煤仓的仓壁结构不同，第一种类型储煤仓仓壁由钢筋混凝土的柱梁板组成，第二种类型是仓壁由原土层表面喷射混凝土而成，第三种类型仓壁由回填土加面板而形成，如图4－101所示。

1. 第一种类型

该类型首先出现于2004年，由中煤建筑安装工程集团有限公司第七十三处施工的神华黑岱沟露天矿选煤厂产品煤槽仓，也是国内的第一个产品煤槽仓，由中间隔煤墙及两端附属间分割成多品种煤仓，轴线尺寸为168米×48米，檐高35.25米，最深处为东附属间地下室垫层标高－31.31米。储煤量达到12.8万吨。槽仓仓体、地下暗道及西附属间均采用机械大开挖的方式正序施工。出煤暗道采用双暗道，钢筋混凝土结构，坐落于风化岩层，底板厚2米、顶板厚3米，侧壁厚1.5米；仓壁采用A型支架形式，倾角60度，斜梁断面600米×1200米，A型支架的基础亦采用箱型基础；进煤

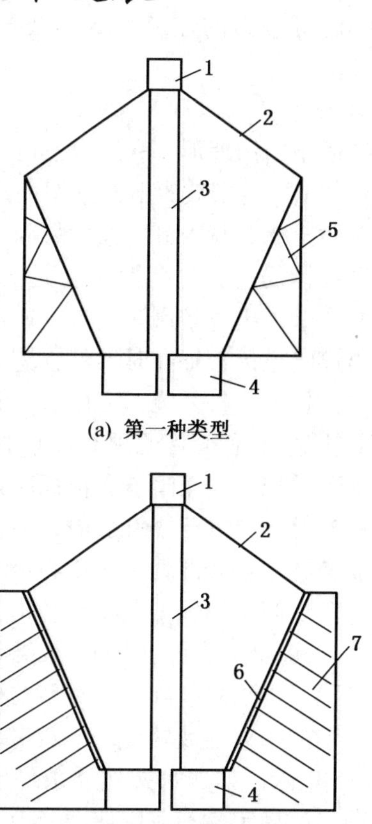

(a) 第一种类型

(b) 第二种类型

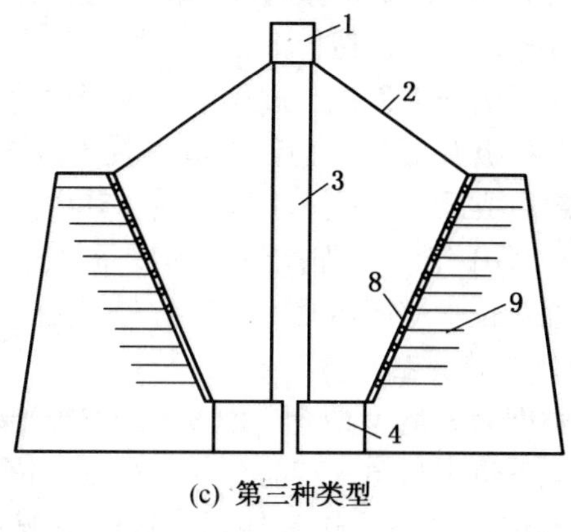

(c) 第三种类型

1—进煤栈桥；2—围护结构；3—落煤筒；4—出煤暗道；5—A型支架；6—喷射混凝土仓壁；7—锚索及锚杆；8—预制板仓壁；9—土工筋带

图4－101　3种类型槽仓横截面示意图

通道采用钢结构；落煤筒采用钢筋混凝土筒体结构，该结构一般采用倒模施工；围护结构采用轻钢结构，彩板围护，直接坐落于A型支架的顶端，和进煤通道的钢结构相连；东、西附属提升间采用框剪结构，东附属间首次采用逆作法；漏斗的耐磨

层采用耐磨钢板，仓壁的耐磨层采用钢屑砂浆。该种类型槽仓适用平阔地带，其施工的要点在于大体积混凝土的温度应力的控制和A型支架施工缝的设置和处理。

2. 第二种类型

该类型适用山沟地形，利用自然的“V”型地型，通过对“V”型山坡的土方挖掘而成仓壁的坡度和深度，对土壁进行土钉、锚索加固，在土壁表面再进行双层钢筋绑扎，高性能混凝土喷浆护壁，形成槽仓的仓壁。出煤暗道一般采用逆作法，当土方开挖到出煤暗道顶板标高时，停止挖土，在暗道侧壁的位置做桩基，桩基施工完毕后，利用桩基做支撑，在其上直接施工暗道顶板，顶板施工完毕后，在顶板下暗挖土方至暗道底板标高处，再施工暗道底板；对桩间土进行锚钉加固，在桩基内侧进行双层钢筋绑扎，喷浆混凝土护壁和桩基一起形成暗道侧壁，落煤筒采用钢筋混凝土结构，进煤通道采用钢栈桥；围护结构采用轻钢支架结构，支架基础采用钢筋混凝土独立基础。该类型的槽仓的施工要点在于仓壁的土方边坡处理，一般来说边坡高度能达到30～40米，如遇水文地质条件复杂时，边坡在施工期间的稳定性和使用期间受力变形等是设计及施工的要点。该类型槽仓的优点是充分利用地形，具有挖方量少，造价低，工期短等优点。哈尔乌素选煤厂槽仓工程施工过程中，应用大量新技术的同时，积极开展技术创新，取得技术成果3项，其中省部级成果各1项；工法2项，其中国家级工法1项；2010年该工程被住建部授予“全国建筑业第六批新技术应用示范工程”称号。

3. 第三种类型

该类型为改造型槽仓，原来一些露天储煤场，已建成地下运煤暗道，产品煤露天堆放，依靠装载机推煤入坑，再用输送带外运，这样运煤效率较低，同样面积场地储煤量较少，粉尘污染严重，不符合国家的环保要求，故需进行改造。该类型槽仓在此条件下产生，施工顺序主要为，先对原暗道进行地基处理和原结构补强，再在原暗道旁边增设一条暗道，而后施工落煤筒。仓壁用加筋土回填并形成一定坡度，仓壁面板采用预制槽板，槽板用土工筋带进行固定，围护结构为轻钢结构，进煤走廊采用钢结构,其施工要点是结构补强和加筋土的回填。

槽仓属于一种新型储煤仓，储煤能力一般在12万吨左右，目前我国最大的储煤槽仓是中煤建筑安装工程集团有限公司第七十三工程处施工的安家岭选煤厂储煤场改槽仓工程，该槽仓储煤量为14万吨。施工过程中，企业通过技术创新，解决了多项技术难题，如：①小直径高密度土钉墙确保位置和方向准确的难题；②高性能喷射混凝土仓壁与土钉墙支护的综合利用，在干燥气候条件下的施工与养护问题；③反煤暗道地下狭窄空间大体量土方开挖难题；④高密度排桩施工保证施工质量、承载力及施工安全难题；⑤狭窄空间大承载力桩基承载力检测难题；⑥反煤暗道顶板大体积混凝土施工技术难题；⑦大体积混凝土温度控制难题。

三、对今后储煤仓建设的展望

从投资方面比较，筒仓结构储煤仓平均每吨储煤量需投资1200元左右，新建槽仓每吨储煤量平均投资为950元左右，而改造型槽仓每吨储煤量平均投资750元，槽仓可大幅度节约投资。

筒仓施工必须使用大量脚手架材料、模板、起重设备等资源，尤其是高处作业量大，安全不易保证，槽仓减少了高处作业和施工设备及周转材料投入，具有保证安全生产和降低施工成本等优点。

原有老矿仍有大量使用露天储存，已不符合国家环保要求。改造型槽仓设计、施工技术的不断成熟使露天储煤变为封闭储存，有利于加快消除煤矿造成的粉尘污染。

本节所述的3种槽仓结构形式，可综合使用，使其适应各种不同地形和地质条件，扩大了其适用范围。

在圆筒仓结构储煤仓出现之初，就已有基建系统专家发现筒仓投资大、单仓储量小且群仓高耸，极大地破坏了环境景观，提出了变立式储煤为卧式储煤的设想，槽仓结构的出现使这一设想成为现实。

槽仓四周与原有地坪相接，可以实现绿化覆盖，不但美化了矿区，也有利职工健康。

综上所述，槽仓这一结构形式有利于充分利用地形地貌、节约用地，有利于老矿改造防治粉尘污染，有利于矿区绿化，是目前技术条件下较好的一种储仓结构形式，应大力推广。

选煤厂设备安装技术发展

一、前言

煤炭是我国的主体能源，在一次能源结构中占70%左右。在未来相当长时期内，煤炭仍将作为主体能源被大量使用。煤炭工业是关系国家经济命脉和能源安全的重要基础产业，“十一五”期间，生产煤矿技术改造和大中型煤矿建设加快，建成一批现代化煤矿。2010年，全国煤炭产量32.4亿吨，比2005年增加8.9亿吨，原煤入选能力17.5亿吨/年，入选原煤达16.5亿吨。

“十一五”期间，我国煤炭行业快速发展，煤炭加工洗选行业不断采用新工艺、新技术。随着国家对环境保护的要求越来越高，生产和使用洁净煤产品已经成为必然趋势，发展和推广洁净煤技术是保证我国能源安全和可持续发展的战略选择，而煤炭洗选又是洁净煤技术的源头技术，是减少燃煤对大气污染的有效途径。煤炭经过洗选后，商品煤质量稳定，在国内外市场上竞争力增强，提高了企业的经济效益和社会效益，因此，“十一五”期间，选煤厂的建设如雨后春笋般全面铺开，新的选煤工艺、新设备、新材料等得到广泛应用，煤炭洗选逐步向节能环保高效方向迅速发展，同时也推动了选煤厂机电设备安装技术的发展。

二、选煤工艺的发展

随着我国国民经济的持续快速增长，煤炭用户对煤炭产品质量的要求越来越高，用户选择质优价廉的煤炭产品已经成为一种趋势，且煤炭供求关系瞬息万变。对于煤炭生产企业来说，就必须全面升级改造，提高产品的质量，提高产品的回收率，采用先进的煤炭洗选加工设备和工艺，生产加工不同质量的产品，以满足市场需求。

“十一五”期间，由于受煤炭市场需求的不断增长影响和发展洁净煤技术的要求，节能高效的重介质选煤技术得到大力推广应用，国内相当一部分选煤厂将跳汰选煤工艺改造为重介选煤工艺，具有建设周期短、投资见效快等优点的钢结构模块式选煤厂成为煤炭生产企业的首选。

“十一五”期间，随着科技的不断进步，新设备、新材料、新工艺的不断出现，落后的选煤工艺逐步被新的节能、高效、清洁的工艺所替代。

动筛跳汰机的出现取代了手选，使大量手选工人从不良的工作环境中解脱出来，且生产效率得到大幅提高，动筛跳汰机应用于300~50毫米大块煤的排矸筛选，其优势明显：排矸量大、用水量小、系统简单、故障少，动筛跳汰机几乎成为各矿大块煤排矸筛选的必配设备。

跳汰选煤方法主要应用于易选的原煤，是一种工艺成熟、技术经济较高的传统选煤工艺，在早期选煤厂得到了广泛的应用。但随着时代的发展，煤质的变化、多煤种入洗、不同产品的需求，使此工艺在自动化程度、分选精度和效率等方面显现出劣势。工程建设上，跳汰工艺的跳汰机、捞坑、斗式提升机等相关设备设施占用建筑面积较大、设备总负荷较大，不符合节能高效的理念，而且跳汰工艺设备在产品创新上已经无潜力可挖，实际应用中呈逐渐下降的趋势。跳汰选煤的分选密度范围一般在1500~1900千克/立方米之间，对少数煤种可达1400千克/立方米的分选密度。跳汰机受自身工艺的限制，对多数煤种难以实现完全排矸，当精煤灰分要求较低时，跳汰机的分选效率会迅速降低，且精煤质量不稳定。

“十一五”初期，重介质选煤技术普遍用于跳汰选煤厂的技术改造，如跳汰精煤再选和跳汰中煤再选，前者重介质入选量大，多用于难选煤，后者重介质入选量小，多用于中等可选性煤。在跳汰改重介的工艺改造项目中，一般采用重介质旋流器来实现产品的分选。

“十一五”期间，重介质旋流器选煤技术迅速发展，具有自主知识产权的新设备得到广泛应用，如krebs、ludowici、mincotech、海王、国华、天地等品牌得到业主的青睐，高效节能的选煤工艺和设备使煤炭生产企业经济效益得到提高。

近年来，我国重介质选煤技术创新在简化工艺系统、设备大型化、提高重介质入料上限、降低有效分选下限以及生产过程自动控制等方面取得了突破性成就，为广泛采用重介质选煤法、降低基本建设投资和生产费用、迅速提升我国重介质选煤入选比例、提高经济效益、社会效益和环境效益等起到了重要作用（表4－102）。

表4－102 “十一五”期间国内主要大型现代化选煤厂的装备和厂房构筑工艺

选煤厂名称	处理能力/(万吨·年$^{-1}$)	选煤工艺	结构
冀中能源东庞矿选煤厂	500	跳汰改重介、浮选、	混凝土框架、钢结构
国投新集刘庄选煤厂	800	二产品重介旋流器主再洗	钢结构模块
中煤平朔公司安家岭选煤厂	1500	重介浅槽	混凝土框架
淮北矿业（集团）公司临涣选煤厂	1500	重介旋流器、浮选	混凝土框架
神华准能哈尔乌素露天煤矿选煤厂	2000	重介浅槽	钢结构模块
中煤平朔公司东露天煤矿选煤厂	2500	重介浅槽、重介旋流器	混凝土框架
神华神东煤炭集团布尔台选煤厂	3500	重介浅槽、重介旋流器	混凝土框架

重介选煤在解决了设备及管路耐磨、介质回收、工艺简化等问题后，以其分选效率高、对煤质适应性强、可实现低密度分选和易于实现自动化控制等优点，深受世界各大产煤国的重视。重介质选煤方法在美国、澳大利亚和南非分别占到56%、90%和90%以上（表4－103）。

表4－103 近年来国外部分大型选煤厂的装备和厂房构筑工艺

选煤厂名称	处理能力/(万吨·年$^{-1}$)	选煤工艺	结构
蒙古国UHG选煤厂	1000	重介旋流器＋螺旋分选	钢结构模块
Benga（澳大利亚）	4000	重介旋流器＋螺旋分选	钢结构模块
莫桑比克选煤厂	2300	重介旋流器＋螺旋分选	钢结构模块
Bailey中央选煤厂（美国）	3300	重介旋流器＋螺旋分选	钢结构模块
Grootegeluk（南非）	2300	浮选柱＋喷气式水力旋流器	钢结构模块

三、新设备、新材料的应用

近年来，重介浅槽、三产品重介旋流器、加压过滤机、浮选柱、动筛跳汰机、沉降式卧式离心脱水机、TBS/CSS煤泥处理系统工艺、新型耐磨材料等的开发和应用，为煤炭生产企业现场广泛采用重介质选煤法，降低基本建设投资和生产费用，提供有力的支撑。

四、安装工艺的进步

模块式选煤厂安装中，钢结构模块实现了工厂化加工，模块式钢结构分单元整体组装吊装技术得到广泛应用，机械化程度、施工效率和安全性得到提高。

模块式选煤厂安装数量越来越多，加上业主对工期的苛求，施工安全风险不断加大，如何降低安全风险、提高工程质量，是现阶段紧迫的研究课题。

随着行业的发展，选煤厂安装工艺不断创新发展，“十一五”初期，模块式选煤厂安装顺序均为先安装厂房外围模块和行车，利用行车进行单根钢构件的安装。这样大大地增加了高处作业，安全隐患等危险因素。避免高处作业，是提高安全系数、保证施工安全的关键。近几年，模块式选煤厂安装工艺进步较快，通过模块在地面的整体预组装，模块与设备在地面的预组装，在地面对模块和设备进行尺寸复核，对安装偏差进行修正工作，运用大型汽车吊、履带吊、高空作业车、移动式脚手架等先进机具，整体吊装安装，这样大大地减少了高处作业，保证施工安全，缩短施工周期，提高施工效率，确保施工质量。

模块式大型超高钢结构框架组装、吊装施工准备的内容很多，其中以组装，吊装施工技术为重点，主要归纳为以下6点：①组装、吊装方法的选择确定及吊机工况参数的选用；②大型钢结构框架如何分段、分几段；③组装、吊装工艺顺序的确定，编排；④组装、吊装如何进行总体布置及具体要求；⑤组装、吊装主要施工方法及技术措施；⑥吊点、吊耳的设计与吊索具的选择设置。

施工技术准备从时间上分为3个时段：

（1）第一时间段为钢结构框架设计阶段，上述第①、②部分内容必须在本阶段完成。钢结构框架如何分段、分几段，分段的几何尺寸必须提供给设计院进行钢结构分段设计、符合组装吊装要求。钢结构分段的原则应符合下列要求：①符合选用的大型吊机进行吊装作业的各种工况性能条件；②符合钢结构框架内大型容器设备吊装就位作业的要求；③满足钢结构框架单元吊装受力过程中自身的强度、刚度条件。

（2）第二时间段为钢结构制造阶段，上述第⑤、⑥部分必须在本阶段完成。把吊点的设置、吊耳的结构形式及吊点相关结构的加强等提供给制造厂，在钢结构制造的同时制造焊接吊耳。

（3）第三时间段为吊装准备阶段，可以归纳为以下几个方面：①组装、吊装总平面布置，其原则应首先确定钢结构框架吊装主吊吊机的定位位置，钢结构片式组装，框架组装的区域，布置钢结构框架地面组装，构件吊装和抬吊等吊机的定位；②资源准备，包括劳动力配置、机械机具的配置和材料等配置准备；③技术措施准备，包括吊装平衡梁、吊索千斤制作和钢结构加固、组装与总装的措施等；④地面分段组装钢结构框架单元。

中煤建安集团公司承建的蒙古国UHG模块式选煤厂钢模块施工工艺流程如图4－102所示，主要施工图片如图4－103所示。

“十一五”期间在选煤厂机电设备安装中，除模块式选煤厂安装工艺得到创新发展外，其他传统的安装工艺也不断得到创新和改进，新技术得到广泛应用。加压过滤机群体吊装旋转就位技术、大型球磨机液压顶升就位技术、进口大型移动破碎站超

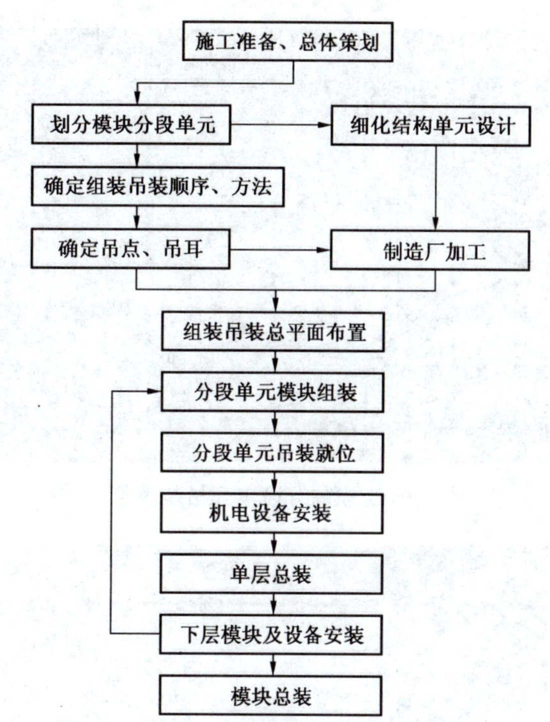

图4－102　钢模块施工工艺流程

厚钢板焊接技术、移动破碎站拱形栈桥多机抬吊尾部旋转机体就位技术、模块式钢结构框架组装吊装技术、管道工厂化预制技术、冷缩热缩电缆接头施工技术、乳化泵启动液压千斤顶展放大倾角长输送带控制技术、大型非标设备制作技术、浮选柱逆向安装技术等都是在“十一五”时期选煤厂安装行业创新出的新工艺。

“十一五”期间选煤过程自动控制和全厂自动化水平不断提高。由于选煤工艺的改进和多产品的需求，选煤厂生产工艺环节增多、流程复杂，使用了大量的动力机械设备。在生产过程中，设备运行必须按工艺流程可控，实时监视其运行状态并调整参数满足选煤要求。传统的人工就地操作和监控已经不满足现代高效选煤厂的生产运行。采用PLC主机、计算机、同位素密度计、超声波液位计、电动执行器、电动调节阀、回路调节器等构成的选煤厂集中控制系统，对重介密度、液位等参数进行自动调节，在各大矿区得到广泛应用。采用集中控制系统，操作人员少，生产效率高，设备可以达到合理运行，实现选煤厂自动化。目前，随着现代信息技术的发展，以网络为基础的综合自动化控制系统，集成选煤厂生产自动控制、工业电视及信息管理等系统多网合一，在选煤厂安全生产指挥调度中

(a) 模块分段单元吊装就位

(b) 第一层模块总装完成

(c) 第二层模块吊装

(d) 模块式选煤厂总装图

图 4－103　钢模块施工图片

得到广泛应用。

五、结束语

由于安装技术的不断创新改进，在选煤厂机电设备安装中，工程质量大幅提高，多项选煤厂安装工程获得“煤炭行业优质工程”、“太阳杯”，其中，由中煤建安集团公司组织施工的大唐胜利二号井工程荣获“国家优质工程金质奖”、国投新集刘庄煤矿工程荣获“鲁班奖”并入选“新中国成立60周年百项经典暨精品工程”。工程质量的提高，为选煤厂的正常生产运营、节能增效提供了重要的保证。

虽然选煤技术发展趋于多元化，但总体发展趋势是重介选煤技术占主导地位；选煤装备和选煤厂规模向大型化方向发展，大规模、多矿集中洗选的选煤厂建设将成为主流；以发展洁净煤技术为主的煤、电、化一体的煤炭循环产业园基地将在各主要大型矿区建成；模块式选煤厂以其建设周期短、经济效益好等诸多优势将成为选煤厂建设的主流；选煤过程自动控制和全厂自动化水平不断提高，以现代信息技术为依托的、集成选煤厂生产自动控制、工业电视及信息管理等分系统的综合自动化控制系统，能够对选煤厂进行安全生产调度与监控，实现大型企业集团、矿井及矿属企业（选煤厂、焦化厂、电厂等）多级安全生产调度网络互联，将得到广泛推广和应用。

超大跨度（直径）网架结构设计与施工技术

一、概述

网架结构是由多根杆件按照一定网格形式通过节点联结而成的空间结构，因其变化灵活，形式多样，结构自重轻，刚度大，抗震性能好，施工方便，易于设计超大面积，大空间生活、生产用建筑，已得到广泛运用，从20世纪80年代开始，在煤炭建设领域也得到大量使用。

徐州中煤百甲重钢科技有限公司暨徐州中煤钢结构建设有限公司（以下简称公司）是煤炭建设行业中具有代表性的网架结构设计、施工企业。在"十一五"期间，为适应国家环保要求，控制粉尘污染，先后设计、施工了近100座网架结构封闭式储仓和储料仓。设计、施工的网架结构仓储建筑从小到大，由最初的1万~3万平方米发展到10万平方米，储量达到20万吨。

公司自行研发、设计并施工的133米超大直径球面网壳结构（图4－104）和120米特大跨度柱面网壳结构（图4－105），均为国内目前最大跨度的空间结构。公司先后获得了"中国施工企业科技创新成果一等奖"、"中国企业（第十三批）新纪录证书"、"国家优质工程金质奖"1项、"中国金属结构协会钢结构金奖"3项、"江苏省紫金杯奖"3项。其中133米球面网壳技术于2009年1月6日由中国煤炭建设协会组织中国建筑科学院、煤炭建设行业有关专家进行了技术成果鉴定，鉴定该技术达到国内领先水平。

图4－104　球面网壳

图4－105　柱面网壳

目前，由公司设计、研发、施工的钢网架结构已经成为煤炭行业的品牌产品，在煤炭行业占有主导地位。同时，还延伸到了电力、冶金、化工、水泥等行业，扩展到了印度、马来西亚、菲律宾、巴西等十几个国家，在国外建成的网架结构工程已达100万平方米。

二、网架结构设计要点

（1）通过细化荷载，精确荷载分布状态，优化对比受力基本单元网格布置方案，得到最佳用钢量指标，进而获得荷载参数与经济指标的关系。

（2）引进CFD数值风洞技术，采用计算机进行模拟风洞试验计算，得出建筑物表面风压分布特征和风压值，为网架设计提供准确的风荷载数据。

（3）调整建筑物形式，根据仓储工艺要求，发展了球面网壳、椭球面网壳、柱面网壳等多种形式，由落地式网壳储仓发展到下部采用钢筋混凝土圆形仓壁、上部网壳相结合的仓体结构。

（4）验算施工过程中网架受力变化和变形。球面网壳施工是由外向内逐圈安装，在安装过程中，已封闭的外圈作为第二圈安装时的支撑面而承受施工荷载，柱面网壳先在地面拼装成基本单元，整体拼装，在高空向两端延伸安装，基本单元为两端延伸安装时的荷载支撑结构，因此，在安装过程中网架结构受力、变形状况随进度而变化，与设计时的受力状况和整体变形完全不同，网架结构设计计算时必须对施工过程中的实际受力和变形进行验算，计算出最不利位置和变形，并考虑到整体设计计算中，在施工过程中亦采取相应措施把变形控制在规范许可范围内，确保网架结构的整体安全和施工质量。

三、施工技术

（一）球面网壳安装工艺

（1）采用沿直径分圈封闭，由下至上逐层安装的施工方案。采用地面小拼单元，形成2～3个三角形后用垂直运输机吊运到安装工作面高空散装。它的基本原理是：由已闭合的网架结构承受上部的施工荷载（图4－106）。

图4－106　球面网壳安装工艺图

（2）为解决施工过程中结构刚度较低，在施工荷载、自重和风荷载条件下将引起较大变形可能会影响到安装精度和施工安全的问题，采用了在地面安置组合地锚，形成安全索，这些索的位置将随结构安装高度升高而改变。它们的位置和数量全部经设计部门特别验算，不但有效地抵抗了风荷载，也控制了结构整体变形，保证了穹顶的安装精度。

（3）安装精度的控制。安装精度的控制要求如下：

一是确保首圈安装精度，包括支座标高控制盒闭合后圆度的控制。

二是逐圈闭合及时复核，保证球壳整体刚度和减少误差积累。网壳前2～3圈安装完成后，应及时对整体安装的圆度和闭合误差进行检查和调整，各项指标满足要求后，张拉固定。以后应逐圈安装，逐圈闭合，每3圈对结构圆度进行一次检查和调整，调整方法是设地锚，用钢丝绳拉张（图4－107）。

（二）小跨度柱面网壳安装工艺

逆安装施工工艺基本原理（适用于跨度小于80米）：将结构施工分成基本单元和高空悬挑小拼

图4－107　拱面网壳安装工艺图

单元两个施工工段，以基本单元为小拼单元安装的承重结构，即以结构本身的承载能力承受后续施工荷载。具体做法是：先在地面将基本单元3/5跨度的网架杆拼装成整体，用吊车或扒杆整体起吊高空，在地面二跨支座处安装剩余的2/5网架杆，直至全部安装完成，稳定在支座处焊牢，形成稳定的单元，全部在地面施工，以此基本单元为起步单元，做高空悬挑小拼单元，直至完成整体网架的安全工程（图4－108）。

图4－108　小单元高空散装

（三）特大跨度柱面网壳施工工艺

其基本原理（适用于跨度80～120米）：

将工程分成基本稳定单元和高空悬挑拼装两个施工段。首先沿网架长度方向完成12～18米的基本稳定单元网架的安装，由其稳定单元结构承受后续的施工荷载，采用小拼单元高空散装成型，逐次延伸，完成整个网架结构（图4－109）。

基本稳定单元的施工工艺：基本稳定单元网架的施工，不仅要完成其本身的结构安装，还要有承受后续施工阶段施工荷载的能力，称为基本单元。

(a)

(b)

图 4－109　特大跨度柱面网壳施工

可根据建筑物长度及工序的要求，沿建筑物纵向中间（或端部）选择 4～6 个网格（一般 12～18 米），宽度以满足结构刚度要求，以能承受后续施工荷载为原则。

四、主要代表工程

（一）内蒙古霍林河 20 万吨超大直径网架穹顶储煤仓工程

内蒙古霍林河 20 万吨超大直径网架穹顶储煤仓直径 130 米、矢高 70 米、储量 20 万吨超大直径网架穹顶储煤仓，是公司主要代表性工程。2007 年获中国建筑金属结构协会“中国建筑钢结构金奖”（图 4－110）。

1. 工程结构设计技术路线

（1）国内钢结构设计规范对钢网架跨度的适用范围仅为 120 米；超过 120 米即为超限，设计规范中的各项理论、计算指标均已不能满足，必须从理论开始研发，在保证结构安全、质量可靠的条件下，做到节约投资、用钢量最少。

（2）项目完成在最不利风荷载（≥60 千克力/平方米）作用下，选用高强度钢材（Q390、Q420）建造的设计理论、计算方法并形成计算软件，开发以结构自身承受施工荷载的新施工工艺，

图 4－110　内蒙古霍林河 20 万吨超大直径网架穹顶储煤仓

填补国家网架设计和施工规范的空白。

（3）利用 CFD 数值风洞技术，用计算机模拟计算替代传统的风洞模拟试验计算，获得翔实的风荷载数据。

（4）进行荷载分布分析，优化对比网格布置方案，获得荷载参数和经济指标对应关系，得到最佳材料用量的指标。

（5）验算施工过程中在不利结构形态、不利荷载的共同作用下结构受力状态，获得控制荷载参数。

（6）按照施工计划，模拟施工的各个阶段，每层计算一次，将施工荷载同风荷载共同施加上去，检查节点位移和杆件变形情况，在此基础上进行了受力分析，在前 5 圈（约 1/4 高度）网格安装时会有较大的节点位移，但杆件内力不大，采取钢索固定的方法控制变形，保持圆度。在 5～12 圈进行小单元高空散装时，吊具和临时荷载质量不能超过 1500 千克，吊具的支点分布在 4 个不同的球节点上。在 12 圈以上时施工荷载可控制在 2000 千克。通过这种控制，网壳的整体挠度均可控制在规范许可范围内。

2. 创新关键技术装备

1）可调式智能吊装设备

现场安装过程中，由于安装高度超过 60 米，50 吨的吊车就因达不到高度而无法安装，为此，研发了智能吊装设备——可调式小扒杆吊具，解决了安装节点不在一个平面上，拼装单元运到安装点难以调整角度，并且可随产品高度同时升高的难题。

由于穹顶网壳为球体，安装节点螺旋增高，不在一个平面上，所以将地面的小拼单元运到安装点必须通过调整角度方可实现。

2）球壳网架围护用弧形檩条滚弯机

网架穹顶的表面为一曲面，进行围护时是用檩条作为骨架支撑屋面板。因此要求檩条应具有一定的弧度，与球壳网架的表面曲率相一致，才会产生较好的曲面效果。为此，专门研发了球壳网架围护用弧形檩条滚弯机。本设备为一种球壳网架围护用弧形檩条及其他薄壁型钢滚弯加工的滚弯专用设备，它包括主辊、固定在机座上的下主动辊，主辊上固定有限制装置，主辊下面还有压辊。利用三辊滚圆的原理，在主辊上加装限制装置并通过压辊来实现弧形檩条弯制加工，设置压辊夹持型钢的薄壁，不使其产生侧向变形或扭曲，通过主辊的升降只产生纵向变形从而达到所需的弧度，实现弯制加工（图4－111）。

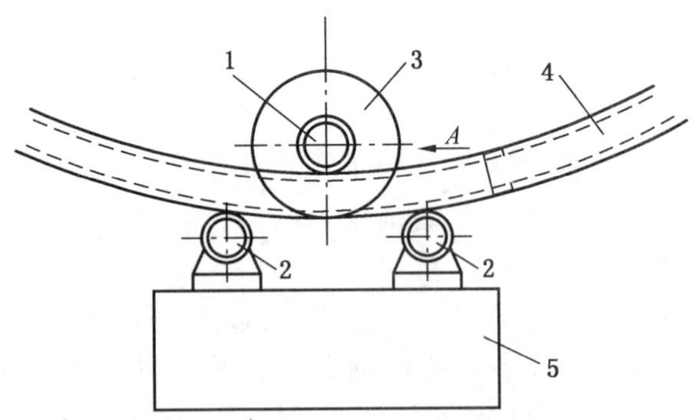

1—滚轮轴心；2—滑动轴承；3—滚轮；4—加工件；5—基座

图4－111　弯制加工

3. 关键施工工法技术

（1）采用了沿直径分圈封闭，由下至上逐层安装的施工方案。采用地面小拼单元，形成2～3个三角形后用垂直运输机吊运到安装工作面高空散装。此安装方案取消了满堂脚手架，减少了施工费用，缩短了工期。

（2）采用了在地面安置组合地锚，形成安全索，这些索的位置将随结构安装高度升高而改变。其位置和数量全部经设计部门特别验算，不但有效地抵抗了风荷载，也控制了结构整体变形，保证了穹顶的安装精度。

（3）为了实现安装工序中取消满堂脚手架的传统施工方法，发明了“可调式智能吊装设备”并成功申报了实用新型专利。

该工程于2008年12月获得“中国企业新纪录（第十三批）证书”，“超大直径储料仓穹顶技术”于2009年10月获得中国施工企业管理协会技术创新成果一等奖，“超大跨度双层网架穹顶施工工艺”于2010年2月24日获国家发明专利（专利证书号：第602223号）。

（二）大唐国际二号露天煤矿网架穹顶工程

内蒙古锡林浩特大唐国际发电股份有限公司“胜利东二号露天煤矿一期工程”（图4－112），是3个并排的网架穹顶堆取料机储煤仓，每个穹顶储煤仓直径86米、矢高30米，采取了先进的基座整体封闭安装结合穹顶散装安装法施工工艺，其基本施工原理与技术工艺与前述20万吨穹顶储煤仓相同。该工程获得国家工程建设质量奖审定委员会颁发的中国工程建设最高奖——“国家优质工程

图4－112　大唐国际胜利东二号露天煤矿网架穹顶工程

金质奖”。

五、存在的问题与展望

（一）存在问题

（1）钢结构防腐技术是目前的薄弱环节，现有的防腐材料防腐年限有限，使用单位的后续防护往往滞后，影响了网架结构的使用年限。

（2）煤炭建设领域的网架结构，基本上全是钢网架，材料单一，防腐性能不理想。

（3）煤炭行业已建成的大型网架结构形式，主要适用于封闭式仓储建筑，难以进入民用建筑市场。

（二）发展与展望

（1）随着国家经济发展和钢结构在建筑领域所占比例增加，钢结构防腐技术必然发展，随着新的防腐材料的问世，必将进一步推动钢网架技术、规模的发展。

（2）煤炭行业防污染封闭式储煤仓起步较晚，市场需求和规模庞大，煤炭钢结构施工企业必须抓住机遇，不断提高自身的设计与施工技术，不断攀登新的台阶，为企业自身的发展和煤炭基建的发展创造新的业绩。

（3）在搞好现有技术升级的同时，煤炭钢结构企业应该在条件成熟时，把防腐性优良的铝材、不锈钢材等新材料应用到网架结构中，提高煤炭行业钢结构建筑的耐久性和建筑品质。

（4）先进国家的网架结构技术在规模和跨度上都领先于我们，目前世界上最大直径网壳已达到230米。

同时，国内外新的网架技术，如曲面网架、柱面网架、模屋面网架、拱支网架等，因立面更加丰富美观，空间分割更加灵活多变，跨度进一步增大，广泛应用于机库、体育场馆、大型会展中心等公共建筑。既实用美观又丰富了城市景观，充分展现了网架结构在建筑领域不可代替的作用和优势。因此，煤炭钢结构企业广大工程技术人员在立足当前的同时，要志存高远，瞄准国际国内领先技术，不断做好技术储备，向新形势、复合型网架技术发展，为煤炭建设事业作出新的贡献。

大型井架制作与安装技术

“十一五”期间，随着煤矿工业的发展，建成了一批安全高效的大型现代化煤矿，年产1000万吨以上特大型现代化煤矿30多处。现代化煤矿向大型化、高科技、高技术方向发展，煤炭产量大幅增高。随着立井向大直径、深井筒方向的发展，煤矿立井井架也向大型化方向发展。井架由原来的立架加斜撑式变为L－A型式和双斜四柱A型井架，其质量由300吨左右发展到1400吨左右，高度由30米发展到现在的最高110米，由此对井架的制作和安装技术也相应有了很大的提高。

根据煤炭行业“十一五”期间加工和组立钢结构井架的实践，通过对井架部分加工工艺和组立机具的创新改革，在加工制造过程中严把产品质量关，在组立过程中以安装质量为本，既保障了施工安全，又创造了良好的社会经济效益，并总结了大型井架的制作与安装技术，开创了大型井架制作与安装的新纪元。“十一五”期间国内外大型井架制作与安装工程概况具体见表4－104。

表4－104 “十一五”期间矿井大型井架制作与安装工程概况表

序号	建设单位	井架技术特征	安装方法
1	同煤浙能麻家梁煤业有限公司	矿井设计年产量1200万吨，主井井架为钢井架A型双斜架支撑式提升钢井架，总高110米，设计总重量1437吨，两斜架重1118吨，立架重320吨。共分为4个平台，第四层平台标高80米，井架结构为空间框架体系，主、副斜腿及框架梁均采用箱形截面1600毫米×2200毫米	1.6米高60米双桅杆起吊，主、副斜采取半翻转方法起吊
2	国投新集能源股份有限公司杨村煤矿	设计年产量500万吨，井架为A型双斜架支撑式钢井架，配用两台直径为4米×5.0米多绳摩擦落地式绞车。井架主体采用大截面箱形框架结构，箱形斜架最大截面为2500毫米×2500毫米。井架共设55.72、62.7、72米3层检修平台，杨村主井井架设计高度72米，重量1100吨，主斜482吨、副斜442吨	1.6米高60米双桅杆起吊，主、副斜采取半翻转方法起吊
3	陕西彬长矿业集团有限公司胡家河矿	设计年产量500万吨，主井井架设计高度73米，重量880吨，主斜架420吨、副斜架202吨，设计年产量500万吨，工程结构设计形式为四斜柱式钢井架，主要构件采用箱形截面，井架基础中心相对标高＋1.000米，井架共设置平台3层，顶部平台标高＋72.900米，其他两层平台标高分别为：＋61.700米、＋52.300米。该井架共设置两个提升天轮，两个上天轮中心标高为：＋62.900米，两个下天轮中心标高分别为：＋53.500米	1.6米高48米双桅杆起吊，主斜采取半翻转方法起吊，副斜采取滑移法起吊
4	山西高河矿业能源有限公司高河矿井	矿井设计年产量600万吨，井架为A型双斜架支撑式钢井架，配用两台直径为4米×4.6米多绳摩擦落地式绞车。井架主体采用大截面箱形框架结构，箱形斜架最大截面为1600毫米×2400毫米。井架主斜架采用变断面结构。井架共设53.57米、61.37米、68米3层检修平台，主井井架设计高度78米，重量1180吨，主斜570吨、副斜300吨	1.6米高60米双桅杆起吊，主副斜采取半翻转方法起吊
5	皖北煤电集团公司朱集西煤矿	矿井设计年产量600万吨，主井井架设计高度72米，重量944吨，主斜574吨、副斜305吨，主井井架结构设计型式为钢井架L－A型或称L改进型，并在原有L－A型基础上增设箱形断面支撑，是按生产井架进行设计的，共分为5个平台。井架结构为空间框架体系，主副斜腿、框架梁均采用箱形截面，部分为焊接工字形梁	1.6米高60米双桅杆起吊，主斜采取半翻转方法起吊，副斜采取滑移法起吊

表 4－104（续）

序号	建设单位	井架技术特征	安装方法
6	国投新集能源股份有限公司口孜东煤矿主井井架	矿井设计年产量500万吨，主井井架设计高度95米，重量1310吨，主斜599吨、副斜429吨，立架重240吨。井架为A型双斜架支撑式钢井架，配用两台直径为4.8米多绳摩擦落地式绞车。井架主体采用大截面箱形框架结构，箱形斜架最大截面为1800毫米×2600毫米。井架共设58.59、67.39、76.5米3层检修平台	1.6米高60米双桅杆起吊，主、副斜采取半翻转方法起吊
7	国投新集能源股份有限公司口孜东煤矿副井井架	矿井设计年产量500万吨，口孜东副井井架设计高度66米，重量873吨，主斜456吨，副斜176吨，井架为A型双斜架支撑式钢井架，井架主体采用大截面箱形框架结构，箱形斜架最大截面为1800毫米×2600毫米。井架共设3层检修平台	1.6米高60米双桅杆起吊，主斜采取半翻转方法起吊，副斜采取滑移法起吊
8	内蒙古巴彦高勒煤矿主井井架	矿井设计年产量800万吨，主井井架设计高度77.5米，重量1050吨，主斜435吨，副斜373吨，井架结构设计形式为四斜柱式钢井架，主要构件采用箱形截面，井架基础中心相对标高+0.500米，井架共设置平台3层，顶部平台标高+77.500米，该井架共设置4个提升天轮，两个上天轮中心标高为+69.00米，两个下天轮中心标高分别为+62.00米	1.6米高60米双桅杆起吊，主、副斜采取半翻转方法起吊
9	山西潞安矿业能源有限公司屯留矿井主井井架	矿井设计年产量800万吨，主井井架设计高度76.8米，重量1234吨，主斜427吨、副斜365吨，立架重184吨，井架为A型双斜架支撑式钢井架，配用两台直径为4.5米多绳摩擦落地式绞车。井架主体采用大截面箱形框架结构，箱形斜架最大截面为1600毫米×2400毫米。井架共设58.59米、67.39米、76.5米3层检修平台	1.6米高60米双桅杆起吊，主、副斜采取半翻转方法起吊
10	河南神火集团梁北煤矿混合井井架	主井井架结构为A型钢井架，斜架柱脚南北跨距46.96米，东西跨距41.76米，总高68米，总重1283吨，其中斜架部分为斜四柱箱形钢结构	1.6米高双桅杆起吊，主、副斜采取半翻转方法起吊
11	安徽淮北矿业集团祁南煤矿深部井箕斗井井架	井架为四斜柱式钢井架，单向提升布置。井架主体采用大截面箱形框架结构，箱形斜架最大截面为2600毫米×1600毫米。井架设置二层天轮平台，标高74.7米为天轮安装及检修吊车平台，钢井架设计高75米、重1080吨，主斜519吨、副斜295吨	1.6米高60米双桅杆起吊，主、副斜采取半翻转方法起吊

一、“十一五”期间井架制作与组立技术

（一）井架制作技术发展水平和创新点

（1）板材下料。大型箱型井架制作，对钢材下料的精度要求更高，变形量更小。2006年煤炭行业引进数控多头火焰切割机，使下料一次成形，切割精度更高，使得箱体组对尺寸更为精确。

（2）箱体组对采用了三面定位组对工艺，既保证了焊缝质量，又提高了生产效率（图4－113）。首先在组对操作平台上铺上下底板（2底板）并将纵向加筋点焊上（图4－113a）。再将两侧板（3侧板）定位（图4－113b）。待3个面的面板和横向筋板、纵向筋板都点焊定位后，最后将上盖板（4盖板）盖实定位（图4－113c）。

（3）采用埋弧焊倾斜送丝技术，可以保证焊缝根部焊透、焊缝成型美观，质量得到保证。

在加工制作中所采用的新的制作成形工艺，有利于井架的组对、找正、竖立。保证了每一节箱体外形的加工精度，并考虑到在井架组立时箱体的受力情况，采取了一系列的措施防止箱体的变形。

（二）井架安装技术发展水平和创新点

大型钢结构井架的组立对起立用吊索具有了更

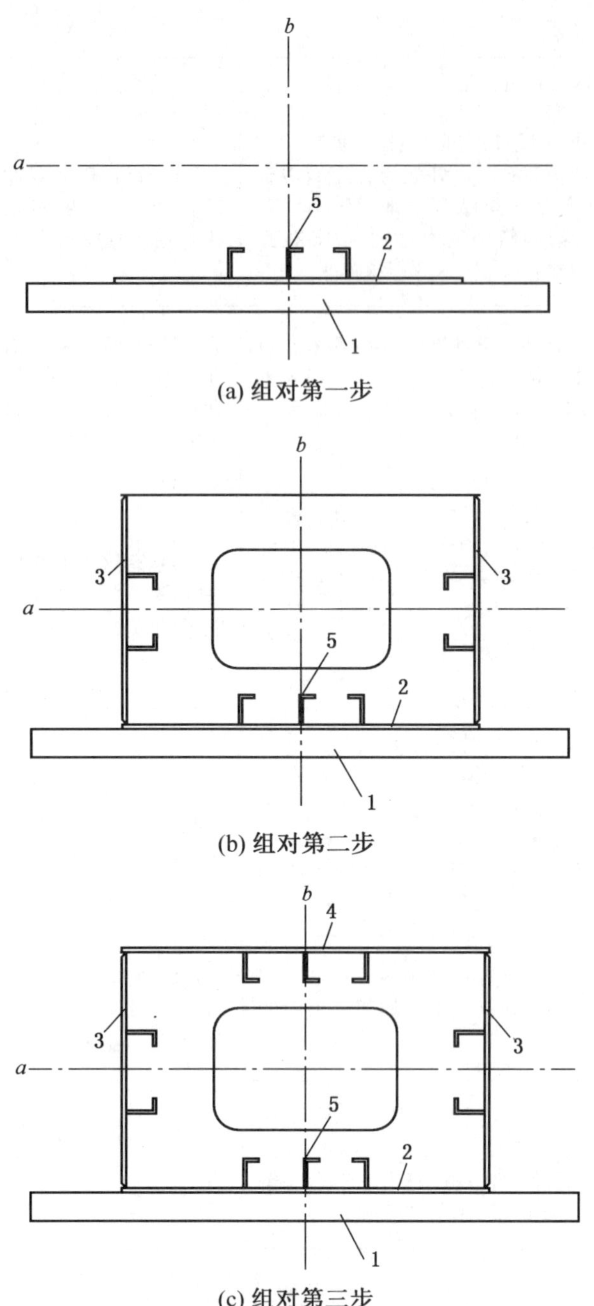

(a) 组对第一步

(b) 组对第二步

(c) 组对第三步

1—自制箱体组对平台；2—底板；3—侧板；4—盖板；5—角钢纵向筋；a、b—箱体中心线

图 4 – 113　三面组对工艺技术

新、更高的要求；一系列适合于大型井架的吊索具的研究应用，成功地解决了大型井架组立过程中存在的问题。

“十一五”期间对系列大型井架组立技术的成功探索，在以下几个方面得到了突破。

（1）为增加桅杆的断面积，提高起吊能力，并减少桅杆的重量，将单桅杆起吊变成双桅杆起吊。将单桅杆变成双桅杆起吊工艺，理论计算可满足 1400 吨左右的井架起吊。在实际起吊中采用单桅杆起吊，由于桅杆的断面积限制，一般只能起吊单片重 260 吨左右的井架，采用双桅杆起吊，由于增加了桅杆的断面积，可以安全地一次性起吊单片重量达 580 吨的主斜架（图 4 – 114）。

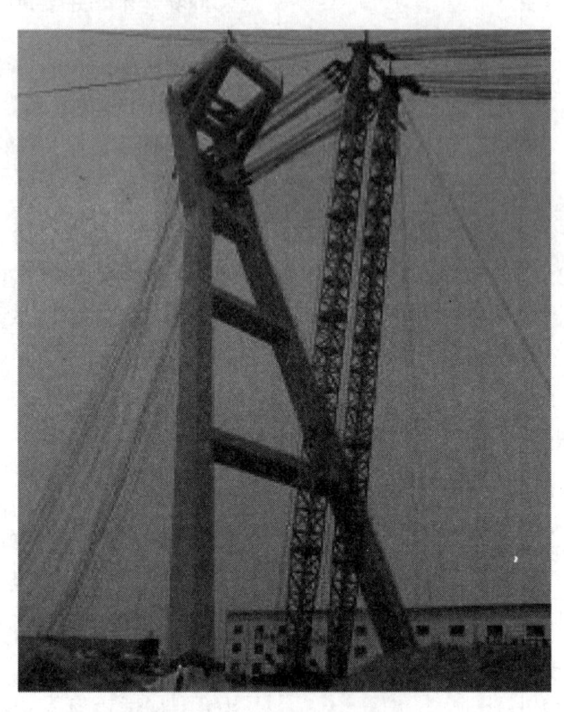

图 4 – 114　双桅杆起吊

（2）双桅杆组立工艺。先利用一副临时小桅杆同时竖立两副大抱杆，再用双桅杆组立主斜架，然后再用主斜架组立副斜架，这样就解决了利用两幅桅杆组立较大型井架的技术问题。

（3）夹具技术。夹具技术成功地取代了钢丝绳与桅杆吊耳的直接连接，较好地解决了在起吊过程中桅杆吊耳的受力问题，同时也解决了夹具上的滑车随着井架提升滑车要在上下和左右两个方向转动的技术难题，而且强度安全可靠，施工方便（图 4 – 115）。

（4）平衡轮。多跑车牵引采用平衡轮成功地解决了 4 台跑车牵引同步受力和多根牵引绳受力平衡的技术难题。跑车的电机牵引采用变频技术，也可以自动调节稳车的受力平衡，在安全竖立主斜架、副斜架的过程中，为主牵系统的受力均衡提供了可靠的技术支持。

图 4 – 116 所示为采用 4 台跑车进行井架的牵

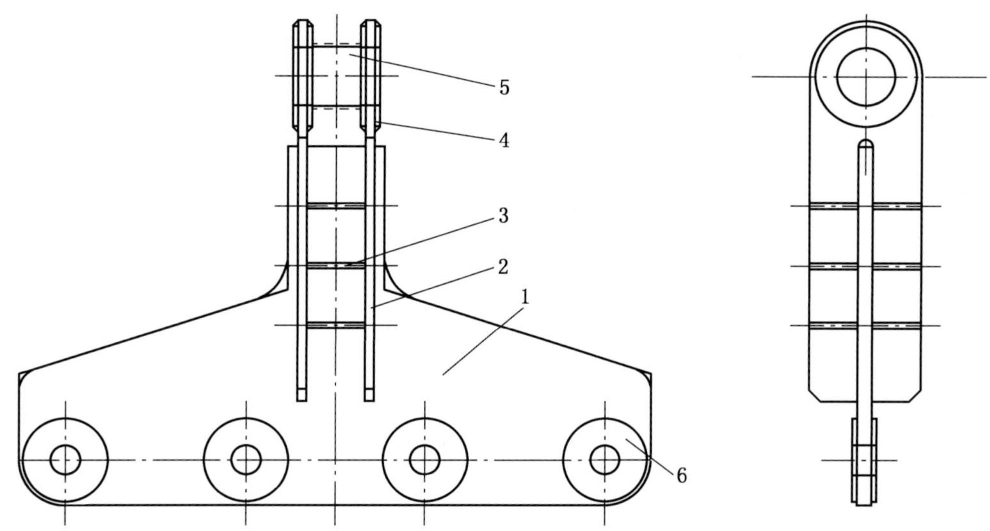

1～4—钢板；5—吊环；6—钢板吊环

图4－115　夹具组装

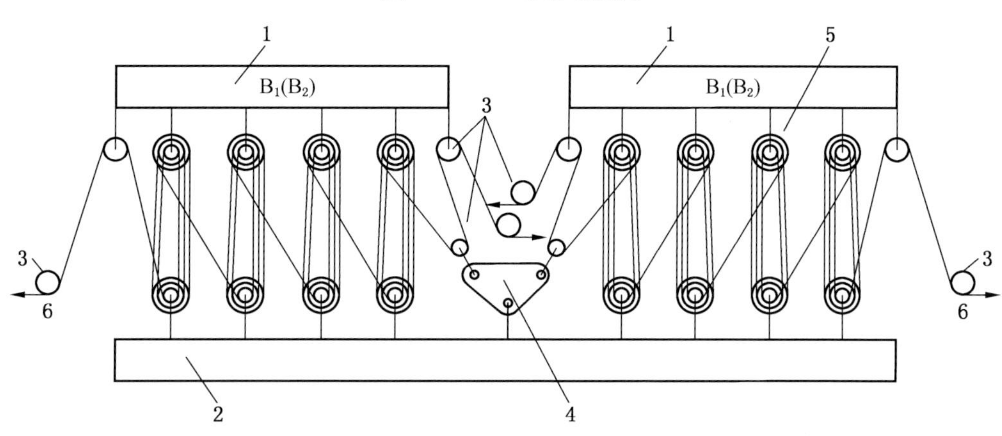

1—桅杆头部夹具；2—井架头部；3—导向轮；4—平衡轮；5—滑车组；6—跑车出绳

图4－116　平衡轮穿绳工艺

引提升，并采用平衡轮技术，有效地加快了井架的组立速度，同时保证了各跑车和牵引钢丝绳在起吊的过程中保持受力均衡。

（5）空中合龙对接技术。主、副斜架需要在空中合拢对接，因此主、副斜架底脚的两副铰链销轴的同轴度、水平度也非常重要；它对保证井架组装的精确度有着十分重要的作用。铰链的加工和安装质量也是保证井架安装质量的重要因素。

空中合龙对接技术，很好地解决了大型井架在空中对接找正的技术问题，提高了对接精度，减少了施工人员高空作业时间（图4－117）。

在井架组立过程中，依据上述新的组立工艺和技术，成功地安装了一系列特大型立井井架。

（三）保证井架组立质量标准的措施

1. 基础施工

（1）主牵引绳、后留绳、缆风绳和井架铰链基础必须按设计要求施工，并认真进行混凝土养护。

（2）主牵绞车基础应整体浇筑，各种预埋件要位置准确。放置桅杆的部位应充分考虑对地面的承压压力，以满足在起吊过程中的桅杆不得发生不均匀沉降，主牵绳地锚出绳角度合适，地锚的强度满足受力要求。

2. 井架组装

（1）组装时要充分考虑井架对地面的压力而造成井架不均匀下沉因素，避免发生井架变形，因此应合理布置井架吊点（图4－118）。组装时各对应点的几何尺寸要符合设计要求，采取各种措施减

图 4－117　空中合龙技术

少组装的误差。焊缝要满足设计要求。

（2）井架吊装用吊耳的布置要充分考虑在整个起吊过程中井架和吊耳的受力情况，避免发生吊耳折断事故。

3. 井架抬头与组立

（1）主斜架抬头时，可采用大吨位吊车或者桅杆抬头到 50 度左右，然后再利用后留绳将井架起立到设计位置。

（2）也可采用桅杆先将井架抬头到 50 度左右，然后再利用倒杆法，将桅杆翻到 15～20 度，使井架起立到设计位置，再用后留绳将井架锁住（图 4－119）。

4. 主斜架起吊时应注意的问题

（1）主斜架起到设计位置时，应检查地脚螺栓孔是否对正。主斜架与桅杆头之间绳长距离应有足够的调节范围（图 4－120）。

（2）在起吊设计中要考虑在起吊过程中井架下横梁不得与桅杆发生干涉而影响正常起吊。

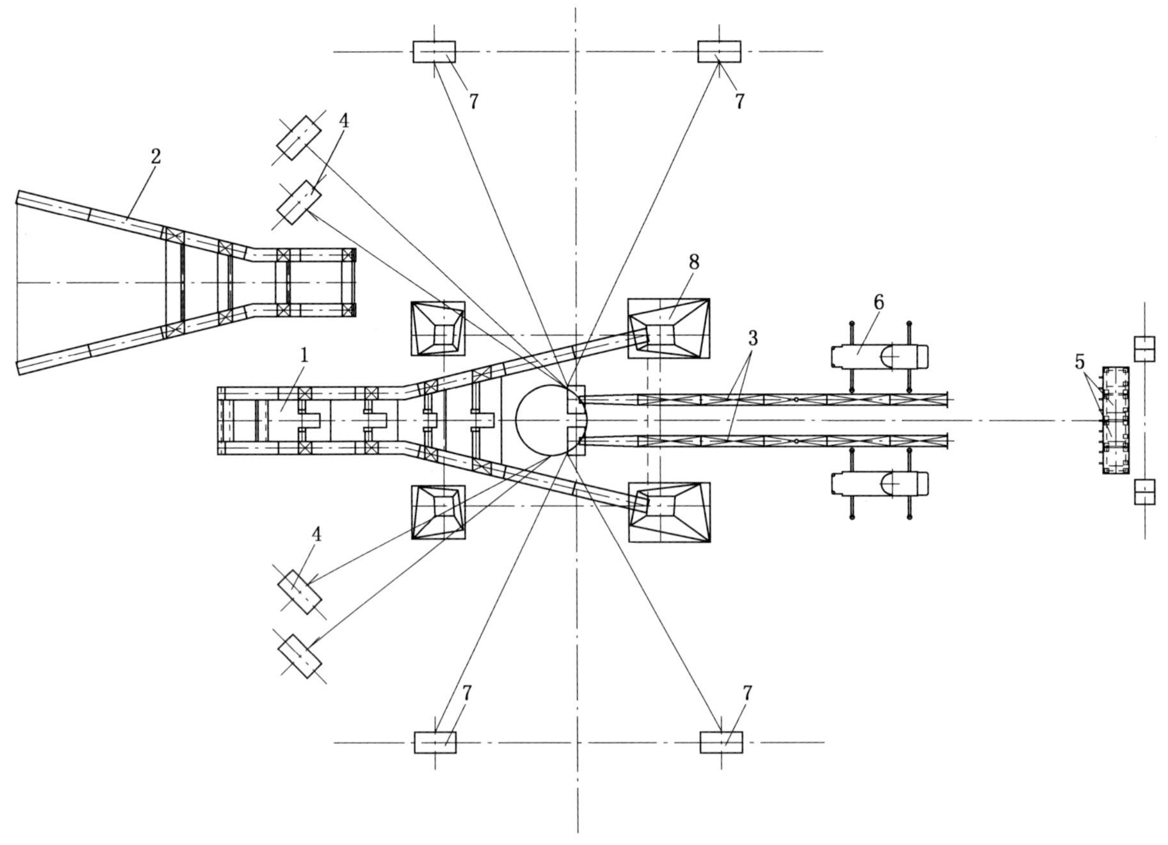

1—井架主斜架；2—井架副斜架；3—双桅杆；4—主副斜架牵引跑车及地锚；5—主牵引跑车及地锚；6—桅杆起吊用起重机；7—桅杆缆风绳及地锚；8—井架基础

图 4－118　施工平面布置图

图 4－119　双桅杆主斜架抬头

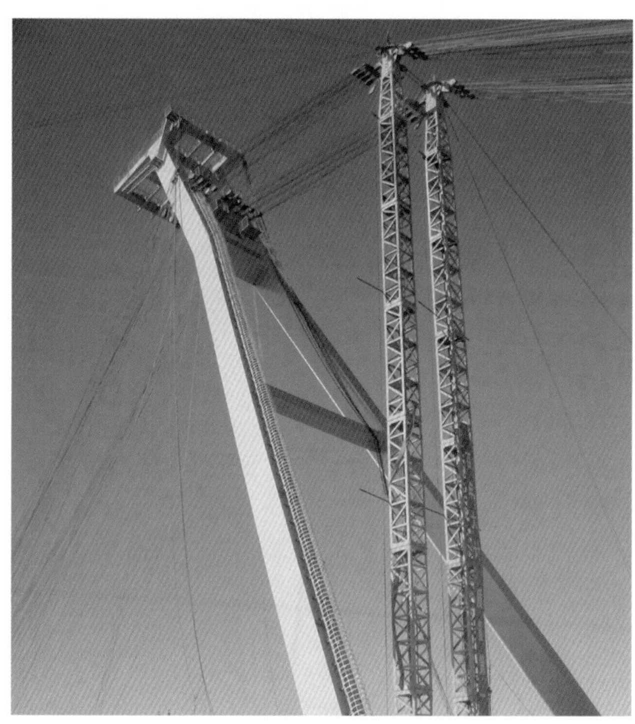

图 4－120　主斜架到位

5. 大翻转法起吊副斜架

（1）利用主斜架大翻转起吊副斜架时，初始抬头提升力较大。当副斜架翻转到 85 度时要注意后留绳要适当张紧，并缓慢配合副斜架翻过 90 度，避免后留绳因过于松弛而发生事故。

（2）和副斜架配套使用的铰链，其水平推力较大，强度要求更高，在设计、加工制作和埋设时要充分考虑受力状况，采取合适的补强措施，图 4－121 所示为利用主斜架大翻转起吊副斜架的实际情况。副斜架的后留绳要带劲随副斜架牵引绳同步提升；以保证副斜架安全平稳地翻转过 90 度。

图 4－121　大翻转法起吊副斜架

6. 保证主、副斜架空中合拢质量的措施

（1）主斜架铰链和副斜架铰链的加工质量要符合设计要求。

（2）主斜架铰链和副斜架铰链的布置应符合设计要求（图 4－122）。

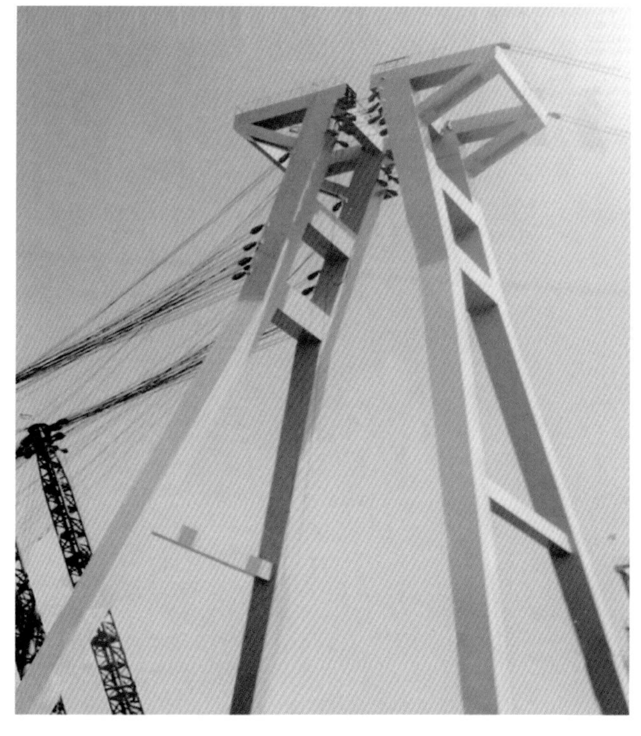

图 4－122　主副斜架空中合龙

（3）认真组织全体事故人员学习施工措施，在组立安装过程中，分工明确，责任到位。

二、施工实例介绍

“十一五”期间煤炭建设行业建设成绩斐然，在特大型井架吊装方面，曾5次刷新亚洲纪录，三次创造世界纪录。

（一）山西屯留主井井架

山西屯留矿井年设计能力600万吨。由中煤国际工程集团北京华宇工程有限公司设计，山西煤炭建设监理咨询公司监理，中煤矿山建设集团机电安装工程处承建其主井系统安装工程。井架高78米，重1234吨，经国家煤炭信息研究院查询确认为是2005年以前世界第一大井架。在组立过程中，采用了如上所述的技术，副斜架采用“空中大翻转”技术，主、副斜架一次成功合龙，创造了我国特大型井架组立安装的新纪录，组立特大型井架的技术水平处于国际领先地位。

（二）国投新集集团口孜东煤矿主井井架

国投新集集团口孜东煤矿主井井架高95米，重1310吨，在钢结构井架加工与组立过程中，采用了如上所述的技术，副斜架采用“空中大翻转”技术，安全竖立起了又一个新的世界第一大井架（图4－123），刷新了2005年我国煤炭行业创造的世界纪录，并荣获2007年度中国企业新纪录。

（三）山西同煤浙能麻家梁矿井主井井架

2011年6月，山西同煤浙能麻家梁矿井主立井井架制作与安装工程由煤炭工业太原设计研究院设计，中煤矿山建设集团机电安装工程处承建其主井井架安装工程，该矿设计年产量1200万吨，主立井井架为钢结构A型井架，高110米，设计总重量1437吨，采用了如上所述的技术，副斜架采用了“空中大翻转”技术，成功吊装了目前世界最大井架——麻家梁主井井架，再次刷新了由我国煤炭行业保持的、国投新集集团口孜东煤矿千吨级以上井架吊装中国企业新纪录。

图4－123　世界第一大井架——国投新集集团口孜东煤矿主井井架

2010年3月，中国煤炭建设协会对“特大型钢结构井架加工与竖立”工艺进行了技术鉴定，并被评为中国施工企业科技创新成果一等奖。该技术的应用，加快了特大型钢结构井架制作与安装的施工进度，提高了大件吊装的技术水平和安全性能，为缩短建井工期起到了重要的作用，为我国煤矿特大型钢结构井架施工的程序化、规范化，提供了成功经验。使我国大型井架的加工制造和安装技术均达到了世界先进水平。

第五篇

荣　誉　榜

国家级优质工程奖

一、煤炭行业荣获“新中国成立60周年百项经典暨精品工程”奖

- 山西晋城无烟煤矿业集团有限责任公司寺河煤矿
- 国投新集能源股份有限公司刘庄煤矿
- 神华宁夏煤业集团有限责任公司羊场湾煤矿
- 兖矿国泰化工有限公司20万吨/年醋酸和日处理1000吨煤新型气化炉及其配套工程

二、煤炭行业荣获鲁班奖工程

（一）2007年荣获鲁班奖工程（4项）

工程名称：国投新集刘庄矿井

建设单位：国投新集能源股份有限责任公司

承建单位：中煤建筑安装工程公司、中煤第一建设公司

参建单位：中煤第七十二工程处、中煤第九十二工程处

设计单位：煤炭工业合肥煤矿设计研究院

监理单位：安徽华夏建设监理有限责任公司

质量监督单位：煤炭工业新集矿区建设工程质量监督站

工程名称：枣矿集团滨湖矿井

建设单位：枣庄矿业（集团）有限责任公司

承建单位：枣庄矿业（集团）中兴建安工程有限责任公司

设计单位：枣庄矿业（集团）信诚设计研究有限责任公司

监理单位：枣庄科信工程建设监理公司

质量监督单位：煤炭工业枣庄矿区建设工程质量监督站

工程名称：潞安集团屯留矿井主井系统

建设单位：山西潞安矿业集团有限责任公司

承建单位：中煤第三建设（集团）公司机电安装工程处

设计单位：中煤国际工程集团北京华宇工程有限公司

监理单位：山西煤炭建设监理咨询公司

质量监督单位：煤炭工业潞安矿区建设工程质量监督站

工程名称：山西煤炭进出口集团公司职工集资住宅楼

建设单位：山西煤炭进出口集团公司

承建单位：山西四建集团有限公司

参建单位：山西煤炭建设监理咨询公司、山西翔远装饰工程有限公司

设计单位：深圳市华南装饰设计工程有限公司

监理单位：山西煤炭建设监理咨询公司

（二）2008年度荣获鲁班奖工程（2项）

工程名称：淮南矿业集团顾桥矿井

建设单位：淮南矿业集团有限责任公司

承建单位：中煤第三建设（集团）有限责任

公司

参建单位：中煤第七十一工程处、淮南国能建设工程有限责任公司、中煤第三建设（集团）公司机电安装工程处

设计单位：煤炭工业合肥设计研究院

监理单位：安徽华夏建设监理有限责任公司

质量监督单位：煤炭工业淮南矿区建设工程质量监督站

工程名称：宁夏宁煤集团羊场湾矿井

建设单位：神华宁夏煤业集团有限责任公司

承建单位：宁夏煤炭基本建设公司、甘肃煤炭第一工程有限责任公司

参建单位：宁夏灵州建井工程处

设计单位：中煤西安设计工程有限责任公司、北京华宇工程有限公司、宁夏煤矿设计研究院

监理单位：宁夏灵州工程监理咨询公司

质量监督单位：煤炭工业灵州矿区建设工程质量监督站

（三）2009 年度荣获鲁班奖工程（1 项）

工程名称：孟加拉国巴拉普库利亚煤矿工程（境外工程）

建设单位：孟加拉国能源部石油、天然气和矿物公司

承建单位：中煤第五建设公司

设计单位：煤炭工业济南设计研究院有限公司

监理单位：英国国际采矿工程有限责任公司

（四）2010 年度荣获鲁班奖工程（4 项）

工程名称：山东新矿集团龙固矿井及选煤厂

建设单位：新汶矿业集团有限责任公司

申报单位：山东华新建筑工程集团有限责任公司

参建单位：中煤特殊凿井（集团）有限责任公司、中煤第五建设有限公司、中煤国际工程集团北京华宇工程有限公司、中煤第七十一工程处、山东百世建设集团有限公司

设计单位：中煤国际工程集团北京华宇工程有限公司、煤炭工业济南设计研究院有限公司

监理单位：煤炭工业济南设计研究院有限公司、平顶山中平工程监理有限公司、菏泽鸿达工程建设监理有限公司

质量监督单位：煤炭工业新汶矿区质量监督站

工程名称：平顶山市行政服务综合楼

建设单位：平顶山市政府

申报单位：平煤建工集团有限公司

参建单位：河南派普建设工程有限公司、中国建筑装饰工程有限公司、河南中建七局建筑装饰工程有限公司

设计单位：郑州市建筑设计院

监理单位：河南新恒丰建设监理有限公司

质量监督单位：平顶山市建设工程质量监督站

工程名称：郑煤电总部搬迁项目主楼

承建单位：泰宏建设发展有限公司

参建单位：河南锦源建设有限公司、国都建设（集团）有限公司、郑州市泰宏消防工程有限公司

工程名称：国华宁海发电厂一、二期项目

建设单位：中国神华能源股份有限公司、浙江省电力开发公司

承建单位：天津电力建设公司、浙江省火电建设公司、浙江省二建建设集团有限公司、徐州中煤钢结构建设有限公司

设计单位：浙江电力设计院、华东电力设计院、西南电力设计院

监理单位：四川省江电建设监理有限公司、河北电力建设监理有限责任公司

三、煤炭行业荣获国家优质工程金质奖工程

（一）2007 年度荣获国家优质工程金质奖工程（1 项）

工程名称：20 万吨/年醋酸和日处理 1000 吨煤新型气化炉及其配套工程

建设单位：兖矿国泰化工有限公司

主申报单位：兖矿国泰化工有限公司

勘察及设计单位：中煤国际工程集团南京设计研究院、中国天辰化学工程公司、上海化工设计院有限公司

监理单位：天津辰达工程监理公司

施工总承包单位：中国化学工程第三建设公司、中国化学工程第六建设公司、中国化学工程第十一建设公司、中国化学工程第十四建设公司、中国化学工程第十六建设公司、山东迪尔安装集团有

限公司、兖矿集团东华建设有限公司

（二）2010 年度荣获国家优质工程金质奖工程（1 项）

工程名称：大唐国际发电股份有限公司胜利东二号露天煤矿一期工程

主申报单位：内蒙古大唐国际锡林浩特矿业有限公司

建设单位：内蒙古大唐国际锡林浩特矿业有限公司

勘察及设计单位：内蒙古自治区煤田地质局、中煤国际工程集团沈阳设计研究院

监理单位：中煤陕西中安项目管理有限责任公司

参建单位：中铁十九局集团有限公司、中国水利水电第十四工程局、赤峰宝昌建筑工程有限公司、中煤第九十二工程处、中国第二冶金建设有限责任公司、林州市二建建筑工程有限公司、中铁十六局集团有限公司、徐州中煤钢结构建设有限公司、中国水利水电第十一工程局

四、煤炭行业荣获国家优质工程银质奖工程

（一）2006 年度荣获国家优质工程银质奖工程（2 项）

工程名称：山西晋城寺河矿井

建设单位：山西晋城无烟煤矿业集团有限责任公司寺河矿

主申报单位：中煤第五建设公司

勘察及设计单位：中煤国际工程集团北京华宇工程有限公司

监理单位：山西中太工程建设监理公司

施工总承包单位：中煤第五建设公司

参建单位：中煤第一建设公司、晋城宏圣建筑工程有限公司、中煤第五建设公司第一工程处

工程名称：煤炭科技苑科研业务楼（煤炭大厦）

建设单位：煤炭科技苑筹建办公室

主申报单位：中煤建设集团工程公司

勘察及设计单位：中煤国际工程集团北京华宇工程有限公司

监理单位：北京康迪建设监理咨询公司

施工总承包单位：中煤建设集团工程公司

参建单位：北京久盛装饰工程有限公司、北京中煤广厦塑钢门窗有限公司

（二）2009 年度荣获国家优质工程银质奖工程（1 项）

工程名称：山东济矿鲁能煤电有限公司阳城矿井

建设单位：山东济矿鲁能煤电有限公司阳城煤矿

主申报单位：山东济矿鲁能煤电有限公司

勘察及设计单位：中煤国际工程集团南京设计研究院、江苏长江地质勘查院

监理单位：煤炭工业济南设计研究院有限公司、山东省建筑工程监理公司

施工总承包单位：中煤第五建设公司第三工程处、中煤第一建设公司第三十一工程处

参建单位：中煤第三建设公司机电安装工程处、兖矿集团东华建设有限公司三十七处、中煤第五建设公司第五工程处

（三）2010 年度荣获国家优质工程银质奖工程（2 项）

工程名称：黄陵矿业二号煤矿工程

建设单位：陕西陕煤黄陵矿业有限公司

主申报单位：中煤第三建设（集团）有限责任公司

勘察及设计单位：中煤西安设计工程有限责任公司

监理单位：中煤陕西中安项目管理有限责任公司

施工总承包单位：中煤第三建设（集团）有限责任公司

参建单位：中煤第三建设（集团）有限责任公司二十九工程处

工程名称：兖州煤业榆林 230 万吨/年甲醇工程一期 60 万吨/年甲醇装置

建设单位：兖州煤业榆林能化有限公司

主申报单位：兖州煤业榆林能化有限公司

勘察及设计单位：陕西省水利电力勘测设计研究院、煤炭科学研究总院西安研究院、西北综合勘察设计研究院、华北有色工程勘察院有限公司、山东正元建设工程有限责任公司、华陆工程科技有限

责任公司、中国天辰工程有限公司、中煤西安设计工程有限责任公司、中煤国际工程集团沈阳设计研究院、煤炭工业济南设计研究院有限公司、兖矿集团邹城华建设计研究院有限公司

监理单位：兖矿集团邹城长城工程建设监理有限公司、北京华旭工程项目管理有限公司、中煤国际工程集团南京设计研究院

参建单位：中国化学工程第四建设公司、中国化学工程第十三建设有限公司、中国化学工程第十四建设有限公司、陕西建工集团设备安装工程有限公司、中国石油天然气第一建设公司、黑龙江省博石建筑安装有限责任公司、兖矿集团东华建设有限公司、兖矿新陆建设发展有限公司、中煤第六十八工程处、榆林市榆阳区兴源水电工程有限公司

五、国家级优质工程奖摘登

（一）新中国成立60周年百项经典暨精品工程

国投新集能源股份有限公司刘庄煤矿工程

工程概况：刘庄煤矿位于安徽省阜阳市颍上县古城镇，矿井设计生产能力为300万吨/年，扩建后达800万吨/年，地面生产及选煤系统按800万吨/年建成，2002年10月开工，2006年8月竣工。矿井投资近25亿元，是国家批准兴建的第一对数字化特大型矿井。

刘庄煤矿全景图

井下矿建工程主要包括副井井筒、风井井筒、副井井筒与井底车场连接处、井底主要硐室和巷道工程。其中，副井井筒净直径6.7米，深度823米；风井井筒净直径7.0米，深度808米。地面建筑工程包括主井井塔、装车仓、缓冲仓、选煤厂主厂房、动筛车间、栈桥、行政办公楼、联合福利建筑等67个单位工程。主井井塔是亚洲最高、提升能力最大的井塔，双系统四箕斗提升，单箕斗提升能力40吨，最大提升速度12米/秒，轴线尺寸21米×23.9米。工程共8层，檐高90.8米，建筑体积48197立方米，建筑等级为一类高层建筑，外装饰采用氟炭漆、玻璃幕墙，内装饰采用花岗岩、地砖、混合砂浆抹面，建筑防水为双层SBS改性沥青卷材防水材料，防水等级为Ⅲ级。其他工业建筑外装饰以涂料为主，行政办公楼外装饰采用铝塑板。安装工程包括动筛车间、装车仓、选煤系统浓缩车间等7个单位工程，设计煤炭洗选、装运能力800万吨/年，主要设备全部由国外引进。

该工程总体策划超前，设计理念先进，设备配置精良，工程质量优异，工程概算受控。该地面工程既具备新颖、精细、美观的观感，符合节能、环保的设计理念，又具有优质的内在质量，满足煤矿特有条件下安全生产的需要，是中国煤矿地面工程的一大亮点。井筒工程是矿井的咽喉工程，井筒深度大，施工难度大，采用先进的机械化作业线、综合防治水、地温防治等多项中国矿山建设先进的凿井技术，工艺领先，质量优良，特点突出。该工程于2007年荣获中国建筑工程“鲁班奖”，2009年荣获“新中国成立60周年百项经典暨精品工程”。

参建单位：矿井由国投新集能源股份有限责任公司投资兴建，煤炭工业合肥煤矿设计研究院设计，地面建筑安装工程由中煤建筑安装工程集团有限公司承建，井筒及相关硐室巷道工程由中煤第一建设公司第四十九工程处承建，安徽华夏建设监理有限责任公司监理，煤炭工业新集矿区建设质量监督站监督。

神华宁夏煤业集团有限责任公司羊场湾煤矿工程

工程概况：神华宁夏煤业集团有限责任公司羊场湾煤矿工程位于宁夏回族自治区宁东矿区。该矿井设计生产能力300万吨/年，具备500万吨/年的生产条件，选煤厂设计生产能力500万吨/年，项目总投资220761.97万元。项目于2002年9月27日经批准，2004年8月1日正式开工建设，2006年12月1日通过竣工验收。

矿井采用斜井开拓，+1058米和+850米两个水平开采。中央并列式抽出式通风，主运输、供电、通风、排水等采用自动化控制系统，装备了安全监测、工业电视监控系统，引进了国际、国内领先的综采、综掘、运输等设备。矿建工程包括主斜井井筒、副斜井井筒、回风斜井、缓坡斜井、井底车场巷道及相关硐室、运输大巷、输送带大巷等41个单位工程，总工程量52448米；土建工程包括斜井提升机房、装车仓、缓冲仓、选煤厂主厂房、动筛车间、栈桥、变电站、行政办公楼、联合福利建筑等29个单位工程，建筑面积30916平方米；安装工程包括主井和副井井筒装备以及提升运输系统、井底主排水泵房、主变电所、井上下输送带安装、矿井110千伏变电所及线路安装等37个单位工程。

羊场湾煤矿

羊场湾煤矿选煤厂

该项目在技术装备、信息化建设、环境景观等3个方面独具特色，安全监控、生产经营实现了数字化，矿井废水循环利用实现了零排放，环境面貌实现了三季有花，四季常青的花园式矿区，成为工艺技术领先、装备水平一流、环节配套合理、工程质量优良、矿区环境优美、经济效益显著、企业文化先进的大型现代化矿井。该工程于2008年荣获中国建筑工程“鲁班奖”，2009年荣获“新中国成立60周年百项经典暨精品工程”。

参建单位：该项目由神华宁夏煤业集团有限责任公司投资兴建，中煤西安设计工程有限责任公司、中煤国际工程集团北京华宇工程有限公司、宁夏煤矿设计研究院工程有限责任公司共同设计，宁夏煤炭基本建设公司、宁夏灵州建井工程处承建，宁夏灵州工程监理咨询公司监理，煤炭工业灵州矿区建设工程质量监督站监督。

山西晋城无烟煤矿业集团有限责任公司寺河煤矿工程

工程概况：山西晋城无烟煤矿业集团有限责任公司寺河煤矿位于山西省沁水县，矿井设计生产能力1080万吨/年，项目总投资192002.71万元。项目于1996年2月30日正式开工建设，2002年5月20日通过竣工验收。

矿井采用斜井开拓，布置主、副、风三个斜井。主斜井倾角16度，斜长920米；副斜井倾角19度，斜长522米；风斜井倾角16度，斜长981米。井下巷道包括主副斜井井筒、东翼进回风立井井筒、井底车场、1号煤仓、2号煤仓、装载硐室、机电硐室、轨道大巷、胶带大巷、进风大巷、回风大巷等85个单位工程，总工程量34179米。土建工

寺河矿井

程包括主斜井井口驱动室、副斜井井口房和绞车房、变电所、污水处理站及材料库等，地面生活设施有综合办公楼、联合建筑、单身公寓等52个单位工程。安装工程包括井上下变电所、主井带式输送机和架空乘人器、副井提升机、号称“亚洲第一带”长6758米的带式输送机、长2800米的瓦斯抽放管路及各种管、线、缆等21个单位工程。

该工程井巷施工采用了井外降水、工作面注浆、机械化配套作业线、光面爆破、瓦斯监测监控及抽放利用等先进技术；构成矿井生产系统的提升运输、供电、通风、排水、监控等系统设备安装精良，运转可靠，一次试车成功，技术工艺领先，特点突出；地面生产及辅助建筑设施设计理念先进，布局合理，系统功能完善，设计选型得当，主要系统均达到国内领先水平，各主要生产环节均能满足生产需要。矿井矿、土、安三类工程质量优良，是一座特大型、现代化、花园式煤矿。该项目于2006年荣获“国家优质工程银质奖”，2009年荣获“新中国成立60周年百项经典暨精品工程”。

参建单位：该项目由山西晋城无烟煤业有限公司投资兴建，中煤国际工程集团北京华宇工程有限公司设计，中煤第五建设公司总承包，中煤五建公司第一工程处、中煤第一建设公司、晋城宏圣建筑工程有限公司共同承建，山西中太工程公司监理，煤炭工业晋城矿区建设工程质量监督站监督。

污水处理站

兖矿国泰化工有限公司20万吨/年醋酸和日处理1000吨煤新型气化炉及其配套工程

工程概况：兖矿国泰化工有限公司年产20万吨/年醋酸和日处理1000吨煤新型气化炉及配套工程项目位于枣庄市鲁南高科技化工园区，总投资27亿元，厂区面积420000平方米，设计生产能力分别为20万吨/年醋酸，24万吨/年甲醇，联产8万千瓦发电，两项目开工报告经山东省发展计划委员会批复后，分别于2003年6月28日和8月2日开工建设，2005年11月竣工移交生产。

醋酸项目土建及安装共30个单位工程，新型气化炉项目土建安装共95个单位工程。项目采用了煤炭化电多联产技术，科技含量高，工艺技术先进，可持续发展能力强。项目拥有新型气化炉和燃气发电两项国家“863”攻关课题和多项具有我国自主知识产权的专利技术，属于洁净煤综合利用的环境友好型企业，实现了我国自主创新自有知识产权的大型煤气化技术零的突破，具备了与国外气化技术竞争的实力，打破了国外的技术垄断，是我国煤气化发展史上重要的里程碑，在经济和社会效益方面具有较强的竞争力。

“多喷嘴对置式水煤浆气化装置”获2006年度中国国际工业博览会创新奖，2006年11月，“新型多嘴对置式水煤浆汽化技术”获得了中国石油和化学工业协会科技进步特等奖；2006年5月，“863”项目“煤气化发电与甲醇联产系统关键技术的研发与示范”和“新型水煤浆汽化技术”通过国家科技部验收，“多喷嘴对置式水煤浆气化技术”获国家科技进步二等奖。2006年6月，两项目荣获2006年度“国家化学工业优质工程奖”，2008年1月，两项目荣获2007年度“国家优质工程金质奖”；2009年10月，两项日荣获“新中国成立60周年百项经典暨精品工程”。

参建单位：该项目由兖州矿业集团有限公司投资兴建，中国天辰化学工程公司、上海化工设计院、中煤国际南京地勘院勘察设计，中国化学工程第三建设公司、中国化学工程第六建设公司、中国化学工程第十一建设公司、中国化学工程第十四建设公司、中国化学工程第十六建设公司、山东省工业设备安装总公司、兖矿东华建设公司三十七处等单位承建施工，天津辰达工程监理公司实施监理，山东省化工建设质量监督站、煤炭工业兖州矿区建设工程质量监督站实施监督。

兖矿国泰化工项目

（二）中国建设工程鲁班奖

山东新矿集团龙固矿井及选煤厂工程

工程概况：山东新矿龙固矿井及选煤厂位于山东省菏泽市巨野县，矿井设计生产能力600万吨/年，服务年限82年，项目包括龙固矿井、选煤厂两个单项工程，工程投资42.02亿元，为山东省已建最大矿井，目前亚洲最大的炼焦煤选煤厂。项目于2002年8月18日开工，2009年7月8日开始矿井联合试运转，2009年9月29日通过竣工验收。

龙固煤矿选煤厂鸟瞰图

矿井采用两主一副一风4个立井开拓，中央并列抽出式通风，采用综合机械化放顶煤开采工艺。矿建工程主要工程有1号、2号主井井筒、副井井筒、风井井筒、井下巷道及相关硐室等59个单位工程。其中1号主井井筒内径5.5米，深度858米；2号主井井筒内径5.5米，深度866米；副井井筒内径7米，深度881.8米；风井井筒内径6米，深度763.8米；井下巷道及相关硐室计22063米。地面建筑安装工程主要有综合办公楼、区队办公及生活福利联合建筑等30个单位工程，建筑面积 10227 平方米。1 号、2 号主井井塔采用框架剪力墙结构，高 80.9 米；副井提升机房采用框架结构，建筑面积 934 平方米。安装工程主要有 1 号和 2 号主井井筒装备安装、副井井筒装备安装、提升机安装、排水泵房设备及管路安装、井下中央变电所设备安装、地面选煤设备安装等 53 个单位工程。

项目建设过程以科技创新为主线，采用当时国内最深钻井法、最深冲积层冻结法、钢板复合高强混凝土井壁、综合除湿降温、基抗支护、岩巷综掘机械化作业线等先进技术，攻克了巨厚表土层、高地温、高地压和大涌水量等一系列建井技术难题，创造了“穿过表土层厚度、钻井法施工井筒深度、冻结法施工井筒深度、井壁强度”4 项世界领先技术；工程整体设计先进合理，设备配置精良，质量特色显著。“龙固主井（双井筒）近 600 米钻井法凿井井壁结构及工艺研究”荣获国家科技进步二等奖；“近 600 米特厚表土层冻结凿井技术研究”获中国煤炭工业协会一等奖。工程荣获 2010—2011 年度中国建设工程“鲁班奖”。

参建单位：该项目由新汶矿业集团有限责任公司开发建设，矿井部分由煤炭工业济南设计研究院有限公司设计，选煤厂由中煤国际工程集团北京华宇工程有限公司设计；山东华新建筑工程集团有限责任公司、中煤特殊凿井（集团）有限责任公司、中煤第五建设有限公司、中煤国际工程集团北京华宇工程有限公司、中煤第七十一工程处、山东百世建设集团有限公司承建；煤炭工业济南设计研究院有限公司、平顶山中平工程监理有限公司、菏泽鸿达工程建设监理有限公司监理；煤炭工业新汶矿区质量监督站监督。

龙固煤矿鸟瞰图

淮南矿业集团顾桥矿井工程

工程概况：顾桥煤矿位于安徽省淮南市凤台县，设计生产能力 500 万吨/年，总投资造价 291177.71 万元。井矿服务年限 100 年。矿井于 2003 年 11 月 1 日开工，于 2006 年 12 月 1 日通过竣工验收。

矿建工程包括副井井筒及相关硐室、风井井筒及相关硐室、井底车场巷道等。副井井筒净直径 8.4 米，冻结深度 369 米，井筒深度 835.5 米；风井井筒净直径 7.5 米，冻结深度 360 米，井筒深度 811 米。顾桥矿井井筒深、直径大、表土厚、含水层多、涌水量大、深部地温高、地压大，地质条件非常复杂，该矿井是全国罕见的高突、高瓦斯矿井，井筒穿过多层突出煤层，而且煤层厚、煤质软，

顾桥矿

顾桥矿井设计年产量500万吨，主要生产系统具备年产1000万吨的生产能力；采用世界一流技术，堪称为“亚洲第一矿”，2007年4月建成投产

顾桥矿办公大楼

较其他矿区有更大突出危险。安装工程包括副井井筒装备及提升系统，主井井筒装备及提升系统，矿井110千伏变电所安装及线路安装等10个单位工程，关键设备全部由国外引进。

矿建井筒施工采用了综合机械化配套施工技术和短段掘砌混合作业、“注、冻、凿”平行施工、自动化混凝土集中搅拌系统、快速测定煤层瓦斯压力和立井瓦斯抽排、液压滑模套筑内壁、缩短掘砌段高和增厚泡沫塑料板隔热可压缩层、环保新型防冻外加剂混凝土、控制冻结温度和冻结速度、井下强制降温、软岩支护、马丽散化学浆液注浆、瓦斯监测监控等多项创新技术，工艺领先，质量优良，特点突出；地面安装工程既准确、牢固、美观，又符合节能、环保的设计理念，具有优质的内在质量。该工程荣获2008年度中国建设工程“鲁班奖”。

参建单位：该项目由淮南矿业集团有限责任公司开发建设，由煤炭工业合肥设计研究院设计，中煤第七十一工程处、淮南国能建设工程有限公司、中煤三建机电安装工程处承建，安徽华夏建设监理有限责任公司监理，煤炭工业淮南矿区建设工程质量监督站监督。

潞安集团屯留煤矿主井系统机电安装工程

工程概况：山西潞安屯留矿井位于长治市屯留县，设计年生产能力600万吨，服务年限81年。主井系统承担全矿井原煤提升任务，并兼做回风井，工程总造价2.2亿元。主井系统于2005年5月6日开工，2006年7月3日试生产，2006年8月23日通过竣工验收。

主井井架设计为“A”式箱型钢井架，井架高

76.8 米，重 1234 吨，箱型断面 1.6 米 × 2.4 米，主井井筒垂深 567 米，净直径 8.2 米，净断面 52.81 平方米。井筒内并列布置 2 套 25 吨立井多绳提煤箕斗，提升高度 546.45 米。井筒内敷设信号电缆，设有玻璃钢梯子间，兼做安全出口。采用双系统提升，2 台 ϕ4.5 × 4 多绳轮绞车，由德国西玛格公司进口，电控部分由西门子公司配套。

余吾煤业公司（原屯留煤矿）

主要工程包括主井井架制作安装、井架基础、井口房、主井锁口、主井井筒装备安装、箕斗安装、绞车安装、井下箕斗装载机安装、井底清理撒煤设备安装、井下变电所安装、井下泵房安装等共 13 个单位工程。主井井架箱体由钢板焊接而成，设计焊缝为Ⅰ级，焊缝总长度 8636 米，井架防腐设计为长效防腐；主井井架基础 4 个，为不规则斜四棱台体结构；井口房为砖混框架结构，建筑面积 317 平方米，井筒锁口净径 8.2 米，为钢筋混凝土结构；井筒装备安装包括上下套架、箕斗罐道八道、压风管一路以及通信信号及动力电缆各 2 根；箕斗装载硐室内安装定量刮板输送机 2 台，井底安装一台撒煤设备；井下变电所装机总容量 730 千伏安，10 千伏高压配电设备 16 台，低压配电开关 17 台；井下泵房安装 MD450 – 60/84 × 10 型矿用耐磨多级离心泵 5 台。

主井系统机电安装施工中采用了 3 层吊盘自上而下一次成井、电视监控、套装分段组装、折页施工、抱杆头夹具施工、滑轮组平衡、主牵地锚大体积整体混凝土地锚、双抱杆半翻转、大翻转法起吊、绞车基础垫板“座浆法”找正、永久提升绳缠绳挂罐等先进独特的技术，安装工艺行业领先，质量特色鲜明。该工程荣获 2007 年度中国建筑工程“鲁班奖”。

参建单位：该项目由山西潞安矿业集团有限责任公司投资兴建，中煤国际工程集团北京华宇工程有限公司设计，中煤第三建设（集团）公司机电安装工程处承建，山西煤炭建设监理咨询公司监理，煤炭工业潞安矿区建设工程质量监督站监督。

孟加拉国巴拉普库利亚煤矿工程

工程概况：孟加拉国巴拉普库利亚煤矿位于孟加拉国迪娜吉普省，矿井设计年产 100 万吨/年，工程总投资 1.97 亿美元。矿井于 1996 年 6 月开工，2006 年 9 月 29 日竣工。

矿井采用一对立井和一对暗斜井相结合的开拓方式，立井井底水平负 260 米为主要生产水平，暗斜井井底水平负 430 米为辅助生产水平，中央并列式通风。主、副井直径均为 6 米，主井深 326 米，副井深 320 米，井底车场水平深 293.6 米，副井提人、提物兼进风，主井提煤兼回风。

井巷工程包括 82 个单位工程，总工程量 20700 米，土建工程总建筑面积 31133 平方米，工业建筑体积 14400 立方米，主要工程分 12 大系统，共 120 个单位工程。

矿井水文地质条件复杂，涌水量大，建井期总涌水量最高达 3000 立方米/小时。高岩温、高水温，升温梯度达 5.7 摄氏度/100 米，井下气温最高时达42摄氏度，另外，孟加拉国属亚热带气候，高温、多雨。水大与高温是制约矿井建设的两大难题，施工难度在当时矿山建设行业实属罕见。施工中采取疏排与封堵相结合解决水的问题，采取局部机械降温解决高温，改善施工条件，保证了项目工程施工顺利进行。

该项目按照《菲迪克条款》和国际惯例以及项目法管理，项目在合同工期内顺利竣工移交，取得了较好的国际效应和可观的经济效益。该工程受到了中国驻孟加拉国大使馆、业主、英国国际采矿咨询公司（IMCL）以及国内同行的一致赞誉。孟加拉国总统、两任政府总理都曾多次到工地视察，均给予了高度评价。“依照《菲迪克条款》管理国际工程项目”获得2003年度中国施工企业管理协会“全国工程建设企业管理现代化成果”二等奖；“孟加拉国巴拉普库利亚煤矿井下降温技术研究与应用”获得2009年国家安全生产监督管理总局“第四届安全生产科技成果与优秀推广项目二等奖。该项目于2009年获得首个中国矿山建设行业完整工程项目的“鲁班奖（境外工程）”。

参建单位：该项目由孟加拉国能源部石油、天然气和矿物公司投资兴建，煤炭工业济南设计研究院有限公司设计，中煤第五建设有限公司承建，英国国际采矿工程有限责任公司（IMCL）监理。

孟加拉国巴拉普库利亚煤矿全貌

平顶山市行政服务综合楼工程

工程概况：平顶山市行政服务综合楼位于平顶山市行政中心区，总投资10900.55万元。工程于2007年5月29日开工建设，2008年8月22日竣工验收。

工程建筑面积37329.5平方米，建筑高度29.45米，建筑物南北长101.65米，东西宽72.85米，柱下独立基础、钢筋混凝土框架结构，建筑物地上7层、地下1层。地上7层设1个信访接待厅、3个行政审批厅、5个会议室、400间办公室、489个服务窗口；地下一层设停车场、建筑电气、通风空调、给排水及采暖等建筑设备用房。

该工程是一座集现代化、智能化、节能环保型的建筑，施工中推广应用了“建筑业十项新技术”

平顶山市行政服务综合楼全貌

西建工集团设备安装工程有限公司、中国石油天然气第一建设公司、黑龙江省博石建筑安装有限责任公司、兖矿集团东华建设有限公司、兖矿新陆建设发展有限公司、中煤第六十八工程处、榆林市榆阳区兴源水电工程有限公司承建，兖矿集团邹城长城工程建设监理有限公司、北京华旭工程项目管理有限公司、中煤国际工程集团南京设计研究院监理。

黄陵矿业二号煤矿工程

工程概况：黄陵矿业集团二号煤矿位于陕西省黄陵县双龙镇，南距西安市220公里，北距延安市199公里，2003年经国家发改委审批立项，同年9月正式开工建设。矿井总投资18.3667亿元，服务年限80年，是一座年产700万吨的特大型数字化矿井。工程2003年9月开工，2009年2月竣工。经建设、设计、监理、环保、质监联合验收，矿建工程优良品率100%，安装工程质量全部合格。

黄陵二号煤矿采用斜井开拓，矿建工程有主斜井、副一斜井、副二斜井、一号进风斜井、一号回风斜井、中央胶带运输石门等32个单位工程，工程总量54313.441米，完成工程量6.4266亿元；安装工程有2号煤矿主带式输送机安装、107巷道带式输送机安装、地面瓦斯抽风系统设备安装、主斜井供水及消防管路安装、井底水泵房设备及管道安装、回风斜井通风机设备安装等17个单位工程，完成工作量1.17亿元。为建设高标准、现代化大型矿井，矿井采用单水平斜井开拓，矿井移交生产时共开凿5条井筒，全井田共布置3组大巷，分别为中央大巷、南翼大巷、北翼大巷，全井田共划分为8个盘区，从设计上保证了生产规模700万吨/年。

黄陵二号煤矿副一斜井荣获2007年中国煤炭建设协会优质工程“太阳杯”工程，副二斜井荣获2009年中国煤炭建设协会优质工程“太阳杯”，2010年黄陵二号煤矿矿建及机电安装工程获“全国煤炭行业优质工程”称号。

参建单位：该项目由陕西陕煤黄陵矿业有限公司投资兴建，中煤西安设计工程有限责任公司设计，中煤第三建设（集团）有限责任公司、中煤第三建设（集团）有限责任公司二十九工程处承建，中煤陕西中安监理公司监理。

黄陵二号煤矿远景

煤炭行业（部级）优质工程、“太阳杯”工程

一、2006—2010年度煤炭行业（部级）优质工程、“太阳杯”工程

中国煤炭建设协会与煤炭工业建设工程质量监督总站联合组织、复查、审定、公布。2006—2010年度煤炭行业（部级）优质工程、“太阳杯”工程名单如下（排名不分先后）：

（一）2006年度煤炭行业（部级）优质工程、“太阳杯”工程名单

煤炭行业（部级）优质工程名单（86项）

序号	工 程 名 称	申报和承建单位
一	矿建工程（33项）	
1	山东梁宝寺煤矿－708米水平井底车场及相关硐室工程	中煤第一建设公司第三十一工程处
2	山东淄博唐口矿井井底车场、交岔点及西部辅运大巷工程	中煤第一建设公司第三十一工程处
3	河北陶二矿改扩建副井井筒工程	中煤第一建设公司第四十九工程处
4	安徽涡北矿井副井井筒工程	中煤第一建设公司第四十九工程处
5	安徽刘庄矿副井井筒工程	中煤第一建设公司第四十九工程处
6	山西汾西紫金煤业一矿主斜井、井底硐室及输送带安装工程	中煤第一建设公司第六十三工程处
7	山西平朔安家岭井工矿1号井主斜井井筒工程	中煤第一建设公司第六十三工程处
8	陕西黄陵二号煤矿一号副斜井工程	中煤第三建设（集团）有限责任公司第二十九工程处
9	云南白龙山煤矿胶带机1号隧道2标段工程	中煤第三建设（集团）有限责任公司第二十九工程处
10	安徽涡北煤矿主井井筒及相关硐室掘砌工程	中煤第三建设（集团）有限责任公司第二十九工程处
11	山西平朔安家岭井工矿副斜井井筒工程	中煤第三建设（集团）有限责任公司第三十工程处
12	河南洛阳电力集团有限公司正村煤矿井筒工程	中煤第三建设（集团）有限责任公司第三十工程处
13	安徽界沟煤矿主井井筒工程	中煤第三建设(集团)有限责任公司第三十工程处
14	山东滕东生建煤矿主井井筒及相关硐室工程	中煤第七十一工程处
15	山西潞安屯留矿井主井井筒工程	中煤第五建设公司第一工程处
16	山西吉县明珠煤矿主井井筒工程	中煤第五建设公司第二工程处

（续）

序号	工 程 名 称	申 报 和 承 建 单 位
17	安徽淮南顾桥煤矿主井井筒工程	中煤第五建设公司第三工程处
18	甘肃华砚煤矿扩建主井系统工程	中煤第五建设公司第五工程处、中煤第五建设公司第二工程处
19	安徽淮南顾桥矿副井井筒工程	淮南矿业（集团）有限责任公司
20	安徽张集矿北区 -492 米水平井底车场、东翼石门及大巷工程	淮南矿业（集团）有限责任公司
21	河南平煤集团首山一矿中央回风井井筒及相关工程	平顶山煤业（集团）建筑安装工程有限责任公司
22	河南鹤壁煤电公司八矿新风井井筒工程	鹤壁富昌建设工程有限责任公司
23	河南神火煤电公司刘河煤矿副井井筒工程	河南煤炭建设集团有限责任公司
24	四川鲁班山北矿平硐运输大巷工程	四川芙蓉集团宜宾川南建设工程有限公司
25	四川鲁班山南矿进风和回风斜井及一号石门工程	四川芙蓉集团宜宾川南建设工程有限公司
26	山东新源矿井副井井筒工程	枣庄矿业集团中兴建安工程有限公司第三工程处
27	山西晋城成庄矿 3 号风井井筒工程	晋城宏圣建筑工程有限公司
28	山西大同大唐塔山煤矿盘道进风井工程	大同煤矿集团宏远工程建设有限责任公司
29	江西乐平沿沟矿改造项目副立井井筒工程	江西矿山隧道建设总公司
30	山西西山东曲矿下水平带明斜井工程	江西矿山隧道建设总公司
31	陕西黄陵一号煤矿二盘区主进风井工程	江西矿山隧道建设总公司
32	陕西大佛寺煤矿主斜井筒工程	甘肃华能工程建设有限公司
33	陕西彬长矿区亭南矿井工程	陕西长武亭南煤业有限责任公司申报，山东方大工程有限责任公司、中煤第三建设公司机电安装工程处、中煤第一建设公司第四十九工程处施工
二	**土建工程（32 项）**	
1	安徽涡北煤矿行政办公、采区办公联合建筑工程	中煤第三建设（集团）有限责任公司第三十三工程处
2	安徽涡北煤矿生活接待中心工程	中煤第三建设（集团）有限责任公司第三十三工程处
3	安徽灵璧龙固花园南楼、北楼工程	中煤第三建设（集团）有限责任公司
4	山东济宁市金威煤电有限公司电厂工程	中煤第五建设公司第五工程处
5	山东梁宝寺煤矿铁路装车仓工程	中煤第六十八工程处
6	山东梁宝寺煤矿职工食堂工程	中煤第六十八工程处
7	河北邯郸邯钢农林路生活区 18 号住宅楼工程	中煤第六十九工程处
8	陕西神东公司哈拉沟煤矿原煤仓及上原煤仓栈桥工程	中煤第六十九工程处
9	安徽国投新集刘庄煤矿地面建筑工程	中煤第七十二工程处
10	安徽淮南潘北煤矿综合楼工程	中煤第七十二工程处

（续）

序号	工 程 名 称	申报和承建单位
11	安徽合肥市新文采花园小区工程	中煤第七十二工程处
12	北京煤炭科技苑科研业务楼工程（煤炭大厦）	中煤建设集团工程公司
13	安徽淮南市治西村住宅小区工程	淮南矿业（集团）有限责任公司
14	安徽淮南市新社东村住宅小区工程	淮南矿业（集团）有限责任公司
15	河南平顶山煤业集团坑口电厂二期冷却塔工程	平顶山煤业（集团）建筑安装工程有限责任公司
16	河南平煤集团平安大厦工程	平顶山煤业（集团）建筑安装工程有限责任公司
17	四川鲁班山北矿地面装车仓生产系统工程	四川芙蓉集团宜宾川南建设工程有限公司
18	江苏南京揽翠苑13、15、17栋住宅楼工程	中煤大屯建筑安装工程公司
19	山东淄博唐口矿井原煤仓工程	山东方大工程有限责任公司
20	山东兖矿科澳铝业济三电厂1号冷却塔工程	兖矿集团东华建设有限公司三十七处
21	山东梁宝寺矿采区办公、矿灯房、更浴室联合建筑工程	山东鲁泰建筑工程集团有限公司
22	山东肥矿集团公司中学教学楼工程	山东鲁泰建筑工程集团有限公司
23	山东肥城矿业集团中心医院工程	济南一建集团总公司、山东鲁泰建筑工程集团有限公司
24	山西官地矿储装运系统改造工程	山西金信建筑有限公司
25	山西柳林沙曲矿副立井井塔工程	山西金信建筑有限公司
26	陕西黄陵二号煤矿浴室灯房、区队办公联合建筑工程	陕西龙源建筑安装工程有限公司
27	山西同煤集团“五·九”事故纪念馆工程	大同煤矿集团宏远工程建设有限责任公司
28	甘肃靖远煤业公司第一中学教学楼工程	甘肃华能工程建设有限公司
29	陕西神东公司大柳塔小区单职高层公寓楼工程	中国神华神东煤炭分公司基建部申报，中天建设集团有限公司施工
30	山东兖矿科澳铝业济三电厂工程	山东兖矿济三电力有限公司申报，兖矿集团东华建设有限公司三十七处、黑龙江火电第三工程公司施工
31	贵州盘江火铺矸石电厂主厂房及冷却塔系统建设工程	中国十五冶金建设有限公司、贵州盘江煤电建设工程有限公司
32	河南义煤集团跃进2×50兆瓦电厂烟囱及冷却塔工程	河南矿业建设（集团）有限责任公司
三	**安装工程（17项）**	
1	山东梁宝寺煤矿东翼带式输送机设备安装工程	中煤第一建设公司第三十一工程处
2	山西潞安屯留煤矿主井井架安装工程	中煤第三建设公司机电安装工程处
3	山东济宁阳城煤矿副井提升系统安装工程	中煤第三建设公司机电安装工程处
4	安徽国投新集板集煤矿110千伏输电线路工程	中煤第三建设公司机电安装工程处
5	安徽淮南矿业集团潘一矿地区瓦斯输配管网（干管）工程	中煤第三建设公司设备安装公司

（续）

序号	工 程 名 称	申 报 和 承 建 单 位
6	安徽淮南顾北矿副井钢井架制安工程	中煤第三建设公司设备安装公司
7	山东岱庄生建煤矿湖西主井井架及井筒装备安装工程	中煤第七十一工程处
8	山西长治司马矿选煤厂机电设备安装工程	中煤第九十二工程处
9	山东兖矿菏泽能化有限公司赵楼煤矿主井井架安装工程	中煤第五建设公司第五工程处
10	河北开滦钱家营矿洗煤厂技术改造工程	唐山开滦建设（集团）有限责任公司
11	河北开滦钱家营矿－850米暗立井安装工程	唐山开滦建设（集团）有限责任公司
12	安徽张集矿北区主井提升系统工程	淮南矿业（集团）有限责任公司
13	安徽张集矿北区选煤厂（主厂房）机电设备安装工程	淮南矿业（集团）有限责任公司
14	安徽望峰岗矿主井井架制作安装工程	淮南矿业（集团）有限责任公司
15	河南焦煤集团冯营电厂2×50兆瓦机组安装工程	河南省安装集团有限责任公司
16	山东新安煤矿生产系统技术改造主井提升系统安装工程	枣庄矿业集团中兴建安工程有限公司第三工程处
17	河北金牛能源公司年产4.5万吨无碱玻璃纤维池窑拉丝生产线工程	河北金牛能源股份有限公司申报，河北华信建筑工程有限公司、河南省安装集团有限责任公司施工
四	**其他工程（4项）**	
1	山东龙固煤矿1号、2号主井钻井井筒工程	中煤特殊凿井（集团）有限责任公司
2	安徽淮南矿区瓦斯综合利用项目一期工程	淮南矿业（集团）有限责任公司
3	安徽顾桥矿主井井筒地面预注浆工程	淮南矿业（集团）有限责任公司
4	山西大同鹊儿山煤炭集运站万吨列车专用线改造工程	大同同煤集团矿铁建筑安装公司

2006年度煤炭行业“太阳杯”工程名单（26项）

序号	工 程 名 称	申 报 和 承 建 单 位
1	山东梁宝寺煤矿－708米水平井底车场及相关硐室工程	中煤第一建设公司第三十一工程处
2	安徽刘庄矿副井井筒工程	中煤第一建设公司第四十九工程处
3	山西安家岭井工矿1号井主斜井井筒工程	中煤第一建设公司第六十三工程处
4	陕西黄陵二号煤矿一号副斜井工程	中煤第三建设（集团）有限责任公司第二十九工程处
5	安徽涡北煤矿行政办公、采区办公联合建筑工程	中煤第三建设（集团）有限责任公司第三十三工程处
6	山西潞安屯留煤矿主井井架安装工程	中煤第三建设公司机电安装工程处
7	甘肃华砚煤矿扩建主井系统工程	中煤第五建设公司第五工程处、中煤第五建设公司第二工程处
8	山东梁宝寺煤矿铁路装车仓工程	中煤第六十八工程处
9	河北邯郸邯钢农林路生活区18号住宅楼工程	中煤第六十九工程处

（续）

序号	工 程 名 称	申 报 和 承 建 单 位
10	安徽国投新集刘庄煤矿地面建筑工程	中煤第七十二工程处
11	山东龙固煤矿1号、2号主井钻井井筒工程	中煤特殊凿井（集团）有限责任公司
12	北京煤炭科技苑科研业务楼工程（煤炭大厦）	中煤建设集团工程公司
13	安徽顾桥矿副井井筒工程	淮南矿业（集团）有限责任公司
14	安徽淮南市治西村住宅小区工程	淮南矿业（集团）有限责任公司
15	安徽淮南矿区瓦斯综合利用项目一期工程	淮南矿业（集团）有限责任公司
16	河南平煤集团平安大厦工程	平顶山煤业（集团）建筑安装工程有限责任公司
17	四川鲁班山北矿平硐运输大巷工程	四川芙蓉集团宜宾川南建设工程有限公司
18	江苏南京揽翠苑13、15、17栋住宅楼工程	中煤大屯建筑安装工程公司
19	山东肥城矿业集团中心医院工程	济南一建集团总公司、山东鲁泰建筑工程集团有限公司
20	山东兖矿科澳铝业济三电厂工程	山东兖矿济三电力有限公司申报，兖矿集团东华建设有限公司三十七处、黑龙江火电第三工程公司施工
21	山西大同鹊儿山煤炭集运站万吨列车专用线改造工程	大同同煤集团矿铁建筑安装公司
22	山西同煤集团“五·九”事故纪念馆工程	大同煤矿集团宏远工程建设有限责任公司
23	河北金牛能源公司年产4.5万吨无碱玻璃纤维池窑拉丝生产线工程	河北金牛能源股份有限公司申报，河北华信建筑工程有限公司、河南省安装集团有限责任公司施工
24	陕西神东公司大柳塔小区单职高层公寓楼工程	中国神华神东煤炭分公司基建部申报，中天建设集团有限公司施工
25	陕西彬长矿区亭南矿井工程	陕西长武亭南煤业有限责任公司申报，山东方大工程有限责任公司、中煤第三建设公司机电安装工程处、中煤第一建设公司第四十九工程处施工
26	贵州盘江火铺矸石电厂主厂房及冷却塔系统建设工程	中国十五冶金建设有限公司、贵州盘江煤电建设工程有限公司

（二）2007年度煤炭行业（部级）优质工程、“太阳杯”工程名单

煤炭行业（部级）优质工程名单（74项）

序号	工 程 名 称	申 报 和 承 建 单 位
1	北京煤矿机械厂总装分厂和液压控制阀分厂工程	中煤建设集团工程公司
2	河北宣东煤矿二号井风井井筒工程	中煤第一建设公司第四十九工程处
3	河北开滦京唐港焦化项目配煤室工程	唐山开滦建设（集团）有限责任公司
4	山西晋煤集团赵庄煤矿行政办公楼工程	晋城宏圣建筑工程有限公司
5	山西晋煤集团赵庄煤矿副井井筒装备安装工程	中煤第一建设公司机电安装工程处

（续）

序号	工程名称	申报和承建单位
6	山西晋煤集团赵庄煤矿副斜井井筒工程	中煤第五建设公司第一工程处
7	山西焦煤西山水泥厂粉尘治理工程	山西焦煤西山金城建筑有限公司
8	山西华晋沙曲选煤厂二期原煤储存仓工程	山西焦煤西山金信建筑有限公司
9	山西潞安屯留煤矿选煤厂土建工程	中煤建筑安装工程公司第六十九工程处
10	山西潞安屯留煤矿选煤厂安装工程	中煤第九十二工程处
11	山西阳泉保安煤矿主井井筒及相关硐室工程	河南富昌建设工程有限责任公司
12	山西阳泉保安煤矿风井井筒及相关硐室工程	河南富昌建设工程有限责任公司
13	山西阳煤集团总医院创伤急救大楼工程	山西宏厦建筑工程第三有限公司
14	山西阳煤新型干法水泥生产线技改水泥储存库及输送工程	山西宏厦建筑工程第三有限公司
15	山西新元煤炭公司末原煤缓冲仓工程	山西宏厦建筑工程第三有限公司
16	山西新元煤炭公司选煤厂主洗车间生产线工程	山西宏厦第一建设有限责任公司
17	山西阳泉市宏泉家园综合楼工程	山西宏厦第一建设有限责任公司
18	山西高河煤矿主井井筒工程	中煤第五建设公司第三工程处
19	山西霍州煤电集团干河煤矿主井井筒工程	中煤第一建设公司第十工程处
20	山西霍州煤电集团干河煤矿副井井筒工程	江西省矿山隧道建设总公司
21	山西汾西曙光煤矿主斜井井筒工程	中煤第五建设公司第一工程处
22	内蒙古吴四圪堵煤矿副斜井井筒工程	中煤第七十一工程处
23	吉林长春市净月监狱办公楼工程	吉林省宏城建筑安装工程有限公司
24	山东兖煤菏泽能化公司赵楼煤矿主副井井筒工程	中煤第一建设公司第三十一工程处
25	山东兖煤菏泽能化公司赵楼煤矿风井井筒工程	中煤第一建设公司第四十九工程处
26	山东济宁矿业集团花园煤矿主副井井筒工程	中煤第一建设公司第三十一工程处
27	山东唐口煤矿副井井筒工程	中煤第一建设公司第四十九工程处
28	山东新汶龙固煤矿副井井筒及相关硐室工程	中煤第七十一工程处
29	山东兖州煤业公司工伤抢救中心工程	兖矿集团东华建设有限公司三十七处
30	山东新阳能源有限公司济阳煤矿工程	山东新阳能源有限公司（承建单位：山东方大工程有限责任公司、中煤第五建设公司第三工程处、山东华新建筑工程集团公司、泰安市良达建筑工程有限公司）
31	山东济矿鲁能煤电有限公司阳城煤矿工程	山东济矿鲁能煤电有限公司阳城煤矿（承建单位：中煤第五建设公司第三工程处、中煤第一建设公司第三十一工程处、兖矿集团东华建设有限公司三十七处）
32	山东查庄煤矿低热值燃料电厂工程	中煤第六十八工程处
33	山东白庄低热值燃料电厂主控楼、配电室、烟囱、冷却塔工程	山东东岳能源有限责任公司白庄低热值燃料电厂（承建单位：滕州市建筑安装工程集团公司、山东建华土木有限公司）

(续)

序号	工 程 名 称	申报和承建单位
34	淄矿集团淄博200万吨水泥粉磨站工程	山东方大工程有限责任公司
35	山东岱庄生建煤矿湖西矿井产品装车仓	中煤第五建设公司第五工程处
36	山东鲁能菏泽煤电公司彭庄煤矿主井井筒装备安装工程	中煤第五建设公司第五工程处
37	江苏徐州张双楼煤矿新副井井筒冻结工程	江苏华美工程建设集团有限公司
38	安徽淮北许疃煤矿扩建工程	淮北矿业(集团)工程建设有限责任公司
39	安徽淮北市西山隧道工程	中煤第三建设(集团)有限责任公司三十工程处
40	安徽安庆市独秀大道一期工程	中煤第三建设(集团)有限责任公司
41	安徽淮南丁集煤矿主副井井筒冻结工程	唐山开滦建设(集团)有限责任公司
42	安徽淮南丁集煤矿主井井筒及相关硐室工程	中煤第三建设(集团)有限责任公司二十九工程处
43	安徽淮南丁集煤矿副井井筒工程	中煤第一建设公司第四十九工程处
44	安徽新集刘庄煤矿西区风井井筒及相关硐室工程	中煤第三建设(集团)有限责任公司二十九工程处
45	安徽新集刘庄煤矿主井井筒工程	江苏华美工程建设集团有限公司
46	安徽淮北孙疃煤矿行政、生产办公楼工程	中煤第三建设(集团)有限责任公司三十三工程处
47	安徽淮北孙疃煤矿风井井筒工程	中煤第三建设(集团)有限责任公司二十九工程处
48	安徽淮南潘北煤矿副井井筒工程	中煤第七十一工程处
49	安徽淮南潘北煤矿选煤厂原煤仓及产品仓工程	中煤第七十二工程处
50	皖北煤电集团五沟煤矿副井井筒工程	中煤第五建设公司第四工程处
51	皖北煤电集团五沟煤矿风井井筒及相关硐室工程	中煤第五建设公司第二工程处
52	安徽淮北涡北煤矿铁路专用线(蔡楼集配站)工程	中煤第三建设(集团)有限责任公司三十三工程处
53	安徽皖北任楼煤矿办公楼工程	中煤第七十二工程处
54	安徽淮南矿业集团煤矿宾馆改造工程	淮南矿业(集团)有限责任公司
55	安徽淮南顾桥煤矿110千伏供电系统工程	淮南矿业(集团)有限责任公司
56	江西乐平沿沟煤矿主井井筒工程	湖南涟邵建设工程(集团)有限责任公司
57	江西丰城尚庄煤矿东风井井筒及相关硐室工程	江西省矿山隧道建设总公司
58	河南义马煤业集团5000吨/天熟料新型干法水泥生产线技改工程	义马煤业集团水泥有限责任公司[承建单位:河南省第五建筑安装工程(集团)有限公司]
59	河南永煤集团新桥煤矿副井井筒工程	永城煤电集团龙宇能源开发有限公司
60	河南郑州工业安全职业学院教学试验楼工程	河南锦源建设有限公司
61	河南洛阳龙门煤业常村煤矿主井井筒工程	河南煤炭建设集团有限责任公司

（续）

序号	工 程 名 称	申报和承建单位
62	河南平煤集团天安十一矿丁戊已组煤仓工程	平煤建工集团有限公司
63	河南平煤集团天安五矿三水平回风立井井筒工程	平煤建工集团有限公司
64	河南朝川焦化公司选煤系统设备安装工程	平煤建工集团有限公司
65	广州白云国际机场扩建工程东南站坪场道地基处理工程	广州中煤江南基础工程公司
66	广东 LNG 站线项目输气干线之珠江过江管廊盾构竖井工程	广州中煤江南基础工程公司
67	陕西锦界煤矿筛分车间、原煤仓及栈桥工程	神华神东煤炭分公司（承建单位：中天建设集团有限公司）
68	陕西黄陵一号煤矿三号回风斜井井筒工程	中煤第三建设（集团）有限责任公司三十工程处
69	西安市太白新苑 C 座工程	西安中煤建筑工程有限公司
70	神华宁煤集团枣泉煤矿落煤塔式楔形储煤场工程	宁夏煤炭基本建设公司
71	神华宁煤集团羊场湾煤矿选配煤中心机电设备安装工程	宁夏煤炭基本建设公司
72	神华宁煤集团羊场湾煤矿副斜井井筒、一号回风斜井井筒、井底车场及绕道工程	宁夏灵州建井工程处
73	神华宁煤集团羊场湾煤矿主斜井带式输送机安装工程	宁夏煤炭基本建设公司
74	贵州响水煤矿管状带式输送机设备安装工程	贵州盘江煤电建设工程有限公司

2007 年度煤炭行业“太阳杯”工程名单（32 项）

序号	工 程 名 称	申报和承建单位	建 设 单 位	监 理 单 位	质量监督单位
1	北京煤矿械厂总装分厂和液压控制阀分厂工程	中煤建筑安装工程公司	中煤北京煤矿机械有限责任公司	北京康迪建设监理咨询公司	北京市房山区建设工程质量监督站
2	山西晋煤集团赵庄煤矿行政办公楼工程	晋城宏圣建筑工程有限公司	山西晋城煤业集团赵庄煤矿	山西煤炭建设监理咨询公司	煤炭工业晋城矿区建设工程质量监督站
3	山西焦煤西山水泥厂粉尘治理工程	山西焦煤西山金城建筑有限公司	山西焦煤集团公司西山水泥厂	山西煤炭建设监理咨询公司	山西焦煤集团西山煤矿总公司工程质量监督站
4	山西潞安屯留煤矿选煤厂土建工程	中煤建筑安装工程公司第六十九工程处	山西潞安矿业（集团）有限责任公司屯留煤矿筹建处	山西煤炭建设监理咨询公司	煤炭工业潞安矿区建设工程质量监督站
5	山西潞安屯留煤矿主井井筒工程	中煤第五建设公司第一工程处	山西潞安矿业（集团）有限责任公司屯留煤矿	山西省煤炭建设监理有限公司	煤炭工业潞安矿区建设工程质量监督站
6	山西阳泉保安煤矿主立井井筒及相关硐室工程	河南富昌建设工程有限责任公司	阳泉市保安煤矿筹建处	山西省煤炭建设监理有限公司	阳泉市地方煤矿工程质量监督站

（续）

序号	工 程 名 称	申报和承建单位	建 设 单 位	监 理 单 位	质量监督单位
7	山西新元煤炭公司选煤厂主洗车间生产线工程	山西宏厦第一建设有限责任公司	山西新元煤炭有限责任公司	山西诚正建设监理咨询有限公司	煤炭工业阳泉矿区建设工程质量监督站
8	山西阳煤集团总医院创伤急救大楼工程	山西宏厦建筑工程第三有限公司	阳泉煤业（集团）有限责任公司	山西诚正建设监理咨询有限公司	煤炭工业阳泉矿区建设工程质量监督站
9	山西华晋沙曲选煤厂二期原煤储存仓工程	山西焦煤西山金信建筑有限公司	华晋焦煤有限责任公司	北京合力通工程咨询有限公司	煤炭工业华晋离柳矿区建设工程质量监督站
10	山东兖煤菏泽能化公司赵楼煤矿主、副井井筒工程	中煤第一建设公司第三十一工程处	兖煤菏泽能化有限公司	南京华宇工程建设监理公司	煤炭工业兖州矿区建设工程质量监督站
11	山东兖煤菏泽能化公司赵楼煤矿风井井筒工程	中煤第一建设公司第四十九工程处	兖煤菏泽能化有限公司	南京华宇工程建设监理公司	煤炭工业兖州矿区建设工程质量监督站
12	山东新汶龙固煤矿副井井筒及相关硐室工程	中煤第七十一工程处	新汶矿业集团公司龙固矿井建设工程项目部	山东中建工程监理有限公司	煤炭工业新汶矿区建设工程质量监督站
13	山东滕东生建煤矿主井井筒及相关硐室工程	中煤第七十一工程处	山东省滕东生建煤矿	煤炭工业部济南设计研究院工程建设监理公司	煤炭工业新汶矿区建设工程质量监督站
14	山东兖州煤业公司工伤抢救中心工程	兖矿集团东华建设有限公司三十七处	兖州煤业股份有限公司	兖矿集团邹城长城工程建设监理有限公司	煤炭工业兖州矿区建设工程质量监督站
15	山东查庄煤矿低热值燃料电厂工程	中煤第六十八工程处	山东东岳能源有限责任公司查庄低热值燃料电厂	山东省正大建设监理有限公司	煤炭工业肥城矿区建设工程质量监督站
16	山东新阳能源有限公司济阳煤矿工程	山东新阳能源有限公司、山东方大工程有限责任公司、中煤第五建设公司第三工程处、山东华新建筑工程集团公司、泰安市良达建筑工程有限公司	山东新阳能源有限公司	河南工程咨询监理公司	煤炭工业新汶矿区建设工程质量监督站
17	山东济矿鲁能煤电有限公司阳城煤矿工程	山东济矿鲁能煤电有限公司阳城煤矿、中煤第五建设公司第三工程处、中煤第一建设公司第三十一工程处、兖矿集团东华建设有限公司三十七处	山东济矿鲁能煤电有限公司	煤炭工业部济南设计研究院工程建设监理公司	煤炭工业肥城矿区建设工程质量监督站

（续）

序号	工程名称	申报和承建单位	建设单位	监理单位	质量监督单位
18	安徽淮北许疃煤矿扩建工程	淮北矿业（集团）工程建设有限责任公司	淮北矿业（集团）有限责任公司	淮北市淮武工程建设监理有限责任公司	煤炭工业淮北矿区建设工程质量监督站
19	安徽淮北市西山隧道工程	中煤第三建设（集团）有限责任公司三十工程处	淮北市建设投资有限责任公司	蚌埠铁路建设监理公司	淮北市建设工程质量监督站
20	安徽安庆市独秀大道一期工程	中煤第三建设（集团）有限责任公司	安庆市市政工程管理处	安徽省建设监理有限公司	安庆市建设工程质量监督站
21	安徽淮北孙疃煤矿行政、生产办公楼工程	中煤第三建设（集团）有限责任公司三十三工程处	淮北矿业（集团）有限责任公司孙疃煤矿筹建处	淮北市淮武工程建设监理有限责任公司	煤炭工业淮北矿区建设工程质量监督站
22	皖北煤电集团五沟煤矿副井井筒工程	中煤第五建设公司第四工程处	皖北煤电集团公司五沟煤矿	南京华宇工程建设监理公司	煤炭工业皖北矿区建设工程质量监督站
23	安徽淮南丁集煤矿主、副井井筒冻结工程	唐山开滦建设（集团）有限责任公司	淮沪煤电有限公司丁集煤矿项目部	淮南国汉建设监理咨询有限公司、河南工程咨询监理公司	煤炭工业淮南矿区建设工程质量监督站
24	安徽淮南丁集煤矿主井井筒及相关硐室工程	中煤第三建设公司二十九工程处	淮沪煤电有限公司丁集煤矿	淮南国汉建设监理咨询有限公司	煤炭工业淮南矿区建设工程质量监督站
25	河南义马煤业集团5000吨/天熟料新型干法水泥生产线技改工程	义马煤业集团水泥有限责任公司、河南省第五建筑安装工程（集团）有限公司	义马煤业集团水泥有限责任公司	南京中材诚信监理公司	煤炭工业义马矿区建设工程质量监督站
26	河南永煤集团新桥煤矿副井井筒工程	永城煤电集团龙宇能源开发有限公司	永煤集团股份有限责任公司	河南工程咨询监理公司	煤炭工业永城矿区建设工程质量监督站
27	河南平煤集团天安十一矿丁戊己组煤仓工程	平煤建工集团有限公司	平顶山天安煤业股份有限公司天十一矿改扩建指挥部	平顶山市兴平工程建设监理有限公司	煤炭工业平顶山矿区建设工程质量监督站
28	河南平煤集团天安五矿三水平回风立井井筒工程	平煤建工集团有限公司	平顶山天安煤业股份有限公司五矿	平顶山市兴平工程建设监理有限公司	煤炭工业平顶山矿区建设工程质量监督
29	陕西锦界煤矿筛分车间、原煤仓及栈桥工程	神华神东煤炭分公司、中天建设集团有限公司	中国神华神东煤炭分公司	神东监理有限责任公司	煤炭工业神华建设工程质量监督站
30	神华宁煤集团枣泉煤矿落煤塔式楔形储煤场工程	宁夏煤炭基本建设公司	神华宁夏煤业集团有限责任公司枣泉煤矿筹建处	宁夏灵州工程监理咨询公司	煤炭工业灵武矿区建设工程质量监督站

（续）

序号	工 程 名 称	申报和承建单位	建 设 单 位	监 理 单 位	质量监督单位
31	神华宁煤集团羊场湾煤矿主斜井井筒工程	甘肃煤炭第一工程有限责任公司	神华宁夏煤业集团有限责任公司羊场湾煤矿筹建处	宁夏灵州工程监理咨询公司	煤炭工业灵武矿区建设工程质量监督站
32	贵州响水煤矿管状带式输送机设备安装工程	贵州盘江煤电建设工程有限公司	贵州盘南煤炭开发有限公司	贵州煤炭建设监理咨询中心	煤炭工业盘江矿区建设工程质量监督站

（三）2008 年度煤炭行业（部级）优质工程、“太阳杯”工程名单

煤炭行业（部级）优质工程名单（92 项）

序号	工 程 名 称	申 报 和 承 建 单 位
1	神华万利布尔台矿原煤仓及产品仓工程	宁夏煤炭基本建设公司、山西焦煤西山金信建筑有限公司
2	神华万利布尔台矿器材库、大型设备车间、物流中心配件库及材料棚工程	宁夏煤炭基本建设公司
3	唐山开滦唐家庄坑口热电厂三期 3000 平方米冷却塔工程	唐山开滦建设（集团）有限责任公司
4	河北峰峰集团年产 100 万吨煤化工项目工程	河北峰煤焦化有限公司、中国第一冶金建设有限责任公司
5	山西西山镇城底矿选煤厂新建原煤仓工程	山西焦煤西山金信建筑有限公司
6	山西西山南寨商住楼工程	山西焦煤西山金信建筑有限公司
7	山西阳煤新元矿副斜井井筒工程	河南富昌建设工程有限责任公司
8	山西阳煤新元矿主斜井井筒工程	中煤第一建设公司第三十一工程处
9	山西国阳新能股份公司一矿选煤厂技改洗粒煤仓工程	山西宏厦建筑工程第三有限公司
10	山西国投昔阳公司黄岩汇矿产品仓及辅助生产系统工程	山西宏厦第一建设有限责任公司
11	大同煤矿集团党校综合教学楼工程	大同煤矿集团宏远工程建设有限责任公司
12	大同煤矿集团技工学校公寓楼工程	大同煤矿集团宏远工程建设有限责任公司
13	山西同煤大唐塔山矿副平硐工程	大同煤矿集团宏泰矿山工程建设有限责任公司
14	山西潞安屯留矿阎庄进风、回风立井井筒工程	中煤第五建设公司第一工程处
15	山西潞安屯留矿综合利用坑口热电厂储煤仓工程	中煤建筑安装工程公司第六十九工程处
16	山西潞安高河矿小庄进风井井筒工程	中煤第三建设（集团）有限责任公司二十九工程处
17	山西潞安高河矿副立井井筒、中央回风立井井筒及相关硐室工程	中煤第三建设（集团）有限责任公司二十九工程处
18	山西晋城赵庄矿二号井副立井井筒工程	中煤第五建设公司第一工程处
19	山西晋城长平矿釜山风井场地联合建筑工程	晋城宏圣建筑工程有限公司

（续）

序号	工 程 名 称	申 报 和 承 建 单 位
20	山西平朔安家岭 1 号井选煤厂安装工程	中煤第九十二工程处
21	山西霍州李雅庄矿 2 号进风、回风立井井筒工程	中煤第一建设公司第十工程处
22	华电内蒙古不连沟矿主斜井、副斜井井筒工程	中煤第三建设（集团）有限责任公司三十工程处
23	华电内蒙古不连沟矿进风立井井筒工程	中煤第五建设公司第二工程处
24	内蒙古鄂尔多斯棋盘井矿回风斜井工程	中煤第一建设公司第十工程处
25	内蒙古新汶鄂托克前旗长城煤矿改扩建工程	山东华新建筑工程集团有限公司
26	辽宁铁法大隆矿下水平乘人暗斜井及车场工程	铁法煤业（集团）有限责任公司矿山建设工程分公司
27	吉林辽源龙家堡矿副井井筒工程	中煤第一建设公司第十工程处
28	黑龙江鹤岗兴安矿四水平延深北一皮带石门工程	鹤岗矿业集团矿井建设安装工程公司
29	黑龙江鹤岗矿业集团选煤总厂技改二期工程	鹤岗金信选煤机电设备安装有限公司
30	黑龙江鹤岗振兴花园 18 号、19 号商住楼工程	黑龙江省鹤煤建筑安装（集团）有限责任公司
31	山东济宁矿业集团花园矿井工程	济宁矿业集团花园井田资源开发有限公司、中煤第三建设公司机电安装工程处、唐山开滦建设（集团）有限责任公司、中煤第一建设公司第三十一工程处
32	山东鲁能菏泽郭屯矿井副井井筒（含相关硐室）冻结、掘砌及提升系统安装工程	山东鲁能菏泽煤电公司郭屯煤矿、中煤第五建设公司第三工程处、兖矿集团新陆冻结安装公司、枣庄矿业集团中兴建安工程有限公司
33	山东鲁能菏泽郭屯矿井主井井筒冻结工程	山东鲁能菏泽煤电开发有限公司郭屯煤矿、中煤第一建设公司特殊凿井处
34	山东新汶龙固矿井选煤厂工程	山东华新建筑工程集团有限公司、中煤第六十八工程处
35	山东新汶龙固矿井综合楼工程	山东华新建筑工程集团有限公司
36	山东新汶龙固矿井副井井筒装备安装工程	中煤第五建设公司第五工程处
37	山东兖煤菏泽能化赵楼矿井副井提升系统安装工程	兖煤菏泽能化有限公司、中煤第三建设公司机电安装工程处
38	山东兖煤菏泽能化赵楼矿井选煤厂地面原煤生产系统工程	兖煤菏泽能化有限公司、兖矿集团东华建设公司三十七处
39	山东兖煤菏泽能化赵楼矿井南部回风大巷工程	兖煤菏泽能化有限公司、中煤第一建设公司第四十九工程处
40	山东兖煤菏泽能化赵楼矿井行政办公楼工程	兖煤菏泽能化有限公司、兖矿集团东华建设公司三十七处
41	山东兖煤菏泽能化赵楼矿井主井箕斗装载硐室、井底车场及相关硐室工程	兖煤菏泽能化有限公司、中煤第一建设公司第三十一工程处

（续）

序号	工程名称	申报和承建单位
42	山东兖矿国宏50万吨甲醇项目污水处理站工程	兖矿集团东华建设公司三十七处
43	山东兖矿鲁南化肥厂污水与回用水处理工程	兖矿鲁南化肥厂、中国化学工程第十四建设有限公司
44	山东龙口市龙翔气体有限公司空分项目工程	龙口市龙翔气体有限公司、龙口矿业集团工程建设有限公司、中天建设集团浙江安装工程有限公司
45	山东东山军城能源开发公司军城矿主、副井井筒工程	中煤第五建设公司第二工程处
46	山东省滕东生建矿副井井筒掘砌及安装工程	中煤第五建设公司第三工程处、中煤第五建设公司第五工程处
47	安徽淮北刘店矿井行政办公楼工程	中煤第三建设（集团）有限责任公司三十三工程处
48	安徽淮北刘店矿－641米水平井底车场工程	中煤第一建设公司第四十九工程处
49	安徽淮北刘店矿风井井筒及相关硐室掘砌工程	中煤第三建设（集团）有限责任公司二十九工程处
50	安徽淮北杨柳矿行政办公楼工程	中煤第五建设公司
51	安徽淮北杨柳矿主井井筒工程	中煤第五建设公司第四工程处
52	安徽淮北袁店一矿主井井筒工程	中煤第一建设公司第四十九工程处
53	安徽淮北孙疃矿井下南、北翼大巷机电设备安装工程	中煤第三建设公司设备安装公司
54	安徽淮北青东矿主井、风井井筒工程	中煤第三建设（集团）有限责任公司三十工程处、中煤第三建设（集团）有限责任公司二十九工程处、北京中煤矿山工程有限公司
55	安徽淮北临涣选煤厂扩建原煤仓工程	淮北矿业（集团）工程建设有限责任公司
56	安徽皖北刘桥选煤厂配煤装车仓工程	中煤第三建设（集团）有限责任公司
57	安徽皖北五沟矿装车仓工程	中煤第七十二工程处
58	安徽皖北钱营孜矿主井井筒工程	中煤第一建设公司第四十九工程处
59	安徽宿州市中煤大厦工程	中煤第三建设（集团）有限责任公司
60	安徽开发矿业有限公司李楼铁矿1号副井井筒及相关硐室工程	中煤第五建设公司第三工程处
61	安徽淮南望峰岗矿井生产调度行政办公楼工程	中煤第六十八工程处
62	安徽淮南望峰岗矿主井系统安装工程	淮南矿业（集团）有限责任公司安装工程分公司
63	安徽淮南顾桥矿南区回风井井筒工程	中煤第一建设公司第四十九工程处
64	安徽淮南顾北矿副井井筒装备工程	中煤第一建设公司机电安装工程处
65	安徽淮南顾北矿中央回风井井筒工程	中煤河北煤炭建设第四工程处
66	安徽淮南新庄孜矿新淮工广副井、风井井筒工程	中煤第七十一工程处
67	安徽淮南新庄孜矿新淮工广副井系统安装工程	淮南矿业（集团）有限责任公司安装工程分公司
68	安徽淮南潘北矿风井井筒掘砌工程	中煤第七十一工程处

（续）

序号	工 程 名 称	申 报 和 承 建 单 位
69	江苏徐矿张双楼矿新副井井筒工程	江苏华美工程建设集团有限公司
70	江西丰龙矿业公司石上矿井副井井筒工程	江西省矿山隧道建设总公司
71	江西丰龙矿业公司石上矿井主井井筒工程	中煤河北煤炭建设第四工程处
72	江西丰龙矿业公司石上矿井进风、回风立井井筒工程	湖南涟邵建设工程（集团）有限责任公司
73	河南平宝首山一矿副井提升系统安装工程	平煤建工集团有限公司
74	河南义煤集团新义矿装车仓工程	河南省豫西建设工程有限责任公司
75	河南焦村煤矿夹沟技改嵩山副井井筒工程	中煤第五建设公司第三工程处
76	河南平煤天安公司十一矿西翼回风井井筒工程	平煤建工集团有限公司
77	河南焦作赵固一矿副井提升系统安装工程	中煤第三建设公司机电安装工程处
78	河南焦作赵固一矿中央风井井筒工程	中煤河北煤炭建设第四工程处
79	河南焦作赵固二矿主井、副井、风井井筒冻结及掘砌工程	焦作煤业（集团）有限责任公司、中煤第五建设公司第三工程处
80	河南义马煤气化二期改扩建原煤储输工程	河南省豫西建设工程有限责任公司
81	河南郑煤集团赵家寨矿井生产指挥楼工程	河南锦源建设有限公司
82	河南郑煤集团白坪矿井行政办公楼工程	河南锦源建设有限公司
83	河南鹤壁中泰矿业有限公司主井提升系统改造安装工程	河南富昌建设工程有限责任公司
84	陕西兖煤榆树湾矿原煤仓建安工程	宁夏煤炭基本建设公司
85	陕西煤化黄陵二号矿副二斜井井筒工程	中煤第三建设（集团）有限责任公司二十九工程处
86	陕西煤化张家峁矿副平硐工程	中煤第三建设（集团）有限责任公司三十工程处
87	陕西煤化柠条塔矿 2 号副斜井工程	铜川煤矿建筑安装工程公司
88	陕西铜川矿务局下石节矿 2 号风井工程	铜川煤矿建筑安装工程公司
89	甘肃红沙岗煤矿一号井主、副井井筒及相关硐室工程	中煤第七十一工程处
90	新疆塔城茂源矿 30 万吨/年改扩建工程	徐矿集团新疆塔城铁煤能源有限公司、徐矿集团新疆塔城铁煤能源有限公司矿建分公司、江苏华美工程建设集团有限公司
91	四川鲁班山南矿主平硐运输大巷工程	四川芙蓉集团宜宾川南建设工程有限公司
92	贵州兖矿发耳矿地面生产系统工程	兖矿集团东华建设有限公司三十七工程处

2008 年度煤炭行业“太阳杯”工程名单（37 项）

序号	工 程 名 称	申报和承建单位	建 设 单 位	监 理 单 位	质量监督单位
1	神华万利布尔台矿原煤仓及产品仓工程	宁夏煤炭基本建设公司、山西焦煤西山金信建筑有限公司	中国神华万利煤炭分公司布尔台煤矿	神东监理有限责任公司	煤炭工业神华建设工程质量监督站

（续）

序号	工程名称	申报和承建单位	建设单位	监理单位	质量监督单位
2	河北峰峰集团年产100万吨煤化工项目工程	河北峰煤焦化有限公司、中国第一冶金建设有限责任公司	河北峰煤焦化有限公司	山西太岳工程建设监理公司	煤炭工业峰峰矿区建设工程质量监督站
3	山西西山镇城底矿选煤厂新建原煤仓工程	山西焦煤西山金信建筑有限公司	山西焦煤西山煤电股份有限公司	中煤陕西中安项目管理有限责任公司	煤炭工业西山矿区建设工程质量监督站
4	山西国阳新能股份公司一矿选煤厂技改洗粒煤仓工程	山西宏厦建筑工程第三有限公司	山西国阳新能股份有限公司	山西诚正建设监理咨询有限公司	煤炭工业阳泉矿区建设工程质量监督站
5	山西阳煤新元矿副斜井井筒工程	河南富昌建设工程有限责任公司	山西新元煤炭建设有限责任公司	山西诚正建设监理咨询有限公司	煤炭工业阳泉矿区建设工程质量监督站
6	山西潞安屯留矿阎庄进风、回风立井井筒工程	中煤第五建设公司第一工程处	山西潞安矿业集团有限公司屯留矿井建设管理处	山西省煤炭建设监理有限公司	煤炭工业潞安矿区建设工程质量监督站
7	山西潞安屯留矿综合利用坑口热电厂储煤仓工程	中煤建筑安装工程公司第六十九工程处	山西潞安余吾热电有限责任公司	山西建通电力监理有限公司	煤炭工业潞安矿区建设工程质量监督站
8	山西晋煤集团赵庄矿副斜井井筒工程	中煤第五建设公司第一工程处	山西晋城无烟煤业集团有限公司赵庄煤矿	山西煤炭建设监理咨询公司	煤炭工业晋城矿区建设工程质量监督站
9	山西汾西曙光矿主斜井井筒工程	中煤第五建设公司第一工程处	山西汾西矿业集团曙光煤矿	山西汾源工程监理公司	煤炭工业汾西矿区建设工程质量监督站
10	华电内蒙古不连沟矿主斜井、副斜井井筒工程	中煤第三建设（集团）有限责任公司三十工程处	内蒙古蒙泰不连沟煤业有限责任公司	中煤邯郸中原建设监理咨询有限责任公司	煤炭工业内蒙古建设工程质量监督直属站
11	黑龙江鹤岗兴安矿四水平延深北一皮带石门工程	鹤岗矿业集团矿井建设安装工程公司	龙煤集团鹤岗分公司兴安煤矿		煤炭工业鹤岗矿区建设工程质量监督站
12	山东济宁矿业集团花园矿井工程	济宁矿业集团花园井田资源开发有限公司、中煤第三建设公司机电安装工程处、唐山开滦建设（集团）有限责任公司、中煤第一建设公司第三十一工程处	济宁矿业集团花园井田资源开发有限公司	山东中建工程监理有限公司、中煤国际工程集团南京设计研究院	煤炭工业肥城矿区建设工程质量监督站

（续）

序号	工程名称	申报和承建单位	建设单位	监理单位	质量监督单位
13	山东鲁能菏泽郭屯矿井副井井筒（含相关硐室）冻结、掘砌及提升系统安装工程	山东鲁能菏泽煤电开发有限公司郭屯煤矿、中煤第五建设公司第三工程处、兖矿集团新陆冻结安装公司、枣庄矿业集团中兴建安工程有限公司	山东鲁能菏泽煤电开发有限公司郭屯煤矿	中煤国际工程集团南京设计研究院	煤炭工业山东建设工程质量监督中心站巨野分站
14	山东新汶龙固矿井选煤厂工程	山东华新建筑工程集团有限公司、中煤第六十八工程处	山东新巨龙能源有限责任公司	河南兴平工程管理有限公司	煤炭工业新汶矿区建设工程质量监督站
15	山东新汶龙固矿井综合楼工程	山东华新建筑工程集团有限公司	山东新巨龙能源有限责任公司	菏泽鸿达工程建设监理有限公司	煤炭工业新汶矿区建设工程质量监督站
16	山东新汶龙固矿井副井井筒装备安装工程	中煤第五建设公司第五工程处	山东新巨龙能源有限责任公司	煤炭工业济南设计研究院有限公司	煤炭工业新汶矿区建设工程质量监督站
17	山东兖矿鲁南化肥厂污水与回用水处理工程	兖矿鲁南化肥厂、中国化学工程第十四建设有限公司	兖矿鲁南化肥厂	天津辰达工程监理公司	煤炭工业兖州矿区建设工程质量监督站
18	山东兖煤菏泽能化赵楼矿井副井提升系统安装工程	兖煤菏泽能化有限公司、中煤第三建设公司机电安装工程处	兖煤菏泽能化有限公司	中煤国际工程集团南京设计研究院	煤炭工业兖州矿区建设工程质量监督站
19	山东兖煤菏泽能化赵楼矿井选煤厂地面原煤生产系统工程	兖煤菏泽能化有限公司、兖矿集团东华建设有限公司三十七处	兖煤菏泽能化有限公司	中煤国际工程集团南京设计研究院	煤炭工业兖州矿区建设工程质量监督站
20	安徽淮南望峰岗矿井生产调度行政办公楼工程	中煤第六十八工程处	淮南矿业集团有限责任公司望峰岗煤矿	安徽国汉建设监理咨询有限公司	煤炭工业淮南矿区建设工程质量监督站
21	安徽淮南潘北矿副井井筒工程	中煤第七十一工程处	淮南矿业集团潘北矿井建设项目部	河南工程咨询监理有限公司	煤炭工业淮南矿区建设工程质量监督站
22	安徽淮南顾桥矿南区回风井井筒工程	中煤第一建设公司第四十九工程处	淮南矿业（集团）有限责任公司	唐山开滦工程建设监理有限公司	煤炭工业淮南矿区建设工程质量监督站
23	安徽宿州市中煤大厦工程	中煤第三建设（集团）有限责任公司	安徽金裕房地产开发有限公司	安徽华东工程建设监理咨询有限公司	宿州市工程质量监督站
24	安徽淮北杨柳矿行政办公楼工程	中煤第五建设公司	淮北矿业集团杨柳煤矿	淮北市淮武工程建设监理有限责任公司	煤炭工业淮北矿区建设工程质量监督站
25	安徽淮北杨柳矿主井井筒工程	中煤第五建设公司第四工程处	淮北矿业集团杨柳煤矿	淮北市淮武工程建设监理有限责任公司	煤炭工业淮北矿区建设工程质量监督站

（续）

序号	工程名称	申报和承建单位	建设单位	监理单位	质量监督单位
26	安徽淮北刘店矿风井井筒及相关硐室工程	中煤第三建设（集团）有限责任公司二十九工程处	淮北矿业（集团）有限责任公司刘店煤矿	中煤国际工程集团武汉设计研究院	煤炭工业淮北矿区建设工程质量监督站
27	安徽开发矿业有限公司李楼铁矿1号副井井筒及相关硐室工程	中煤第五建设公司第三工程处	安徽开发矿业有限公司	中咨工程建设监理公司	冶金工业质监总站邯邢监督站
28	江西丰龙矿业公司石上矿井副井井筒工程	江西省矿山隧道建设总公司	江西丰龙矿业有限责任公司	安徽华夏建设监理有限责任公司	煤炭工业丰城矿区建设工程质量监督站
29	河南平宝首山一矿副井提升系统安装工程	平煤建工集团有限公司	平煤（集团）平宝公司首山一矿	河南兴平工程管理有限公司	煤炭工业平顶山矿区建设工程质量监督站
30	河南平煤天安公司十一矿西翼回风井井筒工程	平煤建工集团有限公司	平煤天安公司十一矿	河南兴平工程管理有限公司	煤炭工业平顶山矿区建设工程质量监督站
31	河南义煤集团新义矿装车仓工程	河南省豫西建设工程有限责任公司	义煤集团新义煤业有限公司	河南中豫建设监理有限公司	煤炭工业义马矿区建设工程质量监督站
32	河南焦村煤矿夹沟技改嵩山副井井筒工程	中煤第五建设公司第三工程处	河南永华能源有限公司	河南工程咨询监理有限公司	煤炭工业永城矿区建设工程质量监督站
33	河南焦作赵固一矿副井提升系统安装工程	中煤第三建设公司机电安装工程处	焦作煤业集团赵固（新乡）能源有限责任公司	河南工程咨询监理有限公司	煤炭工业焦作矿区建设工程质量监督站
34	河南焦作赵固二矿主井、副井、风井井筒冻结及掘砌工程	焦作煤业（集团）有限责任公司、中煤第五建设公司第三工程处	焦作煤业（集团）有限责任公司	河南工程咨询监理有限公司	煤炭工业焦作矿区建设工程质量监督站
35	陕西煤化黄陵二号矿副二斜井井筒工程	中煤第三建设（集团）有限责任公司二十九工程处	黄陵二号煤矿有限公司	中煤陕西中安项目管理有限责任公司	煤炭工业黄陵矿区建设工程质量监督站
36	陕西煤化黄陵一号矿三号回风斜井井筒工程	中煤第三建设（集团）有限责任公司第三十工程处	黄陵矿业集团有限责任公司	西安煤炭建设监理中心	煤炭工业黄陵矿区建设工程质量监督站
37	甘肃红沙岗煤矿一号井副井井筒及相关硐室工程	中煤第七十一工程处	内蒙古太西煤业集团民勤实业公司红沙岗煤矿	北京合力通工程咨询有限公司	煤炭工业甘肃建设工程质量监督中心站

（四）2009年度煤炭行业（部级）优质工程、“太阳杯”工程名单

煤炭行业（部级）优质工程名单（86项）

序号	工 程 名 称	申 报 和 承 建 单 位
1	内蒙古大唐国际胜利东二号露天煤矿一期工程	内蒙古大唐国际锡林浩特矿业有限公司、中煤建筑安装工程公司第九十二工程处、中铁十九局集团第一工程有限公司、林州市二建建筑工程有限公司、北京弘高建筑装饰设计工程有限公司
2	华能扎赉诺尔煤业公司灵东矿井工程	中煤第三建设（集团）公司二十九工程处、中煤第三建设公司机电安装工程处、中煤第七十二工程处、中煤第六十八工程处、兖矿新陆建设发展有限公司
3	山东新矿新巨龙能源公司龙固矿井工程	山东华新建筑工程集团有限责任公司、中煤第五建设有限公司第五工程处、中煤特殊凿井（集团）有限责任公司
4	山东新矿赵官能源公司赵官矿井工程	山东新矿赵官能源有限责任公司、北京中煤矿山工程有限公司、山东华新建筑工程集团有限责任公司、莱芜泰山阳光矿山工程有限公司
5	兖煤菏泽能化公司赵楼矿井及选煤厂工程	兖煤菏泽能化有限公司、中煤第一建设有限公司第三十一工程处、中煤第一建设有限公司第四十九工程处、中煤第三建设公司机电安装工程处、中煤第六十八工程处、兖矿集团东华建设有限公司三十七处、兖矿集团东华建设有限公司建筑安装分公司、兖矿新陆建设发展有限公司
6	山东临沂矿业集团军城矿井工程	山东东山军城能源开发有限公司、中煤第五建设有限公司第二工程处、临沂华建工程有限责任公司
7	河南焦作煤业集团赵固一号矿井工程	焦作煤业集团赵固（新乡）能源有限责任公司、山东方大工程有限责任公司、中煤第三建设公司机电安装工程处
8	河南永煤新桥矿井工程	河南国龙矿业建设有限公司
9	中煤北京煤矿机械公司下料中心厂房工程	中煤建设集团工程有限公司
10	北京卫戍区经济适用住房5号楼工程	山西宏厦第一建设有限责任公司
11	开滦国家矿山公园工程	唐山开滦建设（集团）有限责任公司
12	河北峰峰集团羊渠河煤矿副井井筒工程	中煤第一建设有限公司第四十九工程处
13	河北峰峰集团黄沙煤矿辛安南风井井筒工程	河北纵横工程有限公司
14	山西同煤国电同忻煤矿主副斜井井筒、主斜井带式输送机及配电安装工程	同煤国电同忻煤矿有限公司、中煤第三建设（集团）有限责任公司三十工程处、中鼎国际工程有限责任公司
15	山西同煤国电同忻煤矿北1进风立井工程	大同煤矿集团宏泰矿山工程建设有限责任公司
16	山西同煤集团四台煤矿412盘区进风井工程	大同煤矿集团宏泰矿山工程建设有限责任公司
17	山西高河能源公司高河矿井小庄回风立井井筒掘砌工程	中煤第五建设有限公司第二工程处

（续）

序号	工程名称	申报和承建单位
18	山西高河能源公司高河矿井副立井提升系统安装工程	中煤第三建设公司机电安装工程处
19	山西潞安煤基合成油公司示范装置工程备煤系统工程	中煤建筑安装工程公司
20	山西汾西矿业集团新阳煤矿新主斜井井筒工程	中煤第五建设有限公司第一工程处
21	山西霍州煤电集团干河矿井主井井筒装备、井架及提升系统安装工程	中煤第一建设有限公司机电安装工程处
22	山西焦煤集团官地煤矿和选煤厂办公楼工程	山西焦煤西山金城建筑有限公司
23	山西焦煤集团杜儿坪煤矿储配煤系统改造工程（新建原煤仓）	山西焦煤西山金信建筑有限公司
24	山西晋煤集团寺河煤矿综合楼工程	晋城宏圣建筑工程有限公司
25	山西晋煤集团长平煤矿釜山进风立井工程	晋城宏圣建筑工程有限公司
26	华能伊敏煤电二期工程（煤矿部分）露天采煤半连续工艺及地面生产系统建筑安装工程	华能伊敏煤电有限责任公司、中煤第九十二工程处、黑龙江省火电第三工程公司、东北电业管理局第三工程公司
27	神华准格尔能源公司哈尔乌素露天煤矿选煤厂安装工程	中煤第九十二工程处
28	神华准格尔能源公司黑岱沟露天煤矿选煤厂新建产品仓钢结构工程	中煤第九十二工程处
29	内蒙古赛蒙特尔煤业公司赛蒙特尔煤矿副斜井井筒工程	中煤第三建设（集团）有限责任公司第三十工程处
30	内蒙古蒙泰不连沟煤业公司不连沟煤矿办公楼工程	中煤第三建设（集团）有限责任公司第三十三工程处
31	华能扎赉诺尔煤业公司铁北煤矿水处理厂工程	华能扎赉诺尔煤业有限责任公司铁北煤矿、江苏三兴建工集团有限公司
32	大唐国际胜利东二号露天煤矿后勤基地二期公寓工程	内蒙古大唐国际锡林浩特矿业有限公司、赤峰宝昌建筑工程有限责任公司
33	鸡西矿业集团荣华矿井主井井架制作与安装、主井井筒装备工程	鸡西矿务局建设安装工程公司

(续)

序号	工 程 名 称	申 报 和 承 建 单 位
34	黑龙江龙煤矿业集团兴安煤矿四水平延深北一轨道石门及机轨上山工程	黑龙江龙煤矿业集团股份有限公司鹤岗分公司矿井建设安装工程处
35	吉林八宝煤矿主副井井筒、井塔、井筒装备及提升系统安装工程	中煤第一建设有限公司第十工程处、中煤第一建设有限公司机电安装工程处
36	枣矿集团田陈煤矿重介分选及煤泥水改造设备安装工程	枣矿集团中兴建安工程有限公司
37	山东济宁矿业集团霄云煤矿主井井筒工程	中煤第一建设公司第三十一工程处
38	山东东山古城煤矿调度指挥中心工程	山东东山古城煤矿有限公司、临沂华建工程有限责任公司、山东盛顺装饰有限公司
39	山东新矿华恒矿业公司华恒煤矿副立井井筒及相关硐室工程	山东华新建筑工程集团有限责任公司
40	徐州矿务集团垞城煤矿、夹河煤矿新风井井筒工程	江苏省矿业工程集团有限公司
41	国投新集能源公司口孜东矿井副井井筒、中央风井井筒冻结及掘砌工程	中煤第三建设（集团）有限责任公司第二十九工程处、中煤第一建设有限公司特殊凿井处、中煤第一建设有限公司第四十九处
42	淮南矿业集团顾桥煤矿南区进风井井筒及提升系统设备安装工程	中煤第七十一工程处、淮南矿业（集团）有限责任公司安装工程分公司
43	淮南矿业集团张集煤矿风井区西进风井、回风井钻井井筒工程	中煤特殊凿井（集团）有限责任公司
44	淮南矿业集团潘一煤矿东区风井井筒掘砌工程	中煤第五建设有限公司第三工程处
45	淮浙煤电公司顾北煤矿选煤厂工程	中煤第六十八工程处
46	淮北矿业集团青东煤矿副井冻结、掘砌、井筒装备及提升系统安装工程	中煤第五建设有限公司第四工程处、中煤第一建设有限公司特殊凿井处、淮北矿业（集团）工程建设有限责任公司
47	淮北矿业集团青东煤矿联合办公楼、综合服务楼工程	中煤第三建设（集团）有限责任公司第三十三工程处、淮北矿业（集团）工程建设有限责任公司
48	淮北矿业集团袁店一矿副井井筒、中央风井井筒及相关硐室工程	中煤第七十一工程处、中煤第五建设有限公司第二工程处

(续)

序号	工 程 名 称	申 报 和 承 建 单 位
49	淮北矿业集团袁店一矿副井提升系统安装工程	中煤第三建设公司机电安装工程处
50	淮北矿业集团袁店一矿行政办公楼工程	中煤第三建设（集团）有限责任公司
51	淮北矿业集团袁店二矿主井井筒掘砌工程	中煤第三建设（集团）有限责任公司第三十工程处
52	淮北矿业集团桃园煤矿北部井工程	淮北矿业（集团）工程建设有限责任公司
53	淮北矿业集团桃园煤矿新副井井筒及相关硐室掘砌工程	中煤第三建设（集团）有限责任公司第二十九工程处
54	皖北煤电集团五沟选煤厂设备安装工程	中煤第三建设公司设备安装公司
55	皖北煤电集团钱营孜煤矿副井井筒及相关硐室掘砌工程	中煤第七十一工程处
56	宿州市砀山污水处理厂工程	中煤第三建设（集团）有限责任公司
57	河南平顶山市行政服务综合楼工程	平煤建工集团有限公司
58	中平能化集团天安公司二矿三水平回风立井井筒工程	平煤建工集团有限公司
59	平煤天安公司十三矿己四采区进风井井筒工程	平煤建工集团有限公司
60	平煤天安公司八矿新副井提升系统安装工程	平煤建工集团有限公司
61	平煤股份六矿北风井地面通风系统工程	平煤建工集团有限公司
62	义煤集团新义煤矿副井提升系统安装工程	河南省豫西建设工程有限责任公司
63	义煤集团新安煤矿 15 区进风斜井工程	义煤集团永兴工程有限责任公司
64	义煤集团常村煤矿延伸区回风立井井筒工程	河南煤炭建设集团有限责任公司
65	河南新郑煤电赵家寨煤矿主井提升系统安装工程及地面输煤系统土建工程	河南郑煤矿业建设有限责任公司、河南锦源建设有限公司

（续）

序号	工 程 名 称	申 报 和 承 建 单 位
66	河南新郑煤电赵家寨煤矿 11 采区轨道巷、轨道上山下段及相关硐室工程	郑州煤炭工业（集团）工程有限公司、中煤第一建设有限公司第三十一工程处
67	河南省煤气化二期锅炉安装及低温甲醇洗安装工程	河南省煤气（集团）有限责任公司义马气化厂、河南省安装集团有限责任公司、中化二建集团有限公司
68	焦作煤业集团新河煤矿主井井筒工程	中煤第五建设有限公司第三工程处
69	焦作煤业集团方庄煤矿一号井新主井井筒工程	河南国龙矿业建设有限公司
70	永煤集团正龙煤业城郊煤矿西进风井、回风井井筒工程	河南国龙矿业建设有限公司
71	鹤壁煤电公司九矿新副井井筒掘砌及机电设备安装工程	河南富昌建设工程有限责任公司
72	洛阳新安电力集团渠里煤矿主井提升系统安装工程	中煤第三建设公司设备安装公司
73	河南泉店煤矿中央风井井筒工程	河南煤炭建设集团有限责任公司
74	郑州国安经贸大厦 A 座工程	河南矿业建设（集团）有限责任公司
75	江西省东同矿业公司 V 号矿体深部开采组合立井井筒工程	中鼎国际工程有限责任公司
76	江西省江钨集团铁山垅钨矿上坪矿区深部采矿立井井筒工程	中鼎国际工程有限责任公司
77	重庆松藻煤电公司打通一矿西二回风立井工程	重庆川九建设有限责任公司
78	重庆松藻煤电公司白岩地面生产系统技改扩能（一期）工程	松藻煤电公司建筑安装分公司
79	陕西煤业集团红柳林煤矿副斜井井筒工程	中煤第三建设（集团）有限责任公司第三十工程处
80	陕煤彬长矿业集团胡家河煤矿副立井、回风立井及相关硐室掘砌工程	中煤第一建设公司第四十九工程处、中煤第三建设（集团）有限责任公司第二十九工程处
81	神华宁夏煤业集团设备维修中心工程	宁夏煤炭基本建设公司
82	神华宁夏煤业集团清水营煤矿原煤仓工程	宁夏煤炭基本建设公司
83	深圳市地铁龙岗线西延段 3152 标福田站围护结构地下连续墙工程	广州中煤江南基础工程公司

(续)

序号	工程名称	申报和承建单位
84	广州白云国际机场扩建工程联邦快递亚太转运中心工程一标段地基处理工程	广州中煤江南基础工程公司
85	广州民生大厦基坑支护及地锚工程	广州中煤江南基础工程公司
86	青海义海公司大煤沟煤矿副井井筒掘砌工程	义煤集团永兴工程有限责任公司

2009年度煤炭行业"太阳杯"工程名单(41项)

序号	工程名称	申报和承建单位	建设单位	监理单位	设计单位	质量监督单位
1	内蒙古大唐国际胜利东二号露天煤矿一期工程	内蒙古大唐国际锡林浩特矿业有限公司、中煤建筑安装工程公司第九十二工程处、中铁十九局集团第一工程有限公司	内蒙古大唐国际锡林浩特矿业有限公司	中煤陕西中安项目管理有限责任公司	中煤国际工程集团沈阳设计研究院	煤炭工业神华准格尔矿区建设工程质量监督站
2	华能扎赉诺尔煤业公司灵东矿井工程	中煤第三建设公司机电安装工程处、中煤第七十二工程处、中煤第六十八工程处、兖矿新陆建设发展有限公司、中煤第三建设(集团)公司第二十九工程处	华能扎赉诺尔煤业有限责任公司	煤炭工业济南设计研究院有限公司	中煤国际工程集团沈阳设计研究院	煤炭工业扎赉诺尔矿区建设工程质量监督站
3	山东新矿新巨龙能源公司龙固矿井工程	山东华新建筑工程集团有限责任公司、中煤第五建设有限公司第五工程处、中煤特殊凿井(集团)有限责任公司	山东新巨龙能源有限责任公司	煤炭工业济南设计研究院有限公司	煤炭工业济南设计研究院有限公司	煤炭工业新汶矿区建设工程质量监督站
4	山东新矿赵官能源公司赵官矿井工程	山东新矿赵官能源有限责任公司、北京中煤矿山工程有限公司、山东华新建筑工程集团公司、莱芜泰山阳光矿山工程有限公司	山东新矿赵官能源有限责任公司	中煤国际工程集团南京设计研究院	煤炭工业济南设计研究院有限公司	煤炭工业新汶矿区建设工程质量监督站
5	兖煤菏泽能化公司赵楼矿井及选煤厂工程	兖煤菏泽能化有限公司、中煤第一建设有限公司第三十一工程处、中煤第一建设有限公司第四十九工程处、中煤第三建设公司机电安装工程处、中煤第六十八工程处、兖矿集团东华建设有限公司第三十七处、兖矿集团东华建设有限公司建筑安装分公司、兖矿新陆建设发展有限公司	兖煤菏泽能化有限公司	中煤国际工程集团南京设计研究院、平顶山中平工程监理有限公司	煤炭工业济南设计研究院有限公司	煤炭工业兖州矿区建设工程质量监督站

（续）

序号	工程名称	申报和承建单位	建设单位	监理单位	设计单位	质量监督单位
6	山东临沂矿业集团军城矿井工程	山东东山军城能源开发有限公司、中煤第五建设有限公司第二工程处、临沂华建工程有限责任公司	山东东山军城能源开发有限公司	徐州兴达建设咨询监理公司	煤炭工业济南设计院有限公司	煤炭工业曲阜矿区建设工程质量监督站
7	河南焦作煤业集团赵固一号矿井工程	焦作煤业集团赵固（新乡）能源有限责任公司、山东方大工程有限责任公司、中煤第三建设公司机电安装工程处	焦作煤业集团赵固（新乡）能源有限责任公司	河南工程咨询监理有限公司	煤炭工业郑州设计研究院有限公司	煤炭工业焦作矿区建设工程质量监督站
8	河南永煤新桥矿井工程	河南国龙矿业建设有限公司	永城煤电集团公司新桥煤矿	河南工程咨询监理有限公司	煤炭工业郑州设计研究院有限公司	煤炭工业永城矿区建设工程质量监督站
9	开滦国家矿山公园工程	唐山开滦建设（集团）有限责任公司	开滦国家矿山公园筹建处	唐山开滦工程建设监理有限公司	深圳市景观园林装饰设计工程有限公司	煤炭工业开滦矿区建设工程质量监督站
10	山西同煤国电同忻煤矿主副斜井井筒、主斜井带式输送机及配电安装工程	同煤国电同忻煤矿有限公司、中煤第三建设（集团）有限责任公司第三十工程处、中鼎国际工程有限责任公司	同煤国电同忻煤矿有限公司	山西煤炭建设监理咨询公司	中煤国际工程集团沈阳设计研究院	煤炭工业大同矿区建设工程质量监督站
11	山西同煤大唐塔山煤矿副平硐工程	大同煤矿集团宏泰矿山工程建设有限责任公司	同煤大唐塔山煤矿	山西煤炭建设监理咨询公司	中国国际工程集团北京华宇工程有限公司	煤炭工业大同矿区建设工程质量监督站
12	山西焦煤集团杜儿坪煤矿储配煤系统改造工程（新建原煤仓）	山西焦煤西山金信建筑有限公司	山西焦煤集团有限责任公司杜儿坪煤矿	中煤陕西中安项目管理有限责任公司	中煤国际工程集团武汉设计研究院	煤炭工业西山矿区建设工程质量监督站
13	山西汾西矿业集团新阳煤矿新主斜井井筒工程	中煤第五建设有限公司第一工程处	山西汾西矿业集团新阳煤矿	山西煤炭建设监理咨询公司	重庆煤炭设计研究院	煤炭工业汾西矿区建设工程质量监督站
14	山西霍州煤电集团干河煤矿副井井筒工程	中鼎国际工程有限责任公司	山西汾河焦煤股份有限公司	山西煤炭建设监理咨询公司	北京华宇工程设计有限公司	煤炭工业霍州矿区建设工程质量监督站
15	山西焦煤集团官地煤矿和选煤厂办公楼工程	山西焦煤西山金城建筑有限公司	山西焦煤集团有限责任公司官地煤矿	山西煤炭建设监理咨询公司	西山煤电集团设计院有限公司	煤炭工业西山矿区建设工程质量监督站
16	华能伊敏煤电二期工程（煤矿部分）露天采煤半连续工艺及地面生产系统建筑安装工程	华能伊敏煤电有限责任公司、中煤第九十二工程处、黑龙江省火电第三工程公司、东北电业管理局第三工程公司	华能伊敏煤电公司二期项目管理处煤矿工程部	辽宁诚信建设监理有限责任公司	中煤国际工程集团沈阳设计研究院	煤炭工业伊敏矿区建设工程质量监督站

（续）

序号	工程名称	申报和承建单位	建设单位	监理单位	设计单位	质量监督单位
17	神华准格尔能源公司哈尔乌素露天煤矿选煤厂安装工程	中煤第九十二工程处	神华哈尔乌素煤炭分公司	平顶山中平监理公司	中国国际工程集团北京华宇工程有限公司	煤炭工业神华准格尔矿区建设工程质量监督站
18	内蒙古赛蒙特尔煤业公司赛蒙特尔煤矿副斜井井筒工程	中煤第三建设（集团）有限责任公司第三十工程处	内蒙古赛蒙特尔煤业有限责任公司	北京康迪建设监理咨询有限公司	北京大地工程开发有限公司	煤炭工业内蒙古建设工程质量监督直属站
19	华能扎赉诺尔煤业公司铁北煤矿水处理厂工程	华能扎赉诺尔煤业有限责任公司铁北煤矿、江苏三兴建工集团有限公司	华能扎赉诺尔煤业有限责任公司	江西诚达工程咨询监理有限公司	煤炭科学研究总院杭州环保研究院	煤炭工业扎赉诺尔矿区建设工程质量监督站
20	鸡西矿业集团荣华矿井主井井架制作与安装、主井井筒装备工程	鸡西矿务局建设安装工程公司	鸡西矿业集团有限责任公司	鸡西汇诚建设监理有限公司	中煤国际工程集团沈阳设计研究院	煤炭工业鸡西矿区建设工程质量监督站
21	枣矿集团田陈煤矿重介分选及煤泥水改造设备安装工程	枣矿集团中兴建安工程有限公司	枣矿集团田陈煤矿	枣庄科信工程建设监理公司	煤矿工业石家庄设计研究院国华分院	煤炭工业枣庄矿区建设工程质量监督站
22	山东新矿华恒矿业公司华恒矿井副立井井筒及相关硐室工程	山东华新建筑工程集团有限责任公司	山东华恒矿业有限公司	煤炭工业济南设计研究院有限公司	新矿集团设计研究院有限责任公司	煤炭工业新汶矿区建设工程质量监督站
23	徐州矿务集团张双楼煤矿新副井井筒冻结、掘砌工程	江苏省矿业工程集团有限公司	徐州矿务集团有限公司张双楼煤矿	江苏广厦建设监理有限公司	中矿国际工程设计研究院徐州分院	煤炭工业徐州矿区建设工程质量监督站
24	国投新集能源公司口孜东矿井副井井筒、中央风井井筒冻结及掘砌工程	中煤第三建设（集团）有限责任公司第二十九工程处、中煤第一建设有限公司特殊凿井处、中煤第一建设有限公司第四十九工程处	国投新集能源股份有限公司口孜东煤矿	安徽华夏建设监理有限责任公司	煤炭工业合肥设计研究院	煤炭工业新集矿区建设工程质量监督站
25	淮南矿业集团顾桥煤矿南区进风井井筒及提升系统设备安装工程	中煤第七十一工程处、淮南矿业（集团）有限责任公司安装工程分公司	淮南矿业（集团）有限责任公司顾桥煤矿	唐山开滦工程建设监理有限公司、安徽华夏建设监理有限责任公司、安徽国汉建设监理咨询有限公司	煤炭工业合肥设计研究院	煤炭工业淮南矿区建设工程质量监督站
26	淮南矿业集团新庄孜煤矿新淮工广副井井筒工程	中煤第七十一工程处	淮南矿业集团新庄孜煤矿	安徽华夏建设监理有限责任公司	煤炭工业合肥设计研究院	煤炭工业淮南矿区建设工程质量监督站

（续）

序号	工 程 名 称	申报和承建单位	建设单位	监理单位	设计单位	质量监督单位
27	淮北矿业集团青东煤矿副井冻结、掘砌、井筒装备及提升系统安装工程	中煤第五建设有限公司第四工程处、中煤第一建设有限公司特殊凿井处、淮北矿业（集团）工程建设有限责任公司	淮北矿业（集团）有限公司青东煤矿	淮北市淮武工程建设监理有限责任公司	煤炭工业合肥设计研究院	煤炭工业淮北矿区建设工程质量监督站
28	淮北矿业集团青东煤矿联合办公楼工程	中煤第三建设（集团）有限责任公司第三十三工程处	淮北矿业（集团）有限公司	淮北市淮武工程建设监理有限责任公司	淮北工业建筑设计院	煤炭工业淮北矿区建设工程质量监督站
29	淮北矿业集团桃园煤矿新副井井筒及相关硐室掘砌工程	中煤第三建设（集团）有限责任公司第二十九工程处	淮北矿业（集团）有限公司桃园煤矿	淮北市淮武工程建设监理有限责任公司	淮北工业建筑设计院	煤炭工业淮北矿区建设工程质量监督站
30	河南义煤集团新义煤矿副井提升系统安装工程	河南省豫西建设工程有限责任公司	义煤集团新义煤业有限公司新义煤矿	河南工程咨询监理有限公司、煤炭工业郑州设计研究院有限公司	煤炭工业郑州设计研究院有限公司	煤炭工业义马矿区建设工程质量监督站
31	河南平顶山市行政服务综合楼工程	平煤建工集团有限公司	平顶山市行政服务综合楼筹建处	河南新恒丰建设监理有限公司	郑州市建筑设计院	河南省平顶山市建设工程质量监督站
32	平煤股份六矿北风井地面通风系统工程	平煤建工集团有限公司	平顶山天安煤业股份有限公司六矿	河南兴平工程管理有限公司	平顶山煤业（集团）设计院有限公司	煤炭工业平顶山矿区建设工程质量监督站
33	焦作煤业集团方庄煤矿一号井新主井井筒工程	河南国龙矿业建设有限公司	焦作煤业（集团）方庄矿有限责任公司	北京众智科威建设监理咨询所	煤炭工业郑州设计研究院有限公司	煤炭工业永城矿区建设工程质量监督站
34	焦作煤业集团新河煤矿主井井筒工程	中煤第五建设有限公司第三工程处	焦作煤业（集团）白云煤业有限公司	煤炭工业郑州设计研究院有限公司	煤炭工业郑州设计研究院有限公司	煤炭工业焦作矿区建设工程质量监督站
35	河南新郑煤电赵家寨煤矿主井提升系统安装工程	河南郑煤矿业建设有限责任公司	河南新郑煤电公司赵家寨煤矿	河南中豫建设监理有限公司	中煤国际工程集团武汉设计研究院	煤炭工业郑州矿区建设工程质量监督站
36	江西丰龙矿业公司丰龙矿井主井井筒工程	中煤河北煤炭建设第四工程处	江西丰龙矿业有限责任公司	安徽华夏建设监理有限责任公司	中煤国际工程集团武汉设计研究院	煤炭工业丰城矿区建设工程质量监督站
37	重庆松藻煤电公司打通一矿西二回风立井工程	重庆川九建设有限责任公司	重庆松藻煤电有限责任公司	重庆精工工程建设监理咨询有限公司	中煤国际工程集团重庆设计研究院	煤炭工业松藻矿区建设工程质量监督站

(续)

序号	工程名称	申报和承建单位	建设单位	监理单位	设计单位	质量监督单位
38	陕煤集团张家峁煤矿副平硐工程	中煤第三建设（集团）有限责任公司第三十工程处	陕煤集团神木张家峁矿业有限公司	西安煤炭建设监理中心	中国国际工程集团北京华宇工程有限公司	煤炭工业神府矿区建设工程质量监督站
39	陕煤彬长矿业集团胡家河煤矿副立井井筒、回风立井井筒及相关硐室掘砌工程	中煤第一建设有限公司第四十九工程处、中煤第三建设（集团）有限责任公司第二十九工程处	陕西彬长矿业集团有限公司	西安煤炭建设监理中心	中煤西安设计工程有限责任公司	煤炭工业彬长矿区建设工程质量监督站
40	神华宁夏煤业集团设备维修中心工程	宁夏煤炭基本建设公司	神华宁夏煤业集团有限责任公司	宁夏灵州工程监理咨询有限公司	宁夏煤矿设计研究院、银川市规划建筑设计研究院有限公司	煤炭工业灵武矿区建设工程质量监督站
41	贵州发耳矿井地面生产系统工程	兖矿集团东华建设有限公司第三十七处	贵州发耳煤业有限公司	中煤国际工程集团华宇工程有限公司	中煤国际工程集团南京设计研究院	煤炭工业兖州矿区建设工程质量监督站

（五）2010年度煤炭行业（部级）优质工程、“太阳杯”工程名单

煤炭行业（部级）优质工程名单（80项）

序号	工程名称	申报和承建单位
1	神华准能哈尔乌素露天矿选煤厂工程	中煤建筑安装工程公司
2	华能伊敏煤电公司煤电三期扩建工程（煤矿部分）	华能伊敏煤电有限责任公司、江苏省建设集团公司、辽宁建设安装集团有限公司
3	伊泰集团酸刺沟矿选煤厂改扩建工程	中煤第九十二工程处
4	山西中煤杨涧煤业公司杨涧矿45万～90万吨/年改扩建工程	山西中煤杨涧煤业有限公司、中煤建筑安装工程公司
5	山西中煤东坡煤业公司东坡矿6万～150万吨/年改扩建工程	山西中煤东坡煤业有限公司、中煤第一建设有限公司、中煤第六十八工程有限公司、中煤第五建设有限公司
6	兖矿鲁南化肥厂10万吨/年醋酐工程	兖矿鲁南化肥厂、中国化学工程第六建设有限公司、中国化学工程第十四建设有限公司、兖矿集团东华建设有限公司第三十七处
7	兖州煤业股份公司济宁三号矿选煤厂技术改造工程	中煤科工集团北京华宇工程有限公司
8	上海大屯能源股份公司姚桥矿选煤厂工程	中煤第六十八工程有限公司

（续）

序号	工 程 名 称	申报和承建单位
9	焦作煤业新乡能源公司赵固二矿矿井工程	焦作煤业（集团）新乡能源有限公司、中煤第五建设有限公司第三工程处、焦作市宏程工程建设有限责任公司、河南国龙矿业建设有限公司、中煤第三建设公司机电安装工程处、中煤第三建设（集团）有限责任公司第二十九工程处
10	焦作煤业新乡能源公司赵固二矿选煤厂工程	焦作煤业（集团）新乡能源有限公司、焦作市宏程工程建设有限责任公司、中煤第九十二工程处
11	陕西彬长大佛寺矿低浓度瓦斯发电工程	陕西彬长新生能源有限公司、陕西天工建设有限公司、山东胜动燃气发电工程设计咨询有限公司
12	神华新疆能源公司乌东矿选煤厂工程	神华新疆能源有限责任公司、中煤科工集团北京华宇工程有限公司、宁夏煤炭基本建设公司
13	国家安全生产监督管理总局安全大厦工程	中煤建设集团工程有限公司
14	开滦集团林南仓矿－400米暗立井井筒装备及提升系统安装工程	唐山开滦建设（集团）有限责任公司
15	邢台矿业集团金宫花园高层住宅楼工程C标段（14号、16号楼）	邢台矿业工程有限责任公司
16	冀中能源邢台矿洗煤厂外来煤系统工程	中煤建筑安装工程公司
17	冀中能源峰峰集团羊渠河矿风井井筒工程	中煤第五建设有限公司第四十九工程处
18	西山煤电集团官地矿选煤厂储煤场改造工程	山西西山金城建筑有限公司
19	西山煤电集团古交电厂燃料运输工程（地面系统）	山西西山金信建筑有限公司
20	华晋焦煤公司王家岭矿进场公路涧河大桥工程	山西西山金信建筑有限公司
21	晋煤集团寺河矿多功能报告厅工程	晋城宏圣建筑工程有限公司、上海五冶冶金建设有限公司
22	国投昔阳公司白羊岭矿选煤厂筒仓工程	山西宏厦第一建设有限责任公司、山西欣通建设发展有限责任公司
23	阳泉市上社煤炭公司装车仓工程	山西宏厦建筑工程第三有限公司
24	长治经坊煤业公司煤炭战略装车点改造项目附属工程（1号标段）	中煤建筑安装工程公司
25	山西长平矿技改选煤厂土建工程（第Ⅰ标段）	中煤建筑安装工程公司
26	山西高河能源公司高河矿选煤厂储、装、运系统工程（Ⅰ标段）	中煤建筑安装工程公司
27	同煤国电同忻矿3～5号煤北一盘区辅助运输大巷、回风大巷工程	中煤第三建设（集团）有限责任公司第三十工程处
28	神华亿利能源公司黄玉川矿副立井机电设备及井筒装备安装工程	中煤第三建设公司机电安装工程处

(续)

序号	工 程 名 称	申报和承建单位
29	内蒙古蒙泰不连沟矿洗煤厂建筑安装工程	中煤第三建设（集团）有限责任公司
30	内蒙古蒙泰不连沟矿采煤、运输及井下辅助系统设备安装工程	中煤第一建设有限公司机电安装工程处
31	黑龙江双鸭山东荣一矿产品煤装车仓工程	双鸭山兴龙路桥工程有限公司
32	山东华恒矿业公司华恒矿副立井提升系统安装工程	山东华新建筑工程集团有限责任公司
33	兖矿集团高性能大型工业铝挤压材项目挤压四车间系统工程	山东兖矿轻合金有限公司、兖矿集团东华建设有限公司第三十七处、中国有色金属工业第六冶金建设有限公司
34	兖矿国宏一、二期公共260吨/小时锅炉系统工程	兖矿集团东华建设有限公司第三十七处
35	兖矿鲁南化肥厂原料煤贮运系统工程	兖矿集团东华建设有限公司第三十七处
36	临沂矿业集团田庄矿通风系统技术改造工程	临沂矿业集团有限责任公司田庄煤矿、临沂华建工程有限责任公司、中煤第五建设有限公司
37	临沂会宝岭铁矿矿建一期工程	临沂会宝岭铁矿有限公司、中煤第五建设有限公司第三工程处、中煤第一建设有限公司第四工程处、临沂华建工程有限责任公司
38	济宁矿业集团霄云矿副井井筒施工及提升系统安装工程	济宁矿业集团有限公司霄云煤矿筹建处、唐山开滦建设（集团）有限责任公司、中煤第三建设公司机电安装工程处
39	肥城矿业集团杨营矿主井井筒冻结及掘砌工程	中煤第五建设有限公司第三工程处、中煤邯郸特殊凿井有限公司
40	淮北矿业集团临涣选煤厂扩建安装工程（二期）	中煤第九十二工程处
41	淮北矿业集团袁店一矿选煤厂土建工程	中煤第三建设（集团）有限责任公司、淮北矿业（集团）工程建设有限责任公司
42	淮北矿业集团袁店二矿综合办公楼、联合建筑及装车仓工程	中煤第三建设（集团）有限责任公司、淮北矿业（集团）工程建设有限责任公司
43	淮北矿业集团袁店二矿－560米水平井底车场及调车线工程	中煤第三建设（集团）有限责任公司第三十工程处
44	淮北矿业集团杨柳矿北翼回风大巷工程	中煤第七十一工程处
45	国投新集口孜东矿副井提升系统机电设备安装工程	中煤第三建设公司机电安装工程处
46	国投新集口孜东矿主井井筒冻结及掘砌工程	中煤第三建设（集团）有限责任公司淮南工程处、江苏省矿业工程集团有限公司
47	国投新集一矿新中央回风井井筒工程	中煤第三建设（集团）有限责任公司第二十九工程处
48	安徽山河矿业装备股份公司1号、2号厂房工程	中煤第三建设（集团）有限责任公司
49	安徽李楼铁矿南风井井筒及相关硐室掘砌工程	中煤第五建设有限公司第三工程处

（续）

序号	工程名称	申报和承建单位
50	皖北煤电集团钱营孜矿选煤厂产品仓工程	中煤第五建设有限公司
51	淮南矿业集团谢桥矿安全改建工程中央风井井筒工程	中煤河北煤炭建设第四工程处
52	淮南矿业集团朱集矿副井提升系统安装工程	淮南矿业（集团）有限责任公司
53	淮南矿业集团朱集矿矸石井及回风井井筒掘砌工程	中煤第三建设（集团）有限责任公司第三十工程处、中煤第七十一工程处
54	淮南矿业集团潘一矿东区副井井筒及相关硐室掘砌工程	中煤第七十一工程处
55	平煤神马集团梨园矿宁庄主井提升系统安装工程	中平能化建工集团有限公司
56	平煤神马集团二矿三水平进风井井筒工程	中平能化建工集团有限公司
57	平煤神马集团十三矿己四采区轨道上山工程	中平能化建工集团有限公司
58	中平能化建工集团生产调度楼工程	中平能化建工集团有限公司
59	永城煤电集团城郊矿 12 采区轨道运输石门及带式输送石门工程	河南国龙矿业建设有限公司
60	鹤壁煤电公司八矿新进风立井井筒工程	河南富昌建设工程有限责任公司
61	焦作煤业集团新河矿副井、风井冻结及井筒掘砌工程	中煤第五建设有限公司第三工程处
62	焦作大学高层 1 号教授楼、外教楼工程	河南矿业建设（集团）有限责任公司
63	义马煤业集团新义矿－305 米水平运输大巷工程	义煤集团永兴工程有限责任公司
64	义马煤业集团孟津矿输储煤系统工程	河南省豫西建设工程有限责任公司
65	义马煤业集团石壕矿选煤厂主厂房安装工程	河南省豫西建设工程有限责任公司
66	江西新鸣煤业公司鸣西矿副立井井筒工程	义煤集团永兴工程有限责任公司
67	湖南省煤业集团湘永矿业公司铜角湾矿立井井筒工程	湖南楚湘建设工程有限公司
68	陕西彬长胡家河矿主井井筒工程	中煤第五建设公司第三十一工程处
69	陕西彬长胡家河矿井及选煤厂综合楼工程	陕西铜川煤矿建设有限公司
70	陕西彬长大佛寺矿 3 号单身公寓工程	陕西天工建设有限公司
71	陕煤集团神木红柳林矿业公司原煤储煤场工程	徐州通域空间结构有限公司
72	金川集团龙首矿东采区混合井井塔、提升系统及地面工业设施工程	中煤第五建设有限公司第五工程处
73	神华宁煤集团太西洗煤厂快速装车系统工程	宁夏煤炭基本建设公司
74	宁夏王洼二矿地面生产系统原煤仓工程	宁夏煤炭基本建设公司
75	神华新疆能源公司昌吉硫磺沟屯宝矿副井工程	神华新疆能源有限责任公司、榆林胜利集团建筑工程有限公司
76	重庆松藻煤电公司打通一矿排矸副立井工程	重庆松藻煤电有限责任公司打通一煤矿、重庆川九建设有限责任公司
77	重庆松藻煤电公司渝阳矿水井湾排矸立井工程	重庆松藻煤电公司渝阳煤矿、辽宁东煤基本建设有限责任公司

（续）

序号	工 程 名 称	申 报 和 承 建 单 位
78	重庆联创煤业公司兴隆矿主立井工程	重庆川九建设有限责任公司
79	国家矿山救援指挥中心芙蓉基地工程	四川芙蓉集团宜宾川南建设工程有限公司
80	四川川南煤业古叙煤电公司石屏一矿主平硐工程	四川芙蓉集团宜宾川南建设工程有限公司

2010年度煤炭行业“太阳杯”工程名单（39项）

序号	工程名称	申报和承建单位	建设单位	监理单位	设计单位	质量监督单位
1	神华准能哈尔乌素露天矿选煤厂工程	中煤建筑安装工程公司	神华集团准格尔能源有限责任公司	内蒙古华准监理工程有限公司	中煤科工集团北京华宇工程有限公司	煤炭工业准格尔矿区建设工程质量监督站
2	华能伊敏煤电公司煤电三期扩建工程（煤矿部分）	华能伊敏煤电有限责任公司、江苏省建设集团公司、辽宁建设安装集团有限公司	华能伊敏煤电有限责任公司	辽宁诚信建设监理有限责任公司	中煤科工集团沈阳设计研究院	煤炭工业伊敏矿区建设工程质量监督站
3	山西中煤杨涧煤业公司杨涧矿45万~90万吨/年改扩建工程	山西中煤杨涧煤业有限公司、中煤建筑安装工程公司	山西中煤杨涧煤业有限公司	山西煤炭建设监理咨询公司	山西省煤炭规划设计院	煤炭工业朔州地方煤矿建设工程质量监督站
4	山西中煤东坡煤业公司东坡矿6万~150万吨/年改扩建工程	山西中煤东坡煤业有限公司、中煤第一建设有限公司、中煤第六十八工程有限公司、中煤第五建设有限公司	山西中煤东坡煤业有限公司	北京康迪建设监理咨询有限公司	中煤邯郸设计工程有限责任公司	煤炭工业朔州地方煤矿建设工程质量监督站
5	兖矿鲁南化肥厂10万吨/年醋酐工程	兖矿鲁南化肥厂、中国化学工程第六建设有限公司、中国化学工程第十四建设有限公司、兖矿集团东华建设有限公司三十七处	兖矿鲁南化肥厂	天津辰达工程监理公司	中国石化集团南京设计院	山东省化工建设工程质量监督站、煤炭工业兖州矿区建设工程质量监督站
6	焦作煤业新乡能源公司赵固二矿矿井工程	焦作煤业（集团）新乡能源有限公司、中煤第五建设有限公司第三工程处、焦作市宏程工程建设有限责任公司、河南国龙矿业建设有限公司、中煤第三建设公司机电安装工程处、中煤第三建设公司第二十九工程处	焦作煤业（集团）新乡能源有限公司	河南工程咨询监理有限公司	中煤科工集团武汉设计研究院	煤炭工业焦作矿区建设工程质量监督站
7	焦作煤业新乡能源公司赵固二矿选煤厂工程	焦作煤业（集团）新乡能源有限公司、焦作市宏程工程建设有限责任公司、中煤第九十二工程处	焦作煤业（集团）新乡能源有限公司	河南工程咨询监理有限公司	煤炭工业郑州设计研究院有限公司	煤炭工业焦作矿区建设工程质量监督站

（续）

序号	工程名称	申报和承建单位	建设单位	监理单位	设计单位	质量监督单位
8	陕西彬长大佛寺矿低浓度瓦斯发电工程	陕西彬长新生能源有限公司、陕西天工建设有限公司、山东胜动燃气发电工程设计咨询有限公司	陕西彬长新生能源有限公司	西安煤炭建设监理中心	山东阳光工程设计院	煤炭工业彬长矿区建设工程质量监督站
9	神华新疆能源公司乌东矿选煤厂工程	神华新疆能源有限责任公司、中煤科工集团北京华宇工程有限公司、宁夏煤炭基本建设公司	神华新疆能源有限责任公司	北京康迪建设监理咨询有限公司	中煤科工集团北京华宇工程有限公司	煤炭工业神华新疆能源建设工程质量监督站
10	国家安全生产监督管理总局安全大厦工程	中煤建设集团工程有限公司	国家安全生产监督管理总局	北京康迪建设监理咨询有限公司	中煤科工集团北京华宇工程有限公司	北京市建筑工程质量监督总站
11	冀中能源峰峰集团羊渠河矿风井井筒工程	中煤第五建设有限公司第四十九工程处	冀中能源峰峰集团有限公司羊渠河矿	河北金石煤业监理有限责任公司	煤炭工业济南设计研究院有限公司	煤炭工业峰峰矿区建设工程质量监督站
12	西山煤电集团古交电厂燃料运输工程（地面系统）	山西西山金信建筑有限公司	西山煤电（集团）古交配煤厂	山西煤炭建设监理咨询公司	西山煤电集团设计院有限公司	煤炭工业西山矿区建设工程质量监督站
13	晋煤集团寺河矿多功能报告厅工程	晋城宏圣建筑工程有限公司、上海五冶冶金建设有限公司	晋煤集团寺河矿	山西煤炭建设监理咨询公司	中煤科工集团北京华宇工程有限公司	煤炭工业晋城矿区建设工程质量监督站
14	阳泉市上社煤炭公司装车仓工程	山西宏厦建筑工程第三有限公司	阳泉市上社煤炭有限责任公司	山西省煤炭建设监理有限公司	煤炭工业石家庄设计研究院	煤炭工业阳泉地方煤矿建设工程质量监督站
15	山西高河能源公司高河矿选煤厂储、装、运系统工程（I标段）	中煤建筑安装工程公司	山西高河能源有限公司	山西中太工程建设监理公司	中煤科工集团北京华宇工程有限公司	煤炭工业潞安矿区建设工程质量监督站
16	内蒙古蒙泰不连沟矿洗煤厂建筑安装工程	中煤第三建设（集团）有限责任公司	内蒙古蒙泰不连沟煤业有限责任公司不连沟煤矿	中煤邯郸中原建设监理咨询有限责任公司	中煤科工集团沈阳设计研究院	煤炭工业内蒙古建设工程质量监督直属站
17	黑龙江双鸭山东荣一矿产品煤装车仓工程	双鸭山兴龙路桥工程有限公司	龙煤矿业集团双鸭山分公司东荣一矿	双鸭山双威工程建设监理有限责任公司	哈尔滨煤炭设计研究院	煤炭工业双鸭山矿区建设工程质量监督站

（续）

序号	工程名称	申报和承建单位	建设单位	监理单位	设计单位	质量监督单位
18	兖矿集团高性能大型工业铝挤压材项目挤压四车间系统工程	山东兖矿轻合金有限公司、兖矿集团东华建设有限公司第三十七处、中国有色金属工业第六冶金建设有限公司	山东兖矿轻合金有限公司	鑫诚建设监理咨询有限公司	中国瑞林工程技术有限公司	煤炭工业兖州矿区建设工程质量监督站
19	济宁矿业集团霄云矿副井井筒施工及提升系统安装工程	济宁矿业集团有限公司霄云煤矿筹建处、唐山开滦建设（集团）有限责任公司、中煤第三建设公司机电安装工程处	济宁矿业集团有限公司霄云煤矿筹建处	中煤科工集团南京设计研究院	煤炭工业济南设计研究有限公司	煤炭工业肥城矿区建设工程质量监督站
20	肥城矿业集团杨营矿主井井筒冻结及掘砌工程	中煤第五建设有限公司第三工程处、中煤邯郸特殊凿井有限公司	肥城矿业集团杨营能源有限责任公司	煤炭工业济南设计研究院有限公司	煤炭工业济南设计研究院有限公司	煤炭工业肥城矿区建设工程质量监督站
21	临沂会宝岭铁矿矿建一期工程	临沂会宝岭铁矿有限公司、中煤第五建设有限公司第三工程处、中煤第一建设有限公司第四工程处、临沂华建工程有限责任公司	临沂会宝岭铁矿有限公司	中咨工程建设监理公司	中国恩菲工程技术有限公司	煤炭工业临沂矿区建设工程质量监督站
22	国投新集口孜东矿副井提升系统机电设备安装工程	中煤第三建设公司机电安装工程处	国投新集能源股份有限公司口孜东矿	安徽华夏建设监理有限责任公司	煤炭工业合肥设计研究院	煤炭工业新集矿区建设工程质量监督站
23	国投新集口孜东矿主井井筒掘砌工程	江苏省矿业工程集团有限公司	国投新集能源股份有限公司口孜东煤矿	安徽华夏建设监理有限责任公司	煤炭工业合肥设计研究院	煤炭工业新集矿区建设工程质量监督站
24	皖北煤电集团钱营孜矿选煤厂产品仓工程	中煤第五建设有限公司	安徽恒源煤电股份有限公司钱营孜煤矿	安徽华东工程建设监理咨询有限公司	煤炭工业合肥设计研究院	煤炭工业皖北矿区建设工程质量监督站
25	淮南矿业集团朱集矿副井提升系统安装工程	淮南矿业（集团）有限责任公司	淮南矿业集团朱集矿井建设项目部	河南工程咨询监理有限公司	煤炭工业合肥设计研究院	煤炭工业淮南矿区建设工程质量监督站
26	淮南矿业集团朱集矿矸石井及回风井井筒掘砌工程	中煤第三建设（集团）有限责任公司第三十工程处、中煤第七十一工程处	淮南矿业集团公司朱集煤矿	河南工程咨询监理有限公司、淮南国汉建设监理咨询有限公司	煤炭工业合肥设计研究院	煤炭工业淮南矿区建设工程质量监督站
27	淮南矿业集团潘一矿东区副井井筒及相关硐室掘砌工程	中煤第七十一工程处	淮南矿业集团潘一煤矿	河南工程咨询监理有限公司	煤炭工业合肥设计研究院	煤炭工业淮南矿区建设工程质量监督站
28	中平能化建工集团生产调度楼工程	中平能化建工集团有限公司	中平能化建工集团有限公司	河南兴平工程管理有限公司	平顶山城市规划设计院有限公司	煤炭工业平顶山矿区建设工程质量监督站

（续）

序号	工法编号	工 法 名 称	主 要 完 成 单 位
6	BJGF006—08	地铁区间隧道与旁通道冻结法平行施工工法	中煤第五建设公司上海分公司
7	BJGF007—08	大直径急倾斜圆筒煤仓施工工法	中煤第五建设公司第一工程处
8	BJGF008—08	大直径立井高强高性能混凝土液压滑模套壁施工工法	中煤第七十一工程处
9	BJGF009—08	立井冻结自动监测工法	中煤第五建设公司第三工程处
10	BJGF010—08	大型机头硐室施工工法	中煤第一建设公司
11	BJGF011—08	深立井基岩段井壁漏水防治施工工法	中煤第一建设公司
12	BJGF012—08	大型立煤仓反井钻双孔施工工法	中煤第一建设公司
13	BJGF013—08	双侧箕斗装载硐室施工工法	中煤第一建设公司
14	BJGF014—08	冻结风化基岩段中深孔爆破快速施工工法	中煤第一建设公司
15	BJGF015—08	双楔形复合掏槽在中深孔爆破中的应用工法	中煤第一建设公司
16	BJGF016—08	立井软岩钻孔施工工法	中煤第一建设公司
17	BJGF017—08	冻结立井强膨胀性厚黏土层信息化施工工法	江苏华美工程建设集团有限公司
18	BJGF018—08	大倾角俯采综放工作面复杂条件下综合防灭火施工工法	中煤第五建设公司
19	BJGF019—08	风积砂地层巷道小管棚超前注浆配合网喷混凝土施工工法	中煤第三建设（集团）有限责任公司
20	BJGF020—08	16 度斜井采用 CMJ17HT 型煤矿用全液压掘进钻车与 P60（B）或 P90（B）耙斗机配套施工工法	平煤建工集团有限公司
21	BJGF021—08	立井水下混凝土止浆垫施工工法	平煤建工集团有限公司
22	BJGF022—08	动载作用下邻近硐室围岩支护工法	中煤第三建设（集团）有限责任公司
23	BJGF023—08	煤层巷道大体积特高压水闸墙施工工法	江苏华美工程建设集团有限公司
24	BJGF024—08	深水平高应力区软岩巷道支护工法	江苏华美工程建设集团有限公司
25	BJGF025—08	深立井通过突出煤层“三步法”揭煤工法	中煤第三建设（集团）有限责任公司
26	BJGF026—08	立井井筒全深冻结基岩段掘砌施工工法	中煤第三建设（集团）有限责任公司
27	BJGF027—08	立井井筒综合防治水施工工法	平煤建工集团有限公司
28	BJGF028—08	煤矿永久井颈施工工法	平煤建工集团有限公司
29	BJGF029—08	平、斜巷煤体注水快速揭过突出煤层施工工法	平煤建工集团有限公司
30	BJGF030—08	立井施工过流砂层整体液压钢板帷幕施工工法	平煤建工集团有限公司
31	BJGF031—08	利用 TCK 钢丝绳无损探伤装置检测立井在用钢丝绳工法	中煤第一建设公司
32	BJGF032—08	汽车吊分段吊装组立箱式井架施工工法	中煤第一建设公司
33	BJGF033—08	多绳摩擦式提升机安装施工工法	平煤建工集团有限公司
34	BJGF034—08	立井井筒钢轨罐道更换施工工法	平煤建工集团有限公司

（续）

序号	工法编号	工 法 名 称	主 要 完 成 单 位
35	BJGF035—08	洗苯塔倒装施工工法	平煤建工集团有限公司
36	BJGF036—08	多绳摩擦轮提升容器挂设施工工法	平煤建工集团有限公司
37	BJGF037—08	箱型井架快速吊装施工工法	江苏华美工程建设集团有限公司
38	BJGF038—08	立井提升钢丝绳快速更换施工工法	江苏华美工程建设集团有限公司
39	BJGF039—08	箱型井架空中对接吊装工法	中煤第七十一工程处
40	BJGF040—08	“座浆法”安装煤矿大型提升机设备工法	中煤第三建设公司机电安装工程处
41	BJGF041—08	井筒应急抢险排水管路滑车组及无绳悬吊工法	中煤第七十一工程处
42	BJGF042—08	煤田稳定塌陷区软弱地基夯扩挤密煤矸石桩施工工法	平煤建工集团有限公司
43	BJGF043—08	复合载体夯扩桩施工工法	平煤建工集团有限公司
44	BJGF044—08	井塔土建工程与井筒安装工程平行作业工法	中煤第五建设公司第五工程处
45	BJGF045—08	大直径贮煤仓平顶仓盖结构斜拉吊模施工工法	中煤建筑安装工程公司
46	BJGF046—08	大型储煤槽仓逆作法施工工法	中煤建筑安装工程公司
47	BJGF047—08	应用 AutoCAD 软件进行井巷测量定位校验工法	中煤第一建设公司
48	BJGF048—08	井下大型贯通导线等高四架法测量工法	中煤第三建设（集团）有限责任公司
49	BJGF049—08	浅层松软地基治理施工工法	江苏华美工程建设集团有限公司
50	BJGF050—08	深立井工作面探水预注浆治水施工工法	中煤第七十一工程处
51	BJGF051—08	烟囱双平台、上滑下砌施工工法	中煤建筑安装工程公司

2009—2010 年度煤炭行业（部级）工法 66 项

序号	工法编号	工 法 名 称	主 要 完 成 单 位
1	BJGF001—2010	大断面煤巷综掘机快速施工工法	中煤第三建设（集团）有限责任公司
2	BJGF002—2010	岩石斜井综掘机械化施工工法	中煤第三建设（集团）有限责任公司、中煤第七十一工程处
3	BJGF003—2010	斜井全液压整体活动金属模板浇筑混凝土施工工法	中煤第三建设（集团）有限责任公司
4	BJGF004—2010	钻井法凿井施工工法	中煤特殊凿井（集团）有限责任公司
5	BJGF005—2010	液氮与盐水复合冻结法快速修复隧道施工工法	中煤特殊凿井（集团）有限责任公司
6	BJGF006—2010	山体引水隧道垂直冻结施工工法	中煤特殊凿井（集团）有限责任公司
7	BJGF007—2010	反井钻机施工煤仓暗立井过煤层及破碎带施工工法	中平能化建工集团有限公司
8	BJGF008—2010	立井通过厚软弱土层整体顶移钢护筒施工工法	中平能化建工集团有限公司
9	BJGF009—2010	斜井液压钻车、挖斗装岩机、梭车机械化配套快速施工工法	中平能化建工集团有限公司

（续）

序号	工法编号	工 法 名 称	主 要 完 成 单 位
10	BJGF010—2010	超长多序列管棚预注浆超前支护施工工法	中平能化建工集团有限公司
11	BJGF011—2010	地面预注化学浆施工工法	北京中煤矿山工程有限公司
12	BJGF012—2010	反井钻机施工井筒溜矸孔施工工法	北京中煤矿山工程有限公司
13	BJGF013—2010	红黏土斜井掘进高效爆破施工工法	中煤第七十一工程处
14	BJGF014—2010	大型冻结站快速安装施工工法	中煤第五建设有限公司
15	BJGF015—2010	千米立井井筒机械化配套施工工法	中煤第五建设有限公司
16	BJGF016—2010	高地压、软岩矿山大型硐室施工工法	中煤第五建设有限公司
17	BJGF017—2010	立井施工硬岩爆破液压伞钻凿岩施工工法	中煤第五建设有限公司
18	BJGF018—2010	立井施工液压挖掘机与抓岩机配套装岩施工工法	中煤第五建设有限公司
19	BJGF019—2010	小坡度斜井机械化配套快速施工工法	中煤第五建设有限公司
20	BJGF020—2010	深立井工作面预注浆施工工法	中煤第五建设有限公司
21	BJGF021—2010	千米立井液压凿井设备综合配套施工工法	中煤第五建设有限公司
22	BJGF022—2010	大断面岩石平巷全断面中深孔光爆施工工法	中煤第五建设有限公司
23	BJGF023—2010	大坡度斜井转平巷施工转运施工工法	中煤第五建设有限公司
24	BJGF024—2010	斜井综掘机械化配套施工工法	中煤第五建设有限公司
25	BJGF025—2010	煤矿立井超厚硬灰岩快速施工工法	中煤第一建设有限公司
26	BJGF026—2010	高瓦斯矿井巷道抽掘施工工法	中煤第一建设有限公司
27	BJGF027—2010	西部地区深厚软岩冻结钻孔施工与纠偏施工工法	中煤第五建设有限公司
28	BJGF028—2010	大坡度斜井表土段小型挖掘机施工工法	中煤第一建设有限公司
29	BJGF029—2010	塌陷区立井凿井施工工法	河北纵横工程有限公司
30	BJGF030—2010	千米下山箕斗排矸快速施工工法	河北纵横工程有限公司
31	BJGF031—2010	立风井锁口、风硐、安全出口同步一体施工工法	河北纵横工程有限公司
32	BJGF032—2010	岩石平巷施工工序转移分区快速施工工法	河南国龙矿业建设有限公司
33	BJGF033—2010	白垩系含水层立井工作面预注浆施工工法	江苏省矿业工程集团有限公司
34	BJGF034—2010	立井深厚流砂层置换注浆法钢筋水泥帷幕施工工法	河南富昌建设工程有限责任公司
35	BJGF035—2010	立井井外第三系深厚含水层疏干降水施工工法	河南富昌建设工程有限责任公司
36	BJGF036—2010	大直径煤仓无黏结后张法环向预应力施工工法	中平能化建工集团有限公司
37	BJGF037—2010	焦炉基础顶板预埋管安装施工工法	中平能化建工集团有限公司
38	BJGF038—2010	综合支吊架施工工法	中平能化建工集团有限公司

（续）

序号	工法编号	工 法 名 称	主 要 完 成 单 位
39	BJGF039—2010	耐热混凝土施工工法	中平能化建工集团有限公司
40	BJGF040—2010	高强预应力混凝土管桩引孔锤击施工工法	中平能化建工集团有限公司
41	BJGF041—2010	大型钢栈桥地面制作与整体吊装施工工法	中煤建筑安装工程公司
42	BJGF042—2010	筒仓清水混凝土滑模施工工法	中煤建筑安装工程公司
43	BJGF043—2010	大直径预应力钢筋混凝土筒仓刚性平台滑模施工工法	中煤建筑安装工程公司、天津西北预应力技术开发有限公司
44	BJGF044—2010	高寒地区钢筋混凝土井塔冬期快速施工工法	中煤建筑安装工程公司
45	BJGF045—2010	转换梁结构井塔施工工法	中煤建筑安装工程公司
46	BJGF046—2010	双曲线冷却塔筒壁无围檩三角架倒模施工工法	河南矿业建设（集团）有限责任公司
47	BJGF047—2010	等节距吊杆提升水塔水箱施工工法	河南矿业建设（集团）有限责任公司
48	BJGF048—2010	大型筒仓加固施工工法	江苏省矿业工程集团有限公司
49	BJGF049—2010	大型焦炉基础喷管模具控制预埋安装施工工法	枣庄矿业集团中兴建安工程有限公司
50	BJGF050—2010	井下无动力翻矸辅助提升系统施工工法	中煤第三建设（集团）有限责任公司
51	BJGF051—2010	煤矿临时箕斗提升系统施工工法	中煤第三建设（集团）有限责任公司
52	BJGF052—2010	立井重型设备滑轮组接力下放施工工法	中煤第三建设（集团）有限责任公司、中煤第七十一工程处
53	BJGF053—2010	矿山井下高强皮带快速安装施工工法	中平能化建工集团有限公司
54	BJGF054—2010	多绳摩擦轮提升机首绳无稳车更换施工工法	中平能化建工集团有限公司
55	BJGF055—2010	DJ 型波状大倾角挡边带式输送机安装施工工法	中平能化建工集团有限公司
56	BJGF056—2010	立井井筒装备安装施工工法	河南国龙矿业建设有限公司
57	BJGF057—2010	立井潜水泵管路自悬吊快速安装施工工法	江苏省矿业工程集团有限公司
58	BJGF058—2010	立井井筒装备安装临时吊挂系统施工工法	江苏省矿业工程集团有限公司
59	BJGF059—2010	井塔式起重机安装施工工法	中煤第五建设有限公司
60	BJGF060—2010	斜井管路快速安装施工工法	中煤第五建设有限公司
61	BJGF061—2010	并列式双桅杆半翻转法吊装大型箱式井架施工工法	中煤第一建设有限公司
62	BJGF062—2010	立井大型分体式箕斗安装施工工法	中煤第五建设有限公司
63	BJGF063—2010	立井井筒罐道及罐道梁快速更换施工工法	中煤第五建设有限公司
64	BJGF064—2010	安全监控与预警系统在煤矿立井施工中的应用工法	中煤第五建设有限公司
65	BJGF065—2010	煤矿斜井带式输送机安装施工工法	中煤第三建设公司机电安装工程处
66	BJGF066—2010	急倾斜工作面综采设备安装施工工法	枣庄矿业集团中兴建安工程有限公司

优秀工程设计奖

一、国家级优秀工程设计奖

中华人民共和国住房和城乡建设部组织、审查、评选、公布，荣获国家级优秀工程设计奖项目公布如下。

煤炭行业荣获2006年度国家级优秀工程设计奖项目名单（5项）

获奖等级	项目名称	获奖单位
金	神华集团神东上湾矿井	中煤邯郸设计工程有限责任公司
银	山西省河曲矿区上榆泉矿井	中煤国际工程集团南京设计研究院
银	平朔煤炭工业公司安家岭露天煤矿选煤厂	中煤国际工程集团北京华宇工程有限公司
铜	山西晋城无烟煤矿业集团有限责任公司寺河矿井	中煤国际工程集团北京华宇工程有限公司
铜	河南省正龙煤业有限公司城郊矿井	煤炭工业郑州设计研究院有限公司

煤炭行业荣获2008年度全国优秀工程勘察设计奖获奖项目名单（7项）

序号	项目名称	主要参加单位	主要参加人员
		金质奖（1项）	
1	山西霍州煤电（集团）有限责任公司方山选煤厂	中煤国际工程集团北京华宇工程有限公司	李明辉 刘文欣 蔡国华 王志锋 孙卫东 刘立文 房 华 孟建青 闫小国 张春辉 张仲立 董大鸿 郭 光 李振民 刘明钢
		银质奖（2项）	
1	淄博矿业集团唐口矿井	煤炭工业济南设计研究院有限公司	何芳现 赵 南 郭小平 戴良发 杨庆铭 孙新城 付 超 李永斌 宋恩民 付廷顺 刘慧云 郭宝德 宋秀索 张荣营 吴兵锐
2	铁法煤业（集团）有限公司三台子二井	中煤国际工程集团沈阳设计研究院	丛德俊 宋冠军 施佳音 谢 林 李常文 郭连生 张占彪 张纯全 苗建卫 杨国强 梁德波 韩春友 李 平 黄劲松 侯炳才
		铜质奖（4项）	
1	丰城矿务局曲江井	江西省煤矿设计院	汪明远 万伟民 饶建人 罗会森 王知宇 曾建国 王福平 袁安辉 胡红宇 李 钢 谢玉珍 章启兴

（续）

序号	项 目 名 称	主 要 参 加 单 位	主 要 参 加 人 员
2	山西潞安矿业（集团）有限责任公司司马矿井工程	煤炭工业太原设计研究院	翟建中 李宏达 耿建平 任林怀 王立斌 王建强 王连生 杜彦彪 苏成彪 刘世成 王宏云 刘晓勇 史建恩 钟引明 曹长海
3	肥城矿业集团梁宝寺矿井	中煤国际工程集团南京设计研究院	邓星利 陈元艳 林鸿苞 黄 忠 李兰霞 李定明 沈建辉 魏 武 陆桂玖 张亦园 吴志弘 翟炳祥 殷同伟 张世和 阎复志
4	土耳其 TTK 煤矿提升系统工程	中煤国际工程集团南京设计研究院	刘晓群 孙焕捷 吴志弘 魏 武 井士娟 梁志萍 逯鸿飞 由胜武 于为芹 蒋 涛 荆炜华 李兰霞 阎复志 张世和 周 波

二、煤炭行业（部级）优秀工程设计项目

煤炭行业（部级）2007 年度优秀工程设计项目（67 项）

序号	项 目 名 称	单 位 名 称
	一等奖（13 项）	
1	铁法煤业（集团）有限责任公司三台子二井	中煤国际工程集团沈阳设计研究院
2	淄博矿业集团唐口矿井	煤炭工业济南设计研究院有限公司
3	丰城矿务局曲江井	江西省煤矿设计院
4	山西潞安矿业（集团）有限责任公司司马矿井	煤炭工业太原设计研究院
5	肥城矿业集团梁宝寺矿井	中煤国际工程集团南京设计研究院
6	重庆朝天门观景广场暨重庆市规划展览馆、重庆市文化艺术展示中心	中煤国际工程集团重庆设计研究院
7	国投新集能源股份有限公司刘庄矿井主井井塔	煤炭工业合肥设计研究院
8	重庆融桥半岛云满庭 D 区	中煤国际工程集团重庆设计研究院
9	南京市高新区高新研发大厦	中煤国际工程集团南京设计研究院
10	中南财经政法大学教学楼三（文泰楼）	中煤国际工程集团武汉设计研究院
11	重庆市九龙坡区杨家坪天宝实验学校	中煤国际工程集团重庆设计研究院
12	广州市第二中学（科学城校区）	广东省生工建筑设计院
13	重庆主城排水工程过江隧道（盾构）	中煤国际工程集团重庆设计研究院
	二等奖（25 项）	
1	土耳其 TTK 煤矿提升系统工程设计	中煤国际工程集团南京设计研究院
2	陕西省道 303 线志丹县城过境段二级公路改建工程	中煤西安设计工程有限责任公司

（续）

序号	项 目 名 称	单 位 名 称
3	神华宁夏煤业集团有限责任公司羊场湾煤矿	中煤西安设计工程有限责任公司
4	山东省滕州郭庄矿业有限责任公司锦丘煤矿	中煤国际工程集团南京设计研究院
5	孟加拉国巴拉普库利亚煤矿	煤炭工业济南设计研究院有限公司
6	霍州煤电集团有限责任公司方山选煤厂	中煤国际工程集团北京华宇工程有限公司
7	西山煤矿总公司古交配煤厂	煤炭工业太原设计研究院
8	江苏船山集团200万吨建材生产线新建工程	中煤国际工程集团沈阳设计研究院
9	神华集团神府东胜煤炭有限责任公司维修中心改扩建工程	中煤西安设计工程有限责任公司
10	国投新能源股份有限公司刘庄主井提升系统	煤炭工业合肥设计研究院
11	潞安屯留矿井主井提升系统机械设备及电气设备安装	中煤国际工程集团北京华宇工程有限公司
12	神华集团金烽煤炭有限责任公司万利一矿采煤工作面运输平巷设备列车及单轨吊电缆架自移成套装置	中煤国际工程集团武汉设计研究院
13	焦作煤业（集团）冯营电力有限责任公司2×50兆瓦综合利用发电机组	煤炭工业郑州设计研究有限公司
14	重庆同创·奥韵	中煤国际工程集团重庆设计研究院
15	安徽省淮南矿业（集团）公司顾桥矿井主井钢井架	煤炭工业合肥设计研究院
16	湖南省怀化监狱扩建工程	湖南第一工业设计研究院
17	神华集团神府东胜煤炭有限责任公司车库及公寓	中煤西安设计工程有限责任公司
18	河南省地方税务局直属局办税服务综合楼	煤炭工业郑州设计研究有限公司
19	广州市轨道交通四号线大学城专线段大学城南站（原小谷围站）	广东省重工建筑设计院
20	重庆金科·绿韵康城住宅小区	中煤国际工程集团重庆设计研究院
21	广州市第一人民医院影像中心	广东省生工建筑设计院
22	江西安源科技信息中心大楼	江西省煤矿设计院
23	江苏省美堰市行政大楼工程	中煤国际工程集团南京设计研究院
24	龙口矿业集团莱州龙泰热电有限公司汽轮机低真空循环水供热工程	煤炭工业济南设计研究院有限公司
25	大同煤矿集团公司资源综合利用热电厂供热外网工程一级供热管网	中煤邯郸设计工程有限责任公司
	三等奖（29项）	
1	浙江省宁波市慈溪经济开发区滨海二路一期（兴慈七路一兴慈大道段）市政工程	中煤国际工程集团武汉设计研究院
2	重庆市北碚城区红唐路道路工程	中煤国际工程集团重庆设计研究院
3	陕西省旬邑县旬东煤业有限责任公司长安煤矿技术改造	铜川煤矿设计院
4	山西省和顺县天池煤矿改扩建工程	兖矿集团邹城华建设计研究院有限公司

（续）

序号	项 目 名 称	单 位 名 称
5	张家口矿业集团宣东矿业有限公司（原宣东二号井）	中煤国际工程集团北京华宇工程有限公司
6	霍州煤电集团公司三交河矿选煤厂	中煤国际工程集团北京华宇工程有限公司
7	宁夏煤业集团有限公司西大滩洗煤厂技术改造	中煤西安设计工程有限责任公司
8	霍州煤电集团公司回坡底选煤厂	中煤国际工程集团北京华宇工程有限公司
9	淮南矿业（集团）有限责任公司张集矿井选煤厂改扩建工程	兖矿集团邹城华建设计研究院有限公司
10	邯矿集团张家口盛源矿业公司选煤厂改扩建	中煤国际工程集团北京华宇工程有限公司
11	江西省煤炭集团公司沿沟和涌山煤矿矿井机械化井下联合卸载系统	中煤国际工程集团武汉设计研究院
12	淄博矿业集团唐口矿井综合信息系统	中煤邯郸设计工程有限责任公司
13	神华北电胜利能源有限公司胜利一号露天矿 110 千伏变电站	中煤国际工程集团沈阳设计研究院
14	开滦（集团）有限公司东欢坨选煤厂生产集中控制系统	中煤邯郸设计工程有限责任公司
15	平煤集团隔爆兼本安型四象限变频控制系统在井下钢丝绳牵引带式输送机中的应用设计	平顶山煤业（集团）设计院有限公司
16	神华集团神东公司上湾热电厂	中煤邯郸设计工程有限责任公司
17	陕西省中医学校图书综合楼	中煤西安设计工程有限责任公司
18	潞安屯留矿井主井井架	中煤国际工程集团北京华宇工程有限公司
19	中国人民解放军 68090 部队卫勤中心	中煤西安设计工程有限责任公司
20	晋煤集团公司王台铺矿二号井（山西长平煤业有限责任公司长平矿井）主井井塔	中煤邯郸设计工程有限责任公司
21	山西旭源房地产公司批发购物广场	中煤邯郸设计工程有限责任公司
22	神华新疆能源有限公司屯宝煤矿职工食堂	新疆科源矿业设计研究院有限责任公司
23	顾桥矿井无人值守大型空压机站监控管理系统	煤炭工业合肥设计研究院
24	丁集矿井空气压缩机房设备安装	煤炭工业济南设计研究院有限公司
25	丁集矿井 110 千伏变电所设备安装	煤炭工业济南设计研究院有限公司
26	晋城无烟煤矿业集团有限责任公司寺河矿井工业场地 5×5.6 兆瓦燃气锅炉	中煤国际工程集团北京华宇工程有限公司
27	徐州丰成盐化工有限公司—徐州天成氯碱有限公司 80 万立方米/年输、回卤管道工程	江苏省第一工业设计院有限责任公司
28	窑街煤电公司海石湾煤矿	兰州煤矿设计研究院
29	高寒地区低浓度煤矿瓦斯发电	鸡西浩威工程设计有限公司

煤炭行业（部级）2009年度优秀工程设计项目名单（87项）

序号	项　目　名　称	单　位　名　称
一等奖（29项）		
1	平朔煤炭工业公司安家岭露天煤矿	中煤国际工程集团沈阳设计研究院
2	同煤大唐塔山矿井	中煤国际工程集团北京华宇工程有限公司
	淮南矿业集团顾桥矿井	煤炭工业合肥设计研究院
3	淮南矿业集团丁集矿井	煤炭工业济南设计研究院有限公司
4	宁夏煤业集团有限责任公司枣泉煤矿	中煤国际工程集团武汉设计研究院
5	神华集团神东煤炭公司哈拉沟煤矿	中煤西安设计工程有限责任公司
6	纳林庙煤矿二号井	煤炭工业济南设计研究院有限公司
7	陕西汇森煤业开发有限责任公司凉水井矿井及选煤厂	中煤西安设计工程有限责任公司
8	开滦（集团）蔚州矿业有限责任公司单侯矿井	中煤邯郸设计工程有限责任公司
9	焦作煤业（集团）有限责任公司赵固二矿主、副、风井井壁结构（冻结法施工）	中煤国际工程集团武汉设计研究院
10	晋煤集团赵庄矿井	中煤国际工程集团北京华宇工程有限公司
11	济宁矿业集团阳城矿井	中煤国际工程集团南京设计研究院
12	平朔煤炭工业公司安家岭二号井选煤厂	中煤国际工程集团北京华宇工程有限公司
13	神华神东煤炭公司石圪台煤矿12.0兆吨/年选煤厂	大地工程开发有限公司
14	平朔煤炭工业公司安家岭一号井选煤厂	中煤国际工程集团北京华宇工程有限公司
15	茂名洁能水煤浆有限公司1.5兆吨/年水煤浆工程（三期）制备生产线技改工程	中煤国际工程集团北京华宇工程有限公司
16	淄博矿业集团唐口矿井选煤厂	煤炭工业济南设计研究院有限公司
17	辽河石油勘探局华油实业公司10万吨/年水焦浆工程	中煤国际工程集团北京华宇工程有限公司
18	神华宁煤集团太西选煤厂超低灰纯煤精细制备项目	中煤国际工程集团北京华宇工程有限公司
19	赵庄主斜井带式输送机机械布置及电控设计	中煤国际工程集团北京华宇工程有限公司
20	武汉音乐学院高层琴房	中煤国际工程集团武汉设计研究院
21	邯郸机场公司邯郸机场候机楼	中煤邯郸设计工程有限责任公司
22	南川体育馆	中煤国际工程集团重庆设计研究院
23	升伟·新时空	中煤国际工程集团重庆设计研究院
24	邯郸市金世纪房地产开发有限公司邯郸市国际商务中心	中煤邯郸设计工程有限责任公司
25	金科·十年城住宅小区	中煤国际工程集团重庆设计研究院
26	南屯煤矿生活污水处理及回用工程	煤炭工业济南设计研究院有限公司
27	抚顺矿业集团有限责任公司东露天恢复工程东岗隧道	中煤国际工程集团沈阳设计研究院
28	重庆市大学城科技大道北线道路工程	中煤国际工程集团重庆设计研究院
29	刘庄矿井综合自动化系统	煤炭工业合肥设计研究院

（续）

序号	项 目 名 称	单 位 名 称
二等奖（34项）		
1	黄陵二号矿井	中煤西安设计工程有限责任公司
2	河南省许昌新龙矿业有限责任公司梁北矿井	中煤国际工程集团武汉设计研究院
3	内蒙古自治区平庄煤业（集团）有限责任公司老公营子煤矿	内蒙古煤矿设计研究院有限责任公司
4	中岭矿业有限责任公司中岭煤矿	贵州省煤矿设计研究院
5	布尔台矿井11盘区巷道布置及机械配备	中煤国际工程集团武汉设计研究院
6	望峰岗矿井开拓	煤炭工业合肥设计研究院
7	冀中能源峰峰集团有限公司大淑村矿井	煤炭工业石家庄设计研究院
8	神华宁煤集团石沟驿煤矿技术改造	宁夏煤矿设计研究院有限责任公司
9	徐州矿务集团张双楼矿选煤厂技术改造	煤炭工业济南设计研究院有限公司
10	山西潞安矿业（集团）有限责任公司屯留矿井选煤厂	中煤邯郸设计工程有限责任公司
11	山西潞安矿业（集团）有限责任公司司马矿井选煤厂设计工程	煤炭工业太原设计研究院
12	中国神华万利煤炭分公司万利一矿5－1煤运输大巷带式输送机	中煤国际工程集团武汉设计研究院
13	平煤集团朝川焦化有限公司选煤厂90万吨改扩建工程	中煤国际工程集团北京华宇工程有限公司
14	山西潞安集团余吾煤业有限责任公司（原屯留矿）井底1、2号煤仓螺旋溜槽	中煤邯郸设计工程有限责任公司
15	炎黄二帝巨塑工程	煤炭工业郑州设计研究院有限公司
16	广州市保利花园二期	广东省重工建筑设计院有限公司
17	广州江南果菜批发市场AB区	广东省重工建筑设计院有限公司
18	金科·廊桥水岸	中煤国际工程集团重庆设计研究院
19	同创·欧街美墅	中煤国际工程集团重庆设计研究院
20	江西省上饶县滨江西路景观工程	江西省煤矿设计院
21	淮北矿业（集团）有限公司石台煤矿张石铁路龙河桥抢险加固、顶升工程	淮北工业建筑设计院有限责任公司
22	中国矿业大学（北京校区）学生公寓楼	中煤国际工程集团北京华宇工程有限公司
23	山西潞安矿业（集团）有限责任公司司马矿井选煤厂主厂房	煤炭工业太原设计研究院
24	永城煤电（集团）有限责任公司新桥矿井井下水处理站工程	煤炭工业郑州设计研究院有限公司
25	枣庄矿业（集团）公司高庄－付村生活污水处理工程	中煤国际工程集团南京设计研究院
26	重庆南岸区新田湾CNG加气站工程	中煤国际工程集团重庆设计研究院
27	宁夏煤业集团有限责任公司枣泉煤矿铁路专用线	中煤国际工程集团武汉设计研究院
28	武汉江夏藏龙岛大桥	中煤国际工程集团武汉设计研究院
29	陕煤集团神木柠条塔矿业有限公司柠条塔煤矿进矿公路大桥	中煤国际工程集团北京华宇工程有限公司
30	内蒙古伊泰煤炭股份有限公司酸刺沟矿井110/10千伏变电站	中煤邯郸设计工程有限责任公司

（续）

序号	项 目 名 称	单 位 名 称
31	宁夏煤业集团有限责任公司枣泉煤矿灌浆注胶机站机械设备安装工程	中煤国际工程集团武汉设计研究院
32	淮沪煤电有限公司丁集矿井主井提升机房机械及电气设备安装	煤炭工业济南设计研究院有限公司
33	山西金驹煤电化股份有限公司成庄热电厂瓦斯发电技术改造	煤炭工业太原设计研究院
34	江西丰城矿务局曲江煤层气发电	煤炭工业合肥设计研究院
	三等奖（24 项）	
1	铜川市耀州区照金煤矿改扩建	江苏省第一工业设计院有限责任公司
2	灵新煤矿五采区设计	宁夏煤矿设计研究院有限责任公司
3	布尔台矿 5－1 煤破碎机转载硐室	中煤国际工程集团武汉设计研究院
4	山西晋城煤业集团赵庄矿井井底煤仓及装载硐室	中煤国际工程集团北京华宇工程有限公司
5	神华宁煤集团梅花井矿井缓坡副斜井	中煤国际工程集团北京华宇工程有限公司
6	赵庄矿井井底车场换装站机械设备安装及井底车场换装站硐室	中煤国际工程集团北京华宇工程有限公司
7	宁夏煤业集团有限责任公司枣泉煤矿落煤塔式楔形储煤场	中煤国际工程集团武汉设计研究院
8	江门市南洋船舶工程有限公司船体加工车间	广东省重工建筑设计院有限公司
9	龙岩学院体育馆	福建省华厦建筑设计院
10	阳泉煤业（集团）公司寺家庄矿井副立井井架	中煤邯郸设计工程有限责任公司
11	陕煤集团冯家塔矿业有限公司冯家塔煤矿主斜井井口房至原煤缓冲仓带式输送机栈桥	中煤国际工程集团北京华宇工程有限公司
12	哈密市第三幼儿园教学楼	哈密矿务局勘察设计院
13	山西潞安矿业（集团）有限责任公司司马矿井主立井井架	煤炭工业太原设计研究院
14	华美热电厂高温高压过热蒸汽供热管网工程（西北管线）设计	煤炭工业济南设计研究院有限公司
15	澄和矿区采煤沉陷区阳光住宅小区锅炉房	中煤西安设计工程有限责任公司
16	神华宁夏煤业集团有限责任公司枣泉煤矿 110 千伏变电站	中煤国际工程集团武汉设计研究院
17	平顶山天安煤业有限公司十一矿 110 千伏变电站	中煤国际工程集团武汉设计研究院
18	神华宁煤集团有限责任公司梅花井煤矿一号副斜井提升机房机械设备安装	中煤国际工程集团北京华宇工程有限公司
19	顾桥煤矿数字化工业电视系统	煤炭工业合肥设计研究院
20	柳塔矿地面 35 千伏变电所电气设备安装	中煤国际工程集团武汉设计研究院
21	平顶山天安煤业股份有限公司十一矿改扩建新主井提升机房机械设备安装工程	中煤国际工程集团武汉设计研究院
22	大庆石化公司炼油厂动力站燃油锅炉改烧水煤浆工程	中煤国际工程集团北京华宇工程有限公司
23	霍州煤矿矸石热电厂（一厂）技改工程热控系统	中煤国际工程集团北京华宇工程有限公司
24	枣庄八一水煤浆热电工程	煤炭工业济南设计研究院有限公司

优秀工程咨询成果奖

一、全国优秀工程咨询成果奖

由中国工程咨询协会组织、评选、公布，煤炭行业获得全国优秀工程咨询成果奖名单如下。

2008 年度获全国优秀工程咨询成果奖（14 项）

序号	项目名称	单位名称
一等奖（3 项）		
1	中国神华万利布尔台矿井及选煤厂可行性研究报告	中煤国际工程集团武汉设计研究院
2	平朔煤炭公司东露天煤矿可行性研究报告	中煤西安设计工程有限责任公司
3	国投新集口孜东矿井及选煤厂可行性研究报告	煤炭工业合肥设计研究院
二等奖（4 项）		
1	内蒙古准格尔矿区总体规划	中煤西安设计工程有限责任公司
2	内蒙古伊泰酸刺沟煤矿可行性研究报告	中煤邯郸设计工程有限责任公司
3	内蒙古鄂尔多斯呼吉尔特矿区总体规划	中煤国际工程集团北京华宇工程有限公司
4	山西省 2006—2020 年煤炭生产开发规划	煤炭工业太原设计研究院
三等奖（7 项）		
1	内蒙古蒙泰不连沟矿井及选煤厂可行性研究报告	中煤国际工程集团沈阳设计研究院
2	贵州省煤电化一体化基地规划	中煤国际工程集团南京设计研究院、东华工程科技有限公司
3	贵州省织金矿区总体规划	中煤国际工程集团南京设计研究院
4	陕煤集团冯家塔矿井可行性研究报告	中煤国际工程集团北京华宇工程有限公司
5	神华宝日希勒露天煤矿改扩建可行性研究报告	内蒙古自治区煤矿设计研究院
6	内蒙古益蒙黑城子矿井可行性研究报告	煤炭工业济南设计研究院有限公司
7	鄂尔多斯市赛蒙特矿井可行性研究报告	大地工程开发有限公司

2009 年度获全国优秀工程咨询成果奖（10 项）

序号	项目名称	单位名称	主要完成人
一等奖（2 项）			
1	陕西红柳林矿井可行性研究报告	中煤国际工程集团北京华宇工程有限公司	孙康平 陈建华 戴 华 梁生芳 冯 强 王宏峰 李 平 宋春兰 李玉瑾 张钊平
2	山西柴沟矿井可行性研究报告	中煤邯郸设计工程有限责任公司	赵银砖 郑 海 冯冠学 赵书忠 顾建军 张万涛 吴继宗 周保飞 李大海 陈晓冰

（续）

序号	项目名称	单位名称	主要完成人
		二等奖（3项）	
1	河南焦作赵固二矿可行性研究报告	中煤国际工程集团武汉设计研究院	王永忠 张建平 刘剑锋 贾成刚 郭 栓 禹玉武 张丽彬
2	贵阳市煤炭工业“十一五”规划及2020年展望	贵州省煤矿设计研究院	肖 铸 潘昌荣 罗康成 杨正东 陆 健 杨永祥 刘小柯
3	鲁能宝清朝阳露天煤矿可行性研究报告	中煤国际工程集团沈阳设计研究院	马培忠 高仁义 朱建新 张占彪 张 洪 郭洪涛 李晨曦
		三等奖（5项）	
1	内蒙古白音华三号露天煤矿可行性研究报告	内蒙古煤矿设计研究院有限责任公司	高 岩 岑运煜 梁玉杰 朱世联 吴栖华
2	陕西黄陵建北矿井及选煤厂可行性研究报告	中煤西安设计工程有限责任公司	赵 敏 孙书亮 邵小东 张化宁 刘凤娟
3	安徽潘四（东）矿井及选煤厂项目申请报告	煤炭工业合肥设计研究院	杨裕官 闫红新 王 勇 石 强 赵广清
4	内蒙古双欣杨家村矿井及选煤厂水土保持方案报告书	中煤国际工程集团北京华宇工程有限公司	王岁权 寇 许 麦方代 周 鹏 秦红正
5	山西大同矿区总体规划环境影响报告书	煤炭工业太原设计研究院	冯 蕊 赵 民 韩永亮 杨少华 马本秀

2010年度获全国优秀工程咨询成果奖（19项）

序号	项目名称	单位名称	主要完成人
		一等奖（3项）	
1	山西大同矿区总体规划	煤炭工业太原设计研究院	贺天才 耿建平 翟建忠 赵正军 任林怀 王玉锦 郭三宝 何 真 张兰庆 张 良
2	甘肃省窑街油页岩综合利用有限责任公司油页岩炼油工程可行性研究报告	大地工程开发（集团）有限公司、三江煤化工有限责任公司	陈子彤 尚文智 李恩强 尚文忠 王东宁 王茂义 张荣航 张水军 鲜丽岩 可雪杰
3	神华宁夏煤业集团有限责任公司红柳矿井及选煤厂项目申请报告	中煤西安设计工程有限责任公司	刘清宝 刘静丽 华召文 魏 洋 李伟峰 杨俊芳 路建涛 程吉宁 郑宏伟 史培宁
		二等奖（6项）	
1	山西省晋中离柳矿区总体规划	中煤国际工程集团南京设计研究院	林功旺 吴燕飞 李 臣 徐海鹏 顾志宝 何寿君 苏 俊
2	北方联合电力公司魏家峁露天煤矿可行性研究报告	内蒙古煤矿设计研究院有限责任公司	王永军 孟建华 张 琼 薛 军 李永红 赵永强 李雪峰

（续）

序号	项目名称	单位名称	主要完成人
3	新疆准东煤田大井矿区总体规划	新疆煤炭设计研究院有限责任公司、煤炭工业济南设计研究院有限公司	何国纬　王建军　张永喜　张荣营　郭建新　郭小平　朱　彧
4	内蒙古青春塔煤矿及选煤厂可行性研究报告	中煤国际工程集团北京华宇工程有限公司	华　斌　梁生芳　郑树柱　肖　敏　张钊平　金莉萍　李玉瑾
5	河南省平顶山矿区总体规划	中煤国际工程集团武汉设计研究院	周秀隆　辛德林　刘兴晖　于新胜　张忠文　张丽彬　王　斌
6	新疆准东煤田西黑山矿区总体规划	新疆煤炭设计研究院有限责任公司、煤炭工业济南设计研究院有限公司	王建军　张永喜　张荣营　郭建新　戴良发　杨庆铭　朱　彧
三等奖（10项）			
1	山西河保偏矿区王家岭煤矿可研报告	煤炭工业太原设计研究院	贺天才　耿建平　白锦胜　王立斌　张建生
2	内蒙古准格尔大饭铺煤矿整合改造可研报告	北京圆之翰煤炭工程设计有限公司	李明武　张建生　冷　峰　高富基　葛永明
3	内蒙古宝日希勒矿区总体规划	内蒙古煤矿设计研究院有限责任公司	苏利明　孟建华　薛　军　王永军　王铁柱
4	四川省筠连矿区总体规划	中煤国际工程集团重庆设计研究院	胡仕俸　周培江　蒲胜双　荆安勇　刘志刚
5	安徽国投新集一矿改（扩）建项目申请报告	煤炭工业合肥设计研究院	杨裕官　闫红新　陈吉华　冒海洋　王　勇
6	新疆天富大白杨矿井及选煤厂可研报告	中煤邯郸设计工程有限责任公司	牛保玉　李德春　王利欣　张　豪　任保利
7	大唐胜利东二号露天煤矿一期修改可行性研究报告	中煤国际工程集团沈阳设计研究院	马培忠　李汇致　高仁义　顾晓林　李铁东
8	中天合创葫芦素矿井及选煤厂环境影响报告书	中煤国际工程集团北京华宇工程有限公司	麦方代　王岁权　周　鹏　刘文荣　秦红正
9	神华宁夏煤业集团有限责任公司麦垛山煤矿新建工程环境影响报告书	中煤西安设计工程有限责任公司	郑修清　苗立永　何　山　韩奉平　王茂斋
10	山西锦兴肖家洼矿井及选煤厂环境影响报告书	煤炭工业太原设计研究院	马本秀　赵　民　宋玉香　李　原　杨少华

二、煤炭行业（部级）优秀工程咨询成果奖

由中国煤炭建设协会组织评选、发布，“十一五”期间评出的煤炭行业（部级）优秀工程咨询成果奖如下。

2006 年度煤炭行业（部级）优秀工程咨询成果奖（87 项）

序号	成果名称	申报单位	参加编制单位
		特等奖（14 项）	
1	国家大型煤炭基地总体规划研究	中煤国际工程设计研究总院	中国煤炭工业发展研究中心
2	晋中煤炭基地规划	中煤国际工程集团北京华宇工程有限公司	
3	晋东煤炭基地规划	中煤国际工程集团北京华宇工程有限公司	中煤国际工程集团沈阳设计研究院
4	陕北煤炭基地规划	中煤国际工程集团北京华宇工程有限公司	中煤西安设计工程有限责任公司
5	宁东煤炭基地规划	中煤国际工程集团北京华宇工程有限公司	
6	黄陇（华亭）煤炭基地规划	中煤国际工程集团北京华宇工程有限公司	
7	蒙东（华北）煤炭基地规划	中煤国际工程集团沈阳设计研究院	
8	两淮煤炭基地规划	中煤国际工程集团南京设计研究院	
9	云贵煤炭基地规划	中煤国际工程集团南京设计研究院	中煤国际工程集团重庆设计研究院
10	河南煤炭基地规划	中煤国际工程集团武汉设计研究院	
11	神东煤炭基地规划	中煤西安设计工程有限责任公司	中煤国际工程集团沈阳设计研究院
12	冀中煤炭基地规划	中煤邯郸设计工程有限责任公司	
13	鲁西煤炭基地规划	煤炭工业济南设计研究院	中煤国际工程集团南京设计研究院
14	晋北煤炭基地规划	煤炭工业太原设计研究院	

序号	成果名称	申报单位
	一等奖（22 项）	
1	内蒙古扎哈淖尔露天矿改扩建工程可行性研究	中煤国际工程集团沈阳设计研究院
2	安徽新集矿区总体规划	煤炭工业合肥设计研究院
3	山西大同同忻矿井可行性研究	中煤国际工程集团沈阳设计研究院
4	陕西府谷矿区总体规划	中煤西安设计工程有限责任公司
5	山西王家岭煤矿建设可行性研究	中煤西安设计工程有限责任公司

（续）

序号	成果名称	申报单位
6	宁夏枣泉矿井可行性研究	中煤国家工程集团武汉设计研究院
7	内蒙古胜利一号露天矿可行性研究	中煤国际工程集团沈阳设计研究院
8	陕西大佛寺矿井及选煤厂一期工程可行性研究	中煤西安设计工程有限责任公司
9	山西潞安司马矿井可行性研究	煤炭工业太原设计研究院
10	山西大同同忻矿井选煤厂可行性研究	中煤国际工程集团沈阳设计研究院
11	安徽潘谢矿区总体开发规划	煤炭工业合肥设计研究院
12	山东赵楼矿井及选煤厂项目申请报告	煤炭工业济南设计研究院
13	黑龙江龙煤矿业集团2006—2020年产业发展规划	中煤国际工程设计研究总院
14	山西平朔安家岭一号井选煤厂可行性研究	中煤国际工程集团北京华宇工程有限公司
15	广东南海水煤浆工程可行性研究	中煤国际工程集团南京设计研究院
16	沈阳石蜡化工厂热电分厂改烧水煤浆工程可行性研究	中煤国际工程集团北京华宇工程有限公司
17	重庆小安溪流域水污染整治规划	中煤国际工程集团重庆设计研究院
18	陕西红柳林矿井环境影响评价	中煤国际工程集团北京华宇工程有限公司
19	内蒙古扎哈淖尔露天矿改扩建工程环境影响评价	中煤国际工程集团沈阳设计研究院
20	重庆市少年宫科技楼工程可行性研究	中煤国际工程集团重庆设计研究院
21	安徽省天然气（煤层气）“十一五”规划	煤炭工业合肥设计研究院
22	阜新圣诺化工厂技改整体搬迁工程可行性研究	中煤国际工程集团沈阳设计研究院
	二等奖（25项）	
1	黑龙江宝清朝阳矿区总体规划	中煤国际工程集团沈阳设计研究院
2	内蒙古伊敏河东区矿区总体规划	中煤国际工程集团沈阳设计研究院
3	辽宁铁法矿区总体规划	中煤国际工程集团沈阳设计研究院
4	山西霍州方山矿井综合开发可行性研究	中煤国际工程集团北京华宇工程有限公司
5	内蒙古平庄老公营子煤矿可行性研究	内蒙古煤矿设计研究院
6	贵州黔西磨盘山矿井初步可行性研究	中煤国家工程集团南京设计研究院
7	黑龙江鹤岗鸟山矿井可行性研究	中煤国际工程集团沈阳设计研究院
8	辽宁铁法长城窝堡矿井可行性研究	中煤国际工程集团沈阳设计研究院
9	中国华能集团五牧场煤矿及选煤厂可行性研究	中煤国际工程集团沈阳设计研究院
10	山西潞安司马矿井选煤厂可行性研究	煤炭工业太原设计研究院
11	广东茂名节能水煤浆技术技改工程可行性研究	中煤国际工程集团北京华宇工程有限公司
12	宁夏太西选煤厂可行性研究	中煤国际工程集团北京华宇工程有限公司
13	山西潞安资源综合利用电厂初步可行性研究	中煤国际工程集团北京华宇工程有限公司
14	山东淄博鲁中水泥厂热电厂可行性研究	中煤邯郸设计工程有限责任公司
15	云南滇东煤电二期工程煤矿部分水土保持方案	中煤国际工程集团重庆设计研究院

（续）

序号	成果名称	申报单位
16	山西大同同忻建设项目新建工程环境影响评价	煤炭工业太原设计研究院
17	陕西柠条塔矿井水土保持方案	中煤国际工程集团北京华宇工程有限公司
18	内蒙古扎哈淖尔露天矿改扩建工程水土保持方案	中煤国际工程集团沈阳设计研究院
19	重庆市洪崖洞沧白路侧陡崖段基础方案可行性评估	中煤国际工程集团重庆设计研究院
20	湖南郴州国有重点煤矿采煤沉陷区综合治理方案	湖南第一工业设计研究院
21	湖南湘西自治州花垣商贸大厦方案设计	湖南第一工业设计研究院
22	神华准格尔现场混装炸药车间改扩建可行性研究	中煤国际工程集团沈阳设计研究院
23	山西山阴金龙输煤公司带式输送机输煤可行性研究	中煤国际工程集团沈阳设计研究院
24	安徽淮南瓦斯利用项目申请报告	煤炭工业合肥设计研究院
25	重庆市国家税务局办公、培训用房工程结算评审	中煤国际工程集团重庆设计研究院
	三等奖（26项）	
1	内蒙古锡林郭勒盟白音华矿区总体规划	内蒙古煤矿设计研究院
2	山西汾西新阳矿井及选煤厂可行性研究	中煤国际工程集团重庆设计研究院
3	山西阳城侯甲煤矿可行性研究	太原明仕达煤炭设计公司
4	河南皋店矿井可行性研究	煤炭工业郑州设计研究院
5	四川华蓥山李子垭南井扩建可行性研究	四川省煤炭设计研究院
6	内蒙古锡林郭勒盟多伦煤矿改扩建可行性研究	天地科技股份有限公司
7	安徽刘店矿井及选煤厂可行性研究	煤炭工业合肥设计研究院
8	山西新元选煤厂主洗车间技改工程可行性研究	煤炭工业太原设计研究院
9	神华乌达煤矸石发电机组工程可行性研究	中煤国际工程集团北京华宇工程有限公司
10	山西长治明辰资源利用发电工程可行性研究	煤炭工业太原设计研究院
11	甘肃酒钢集团热电厂供热技改工程可行性研究	中煤邯郸设计工程有限责任公司
12	贵州金沙林华矿井环境影响评价	中煤国际工程集团重庆设计研究院
13	山西天地王坡煤矿及选煤厂扩建工程环境影响评价	煤炭工业太原设计研究院
14	宁夏枣泉矿井环境影响评价	中煤西安设计工程有限责任公司
15	辽宁铁法长城窝堡矿井环境影响评价	中煤国际工程集团北京华宇工程有限公司
16	辽宁红阳三矿改扩建工程环境影响评价	中煤国际工程集团沈阳设计研究院
17	辽宁铁法长城窝堡矿井水土保持方案	中煤国际工程集团沈阳设计研究院
18	陕西新建矿井建设工程水土保持方案	中煤西安设计工程有责任公司
19	江西抚州市城区管道天然气工程项目申请报告	中煤国际工程集团重庆设计研究院
20	河南车联机厂技改工程可行性研究	中煤国际工程集团南京设计研究院
21	江西丰城矿区采煤沉陷区综合治理方案	江西省煤矿设计研究院
22	新疆哈密矿区采煤沉陷区综合治理方案	新疆煤炭设计研究院有限责任公司

（续）

序号	成果名称	申报单位
23	宁夏石嘴山矿区采煤沉陷区综合治理方案	宁夏煤矿设计院
24	陕西铜川矿区采煤沉陷区综合治理	中煤国际工程集团沈阳设计研究院
25	黑龙江七台河矿区采煤沉陷区综合治理方案	中煤国际工程集团沈阳设计研究院
26	内蒙古霍林河火药库可行性研究	中煤国际工程集团沈阳设计研究院

2007年度煤炭行业（部级）优秀工程咨询成果奖（73项）

序号	成果名称	申报单位
一等奖（23项）		
1	安徽潘谢矿区资源综合开发利用方案	煤炭工业合肥设计研究院
2	安徽淮南丁集矿井及选煤厂可行性研究报告	煤炭工业济南设计研究院有限公司
3	陕西神府矿区南区总体规划	中煤国际工程集团北京华宇工程有限公司
4	内蒙古白音华四号露天矿可行性研究报告	内蒙古自治区煤矿设计研究院
5	神华黄玉川煤矿及选煤厂可行性研究报告	中煤国际工程集团北京华宇工程有限公司
6	重庆松藻矿区总体规划	中煤国家工程集团重庆设计研究院
7	内蒙古扎赉诺尔矿区总体规划	中煤国际工程集团沈阳设计研究院
8	山西阳泉市家庄矿井可行性研究报告	中煤邯郸设计工程有限责任公司
9	河南新郑赵家寨矿井可行性研究报告	中煤国际工程集团武汉设计研究院
10	山西平朔三号井工矿可行性研究报告	中煤西安设计工程有限责任公司
11	安徽淮北杨柳矿井及选煤厂可行性研究报告	中煤国际工程集团南京设计研究院
12	内蒙古扎赉诺尔灵东矿井可行性研究报告	中煤国际工程集团沈阳设计研究院
13	重庆市涪陵区2004—2020年环境保护规划	中煤国际工程集团重庆设计研究院
14	山西平朔东露天矿（含选煤厂及铁路）环境影响报告	中煤国际工程集团北京华宇工程有限公司
15	安徽淮北矿区资源综合开发利用方案	煤炭工业合肥设计研究院
16	山西霍州三交河选煤厂可行性研究报告	中煤国际工程集团北京华宇工程有限公司
17	山西华晋沙曲矿瓦斯发电站可行性研究报告	中煤邯郸设计工程有限责任公司
18	山西潞安李村矿（含选煤厂及铁路）环境影响报告	中煤国际工程集团北京华宇工程有限公司
19	内蒙古胜利东二号露天矿（含铁路）环境影响报告	中煤国际工程集团沈阳设计研究院
20	陕西神木孙家岔矿及选煤厂二期工程环境影响报告	中煤西安设计工程有限责任公司
21	山西潞安屯留矿（含选煤厂及铁路）水土保持方案	中煤国际工程集团北京华宇工程有限公司
22	安徽省城市燃气管网改造规划	煤炭工业合肥设计研究院
23	南京地铁一号线全过程投资控制	中煤国际工程集团南京设计研究院
二等奖（25项）		
1	鹤岗矿区煤炭资源综合开发利用方案	煤炭科学研究总院

(续)

序号	成 果 名 称	申 报 单 位
2	新疆伊犁伊宁矿区总体规划	中煤国际工程集团北京华宇工程有限公司
3	内蒙古伊敏河西区修改总体规划	中煤国际工程集团沈阳设计研究院
4	河南省煤炭工业中长期发展规划	中煤国际工程集团武汉设计研究院
5	神华万利矿产业升级改造可行性研究报告	中煤国际工程集团武汉设计研究院
6	内蒙古鄂尔多斯万利矿区总体规划	中煤西安设计工程有限责任公司
7	内蒙古北联吴四圪堵矿井可行性研究报告	煤炭工业济南设计研究院有限公司
8	河南义马新义煤矿予可行性研究报告	煤炭工业郑州设计研究院
9	河南洛阳正村煤矿可行性研究报告	煤炭工业郑州设计研究院
10	甘肃华亭新窑矿井改扩建工程可行性研究报告	兰州煤矿设计研究院
11	宁夏王洼矿区总体规划	宁夏煤矿设计研究院
12	宁夏2004年国有重点煤矿安全改造项目实施方案	宁夏煤矿设计研究院
13	宁夏煤田火灾治理规划	宁夏煤矿设计研究院
14	陕西陕北韩家湾煤矿技改工程可行性研究报告	陕西华雁工程设计咨询有限责任公司
15	甘肃红纱岗一号井选煤厂可行性研究报告	兰州煤矿设计研究院
16	山西成庄瓦斯发电技改工程可行性研究报告	煤炭工业太原设计研究院
17	内蒙古伊敏煤电三期改扩建工程环境影响报告	中煤国际工程集团沈阳设计研究院
18	四川筠连武乐煤矿环境影响报告	中煤国际工程集团重庆设计研究院
19	山西西山斜沟矿井及选煤厂环境影响报告	煤炭工业太原设计研究院
20	山西晋神沙坪矿井及选煤厂水土保持方案	煤炭工业太原设计研究院
21	山西大同塔山工业园区水土保持方案	中煤国际工程集团北京华宇工程有限公司
22	内蒙古不连沟煤矿及选煤厂水土保持方案	中煤国际工程集团沈阳设计研究院
23	四川筠连船景煤矿水土保持方案	中煤国际工程集团重庆设计研究院
24	拟建科技情报所与石黄隧道相互影响安全性评估报告	中煤国际工程集团重庆设计研究院
25	江西工业工程技术学院新校园可行性研究报告	江西省煤矿设计院
	三等奖（25项）	
1	江苏徐州李堂矿井可行性研究报告	煤炭工业济南设计研究院有限公司
2	山东泰安石膏矿可行性研究报告	江苏省第一工业设计院有限责任公司
3	安徽宿县龙王庙矿井项目申请报告	江苏省第一工业设计院有限责任公司
4	内蒙古准格尔煤矿规划区采矿权设置方案	内蒙古自治区煤矿设计研究院
5	内蒙古东胜煤炭规划区采矿权设置方案	内蒙古自治区煤矿设计研究院
6	山东枣庄滨湖矿井可行性研究报告	枣庄矿业集团信诚设计研究院有限责任公司
7	安徽淮北海孜煤矿技改工程可行性研究报告	淮北工业建筑设计院
8	安徽淮北朱仙庄煤矿技改工程项目建议书	淮北工业建筑设计院

（续）

序号	成 果 名 称	申 报 单 位
9	山西阳泉寺家庄矿井选煤厂可行性研究报告	中煤邯郸设计工程有限责任公司
10	河南神火泉店矿井选煤厂可行性研究报告	中煤国际工程集团北京华宇工程有限公司
11	神华煤液化工程煤源基地项目可行性研究报告	中煤国际工程集团北京华宇工程有限公司
12	湖南鲤鱼江电厂低热值煤源可行性研究报告	湖南第一工业设计研究院
13	山西汾西柳湾煤矿矿井水回收利用工艺设计方案	中煤国际工程集团武汉设计研究院
14	焦作方庄一号井升级改造项目环境影响报告	中煤西安设计工程有限责任公司
15	洛阳鱼池岭钼矿及选矿厂工程环境影响报告	中煤邯郸设计工程有限责任公司
16	河南义马新义煤矿新建项目环境影响报告	煤炭工业郑州设计研究院
17	河南登封金岭煤矿技改项目环境影响报告	煤炭工业郑州设计研究院
18	山西兰花玉溪煤矿新建工程环境影响报告	煤炭工业太原设计研究院
19	山西铺龙湾煤矿改扩建工程环境影响报告	煤炭工业太原设计研究院
20	河南焦作新河矿井及选煤厂环境影响报告	煤炭工业太原设计研究院
21	山东枣庄柴里矿污水深度处理工程可行性研究	中煤国际工程集团南京设计研究院
22	重庆农药化工集团搬迁项目水土保持方案	中煤国际工程集团重庆设计研究院
23	焦作方庄一号井升级改造项目水土保持方案	中煤西安设计工程有限责任公司
24	辽宁铁法矿区采煤沉陷区情况报告	中煤国际工程集团沈阳设计研究院
25	湖南商学院北津学院学生食堂方案设计	湖南第一工业设计研究院

2008 年度煤炭行业（部级）优秀工程咨询成果奖（113 项）

序号	成 果 名 称	申 报 单 位
	一等奖（31 项）	
1	中国神华万利煤炭分公司布尔台矿井及选煤厂可行性研究报告	中煤国际工程集团武汉设计研究院
2	平朔煤炭工业公司东露天煤矿可行性研究报告	中煤西安设计工程有限责任公司
3	内蒙古鄂尔多斯准格尔矿区总体规划（第四版）	中煤西安设计工程有限责任公司
4	国投新集能源股份有限责任公司口孜东矿井及选煤厂可行性研究报告	煤炭工业合肥设计研究院
5	内蒙古伊泰煤炭股份有限公司酸刺沟煤矿可行性研究报告	中煤邯郸设计工程有限责任公司
6	内蒙古鄂尔多斯呼吉尔特矿区总体规划	中煤国际工程集团北京华宇工程有限公司
7	山西省 2006—2020 年煤炭生产开发规划	煤炭工业太原设计研究院
8	内蒙古蒙泰煤业有限公司不连沟矿井及选煤厂可行性研究报告	中煤国际工程集团沈阳设计研究院

（续）

序号	成果名称	申报单位
9	贵州省煤电一体化基地规划	中煤国际工程集团南京设计研究院
10	陕煤集团冯家塔矿业公司冯家塔矿井可行性研究报告	中煤国际工程集团北京华宇工程有限公司
11	贵州省织金矿区总体规划	中煤国际工程集团南京设计研究院
12	神华宝日希勒能源有限公司露天煤矿改扩建可行性研究报告	内蒙古自治区煤矿设计研究院
13	甘肃华煤集团有限责任公司大柳煤矿及选煤厂可行性研究报告	中煤国际工程集团北京华宇工程有限公司
14	内蒙古益蒙矿业有限公司黑城子矿井可行性研究报告	煤炭工业济南设计研究院有限公司
15	山西国投云峰能源有限责任公司塔山煤矿综合开发项目矿井改扩建可行性研究报告	中煤国际工程集团北京华宇工程有限公司
16	鄂尔多斯市赛蒙特尔农业综合开发有限责任公司赛蒙特尔矿井可行性研究报告	大地工程开发有限公司
17	中国神华万利煤炭公司柳塔矿产业升级改造可行性研究报告	中煤国际工程集团武汉设计研究院
18	华油实业公司10万吨水焦浆工程可行性研究报告	中煤国际工程集团北京华宇工程有限公司
19	山西省晋东大型煤炭基地阳泉矿区总体规划环境影响报告	中煤国际工程集团北京华宇工程有限公司
20	内蒙古自治区鄂尔多斯市准格尔矿区总体规划环境影响报告书	中煤国际工程集团沈阳设计研究院
21	平朔煤炭工业公司东露天煤矿项目可行性研究报告（选煤厂）	中煤西安设计工程有限责任公司
22	平朔煤炭公司选煤厂扩能改造工程方案论证报告及可行性研究报告	大地工程开发有限公司
23	神华新疆能源有限责任公司乌东煤矿选煤厂可行性研究报告	中煤国际工程集团北京华宇工程有限公司
24	新汶矿业集团（伊犁）能源开发有限责任公司伊犁一号矿井环境影响报告书	中煤国际工程集团北京华宇工程有限公司
25	淮北矿区临涣工业园矿井水综合利用项目可行性研究报告	煤炭工业合肥设计研究院
26	大同煤矿集团有限责任公司东周窑矿井及选煤厂1000万吨/年新建工程环境影响报告书	煤炭工业太原设计研究院
27	重庆万里控股（集团）股份有限公司整体搬迁工程环境影响报告书	中煤国际工程集团重庆设计研究院
28	内蒙古青青塔矿井及选煤厂（含铁路专用线）土地复垦方案报告书	中煤国际工程集团北京华宇工程有限公司
29	陕北能源化工基地府谷煤电化载能工业区总体规划	中煤西安设计工程有限责任公司
30	淮南矿业（集团）有限责任公司瓦斯利用项目潘一矿热电冷联供工程（一期）项目申请报告	煤炭工业合肥设计研究院

（续）

序号	成果名称	申报单位
31	山西金驹煤电股份有限公司煤矸石电厂瓦斯发电技术改造工程可行性研究报告	煤炭工业太原设计研究院
	二等奖（42项）	
1	华能伊敏煤电有限责任公司煤电三期扩建工程（煤矿部分）可行性研究报告	中煤国际工程集团沈阳设计研究院
2	陕煤集团柠条塔矿井可行性研究报告	中煤国际工程集团北京华宇工程有限公司
3	国投晋城能源有限公司里必矿井可行性研究报告	中煤国际工程集团北京华宇工程有限公司
4	宁夏煤业集团有限责任公司梅花井煤矿可行性研究报告	中煤国际工程集团北京华宇工程有限公司
5	山西兰花科创玉溪煤矿有限责任公司玉溪煤矿可行性研究报告	中煤国际工程集团北京华宇工程有限公司
6	陕煤集团神木张家峁矿业有限责任公司张家峁矿井可行性研究报告	中煤国际工程集团北京华宇工程有限公司
7	贵州省盘江矿区煤炭资源综合开发利用总体规划	中煤国际工程集团南京设计研究院
8	贵州省水城矿区煤炭资源综合开发利用总体规划	中煤国际工程集团南京设计研究院
9	贵州省普兴矿区总体规划	中煤国际工程集团南京设计研究院
10	山西省晋北煤炭基地河保偏矿区总体规划	中煤国际工程集团南京设计研究院
11	鄂尔多斯市昊华精煤有限责任公司高家梁矿井可行性研究报告	中煤西安设计工程有限责任公司
12	神华宁夏煤业集团有限责任公司任家庄煤矿可行性研究报告	中煤国际工程集团武汉设计研究院
13	内蒙古鄂尔多斯神东矿区东胜区总体规划（第三版）	中煤西安设计工程有限责任公司
14	榆林矿业集团有限公司企业发展战略与产业发展规划	煤炭工业规划设计研究院
15	内蒙古鄂托克旗建元煤焦化有限责任公司建元一矿可行性研究报告	内蒙古自治区煤矿设计研究院
16	内蒙古自治区吉林郭勒矿区总体规划	内蒙古自治区煤矿设计研究院
17	安徽省皖北煤电集团有限责任公司钱营孜矿井及选煤厂项目申请报告	煤炭工业合肥设计研究院
18	太原煤气化龙泉发展有限责任公司龙泉矿井可行性研究报告	煤炭工业太原设计研究院
19	新疆焦煤集团1930平硐改扩建工程可行性研究报告	新疆煤炭设计研究院有限责任公司
20	江西省丰城矿务局上塘镇总体规划（2006—2020）	江西省煤矿设计院
21	上海大屯能源股份有限公司姚桥矿选煤厂可行性研究报告	中煤国际工程集团北京华宇工程有限公司
22	神华乌海煤焦化公司骆驼山矿井选煤厂可行性研究报告	中煤国际工程集团北京华宇工程有限公司
23	内蒙古伊泰煤炭有限公司酸刺沟选煤厂可行性研究报告	中煤西安设计工程有限责任公司
24	内蒙古银宏能源开发有限公司泊江海子煤矿（含选煤厂、铁路专用线）环境影响报告书	中煤国际工程集团北京华宇工程有限公司

（续）

序号	成果名称	申报单位
25	鄂尔多斯市国源矿业开发有限责任公司龙王矿井及选煤厂水土保持方案报告书	中煤国际工程集团北京华宇工程有限公司
26	平朔煤炭工业公司安太堡矿不采区沉陷与边坡稳定监测及预报研究报告	中煤国际工程集团武汉设计研究院
27	平顶山煤业（集团）有限责任公司河南平禹煤电有限责任公司九矿新建1.2兆吨/年煤炭开采项目环境影响报告书	中煤国际工程集团武汉设计研究院
28	河南省焦作煤业（集团）有限责任公司赵固二矿综合开发矿井部分环境影响报告书	中煤邯郸设计工程有限责任公司
29	陕渝输气管线西彭—九宫庙段改造工程水土保持方案报告书	中煤国际工程集团重庆设计研究院
30	内蒙古蒙泰煤电集团有限公司不连沟矿井及配套选煤厂新建工程环境影响报告书	中煤国际工程集团沈阳设计研究院
31	山西省长治经坊煤业有限公司综合机械化采煤升级改造工程	煤炭工业太原设计研究院
32	山西华鹿阳坡泉煤矿有限责任公司矿井30～120万吨/年改扩建工程环境影响报告书	煤炭工业太原设计研究院
33	阳泉煤业（集团）有限责任公司煤矸石山综合治理工程可行性研究报告	煤炭工业太原设计研究院
34	山西省阳泉市南庄煤炭集团有限责任公司西上庄煤电一体化新建项目（矿井及选煤厂部分）环境影响报告书	中煤西安设计工程有限责任公司
35	重庆市利用松藻矿区煤层气发展城市气化项目预可行性研究报告	中煤国际工程集团重庆设计研究院
36	安徽省天然气（川气东送）管网建设规划（2008—2020）	煤炭工业合肥设计研究院
37	大通煤矿地质环境治理一期工程项目可行性研究	煤炭工业合肥设计研究院
38	平顶山煤业集团有限责任公司矿区铁路安全投入评估报告	中煤国际工程集团武汉设计研究院
39	山东兖矿集团有限公司安全生产信息化技术改造项目可行性研究报告	中煤邯郸设计工程有限责任公司
40	神华煤制油公司油灰渣综合利用自备电站工程场地稳定性（采煤采动和巷道稳定）专项评估报告	中煤西安设计工程有限责任公司
41	咸阳市城市生活垃圾焚烧发电综合处理厂项目核准申请报告	中煤西安设计工程有限责任公司
42	横门发电厂2×420吨/小时油气混烧锅炉改烧水煤浆工程可行性研究报告	中煤国际工程集团北京华宇工程有限公司
	三等奖（40项）	
1	平煤集团天安公司十一矿改扩建可行性研究报告	中煤国际工程集团武汉设计研究院
2	神华蒙西煤化股份有限公司棋盘井煤矿可行性研究报告	中煤国际工程集团武汉设计研究院

（续）

序号	成 果 名 称	申 报 单 位
3	四川省筠连煤炭国家规划矿区矿业权设置方案	中煤国际工程集团重庆设计研究院
4	四川省古叙煤炭国家规划矿区矿业权设置方案	中煤国际工程集团重庆设计研究院
5	云南滇东雨汪能源有限公司煤气层与煤矸石综合利用方案	煤炭工业规划设计研究院
6	鹤岗矿业集团有限责任公司益新煤矿矿产资源开发利用方案	煤炭工业规划设计研究院
7	河南郑州煤炭工业（集团）有限公司 CMM 煤层气利用项目可行性研究报告	煤炭工业郑州设计研究院
8	义马煤业（集团）有限责任公司孟津矿井可行性研究报告（修改版 2）	煤炭工业郑州设计研究院
9	内蒙古锡林郭勒白音华煤电有限责任公司露天矿（白音华二号露天矿）可行性研究报告	内蒙古自治区煤矿设计研究院
10	青海木里煤业有限公司聚乎更露天矿可行性研究报告	内蒙古自治区煤矿设计研究院
11	内蒙古阿鲁科尔沁旗绍根煤田爱民温都矿井可行性研究报告	大地工程开发有限公司
12	山西霍尔辛赫煤业有限责任公司霍尔辛赫矿井可行性研究报告	煤炭科学研究总院
13	张家界市分水岭煤矿仗古山矿井极薄煤层采煤工艺改造可行性研究报告	湖南第一工业设计研究院
14	贵州省国家规划区（盘县、水城、织纳、黔北矿区）矿业权设置方案	贵州省煤矿设计研究院
15	宁夏回族自治区红寺堡开发区线驮矿区总体规划	宁夏煤矿设计研究院
16	宁夏王洼煤矿技术改造可行性研究报告	宁夏煤矿设计研究院
17	神华新疆能源有限责任公司宽沟煤矿可行性研究报告	煤炭工业石家庄设计研究院
18	甘肃长城矿业有限公司长征煤矿技术改造建设项目安全评价报告	兰州煤矿设计研究院
19	山西省长治县经坊煤业有限公司综合机械化采煤升级改造可行性研究报告	山西省煤炭规划设计院
20	山西盂县常顺煤矿综合机械化采煤升级改造可行性研究报告（修改版）	太原市明仕达煤炭设计有限公司
21	山西省高平市南阳煤矿综合机械化采煤升级改造可行性研究报告（修改版）	太原市明仕达煤炭设计有限公司
22	平顶山天安煤业公司六矿动力煤选煤厂技改工程可行性研究报告	中煤国际工程集团北京华宇工程有限公司
23	义马煤业集团有限公司耿村矿选煤厂可行性研究报告	中煤国际工程集团北京华宇工程有限公司
24	甘肃华亭煤业集团砚北煤矿改扩建可行性研究报告	中煤西安设计工程有限责任公司

(续)

序号	成果名称	申报单位
25	内蒙古自治区大雁矿区总体规划环境影响报告书	环境保护部环境发展中心
26	山西省阳泉市南庄煤炭集团有限责任公司西上庄煤电一体化新建项目（矿井及选煤厂部分）水土保持方案	中煤西安设计工程有限责任公司
27	陕西中化益业能源有限公司榆横矿区波罗矿井环境影响报告书	中煤西安设计工程有限责任公司
28	山西柴沟煤矿资源整合工程环境研究报告书	中煤邯郸设计工程有限责任公司
29	永锦能源云盖山矿年产45万吨原煤技改项目环境影响报告书	煤炭工业郑州设计研究院有限公司
30	山西省新元煤炭有限公司矿井及选煤厂二期工程环境影响报告书	煤炭工业太原设计研究院
31	山西临县锦源煤矿有限公司锦源选煤厂工程环境影响报告书	煤炭工业太原设计研究院
32	山西潞安环保能源开发股份有限公司王庄煤矿+540米水平延伸工程环境影响报告书	煤炭工业太原设计研究院
33	新疆天富煤业有限公司塔西河煤矿建设项目环境影响报告书	新疆煤炭设计研究院有限责任公司
34	窑街煤电有限责任公司天祝三号井改扩建项目环境影响报告书	兰州煤矿设计研究院
35	顺临电缆隧道与地铁一号线相互影响安全性评价报告	中煤国际工程集团重庆设计研究院
36	神华蒙西煤化股份有限公司棋盘井煤矿铁路专用线可研报告	中煤国际工程集团武汉设计研究院
37	益阳市人民医院住院大楼建筑方案设计	湖南第一工业设计研究院
38	龙煤集团鹤岗分公司燃煤工业锅炉改造工程可行性研究报告	中煤邯郸设计工程有限责任公司
39	河北金牛能源股份有限公司矸石热电厂烟气脱硫改造工程可行性研究报告	中煤邯郸设计工程有限责任公司
40	湖南煤业集团有限公司洪山殿矿业公司低浓度瓦斯电站工程可行性研究报告	湖南第一工业设计研究院

2009年度煤炭行业优秀工程咨询成果奖（73项）

序号	成果名称	申报单位
	一等奖（23项）	
1	陕西红柳林矿井可行性研究报告	中煤国际工程集团北京华宇工程有限公司
2	山西柴沟矿井可行性研究报告	中煤邯郸设计工程有限责任公司
3	内蒙古宝日希勒矿区总体规划咨询评估报告	中国国际工程咨询公司
4	河南焦作赵固二矿可行性研究报告	中煤国际工程集团武汉设计研究院
5	贵阳市煤炭工业“十一五”规划及2020年展望	贵州省煤矿设计研究院

（续）

序号	成果名称	申报单位
6	鲁能宝清朝阳露天煤矿可行性研究报告	中煤国际工程集团沈阳设计研究院
7	内蒙古白音华三号露天煤矿可行性研究报告	内蒙古煤矿设计研究院有限责任公司
8	陕西黄陵建北矿井及选煤厂可行性研究报告	中煤西安设计工程有限责任公司
9	安徽潘四（东）矿井及选煤厂项目申请报告	煤炭工业合肥设计研究院
10	神华金烽唐公沟煤矿产业升级改造项目可行性研究报告	中煤国际工程集团武汉设计研究院
11	神华新疆涝坝湾煤矿可行性研究报告	新疆煤炭设计研究院有限责任公司、煤炭工业济南设计研究院有限公司
12	山东微山湖永胜矿井及选煤厂项目申请报告	煤炭工业济南设计研究院有限公司
13	内蒙古双欣杨家村矿井及选煤厂水土保持方案报告书	中煤国际工程集团北京华宇工程有限公司
14	山西大同矿区总体规划环境影响报告书	煤炭工业太原设计研究院
15	山西潞安矿区总体规划	中煤国际工程集团北京华宇工程有限公司
16	神华塔然高勒矿井可行性研究报告	中煤邯郸设计工程有限责任公司
17	山西乡宁矿区总体规划	中煤国际工程集团南京设计研究院
18	双鸭山东荣选煤厂可行性研究报告	中煤国际工程集团北京华宇工程有限公司
19	徐州三河尖选煤厂改扩建可行性研究报告	中煤邯郸设计工程有限责任公司
20	内蒙古铧尖露天煤矿环境影响报告书	中煤国际工程集团沈阳设计研究院
21	淮南潘三矿井及选煤厂环境影响后评价报告书	中煤国际工程集团北京华宇工程有限公司
22	山西晋兴岢岚至瓦塘铁路专用线地质灾害危险性评估报告	中煤西安设计工程有限责任公司
23	中煤平朔矿区安家岭煤矿项目后评价报告	中煤邯郸设计工程有限责任公司
	二等奖（24 项）	
1	内蒙古贺斯格乌拉煤田矿区总体规划	内蒙古煤矿设计研究院有限责任公司
2	平朔东坡煤矿改扩建可行性研究报告	中煤邯郸设计工程有限责任公司
3	神华万利寸草塔矿井产业升级改造可行性研究报告	中煤国际工程集团武汉设计研究院
4	神华宁夏石槽村煤矿可行性研究报告	中煤国际工程集团武汉设计研究院
5	和丰鲁能沙吉海矿井可行性研究报告	新疆煤炭设计研究院有限责任公司、煤炭工业济南设计研究院有限公司
6	新疆同泰沼和泉一号矿井可行性研究报告	新疆煤炭设计研究院有限责任公司
7	内蒙古湾图沟矿井及选煤厂可行性研究报告	中煤西安设计工程有限责任公司
8	大柳矿井立井井筒通过松软富含水层施工综合技术研究	中煤西安设计工程有限责任公司
9	山东新汶赵官矿井及选煤厂项目申请报告	煤炭工业济南设计研究院有限公司
10	神华新疆乌东煤矿可行性研究报告	中煤国际工程集团北京华宇工程有限公司
11	新奥王家塔矿井可行性研究报告	中煤国际工程集团北京华宇工程有限公司
12	神华宁夏红柳、麦垛山、石槽村煤矿项目核准评估报告	煤炭工业规划设计研究院

(续)

序号	成 果 名 称	申 报 单 位
13	江西赣西煤电储运公司选配煤中心可行性研究报告	中煤国际工程集团北京华宇工程有限公司
14	沈煤红阳三矿及选煤厂水土保持方案报告书	中煤国际工程集团沈阳设计研究院
15	重庆市轨道交通近期建设及线网规划环境影响报告书	中煤国际工程集团重庆设计研究院
16	山西黄柏矿井及选煤厂环境影响报告书	中煤西安设计工程有限责任公司
17	山西朔南矿区总体规划环境影响报告书	煤炭工业太原设计研究院
18	大同麻家梁矿井及选煤厂新建工程环境影响报告书	煤炭工业太原设计研究院
19	山西柳林县郭家沟煤矿新建工程环境影响报告书	煤炭工业太原设计研究院
20	陕西郭家河煤矿环境影响报告书	中煤国际工程集团北京华宇工程有限公司
21	内蒙古万利矿区总体规划环境影响报告书	中煤国际工程集团北京华宇工程有限公司
22	河南社旗县生物质能气化发电示范工程可行性研究报告	煤炭工业郑州设计研究院有限公司
23	中煤上海大屯电解铝及阳极碳素项目后评价报告	中煤邯郸设计工程有限责任公司
24	平煤七星至姚电公司皮带输煤通道可行性研究报告	中煤国际工程集团武汉设计研究院
	三等奖(26 项)	
1	内蒙古巴彦宝力格矿区总体规划	内蒙古煤矿设计研究院有限责任公司
2	《内蒙古锡林郭勒白音乌拉矿区总体规划》评估报告	煤炭工业规划设计研究院
3	新疆焦煤 2130 平硐扩建工程可行性研究报告	新疆煤炭设计研究院有限责任公司
4	新疆天业呼图壁县东沟煤矿可行性研究报告	新疆煤炭设计研究院有限责任公司
5	淮北金石天然焦开采项目可行性研究报告	淮北工业建筑设计院有限责任公司
6	山东王楼二号矿井及选煤厂项目申请报告	煤炭工业济南设计研究院有限公司
7	鄂尔多斯市新街煤炭物流配送中心可行性研究报告	中煤国际工程集团北京华宇工程有限公司
8	双鸭山市煤矸石综合利用规划	煤炭工业规划设计研究院
9	鄂尔多斯市煤矸石综合利用规划	中煤国际工程集团南京设计研究院
10	郑州丰祥煤矿新建项目环境影响报告书	煤炭工业郑州设计研究院有限公司
11	云南老厂矿区总体规划环境影响报告书	中煤国际工程集团重庆设计研究院
12	云南滇东雨汪煤矿环境影响报告书	中煤国际工程集团重庆设计研究院
13	河南焦作赵固二矿土地复垦方案报告书	中煤国际工程集团武汉设计研究院
14	神华新疆涝坝湾煤矿改扩建项目环境影响报告书	新疆煤炭设计研究院有限责任公司、中煤国际工程集团沈阳设计研究院
15	神华宁夏红柳矿井及选煤厂新建工程环境影响报告书	中煤西安设计工程有限责任公司
16	神华宁夏红柳矿井及选煤厂建设工程水土保持方案报告书	中煤西安设计工程有限责任公司
17	山西郑庄煤层气开发工程环境影响报告书	煤炭工业太原设计研究院
18	山西榆次修文工业基地区域环境影响报告书	煤炭工业太原设计研究院
19	甘肃大柳矿井及选煤厂土地复垦方案报告书	中煤国际工程集团北京华宇工程有限公司

（续）

序号	成果名称	申报单位
20	安徽铜陵市热电联产规划（2007—2020）	煤炭工业合肥设计研究院
21	山西兰花大宁煤层气综合利用项目可行性研究报告	中煤邯郸设计工程有限责任公司
22	山西和瑞煤层气发电工程可行性研究报告	中煤国际工程集团沈阳设计研究院
23	山西金牛寿阳煤机制造项目可行性研究报告	中煤邯郸设计工程有限责任公司
24	敦煌雅丹国家地质公园景区道路与管护基础设施建设项目可行性研究报告	兰州煤矿设计研究院
25	安徽利辛—（涡阳）—亳州输气管道工程项目申请报告	煤炭工业合肥设计研究院
26	双鸭山东荣工业园总体规划	中煤国际工程集团北京华宇工程有限公司

2010年度煤炭行业优秀工程咨询成果获奖（131项）

序号	成果名称	申报单位
	一等奖（39项）	
1	山西大同矿区总体规划	煤炭工业太原设计研究院
2	甘肃窑街油页岩炼油工程可研报告	大地工程开发（集团）有限公司
3	神华宁夏红柳矿井及选煤厂项目申请报告	中煤西安设计工程有限责任公司
4	山西晋中离柳矿区总体规划	中煤国际工程集团南京设计研究院
5	内蒙古北方电力魏家峁露天矿可研报告	内蒙古煤矿设计研究院
6	新疆准东煤田大井矿区总体规划	煤炭工业新疆设计研究院有限责任公司、煤炭工业济南设计研究院有限责任公司
7	内蒙古青春塔煤矿及选煤厂可研报告	中煤国际工程集团北京华宇工程有限公司
8	河南平顶山矿区总体规划	中煤国际工程集团武汉设计研究院
9	新疆准东煤田西黑山矿区总体规划	煤炭工业新疆设计研究院有限责任公司、煤炭工业济南设计研究院有限责任公司
10	山西河保偏矿区王家岭煤矿可研报告	煤炭工业太原设计研究院
11	内蒙古准格尔大饭铺煤矿整合改建可研报告	北京圆之翰煤炭工程设计有限公司
12	内蒙古宝日希勒矿区总体规划	内蒙古煤矿设计研究院
13	四川筠连矿区总体规划	中煤国际工程集团重庆设计研究院
14	内蒙古鄂尔多斯天隆淖尔壕煤矿可研报告	内蒙古煤矿设计研究院
15	安徽国投新集一号矿井改扩建项目申请报告	煤炭工业合肥设计研究院
16	新疆天富大白杨矿井及选煤厂可研报告	中煤邯郸设计工程有限责任公司
17	内蒙古大唐胜利东二号露天矿一期工程修改可研报告	中煤国际工程集团沈阳设计研究院
18	山西兰花玉溪煤矿选煤厂可研报告	中煤国际工程集团北京华宇工程有限公司

(续)

序号	成果名称	申报单位
19	山西离柳矿区总体规划环境影响报告	中煤国际工程集团南京设计研究院、煤炭工业太原设计研究院
20	内蒙古鄂尔多斯葫芦素矿井及选煤厂环境影响报告	中煤国际工程集团北京华宇工程有限公司
21	山西晋城矿区总体规划环境影响报告	中煤国际工程集团北京华宇工程有限公司
22	宁夏鸳鸯湖矿区麦垛山煤矿建设工程环境影响报告	中煤西安设计工程有限责任公司
23	新疆准东煤田帐篷沟露天矿一期工程环境影响报告	中煤国际工程集团沈阳设计研究院
24	山西锦兴肖家洼矿井及选煤厂环境影响报告	煤炭工业太原设计研究院
25	四川筠连矿区总体规划环境影响报告	中煤国际工程集团重庆设计研究院
26	内蒙古新街矿区总体规划环境影响报告	中煤国际工程集团南京设计研究院
27	神华宁煤矿井水综合利用工程总体方案设计	中煤国际工程集团武汉设计研究院
28	甘肃华能马福川矿井及选煤厂可研报告	中煤西安设计工程有限责任公司
29	陕西郭家河矿井可研报告	中煤国际工程集团武汉设计研究院
30	内蒙古北源高头窑矿井及选煤厂修改可研报告	中煤国际工程集团沈阳设计研究院
31	内蒙古国电玻璃沟矿井及选煤厂可研报告	大地工程开发有限公司
32	陕西榆林能源化工基地总体规划	中煤西安设计工程有限责任公司
33	神华乌海机电设备维修及租赁中心可研报告	中煤西安设计工程有限责任公司
34	陕西榆神香水河矿井及选煤厂地质环境保护与治理方案	中煤西安设计工程有限责任公司
35	甘肃华能庆阳办公生活基地规划	中煤国际工程集团武汉设计研究院
36	宁夏枣泉煤矿西翼综合信息自动化设计	中煤国际工程集团武汉设计研究院
37	安徽合肥市热电联产规划	煤炭工业合肥设计研究院
38	神华集团煤炭现代化工程建设标准专题研究	煤炭工业规划设计研究院
39	城市轨道交通工程预算定额	中煤国际工程集团南京设计研究院
	二等奖（44 项）	
1	内蒙古白音乌拉矿区总体规划	中煤西安设计工程有限责任公司
2	陕西榆林麻黄梁矿井及选煤厂可研报告	中煤西安设计工程有限责任公司
3	黑龙江双鸭山煤炭矿区（西区）修改总体规划	中煤国际工程集团沈阳设计研究院
4	内蒙古伊化母杜柴登矿井及选煤厂可研报告	中煤国际工程集团沈阳设计研究院
5	内蒙古平庄白音华一号露天矿修改可研报告	中煤国际工程集团沈阳设计研究院

（续）

序号	成果名称	申报单位
6	新疆准东煤田五彩湾矿区总体规划	煤炭工业新疆设计研究院有限责任公司、中煤国际工程集团沈阳设计研究院
7	新疆塔城铁喇矿区总体规划	煤炭工业新疆设计研究院有限责任公司
8	陕西鑫博源柳壕沟矿井可研报告	中煤国际工程集团北京华宇工程有限公司
9	新汶伊利伊犁一号矿井可研报告	中煤国际工程集团北京华宇工程有限公司
10	内蒙古锡林郭勒盟五间房矿区总体规划	中煤国际工程集团武汉设计研究院
11	山西锦兴肖家洼煤矿可研报告	中煤国际工程集团武汉设计研究院
12	内蒙古巴彦高勒矿井及选煤厂可研报告	中煤国际工程集团武汉设计研究院
13	贵州纳雍王家寨煤矿可研评估报告	煤炭工业规划设计研究院
14	山西太原梗阳麦地掌煤矿可研报告	煤炭工业济南设计研究院有限责任公司
15	内蒙古鄂尔多斯丁家渠煤矿整合改造可研报告	内蒙古煤矿设计研究院
16	河北沽源金牛榆树沟煤矿可研报告	煤炭工业石家庄设计研究院
17	中煤平朔木瓜界选煤厂改扩建工程可研报告	中煤国际工程集团北京华宇工程有限公司
18	内蒙古伊泰凯达选煤厂可研报告	中煤国际工程集团北京华宇工程有限公司
19	内蒙古伊泰准格尔召选煤厂可研报告	中煤国际工程集团北京华宇工程有限公司
20	山西国投塔山矿井选煤厂可研报告	中煤国际工程集团北京华宇工程有限公司
21	贵州桐梓松坎选煤厂可研报告	中煤国际工程集团重庆设计研究院
22	华能甘肃核桃峪矿井及选煤厂环境影响报告	中煤国际工程集团北京华宇工程有限公司
23	内蒙古巴彦宝力格矿区总体规划环境影响报告	中煤国际工程集团北京华宇工程有限公司
24	新疆准东五彩湾三号露天煤矿环境影响报告	煤炭工业新疆设计研究院有限责任公司
25	新疆吉木萨尔帐篷沟露天煤矿环境影响报告	煤炭工业新疆设计研究院有限责任公司
26	重庆市江津区城市总体规划环境影响报告	中煤国际工程集团重庆设计研究院
27	徐州俄霍布拉克煤矿改扩建工程水土保持方案	中煤国际工程集团沈阳设计研究院、煤炭工业新疆设计研究院有限责任公司
28	河南郑州矿区总体规划环境影响报告	中煤国际工程集团武汉设计研究院
29	山西大同燕子山矿井延深工程土地复垦方案	煤炭工业太原设计研究院
30	青海鱼卡矿井改扩建工程环境影响报告	煤炭工业太原设计研究院
31	山西太原小回沟矿井新建工程环境影响报告	煤炭工业太原设计研究院
32	安徽谢桥煤矿矿井水处理利用改造工程可研报告	煤炭工业合肥设计研究院
33	河南郑州集华山嵘昌黏土矿环境影响报告	煤炭工业郑州设计研究院有限责任公司

（续）

序号	成 果 名 称	申 报 单 位
34	陕西府谷新田煤矿地质灾害危险性评估报告	中煤西安设计工程有限责任公司
35	陕西黄陵二号矿井地质灾害危险性评估报告	中煤西安设计工程有限责任公司
36	山西朔州福煤花园可研报告	中煤西安设计工程有限责任公司
37	四川芙蓉矿区棚户区改造工程可研报告	中煤国际工程集团重庆设计研究院
38	重庆唐家沱至复盛公路二期工程可研报告	中煤国际工程集团重庆设计研究院
39	辽宁本钢郑家园冷轧厂地质灾害危险性评估报告	中煤国际工程集团沈阳设计研究院
40	四川理县木城沟温泉欢乐谷方案设计	湖南第一工业设计研究院
41	宁夏石嘴山三号井矿山地质环境保护与治理恢复方案	宁夏煤矿设计研究院
42	新疆库车大平滩煤矿场地规划选址论证报告	煤炭工业新疆设计研究院有限责任公司
43	山东丰源生物质发电工程项目申请报告	煤炭工业济南设计研究院有限责任公司
44	陕西兴龙自备电厂三期工程可研报告	煤炭工业太原设计研究院
	三等奖（48 项）	
1	河南平煤集团夏店矿井可研报告	中煤国际工程集团武汉设计研究院
2	河南平煤集团平禹九矿可研报告	中煤国际工程集团武汉设计研究院
3	贵州水城文家坝一、二矿项目选址可研报告	贵州省煤矿设计研究院
4	贵州格目底玉舍煤矿东井可研报告	贵州省煤矿设计研究院
5	河南焦作新河矿井项目申请报告	煤炭工业郑州设计研究院有限责任公司
6	河南安阳鑫龙主焦煤矿改扩建项目申请报告	煤炭工业郑州设计研究院有限责任公司
7	新疆准南白杨河矿区总体规划	煤炭工业新疆设计研究院有限责任公司、煤炭工业济南设计研究院有限责任公司
8	国华印尼穆印露天矿可研报告	中煤国际工程集团沈阳设计研究院
9	山西晋东武夏矿区总体规划	中煤国际工程集团北京华宇工程有限公司
10	河北开滦蔚州北阳庄矿井项目申请报告	煤炭工业石家庄设计研究院
11	陕西榆树矿区薛庙滩矿三下开采专题研究	中煤西安设计工程有限责任公司
12	宁夏英力特沙巴台三号井及深部资源整合技术改造可研报告	宁夏煤矿设计研究院
13	中电宁东能源化工循环经济区总体规划	宁夏煤矿设计研究院
14	宁夏王洼银铜沟煤矿技术改造项目建议书	宁夏煤矿设计研究院
15	山东龙祥矿井及选煤厂项目申请报告	煤炭工业济南设计研究院有限责任公司
16	山东义能矿井项目申请报告	煤炭工业济南设计研究院有限责任公司
17	内蒙古鄂尔多斯诚意煤矿整合改造项目可研报告	内蒙古煤矿设计研究院
18	内蒙古纳林庙一号煤矿整合改造项目可研报告	内蒙古煤矿设计研究院

(续)

序号	成果名称	申报单位
19	内蒙古鄂尔多斯大地精煤矿整合改造项目可研报告	内蒙古煤矿设计研究院
20	贵州官仓煤矿可研评估报告	煤炭工业规划设计研究院
21	贵州金龙矿区总体规划评估报告	煤炭工业规划设计研究院
22	中煤龙化选煤厂技改可研报告	中煤邯郸设计工程有限责任公司
23	神华哈尔乌素露天矿选煤厂扩能改造可研报告	中煤国际工程集团北京华宇工程有限公司
24	陕西彬县雅店矿井选煤厂可研报告	中煤国际工程集团北京华宇工程有限公司
25	陕西郭家河煤矿土地复垦方案	中煤国际工程集团北京华宇工程有限公司
26	新疆广汇120万吨甲醇/80万吨二甲醚项目水土保持方案	中煤国际工程集团北京华宇工程有限公司
27	河南平顶山长虹矿产业升级环境影响报告	中煤国际工程集团武汉设计研究院
28	辽源金宝屯煤矿水土保持方案	中煤国际工程集团沈阳设计研究院
29	青海鱼卡矿区总体规划环境影响报告	煤炭工业太原设计研究院
30	山西平遥热电厂2×200兆瓦机组工程环境影响报告	煤炭工业太原设计研究院
31	河南安阳大众煤业改扩建项目环境影响报告	煤炭工业郑州设计研究院有限责任公司
32	河南永煤顺和矿井原煤开采项目环境影响报告	煤炭工业郑州设计研究院有限责任公司
33	贵州兴仁菜子田煤矿工程环境影响报告	中煤国际工程集团南京设计研究院
34	江苏句容市仙人桥采矿工程环境影响报告	中煤国际工程集团南京设计研究院
35	河北唐山蔚州北阳庄矿井环境影响报告	中煤邯郸设计工程有限责任公司
36	新疆后峡巴波萨依煤矿水土保持方案	煤炭工业新疆设计研究院有限责任公司
37	河南煤业化工集团研发中心可研报告	煤炭工业郑州设计研究院有限责任公司
38	西安市城北集中供热热源厂一期工程可研报告	中煤西安设计工程有限责任公司
39	陕西榆神尚河矿井及选煤厂地质灾害危险性评估报告	中煤西安设计工程有限责任公司
40	河北金牛能源公司综合节能技改项目可研报告	中煤邯郸设计工程有限责任公司
41	安徽肥西—六安输气管道工程项目申请报告	煤炭工业合肥设计研究院
42	新疆焦煤艾维尔沟矿区棚户区改造工程可研报告	煤炭工业新疆设计研究院有限责任公司
43	新疆和田监狱整体搬迁可研报告	煤炭工业新疆设计研究院有限责任公司
44	宁夏宁鲁任家庄煤矿铁路专用线可研报告	中煤国际工程集团武汉设计研究院
45	神华金烽韩家村选煤厂供电系统升级改造可研报告	中煤国际工程集团武汉设计研究院
46	辽宁风城市宝山凯通硅石矿矿山地质环境保护与治理恢复方案	中煤国际工程集团沈阳设计研究院
47	大唐胜利东二号露天矿及附属设施工程地质灾害危险性评估报告	中煤国际工程集团沈阳设计研究院
48	湖南资兴市资源枯竭型城市经济转型规划	湖南第一工业设计研究院

工程质量监督

煤炭工业建设工程质量监督总站组织评选、公布，“十一五”期间获奖单位和个人名单如下。

一、2007—2008年度煤炭工业建设工程质量监督、检测先进单位和优秀个人表彰名单

（一）先进质监中心站、矿区站（36家）

煤炭工业山东建设工程质量监督中心站
煤炭工业河南建设工程质量监督中心站
煤炭工业新疆建设工程质量监督中心站
煤炭工业邯郸矿区建设工程质量监督站
煤炭工业邢台矿区建设工程质量监督站
煤炭工业内蒙古建设工程质量监督直属站
煤炭工业阳泉矿区建设工程质量监督站
煤炭工业汾西矿区建设工程质量监督站
煤炭工业晋城矿区建设工程质量监督站
煤炭工业西山矿区建设工程质量监督站
煤炭工业朔州地方煤矿建设工程质量监督站
煤炭工业长治地方煤矿建设工程质量监督站
煤炭工业太原地方煤矿建设工程质量监督站
煤炭工业铁法矿区建设工程质量监督站
煤炭工业辽源矿区建设工程质量监督站
煤炭工业鹤岗矿区建设工程质量监督站
煤炭工业鸡西矿区建设工程质量监督站
煤炭工业淮北矿区建设工程质量监督站
煤炭工业兖州矿区建设工程质量监督站
煤炭工业新汶矿区建设工程质量监督站
煤炭工业平顶山矿区建设工程质量监督站
煤炭工业丰城矿区建设工程质量监督站
煤炭工业乐平矿区建设工程质量监督站
煤炭工业贵州能发建设工程质量监督站
煤炭工业盘江矿区建设工程质量监督站
煤炭工业达竹矿区建设工程质量监督站
煤炭工业四川建设工程质量监督站
煤炭工业韩城矿区建设工程质量监督站
煤炭工业神府矿区建设工程质量监督站
煤炭工业灵武矿区建设工程质量监督站
煤炭工业窑街矿区建设工程质量监督站
煤炭工业神华准格尔矿区建设工程质量监督站
煤炭工业神华建设工程质量监督站
山西晋普山煤矿建设工程质量监督站
山西西峪煤矿建设工程质量监督站
山东省监狱煤矿建设工程质量监督站

（二）先进检测机构（8家）

煤炭工业开滦矿区建设工程质量检测中心
煤炭工业神华准格尔矿区建设工程质量检测中心
山西安信建设工程质量检测有限公司
煤炭工业阳泉矿区建设工程质量检测中心
煤炭工业汾西矿区建设工程质量检测中心
煤炭工业铁法矿区建设工程质量检测中心
徐州大屯技术服务有限公司
山东润鲁建筑材料检测技术服务有限公司

（三）优秀质监站站长（41人）

邯郸矿区站：张宝成
邢台矿区站：陈志奇
山西中心站：苏晓文
大同矿区站：徐秀忠
西山矿区站：王刚
阳泉矿区站：乔阳生
汾西矿区站：王连生
晋城矿区站：安明富
大同地方站：李宏军
朔州地方站：张玉
忻州地方站：刘建政
吕梁地方站：贺乐贤
阳泉地方站：张新午
长治地方站：苗建林
临汾地方站：杨峰
华晋焦煤站：李宝柱

太原地方站：张军
铁法矿区站：杨金明
鹤岗矿区站：武勃
淮北矿区站：周世刚
山东中心站：赵富
巨野矿区站：谭炳刚
兖矿矿区站：杜洪林
淄博矿区站：白国伟
枣庄矿区站：丁毅
郑州矿区站：艾胜利
焦作矿区站：胡义金
鹤壁矿区站：张太平
丰城矿区站：吴泉水
乐平矿区站：胡清
新余矿业站：王卫球
六枝矿区站：陈廷进
甘肃中心站：赵怀东
窑街矿区站：王鹏
准格尔矿区站：焦丕
神华站：张秉贤
陕西中心站：长孙学亭
铜川矿区站：杜关政
澄合矿区站：马纪民
彬长矿区站：邢丰收
灵武矿区站：刘大智

（四）优秀检测机构负责人（12 人）

大同检测中心：王平
西山检测中心：钟怀璋
阳泉检测中心：任慧明
汾西检测中心：吕海生
华晋焦煤检测中心：高志良
山西安信检测公司：薛建新
铁法检测中心：翟瑞华
徐州大屯技术公司：朱斌
山东润鲁检测公司：李凡飞
神东检测公司：王斗英
韩城检测中心：宋淑芬
灵武检测中心：李荣

（五）优秀质监人员（89 人）

邯郸矿区站：张江涛
邢台矿区站：邓泽滨
开滦矿区站：马玉玺
峰峰矿区站：董书泉
蔚县矿区站：曹连京
山西中心站：宁德政
大同矿区站：杨勇、彭建国、王俊宏
西山矿区站：刘学芳、秦占奇
阳泉矿区站：王小平、马海生
汾西矿区站：李德龙
潞安矿区站：田志生、冯朝旭
晋城矿区站：刘廷建、王晓军
朔州地方站：赵晋兵
忻州地方站：杜占良
晋中地方站：郭树林、郑伟
吕梁地方站：陈学文、高桂林
阳泉地方站：李海芹
长治地方站：刘树斌、史贵栋
华晋焦煤站：安平
霍州地方站：刘良骧
太原煤气化站：郑永年
内蒙古直属站：腾宇
平庄矿区站：韩慧文
大雁矿区站：李广忠
扎赉诺尔矿区站：张小坡
霍林河矿区站：曹建寅
铁法矿区站：于舰
辽源矿区站：井玉芹
黑龙江中心站：冯国林、李闯
鹤岗矿区站：刘柏河
鸡西矿区站：王艾
淮北矿区站：刘明清
新集矿区站：潘淮南
淮南矿区站：金昂
大屯矿区站：迟桂林、巩合英
山东中心站：杨新义
兖矿矿区站：于涛、孙守勇
新汶矿区站：刘瑞江、蔡黎明
淄博矿区站：韩天鹏
肥城矿区站：董岩
临沂矿区站：严维国
枣庄地方站：王健
河南中心站：苏永民
郑州矿区站：刘培刚
平顶山矿区站：黄建农、贾永先

永城矿区站：张壮志
焦作矿区站：曹小桃
鹤壁矿区站：王卫东
义马矿区站：李振江
丰城矿区站：肖卫平、陈晓东
乐平矿区站：刘平
六枝矿区站：雷文标
贵州能发站：田运成
水城矿区站：王祥团
甘肃中心站：李正亭
靖远矿区站：刘建新
四川质监站：何川
神华准格尔矿区站：坞二莽
神华站：李伟
神华乌海站：张家宁
新疆中心站：张福合
陕西中心站：苏全中
铜川矿区站：齐顺利
澄合矿区站：刘伟、常兴全
韩城矿区站：薛文瑄
黄陵矿区站：朱稳立
神府矿区站：冯荣
蒲白矿区站：樊杰
山西西峪煤矿站：杨海亭
内蒙古李家塔煤矿站：乔玉琢
山东武所屯煤矿站：申可可、王继玉
山西固庄煤矿站：齐虎山

（六）优秀检测人员（17 人）

蔚县检测中心：王文靖
大同检测中心：田秀利
西山检测中心：文龙
阳泉检测中心：梁宏艳、郭峰
山西安信检测公司：张玲、秦雪林
平庄检测中心：何涛
大雁检测中心：刘景莉
扎赉诺尔检测中心：毛锐
铁法检测中心：王晓微
徐州大屯技术公司：李恒泉、徐爱萍
新汶检测中心：曹春美
神东检测公司：董萍
神华准格尔检测中心：祁兰英
韩城检测中心：李艳珠

二、2010 年度煤炭工业建设工程质量监督、检测先进单位和优秀个人表彰名单

（一）先进质监中心站、矿区站（36 家）

煤炭工业黑龙江建设工程质量监督中心站
煤炭工业山东建设工程质量监督中心站
煤炭工业河南建设工程质量监督中心站
煤炭工业重庆建设工程质量监督中心站
煤炭工业新疆建设工程质量监督中心站
煤炭工业邯郸矿区建设工程质量监督站
煤炭工业峰峰矿区建设工程质量监督站
煤炭工业开滦矿区建设工程质量监督站
煤炭工业内蒙古建设工程质量监督直属站
煤炭工业大雁矿区建设工程质量监督站
煤炭工业汾西矿区建设工程质量监督站
煤炭工业晋城矿区建设工程质量监督站
煤炭工业朔州地方煤矿建设工程质量监督站
煤炭工业长治地方煤矿建设工程质量监督站
煤炭工业晋中地方煤矿建设工程质量监督站
煤炭工业铁法矿区建设工程质量监督站
煤炭工业抚顺矿区建设工程质量监督站
煤炭工业鸡西矿区建设工程质量监督站
煤炭工业淮北矿区建设工程质量监督站
煤炭工业淮南矿区建设工程质量监督站
煤炭工业兖州矿区建设工程质量监督站
煤炭工业新汶矿区建设工程质量监督站
煤炭工业临沂矿区建设工程质量监督站
煤炭工业淄博矿区建设工程质量监督站
煤炭工业义马矿区建设工程质量监督站
煤炭工业丰城矿区建设工程质量监督站
煤炭工业乐平矿区建设工程质量监督站
煤炭工业六枝矿区建设工程质量监督站
煤炭工业松藻矿区建设工程质量监督站
煤炭工业彬长矿区建设工程质量监督站
煤炭工业神府矿区建设工程质量监督站
煤炭工业华亭矿区建设工程质量监督站
煤炭工业平朔矿区建设工程质量监督站
煤炭工业神华准格尔矿区建设工程质量监督站
煤炭工业神华建设工程质量监督站
煤炭工业伊敏矿区建设工程质量监督站

（二）先进检测机构（13 家）

河北省金能建设工程检测有限公司

赤峰矿安检验检测有限责任公司
太原市准恒工程质量检测有限公司
阳泉煤业集团吉成建设工程检测有限责任公司
山西安信建设工程检测有限公司
煤炭工业铁法矿区建设工程质量检测中心
山东润鲁建筑材料检测技术服务有限公司
新泰市华新工程质量检测有限公司
义马鑫隆建设工程质量检测有限责任公司
韩城衡瑞工程质量检测中心
宁夏欣正建设工程材料检验检测有限公司
鄂尔多斯市神东建设工程质量检测有限责任公司
徐州大屯技术服务有限公司

(三) 优秀质监站站长 (56 人)

邯郸矿区站：张宝成
邢台矿区站：陈志奇
开滦矿区站：张厚军
山西中心站：苏晓文
大同矿区站：徐秀忠
西山矿区站：邓建青
阳泉矿区站：乔阳生
汾西矿区站：王连生
晋城矿区站：安明富
潞安矿区站：周君礼
朔州地方站：张玉
忻州地方站：杜占良
阳泉地方站：张新午
长治地方站：苗建林
晋中地方站：崔中平
华晋焦煤站：李宝柱
吕梁地方站：陈学文
大雁矿区站：宇培聚
铁法矿区站：杨金明
沈阳矿区站：夏德奇
抚顺矿区站：刘清华
黑龙江中心站：李北
鸡西矿区站：赵国峰
淮南矿区站：黄家春
山东中心站：刘尊杰
临沂矿区站：严维国
淄博矿区站：白国伟
新汶矿区站：刘瑞江
肥城矿区站：杨德智
枣庄地方站：王健
巨野分站：谭炳刚
河南中心站：逯军
义马矿区站：谢贵成
丰城矿区站：吴泉水
乐平矿区站：胡清
六枝矿区站：陈廷进
盘江矿区站：祝一夫
水城矿区站：杨志刚
松藻矿区站：陈四川
中梁山矿区站：李建明
陕西中心站：长孙学亭
神府矿区站：冯荣
蒲白矿区站：樊杰
韩城矿区站：于魏超
宁东矿区站：刘大智
甘肃中心站：赵怀东
新疆中心站：殷建平
神华新疆能源站：张世年
准格尔矿区站：丁越峰
神华质监站：高康
宝日希勒站：于勇
杭锦能源站：庞方平
榆神质监站：苗发飞
平朔矿区站：梁玉军
鄂尔多斯站：迟桂林
华能能交站：关小风

(四) 优秀检测机构负责人 (11 人)

河北金能检测公司：李振坤
大同宏信检测公司：王平
太原市准恒检测公司：钟怀璋
山西汾西检测公司：吕海生
山西安信检测公司：薛建新
山西石州矿山检测公司：白纯真
铁法检测中心：李洪达
新泰市华新检测公司：刘劲风
肥城欣荣检测公司：李戈
渭南澄合检测中心：刘小艳
鄂尔多斯市神东检测公司：董萍

(五) 优秀质监人员 (119 人)

邯郸矿区站：焦华

邢台矿区站：邓泽滨
开滦矿区站：马玉玺
峰峰矿区站：史新海
井陉矿区站：董俊彦
山西中心站：宁德政
大同矿区站：王俊宏、李德国、陈根祥、彭建国
西山矿区站：徐如智、秦战旗
阳泉矿区站：兰燕春、郝少杰
汾西矿区站：李德龙、韩莉伟
潞安矿区站：田志生、冯朝旭、邱建平
晋城矿区站：牛晋玲、朱薇、闻佩顺
朔州地方站：赵晋兵、关跃斌、李彦
忻州地方站：武慧英
晋中地方站：郭树林、郑伟
吕梁地方站：李晋仙、刘奇珍
阳泉地方站：李海芹
长治地方站：刘树斌、史贵栋
华晋焦煤站：雷旭辉
霍州地方站：毛勤峰
太原煤气化站：郑永平
临汾地方站：徐平川
内蒙古直属站：腾宇、王文武、邱炳学
大雁矿区站：孙淑清
铁法矿区站：于舰
抚顺矿区站：王子哲
黑龙江中心站：李云德、李峰
鸡西矿区站：王艾
山东中心站：杨新义
兖矿矿区站：李健、郭纯、黄新辉
新汶矿区站：范胜芳
淄博矿区站：刘焕义
枣庄地方站：王学文
肥城矿区站：孙涛
枣庄矿区站：赵建生、迮于生
龙口矿区站：吴化滨、杨建珍
淮北矿区站：赵保新
皖北矿区站：任东升
淮南矿区站：金昂
丰城矿区站：肖卫平、刘瀚
乐平矿区站：邹辉
河南中心站：曹晓莉、刘保东、邵鹏
郑州矿区站：梁勇、乔鹏程
平顶山矿区站：张德平、黄建农、薛淑丽
永城矿区站：解三健
焦作矿区站：张景明
鹤壁矿区站：王卫东
义马矿区站：张文堂、王猛
禹州矿区站：陈洪林、余江涛
贵州中心站：张杰
贵州能发站：田运成
水城矿区站：王祥团
贵州直属站：青泉、祝尔义
松藻矿区站：王健民
陕西中心站：温玉峰
铜川矿区站：李贵昌、张英
澄合矿区站：常兴全、刘伟
韩城矿区站：张敏学
黄陵矿区站：张武平、贺晓涛
彬长矿区站：邢丰收、杨鹄宇
蒲白矿区站：刘诗聪
甘肃中心站：吴文琼
华亭矿区站：李正亭
窑街矿区站：刘明胜
神华新疆能源站：巴天才
神华质监站：张磊、刘永刚、高海渊、张海源
准格尔矿区站：薛培杰
宝日希勒站：黄玉凯
乌海能源站：乔木、任伟、钟兆龙
包头矿区站：张建军
榆神质监站：刘建忠
平朔矿区站：陈伟
大屯矿区站：高京伟
鄂尔多斯站：许朝阳、贾忠亭
伊敏矿区站：贾磊
华能能交站：罗永校、韩英军、徐广利、张澜涛

（六）优秀检测人员（40 人）

河北金能检测公司：王风全
大同宏信检测公司：王晓风
太原市准恒检测公司：文龙、姚平、王金慧、王付琴
山西潞安检测公司：刘卫平、王文涛、明家华
霍州地方检测中心：张娇叶、王红保

山西石州矿山检测公司：冯伟
阳泉吉成检测公司：韩建生、苏宁、郭峰
华晋焦煤检测中心：杜利平
临汾地方检测中心：杨顾茂
朔州祥和检测公司：王虎
赤峰矿安检测公司：何涛
铁法检测中心：王晓微
新泰市华新检测公司：王民祥
肥城欣荣检测公司：曹军
山东润鲁检测公司：王青
枣庄科润检测公司：卓成兵
郑州恒信达检测公司：尚万仓
义马鑫隆检测公司：奚丽红
鹤壁煤科检测公司：李志坚
永城市诚信检测公司：刘青云
平顶山矿区检测中心：刘新立、张德恒
永荣矿区检测中心：袁超
韩城衡瑞检测中心：马麦茜
彬长矿区检测中心：魏宁博
宁夏欣正检测公司：刘智勇
鄂尔多斯市神东检测公司：马晓炜、赵明霞
神华准格尔检测中心：祁兰英
徐州大屯技术公司：徐爱萍、熊艳
伊敏矿区检测中心：王亚臣

工程建设监理

一、煤炭行业监理企业综合实力前20家排名

排名序号	2006年	2007年	2008年	2009年	2010年
1	中煤陕西中安项目管理有限责任公司	山西省煤炭建设监理有限公司	山西省煤炭建设监理有限公司	中煤陕西中安项目管理有限责任公司	山西省煤炭建设监理有限公司
2	山西诚正建设监理咨询有限公司	山西诚正建设监理咨询有限公司	山西诚正建设监理咨询有限公司	煤炭工业邯郸设计研究院中原建设监理咨询公司	广东重工建设监理有限公司
3	煤炭工业邯郸设计研究院中原建设监理咨询公司	中煤陕西中安项目管理有限责任公司	中煤陕西中安项目管理有限责任公司	山西省煤炭建设监理有限公司	中煤陕西中安项目管理有限责任公司
4	重庆中庆监理工程公司	河南中豫建设监理有限公司	煤炭工业邯郸设计研究院中原建设监理咨询公司	广东重工建设监理有限公司	中煤邯郸中原建设监理咨询有限责任公司
5	安徽华夏建设监理有限责任公司	河南工程咨询监理公司	河南工程咨询监理公司	山西煤炭建设监理咨询公司	煤炭工业郑州设计研究院有限公司
6	河南工程咨询监理公司	煤炭工业邯郸设计研究院中原建设监理咨询公司	安徽国汉建设监理咨询有限公司	山西诚正建设监理咨询有限公司	山西诚正建设监理咨询有限公司
7	淮南国汉建设监理咨询有限公司	山西煤炭建设监理咨询公司	河南中豫建设监理有限公司	煤炭工业郑州设计研究院有限公司（原河南中豫建设监理有限公司）	西安煤炭建设监理中心
8	河南中豫建设监理有限公司	安徽华夏建设监理有限责任公司	山西煤炭建设监理咨询公司	北京康迪建设监理咨询有限公司	山西煤炭建设监理咨询公司
9	西安煤炭监理中心	沈阳方正建设监理有限公司	安徽华夏建设监理有限责任公司	西安煤炭建设监理中心	北京康迪建设监理咨询有限公司
10	中煤国际工程集团南京设计研究院	宁夏灵州工程监理咨询公司	中煤国际工程集团重庆设计研究院	沈阳方正建设监理有限公司	沈阳方正建设监理有限公司

（续）

排名序号	2006 年	2007 年	2008 年	2009 年	2010 年
11	神东监理有限公司	中煤国际工程集团重庆设计研究院（原重庆中庆监理工程公司）	西安煤炭监理中心	宁夏灵州工程监理咨询公司	宁夏灵州工程监理咨询公司
12	山西煤炭建设监理咨询公司	神东监理有限公司	江苏盛华工程监理咨询有限公司	安徽华夏建设监理有限责任公司	安徽华夏建设监理有限责任公司
13	煤炭工业济南设计研究院工程建设监理公司	江苏盛华工程监理咨询有限公司	北京康迪建设监理公司	河南兴平工程管理有限公司	河南工程咨询监理公司
14	宁夏灵州工程监理咨询公司	西安煤炭监理中心	宁夏灵州工程监理咨询公司	中煤国际工程集团重庆设计研究院	河南兴平工程管理有限公司
15	江苏盛华工程监理咨询有限公司	北京康迪建设监理公司	沈阳方正建设监理有限公司	河南工程咨询监理公司	安徽国汉建设监理咨询有限公司
16	山西省煤炭建设监理有限公司	炭工业济南设计研究院公司	河南兴平工程管理有限公司	神东监理有限责任公司	中煤科工集团武汉设计研究院
17	北京康迪建设监理公司	平顶山兴平工程建设监理有限公司	神东监理有限责任公司	安徽国汉建设监理咨询有限公司	神东监理有限责任公司
18	辽宁诚信建设监理有限责任公司	淮南国汉建设监理咨询有限公司	山西宇通建设工程项目管理有限公司	山西宇通建设工程项目管理有限公司	山西宇通建设工程项目管理有限公司
19	山西宇通建设工程项目管理有限公司	山西宇通建设工程项目管理有限公司	辽宁诚信建设监理有限责任公司	江苏盛华工程监理咨询有限公司	煤炭工业济南设计研究院有限公司
20	河南兴平工程管理有限公司	辽宁诚信建设监理有限责任公司	煤炭工业济南设计研究院有限公司	江苏广厦建设监理有限公司	江苏广厦建设监理有限公司

二、监理企业、优秀个人获国家奖、行业奖名单

（一）国家奖

中国建设监理协会组织评选，以中建监协〔2010〕32 号文予以公布，煤炭行业获先进企业及优秀个人名单如下。

1. 煤炭行业获2010年中国工程监理行业先进工程监理企业（8家）

中煤邯郸中原建设监理咨询有限责任公司

山西煤炭建设监理咨询公司

山西诚正建设监理咨询有限公司

安徽国汉建设监理咨询有限公司

河南兴平工程管理有限公司

广东重工建设监理有限公司

中煤陕西中安项目管理有限责任公司

宁夏灵州工程监理咨询有限公司

2. 煤炭行业获2010年中国工程监理行业优秀总监理工程师（7人）

中煤邯郸中原建设监理咨询有限责任公司：笱松平

山西诚正建设监理咨询有限公司：刘万江

山西煤炭建设监理咨询公司：陈怀耀

安徽国汉建设监理咨询有限公司：黄靖

煤炭工业郑州设计研究院有限公司：刘万敏

煤炭工业济南设计研究院有限公司：吴添泉

河南兴平工程管理有限公司：关玉奇

3. 煤炭行业获2010年中国工程监理行业优秀监理工程师（8人）

山西省煤炭建设监理有限公司：崔科斌

山西煤炭建设监理咨询公司：侯毅

河南工程咨询监理有限公司：席立群

湖南中湘建设工程监理咨询有限公司：李威彬

西安煤炭建设监理中心：徐永旭

中煤陕西中安项目管理有限责任公司：梁敏

神东监理有限责任公司：艾先文

宁夏灵州工程监理咨询有限公司：赵利东

（二）行业奖

1. 2006年煤炭行业先进监理企业、优秀监理企业、优质工程监理企业、优秀项目总监理工程师及优秀专业监理工程师表彰名单

1）煤炭行业先进监理企业（11家）

北京康迪建设监理咨询公司

中煤邯郸中原建设监理咨询有限责任公司

山西宇通建设工程项目管理有限公司

山西诚正建设监理咨询有限公司

神东监理有限责任公司

辽宁诚信建设监理有限责任公司

煤炭工业部济南设计研究院工程建设监理公司

重庆中庆监理工程公司

中煤陕西中安项目管理有限责任公司

西安煤炭建设监理中心

宁夏灵州工程监理咨询公司

2）煤炭行业优秀监理企业（16家）

唐山开滦工程建设监理有限公司

河北煤炭建设监理咨询公司

山西中太工程建设监理公司

山西煤炭建设监理咨询公司

山西省煤炭建设监理有限公司

沈阳方正建设监理有限公司

淮北市淮武工程建设监理有限责任公司

兖矿集团邹城长城工程建设监理有限公司

平顶山中平工程监理有限公司

平顶山兴平工程建设监理有限公司

湖南中湘建设工程监理咨询有限公司

武汉中汉工程建设监理公司

中煤涿州地质技术咨询开发中心

山东煤炭地质工程勘察研究院

河南煤田地质监理事务所

昆明恒岩地质工程监理有限公司

3）煤炭行业优质工程监理企业（5家）

宁夏灵州工程监理咨询公司：“宁夏灵州煤矿羊场湾二矿原煤、末煤储仓及装车系统工程”获2004年度煤炭行业“太阳杯”工程

神东监理有限责任公司：“陕西神东公司榆家梁矿地面生产系统改扩建工程”、“陕西神东公司榆家梁矿产品仓工程”获2005年度煤炭行业优质工程

山西宇通建设工程项目管理有限公司：“山西官地矿970水平带式输送机安装工程”获2005年度煤炭行业优质工程

平顶山兴平工程建设监理有限公司：“河南平顶山一矿三水平提升副井安装工程”、“河南开封碳素厂串接石墨化针状焦车间及沥青仓库工程”、“河南平顶山十矿三水平新回风立井井筒工程”获2004年度煤炭行业优质工程

枣庄科信工程建设监理公司：“山东枣庄滨湖矿井工程”获2005年度煤炭行业“太阳杯”工程

4）煤炭行业优秀项目总监理工程师（75人）

北京中煤国际工程集团华宁工程监理有限公司：郑春才

北京康迪建设监理咨询公司：王砚锋

北京众智科威建设监理咨询所：张云利、韩宝玉、倪世顺、马健生

中煤邯郸中原建设监理咨询有限责任公司：杜连仲、郭迎波、雷振华、李彦、盛习德、孙继锋、赵友合

河北煤炭建设监理咨询公司：王云台、史国

政、王富庭

唐山开滦工程建设监理有限公司：王成柱、张云泽、张兆祥、王叶青

山西宇通建设工程项目管理有限公司：张成虎、张永会

山西诚正建设监理咨询有限公司：郝彦青、冯晓建、张国安、聂新明

山西省煤炭建设监理有限公司：孙利祥、杨文平

神东监理有限责任公司：汪峰、商广海、艾先文

辽宁诚信建设监理有限责任公司：董立稳、舒克勇、刘家纯、白云山、王振捷、孙柏永、曹宝元、刘玉峰

阜新德龙工程建设监理有限公司：朱春山、鄂义利

铁法煤业集团建设工程监理有限责任公司：温洪志、罗国丰

安徽华夏建设监理有限责任公司：赵志红、吴本勇、宋玉国

新疆天阳建筑工程监理有限责任公司：吾买尔·伊不拉音、秦路

煤炭工业部济南设计研究院工程建设监理公司：易天镜、宋正明、吴添泉、刘兴华、孔钢、秦德诚、陈增福、张祖峰

宁夏灵州工程监理咨询公司：张利新

河南工程咨询监理公司：张家勋、张延军、王永轩、夏学红、包冠军、宣始青

平顶山中平工程监理有限公司：倪琳

河南煤田地质监理事务所：徐连利

重庆中庆监理工程公司：胡川、赵兴忠

中煤陕西中安项目管理有限责任公司：李西安、高忠文、孙同仁、郭清杰、赵雄

武汉中汉工程建设监理公司：高术平、李广义、杨俊普

湖南中湘建设工程监理咨询有限公司：李威彬

5）煤炭行业优秀专业监理工程师（71人）

北京中煤国际工程集团华宁工程监理有限公司：李广和、王明国、单立辉

北京众智科威建设监理咨询所：杨富栋、高志和、杨胜坡、韩长朴、杨运金

河北煤炭建设监理咨询公司：齐岩、赵冠群、许向东、王岳栋、陈兴华、黄站正

唐山开滦工程建设监理有限公司：刘树东、张修武

山西宇通建设工程项目管理公司：周润明

山西诚正建设监理咨询有限公司：赵丽茵、陈拉存、郭增世、王晓勤

山西煤炭建设监理咨询公司：杨立新

神东监理有限责任公司：李小雄、党小民、王宏田

辽宁诚信建设监理有限责任公司：肖立群、赵世燕、张明文、陈飞、常庆滨

阜新德龙工程建设监理有限公司：付显民、郭忠义

阜新昌泰工程建设监理有限公司：李银龙

双鸭山双威工程建设监理有限责任公司：陈忠年、崔景清、苗泽善、陈建峰

淮北市淮武工程建设监理有限责任公司：曹金銮

安徽华夏建设监理有限责任公司：蔡春芳、刘庆云、刘选超

煤炭工业部济南设计研究院工程建设监理公司：孙群、王本猛、赵勇、李修政、高剑峰、孙岩

兖矿集团邹城长城工程建设监理有限公司：李峰、高舜、孔令春、宋福星、梁道纪、许志涛

宁夏灵州工程监理咨询公司：李正军、裴有名、赵全明

河南煤田地质监理事务所：孙锦屏、牛志刚

平顶山兴平工程建设监理有限公司：于俊生

平顶市山兴平工程监理有限公司：胡振东、王鲁

河南工程咨询监理公司：李建刚、陈全成、吴新群

重庆中庆监理工程公司：宁琴贵

湖南中湘建设工程监理咨询有限公司：蒋端生

中煤陕西中安项目管理有限责任公司：唐德荣、许飞

武汉中汉工程建设监理公司：陈家厚、田正茂、陶春艳

2. 2008年煤炭行业先进建设监理企业、优质工程监理企业、优秀项目总监理工程师、优秀监理工程师和特殊贡献者表彰名单

1）煤炭行业先进建设监理企业（20家）

北京中煤国际工程集团华宁工程监理有限公司
北京康迪建设监理咨询公司
山西省煤炭建设监理有限公司
山西煤炭建设监理咨询公司
山西中太工程建设监理公司
山西宇通建设工程项目管理有限公司
山西诚正建设监理咨询有限公司
中煤陕西中安项目管理有限责任公司
西安煤炭建设监理中心
辽宁诚信建设监理有限责任公司
中煤国际工程集团重庆设计研究院
沈阳方正建设监理有限公司
河南工程咨询监理有限公司
平顶山市兴平工程建设监理有限公司
宁夏灵州工程监理咨询公司
煤炭工业部济南设计研究院工程建设监理公司
安徽华夏建设监理有限责任公司
淮北市淮武工程建设监理有限公司
中煤涿州地质技术咨询开发中心
昆明恒岩地质工程监理有限公司

2）煤炭行业优质工程监理企业（4 家）

山西煤炭建设监理有限公司："山西屯留煤矿主井井筒工程"获 2006 年煤炭行业优质工程奖

平顶山市兴平工程建设监理有限公司："河南开封碳素厂串接石墨化针状焦车间及沥青仓库工程"获 2005 年煤炭行业优质工程及"太阳杯"奖

河北金石煤业监理有限责任公司："河北陶二矿改扩建副井井筒工程"获 2007 年煤炭行业优质工程奖

淮北市淮武工程建设监理有限责任公司："安徽涡北矿井副井筒工程"、"安徽涡北矿井主井井筒及相关硐室掘砌工程"、"安徽涡北煤矿行政办公、采区办公联合建筑工程"、"安徽涡北煤矿生活接待中心工程"获 2007 年煤炭行业优质工程奖

3）煤炭行业优秀项目总监理工程师（92 人）

北京中煤国际工程集团华宁工程监理有限公司：郑春才、单立辉、周庆武

北京康迪建设监理咨询公司：左清孝、李建平、刘发国、李泽春、王砚峰、王立新、崔景清

山西煤炭建设监理咨询公司：冯玉金、孙国柱、陈怀耀

山西宇通建设工程项目管理有限公司：杨兴伟、张华文、李杭

西安煤炭建设监理中心：李顺利、徐永旭、范晓飞、胡志刚、郭卫斌

中煤国际工程集团重庆设计研究院：黄建华、吴国基、吉斌、郑行军

安徽华夏建设监理有限责任公司：韩信群

沈阳方正建设监理有限公司：任延辉、李忠维、于景瑞

河南工程咨询监理有限公司：张家勋、李保周、蔡长军、张延军、李献忠、宣始青

中煤陕西中安项目管理有限责任公司：梁大蔚、李树奎、刘辉文、唐德荣、许飞、楚念明、孟远林、张凯、李汝明、王国庆、张永亭、梁敏

平顶山市兴平工程建设监理有限公司：于俊生、李永清

河北金石煤业监理有限责任公司：王云台、史国正、王富庭

唐山开滦工程建设监理有限公司：张云泽

宁夏灵州工程监理咨询公司：俱宪军、侯珑、段清礼、王建国、王颖东

山西省煤炭建设监理有限公司：刘建平、崔忠义、张云奎

煤炭工业部济南设计研究院工程建设监理公司：易天镜、宋正明、吴添泉、孙岩、孔钢、王本猛

安徽华夏建设监理有限责任公司：韩信群、赵红志、吴国正、吴本勇、孔德奉

淮北市淮武工程建设监理有限公司：宋长喜、乔顺东、程玉荣、曹金銮

中煤邯郸中原建设监理咨询有限责任公司：雷振华、赵友合

神东监理有限责任公司：戴保平、商广海、党晓民、李小雄

辽宁诚信建设监理有限责任公司：高树民

山西诚正建设监理咨询有限公司：赵丽茵、王晓勤、陈翠芳、丁三有、陈拉存、吴可、韩秀杰、赵瑞平

昆明恒岩地质工程监理有限公司：冯平均

4）煤炭行业优秀监理工程师（69 人）

北京中煤国际工程集团华宁工程监理有限公司：靳昭辉

山西煤炭建设监理咨询公司：王文硕、侯毅

山西宇通建设工程项目管理有限公司：郭涛、董新国、曹永政

西安煤炭建设监理中心：黄清华、黄新民、张瑜、贺小军、吴小辉

中煤国际工程集团重庆设计研究院：余勇、梁旭光、邓生祥

沈阳方正建设监理有限公司：张树森、谢帅众、魏化东

中煤陕西中安项目管理有限责任公司：杨建平、周同川、张永成、李东、付熙照、王修利、李伟扬、贾常青、陈安全

平顶山市兴平工程建设监理有限公司：张雪、冯俊杰、胡振东

河北金石煤业监理有限责任公司：齐岩、许向东

唐山开滦工程建设监理有限公司：王叶青、张云泽

宁夏灵州工程监理咨询公司：任浩军、张建平、吴刚、牛宇翔、李学明

山西省煤炭建设监理有限公司：李祥、帅永祯

煤炭工业部济南设计研究院工程建设监理公司：王殿俊、秦德诚、孔祥钰、吴宝利、宋恩强

安徽华夏建设监理有限责任公司：鲍士阔、刘庆云、刘选超、周世虎、陈勇

淮北市淮武工程建设监理有限公司：秦道谋、陈家茂、王昌友、陈运志

中煤邯郸中原建设监理咨询有限责任公司：孙继锋、段浩、王丙湘

山西诚正建设监理咨询有限公司：王宝明、田克敏、王春、王建军、王利文、马晋平

神东监理有限责任公司：任好军、王宏田、汪锋、刘建炯

中煤涿州地质技术咨询开发中心：韩德林、晏嘉

5）煤炭工程建设监理特殊贡献者（8人）

山西省煤炭工业局基本建设局：赵国源

潞安矿业集团公司：徐贵孝

淮北矿业（集团）公司：张振义

神华宁夏煤业集团有限责任公司建设部：姚建华

淮北市淮武工程建设监理有限责任公司：高明德

河南工程咨询监理有限公司：张家勋

煤炭工业济南设计研究院工程建设监理公司：秦佳之

山西宇通建设工程项目管理有限公司：黄清霞

3. 2010年煤炭行业先进建设监理企业、十佳监理部、优秀总监理工程师、优秀监理工程师和优秀监理成果表彰名单

1）煤炭行业先进建设监理企业（17家）

中煤国际工程集团北京华宇工程有限公司

中煤国际工程集团重庆设计研究院

中煤陕西中安项目管理有限责任公司

中煤邯郸中原建设监理咨询有限责任公司

神东监理有限责任公司

宁夏灵州监理咨询有限公司

山西中太工程建设监理公司

山西煤炭建设监理咨询公司

山西诚正建设监理咨询有限公司

沈阳方正建设监理有限公司

阜新德龙工程建设监理有限公司

江苏广厦建设监理有限公司

安徽华夏建设监理有限责任公司

煤炭工业济南设计研究院有限公司

兖矿集团邹城长城工程建设监理有限公司

河南兴平工程管理有限公司

西安煤炭建设监理中心

2）煤炭行业十佳监理部（10家）

中煤陕西中安项目管理有限责任公司：察哈素矿井及选煤厂工程项目监理部

中煤涿州地质技术咨询开发中心：宁夏鲁能甜水河及李家坝煤炭勘探工程监理部

神东监理有限责任公司：万利布尔台矿井项目监理部

宁夏灵州工程监理咨询有限公司：枣泉煤矿项目监理部

山西煤炭建设监理咨询公司：第四监理部

山西诚正建设监理咨询有限公司：寺家庄矿井工程监理部

铁法煤业集团建设工程监理有限责任公司：长城窝堡大强监理部

河南工程咨询监理有限公司：河南焦煤公司赵固二矿监理部

河南兴平工程管理有限公司：平宝煤业有限公

司首山一矿建设项目监理部

西安煤炭建设监理中心：陕西彬长公司咸阳基地项目监理部

3）煤炭行业优秀总监理工程师（59人）

中煤国际工程集团北京华宇工程有限公司：远继星、郑春才、张世民、周庆武、单立辉

中煤国际工程集团重庆设计研究院：黄建华

中煤国际工程集团武汉设计研究院：俞黎明

辽宁诚信建设监理有限责任公司：尹耀林

北京康迪建设监理咨询有限公司：王砚峰、刘发国、王立新

中煤邯郸中原建设监理咨询有限责任公司：段浩、苑玉杰、雷振华

中煤陕西中安项目管理有限责任公司：高忠文、贾常青、张永成、杨建平

中煤涿州地质技术咨询开发中心：韩德林、张玉峰

神东监理有限责任公司：刘建炯、代保平、党晓民、商广海

内蒙古华准工程监理有限责任公司：郑月新

宁夏灵州工程监理咨询有限公司：刘永升

河北金石煤业监理有限责任公司：史国正、王云台、王富庭、齐岩

山西省煤炭建设监理有限公司：孙利祥、崔科斌、孟旭东、白纯真、苏新瑞

山西煤炭建设监理咨询公司：侯毅、杨立新

山西诚正建设监理咨询有限公司：刘凤林

铁法煤业集团建设工程监理有限责任公司：温洪志、韦彩凤

阜新德龙工程建设监理有限公司：郭忠义

淮北市淮武工程建设监理有限责任公司：曹金銮

安徽华夏建设监理有限责任公司：余国海、吴本勇、徐向荣

煤炭工业济南设计研究院有限公司：孙岩、王本猛、孔钢

河南工程咨询监理有限公司：蔡长军、李献忠、夏学红、顾耀德、张家勋

河南兴平工程管理有限公司：杨国正、关玉奇

湖南黑金工程建设监理咨询有限公司：周克剑

西安煤炭建设监理中心：徐永旭、吴成法、李顺利

4）煤炭行业优秀监理工程师（82人）

中煤国际工程集团重庆设计研究院：宁琴贵、郑新文、王久远

中煤国际工程集团武汉设计研究院：刘扬、陶春艳、李广义、杨俊普

中煤邯郸中原建设监理咨询有限责任公司：苑玉杰、雷振华、王丙湘、段浩、李进、李现恩、李海波、苏亮

中煤陕西中安项目管理有限责任公司：王明刚、刘启文、郭清杰

中煤涿州地质技术咨询开发中心：张春陆、王勤旺

神东监理有限责任公司：李小雄、任好军

内蒙古华准工程监理有限责任公司：于海洋

宁夏灵州工程监理咨询有限公司：柯彦相、刘玉江

山西省煤炭建设监理有限公司：郭公义

山西煤炭建设监理咨询公司：焦玉旺

山西诚正建设监理咨询有限公司：姚建文、俞红泉、刘春彦

辽宁诚博工程项目管理有限公司：孟凡春、聂士同、金龙

铁法煤业集团建设工程监理有限责任公司：梁立华、王传金、李忠贤

阜新德龙工程建设监理有限公司：杨勇、王玉良、曹洪滨、刘云坤

江苏广厦建设监理有限公司：刘善义

安徽华夏建设监理有限责任公司：张兴春

淮北市淮武工程建设监理有限责任公司：周步强、袁玉庭、陈家茂

煤炭工业济南设计研究院有限公司：潘忠、苏长利、孔祥钰、李修政、邹本田、聂化明

河南工程咨询监理有限公司：王永轩

兖矿集团邹城长城工程建设监理有限公司：王伟修、陈广胜、李峰、宋福星、谢瑞君、孔令春、马钦民

河南兴平工程管理有限公司：孟明福、叶红彦

湖南黑金工程建设监理咨询有限公司：白秋贵、李柏成

广东重工建设监理有限公司：彭述鸿、余力航、徐宏月、林鑫亮、康美玉、徐光伟、薛建国、薛瑞明、乔佳、王红维、梁敏、李祥元

西安煤炭建设监理中心：杜玮、张春民、王德晓、杨新民、贾永民、索建军、郭俊

5）煤炭行业优秀监理成果（8项）

中煤陕西中安项目管理有限责任公司：“华能能源交通产业公司青岗坪煤矿井筒工程监理实施细则”（李树奎、顾建华、李西安、左永红、孟肖、李嘉喜），“西安电子科技大学‘巨构’项目质量创优监理成果与监理工作总结”（李东、左永红、王红维、胡维炜、朱青岗、贾凤仪、乔培俊、周心思）

中煤邯郸中原建设监理咨询有限责任公司：“内蒙古蒙泰不连沟煤矿主、副斜井工程监理实施细则”（苑玉杰、闫成涛、杜传民、庞明）

山西省煤炭建设监理有限公司：“晋煤集团赵庄600万吨/年矿井工程监理实施细则”（苏新瑞、张云奎、刘建平、杨文平、李芳文、葛晓伟）

山西诚正建设监理咨询有限公司：“阳煤总医院创伤急救大楼工程监理工作规划与实施细则”（冯晓建、戴生良、刘建生、胡金芳、刘玉复、赵丽茵、李红梅）

安徽华夏建设监理有限责任公司：“安徽淮南矿业集团顾桥矿井监理实施细则”（吴本勇、汤久国、徐向荣、刘选超、张宣龙）

煤炭工业济南设计研究院有限公司：“山东济宁泗河口煤港码头工程监理规划、细则及总结”（秦佳之、易天镜、王本猛、李庆芳、吴少生、王国明、孙宇勇、吴添泉、潘忠、罗向云、秦德诚），“广西金桂纸浆厂工程监理规划、细则及总结”（秦佳之、王本猛、易天镜、孙群、李庆芳、李修政、张健、孙宇勇、罗向云、秦德诚）

煤炭建设工程造价管理

一、国家奖

1. 2008年煤炭行业工程造价咨询企业获中国建设工程造价管理协会表彰项目和名单

1）煤炭行业中价协第四届理事会先进单位（3家）

煤炭工业合肥设计研究院

山东时代工程造价咨询有限公司

北京中宇恒业工程造价咨询有限责任公司

2）煤炭行业中价协第四届理事会先进同业协会（1家）

中国煤炭建设协会

3）煤炭行业中价协第四届理事会优秀协会工作者（1人）

中国煤炭建设协会：高新建

4）煤炭行业2005—2007年度连续3年入选工程造价咨询营业收入前百名企业（2家）

中煤国际工程集团北京华宇工程有限公司

北京中宇恒业工程造价咨询有限责任公司

5）煤炭行业工程造价优秀成果奖获奖项目（4项）

中煤国际工程集团重庆设研院："重庆市国家税务局办公、业务培训用房结算审核"项目获二等奖（李宗万、宋永忠、段江华、王小飞、蒋渝萍、成杨）

煤炭工业太原设计研究院："山西潞安矿业集团公司司马矿井初步设计概算"项目获二等奖（瞿建忠、陈昆、曹长海、卫三保、罗先栃、贾玉凤）

中煤国际工程集团南京设研院："上海市轨道交通4号线浦东南站至南浦大桥站区间隧道修复暗挖段及东西两侧连接段初步设计投资概算"项目获二等奖（周波、张荣航、林鸿苞、梁冠军、姚飞健）

煤炭工业太原设计研究院："山西潞安矿业集团公司司马矿井选煤厂初步设计概算"项目获三等奖（任文芳、陈昆、曹长海）

6）煤炭行业2007年度工程造价咨询业务营业收入百名排序名单（2家）

北京中宇恒业工程造价咨询有限责任公司：排序为第21名

中煤国际工程集团北京华宇工程有限公司：排序为第26名

2. 2010年煤炭行业获全国工程造价咨询先进单位和优秀成果项目名单

为庆祝中国建设工程造价管理协会成立20周年，表彰在工程造价咨询行业中作出突出贡献的企业，经中国煤炭建设协会推荐，中国建设工程造价管理协会决定表彰全国工程造价咨询先进单位和全国工程造价优秀成果，获奖名单如下。

1）煤炭行业全国工程造价咨询先进单位（2家）

北京中宇恒业工程造价咨询有限责任公司

山东时代工程咨询有限公司

2）煤炭行业全国工程造价优秀成果（1项）

中煤国际工程集团重庆设计研究院："神华乌海煤焦化公司并购利民煤矿、利民选煤厂、利民焦煤化厂项目后评价报告"获全国工程造价优秀成果三等奖（王小飞、熊华明、曾罡）

二、行业奖

"十一五"期间煤炭行业优秀工程造价管理企业和个人名单

1. 煤炭行业优秀工程造价管理企业（20家）

冀中能源集团有限责任公司

唐山开滦建设（集团）有限责任公司

大同煤矿集团有限责任公司

山西晋城无烟煤矿业集团有限责任公司

郑州煤炭工业（集团）有限责任公司

内蒙古煤矿设计研究院有限责任公司

辽宁东煤基本建设有限责任公司

兖矿集团有限公司

淮北矿业（集团）有限责任公司
中煤矿山建设集团有限责任公司
安徽恒源煤电股份有限公司
江苏省矿业工程集团有限公司
中鼎国际工程有限责任公司
湖南涟邵建设工程（集团）有限责任公司
福建省能源集团有限责任公司
神华新疆能源有限责任公司
神华宁夏煤业集团有限责任公司
陕西天工建设有限公司
陕西陕煤彬长矿业有限公司
内蒙古伊泰集团有限公司

2. 煤炭行业优秀工程造价咨询企业（11家）

北京中宇恒业工程咨询有限责任公司
北京康迪建设监理咨询有限公司
山西嘉盛工程造价咨询有限公司
山西汇正建设工程投资咨询有限公司
中煤科工集团沈阳设计研究院
山东时代工程咨询有限公司
山东鲁煤工程造价咨询有限公司
江苏华东天地工程造价咨询有限公司
河南华宇工程造价咨询有限公司
中煤科工集团武汉设计研究院
新疆正衡工程造价咨询有限公司

3. 煤炭行业优秀造价工程师（11人）

北京中宇恒业工程咨询有限责任公司：郭荣顺
山西晋城无烟煤矿业集团有限责任公司：王银翠
中煤国际工程集团沈阳设计研究院：王山立
中煤科工集团南京设计研究院：傅西苑
山东鲁煤工程造价咨询有限公司：江涛
山东时代工程咨询有限公司：冯质伟
煤炭工业济南设计研究院有限公司：苏苏
江苏华东天地工程造价咨询有限公司：黄琳
中煤科工集团武汉设计研究院：仵思红
新疆正衡工程造价咨询有限公司：范旭红
神华新疆公司规划发展部：褚彦秋

4. 煤炭行业优秀造价员（125人）

北京康迪建设监理咨询有限公司：金晓燕
北京昊华能源股份有限公司：李政纲
冀中能源集团有限责任公司：苏晓梅
冀中能源峰峰集团：焦海生
冀中能源峰峰集团有限公司锡林郭勒盟开发办：田常书
冀中能源邯矿集团：潘清霞
冀中能源邢台矿业集团：刘生
开滦集团蔚州矿业有限责任公司：杨春亮
开滦集团建管办：王海福
中煤第一建设公司第四工程处：张增鲁
中煤第一建设公司第二工程处：赖永木
中煤第一建设公司经营管理部：陈风文
中煤第一建设公司第十工程处：黄志杰
中煤第九十二工程处：于俊波
中煤邯郸设计工程有限责任公司：张豪
山西汇正建设工程投资咨询有限公司：庞国豪
山西宏厦第一建设有限责任公司：张增慧
同煤集团宏泰公司：许孔
大同煤矿集团设计研究有限责任公司：张淑敏
山西晋城无烟煤矿业有限责任公司：李文清、张少华
晋城宏圣建筑工程有限公司：王素芳
西山煤电计划处：王旭
西山煤电集团公司基建处：杨小华
山西西山金城建筑有限公司：原巧珍
山西西山晋兴能源有限责任公司：彭小涛
山西汾西矿业集团有限责任公司：闫安定、刘红丽、边转青
霍州煤电集团计划发展部：庞晓奇、王永明
山西潞安基本建设管理中心：冯强
山西潞安集团李村煤矿：刘云岗
同煤集团公司企划部：杨诒宇
阳煤集团发展计划部：许林青
中煤平朔煤业有限责任公司：刘君
王家岭项目建设总指挥部：樊国福
华晋焦煤有限责任公司：董建勋
太原市东山煤矿有限责任公司：周彦
吉林省通化矿业（集团）有限责任公司：郝木铭
珲春矿业集团有限责任公司：刘玉娟
黑龙江龙煤矿业集团股份有限公司鹤岗分公司：刘静波
黑龙江龙煤矿山建设公司：周巍
辽宁东煤基本建设有限责任公司矿建二处：孙长武

中国煤炭科工集团沈阳设计研究院：师荣

扎赉诺尔煤业有限责任公司：张洪举

霍林河露天煤业股份有限公司发展规划部：李宏

兖矿集团有限公司基本建设管理处：张志峰、刘曼、马晓明

枣庄矿业集团中兴建安工程有限公司：苏景林

山东鲁煤工程造价咨询有限公司：闫梅华

山东华新建筑工程集团有限责任公司：汤爱国

新汶矿业集团有限责任公司设计管理处：付志军

济宁矿业集团有限公司：邱占龙

肥城矿业集团有限责任公司鲁西南建设指挥部：李东林

山东鲁泰建筑工程集团有限公司：贾绪平

淄博矿业集团有限责任公司：孙春霞、赵学平

临沂华建工程有限责任公司：张爱英

龙口矿业集团工程建设有限公司经营部：初忠全

济南设计研究院：庞和伟

徐州矿务集团规划发展部：张磊、彭裕勤

江苏省矿业工程集团有限公司：李玉兰

中煤科工集团南京设计研究院技术经济室：任继武、随利平

大屯煤电（集团）有限责任公司建设管理部：徐静

中煤第五建设有限公司第三工程处：庄磊

中煤第五建设有限公司第一工程处：吴长昊

淮北矿业（集团）有限责任公司建设发展部：王德山、路怀军

中煤矿山建设集团有限责任公司经营管理部：张道君、杜长琦

中煤矿山建设集团有限责任公司第三十处：张伟

安徽恒源煤电股份有限公司工程管理部：桑志峰

淮南矿业（集团）有限责任公司：王军、魏玮

国投新集能源股份有限公司企业管理部：张坤霞、梁书印

中鼎国际工程有限责任公司：彭醒时

江西乐平矿务局工程建设处：胡清

江西丰龙矿业有限责任公司：宗兆亭

福建省能源集团有限责任公司：陈孝文

郑州煤炭工业（集团）有限责任公司：韩建锋

永城煤电控股集团有限公司：许宜锋

焦作煤业（集团）有限责任公司：郭建萍

河南煤炭建设集团有限责任公司：刘国亭

中平能化集团有限责任公司：梅少海

平煤建工集团建安一处：刘长江

中平能化集团八矿计划科：黄现停

河南煤化鹤煤分公司鹤壁中泰矿业有限公司：张超

湖南涟邵建设工程集团公司：颜斌

湖南省煤业集团有限公司：张月侨

新疆煤炭设计研究院有限责任公司：黄平

兰州煤矿设计研究院：马敏华

中煤西安设计工程有限责任公司：李心玫

陕西天工建设有限公司：王娟

陕西煤业化工建设(集团)有限公司：延如芳

重庆巨能建设（集团）有限公司：王艳、李竹君

甘肃华能工程建设有限公司：李三保

神华新疆能源有限责任公司：熊鹰

窑街煤电集团有限公司：毛安东

神华集团公司工程管理部：刘玉平

神华宁夏煤业集团有限责任公司：徐爱霞、窦新之

兖矿贵州能化有限公司：张宏伟

贵州水城矿业（集团）公司：杨佶

威信云投粤电煤炭有限公司：杨春云

国投曲靖煤炭开发有限公司：张建新

神华集团包头矿业有限责任公司：刘斌

神华杭锦能源有限责任公司：刘建

神华乌海能源有限责任公司：张晓伟

内蒙古伊泰集团：李有利

神华神东工程造事务所：吴建平、孟光强

陕煤集团神木张家峁矿业有限公司：李炳政

陕煤集团神木红柳林矿业有限公司：吴卫东

陕西陕煤韩城矿业有限公司：王养琴

陕西陕煤彬长矿业有限公司：孔宪夏

陕西神延煤炭有限责任公司：张剑、博冰

陕煤集团神南产业发展有限公司：高正武

陕西陕煤澄合矿业有限公司：张立侠

陕西东鑫垣化有限责任公司：王崇峰

工程建设QC小组

一、煤炭行业荣获全国工程建设优秀QC小组和QC小组活动优秀企业名单

1. 国家工程建设质量奖审定委员会公布2010年全国工程建设优秀QC小组名单（6个）

中煤第五建设有限公司第一工程处斜沟项目部综掘六队QC小组

中煤矿山建设集团工程公司安徽宿州移动综合楼工程QC小组

抚顺中煤建设（集团）有限责任公司第一分公司QC小组

中煤矿山建设（集团）有限责任公司第二十九工程处杨家村项目QC小组

中煤矿山建设集团有限责任公司第七十一工程处朱集项目部QC小组

平煤建工集团有限责任公司建井三处0801QC小组

2. 中国建筑业协会公布2010年全国工程建设优秀QC小组及QC小组活动优秀企业名单

1）煤炭行业全国工程建设优秀QC小组名单（19个）

唐山开滦建设（集团）有限责任公司建筑第一工程处物流项目部QC小组

中煤第一建设有限公司第十工程处凿井七队QC小组

中煤第一建设有限公司机电安装工程处第一QC小组

中煤第一建设有限公司第四十九工程处刘店项目部矿建35队QC小组

山西焦煤西山金信建筑有限公司史俊亮QC小组

山西焦煤西山金信建筑有限公司原煤仓质量管理小组

山西宏厦建筑工程第三有限公司杨洪良项目部QC小组

山西焦煤西山金城建筑有限公司机电安装公司QC小组

中煤矿山建设（集团）工程公司芜湖市城东新区

中煤矿山建设（集团）天津公司沈阳地铁QC小组

中煤矿山建设（集团）第三十工程处赛门特尔煤矿项目部QC小组

中煤矿山建设（集团）有限责任公司第三十三工程处不连沟项目部QC小组

兖州煤业股份有限公司济宁三号煤矿同力QC小组

中煤矿山建设（集团）有限责任公司机电安装处山西高和项目部QC小组

中煤第五建设公司第五工程处平朔项目部QC小组

中煤第一建设有限公司第三十一工程处赵楼项目部QC小组

中煤矿山建设（集团）有限责任公司陈蛮庄风井冻结项目部QC小组

中煤矿山建设集团淮南工程处口孜东项目部QC小组

中煤矿山建设（集团）有限责任公司天津地铁3号线14B标盾构QC小组

2）煤炭行业全国工程建设QC小组活动优秀企业名单（1家）

中煤矿山建设（集团）有限责任公司

3）煤炭行业全国工程建设QC小组活动优秀推进者名单（3人）

中煤第一建设有限公司：牛鹏翔

中煤矿山建设（集团）有限责任公司工程管理部：张勇

中煤矿山建设（集团）有限责任公司：王厚良

4）煤炭行业全国工程建设QC小组活动优秀发布人名单（1人）

中煤矿山建设（集团）有限责任公司第三十

三工程处不连沟项目QC小组发布人：解学强

二、煤炭行业工程建设QC小组表彰情况

由中国煤炭建设协会组织成果发布，经有关专家认真评选，评出优秀QC小组、先进QC小组、QC小组活动优秀企业、QC小组成果优秀资料、QC小组成果优秀发布人如下。

（一）2008年评选出优秀QC小组33个、先进QC小组21个、QC小组活动优秀企业5家、QC小组成果优秀资料3部、QC小组成果优秀发布人4名

1. 2008年煤炭行业建设工程优秀QC小组名单（33个）

中煤第五建设公司第四工程处黄玉川项目部406队QC小组

兖州煤业股份有限公司铁路运输处铁建QC小组

中煤第五建设公司第二工程处不连沟项目部QC小组

中煤第三建设（集团）有限责任公司工程承包公司萧县凤山花园第一项目部QC小组

中煤第三建设（集团）有限责任公司开源路桥养护公司QC小组

山西焦煤集团西山金信建筑有限公司朱晓丁QC小组

兖矿集团济三煤矿综采一队高效QC小组

宁夏煤炭基本建设公司大柳煤矿行政办公楼工程QC小组

淮南矿业集团矿业工程分公司综掘队QC小组

中煤第三建设（集团）有限责任公司第七十一工程处袁店项目部QC小组

中煤第三建设（集团）有限责任公司第三十三工程处青东项目部QC小组

中煤第三建设（集团）有限责任公司设备安装公司第六项目部QC小组

兖矿集团济三煤矿内考办QC小组

唐山开滦建设集团唐电项目部QC小组

中煤第五建设公司第三工程处朱集项目部QC小组

中煤第五建设公司第四工程处青东项目部408队QC小组

中煤第三建设（集团）有限责任公司机电安装工程处第六项目部QC小组

淮南矿业集团安装工程分公司拆装一区QC小组

中煤第一建设公司第三十一工程处矿建2队QC小组

江西矿山隧道建设总公司永平铜矿项目部QC小组

枣矿集团中兴建安公司第三工程处滨湖项目部QC小组

宁夏煤炭基本建设公司石嘴山项目部QC小组

中煤第五建设公司第五工程处葛铺项目部QC小组

淮南矿业集团安装工程分公司机厂游爱军QC小组

中煤第三建设（集团）有限责任公司第三十工程处王旺庄项目部QC小组

唐山开滦建设集团安装工程处第一项目部QC小组

淮南矿业集团安艺工程分公司杨友来QC小组

中煤第一建设公司第十工程处矿建3队QC小组

中煤第一建设公司第四十九工程处口孜东项目部QC小组

宁夏煤炭基本建设公司平罗文博中心项目部QC小组

兖矿集团东华公司建安分公司第六项目部QC小组

河北邢台矿业工程公司第六项目部QC小组

江西矿山隧道建设总公司丰龙项目部QC小组

2. 2008年煤炭行业建设工程先进QC小组名单（21个）

中煤第五建设公司第一工程处第一项目部岩巷机掘队QC小组

中煤第五建设公司现代钢结构加工车间QC小组

山西焦煤集团西山金信建筑有限公司王东胜QC小组

淮南矿业集团矿业工程分公司顾桥项目部307队QC小组

宁夏煤炭基本建设公司洗煤厂设备安装项目部

QC 小组

兖矿集团东华公司第三十七工程处第二项目部 QC 小组

中煤第三建设（集团）有限责任公司第二十九工程处口孜东项目部 QC 小组

中煤第一建设公司第六十三工程处王家岭八队 QC 小组

江西矿山隧道建设总公司宜萍项目部 QC 小组

唐山开滦建设集团制冷工程处第一项目部 QC 小组

宁夏煤炭基本建设公司清水营煤矿产品部 QC 小组

宁夏煤炭基本建设公司宁煤集团安全生产指挥中心项目部 QC 小组

兖矿集团东华公司第三十七工程处第七项目部第一 QC 小组

中煤第五建设公司第五工程处龙固项目部 QC 小组

枣矿集团中兴建安公司第三工程处机电安装公司 QC 小组

晋城宏圣建筑工程有限公司川底半坡新村住宅楼工程 QC 小组

山西焦煤集团西山金城建筑有限公司体系办 QC 小组

宁夏煤炭基本建设公司租赁公司 QC 小组

晋城宏圣建筑工程有限公司晋煤集团质监设计办公楼工程 QC 小组

宁夏煤炭基本建设公司烯烃厂区道路工程项目部 QC 小组

宁夏煤炭基本建设公司银川职业学院项目部 QC 小组

3. 2008 年煤炭行业建设工程 QC 小组活动优秀企业（5 家）

中煤第一建设公司第四十九工程处

淮南矿业集团安装工程分公司

晋城宏圣建筑工程有限公司

中煤第三建设（集团）有限责任公司

宁夏煤炭基本建设公司

4. 2008 年煤炭行业建设工程 QC 小组成果优秀资料（3 部）

兖州煤业股份有限公司铁路运输处铁建 QC 小组

宁夏煤炭基本建设公司建筑一分司大柳煤矿行政办公楼 QC 小组

山西焦煤集团西山金信建筑有限公司朱晓丁 QC 小组

5. 2008 年煤炭行业建设工程 QC 小组成果优秀发布人（4 名）

中煤第三建设（集团）有限责任公司工程承包公司：季娜

中煤第三建设（集团）有限责任公司设备安装公司：李娟

中煤第三建设（集团）有限责任公司开源路桥养护公司：周从育

兖州煤业股份有限公司济三煤矿：马洪坤

（二）2009 年度评选出优秀 QC 小组 19 个、先进 QC 小组 37 个、QC 小组活动优秀企业 8 家、QC 小组成果优秀发布人 8 名

1. 2009 年煤炭行业建设工程优秀 QC 小组名单（19 个）

中煤第三建设（集团）有限责任公司沈阳地铁项目部 QC 小组

兖州煤业股份有限公司济三煤矿同力 QC 小组

中煤第三建设（集团）有限责任公司第二十九工程处杨家村项目 QC 小组

中煤第三建设（集团）有限责任公司第三十工程处内蒙古赛蒙特尔煤矿项目部 QC 小组

中煤第五建设公司第一工程处第一项目部综掘六队 QC 小组

中煤建筑安工程公司第六十九工程处李村项目部 QC 小组

中煤第三建设（集团）有限责任公司第三十三工程处不连沟项目部 QC 小组

宁夏煤炭基本建设公司宁东公用工程项目部 QC 小组

宁夏煤炭基本建设公司石槽村项目部 QC 小组

中煤特殊凿井（集团）有限责任公司淮南工程处口孜东项目部 QC 小组

中煤第三建设（集团）有限责任公司机电安装工程处山西高河项目部 QC 小组

中煤第五建设公司第三工程处新河项目部 QC 小组

中煤特殊凿井（集团）有限责任公司冻结工

程处陈蛮庄风井冻结项目部 QC 小组

宁夏煤炭基本建设公司设备维修中心工程综机车间 QC 小组

中煤第三建设（集团）有限责任公司第七十一工程处朱集回风井 QC 小组

中煤特殊凿井（集团）有限责任公司天津地铁 3 号线 14B 标盾构 QC 小组

中煤第六十八工程处华能扎赉诺尔灵东煤矿原煤产品仓滑膜 QC 小组

中煤第五建设公司第五工程处平朔项目部 QC 小组

中煤第三建设（集团）有限责任公司安徽宿州移动综合楼 QC 小组

2. 2009 年煤炭行业建设工程先进 QC 小组名单（37 个）

中煤第五建设公司第五工程处第四项目部龙首矿混合井塔项目 QC 小组

中煤建筑安装工程公司第六十九工程处五阳项目部 QC 小组

山西焦煤西山金信建筑有限公司王东生 QC 小组

中煤第五建设公司第一工程处灵北项目部 113 队 QC 小组

中煤第五建设公司第二工程处红柳项目部 QC 小组

平煤建工集团有限公司建井三处第一项目部 QC 小组

山西焦煤西山金信建筑有限公司赵树毅 QC 小组

淮南矿业（集团）有限责任公司安装工程分公司机厂游爱军 QC 小组

中煤第五建设公司第五工程处安装二工区龙固工地 QC 小组

中煤第五建设公司第四工程处东周窑项目部 406 队 QC 小组

中煤第六十八工程处哈密大南湖一号矿副井井塔滑模施工 QC 小组

唐山开滦建设（集团）有限责任公司制冷工程处朱集西项目部 QC 小组

中煤第一建设公司第四十九工程处谢桥项目部矿建 10 队 QC 小组

兖矿集团东华建设有限公司建筑安装分公司三队 QC 小组

中煤第一建设公司第三十一工程处赵楼项目部 26 队 QC 小组

淮南矿业（集团）有限责任公司安装工程分公司拆装一工区李学伟 QC 小组

淮南矿业（集团）有限责任公司矿业工程分公司 303QC 小组

淮南矿业（集团）有限责任公司安装工程分公司拆装六工区 QC 小组

中煤第一建设公司第十工程处八宝项目部 QC 小组

平煤建工集团有限公司建井三处第八项目部 QC 小组

唐山开滦建设（集团）有限责任公司安装一部 QC 小组

中煤第五建设公司第二工程处金昌项目部运输队 QC 小组

山西焦煤西山金城建筑有限公司第三项目部 QC 小组

宁夏煤炭基本建设公司姜桂银 QC 小组

中煤五建设公司第四工程处麻家梁项目部 408 队 QC 小组

平煤建工集团有限公司建井一处第五项目部 QC 小组

唐山开滦建设（集团）有限责任公司建筑一处 QC 小组

淮南矿业（集团）有限责任公司矿业工程分公司 307 队 QC 小组

平煤建工集团有限公司土建处于朝辉 QC 小组

宁夏煤炭基本建设公司图书馆项目 QC 小组

中煤第五建设公司现代钢结构厂 QC 小组

宁夏煤炭基本建设公司设备维修中心车间 QC 小组

平煤建工集团有限公司建井三处第三项目部 QC 小组

平煤建工集团有限公司建井一处十三矿项目部 QC 小组

山西宏厦第一建设有限责任公司国投昔阳白羊岭煤矿项目 QC 小组

山西宏厦第一建设有限责任公司阳煤集团五矿赵家分区项目 QC 小组

淮南矿业（集团）有限责任公司矿业工程分公司综掘6队QC小组

3. 2009年煤炭行业建设工程QC小组活动优秀企业名单（8家）

中煤矿山建设（集团）有限责任公司

中煤第五建设公司第五工程处

中煤第一建设公司

唐山开滦建设（集团）有限责任公司

平煤建工集团有限公司

宁夏煤炭基本建设公司

淮南矿业（集团）有限责任公司矿业工程分公司

山东兖州矿业集团有限公司

4. 2009年煤炭行业建设工程QC小组成果优秀发布人名单（8名）

中煤第三建设（集团）有限责任公司沈阳地铁项目部：初月朗

兖州煤业股份有限公司济三煤矿：马洪坤

中煤第三建设（集团）有限责任公司第二十九处：王广彬

中煤第五建设公司第一工程处：彭克良

中煤第三建设（集团）有限责任公司第三十三处：解学强

中煤特殊凿井（集团）有限责任公司淮南工程处：沈华军

中煤第三建设（集团）有限责任公司：李琼

平煤建工集团有限公司建井三处：杨晓玲

（三）2010年度评选出优秀QC小组25个、先进QC小组49个，QC小组活动优秀企业7家

1. 2010年煤炭行业建设工程优秀QC小组名单（25个）

中煤第六十八工程处黄陵一号煤矿原煤仓QC小组

中煤第三建设（集团）有限责任公司第三十工程处杭来湾煤矿项目部QC小组

中煤建筑安装工程公司平朔原煤筒仓项目部QC小组

中煤第三建设（集团）有限责任公司天津公司盾构项目部QC小组

中煤建筑安装工程公司第七十三工程处东露天项目部“小先生”QC小组

中煤第三建设（集团）有限责任公司机电安装工程处第九项目部QC小组

中煤第三建设（集团）有限责任公司工程公司淮北袁店一矿选煤厂项目部QC小组

中煤第五建设有限公司第五工程处第二项目部QC小组

中煤第七十一工程处袁店项目部QC小组

中煤第九十二工程处锡林浩特项目部QC小组

中煤建筑安装工程公司第七十三工程处东露天项目部QC小组

中煤第五建设有限公司第三工程处第二十项目部QC小组

中煤特殊凿井（集团）有限责任公司冻结工程处朱集西煤矿风井项目部QC小组

中煤第三建设（集团）有限责任公司太中银铁路项目部QC小组

中煤第五建设有限公司现代钢结构厂木瓜界项目部QC小组

淮南矿业集团安装工程分公司第七项目部QC小组

山西焦煤西山金信建筑有限公司史俊亮QC小组

中煤建筑安装工程公司第六十九工程处李村项目部QC小组

中煤特殊凿井（集团）有限责任公司朱集西煤矿矸石井钻井工程项目部QC小组

中煤第五建设有限公司第一工程处112队QC小组

中鼎国际矿山隧道建设分公司色连项目部QC小组

中煤第三建设（集团）有限责任公司第三十三工程处不连沟选煤厂项目部QC小组

中煤邯郸特殊凿井有限公司庞庞塔打钻QC小组

中煤第五建设有限公司第四工程处察哈素项目部408队QC小组

中平能化建工集团有限公司土建处第四项目部吴建基QC小组

2. 2010年煤炭行业建设工程先进QC小组名单（49个）

中煤第五建设有限公司第五工程处安装一工区QC小组

中煤第五建设公司第二工程处处长：胡传喜

中煤第五建设公司第五工程处处长：钱乔国

中煤建筑安装工程公司总经理：赵中厚

中煤第七十二工程处处长：张学志

中煤第九十二工程处处长：范垂宇

枣庄矿业集团中兴建安工程有限公司常务、副总经理：翟延华

临沂华建工程有限责任公司董事长：魏延福

山西宏厦第一建设有限责任公司总经理：光银旺

山西焦煤西山金信建筑有限公司董事长：付汉江

晋城宏圣建筑工程有限公司董事长：张晋峤

大同煤矿集团宏远工程建设有限责任公司董事长：韩东先

山西宏厦建筑工程第三有限公司董事长：安小剑

铜川煤矿建筑安装工程公司经理：魏效农

韩城矿务局建筑安装工程公司总经理：王国英

平煤建工集团有限公司董事长：仝洪昌

河南富昌建设工程有限责任公司总经理：李宗庆

徐州中煤钢结构建设有限公司总经理：刘煜

淮南矿业（集团）有限责任公司安装工程分公司经理：杨杰

淮北矿业（集团）工程建设有限责任公司董事长：张正新

江西省矿山隧道建设总公司总经理：杨海平

广州中煤江南基础工程公司总经理：吴华森

中国煤炭地质总局华盛水文地质勘察工程公司总经理：王真奉

中国煤炭地质总局第四水文地质队队长：陆斌法

黑龙江省鹤煤建筑安装（集团）有限责任公司总经理：才化雨

四川芙蓉集团宜宾川南建设工程有限公司董事长：黄敬

（四）2009年度（中煤建协字〔2010〕76号）

1. 煤炭行业优秀施工企业名单（37家）

中煤第三建设（集团）有限责任公司第二十九工程处

中煤第三建设（集团）有限责任公司第三十工程处

中煤第三建设公司机电安装工程处

中煤第七十一工程处

中煤第一建设有限公司第三十一工程处

中煤第一建设有限公司特殊凿井处

中煤第五建设有限公司第二工程处

中煤第五建设有限公司第三工程处

中煤第五建设有限公司第四工程处

中煤第五建设有限公司第五工程处

中煤建筑安装工程公司第六十九工程处

中煤第六十八工程处

中煤第九十二工程处

山西宏厦第一建设有限责任公司

山西焦煤西山金信建筑有限公司

晋城宏圣建筑工程有限公司

枣庄矿业集团中兴建安工程有限公司

临沂华建工程有限责任公司

兖矿集团东华建设有限公司

河南国龙矿业建设有限公司

河南煤炭建设集团有限责任公司

河南省豫西建设工程有限责任公司

义煤集团永兴工程有限责任公司

陕西铜川煤矿建设有限公司

陕西华瑞建设有限公司

陕西天工建设有限公司

淮北矿业（集团）工程建设有限责任公司

淮南矿业（集团）有限责任公司安装工程分公司

重庆千牛建设工程有限公司

四川芙蓉集团宜宾川南建设工程有限公司

中鼎国际工程有限责任公司矿山隧道建设分公司

广州中煤江南基础工程公司

北京中煤大地技术开发公司

江西中煤建设工程有限公司

中国煤炭地质总局华盛水文地质勘察工程公司

中国煤炭地质总局第一水文地质队

中国煤炭地质总局第二水文地质队

2. 煤炭行业优秀施工企业家名单（26人）

中煤第三建设（集团）有限责任公司第三十工程处处长：冯旭东

中煤第七十一工程处处长：吴信远

中煤第三建设（集团）天津有限公司总经理：潘太平

中煤第一建设有限公司第三十一工程处处长：杨杰

中煤第一建设有限公司特殊凿井处处长：陈占怀

中煤第五建设有限公司第一工程处处长：吴德贵

中煤第五建设有限公司第二工程处党委书记：耿孝辉

中煤第五建设有限公司第三工程处处长：刘传申

中煤第五建设有限公司第四工程处处长：黄坤强

中煤第五建设有限公司第五工程处、处长：钱乔国

中煤建筑安装工程公司第六十九工程处处长：邵忠新

中煤第九十二工程处处长：范垂宇

山西宏厦第一建设有限责任公司党委书记：冯琪

山西焦煤西山金信建筑有限公司董事长、总经理：付汉江

枣庄矿业集团中兴建安工程有限公司董事长：王明南

枣庄矿业集团中兴建安工程有限公司总经理：翟延华

临沂华建工程有限责任公司董事长、总经理：魏延福

河南煤炭建设集团有限责任公司董事长：高木福

河南省豫西建设工程有限责任公司总经理：余建雨

义煤集团永兴工程有限责任公司总经理：吕涛

陕西华瑞建设有限公司董事长：刘合理

淮北矿业（集团）工程建设有限责任公司总经理：邵东亚

淮南矿业（集团）有限责任公司安装工程分公司经理：杨杰

四川芙蓉集团宜宾川南建设工程有限公司总经理：严先华

广州中煤江南基础工程公司总经理：吴华森

中国煤炭地质总局第二水文地质队队长：郝会申

（五）2010 年度（中煤建协字〔2011〕115号）

1. 煤炭行业优秀施工企业名单（32 家）

中煤第五建设有限公司第三工程处

中煤第五建设有限公司第五工程处

中煤第五建设有限公司第三十一工程处

中煤邯郸特殊凿井有限公司

中煤建筑安装工程公司

中煤第六十八工程有限公司

中煤建筑安装工程公司第六十九工程处

中煤第九十二工程处

中煤河北煤炭建设第四工程处

晋城宏圣建筑工程有限公司

山西西山金信建筑有限公司

山西宏厦第一建设有限责任公司

中煤第三建设（集团）有限责任公司第二十九工程处

中煤第三建设（集团）有限责任公司第三十工程处

中煤第七十一工程处

淮北矿业（集团）工程建设有限责任公司

山东华新建筑工程集团有限责任公司

兖矿集团东华建设有限公司

山东方大工程有限责任公司

临沂华建工程有限责任公司

枣庄矿业集团中兴建安工程有限公司

中鼎国际工程有限责任公司

中鼎国际工程有限责任公司矿山隧道建设分公司

河南省豫西建设工程有限责任公司

河南国龙矿业建设有限公司

焦作市宏程工程建设有限责任公司

广州中煤江南基础工程公司

重庆千牛建设工程有限公司

中国煤炭地质总局华盛水文地质勘察工程公司

安徽两淮建设有限责任公司（安徽省煤田地质局）

中国煤炭地质总局水文物测队

中国煤炭地质总局第一水文地质队

2. 煤炭行业优秀施工企业家名单（25 人）

中煤邯郸特殊凿井有限公司处长：陈占怀

中煤第五建设有限公司第三十一工程处处长：杨杰

中煤建筑安装工程公司总经理：张荣富

中煤建筑安装工程公司第六十九工程处处长：邵忠新

中煤第九十二工程处处长：董连军

中煤河北煤炭建设第四工程处处长：高晓林

晋城宏圣建筑工程有限公司总经理：张晋峤

山西西山金信建筑有限公司董事长：付汉江

山西宏厦第一建设有限责任公司总经理：刘健

中煤第三建设（集团）有限责任公司第二十九工程处处长：周树清

中煤第三建设（集团）有限责任公司第三十工程处董事长：冯旭东

中煤第七十一工程处处长：吴信远

淮北矿业（集团）工程建设有限责任公司董事长：张正新

山东华新建筑工程集团有限责任公司经理：刘续光

山东方大工程有限责任公司执行董事、党委书记：张继海

临沂华建工程有限责任公司董事长、总经理：魏延福

枣庄矿业集团中兴建安工程有限公司总经理：翟延华

中鼎国际工程有限责任公司总经理：胡立俭

中鼎国际工程有限责任公司矿山隧道建设分公司总经理：李尉进

河南省豫西建设工程有限责任公司总经理：余建雨

焦作市宏程工程建设有限责任公司总经理：赵楠

广州中煤江南基础工程公司总经理：吴华森

重庆千牛建设工程有限公司董事长：陈中毅

中国煤炭地质总局华盛水文地质勘察工程公司总经理：何先涛

安徽两淮建设有限责任公司（安徽省煤田地质局）总经理、局长：李学文

三、优秀企业、优秀企业家业绩摘登

（一）优秀企业

中煤矿山建设集团有限责任公司

中煤矿山建设集团有限责任公司是由原中煤第三建设（集团）有限责任公司和中煤特殊凿井（集团）有限责任公司合并成立的大型施工企业，位于安徽省合肥市经济技术开发区创业园路1号，2007年12月18日揭牌成立，2009年6月1日完成重组并正式运行。

集团具有矿山工程施工总承包特级资质，房屋建筑、市政公用、机电安装、公路工程施工总承包一级资质，隧道、铁路、城市轨道交通、钢结构、道路维护、土石方等专业承包资质，具有对外经营许可权。

中煤矿山建设集团有限责任公司董事长、党委书记　赵士兵

集团现任董事长、党委书记赵士兵，集团下辖子、分公司21个，总部机关设有办公室、党委工作部、财务部、资金管理中心、经营管理部、人力资源部、总工办、安全监察局、工程管理部、战略发展部、海外工程开发部、机电管理部、技术信息中心、审计部、法律事务部、纪委、工会、武保

部、监事会等19个职能部室，从业人员41000余人，中级以上职称技术人员近3000人，一、二级建造师近700人，全国优秀等级队110余支，各类施工装备13000余台套，拥有国家认定技术中心、国家工程实验室和博士后科研工作站，通过了质量、环境、职业健康安全“三标一体”认证。

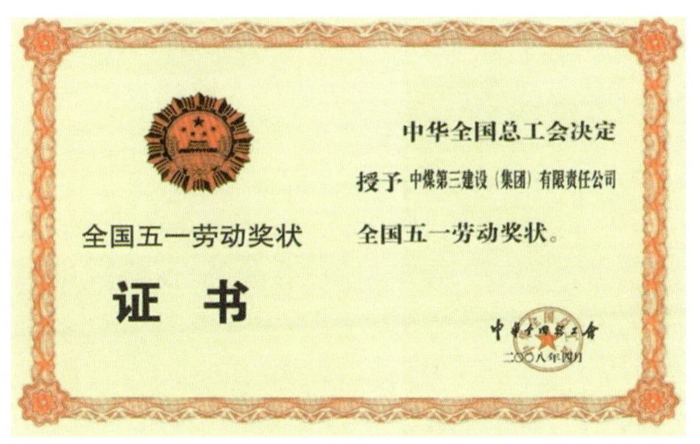

荣获全国五一劳动奖状称号

集团先后建成矿井340多对、选煤厂40多座，制作安装600米以上井筒提升系统60多个，600吨以上井架40多座，其中超千吨特大型井架6座，刷新了大型钢结构井架吊装4项亚洲纪录和3项世界纪录；建成铁路（含隧道、地铁）810多千米，公路及高速公路1130多千米，输油气管道200多千米，市政工程项目430多个，建设房屋上亿平方米，房地产开发面积近130万平方米。近年来，集团先后荣获“鲁班奖”3项，国家优质工程奖2项，全国煤炭行业工程质量最高奖“太阳杯”33项，省部级优质工程奖100余项，国家发明奖和国家科技进步奖18项，省部级科技进步奖90余项，国家发明专利及实用新型专利70余项，国家级工法8项，参与了12项国家和行业规范标准的编制及修订，保持了38项煤炭建设行业中国企业新纪录。

“十一五”期间，集团在取得良好经济效益的同时，也取得了良好的社会效益，连续5年荣获“全国优秀施工企业”称号，并先后获得“全国五一劳动奖状”、“全国守合同重信用单位”、“全国优秀建筑业企业”、“全国煤炭行业优秀企业”、“全国建筑业科技进步与创新先进企业”、“中国施工企业管理协会科技创新先进企业”、“中国工程建设社会信用AAA级企业”、“中国建筑业企业竞争力百强企业”、“全国设备管理先进单位”、“全国安康杯竞赛优胜企业”、“全国企业文化建设优秀单位”、“安徽省人才工作先进单位”等荣誉称号，企业经济规模和综合实力连续6年在全国煤炭基本建设行业中排名第一，2010年在全国煤炭企业100强中排名跃升至第41位。

5年来，集团积极应对世界金融危机、国内煤炭市场趋于平稳和企业合并重组等一系列重大问题，坚持加快发展不动摇，实现了企业持续健康快速发展，保证了“十一五”目标的提前实现。企业经营规模快速扩大，总产值从20亿元发展到超百亿元，平均每两年翻一番，企业利润达到4.5亿元，增长了8倍。2006—2010年完成的主要经济指标：2006年产值273507万元，利润23165万元；2007年产值373674万元，利润31846万元；2008年产值483305万元，利润25064万元；2009年产值643890万元，利润37452万元；2010年产值1002482万元，利润44889万元。

中煤建筑安装工程集团有限公司

中煤建筑安装工程集团有限公司1953年2月成立于北京，原名为中煤建筑安装工程公司，现驻地为河北省邯郸市，2011年改制更名为中煤建筑安装工程集团有限公司。

公司拥有国家房屋建筑工程、矿山工程、市政公用工程、机电安装工程施工总承包一级资质及建筑装修装饰工程、建筑幕墙工程、起重设备安装工程、金属门窗工程专业承包等一级资质。

公司现任总经理张荣富、党委书记强立军，公司下设8个子、分公司，其中，第七公司、第六十八公司、第六十九工程处、第七十二公司、第七十三工程处主要从事大型矿山及民用建筑工程土建施工；第九十二公司主要从事大型矿山及民用建筑机电设备安装施工；中煤煤炭洗选技术有限公司主要从事选煤厂承包运营、煤炭洗选技术开发、技术咨询、技术培训和机电设备销售、维修等业务。公司本部设置办公室（党委办公室）、人力资源部（党委组织部)、财务资产部、党群工作部（党委宣传部)、科技发展部、开发事业部、施工费用控制部、生产调度中心、信息管理部、经营管理部、纪监审计部、法律事务部、安监局等13个职能部室。

中煤建筑安装工程集团有限公司总经理　张荣富

公司现有在册职工5836人，管理人员和工程技术人员中具有中专以上学历的2612人，其中本科以上学历664人、专科学历1478人；公司拥有国内外先进、配套的施工设备2000多台套，年施工能力达50亿元。1997年在全国煤炭建设系统率先通过GB/T 19002、ISO 9002质量体系认证，2004年通过GB/T 28001、ISO 14001认证，建立了质量、环境、职业健康安全“三标一体”的整合型管理体系。

中煤建筑安装工程集团有限公司党委书记　强立军

公司自成立以来，一直担负我国煤炭工业重点矿区的建设任务，建成准格尔、神东、平朔、淮南、淮北等重点矿区选煤厂80余座，山东查庄电厂、安徽张庄电厂、山东柴里电厂等坑口电厂30余座，还承建了贵州、云南、江西、内蒙古等冶金系统及神华、潞安、榆林等大型煤化工项目；先后荣获国家级、省级及煤炭行业优质工程奖100余项，其中承建的山西晋煤集团寺河煤矿选煤厂、国投新集刘庄煤矿土建工程先后荣获中国建筑工程质量“鲁班奖”，刘庄煤矿工程荣获“新中国成立60周年百项经典暨精品工程”称号。公司是全国煤炭基本建设战线上的一支王牌军，已建设成为主业突出、装备精良、技术领先、机制灵活、服务优良、诚实守信的专业化总承包企业。

荣获“十一五”全国建筑业科技进步与技术创新先进企业称号

公司依靠科技进步，注重科技开发，建立了具有本企业特色的施工技术创新体系，技术储备雄厚，形成了跨煤炭、冶金、化工、民用等多行业的建筑安装成套工艺和技术，在大型工业与民用建筑施工技术的诸多领域，如筒仓滑模、各类主井井塔、地下槽仓综合施工、钢筋混凝土结构超低温施工、深基坑支护、钢结构制作安装等方面积累了丰富经验，在大跨度栈桥安装、各型选煤厂机电成套设备安装等方面处于国内领先地位。荣获18项省部级科技创新成果，被评为国家级施工工法3项、部级施工工法8项，获16项国家专利（其中发明专利5项)。

公司承建的中国神华集团神东煤炭分公司石圪台1200万吨/年选煤厂，仅用7个月时间就完成了土建、安装、调试、试运行等全部施工任务，创国内大型选煤厂建设速度之最；6个月完成亚洲最高、提升能力最大的井塔国投新集刘庄煤矿主井井塔工程，创我国钢筋混凝土井塔施工速度最快、采用新技术最多等7项纪录；承建的总容量13万吨的神华准格尔能源有限公司黑岱沟和哈尔乌素露天矿选煤厂新建产品槽仓，创国内单仓容量最高纪录；筒仓滑模施工、高寒地带冬季井塔滑模连续施工，分别创国内3个月施工同规模滑模工程数量最多新纪录和国内高寒地带冬季井塔施工速度新纪录；承建的中煤集团平朔东露天矿直径45米筒仓，创亚洲最大直径筒仓滑模施工新纪录。

“十一五”期间，公司多次荣获“全国先进建筑施工企业”、“全国用户满意施工企业”、“煤炭工业优秀施工企业”等称号，其中：2006年度被中国施工企业管理协会授予“全国用户满意施工企业”称号；2007年度被河北百强企业排序组委会授予“河北建筑业排头兵企业”称号；2008年度分别被中国施工企业管理协会、中国煤炭建设协会和河北省建筑业协会授予“全国优秀施工企业”、“煤炭行业优秀施工企业”和“河北省先进建筑企业”称号；2010年度分别被中国施工企业管理协会和河北省建筑业协会授予“全国优秀施工企业”、“‘十一五’全国建筑业科技进步与技术创新先进企业”和“河北省先进建筑企业”称号。

“十一五”期间经济指标完成情况：2006年完成产值14.7亿元，实现利润865万元；2007年完成产值16.6亿元，实现利润774万元；2008年完成产值21.1亿元，实现利润5673万元；2009年完成产值30.2亿元，实现利润6313万元；2010年完成产值38.2亿元，实现利润7406万元。

中煤建筑安装工程集团有限公司办公楼

近年来，公司立足打造土建施工、机电安装、煤炭洗选运营“四三三”发展格局，即土建工程施工占总产值的40%，机电安装和洗选运营分别占总产值的30%，目前已基本形成土建、安装、洗选三大板块平衡、协调发展的新局面。

平煤神马建工集团有限公司

平煤神马建工集团有限公司位于河南省平顶山市建设路东段南四号院，是中国平煤神马能源化工集团有限责任公司下属的大型综合性建筑企业集团，以工程总承包、设计咨询、房地产开发为主营业务。

公司拥有矿山、房建、冶金、化工石油工程、市政公用工程总承包一级，机电设备安装、装饰装修工程专业承包一级，防腐保温、环保、隧道、自动消防、起重设备安装工程专业承包二级，电力工程施工总承包三级以及勘查、设计、房地产开发等资质，可承担矿井建设、洗选加工、电力、冶金、化工、铁路、公路、水利、市政工程、公共建筑、大型住宅小区及高层建筑等工程的项目总承包及施工总承包。集团通过了质量、环境、职业健康安全管理体系认证。

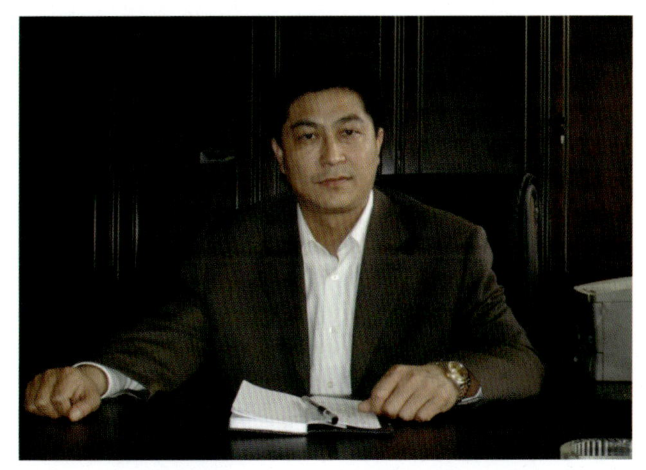

平煤神马建工集团有限公司董事长、党委书记　仝洪昌

公司现任董事长、党委书记仝洪昌，总经理李勤山，公司下设建井一处、建井三处、土建处、安装处、六处、勘探工程处等6个工程处，新疆、山西、陕西、宁夏等4个区域分公司，以及设计院、房地产公司、天元水泥公司、福星建材公司、万安咨询公司等单位。公司本部设置综合办公室、战略

中煤矿山建设集团有限责任公司第三十三工程处

中煤矿山建设集团有限责任公司第三十三工程处是原中煤三建集团唯一一家专业土建工程处，1953 年 3 月成立，位于安徽省宿州市汴河东路 27 号。

中煤矿山建设集团有限责任公司
第三十三工程处处长　李昌宇

工程处现任处长李昌宇、党委书记张文明，处下设设备租赁公司、物资供销公司、物业公司及 30 余个项目部，机关设有办公室、党委工作部、财务科、资金科、经营管理部、劳资社保部、安检科、工程开发部、技术科、审计科、资产办、纪委、工会、保卫科、团委、电视通讯站等 16 个职能部室；拥有各类工程技术经济管理人员 550 人，具有高中级专业技术职称人员 105 人，一、二级建造师及高、中级职业经理人近 100 人；各类先进施工设备原值 1.5 亿元，具有各类矿井地面建筑、工业及民用建筑和公路、铁路、市政、桥梁、安装、装饰、大型土石方施工能力为一体的专业工程处，是全国煤炭基本建设的国有骨干企业之一，年施工能力 20 亿元，通过了质量、环境、职业健康安全“三标一体”认证。

工程处以“精心施工、科学管理、质量至上、顾客满意”为质量方针，建设完成了合肥金安大

中煤矿山建设集团有限责任公司
第三十三工程处党委书记　张文明

厦、浙江富阳三狮水泥厂、合徐高速公路、淮南顾桥煤矿、孙疃煤矿、涡北煤矿、淮北市博物馆、山西平朔安家岭露天煤矿及选煤厂等一大批享誉四方的工程，许多项目已成为同行业或者当地标志性的建筑。2009 年总承包施工了年入选量 2000 万吨的国内最大选煤厂——内蒙古不连沟矿选煤厂；在天津地铁二期工程 3 号线施工中，基坑支护采用钢支撑、地下连续墙维护结构，成功解决了超深超大基坑施工技术问题；在合肥祥源广场百米高层施工中，采用扩大头锚索桩锚基坑支护技术，成功防治了流砂，在合肥市属于首例。

企业先后荣获国家级和省部级科技进步奖 11 项，行业内各类奖项 70 多项，承建的合徐高速公路北段 13 标段，安徽涡北煤矿行政办公、采区办公联合建筑，许疃煤矿联合建筑等多项工程荣获全国煤炭行业最高奖“太阳杯”。

企业先后荣获“煤炭行业优秀施工企业”、

荣誉证书

中煤第三建设（集团）有限责任公司三十三工程处

荣获二ＯＯ八年煤炭行业优秀施工企业称号。

中国煤炭建设协会
二ＯＯ九年七月

荣获 2008 年煤炭行业优秀施工企业称号

"安徽省优秀施工企业"、"省安全质量标化示范工地"、"淮北市先进集体"等省市级奖项60多项,并成功入选"中国名优企业数据库"。

"十一五"期间,工程处加强了"三个中心、一支团队"(设备中心、周转材料中心、劳动力中心,经营管理团队)建设,实施了三大市场战略(煤矿、房建市政、海外),企业综合实力大幅提高,企业经营规模快速扩大,总产值从3.01亿元发展到7.59亿元,实现了扭亏为盈和健康、和谐、较快发展。2006—2010年完成的主要经济指标:2006年产值30100万元,利润100万元;2007年产值34030万元,利润120万元;2008年产值43000万元,利润150万元;2009年产值56000万元,利润180万元;2010年产值75900万元,利润200万元。

中煤矿山建设集团有限责任公司第三十三工程处

中煤矿山建设集团有限责任公司第七十一工程处

中煤矿山建设集团有限责任公司第七十一工程处位于安徽省宿州市建设北路8号,始建于1954年11月。拥有矿山工程施工总承包一级、房屋建筑工程施工总承包一级、机电设备安装专业承包一级资质,注册资金5160万元,年施工能力25亿元,通过了质量、环境、职业安全健康三标认证。五十多年来,承建了百余个特大中型煤矿和金、铁、铜、铅、锌、石膏矿及建安配套设施工程,百余项大型厂房、高层建筑和各类机电设备安装工程,为国家能源和金属矿山建设事业作出了贡献。

中煤矿山建设集团有限责任公司
第七十一工程处处长　陆鹏举

工程处现任处长陆鹏举、党委书记孙家亮,工程处下辖3个办事处、3个分公司,机关设有办公室、党工部、生产管理部等13个职能科室,有职工7000余人,各类技术、经济人员730余人,其中高、中级专业技术人员92人,一、二级建造师78人,注册安全工程师6人,成建制施工队85支,其中全国优秀等级队27支。

工程处拥有大型凿井井架16套,4米双卷筒绞车4台,3.5米双卷筒绞车12台,2.8米专用提

中煤矿山建设集团有限责任公司
第七十一工程处党委书记　孙家亮

升机7台，3.6米双卷筒专用提升机4台，16～25吨凿井绞车102台，重型伞钻14套，中心回转式抓岩机14套，立井用小型挖掘机11台，高扬程吊泵、卧泵41台。用于斜井、平硐、煤岩巷等工程施工的主要装备有：正装侧卸式装载机23台，综掘机18台，皮带机37台，链板机21台，2米以上绞车49台，具有承揽各类大型矿山建设施工能力。

企业积极实施科技兴企战略，不断加大科技投入力度，推进装备升级。在立井大直径井筒施工和深厚表土层冻结井壁高强性能混凝土研究及其应用方面处于国内领先地位，研究成果获得中国施工企

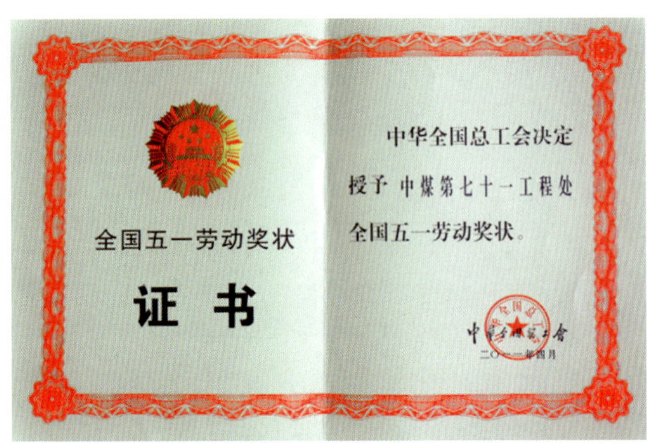

荣获全国五一劳动奖状称号

业科学技术成果一等奖，编写施工工法被评定为国家一级工法，先后获得国家发明专利1项、实用新型专利9项。工程处先后11次创全国纪录，其中：山东滕东主井基岩段施工，连续6个月平均月成井142米、最高月成井166.6米，创全国最高平均进尺；安徽顾南进风井、潘一东副井冻结段施工，先后两次创（刷）国内大井径（净径8.6米）月成井158米和171.6米全国纪录；山东许楼主井筒冻结砾石层施工，以月进101.8米的成绩创国内新纪录；淮南谢桥箕斗井井筒（净径7.6米）施工，创月成井185.2米同井径纪录；淮北邹庄副井井筒施工，创月成井203.5米的好成绩；泊江海子副井施工，创大井径井筒施工月进103.6米的全国纪录；安全优质地建成了当时亚洲冻结段最深（－650米）、设计工艺最复杂、施工难度最大的山东龙固副井工程。平斜巷施工多次刷新西北、两淮等矿区纪录。煤岩巷综掘机施工，在陕西三道沟、内蒙古麻地梁平均月进尺400米以上，最高月进尺达800米；丰龙煤矿二期工程施工，创出了月进262.8米的硬岩施工全国纪录。赴土耳其矿井建安

中煤矿山建设集团有限责任公司第七十一工程处

工程施工中，采取空中对接井架新工艺，成功竖立库兹鲁井架，为祖国争得了荣誉。70多项工程获“太阳杯”、省部级优质工程（杯）、省用户满意住宅工程、省安全文明示范小区、省安全质量标化工地等称号，参建的顾桥矿井工程、龙固副井工程夺得“鲁班奖”。

“十一五”期间，先后荣获“全国五一劳动奖状”、中建协“全国建筑业科技进步与技术创新先进企业”、中施企协“科学技术奖技术创新先进企业”、“全国500家质量信誉AAA级企业”、“全国企业文化建设先进单位”、“部级等级处”、“安徽省优秀建筑业企业”、“安徽省环境保护优秀施工

单位”、“安徽省五一劳动奖状”、“安徽省守合同重信用单位”等称号，其中2006—2010年连续5年获“全国煤炭行业优秀施工企业”称号，2008年和2010年获“全国优秀施工企业”称号，2009年获“全国建筑业先进企业”称号。

“十一五”期间，工程处产值由2006年的4亿元增长到2010年的20亿元，利润增至1亿多元。

中煤矿山建设集团有限责任公司机电安装工程处

中煤矿山建设集团有限责任公司机电安装工程处组建于1978年4月，坐落在安徽省宿州市，系国家一级施工资质企业，质量、环境、职业健康安全“三标一体”认证单位，重点从事煤矿机电设备制造安装、通用类一级设备维修、Ⅰ～Ⅲ类压力容器设计制造、工业压力管道设计安装、城市燃气设施设计安装、防腐等工程项目，是一家以煤为主，集化工、建工、冶金、电力、市政等机电安装工程为一体的综合性施工队伍。

现任处长阚胜利、党委书记王永亮，工程处下辖20个安装项目部、3个承包公司及4个机械装备制造厂，机关设置13个职能科室，在册职工2046人，其中高级职称24人、中级职称133人，总资产4.5亿元，流动资产3.8亿元，拥有大中型设备796台套。

奖状

中煤第三建设公司机电安装工程处

荣获二〇〇七年度全国

优秀施工企业

中国施工企业管理协会

二〇〇八年三月

荣获2007年度全国优秀施工企业称号

中煤矿山建设集团有限责任公司
机电安装工程处处长　阚胜利

多年来，工程处在全国煤矿及其他工业建设上成绩卓著，在国内首次使用井塔预建整体平移技术并获国家科技进步奖。安装移交了上百对大型工矿项目，其中在山东唐口煤矿、山西屯留煤矿、山西高河煤矿、国投新集口孜东煤矿、山西麻家梁煤矿、国投新集杨村煤矿竖立千吨级以上井架6座，创4项亚洲纪录、3项世界纪录。近几年来，获省部级优质工程达50多项，多项工程获“太阳杯”奖。2006年施工的屯留主井系统安装工程及2009年施工的顾桥煤矿安装工程均获得中国建筑工程“鲁班奖”，施工的山东阳城煤矿矿井工程在2009年获“国家优质工程银质奖”。研发的矿用大型钢

中煤矿山建设集团有限责任公司机电
安装工程处党委书记　王永亮

中煤第五建设有限公司第三十一工程处

中煤第五建设有限公司第三十一工程处成立于1954年，位于河北省邯郸市，隶属于中国中煤能源集团有限公司中煤第五建设有限公司，是具有矿建、土建、安装综合施工能力的矿山工程施工总承包特级资质企业。

工程处现任处长邓贤松、党委书记郑永清，现有职工4938人，管理人员395人，具有高、中、初级技术、经济职称人员452人，各类技工1960人，矿建一、二级项目经理62人，一级注册建造师9人，二级注册建造师30人。处机关设置办公室、党工部、工程管理科、安全监察处、监察审计科、企业管理科、财务管理科、人力资源管理科、调度室、机电管理科、物资供应科、工会等12个职能科室，下设设备管理中心、物资管理中心、后勤服务中心、培训中心、21个矿建项目部、2个土建工区、1个装修工区、1个安装工区，拥有各种大型施工设备2748台套，年施工能力12亿元，可同时承担8条立井井筒、3条斜井井筒和12个独立管理生产系统的矿山工程施工。

证书

中煤第五建设有限公司第三十一工程处

荣获2010-2011年度煤炭行业优秀施工企业称号。

中国煤炭建设协会

二〇一一年十二月

获得煤炭行业优秀施工企业称号

“十一五”期间，承建46座煤矿矿井，1座非煤矿井。其中立井井筒30条（千米立井6条，净径10米超大直径井筒1条），斜井井筒15条，工程分布在山东、山西、陕西、河北、河南、安徽、甘肃、宁夏、内蒙古、新疆和黑龙江11个省区。

中煤第五建设有限公司第三十一工程处

2006年郭屯煤矿风井创立井冻结冲积层一次掘砌深度中国施工企业新纪录。2008年承建的兖矿菏泽能化有限公司赵楼煤矿主、副井工程被住房和城

中煤第五建设有限公司

第三十一工程处处长　邓贤松

乡建设部授予“全国建筑业新技术应用示范工程”称号，承建的赵楼煤矿高29米、宽7.2米、深8米的双侧箕斗装载硐室创中国企业新纪录（第十三批）。2010年承建的陕西彬长集团孟村煤矿主井井筒工程创立井冻结基岩段掘砌月进度153.9米的新纪录。2010年获得全国煤炭建设工程处（公司）前十强称号。

近年来，工程处科技成果硕果累累，创建优质工程成绩突出。9部工法被评为部级工法，2部工法被评为国家二级工法，获得16项省部级以上科技成果奖，取得发明专利3项、实用新型专利9项，获部级优质工程13项、“太阳杯”工程5项，承建的山东鲁能煤电有限公司阳城矿井工程获得2009年度“国家优质工程银质奖”。

2006—2010年连续荣获“全国煤炭行业优秀施工企业”和“煤炭行业（部级）优秀等级工程处”称号，2007年被授予全国煤炭系统首批文明单位荣誉称号，多次荣获“全国优秀施工企业”和“全国用户满意施工企业”称号，连续20年被河北省政府授予“重合同守信用单位”和“省市文明单位”，并成为河北省首批“AAA级劳动关系和谐企业”。

“十一五”期间，共完成施工产值26.3亿元，井巷工程量14.3万米，房屋竣工面积7.6万平方米。

中煤第五建设有限公司第三十一工程处党委书记　郑永清

中煤第五建设有限公司第四十九工程处

中煤第五建设有限公司第四十九工程处位于河北省邯郸市，隶属于中煤能源集团公司，是国家矿山建筑安装施工特级企业，主要从事矿山、地面建筑安装及隧道、工业与民用建筑、钻探、注浆、治水及室内外装饰等项目施工。

工程处现任处长张贵民、党委书记张纪甫，现有职工4973人，各类技术职称600余人，其中高级工程师11人，中级职称68人。处机关设置工程管理科、调度室、企业管理科、财务管理科、人力资源科、监察审计（纪委）科、安全监察处、办公室、工会、党委工作部等10个职能科室，下设22个矿建施工项目部和工程开发部、生活服务公司、供应科、机电科、职工医院、安全技术培训中心等6个辅助部门，拥有大型施工机械设备3000余台（套）。

中煤第五建设有限公司第四十九工程处处长　张贵民

在矿山施工中，打破多项全国立井施工纪录，至今还保持着220.6米全国最高月成井纪录及141.52米全国立井施工平均月成井最高纪录。2003年施工的唐口矿井实现了千米井筒一年到底，

中煤第五建设有限公司第四十九工程处党委书记　张纪甫

创国内最深立井井筒施工新纪录。2008 年李堂煤矿高膨胀黏土层立井一次性穿过第四系最厚 271.88 米和最大膨胀率 118.5% 黏土层，获第十三批中国企业新纪录。2009 年胡家河副井井筒“国内煤矿特大井型松软基岩全井冻结法施工外壁掘砌立井施工”跻身第十四批中国企业新纪录。施工的国投新集刘庄煤矿副井、进风井获 2007 年第二十届中国建筑行业工程质量最高奖“鲁班奖”（国家优质奖）；2009 年，该工程又入选“新中国成立 60 周年百项经典暨精品工程”，同时被授予“新中国成立 60 周年煤炭行业精品工程”称号。“冻结风化基岩段中深孔爆破快速施工工法”被评为 2007—2008 年度国家级一级工法，“千米立井液压凿井设备综合配套施工工法”、“安全监控与预警系统在煤矿立井施工中的应用工法”被评为部级工法，获得 2010 年度中国施工企业管理协会科学技术进步奖创新成果二等奖 3 项。

近年来工程处多次荣获“河北省工程建设质量管理优秀企业”、“河北省工程建设质量管理小组活动先进企业”、“全国煤炭行业优秀等级处”和“全国煤炭行业优秀施工企业”等称号。

“十一五”期间，完成工程量 124063.04 米，实现产值 253116.22 万元。

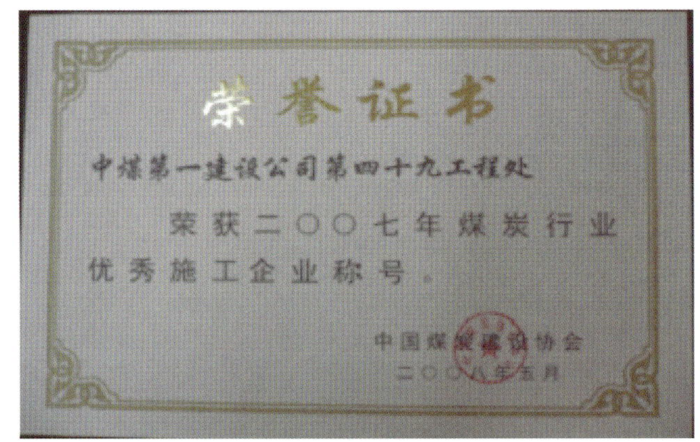
荣誉证书

中煤第一建设公司第四十九工程处

荣获二〇〇七年煤炭行业优秀施工企业称号。

中国煤炭建设协会

二〇〇八年五月

荣获煤炭行业优秀施工企业称号

中煤第五建设有限公司特殊凿井处

中煤第五建设有限公司特殊凿井处成立于 1974 年，位于河北省邯郸市，隶属于中国中煤能源集团有限公司，具有国家特种专业工程（冻结、注浆、地基与基础工程）施工一级资质，是专门从事打钻、冻结、注浆工程施工的企业。

特殊凿井处现任处长陈占怀、党委书记商凯，现有员工 1165 人，各类高、中、初级专业技术人员 179 人。处机关设置党政办公室、人力资源科、企业管理科、财务管理科、安全监察处、工程管理科、调度室、监察审计纪委科、党委工作部、工会、机电管理科、物资供应科、生活服务中心等 13 个职能科室，下设 5 个冻结项目部，2 个地勘项目部及职工教育培训中心、安全防护厂。拥有钻机、热虹吸螺杆式压缩机组、螺杆式冷冻机等主要

中煤第五建设有限公司特殊凿井处处长　陈占怀

施工技术装备1485台（套），具备同时施工20个井筒冻结工程的能力。

先后在全国18个省市、自治区承担冻结、注浆、地基桩基工程施工310余项，获得“国家优质工程银质奖”1项、“鲁班奖”1项，创出了30项省部级以上优质工程。2006年完成的山东郭屯煤矿主井冻结工程冻结深度702米，创造了冻结法凿井通过表土层厚度世界纪录，“702米深井冻结关键技术研究”获得河北省煤炭工业协会特等奖、集团公司“科技进步特等奖”、2006年度煤炭工业十大科学技术成果和中国施工企业管理协会科学技术奖、技术创新成果特等奖。目前施工建设的内蒙古门克庆煤矿主井冻结工程冻结深度802米，为当时施工项目全国冻结深度之最，现已开工的华能甘肃能源新庄煤矿风井冻结深度910米，为当前全国冻深之最。建处以来累计完成冻结工程总长度达57230米，为国内冻结总长度最多的单位。编写的深立井、斜井、冻结造孔施工、大型冻结站安装、西部地区软岩冻结孔施工与纠偏工法均被评为部级工法，其中4项被评国家级工法。近年来共取得专利受理、授权13项，其中发明专利8项、实用新型专利5项。

中煤第五建设有限公司特殊凿井处党委书记　商凯

中煤第五建设有限公司特殊凿井处

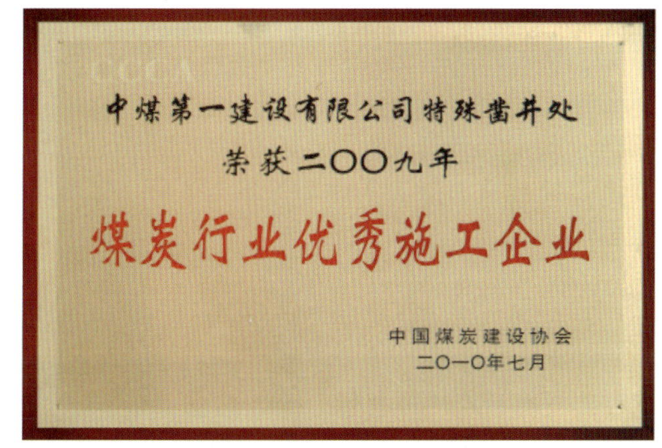

荣获煤炭行业优秀施工企业称号

“十一五”期间，连续荣获“煤炭行业优秀施工企业”称号，处党委被评为公司先进党委、邯郸市建设系统先进基层党组织和精神文明建设先进单位，并被国资委授予“中央企业先进集体”荣誉称号。

“十一五”期间经济指标完成情况：2006年26681.25万元，2007年26074.20万元，2008年27099.49万元，2009年31547.00万元，2010年33606.42万元。

中煤河北煤炭建设第四工程处

中煤河北煤炭建设第四工程处于1953年10月始建于河北峰峰矿区，现位于河北省邢台市桥西区冶金北路138号，是以承建大中型煤矿，以及金、铜、铁等冶金矿山基建工程为主的矿、土、安综合施工企业，具有矿山施工总承包一级资质和工民建二级资质，通过了ISO 9001国际质量管理体系认证。

工程处现任处长高晓林、党委书记王建生，工程处下设15个矿建项目部、2个机电安装工程部以及建筑工程部、机厂、石膏矿、支护器材厂、医

中煤河北煤炭建设第四工程处
处长 高晓林

中煤河北煤炭建设第四工程处
党委书记 王建生

院等，现有职工2700余人，有专业技术人员400余人，总资产3.7亿元，机械设备3000余台（套），其中大型凿井设备1200余台（套），可同时施工15个立井筒及若干项平斜巷工程，年施工能力6亿元。

工程处成立以来，转战晋、冀、鲁、豫、皖、陕、湘、鄂、赣、蒙、辽、京等20余个省、市、自治区，依托矿建、土建、机电安装三类工程一体化综合施工特长，独立建成28座大中型煤矿，参与过80余座矿井建设，凭着一流的技术、一流的装备、一流的管理，在我国立井、平巷施工领域始终处于先进地位，立井最高月进尺达到202.8米，至今保持着山西省、江西省煤矿立井施工纪录和全国黄金矿山立井施工纪录，多项工程被评为全国煤炭行业优质工程、“太阳杯”工程。

工程处多次荣获“国家级重合同守信用单位”、“河北省先进集体”等荣誉称号，2008年度被中国煤炭建设协会授予“煤炭行业优秀施工企业”称号。

“十一五”期间，累计完成总产值186033万元，实现利润合计2299.1万元，施工井巷总进尺53206.6米。

中煤河北煤炭建设第四工程处

河南富昌建设工程有限责任公司

河南富昌建设工程有限责任公司位于河南省鹤壁市山城区，始建于1954年8月，原为汉口煤矿基本建设局鹤壁工程处，1966年被煤炭部命名为煤炭部四十三工程处，现隶属河南煤化建设集团。

公司拥有国家矿山工程施工总承包一级、房屋建筑施工总承包一级和机电设备安装专业一级资质，是一个集矿建、土建、安装、地质勘探、注

河南富昌建设工程有限责任公司
董事长、党委书记　贾希林

浆、隧道、机械制造、交通运输为一体的综合施工企业。

公司现任董事长、党委书记贾希林，总经理王国贤，现有在册员工1690人，各类技术人员339人，净资产8000万元。施工机械设备总台数1200台（套），总功率为52700千瓦。机关设七部一室，即生产技术安全部、机电管理部、人力资源部、财务管理部、企业管理部、党务工作部、工会、综合办公室。基层单位分为矿建、土建、安装、后勤等部分。其中，矿建板块下设第一、三、四、六、七、九、十、党家河、安徽马鞭山、三矿

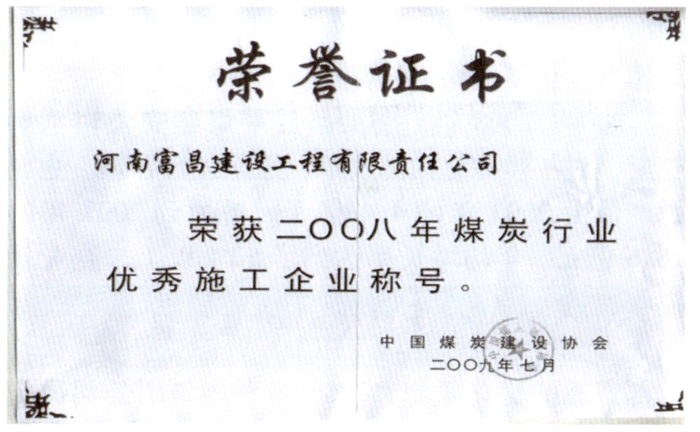

荣誉证书

河南富昌建设工程有限责任公司

荣获二〇〇八年煤炭行业优秀施工企业称号。

中国煤炭建设协会
二〇〇九年七月

荣获2008年度煤炭行业优秀施工企业称号

抢险等10个项目部；土建板块下设土建事业部、土建工区和10个直属项目部；安装板块下设8个项目部；注浆板块下设3个项目部。机械制作安装板块下设3个地面厂；矿山项目部主要从事矿山开采工作；医院、后勤服务部主要负责公司后勤服务工作。

公司具有50多年的历史与施工经验。先后在10余省市承建施工了40对大中型矿井、28对配套矿井，3对井径8～12米大断面矿井，是全国煤炭基本建设队伍中的一支劲旅。承建的鹤煤十矿主井工程被原煤炭部评为部优工程；鹤煤四矿贾吕寨风井工程被评为全国煤炭行业优质工程；鹤煤八矿新风井井筒工程被评为全国煤炭行业优质工程；山西阳泉保安煤矿主井和风井均被中国煤炭建设协会评为全国煤炭行业优质工程，其中保安煤矿主井荣获全国煤炭行业“太阳杯”最高奖；承建的山西省阳煤集团600万吨新元矿井，创斜井月成井156.5米的先进纪录，荣获全国煤炭行业“太阳杯”最高

河南富昌建设工程有限责任公司总经理　王国贤

奖；承建的三矿、八矿新风井是千米深井，双井筒连续4个月超百米，采取了置换注浆法顺利通过流砂层，填补了国内立井井筒普通凿井法穿过流砂层的空白，两井筒安全顺利落底；承建的鹤煤九矿工业广场风井工程连续4个月创百米，其中5月进尺166米，创河南省立井施工新纪录。承建的漯河双汇国际花园等工程被评为省优质工程；承建施工的鹤煤公司70万平方米棚户区改造工程全部通过验收交工。承建的平煤集团公司八矿年产180万吨大型选煤厂机电设备安装工程被评为部优工程；鹤壁中泰矿业公司主提升系统安装工程获“全国煤炭行业优质工程奖”。施工的周口煤田等千米超深井检查钻探孔被评为省级甲级优质钻孔。

1030米的月进度，是全国煤炭行业年度最好成绩。江西永平铜矿露转坑－100米中段巷道创造了554米的月进度，是全国煤炭行业年度最好成绩。黄陵一号煤矿602工作面进风巷创造了1020米的月进度，是全国煤炭行业好成绩之一；等等。

企业工程质量扎实推进，获得"太阳杯"工程3项，省部级优质工程7项。2009年度、2010年度，公司获全国煤炭行业优秀施工企业、全国煤炭建设矿建施工前30强（第16名）、安装施工前20强（第4名）等称号。

中煤矿山建设集团有限责任公司
董事长、党委书记　赵士兵

赵士兵，男，1964年8月生，安徽萧县人，中共党员，1985年7月毕业于淮南矿业学院，1985年7月参加工作，历任原中煤三建集团工区技术员、股长、工区主任、项目经理、工程处处长、集团总经理等职，2007年12月中煤三建集团与中煤特凿集团合并后，任中煤矿山建设集团有限责任公司董事长、党委书记至今。2008年3月，赵士兵被评为全国优秀施工企业家。

中煤矿山建设集团有限责任公司
董事长、党委书记　赵士兵

作为一名新时期的企业管理者，赵士兵始终站在行业发展的最前沿，在企业内部大刀阔斧地进行改革，大力实施科技兴企、人才强企和结构调整战略，使企业始终保持着持续快发发展的良好态势，企业经济规模和综合实力连续6年在全国煤炭基本建设行业中排名第一。

2002年12月，赵士兵出任原中煤三建总经理，面对生产任务不足、资金短缺等困难，他牢牢抓住市场转暖和政策性破产机遇，果断地卸除历史包袱，实施"三年三大步"的发展规划，并顺利实现2003年打基础、2004年上台阶、2005年大翻身的发展目标，企业一举扭亏为盈，摆脱了困境，驶入了快速发展的"快车道"。

2005年初，在赵士兵的带领下，原中煤三建制定了《"十一五"规划及2020年远景目标》，从战略管理的高度，对企业今后5年的发展进行了方向性、全局性的谋划。2006—2007年，大力实施产业结构调整，成立了太中银铁路指挥部、天津地铁公司，收购了安徽开源路桥公司，控股了安徽信德置业有限公司；施工领域由矿建逐步延伸至铁路、隧道、公路、桥梁、城市地铁和市政建设等领域，市场触角不仅遍布全国20多个省（自治区），还成功进入了蒙古、土耳其、巴基斯坦等国建筑市场；企业经济规模和综合实力连续3年在全国煤炭基本建设行业中排名第一。

2007年12月，原中煤三建集团和中煤特凿集团重组为中煤矿建集团，赵士兵出任集团董事长、党委书记。赵士兵到任后，在稳步推进企业重组改革的同时，继续推进科技兴企、人才强企和结构调整战略，使企业继续保持了持续快速发展的良好态势。在人才队伍建设上，把"人"作为发展企业、服务顾客的根本，在人才的引进、培养和激励上下工夫，企业人才储备逐年增加，专业结构日趋合理，总体素质不断提高，为企业的持续快速发展提供了强有力的人才支撑。在科技创新方面，围绕打造"快速、优质、高效、安全"的品牌工程，加大装备投入，加强自主创新，不断提高企业综合素质和竞争能力，逐步建立了以自主开发为主、消化吸收为辅、引进技术为补充的技术开发和创新体系。在经营管理上，根据各个时期发展特点和工作实际，在项目管理、经营管理、安全管理等方面进行了探索，逐步形成了一套特色鲜明、行之有效的管理举措。在结构调整上，在做强矿山建设主业的同时，积极拓展铁路、隧道、地

铁、高速公路、市政等施工领域，同时延伸产业链，积极向房地产开发、机械制造和绿色农业项目发展。

通过“十一五”的发展，企业经营规模快速扩大，总产值从20亿元发展到超百亿元，平均每两年翻一番，在建项目由几十个发展到几百个，施工区域从以华东为主发展到以中西部为主；矿建、公路、铁路、地铁、房建、机电安装六大建筑板块以及房地产业、机械制造业全面发展，施工结构和产业结构不断优化升级。

面对鲜花和掌声，赵士兵没有陶醉，更没有沉迷，而是始终以一个改革者的姿态迎接着挑战。2010年，他主持制定了集团“十二五”发展规划，提出集团将坚持加快发展不动摇，大力实施科技兴企、人才强企和结构调整战略，逐步把企业建设成为行业领先、国内有影响力、国际有竞争力的现代化大型企业集团，力争实现到“十二五”末，企业收入超过200亿元。

中煤矿山建设集团有限责任公司总工程师、原中煤第二十九工程处处长　王厚良

王厚良，男，安徽桐城人，中共党员，1988年7月参加工作，正高级工程师职称，高级职业经理人。1988年7月，安徽淮南矿业学院采矿系矿山通风与安全专业毕业，工程学士学位；2004年12月，获安徽理工大学矿业工程领域硕士学位。2006年荣获全国建筑业优秀企业家称号，2008年荣获煤炭行业优秀企业家称号。

中煤矿山建设集团有限责任公司总工程师　王厚良

1988年7月参加工作，历任中煤三建第二十九工程处技术员、项目副经理、项目经理、副处级项目经理、副处长、处长，2008年11月—2009年9月任中煤矿山建设集团有限责任公司总工程师兼二十九工程处处长，2009年9月至今任中煤矿山建设集团总工程师。

王厚良任二十九工程处处长后，集体研究，确立了“以科学发展观为统领，坚持以人为本，突出本质安全，创新管理模式，发挥核心优势，注重和谐发展，打造并保持在全国煤炭建设行业的领军地位”的发展思路，制定了企业“十一五”规划，并且，分年度确定合理的短期发展目标，坚定不移地采取各种措施完成每年的发展目标，从而促进了企业的快速发展。

目前，企业所承揽的工程跨越了新疆、陕甘、山西、鄂尔多斯、呼伦贝尔、山东、两淮等七大区域，潜在工程量超过40亿元；企业发展更是在5年内迈出5大步，企业产值从2006年的5亿元增至2010年的22.29亿元；实现利润从2006年的5400万元增至2010年的2.34亿元；企业综合实力连续4年位居全国煤炭建设行业第一位，企业也连年被评为全国煤炭基本建设先进施工企业、全煤系统优秀等级处、全国工程施工放心企业、全国优秀建筑企业、工商诚信等级AA级企业、全国质量安全信誉AAA级优秀企业、全国安全生产优秀施工企业、全国建设行业质量安全和服务诚信承诺示范企业、省属企业文明单位、安徽省环境保护优秀施工单位、淮北市文明单位等荣誉称号。

在工程建设中，他始终将加快工程单进水平和提高工程质量作为两大着力点来抓。为此，企业每年都投入大批资金，购置一大批适应矿山建设发展方向的国内最先进的大型、新型设备投入到施工一线，形成机械化作业线，这不仅大大加快了施工进度，而且极大地降低了职工的劳动强度，保障了施工的安全快速推进。同时，他还大力倡导在企业内部开展多种形式的劳动竞赛活动，组织条件相近的

项目部、连队之间开展劳动对手赛，互相比、学、赶、超，从而促进施工生产的顺利进行。5 年来，第二十九工程处先后创出 5 项中国企业新纪录，创、破省、矿区纪录 300 余次。在立井施工方面：施工 800 米以上深立井井筒 15 个，创立井月进尺 100 米以上纪录 90 余次，创月进尺 150 米以上纪录 40 余次，立井井筒平均进尺达到 98.3 米以上；在岩石平斜巷施工方面：在断面 18 平方米以上大断面全岩巷道施工中，创月进尺 120 米以上纪录 180 余次，最高进尺达到 260 米/月，平均进尺 114.2 米；在煤巷和半煤岩巷施工方面：创大断面煤巷、半煤岩巷综掘月进 500 米以上纪录 30 余次，1000 米以上纪录 6 次。至今，29 处始终保持着立井、岩石平巷、半煤岩巷、煤巷月进度全国优势地位。

在安全快速施工的同时，他时刻不忘工程质量这个根本。安排指导相关部门，采取多种得力措施，千方百计保障工程质量目标的实现。5 年来，施工的工程合格率达 100%，优良品率达 88% 以上。其中，施工的陕西黄陵二号煤矿工程获“国家优质工程银质奖”，新集刘庄、安徽丁集、山西高河、小庄等 10 余项工程被中国煤炭建设协会评为“太阳杯”奖，安徽孙疃、云南白龙山隧道、陕西黄陵二号井等 20 余项工程被评为优质工程。

王厚良十分重视技术创新和科研工作，始终站在煤矿建设科技的最前沿，以科学、严谨的态度深入研究复杂地质条件下煤炭建设快速施工经验和技术，积极推广新技术、新工艺、新材料。同时，在企业内通过建立以精神激励、物质奖励、政治荣誉三位一体的激励机制，积极组织引导职工广泛开展 QC 成果、五小成果、金点子建议等活动，在企业内部形成了良好的科技创新氛围。他撰写了《立井井筒机械化配套快速施工》、《大断面巷道快速施工》、《反井钻机在井底斜煤仓施工中的应用》等 30 余篇科技论文，其中 20 余篇专业论文在国家级刊物上发表。这些科技成果的推广应用，很好的指导了生产建设活动，破解了施工过程中关键技术工作难题，创出了良好的经济效益和社会效益。他组织编制的“深立井静水抛渣注浆封水施工工法”并荣获国家级工法，这一科研成果被评为山东省科学技术一等奖，核心技术荣获国家安全生产监督管理总局安全生产科技成果一等奖，并被批准为 A 级推广项目；“炮孔水耦合装药爆破机理模型试验研究”、“黄淮地区大直径深立井快速掘进技术及工程实践研究”、“深立井掘进突水机理及综合注浆堵水技术研究”、“动载作用下邻近硐室围岩动态响应与支护技术研究”等 4 项科研成果获得安徽省科学技术三等奖；“立井井筒全深冻结冻结基岩段掘砌施工工法”、“动载作用下邻近硐室围岩支护工法”、“深立井通过突出煤层‘三步法’揭煤工法”3 项施工工法被中国煤炭建设协会评定为部级工法并推荐申报国家级工法。

在企业内部的各项管理上，始终将制定并完善推行制度化建设作为一项重要工作来抓。主持制定的《中煤三建二十九工程处施工及经营管理规定》、《中煤三建二十九工程处工程项目标准化建设管理规范》，有力地指导着企业的各项工作。始终坚持强化工程项目管理，不断探索和总结科学的管理方法和途径，积极调整处和项目部等各层次的责、权、利，坚持放权经营和强化监督相结合，项目管理取得了良好效果。

在人才和队伍的管理上，他始终坚持“人才要素是第一要素、人力资源是第一资源”的理念，始终坚持两手抓的战略，一方面坚持加大引进人才的力度，为企业今后的发展奠定了坚实的基础。另一方面坚持加强现有人才建设不动摇，组织生产骨干和管理人员参加了多种形式的培训班，增强了他们的业务能力。坚持在公平竞争中识别人才、发现人才、培育人才，让真正的人才能够获发挥聪明才干的机会，让普通职工获能够成为人才的机会，形成全处“人人是能手，个个是标兵”的喜人态势。

中煤矿山建设集团有限责任公司 机电安装工程处 李惠民

李惠民，男，1950 年 10 月生，安徽濉溪人，中共党员，1969 年参加工作，高级工程师、大学学历，2010 年 10 月退休。参加工作以来，历任工区生产主任、技术科长、项目经理、副总工程师、副处长、处长、董事长等职。2008 年 3 月，李惠民被评为全国优秀施工企业家。

李惠民2000年1月—2009年8月任机电安装工程处处长期间，团结带领职工共同奋斗，调整发展思路，搞活用人机制，改革管理办法，大力拓宽市场，使安装处呈现了好的局面好的势头，企业的信誉和影响力逐年扩大，市场占有率有较大提高，职工思想比较稳定，士气旺盛，在许多方面实现了新的突破。

中煤矿山建设集团有限公司机电安装工程处原处长　李惠民

企业总产值几年来有较大的递增。2003年完成10381万元，2004年完成21500万元，2005年完成24115万元，2006年完成30000万元，2007年达到了38400万元。职工收入增幅较大，在岗职工人均收入2003年13010元，2004年21500元，2005年24115元，2006年26600元，2007年29800元。扩大了施工市场，施工区域上巩固发展了两淮、山东市场，挺进了河南、山西、内蒙古、陕西等西部市场，登陆了国际市场，施工了蒙古国3座选煤厂，取得了好的效益和经验。施工结构上向化工、轻钢进一步渗透，仅皖维工程就达到产值2150万元，收效很大。提高了施工能力，工程处逐年增添机具装备，可进行多元化施工。在煤炭行业上经验进一步丰富，成功起吊了山西潞安矿业集团屯留煤矿重1234吨，高76.8米的世界最大井架，为工程处施工历史上竖立了一座新的里程碑。理顺了管理关系，完善了多项规章制度，做到有章可循，按章办事，政令畅通，令行禁止。企业的凝聚力增强，干部职工的积极性得到较好的发挥。经过改革措施的推进，使企业内部活力增强，干部职工呈现了新的精神面貌，促进了企业发展。

在企业改革及激发内部的活力过程中李惠民团结党政一班人认真搞好企业改革。精干主体，不养闲人：组建精干的施工队伍、精干的管理队伍，使施工队伍全力投入工程建设，管理队伍全力抓好成本控制和工程变更、结算等关键；提高施工队伍独立作战能力，提高各项工程的整体效益。承包经营：凡是能够独立经营的实体、部门和个人能量化考核的都要包，采取合同管理形式，按效益考核，重点考核产值和利润，按照“包死基数、确保上交、利润分成、奖惩兑现”的原则，对承包经营者实行风险抵押，工资上不封顶，下不保底，年终考核兑现。在项目部则实行一工程一包、一审计一兑现，使承包经营者责任、风险、利益有机结合。减员增效：做到一专多能，人尽其责，坚决改变干多干少一个样、干好干坏一个样、苦乐不均的现象。采取民主评议、末位淘汰等办法，精简人员，激发每个人的积极性和进取心。提高了机关人员的工作质量，改进了工作作风。放开搞活：给承包经营者更多的用工权、分配权、资金使用权，在确保公司总体利益的前提下，主张各单位自主经营，利益分成。成立了5个分公司，以增添对社会承揽工程的辐射面，同时代表公司对公司下属单位行使人、财、物平衡，调剂、安全、质量管理、工程款回收等职能，使各级领导集责任、权力、压力、风险、利益于一身，调动了多方面的积极性，形成了合力。从严控制：控是为了确保维护企业和职工的总体利益，保证各项工作的正常运转，对各单位经营活动及时跟踪检查，做到事前控制、事中控制，保证政令畅通，全体一盘棋，堵塞漏洞，防止人、财、物的流失。

5项措施的实施，增强了广大干部职工的危机感、责任感、进取心。各基层单位及机关各承包实体外揽任务，强化管理的积极性明显提高，工作质量明显改善，施工速度明显加快，施工成本明显降低。逐步建立了一个经营者能上能下，人员能进能出，收入能增能减，人人奋发有为，精干高效的体制，充分发挥了人力、财力和智力资源的作用。

在巩固老区，开发新区，扩大市场占有率方面，做到从3个方面着手：一是干好在建工程，承接后续工程；二是开拓非煤市场，组建轻钢公司，使其每年都能完成上千万元的工程量，并向市政工程等方向延伸，承揽施工了淮北污水处理厂、淮北黎苑小区、网通等工程项目，还施工了山东招远、金源矿等；三是扩大区域，广泛搜集信息，先后到山西、陕西、新疆等地了解情况，承揽了新的工程，并通过联合协作形式，施工了蒙古国巴格诺尔3座选煤厂，收获较好，并实现了涉外工程零的突破。

几年来，公司在李惠民的带领下，工程处创造的“特大型井架竖立施工工法”获煤炭行业优秀工法，工程处荣获中国企业资格评价协会“中国建设行业企业信誉AAA级单位”、全国“质量、服务诚信示范单位”称号，梁宝寺煤矿安装工程被评为山东省优质工程，朝阳煤矿副井系统安装荣获全国煤炭行业优质工程和“太阳杯”奖，2007年，山西屯留煤矿主井系统机电安装工程获中国建筑工程“鲁班奖”。

中煤矿山建设集团有限责任公司第三十工程处处长　冯旭东

冯旭东，男，1959年8月生，2003年至今任中煤矿建集团第三十工程处处长。参加工作以来，历任技术员、股长、工区主任、项目经理、副总经理、副处长、处长。担任第三十工程处处长期间，仅用两年便使工程处由濒危企业发展成为矿山建筑行业的“旗舰”。

中煤矿山建设集团有限责任公司第三十工程处处长　冯旭东

2006年度荣获中国名优数据库“优秀企业家”称号；2007年度荣获“中国施工企业管理协会科学技术奖技术创新先进个人”称号；2008年5月获中国煤炭建设协会“煤炭施工企业优秀企业家”称号；2008年5月获安徽省总工会“安徽优秀工会之友”称号；2009年3月获“全国优秀施工企业家”称号，7月获得“煤炭行业2008年度优秀企业家称号”称号；10月获“中国施工企业管理协会技术创新先进个人”称号，11月获“全国推动自主创新功勋企业家”称号；2010年8月获“煤炭行业2009年度优秀企业家”称号、“2009年度中国建设（高级）职业经理人”称号，10月获2009年度“中国施工企业管理协会术创新先进个人”称号；12月获2010年“中国建筑业50位杰出贡献企业家”称号；2011年10月荣获“2010年度中国施工企业管理协会技术创新先进个人”称号。

“小管棚超前注浆法”，“一种立井炮掘波控喷淋式除烟除尘装置”获国家知识产权局授权发明专利；“L型螺栓连接的天轮平台”、“立井伞钻降噪装置的研究与应用”等25项成果获得国家实用使用新型专利，“风积砂地层巷道小管棚超前注浆配合网喷混凝土施工工法”获得2007—2008年度国家级一级工法和2007—2008年度煤炭行业部级工法，“立井临时箕斗和罐笼混合提升系统的研究与应用”成果获2010年度中施企协科学技术奖技术创新成果特等奖；组织并参与的“大高角胶带输送系统技术的应用”、“煤矿立井混合提升临时改绞技术的应用”成果申报了安徽省重大合理化建议和技术改进成果。发布中国企业新纪录14项，其中“内蒙古蒙泰不连沟煤矿井下运输大巷带式输送机机头硐室”、“安徽淮北矿业集团袁店二矿主井井筒工程”、“山西同煤大唐塔山矿工程”3项成果获得国家经济建设以及“调结构、促增长”具有重大推动作用的新纪录项目。

思路开阔，抢占市场最前沿。2003年，冯旭东调任三十工程处处长，他带领处领导班子制定出“以煤为主、非煤并举、矿建领先、采煤跟进、扩大西部、拓展国际”的发展战略。近年来，三十工程处依托优质的工程质量、良好的社会信誉以及诚信共赢的经营理念，相继承揽了煤矿、铁矿、铅锌矿、隧道等工程80余个，并成功承揽了巴基斯坦杜达铅锌矿混合井、旁侧系统工程及二期工程和陕西神木乌兰色太煤矿采煤工程。目前全处已拥有在建工程52个，市场辐射大半个中国，在鄂尔多斯、大同、西安等区域形成了规模效应。

重视科技，创新增强软实力。在对国内外矿井施工设备进行专题调研和比较分析的基础上，投入数亿元进口和购置国内先进的综掘机、凿岩台车、大型绞车、稳车和新型螺杆式空压机等施工装备，对闲置设备进行了国产化技术改造，创新组建多条先进机械化作业线，并不断组织技术人员研究、创新施工技术，优化施工工艺。组建机械化配套作业线，在陕西红柳林煤矿、杭来湾煤矿、张家峁煤矿，内蒙古不连沟煤矿、赛蒙特尔煤矿，安徽青东煤矿、袁二煤矿等均创下了全国同类工程施工新纪录。

在科研成果上，冯旭东刻苦钻研，解决工程施工难题，组织研究的“FJD6×7型伞形钻架的应用与改造”、“钻井井壁突水的治理”、“煤矿井筒基岩段快速施工”、“深立井改绞超负荷下放技术”等科研成果被应用于指导工程施工。

选贤任能，人才培养助发展。构筑人才梯队，建立“后备人才库”，积蓄发展后备力量；举办高级技术管理人才招聘会，面向全国引进高级技术和管理人才；参加大中专院校招聘会；加强培训和考核力度，定期举办专业技术人员培训班。不仅如此，还加强对人才的奖励力度，评选表彰“优秀项目经理”、“科技标兵”等，每年还评选两名“突出贡献者”，给予10万元奖励。各项奖励举措，激发了干部职工的工作积极性，先后多人多次受到了国家、省、市的表彰与嘉奖。几年来，冯旭东积极探索施工队伍的组织管理模式，认真开展了部级等级队和优胜掘进队的申报、评选，积极打造了一批实力过硬的掘进队伍。目前，全处拥有掘进队伍120余支，81队次荣获部级优秀等级队，并于2010年底组建了第一支采煤队——猛虎采煤队。

在冯旭东的带领下，目前三十工程处通过人才队伍的培养和引进，使全处拥有了一大批管理人才。在矿建领域，有一批经验丰富的项目经理，在施工中大胆管理，用心经营，产值、进度不断刷新；在采煤领域，管理机构设置合理，管理人员职责分工明确，施工生产秩序运转；在非煤领域，全处3个铁矿管理有序，并已进入采矿工程；在国外市场，杜达铅锌矿正常施工，国外工程管理经验不断积累；在机电及机械设备加工制作行业，各种提升改绞自行设计、加工、安装，处机厂积极研发新产品，制作了各种皮带机、混凝土输送泵、大型搅拌机等各种设备。

随着市场的不断扩大，项目部的逐步增多，给管理带来诸多不便。为了应对新的形势，冯旭东与班子成员商量，在内蒙古、山西、陕西、安徽4个区域成立了指挥部，明确处领导任总指挥，长期坚守在区域指挥部，及时处理区域内项目工作中遇到的问题，实现了从粗放型“一把抓”到集约型“区域化”管理模式的转变。不断加强制度建设和经营管理力度，不断修改完善《管理制度汇编》等多个指导性文件，同步抓好制度执行力工作，多次组织不同业务部门开展项目大检查，针对各项目部存在的隐患和问题提出了相应的整改要求，并跟踪落实，项目的精细化、规范化、程序化管理得到有效推进，经营、物资、机电管理等逐步规范，各类管理台账日益健全和完善。

通过不懈努力，在冯旭东的带领下，近年来三十工程处施工业绩逐年递增，先后获安徽省国资委“文明单位”、国有企业创建“四好”领导班子“先进集体”、淮北市“先进单位”、“先进集体”、“‘安康杯’优胜单位”、安全生产“先进单位”、“安徽省优秀建筑业企业”、“全国煤炭行业优秀等级处”、“中国施工企业协会科学技术奖创新先进单位”、“煤炭行业优秀施工企业”、“全国自主创新型企业”、“中国企业新纪录（第十四批）优秀创造单位”等一系列荣誉称号。

中煤第七十一工程处处长　吴信远

吴信远，男，安徽萧县人，中共党员，大学本科学历，1983 年参加工作，历任二十九工程处预算员、副科长、科长，中煤三建劳资社保处处长、计划处处长、项目开发二处处长。自 2001 年起担任七十一工程处总经理、处长，10 年中，他勇于开拓，锐意进取，带领企业走出了低谷，确立了企业在行业中的领先地位，连续 4 次获“全国煤炭行业优秀企业家”称号，2008 年获“全国优秀施工企业家”、“全国建筑业科技进步与技术创新先进个人”称号。

中煤第七十一工程处处长　吴信远

多年来，在以他为核心的集体领导下，企业保持了又好又快的良好发展态势，2004—2010 年，结算收入由 2.6 亿元增长到 16.16 亿元，工程量由不足 3 亿元增加到 20 多亿元。企业多次荣获“全国五一劳动奖状”、“全国建筑业先进企业”、“全国优秀施工企业”、“全国煤炭优秀施工企业”、“部级等级处”、“省五一劳动奖状”、“省重合同守信用单位”、建行“AA”级信用企业等称号，70 余项工程获省部、市级优质工程奖，8 项工程施工期间获安徽省安全文明工地称号，龙固副井、滕东主井、金源副井、许楼主井及井筒装备安装工程获煤炭系统最高质量奖“太阳杯”奖，顾桥、龙固矿井工程获中国建筑业最高奖“鲁班奖”的企业。

吴信远上任之初，会同领导班子面临严峻的发展环境，确立了“先生存后发展”的振兴策略，制定了“立足矿建、壮大土建、巩固安装、积极向行业外拓展”的总体发展思路和“立足皖鲁、挺进西部、面向国际”的工程开发思路。秉承“播种诚信、收获明天”的企业经营理念，抓住煤炭市场“回暖”的有利时机，企业实现了跨越式发展。2005 年在不断拓展西部市场的基础上，和中信国际合作公司合作，承揽了土耳其 2 个井筒安装工程，企业走出了国门；2006 年承揽了预计工程量达 4 亿元的甘肃红沙岗煤矿总承包工程，企业在手工程量跨越 10 亿元大关；2007 年接连在新疆、内蒙古、福建、安徽、山西等地市场开发遍地开花；2008 年再揽工程 15 亿元，进一步优化了市场布局和施工结构，为企业持续发展奠定了基础；2009 年企业打入海南市场，企业在全国市场布局基本形成；2010 年企业完成了四大片区市场的布局，新增工程量高达 20 亿元。

2003 年底以来，本着因事设岗、以岗定人、竞争择优原则，将机关管理人员和工勤服务人员分别精简为原来的 65% 和 30%，精干了管理主体。器材、机电、物业、学校、医院、电视室等部门也通过改制完成了由管理型、服务型向管理经营型转化，逐步走上自主经营、自负盈亏、自我发展的路子。与此同时，在他的领导下，各部门通过摸索—创新—实践—调整，健全了安全、施工、经营、文明施工等一套科学的管理体系，逐步建立起了现代企业制度，材料管理和安全质量标准化管理、物资集中招标运输管理等制度广为兄弟单位所借鉴，管理思路走在了行业前列。

在项目管理上，改变原有年度承包考核办法，堵塞考核虚拟、奖罚不明的管理漏洞，以“一项目、一承包、一考核、一审计、一兑现”为原则，确定了“集体承包，风险抵押”的管理办法，把项目利润、材料节约作为承包兑现的主要考核指标，极大地调动了项目管理者积极性，降低了生产成本。2004 年以来，全处矿、土、安 30 多个工程杜绝了亏损，经济效益连年显著提高。2005 年，

工程处通过了质量、环保和职业安全健康3个管理体系的整合认证，他以此为契机，狠抓项目施工过程控制，严格施工现场达标，实行标准化管理，促进了管理水平上台阶。2007年，企业出台《项目部标准化实施方案》，实现了全处项目部外观形象、内业资料等整体划一的管理。2008年主持编制了《中煤第七十一工程处经营管理汇编》，提高了项目创效能力。2009年主持制定了《工程质量安全标准化管理》，加强对工程质量安全的管理。2010年重新修订了《七十一工程处经营管理汇编》，进一步加强了项目经营管理，提高了项目盈利能力。

吴信远经常说，要永远保持旺盛的竞争意识，用“创第一、争第一”的精神武装头脑。他在施工生产中，让职工充分发挥自己的聪明才智，解决了施工中的质量、安全等难题。“金点子”活动喜结硕果，多项技术获奖，1项技术获国家发明专利，13项技术获国家实用型专利，多部工法获国家级、省部级奖项。在抓好企业科技创效的同时，他积极倡导采用新工艺、新技术，降低职工劳动强度。企业重视采用先进机械施工和工艺，积极使用综掘机、伞钻、矿用抓岩机、混凝土输送泵等大型施工设备，提高机械化施工水平，推广滚班作业，强化质量过程控制。企业9次刷新全国纪录。其中，山东滕东主井基岩段，连续6个月平均月成井142米、最高月成井166.6米，创年度全国最高平均进尺；安徽顾南进风井、潘一东副井冻结段施工先后两次创（刷）国内大井径（净径8.6米）月成井158米和171.6米全国纪录；在山东许楼主井筒冻结砾石层施工中，以月进101.8米创国内新纪录；2009年5月在淮南谢桥箕斗井井筒（净径7.6米）创月成井185.2米同井径纪录；2010年1月在淮北邹庄副井（6.8米直径）创月成井203.5米好成绩；4月在泊江海子副井创出了大井径（荒径14.6米）月成井103.6米的全国纪录。安全优质地建成当时亚洲冻结段最深（-650米）、设计工艺最复杂、施工难度最大的山东龙固矿副井井筒工程。平斜巷施工多次刷新西北、两淮等矿区纪录。煤岩巷综掘机施工在陕西三道沟内蒙麻地梁等项目平均月进尺达400米以上最高月进尺达800米。在江西丰龙全岩综掘施工中创出月进262.8米新纪录。赴土耳其矿井建安施工中，克服场地、技术困难，采取空中对接井架新工艺，成功竖立起库兹鲁井架，为祖国争得了荣誉。

在干部任用、经营决策等重大问题上，他坚持民主集中制原则，坚持集体研究、达成共识，带头遵守各项规章制度，建成了一个清正廉洁、坚强有力的领导班子。

吴信远把提高职工收入、改善生活作为工作的落脚点。在岗职工年收入以15%以上的增幅增长，自筹1200万元资金解决了拖欠职工工资、离退休医药费等历史问题，完成了小区供水、供电线路的改造，兴建了小高层住房，对基地小区进行美化、亮化活动，使七十一工程处小区首获宿州市“安徽文明社区”称号，职工生活居住条件进一步改善。

中煤矿山建设集团有限责任公司安徽开源路桥有限责任公司董事长、总经理　管万忠

管万忠，男，1968年8月生，中共党员，一级建造师，高级工程师，建筑企业高级职业经理人，1983年参加工作，现任安徽开源路桥有限责任公司董事长、总经理。1998年任工程师专业技术职务以来，连续3届被评为煤炭行业优秀项目经理；多次荣获“安全文明施工优秀项目部经理”称号；多次被中煤三建（集团）公司、处评为优秀项目经理、优秀共产党员、先进工作者、优秀管理人才等；所在的项目部多次被安徽省、淮北市评为省级模范班组和市级优秀项目部，所组织施工的项目多次被煤炭建设行业、淮北市评为优质工程。先后在《安徽建筑》、《煤矿现代化》、《矿山建筑工程新进展》等省部级以上刊物上发表多篇论文，并且在施工过程中不断创新施工工艺，具备主持和承担重大工程项目建设的能力，并在重大技术攻关中能发挥带头人作用。

2003年4月—2006年10月，任三十三工程处副经理期间，主持并参与制定许疃矿、涡北矿、板集矿等地面建筑及濉刘公路、扬中新城路（兼项目经理）施工措施的制定。

徒方式在新工人培训中的主体作用，帮助指导新工人在岗位上快速提高职业道德素质和业务技能水平。

加大隐患整改的力度，抓好“四查”，即班组每班开展“危险预知”活动进行自查，专兼职安全员每天进行巡查，职能部门定期组织专项检查，项目部每周组织一次综合安全检查；加强对隐患的跟踪监控，把对隐患的排查、整改、复查、销号情况记录在案，实现闭环管理。以安全质量标准化为基础，以工作质量标准化为目标，实现施工现场“由静态达标向动态持续达标，由局部达标向全方位、全过程达标，由单项达标向全面达标，由日常工作达标向制度化、规范化达标，由形象达标向本质达标”的根本转变。坚持持表检查制度，确保检查中出现的隐患和问题能得到及时、彻底的整改。处质量标准化考核小组坚持每月对施工项目部进行检查考核，检查覆盖率90%，项目部每周对区队进行考核。

在安全宣传教育形式上不断创新，精心编制了集“事故经过、案例分析、预防措施、场景再现、总结归纳”五位一体的安全警示教育事故案例挂图，在各工地进行了巡讲。在“安全生产月”活动中，收集整理了一定数量的煤矿安全生产顺口溜、安全生产口诀以及将公司印发的安全知识竞赛内容发放到项目部组织职工学习，在此基础上，项目部和处分别组织开展安全知识竞赛活动，形成了全方位、多角度、立体式的安全宣传教育新格局，推动了全处安全生产形势的平稳发展。

项目部领导每月至少参加一次班组会议；通过“厂务公开”，引导职工参与生产经营管理，为企业发展建言献策。服务职工技能，为确保培训质量，制定了月度抽考检验制度，设专人到项目部对培训过的人员进行随机抽考，对抽考合格率不达标的项目部安全教育培训第一责任人进行处罚。广泛开展职工岗位练兵和技术比武活动，每月组织一次班与班之间、队与队之间劳动竞赛，每季度项目部组织一次技术比武。

强化区队班组建设，为建设专业化施工队伍提供有力支撑。制定了班组内部考核标准，制定了“千分制”或“百分制”考核细则，做到了考核有标准，打分有依据；考核标准全部向工人公开，提高了工人劳动的主动性和积极性。建立了班组核算制度，每月底，班组对当月工作进行核算和总结，包括当月完成工作量、单位工程成本节超和班组职工收入核算，并进行月度工作总结，专门召开全班会议进行通报，同时对存在的问题制定整改措施，并在下月施工生产中进行改进和落实。通过强化区队对班组的业绩考核，转变了班组粗放管理方式，从“埋头苦干向精打细算”转变，安全意识、速度意识、成本意识、质量意识得到了很大提高。处党委每季度对项目部班组建设情况进行检查考核，并将考核内容纳入支部工作考核当中，推动了专业化班组建设，为打造专业化施工队伍奠定了坚实基础。

中煤第五建设有限公司第三工程处处长　杜勇

杜勇，1982年参加工作，历任技术员、副主任工程师、总工程师、副处长、书记、处长、公司安监局长等职务。

任第三工程处处长以来，根据煤炭基建市场的发展，积极调整产业结构，扶持冻结产业的发展，使第三工程处的矿建、打钻、冻结良性发展。他积极开拓市场，并成功进入河南、安徽市场。2002年施工产值1亿元，在岗人均收入1万元发展到2005年施工产值近4亿元，在岗人均收入超过3万元，实现利润4000万元。

中煤第五建设有限公司第三工程处处长　杜勇

建立健全安全生产责任制，狠抓安全生产，实现了连续三年安全生产的良好局面，为可持续发展奠定了基础。先后取得了“江苏省文明单位标兵”、“徐州市文明单位标兵”、“全国煤炭行业优秀施工企业”、“全国煤炭行业（部级）等级处”、“全国模范职工之家”等荣誉。杜勇被评为2006年度全国煤炭行业优秀企业家。

中煤第五建设有限公司第三工程处处长　刘传申

刘传申，1978年参加工作，历任工区主任、项目部经理、副处长、处长等职务，2009年度全国煤炭行业优秀企业家。

中煤第五建设有限公司第三工程处
处长　刘传申

刘传申任第三工程处处长以来，以市场开发为重点，以精细化管理和科技创新为手段，狠抓安全管理，科学组织施工，产值、利润、职工收入等主要经济指标连创历史新高，两个文明建设取得了新进展。在市场开发方面，他提出巩固中东部市场、开发西部市场、抢占非煤市场、进军国际市场的市场开发战略，取得丰硕的成果。2008年产值50100.7万元，利润3479万元；2009年产值60103.7万元，利润3972万元；2010年产值83063.7万元，利润4873万元。特别是在2009年顺利中标了越南河林煤矿工程，工作进展超过预期，赢得国际赞誉，展现了中央企业的良好形象。在施工生产方面，2009年潘一项目部、顺和项目部分别以月进尺219.6米和244米的成绩两次刷新全国同类井型的立井施工纪录。全年共创出立井施工月进尺超百米水平31次，超150米水平9次，捍卫了立井施工王牌军的地位。安全管理方面，他注重安全投入，扎实开展安全质量标准化建设，严考核、明奖惩，取得了实实在在的效果，在他的任期内，实现了安全生产。在科技创新方面，他十分注重科技创新在推动生产力方面的作用，全年申报专利10项，在施工中大力推广应用新设备、新技术，取得了良好的经济效益。在经营管控方面，他注重细节控制，对项目部的经营业绩严格考核，将有限的资金用在最需要的地方，资金利用率高，促进了企业资金良好运转。在企业精神文明建设方面，他注重开展形势任务教育，善于听取各方声音，企业的创先争优工作突出，劳动关系和谐，在此基础上，他提出了要将企业建成全国文明单位的目标，并正在积极实施。

中煤第五建设有限公司第五工程处处长　钱乔国

钱乔国，男，1965年生，江苏泰兴人，本科学历，历任第五工程处工区副主任、主任、副总经济师、副处长兼总经济师；2002年9月至今任第五工程处处长。获“徐州市劳动模范”、“第三届煤炭建设行业优秀项目经理”、“全国煤炭行业先进企业经营者”、“江苏煤矿安全生产先进个人”等称号，2004—2009年连续获“全国煤炭行业优秀施工企业家”称号，2010年获“安装行业优秀企业家”称号。

担任第五工程处处长以来，他带领工程处一班人，以市场开拓为中心，以夯实安全生产为基础，以规范企业管理为抓手，齐心协力，锐意进取，企业经济效益和管理水平进一步提高，各项经济技术杨杰任工程处处长期间，各项经济指标逐年攀升，取得了良好的社会和经济效益，连年实现了安全生产。2008 年井巷工程量 3.4 万米，施工产值 5.0 亿元；2009 年井巷工程量 3.6 万米，施工产值 6.1 亿元；2010 年井巷工程量 2.6 万米，施工产值 6.7 亿元。工程处于 2008 年度、2009 年度、2010 年度分别被中国煤炭建设协会评为“煤炭行业优秀等级处”、“全国煤炭行业优秀施工企业”。杨杰同志被中国煤炭建设协会评为“2010 年全国煤炭行业优秀施工企业家”。

中煤第五建设有限公司第三十一工程处处长　杨杰
（2008 年 2 月—2011 年 1 月任职）

施工的山东济矿鲁能煤电有限公司阳城矿井工程，荣获 2009 年度“国家优质工程银质奖”。有 3 项工程被评为 2008 年度煤炭行业优质工程，其中，山东济宁矿业集团花园矿井工程被评为 2008 年度煤炭行业“太阳杯”工程。有 3 项工程被评为 2009 年度煤炭行业优质工程，其中，兖煤菏泽能化公司赵楼矿井及选煤厂工程被评为 2009 年度煤炭行业“太阳杯”工程。2008 年度有 19 个队被评为 2008 年全国煤炭行业（部级）优秀等级队。2009 年度有 17 个队被评为 2009 年全国煤炭行业（部级）优秀等级队。2010 年，被中煤集团公司评为安全质量标准化一级工程处。

2008 年，“任意坐标法施工点位标定施工工法”获部级工法，“立井冻结表土机械化快速施工工法”获国家二级工法。“矿山上山施工提升导向固定装置”和“耙斗装岩机耙斗连接装置”2 项专利获国家知识产权局受理。2009 年，与郭屯煤矿等单位联合研发的“复杂地质条件下井筒安全建设关键技术”荣获国家安全生产监督管理总局第四届安全生产科技成果一等奖和安全生产科技成果优秀推广 A 级项目。“大型机头硐室施工工法”、“大型立煤仓反井钻双孔施工工法”、“深立井基岩段井壁漏水防治施工工法”和“双侧箕斗装载硐室施工工法”4 项工法获部级工法，其中“深立井基岩段井壁漏水防治施工工法”获国家二级工法。2010 年，“矿井提升机调绳外齿轮限位电气自动报警装置”、“矿用新型风水联动地喷二次捕尘装置”和“千斤顶固定皮带装置”3 项专利获国家知识产权局授权。

杨杰根据第三十一工程处的行业特点和施工能力，确立了合理拓展矿建市场规模、巩固土建市场、发展安装队伍的经营理念和做精做强矿建工程的经营思路。制定并实施“巩固华东、优化华北、扩大陕蒙、挺进甘宁新”的市场开发战略，施工区域由华东、华北扩大到陕、蒙、甘等地区，成功挺进了新疆、宁夏市场，实现了与山煤、华能、宝丰、神华、大屯、中油燃气集团的首次合作，为工程处占领西北市场奠定了坚实的基础。

中煤第五建设有限公司第四十九工程处处长　李刚

李刚，男，1963 年 12 月生，中共党员，高级工程师，国家注册一级建造师，现任中煤第一建设公司副总经理。1983 年，李刚毕业分配到第四十九工程处后，先后参加并主持了上海地铁 1 号线旁通道工程、长江西陵大桥基础工程、万年矿三水平延深工程及崔家寨矿主（副）井井筒、唐口副井等工程。2001 年，他主持施工了当时国内第一深井——1061 米的唐口副井工程。施工中，创造了 7 个月成井百米，最高月成井 186 米，创造了超千米深井当年开工当年到底的骄人业绩，该工程入选“第九批中国企业新纪录”，创目前国内最深井筒全国施工新纪录，被评为省、部优工程。2007 年，他主持施工的国投新集能源股份有限公司刘庄煤矿工程开工首月创出了冻结段月成井168米的好成绩，全井缩短施工工期30%，刷新了两淮地区月进尺纪录，一举获全国建筑行业最高荣誉“鲁班奖”。

中煤第五建设有限公司
第四十九工程处处长　李刚

2004—2008年担任第四十九工程处处长期间，他以塑品牌兴企业为己任，更新观念，创新管理模式，努力打造一流矿建施工企业，工程处相继荣膺“全国煤炭先进施工企业”、“讲诚信守合同重质量典型企业”、“全国满意施工企业”、“太阳杯”工程等称号，有力地彰显了工程处王牌施工队伍“领头羊”、“排头兵”的形象。他勤奋敬业，积极进取，2002年被中国煤炭建设协会评为第三届煤炭建设行业优秀项目经理，被中国施工企业管理协会评为2002年度全国重点工程建设优秀项目经理；2006年被评为邯郸市建设系统优秀共产党员，同年获中国中煤能源集团公司科学技术进步一等奖；2007年被评为煤炭行业优秀施工企业家，同年被邯郸市总工会授予邯郸市五一劳动奖章。

在成绩和荣誉面前，他没有故步自封，而是自我加压，以新思路、新体制、新形象、新的发展观，靠敢闯敢干的思想、行动和举措，进一步巩固行业施工领先地位，实现了企业规模的迅速扩张，2007年实现产值45230万元，实现利润3000万元，井巷进尺21600米，经济效益大幅提高。正是他这样的创新发展的领头人，带领全处职工不断地创造出新的辉煌业绩。

中煤第五建设有限公司特殊凿井处处长　陈占怀

陈占怀，男，1963年5月生，1983年参加工作，历任中煤第五建设有限公司特殊凿井处团委书记、部门负责人、副总经济师、党委副书记、副处长、党委书记、处长兼党委副书记等职务。

强化内部管理，狠抓安全生产，加强科技队伍建设，把发展作为第一要务，制定了实现快速发展的战略目标。他担任处长的第一年即2008年，实现营业收入2.71亿元，上缴利税3240.4万元，创出了历史新高；承揽工程突破6.52亿元，比2007年增长了389.99%，承揽工程量和中标价总量突破历史纪录；在岗职工人均收入26354.5元，较2007年人均收入增长了20%；2010年在全国经济形势出现波动的大背景下，在矿井冻结市场竞争日趋激烈的形势下，他带领全处干部职工又取得好的成绩：一是施工产值首次实现3.36亿元，创建处以来新高；二是西部冻结市场开发取得重大进展，对今后发展具有重大的战略意义；三是安全质量标准化水平明显提升，实现了A级安全质量标准化工程处规划目标；四是紧紧抓住高端冻结市场，中标的高家堡项目冻深791米，门克庆项目冻深802米，新庄项目冻深910米，其中新庄项目是继门克庆后一年内第二次刷新了全国最深冻结纪录，为目前全国最深冻结深度，这些项目技术含量高、市场影响力大，对加快在超深井和冻结市场开发上有着重大意义；五是在岗职工人均年收入首次突破4万元，达到4.29万元，比2009年人均收入增长19.15%。两年来完成的各项冻结工程一次交验合格率100%，优良品率达96%以上，创出了省部级以上优质工程5项。2009年特凿处获国务院国资委和人力资源社会保障部“中央企业先进集体”荣誉称号；2010年，连续6年获中国煤炭建设协会“全国煤炭行业优秀施工企业”称号，首次申报的杨营、庞庞塔、葫芦素项目部被评为“部级优秀等级施工队”；申报的口孜东煤矿风井冻结工程和青东煤矿副井冻结工程荣获2009年度“全国煤炭行业优质工程”和“太阳杯”工程称号；申报的杨营煤矿主井冻结工程荣获“2009年度山东省煤炭建设优质工程”；泊江海子冻结和庞庞塔打钻QC小组获得“2010年度河北省工程建设优秀质量管理小组”称号。

中煤第五建设有限公司特殊凿井处处长　陈占怀

在实际工作中，陈占怀深深地体会到，延伸企业管理内涵，创新企业管理方法是企业快速发展的必然要求和重要途径。针对施工现场和机关工作实际，他健全、完善了安全、质量、工程技术、施工设备、物资供应、人力资源、财务以及施工现场管理等近20类，共280余条规章制度，创新、细化了管理办法15项、90余条，升华了管理的科学性、规范性；同时，建立了相应的监督检查机制，狠抓规章制度、管理办法的贯彻落实。强化了施工现场管理力度，实施“严格管理、严格标准、严格队伍、严格考核”的“四严格”管理模式。精心组织，科学管理，确保了企业始终保持良好的发展势头。

在安全生产工作中，他始终坚持“安全第一、预防为主、综合治理”方针，认真落实国家安全生产的法律法规、集团公司和中煤五建公司的安全生产部署要求，以“抓培训、提素质、防违章、保安全”为主题，以“防氨泄漏、防触电、防高空坠落”为重点，开展专项整治。近几年，累计投入800余万元，完善、更新安全设施，提高了安全培训教育频次。加强重点防范和安全生产宣传教育，克服了各种侥幸麻痹、马虎蛮干和巧取盲目心理，职工安全责任意识不断提高。采取先进科学的施工生产技术和安全管理方法，把安全工作重点从事后处理转移到加强事前防范和施工过程控制上来，加大了奖惩力度，全面提升了安全生产管理水平，实现了该处连续28年安全生产无事故的奋斗目标。

人才是推动企业发展的根本动力，2006年以来，从激励人才、培养人才、使用人才3个方面着手加大人才培养力度，进一步提升了职工队伍的整体素质。通过开展各种技能比武、岗位练兵等活动，激发了广大职工学习技术、苦练技能、岗位成才的热情。开展职工培训457人次，其中培训特种作业、专业技术、劳资出纳等重点岗位人员362人。招聘应届大中专毕业生19名。编写了钻工、冻氨工、电工、电焊工、机修工等工种的系列培训教材，教材定位准确，针对性、实践性强，对于提高职工的技能水平具有很强的指导意义。将有丰富实践经验的生产技术骨干，提拔到副科级以上领导岗位，并充实到施工生产一线和机关各部门，为专业技能人才作用的发挥开辟通道，提供平台，提升了基层工作的管理水平。

建立一个科技含量高、经济效益好、资源消耗低、环境污染少、各种资源优势得到充分发挥的企业是陈占怀追求的宗旨。立井冻结深度不断加大，从程村矿冻深485米到花园矿冻深512米，新桥矿602米到郭屯矿702米亚洲新水平和不断刷新的门克庆项目802米、新庄风井910米，冻结深度实现了一次又一次的跨越。成功地解决了深圳地铁大流速下地层冻结、西气东输黄河荥阳段工程采用冻结法与沉井法相结合的施工工艺的世界级技术难题；从山东邱集煤矿主、副井冻结工程采用强化冻结、降低冻结壁平均温度的工艺和采用低温塑性好的低碳钢冻结管材与新型冻结管接头形式，成功地防止了深厚黏土层冻结管断裂，实现了第三系膨胀钙质黏土层这一技术的重大突破；山东郭屯煤矿主井冻结工程采用多圈孔冻结工艺，创世界表土层厚度之最和国内冻深之最；2009年中标并完成的庞庞塔主斜井冻结工程，为国内当时冻结斜长最长的冻结项目；目前施工的山西古城矿主斜井冻结斜长504米，为国内在建的冻结段最长的斜井工程。他撰写的15篇论文，均获公司级以上的奖励。他本人多次被评为“优秀项目经理”和“优秀企业家”。

中煤建筑安装工程集团有限公司
执行董事、总经理　张荣富

张荣富，男，1960年生，研究生学历，教授级高级工程师，现任中煤建筑安装工程集团有限公司执行董事、总经理，荣获2010年度中国建筑业协会“全国建筑业优秀企业家”和“十一五全国建筑业科技进步与技术创新先进个人”称号，中国煤炭建设协会授予“煤炭行业优秀施工企业家”称号。

中煤建筑安装工程集团有限公司执行董事、总经理　张荣富

思想解放、高位谋划，引领企业科学发展。坚持在解放思想中破解发展难题，大胆改革企业经营模式，力推转型发展之路，在北京注册了“中煤煤炭洗选技术有限公司”，现年入选能力为2000万吨，安装工程产值也以每年近25%的速度递增。形成了建筑、安装、选煤齐头并进、快速发展的良好态势和“433”发展格局。

严格管理、强推标准，引领企业安全发展。强力推进安全质量标准化建设，健全了安全管理体系，制定了安全管理制度和安全质量标准化验收标准，定期召开安全质量标准现场推进会，落实安全责任制，强化日常安全工作检查督导，公司连续5年无重伤以上事故，实现安全生产，被中煤集团公司授予“安全质量标准化达标特级企业”、“安全生产先进单位”。

科学管理、推陈出新，引领企业健康发展。建立了企业和项目管理系统以及生产调度信息化系统，提升了管理效率；建立了省级企业技术中心，积极搭建“产学研”相结合的研发平台，加大企业科技开发力度，获多项省部级科技成果、国家级及部级施工工法和专利；加强质量管理，大力开展工程创优活动，多项工程荣获“鲁班奖”、“国家优质工程金质奖”、“国家优质工程银质奖”和省部级优质工程奖，2010年公司被中国建筑业协会授予“十一五”全国建筑业科技进步与技术创新先进企业称号。

倾心履职、心系职工，引领企业和谐发展。2010年公司产值、利润、职工收入均创新高，与上年相比产值同比增长26.29%，利润同比增长17.33%，职工人均收入同比增长23.6%。公司先后被河北省授予“企业文化示范单位”、“文明单位”和“AAA级和谐劳动关系企业”称号。

中煤建筑安装工程集团有限公司
总工程师　范强

范强，男，1963年生，本科学历，教授级高级工程师，现任中煤建筑安装工程集团有限公司总工程师，荣获中国建筑业协会授予的2009年度“全国建筑业优秀总工程师”和2010年“‘十一五’全国建筑业优秀总工程师”称号。

2002年担任总工程师以来，主持完成了公司技术、质量管理及科技创新体系建设，通过加强技术质量管理、推动新技术应用、组织开展重点科技

中煤建筑安装工程集团有限公司总工程师　范强

项目攻关，大幅提高了公司技术、质量整体水平和科技创新能力，为公司又好又快的发展作出了突出贡献。加强质量管理，积极组织开展工程质量创优工作，累计获省部级以上优质工程奖百余项，其中“鲁班奖”1项、国家优质工程金银奖各1项，刘庄煤矿工程被评为“新中国成立60周年百项经典暨精品工程”；大力推进科技创新工作，完善了创新体系和省级企业技术中心建设，努力搭建产学研相结合的研发平台，组织开展重点科技项目攻关40余项，取得省部级科技成果20余项，其中国家级工法3项、部级工法8项、专利18项（发明专利5项）；以提高公司整体施工技术水平为目的，积极推动“建筑业10项新技术”的推广应用，组织实施的神华集团哈尔乌素露天矿选煤厂工程获第六批全国建筑业新技术应用示范工程称号。

中煤建筑安装工程集团有限公司
第六十九工程处处长　邵忠新

邵忠新，男，1966年生，研究生学历，教授级高级工程师，现任中煤建筑安装工程集团有限公司第六十九工程处处长，2009年度被中国煤炭建设协会授予“煤炭行业施工企业优秀企业家”称号。

担任第六十九处处长以来，积极贯彻公司部署，努力提高安装产值比例，促进企业结构转型，企业施工规模不断扩大，经济效益连年增加，产值从2007年的3.5亿元提高至2010年的6亿元；利润从2007年的278万元增长至2010年的1680万元；安装产值由2007年的1350万元增长至2010年的1.65亿元。市场开发由传统的山西、陕西、内蒙古等地扩展至河南、河北、宁夏、新疆等多个地区，以“大市场、大业主、大项目”的市场开发策略，充分发挥企业优势，扬长避短，精心承揽技术含量高、盈利前景好的工程项目。先后承揽了华电重工、国电建投等大型电力集团的多个大型施工项目，特别是PC、EPC总承包工程模式的积极探索与成功运用，打破了企业传统经营模式，为企业的战略转型和更好、更快、稳定发展奠定了坚实的基础。在工作中，不断完善和积极推行目标管理责任制，大力倡导和实施精细化管理，持续强化安全质量标准化建设，企业连续多年保持平稳的安全生产态势，持续保持安全质量标准化一级标准。

**中煤建筑安装工程集团有限公司第六十九处处长
邵忠新**

江苏省矿业工程集团有限公司
董事长、总经理　王慧明

王慧明，男，汉族，1962年10月生，江苏徐州人，中共党员，博士，研究员级高级工程师，毕业于中国矿业大学，为中国矿业大学管理学院兼职教授、硕士生导师。2005年1月担任江苏省矿业工程集团有限公司董事长、总经理，现任华电山西能源有限公司副总经理、党组成员。2008年度获“全国优秀施工企业家”称号。

王慧明自2005年初任江苏省矿业工程集团有限公司（原江苏华美工程建设集团有限公司）董事长、总经理以来，立足“求生存、保稳定、促发展”，以完成全年任务为目标，通过合理调整生产布局，突出抓好在建工程，强力推进市场开发等

江苏省矿业工程集团有限公司董事长、总经理
王慧明

举措，不仅超额完成了企业年初确立的目标，而且实现该公司2003年实体化运作以来利润上的首次零突破，且多项指标创历史新高。2006年，团结带领全公司广大干部职工实现工业总产值4.87亿元，实现了“十一五”的良好开局。2007年，以“发展大工程，实现产业结构多元化；开发大市场，实现发展方式集约化；打造大品牌，实现品牌效益最大化”为主线，带领全公司广大干部职工实现工业总产值7.07亿元，利润2100多万元，在当年底中国煤炭建设协会公布的全国煤炭建筑施工企业综合实力排名中，首次进入前30强，并跃居第13位，同年被评为江苏省煤炭系统先进工作者。2008年，不断加大管理创新和体制创新力度，积极实施结构调整，延伸产业链，充分发挥资质的复合效用以及全力推进科技兴企等系列举措，使该公司成为江苏省唯一一家集探、建、采于一体的综合性矿业工程集团，初步构建成专业工程施工、工程总承包和矿井生产的产业结构形式，使企业发展迈上了新台阶，运营质量提升了新档次，产业结构实现了新突破，市场开发取得了新成绩，职工收入实现历史性大幅增加，企业发展成果更多地惠及职工。2008年实现工业总产值13.95亿元，利润3020万元，成为徐矿集团内唯一一家提前两年实现产值倍增的单位，同时，也提前两年实现了该公司“十一五”战略目标，为打造独具竞争力和创新力的优强企业集团奠定了坚实基础，使该公司迈上了科学、健康、和谐发展的快车道。2009年进入全国煤炭建筑施工企业综合实力排名前十强。

中煤河北煤炭建设第四工程处处长　高晓林

高晓林，男，汉族，中共党员，大学学历，正高级工程师、高级职业经理人。被中国煤炭建设协会、河北省评标委员会、邢台市工业联合会、邢台市经济团体联合会等多个社会团体聘为相关专家，现任中煤河北煤炭建设第四工程处处长、法人代表。

1996年高晓林开始担任第四工程处副处长，主管生产工作，上任开始就积极转变思维，走机械化、装备化的道路，先后引入大模板、大吊桶、液压伞钻、矿用抓岩机等现代化施工装备，调整施工工艺，改进施工组织设计，完善施工方案，使第四工程处矿建施工水平迅速达到现代化施工的要求。在此期间，他撰写的《程村矿井主、副井筒深厚冲积层冻结凿井技术研究》、《煤炭企业“三维管理法”的理论与实践》等一批论文获得行业协会科学成果一等奖。

2010年高晓林担任第四工程处处长，围绕转方式、调结构，大胆开拓，锐意进取，企业施工综合实力显著提高。目前，承揽工程种类齐全，建安一体化，矿建、土建、安装、非标制作各产业之间相互协调，互为促进。矿建施工横跨煤矿、铁矿、金矿、铜矿、石膏矿等多个矿山领域，在建项目部15个，纵贯晋、冀、鲁、豫、皖、赣、蒙、北京等多个省市区，多项工程获省部级优质工程称号。强强联合，不断进取，在高晓林的带领下，中煤四处与华夏建龙集团、河北钢铁集团、山西煤销集团、山东黄金集团等一批国内知名企业形成长期战略伙伴关系。

解放思想，更新观念，高晓林积极推行雷厉风行、执行到位的工作作风，使企业战斗力、凝聚力明显提高；视人才为企业第一资源，引才、聚才、成才，为广大职工铺就成才之路，一大批年轻同志被提拔到领导岗位；积极鼓励科技创新，连年开展科技创新表彰工作，激发了广大干部职工创新热情；更新设备，淘汰落后产能，提升总装备水平，添置近亿元现代化施工装备，在全处范围内积极推广新工艺、新方法、新材料和节能环保产品，全面增强企业核心竞争力。

中煤河北煤炭建设第四工程处处长　高晓林

深入挖潜，积极引入现代化管理机制，以全面预算管理为中心，以成本控制为抓手，在完善改进中向精细化管理不断推进。结合本企业实际情况，实行工程项目法管理，年薪与岗位效益并重，既重奖励又重约束，有效调动了干部职工的积极性。大力夯实基础管理，设立企业内部银行，统一调度，加速资金周转，提高资金使用效率；实行物资集中招标采购，统一仓储、统一配送，统一付款，堵塞漏洞，加速物资流动，实现成本节约；加强施工现场管理，认真进行工程签证、资料整理；积极引进权利运行监控机制，各项权利有规范、有监督，保证各项业务运行健康有序。查找风险点，提炼风险目录，理顺风险辨识评估和应对方案措施，控制风险流程，依靠全面风险管理系统保证企业平稳发展。

在企业经济实力明显增强的同时，始终遵循“发展依靠职工，发展为了职工，发展源于职工”的理念，职工收入以12%速度连年递增，为各项目部安装了井下视频监控系统、伞钻除尘降噪设备和有害气体检测仪，职工宿舍彩钢板房统一配备了空调，劳保用品及时发放，推行标准化工地建设，职工工作环境大幅改善。始终不渝坚持以人为本，企业发展惠及职工、关爱社会，全心构建和谐企业，职工幸福指数不断提高。

快速发展的同时，将安全生产作为头等大事来抓，常年开展职工安全强制培训工作，实行“手指口述”工作法，坚持“日题月考”制度，在全处实行安全特派员制度、安全办公会制度、安全大检查制度，对分布在多个省份的施工工地进行巡回监督检查，严格落实安全质量标准化体系，强化执行力，狠抓制度执行，制定完善了处领导24小时值班制度、项目部经理下井带班制度和机电设备设施定期检查制度。2010年在高晓林同志的亲自主持下，将50多年来施工经验及制度进行优选、完善、整理，汇编成册，统一发放，严格执行，有效提高了安全防控能力，确保了安全隐患的及时排查。通过从上到下扎实认真落实，近3年企业没有发生死亡事故、三级以上事故和重大质量事故。

在高晓林的带领下，第四工程处正沿着科学、健康、和谐发展的道路，自我加压，不断完善，以“突出矿建，铸造精品，锤炼队伍、协调并进”的总体思路为指引，正大步前进，为社会作出更多贡献，为职工谋求更好生活。

中煤河北煤炭建设第四工程处处长　李振河

李振河，男，汉族，中共党员，大专学历，高级政工师、工程师。1999—2008年担任中煤河北煤炭建设第四工程处处长、党委书记，团结带领班子全体人员，紧紧依靠广大干部职工，顺应改革步伐，转换机制，强化管理，积极开拓市场，承揽工程，在此时期，使企业经济效益和社会效益不断提高。2008年度获煤炭行业优秀施工企业家称号。

始终坚持以职工为出发点，关心群众生活，维护群众权益，遵循“发展依靠职工，发展为了职工”的理念，抓住近几年煤炭形势好转的机遇，齐心协力，开拓进取，企业经济实力不断增强，职工收入、职工福利不断提高，重视离退休职工的生活，做到以人为本，营造了积极和谐稳定的企业氛围。

中煤河北煤炭建设第四工程处处长
李振河（1999—2008 年任职）

善于学习，锐意改革，积极进取，真抓实干，有较强的创新开拓与竞争和敢冒风险意识。在任期间，努力探索适应国有企业体制的现代化管理机制，结合本企业实际情况，引入先进的管理手段，实行工程项目法管理，对下属单位经营者实行年薪制，对职工实行岗位效益工资制，改干部任命制为干部聘用制，有效调动了干部职工的积极性。围绕管理体制的改革，大力夯实基础管理和专业管理，以成本控制为中心，全面加强经营管理。设立企业内部银行，实行资金集中调度，加速资金周转，提高资金使用效率；实行招标采购，比价采购，进行效能检查，堵塞经营中的漏洞；加强施工现场管理，严格考勤制度。在狠抓落实中，逐步建立起一套以项目管理为立足点，对人力、资金、设备、物资集中控制，人、财、物流转合理有序的新的经营运行机制。李振河的研究成果《年薪制是增盈提效的有效管理办法》和《煤炭企业三维管理法的理论与实践》，分别获河北省煤炭工业行业协会颁发的三等奖和一等奖。

在李振河的领导下，第四工程处于 2002 年建立并完善了质量管理体系，通过 ISO 9001：2000 国际质量体系认证，施工工地遍及晋、冀、鲁、豫、皖、赣六省，开拓井巷工程工程合格率 100%，以优质、快速、高效赢得了甲方和监理单位的一致好评。10 年中，有 10 项工程获行业或省级优质工程称号，多次获得“重质量守信誉单位”称号，多个基层单位被评定为全国煤炭行业（部级）优秀等级队。

在任期间，积极推行安全特派员制度、安全办公会制度、安全大检查制度，对各工地进行巡回式监督检查。实行项目部领导干部下井跟班制度、周五安全活动日制度、机电设备设施定期检查制度，多年来一直保持了平稳的安全生产态势。

在李振河同志的带领下，全处面对激烈的市场竞争，在施工中不断自我加压，自我完善，精心施工，科学管理，持续改进，企业已成为全国煤炭基建市场上的一支劲旅。

煤炭工业郑州设计研究院有限公司 董事长、总经理　杨彬

杨彬，男，1956 年 9 月生，中共党员，硕士学位，教授级高级工程师，1982 年 7 月参加工作，历任煤炭工业郑州设计研究院业务组长、计划经营处副处长、经营副院长兼计划经营处处长、院长等职，设计研究院改制为有限公司后任董事长兼总经理。现任中国勘察设计协会理事、河南省勘察设计协会常务副理事长等社会职务。近年来，获得全国煤炭行业先进工作者、河南省煤炭行业劳动模范、河南省省直优秀共产党员等荣誉称号 20 余项。2000 年被建设部授予全国百名优秀设计院长称号，2006 年被中国勘察设计协会授予全国百名优秀勘察设计企业家称号，2008 年获河南省五一劳动奖章。

带领员工深化改革，强化管理，顺利推行了《深化改革转换经营机制总体改革方案》，使煤炭工业郑州设计研究院在全行业遭遇严重困难的情况下，经营机制发生了根本转变，自身活力显著增强，业务领域和市场区域不断拓展，固定资产逐年增值。在改企改制过程中，杨彬注意妥善协调好离退休、提前退休和在职职工的利益关系，国家、企业和员工的利益关系，改制员工内部利益关系以及改革、发展与稳定的关系。在充分动员、民主酝酿

的基础上，制定了合理的改制方案，在全国煤炭行业各设计院中率先成功改制，并结合自身实际逐步建立完善了现代企业制度。改制5年来是河南煤炭

煤炭工业郑州设计研究院有限公司
董事长、总经理　杨彬

建设快速发展的重要时期，一大批省重点建设项目陆续开工和投产，设计院按时、优质完成了20多对大中型矿井的设计、咨询任务，保证了大批省重点项目建设进度，为河南煤炭基本建设作出了重要贡献。与此同时，设计院还积极向环保、生物质能电厂、瓦斯利用、水源热泵设计等符合国家产业政策的专业发展；努力实施走出去战略，在新疆、青海等地承揽了多项大型矿井、选煤厂的设计和总承包任务，并承担了几内亚1500万吨铝土矿开发项目（包括铝矿开采冶炼、电厂、港口、公路、铁路等项目）的牵头设计任务，大大增加了企业的任务储备。在杨彬的带领下，设计院近6年来在河南省煤炭勘察设计市场所占份额迅速增加，经济效益跻身全国煤炭系统及河南省各设计院前列，并荣获省部级以上奖励100余项。在郑东新区新建近20000平方米办公大楼，固定资产增加值超过了前30年的总和，总产值、人均产值与合同额连创新高，成功实现了跨越式发展。

2010年，他带领公司员工以科学发展观为指导，积极化解国际金融危机带来的不利影响，使各项工作继续保持了良好的发展势头。主要工作量指标和主要经济指标均再创历史新纪录，并获省部级以上奖励14项。获得了河南省优秀勘察设计企业、河南省勘察设计行业杰出贡献单位、河南省煤炭工业基本建设先进集体等荣誉，并顺利通过了高新技术企业认证。

杨彬长期工作在煤矿设计、科研第一线，在煤矿设计领域具有较高专业理论水平和丰富的煤矿工程设计、建设和技术管理经验，参加和主持的设计项目中，获国家级奖励2项，省部级奖励10余项，主持完成的省重大科技攻关项目“河南煤炭液化发展研究”通过了省级鉴定，对河南煤炭工业的产业化发展、产品结构调整和相关产业的拉动具有重要意义。编纂出版了《永夏矿区总体规划与矿井设计改革》、《地层注浆堵水与加固施工技术》等专业著作，发表了《发展中的河南煤矿深井冻结凿井技术》、《关于城郊矿井井筒落底标高的探讨》等专业论文，在河南乃至全国煤炭勘察设计行业具有广泛的影响。

煤炭行业（部级）优秀等级处、队名单

中国煤炭建设协会组织评审委员会审核、评选，评出煤炭行业（部级）等级处、煤炭行业（部级）等级队，名单如下。

一、2006 年（中煤建协字〔2006〕96 号）

（一）煤炭行业（部级）等级处名单（4 个）

中煤第一建设公司第三十一工程处

中煤第三建设（集团）有限责任公司第二十九工程处

中煤第三建设（集团）有限责任公司第七十一工程处

中煤第五建设公司第三工程处

（二）煤炭行业（部级）等级队名单（167 个）

中煤第一建设公司第十工程处凿井二队

中煤第一建设公司第十工程处矿建七队

中煤第一建设公司第十工程处矿建九队

中煤第一建设公司第十工程处矿建十队

中煤第一建设公司第十工程处矿建十一队

中煤第一建设公司第十工程处矿建十六队

中煤第一建设公司第十工程处矿建十八队

中煤第一建设公司第十工程处矿建二十队

中煤第一建设公司第十工程处矿建二十一队

中煤第一建设公司第十工程处安装一队

中煤第一建设公司第十工程处安装二队

中煤第一建设公司第三十一工程处矿建一队

中煤第一建设公司第三十一工程处矿建二队

中煤第一建设公司第三十一工程处矿建五队

中煤第一建设公司第三十一工程处矿建七队

中煤第一建设公司第三十一工程处矿建八队

中煤第一建设公司第三十一工程处矿建九队

中煤第一建设公司第三十一工程处矿建十一队

中煤第一建设公司第三十一工程处矿建十六队

中煤第一建设公司第三十一工程处矿建二十一队

中煤第一建设公司第三十一工程处矿建二十七队

中煤第一建设公司第三十一工程处矿建三十一队

中煤第一建设公司第三十一工程处矿建三十五队

中煤第一建设公司第三十一工程处机电安装一工区

中煤第一建设公司第四十九工程处矿建四队

中煤第一建设公司第四十九工程处矿建九队

中煤第一建设公司第四十九工程处矿建十队

中煤第一建设公司第四十九工程处矿建十二队

中煤第一建设公司第四十九工程处矿建十四队

中煤第一建设公司第四十九工程处矿建十五队

中煤第一建设公司第四十九工程处矿建十七队

中煤第一建设公司第四十九工程处矿建十九队

中煤第一建设公司第四十九工程处矿建二十一队

中煤第一建设公司第四十九工程处矿建二十五队

中煤第一建设公司第四十九工程处矿建二十七队

中煤第一建设公司第四十九工程处安装一工区

中煤第一建设公司第四十九工程处安装二工区

中煤第一建设公司第四十九工程处土建项目部

中煤第一建设公司第六十三工程处矿建七队

中煤第一建设公司第六十三工程处矿建八队

中煤第一建设公司第六十三工程处矿建十队

中煤第一建设公司第六十三工程处矿建十一队

中煤第一建设公司第六十三工程处矿建十九队

中煤第一建设公司第六十三工程处矿建二十二队

中煤第一建设公司第六十三工程处矿建二十八队

中煤第三建设（集团）有限责任公司第二十九工程处 2903 队

中煤第三建设（集团）有限责任公司第二十九工程处 2905 队

中煤第三建设（集团）有限责任公司第二十九工程处2906队

中煤第三建设（集团）有限责任公司第二十九工程处2908队

中煤第三建设（集团）有限责任公司第二十九工程处2909队

中煤第三建设（集团）有限责任公司第二十九工程处2910队

中煤第三建设（集团）有限责任公司第二十九工程处2911队

中煤第三建设（集团）有限责任公司第二十九工程处2913队

中煤第三建设（集团）有限责任公司第二十九工程处2921队

中煤第三建设（集团）有限责任公司第二十九工程处2922队

中煤第三建设（集团）有限责任公司第二十九工程处2923队

中煤第三建设（集团）有限责任公司第三十工程处猛虎掘进队

中煤第三建设（集团）有限责任公司第三十工程处3001队

中煤第三建设（集团）有限责任公司第三十工程处3003队

中煤第三建设（集团）有限责任公司第三十工程处3004队

中煤第三建设（集团）有限责任公司第三十工程处3012队

中煤第三建设（集团）有限责任公司第三十工程处3018队

中煤第三建设（集团）有限责任公司第三十工程处3019队

中煤第三建设（集团）有限责任公司第三十工程处3021队

中煤第三建设（集团）有限责任公司第三十工程处3027队

中煤第三建设（集团）有限责任公司第三十工程处3029队

中煤第三建设（集团）有限责任公司第七十一工程处7101队

中煤第三建设（集团）有限责任公司第七十一工程处7105队

中煤第三建设（集团）有限责任公司第七十一工程处7106队

中煤第三建设（集团）有限责任公司第七十一工程处7109队

中煤第三建设（集团）有限责任公司第七十一工程处7110队

中煤第三建设（集团）有限责任公司第七十一工程处7117队

中煤第三建设（集团）有限责任公司第七十一工程处7119队

中煤第三建设（集团）有限责任公司第七十一工程处安装队

中煤第三建设（集团）有限责任公司第七十一工程处潘一副井队

中煤第三建设（集团）有限责任公司第七十一工程处土耳其土建队

中煤第三建设（集团）有限责任公司第七十一工程处土耳其安装队

中煤第五建设公司第一工程处106队

中煤第五建设公司第一工程处108队

中煤第五建设公司第二工程处211队

中煤第五建设公司第二工程处213队

中煤第五建设公司第二工程处216队

中煤第五建设公司第三工程处腾东项目部副井矿建队

中煤第五建设公司第三工程处薛湖项目部主井矿建队

中煤第五建设公司第三工程处薛湖项目部副井矿建队

中煤第五建设公司第四工程处411队

中煤第五建设公司第五工程处华亭项目部

中煤第五建设公司第五工程处安装三工区

中煤第六十八工程处山西项目经理部

中煤第六十八工程处北京项目经理部

中煤第六十八工程处第四项目经理部

中煤第七十二工程处永城项目部

中煤第七十二工程处合肥新文采酒店花园工程项目部

中煤第九十二工程处平朔项目部

中煤第九十二工程处准格尔项目部

大同煤矿集团宏远工程建设有限责任公司第一机电工程部

大同煤矿集团宏远工程建设有限责任公司第二机电工程部

大同煤矿集团宏远工程建设有限责任公司矿建分公司矿建一部掘进十一队

大同煤矿集团宏远工程建设有限责任公司矿建分公司矿建一部掘进十六队

大同煤矿集团宏远工程建设有限责任公司刘庆海项目部

大同煤矿集团宏远工程建设有限责任公司吴德善项目部

大同煤矿集团宏远工程建设有限责任公司池玉山项目部

大同煤矿集团宏远工程建设有限责任公司孟强项目部

大同煤矿集团宏远工程建设有限责任公司郝鹏项目部

大同煤矿集团宏远工程建设有限责任公司王杰项目部

大同煤矿集团宏远工程建设有限责任公司周日宏项目部

大同煤矿集团宏远工程建设有限责任公司吴庆仁项目部

大同煤矿集团宏远工程建设有限责任公司白煜项目部

大同煤矿集团宏远工程建设有限责任公司荆如贵项目部

大同煤矿集团宏远工程建设有限责任公司张晋云目部

大同煤矿集团宏远工程建设有限责任公司侯全林项目部

大同煤矿集团宏远工程建设有限责任公司周学项目部

大同煤矿集团宏远工程建设有限责任公司海军项目部

大同煤矿集团宏远工程建设有限责任公司王旭项目部

大同煤矿集团宏远工程建设有限责任公司郝日江项目部

大同煤矿集团宏远工程建设有限责任公司毛永翔项目部

山西金城建筑有限公司第三项目经理部

山西金城建筑有限公司机电安装工程公司

山西金城建筑有限公司锅炉安装分公司

山西宏厦建筑工程第一有限公司矿建552队

山西宏厦建筑工程第一有限公司矿建5741队

山西宏厦建筑工程第一有限公司机电一部

山西宏厦建筑工程第一有限公司机电二部

山西宏厦建筑工程第一有限公司建筑二部

唐山开滦建设（集团）有限责任公司机电安装工程分公司第一项目部

唐山开滦建设（集团）有限责任公司机电安装工程分公司第四项目部

唐山开滦建设（集团）有限责任公司机电安装工程分公司第五项目部

唐山开滦建设（集团）有限责任公司机电安装工程分公司第六项目部

唐山开滦建设（集团）有限责任公司建筑工程分公司卞明生项目部

唐山开滦建设（集团）有限责任公司建筑工程分公司杨希来项目部

唐山开滦建设（集团）有限责任公司建筑工程分公司樊振东项目部

中煤河北煤炭建设第四工程处顾北项目部风井矿建队

中煤河北煤炭建设第四工程处富安项目部主井矿建队

中煤河北煤炭建设第四工程处保安项目部副井矿建队

中煤河北煤炭建设第四工程处机电安装一部

河北纵横工程有限公司机电安装分公司

广州中煤江南基础工程公司岩土工程分公司

河南煤炭建设集团有限责任公司矿建101掘进队

河南煤炭建设集团有限责任公司矿建102掘进队

河南煤炭建设集团有限责任公司矿建104掘进队

河南煤炭建设集团有限责任公司矿建106掘进队

河南煤炭建设集团有限责任公司矿建109掘进队

河南煤炭建设集团有限责任公司矿建111掘进队

河南煤炭建设集团有限责任公司安装工程公司

河南煤炭建设集团有限责任公司建筑工程公司

平顶山煤业（集团）建筑安装工程有限责任公司建井一处十一矿项目部

平顶山煤业（集团）建筑安装工程有限责任公司安装处第二项目部

平顶山煤业（集团）建筑安装工程有限责任公司安装处第三项目部

平顶山煤业（集团）建筑安装工程有限责任公司安装处第四项目部

平顶山煤业（集团）建筑安装工程有限责任公司安装处第五项目部

平顶山煤业（集团）建筑安装工程有限责任公司安装处第六项目部

平顶山煤业（集团）建筑安装工程有限责任公司第六工程处安装一队

平顶山煤业（集团）建筑安装工程有限责任公司第六工程处安装二队

陕西煤炭建设公司第五工程处第二作业队

陕西煤炭建设公司第五工程处第五作业队

江西省矿山隧道建设总公司第一工程处黄陵施工队

江西省矿山隧道建设总公司第一工程处东曲项目部一队

江西省矿山隧道建设总公司第二工程公司乐平施工队

江西省矿山隧道建设总公司第三工程公司坪湖项目部

宁夏太西建筑安装工程有限责任公司建筑一分公司

宁夏煤炭基本建设公司第一建设分公司

宁夏煤炭基本建设公司第三建设分公司

宁夏煤炭基本建设公司第四建设分公司

宁夏煤炭基本建设公司第七建设分公司

宁夏煤炭基本建设公司第十建设分公司

宁夏煤炭基本建设公司机械化工程公司

临沂华建工程有限责任公司七公司掘进一队

二、2007年（中煤建协字〔2008〕38号）

（一）煤炭行业优秀等级处（部级）名单（8个）

中煤第一建设公司第十工程处

中煤第一建设公司第三十一工程处

中煤第一建设公司第四十九工程处

中煤第一建设公司机电安装工程处

中煤第三建设（集团）有限责任公司第二十九工程处

中煤第三建设（集团）有限责任公司第七十一工程处

中煤第五建设公司第五工程处

平煤建工集团有限公司第六工程处

（二）煤炭行业优秀等级队（部级）名单（155个）

中煤第一建设公司第十工程处凿井二队

中煤第一建设公司第十工程处矿建一队

中煤第一建设公司第十工程处矿建二队

中煤第一建设公司第十工程处矿建四队

中煤第一建设公司第十工程处矿建七队

中煤第一建设公司第十工程处矿建九队

中煤第一建设公司第十工程处矿建十六队

中煤第一建设公司第十工程处矿建十八队

中煤第一建设公司第三十一工程处矿1队

中煤第一建设公司第三十一工程处矿2队

中煤第一建设公司第三十一工程处矿11队

中煤第一建设公司第三十一工程处矿13队

中煤第一建设公司第三十一工程处矿16队

中煤第一建设公司第三十一工程处矿18队

中煤第一建设公司第三十一工程处矿19队

中煤第一建设公司第三十一工程处矿21队

中煤第一建设公司第三十一工程处矿31队

中煤第一建设公司第三十一工程处矿32队

中煤第一建设公司第三十一工程处矿35队

中煤第一建设公司第三十一工程处矿38队

中煤第一建设公司第三十一工程处矿39队

中煤第一建设公司第三十一工程处司马1队

中煤第一建设公司第四十九工程处矿建1队

中煤第一建设公司第四十九工程处矿建2队

中煤第一建设公司第四十九工程处矿建5队

中煤第一建设公司第四十九工程处矿建7队

中煤第一建设公司第四十九工程处矿建9队

中煤第一建设公司第四十九工程处矿建10队

中煤第一建设公司第四十九工程处矿建14队

中煤第一建设公司第四十九工程处矿建16队

中煤第一建设公司第四十九工程处矿建17队

中煤第一建设公司第四十九工程处矿建20队

中煤第一建设公司第四十九工程处矿建21队

中煤第一建设公司第四十九工程处矿建25队

中煤第一建设公司第四十九工程处矿建28队

中煤第一建设公司第四十九工程处土建项目部

中煤第一建设公司第六十三工程处矿建7队

中煤第一建设公司第六十三工程处矿建8队

中煤第一建设公司第六十三工程处矿建16队

中煤第一建设公司第六十三工程处矿建20队

中煤第一建设公司机电安装工程处第二项目部

中煤第一建设公司机电安装工程处第三项目部

中煤第一建设公司机电安装工程处第四项目部

中煤第一建设公司机电安装工程处第五项目部

中煤第一建设公司机电安装工程处第六项目部

中煤第一建设公司机电安装工程处第八项目部

中煤第一建设公司机电安装工程处第十项目部

中煤第三建设（集团）有限责任公司第二十九工程处2903队

中煤第三建设（集团）有限责任公司第二十九工程处2909队

中煤第三建设（集团）有限责任公司第二十九工程处2910队

中煤第三建设（集团）有限责任公司第二十九工程处2919队

中煤第三建设（集团）有限责任公司第二十九工程处2922队

中煤第三建设（集团）有限责任公司第二十九工程处2923队

中煤第三建设（集团）有限责任公司第二十九工程处2928队

中煤第三建设（集团）有限责任公司第二十九工程处2918队

中煤第三建设（集团）有限责任公司第二十九工程处青年队

中煤第三建设（集团）有限责任公司第三十工程处3001队

中煤第三建设（集团）有限责任公司第三十工程处3002队

中煤第三建设（集团）有限责任公司第三十工程处3003队

中煤第三建设（集团）有限责任公司第三十工程处3006队

中煤第三建设（集团）有限责任公司第三十工程处3007队

中煤第三建设（集团）有限责任公司第三十工程处3008队

中煤第三建设（集团）有限责任公司第三十工程处3009队

中煤第三建设（集团）有限责任公司第三十工程处3010队

中煤第三建设（集团）有限责任公司第三十工程处3011队

中煤第三建设（集团）有限责任公司第三十工程处3016队

中煤第三建设（集团）有限责任公司第三十工程处3017队

中煤第三建设（集团）有限责任公司第三十工程处3019队

中煤第三建设（集团）有限责任公司第三十工程处3021队

中煤第三建设（集团）有限责任公司第三十工程处3027队

中煤第三建设（集团）有限责任公司第三十工程处3028队

中煤第三建设（集团）有限责任公司第三十工程处3033队

中煤第三建设（集团）有限责任公司第三十工程处3034队

中煤第三建设（集团）有限责任公司第三十工程处3037队

中煤第三建设（集团）有限责任公司第三十工程处黄陵综掘队

中煤第三建设（集团）有限责任公司第三十工程处塔山机掘二队

中煤第三建设（集团）有限责任公司第三十工程处塔山机掘三队

中煤第三建设（集团）有限责任公司第三十工程处机电安装队

中煤第三建设（集团）有限责任公司第七十一工程处7101队

中煤第三建设（集团）有限责任公司第七十一工程处7102队

中煤第三建设（集团）有限责任公司第七十一工程处7103队

中煤第三建设（集团）有限责任公司第七十一工程处7105队

中煤第三建设（集团）有限责任公司第七十一工程处7106队

中煤第三建设（集团）有限责任公司第七十一工程处7108队

中煤第三建设（集团）有限责任公司第七十一工程处7109队

中煤第三建设（集团）有限责任公司第七十一工程处7110队

中煤第三建设（集团）有限责任公司第七十一工程处7116队

中煤第三建设（集团）有限责任公司第七十一工程处7118队

中煤第三建设（集团）有限责任公司第七十一工程处北苑小区项目部

中煤第三建设（集团）有限责任公司第七十一工程处机电安装公司

中煤第五建设公司第一工程处104队

中煤第五建设公司第一工程处107队

中煤第五建设公司第一工程处109队

中煤第五建设公司第一工程处综掘一队

中煤第五建设公司第一工程处综掘二队

中煤第五建设公司第一工程处综掘三队

中煤第五建设公司第二工程处201队

中煤第五建设公司第二工程处202队

中煤第五建设公司第二工程处203队

中煤第五建设公司第二工程处204队

中煤第五建设公司第二工程处206队

中煤第五建设公司第二工程处209队

中煤第五建设公司第二工程处216队

中煤第五建设公司第二工程处219队

中煤第五建设公司第三工程处高河项目部

中煤第五建设公司第三工程处第二项目部

中煤第五建设公司第三工程处第三项目部

中煤第五建设公司第三工程处第八项目部

中煤第五建设公司第三工程处第九项目部

中煤第五建设公司第三工程处第十项目部

中煤第五建设公司第四工程处404队

中煤第五建设公司第四工程处406队

中煤第五建设公司第四工程处408队

中煤第五建设公司第四工程处411队

中煤第五建设公司第四工程处412队

中煤第五建设公司第五工程处安装一工区

中煤第五建设公司第五工程处安装二工区

中煤第五建设公司第五工程处汾西项目部

中煤第五建设公司第五工程处葛铺项目部

中煤第五建设公司第五工程处第四项目部

中煤建筑安装工程公司第六十八工程处第三项目部

中煤建筑安装工程公司第六十八工程处第五项目部

中煤建筑安装工程公司第六十九工程处屯留电厂项目部

中煤建筑安装工程公司第六十九工程处司马矿选煤厂项目部

中煤建筑安装工程公司第九十二工程处淮北项目部

中煤建筑安装工程公司第九十二工程处淮南项目部

中煤建筑安装工程公司第九十二工程处准格尔项目部

河北纵横工程有限公司机电安装分公司

平煤建工集团有限公司土建处第三项目部

平煤建工集团有限公司土建处第四项目部

平煤建工集团有限公司土建处第五项目部

平煤建工集团有限公司土建处第七项目部

平煤建工集团有限公司第六工程处第一安装项目部

平煤建工集团有限公司第六工程处第二安装项目部

平煤建工集团有限公司第一建井工程处综合五队

西安中煤建筑工程有限公司第一分公司第一项目部

西安中煤建筑工程有限公司第八项目部

四川芙蓉集团宜宾川南建设工程有限公司井巷四队

四川芙蓉集团宜宾川南建设工程有限公司井巷六队

淮北矿业(集团)工程建设有限责任公司二队

淮北矿业(集团)工程建设有限责任公司三队

淮北矿业(集团)工程建设有限责任公司七队

淮北矿业（集团）工程建设有限责任公司惠

洋项目部

淮北矿业（集团）工程建设有限责任公司路桥项目部

淮南矿业（集团）有限责任公司安装工程分公司第一项目部

淮南矿业（集团）有限责任公司安装工程分公司拆装三工区

淮南矿业（集团）有限责任公司安装工程分公司机械加工厂

宁夏煤炭基本建设公司第一建设分公司

宁夏煤炭基本建设公司第三建设分公司

宁夏煤炭基本建设公司第四建设分公司

宁夏煤炭基本建设公司机电安装处

山西焦煤西山金城建筑有限公司第一项目部

山西焦煤西山金城建筑有限公司第十项目部

山西焦煤西山金城建筑有限公司机电安装工程公司

广州中煤江南基础工程公司特种工程分公司

三、2008 年（中煤建协字〔2009〕79 号）

（一）煤炭行业（部级）优秀等级工程处（公司）名单（13 个）

中煤第一建设公司第三十一工程处

中煤第一建设公司第四十九工程处

中煤第一建设公司第六十三工程处

中煤第一建设公司机电安装工程处

中煤第三建设（集团）有限责任公司第二十九工程处

中煤第三建设（集团）有限责任公司第三十工程处

中煤第七十一工程处

中煤第五建设公司第二工程处

中煤第五建设公司第三工程处

中煤第五建设公司第五工程处

平煤建工集团有限公司安装处

平煤建工集团有限公司第六工程处

江西省矿山隧道建设总公司第二工程公司

（二）煤炭行业（部级）优秀等级施工队（项目部）名单（212 个）

中煤第一建设公司第三十一工程处矿建 1 队

中煤第一建设公司第三十一工程处矿建 2 队

中煤第一建设公司第三十一工程处矿建 5 队

中煤第一建设公司第三十一工程处矿建 6 队

中煤第一建设公司第三十一工程处矿建 9 队

中煤第一建设公司第三十一工程处矿建 11 队

中煤第一建设公司第三十一工程处矿建 13 队

中煤第一建设公司第三十一工程处矿建 15 队

中煤第一建设公司第三十一工程处矿建 20 队

中煤第一建设公司第三十一工程处矿建 21 队

中煤第一建设公司第三十一工程处矿建 22 队

中煤第一建设公司第三十一工程处矿建 26 队

中煤第一建设公司第三十一工程处矿建 30 队

中煤第一建设公司第三十一工程处矿建 31 队

中煤第一建设公司第三十一工程处矿建 32 队

中煤第一建设公司第三十一工程处矿建 38 队

中煤第一建设公司第三十一工程处矿建 46 队

中煤第一建设公司第三十一工程处矿建 48 队

中煤第一建设公司第三十一工程处司马 1 队

中煤第一建设公司第四十九工程处矿建 1 队

中煤第一建设公司第四十九工程处矿建 6 队

中煤第一建设公司第四十九工程处矿建 8 队

中煤第一建设公司第四十九工程处矿建 9 队

中煤第一建设公司第四十九工程处矿建 10 队

中煤第一建设公司第四十九工程处矿建 11 队

中煤第一建设公司第四十九工程处矿建 12 队

中煤第一建设公司第四十九工程处矿建 16 队

中煤第一建设公司第四十九工程处矿建 19 队

中煤第一建设公司第四十九工程处矿建 25 队

中煤第一建设公司第四十九工程处矿建 28 队

中煤第一建设公司第四十九工程处矿建 29 队

中煤第一建设公司第四十九工程处矿建 30 队

中煤第一建设公司第四十九工程处矿建 32 队

中煤第一建设公司第六十三工程处矿建 5 队

中煤第一建设公司第六十三工程处矿建 8 队

中煤第一建设公司第六十三工程处矿建 22 队

中煤第一建设公司第六十三工程处矿建 23 队

中煤第一建设公司第六十三工程处立井 3 队

中煤第一建设公司第六十三工程处立井 4 队

中煤第一建设公司机电安装工程处第一项目部

中煤第一建设公司机电安装工程处第二项目部

中煤第一建设公司机电安装工程处华资项目部

中煤第一建设公司机电安装工程处赵庄项目部

中煤第一建设公司机电安装工程处长平项目部

中煤第一建设公司机电安装工程处李楼项目部

中煤第三建设（集团）有限责任公司第二十九工程处 2901 队

中煤第三建设（集团）有限责任公司第二十九工程处 2906 队

中煤第三建设（集团）有限责任公司第二十九工程处 2907 队

中煤第三建设（集团）有限责任公司第二十九工程处 2909 队

中煤第三建设（集团）有限责任公司第二十九工程处 2910 队

中煤第三建设（集团）有限责任公司第二十九工程处 2912 队

中煤第三建设（集团）有限责任公司第二十九工程处 2915 队

中煤第三建设（集团）有限责任公司第二十九工程处 2917 队

中煤第三建设（集团）有限责任公司第二十九工程处 2918 队

中煤第三建设（集团）有限责任公司第二十九工程处 2919 队

中煤第三建设（集团）有限责任公司第二十九工程处 2921 队

中煤第三建设（集团）有限责任公司第二十九工程处 2923 队

中煤第三建设（集团）有限责任公司第二十九工程处 2925 队

中煤第三建设（集团）有限责任公司第二十九工程处 2927 队

中煤第三建设（集团）有限责任公司第二十九工程处 2928 队

中煤第三建设（集团）有限责任公司第二十九工程处 2930 队

中煤第三建设（集团）有限责任公司第二十九工程处青年队

中煤第三建设（集团）有限责任公司第二十九工程处综掘一队

中煤第三建设（集团）有限责任公司第二十九工程处综掘三队

中煤第三建设（集团）有限责任公司第二十九工程处综掘五队

中煤第三建设（集团）有限责任公司第二十九工程处综掘九队

中煤第三建设（集团）有限责任公司第三十工程处 3002 掘进队

中煤第三建设（集团）有限责任公司第三十工程处 3004 掘进队

中煤第三建设（集团）有限责任公司第三十工程处 3006 掘进队

中煤第三建设（集团）有限责任公司第三十工程处 3007 掘进队

中煤第三建设（集团）有限责任公司第三十工程处 3009 掘进队

中煤第三建设（集团）有限责任公司第三十工程处 3013 掘进队

中煤第三建设（集团）有限责任公司第三十工程处 3016 掘进队

中煤第三建设（集团）有限责任公司第三十工程处 3017 掘进队

中煤第三建设（集团）有限责任公司第三十工程处 3018 掘进队

中煤第三建设（集团）有限责任公司第三十工程处 3019 掘进队

中煤第三建设（集团）有限责任公司第三十工程处 3023 掘进队

中煤第三建设（集团）有限责任公司第三十工程处 3026 掘进队

中煤第三建设（集团）有限责任公司第三十工程处 3027 掘进队

中煤第三建设（集团）有限责任公司第三十工程处 3028 掘进队

中煤第三建设（集团）有限责任公司第三十工程处 3030 掘进队

中煤第三建设（集团）有限责任公司第三十工程处 3031 掘进队

中煤第三建设（集团）有限责任公司第三十工程处 3032 掘进队

中煤第三建设（集团）有限责任公司第三十工程处 3033 掘进队

中煤第三建设（集团）有限责任公司第三十工程处 3038 掘进队

中煤第三建设（集团）有限责任公司第三十工程处 3039 掘进队

中煤第三建设（集团）有限责任公司第三十

工程处3040掘进队

中煤第三建设（集团）有限责任公司第三十工程处3042掘进队

中煤第三建设（集团）有限责任公司第三十工程处3045掘进队

中煤第三建设（集团）有限责任公司第三十工程处3055掘进队

中煤第七十一工程处7101队

中煤第七十一工程处7102队

中煤第七十一工程处7103队

中煤第七十一工程处7105队

中煤第七十一工程处7106队

中煤第七十一工程处7107队

中煤第七十一工程处7108队

中煤第七十一工程处7109队

中煤第七十一工程处7110队

中煤第七十一工程处7112队

中煤第七十一工程处7115队

中煤第七十一工程处7116队

中煤第七十一工程处7120队

中煤第七十一工程处凤山花园项目部

中煤第七十一工程处机电安装公司

中煤第三建设公司机电安装工程处第六项目部

中煤第三建设公司机电安装工程处第十一项目部

中煤第三建设公司机电安装工程处第十五项目部

中煤第三建设公司机电安装工程处第十六项目部

中煤特殊凿井（集团）有限责任公司冻结工程处胡家河矿主副井冻结项目部

中煤特殊凿井（集团）有限责任公司淮南工程处口孜东矿冻结工程项目部

中煤第五建设公司第一工程处101队

中煤第五建设公司第一工程处103队

中煤第五建设公司第一工程处107队

中煤第五建设公司第一工程处109队

中煤第五建设公司第一工程处111队

中煤第五建设公司第一工程处113队

中煤第五建设公司第一工程处116队

中煤第五建设公司第一工程处118队

中煤第五建设公司第一工程处综掘一队

中煤第五建设公司第一工程处综掘二队

中煤第五建设公司第一工程处综掘三队

中煤第五建设公司第一工程处岩巷机掘队

中煤第五建设公司第二工程处201队

中煤第五建设公司第二工程处203队

中煤第五建设公司第二工程处204队

中煤第五建设公司第二工程处205队

中煤第五建设公司第二工程处206队

中煤第五建设公司第二工程处208队

中煤第五建设公司第二工程处209队

中煤第五建设公司第二工程处217队

中煤第五建设公司第二工程处218队

中煤第五建设公司第二工程处综掘队

中煤第五建设公司第二工程处机掘队

中煤第五建设公司第三工程处新河煤矿主井矿建队

中煤第五建设公司第三工程处新河煤矿副井矿建队

中煤第五建设公司第三工程处新河煤矿风井矿建队

中煤第五建设公司第三工程处潘一东区矿井回风井矿建队

中煤第五建设公司第三工程处陈四楼煤矿井北风井矿建队

中煤第五建设公司第三工程处薛湖煤矿中央风井矿建队

中煤第五建设公司第三工程处会宝岭铁矿主井矿建队

中煤第五建设公司第四工程处404队

中煤第五建设公司第四工程处406队

中煤第五建设公司第四工程处408队

中煤第五建设公司第四工程处410队

中煤第五建设公司第五工程处安装一工区

中煤第五建设公司第五工程处安装二工区

中煤第五建设公司第五工程处安装三工区

中煤第五建设公司第五工程处安装五工区

中煤第五建设公司第五工程处第一项目部

中煤第五建设公司第五工程处第二项目部

中煤第五建设公司第五工程处汾西项目部

中煤第五建设公司第五工程处葛铺项目部

中煤第六十八工程处满洲里项目部

中煤第六十八工程处机电安装公司

中煤建筑安装工程公司第六十九工程处王庄项目部

中煤建筑安装工程公司第六十九工程处煤基油项目部

中煤建筑安装工程公司第六十九工程处高河项目部

中煤建筑安装工程公司第六十九工程处五阳项目部

中煤第九十二工程处第二项目部

中煤第九十二工程处平朔项目部

中煤第九十二工程处准格尔项目部

河北纵横工程有限公司机电安装分公司

中煤河北煤炭建设第四工程处 401 掘进队

中煤河北煤炭建设第四工程处 403 掘进队

中煤河北煤炭建设第四工程处 404 掘进队

中煤河北煤炭建设第四工程处机电安装一部

山西宏厦第一建设有限责任公司矿建工程第一分公司 552 队

山西宏厦第一建设有限责任公司建筑工程第一分公司

河南省豫西建设工程有限责任公司第一机电安装分公司

河南省豫西建设工程有限责任公司第三建筑分公司

平煤建工集团有限公司建井三处第三项目部

平煤建工集团有限公司建井三处第八项目部

平煤建工集团有限公司第六工程处第二项目部

平煤建工集团有限公司第六工程处第一安装项目部

平煤建工集团有限公司安装处第五项目部

平煤建工集团有限公司安装处第六项目部

平煤建工集团有限公司土建处第四项目部

平煤建工集团有限公司土建处第五项目部

平煤建工集团有限公司土建处第七项目部

临沂华建工程有限责任公司新上海 1 号矿建项目部

淮南矿业（集团）有限责任公司矿业工程分公司 115 队

淮南矿业（集团）有限责任公司矿业工程分公司 206 队

淮南矿业（集团）有限责任公司矿业工程分公司 223 队

淮南矿业（集团）有限责任公司安装工程分公司第二项目部

淮南矿业（集团）有限责任公司安装工程分公司第七项目部

淮北矿业（集团）工程建设有限责任公司矿建一队

淮北矿业（集团）工程建设有限责任公司孙疃项目部

淮北矿业（集团）工程建设有限责任公司矿建七队

淮北矿业（集团）工程建设有限责任公司朱仙庄矿建项目部

淮北矿业（集团）工程建设有限责任公司祁南矿建项目部

淮北矿业（集团）工程建设有限责任公司安创项目部

神华宁夏煤业集团灵州建井工程有限公司红柳煤矿项目部

神华宁夏煤业集团灵州建井工程有限公司综掘三队

甘肃华能工程建设有限公司第三矿建分公司麦垛山项目部

华煤集团有限公司梅花井项目部

华煤集团有限公司宁煤枣泉矿项目部

宁夏煤炭基本建设公司第一建设分公司

宁夏煤炭基本建设公司第二建设分公司

宁夏煤炭基本建设公司第三建设分公司

宁夏煤炭基本建设公司第五建设分公司

宁夏煤炭基本建设公司第七建设分公司

宁夏煤炭基本建设公司水电（钢结构）公司

江西省矿山隧道建设总公司第一工程公司永平项目部

江西省矿山隧道建设总公司第二工程公司东同施工队

江西省矿山隧道建设总公司第二工程公司宜萍施工队

四川芙蓉集团宜宾川南建设工程有限公司井巷一队

四川芙蓉集团宜宾川南建设工程有限公司井巷二队

四川芙蓉集团宜宾川南建设工程有限公司井巷四队

四川芙蓉集团宜宾川南建设工程有限公司井巷六队

四川芙蓉集团宜宾川南建设工程有限公司机电安装工程项目部

广州中煤江南基础工程公司开发区分公司

四、2009年（中煤建协字〔2010〕77号）

（一）煤炭行业（部级）优秀等级工程处（公司）名单（14个）

中煤第三建设（集团）有限责任公司第二十九工程处

中煤第三建设（集团）有限责任公司第三十工程处

中煤第七十一工程处

中煤第五建设有限公司第二工程处

中煤第五建设有限公司第三工程处

中煤第五建设有限公司第五工程处

中煤第一建设有限公司第三十一工程处

中煤第一建设有限公司第四十九工程处

中煤第一建设有限公司特殊凿井处

平煤建工集团有限公司建井一处

平煤建工集团有限公司第六工程处

中鼎国际矿山隧道建设分公司一分公司

中鼎国际矿山隧道建设分公司二分公司

兖矿集团东华建设有限公司第三十七处

（二）煤炭行业（部级）优秀等级施工队（项目部）名单（241个）

中煤第三建设（集团）有限责任公司第二十九工程处综掘1队

中煤第三建设（集团）有限责任公司第二十九工程处综掘2队

中煤第三建设（集团）有限责任公司第二十九工程处综掘3队

中煤第三建设（集团）有限责任公司第二十九工程处综掘5队

中煤第三建设（集团）有限责任公司第二十九工程处综掘10队

中煤第三建设（集团）有限责任公司第二十九工程处综掘11队

中煤第三建设（集团）有限责任公司第二十九工程处2902队

中煤第三建设（集团）有限责任公司第二十九工程处2904队

中煤第三建设（集团）有限责任公司第二十九工程处2906队

中煤第三建设（集团）有限责任公司第二十九工程处2907队

中煤第三建设（集团）有限责任公司第二十九工程处2909队

中煤第三建设（集团）有限责任公司第二十九工程处2910队

中煤第三建设（集团）有限责任公司第二十九工程处2913队

中煤第三建设（集团）有限责任公司第二十九工程处2918队

中煤第三建设（集团）有限责任公司第二十九工程处2920队

中煤第三建设（集团）有限责任公司第二十九工程处2922队

中煤第三建设（集团）有限责任公司第二十九工程处2923队

中煤第三建设（集团）有限责任公司第二十九工程处2925队

中煤第三建设（集团）有限责任公司第二十九工程处2927队

中煤第三建设（集团）有限责任公司第二十九工程处2928队

中煤第三建设（集团）有限责任公司第二十九工程处2938队

中煤第三建设（集团）有限责任公司第二十九工程处2952队

中煤第三建设（集团）有限责任公司第二十九工程处2963队

中煤第三建设（集团）有限责任公司第三十工程处3003掘进队

中煤第三建设（集团）有限责任公司第三十工程处3004掘进队

中煤第三建设（集团）有限责任公司第三十工程处3008掘进队

中煤第三建设（集团）有限责任公司第三十工程处3011掘进队

中煤第三建设（集团）有限责任公司第三十工程处3012掘进队

中煤第三建设（集团）有限责任公司第三十工程处3013掘进队

中煤第三建设（集团）有限责任公司第三十工程处3016掘进队

中煤第三建设（集团）有限责任公司第三十工程处3017掘进队

中煤第三建设（集团）有限责任公司第三十工程处3018掘进队

中煤第三建设（集团）有限责任公司第三十工程处3020掘进队

中煤第三建设（集团）有限责任公司第三十工程处3021掘进队

中煤第三建设（集团）有限责任公司第三十工程处3026掘进队

中煤第三建设（集团）有限责任公司第三十工程处3027掘进队

中煤第三建设（集团）有限责任公司第三十工程处3028掘进队

中煤第三建设（集团）有限责任公司第三十工程处3029掘进队

中煤第三建设（集团）有限责任公司第三十工程处3030掘进队

中煤第三建设（集团）有限责任公司第三十工程处3032掘进队

中煤第三建设（集团）有限责任公司第三十工程处3033掘进队

中煤第三建设（集团）有限责任公司第三十工程处3036掘进队

中煤第三建设（集团）有限责任公司第三十工程处3038掘进队

中煤第三建设（集团）有限责任公司第三十工程处3039掘进队

中煤第三建设（集团）有限责任公司第三十工程处3040掘进队

中煤第三建设（集团）有限责任公司第三十工程处3041掘进队

中煤第三建设（集团）有限责任公司第三十工程处3043掘进队

中煤第三建设（集团）有限责任公司第三十工程处3045掘进队

中煤第三建设（集团）有限责任公司第三十工程处3048掘进队

中煤第三建设（集团）有限责任公司第三十工程处3049掘进队

中煤第三建设（集团）有限责任公司第三十工程处3061掘进队

中煤第三建设（集团）有限责任公司第三十工程处3065掘进队

中煤第三建设（集团）有限责任公司第三十工程处3071掘进队

中煤第三建设（集团）有限责任公司第三十工程处3074掘进队

中煤第三建设（集团）有限责任公司第三十工程处3083掘进队

中煤第三建设（集团）有限责任公司第三十工程处3087掘进队

中煤第七十一工程处7101队

中煤第七十一工程处7102队

中煤第七十一工程处7103队

中煤第七十一工程处7105队

中煤第七十一工程处7106队

中煤第七十一工程处7107队

中煤第七十一工程处7108队

中煤第七十一工程处7109队

中煤第七十一工程处7110队

中煤第七十一工程处7112队

中煤第七十一工程处7115队

中煤第七十一工程处7116队

中煤第七十一工程处7118队

中煤第七十一工程处7120队

中煤第七十一工程处7122队

中煤第七十一工程处7123队

中煤第七十一工程处7125队

中煤第七十一工程处7126队

中煤第七十一工程处7127队

中煤第七十一工程处7128队

中煤第七十一工程处7132队

中煤第七十一工程处7133队

中煤特殊凿井（集团）有限责任公司陈蛮庄风井井筒冻结工程项目部

中煤第五建设有限公司第一工程处101队

中煤第五建设有限公司第一工程处102队

中煤第五建设有限公司第一工程处106队

中煤第五建设有限公司第一工程处107队

中煤第五建设有限公司第一工程处 109 队
中煤第五建设有限公司第一工程处 111 队
中煤第五建设有限公司第一工程处 113 队
中煤第五建设有限公司第一工程处 116 队
中煤第五建设有限公司第一工程处 117 队
中煤第五建设有限公司第一工程处综掘二队
中煤第五建设有限公司第一工程处综掘三队
中煤第五建设有限公司第一工程处综掘六队
中煤第五建设有限公司第二工程处 201 队
中煤第五建设有限公司第二工程处 204 队
中煤第五建设有限公司第二工程处 208 队
中煤第五建设有限公司第二工程处 209 队
中煤第五建设有限公司第二工程处 215 队
中煤第五建设有限公司第二工程处 217 队
中煤第五建设有限公司第二工程处 218 队
中煤第五建设有限公司第二工程处 219 队
中煤第五建设有限公司第二工程处 220 队
中煤第五建设有限公司第二工程处 222 队
中煤第五建设有限公司第二工程处 223 队
中煤第五建设有限公司第二工程处综掘队
中煤第五建设有限公司第二工程处机掘队
中煤第五建设有限公司第三工程处虎豹湾煤矿副井矿建队
中煤第五建设有限公司第三工程处朱集西煤矿副井矿建队
中煤第五建设有限公司第三工程处杨营煤矿主井矿建队
中煤第五建设有限公司第三工程处梁北煤矿混合井矿建队
中煤第五建设有限公司第三工程处潘一煤矿 2 号副井矿建队
中煤第五建设有限公司第三工程处李楼铁矿南风井矿建队
中煤第五建设有限公司第四工程处察哈素项目部 403 队
中煤第五建设有限公司第四工程处麻家梁项目部 408 队
中煤第五建设有限公司第四工程处邹庄项目部 410 队
中煤第五建设有限公司第四工程处色连项目部 412 队
中煤第五建设有限公司第五工程处安装一工区
中煤第五建设有限公司第五工程处安装二工区
中煤第五建设有限公司第五工程处安装三工区
中煤第五建设有限公司第五工程处安装五工区
中煤第五建设有限公司第五工程处第一项目部
中煤第五建设有限公司第五工程处第二项目部
中煤第五建设有限公司第五工程处第四项目部
中煤第五建设有限公司第五工程处第十项目部
中煤第五建设有限公司第五工程处汾西项目部
中煤第五建设有限公司第五工程处葛铺项目部
中煤第一建设有限公司第三十一工程处矿建 1 队
中煤第一建设有限公司第三十一工程处矿建 2 队
中煤第一建设有限公司第三十一工程处矿建 5 队
中煤第一建设有限公司第三十一工程处矿建 6 队
中煤第一建设有限公司第三十一工程处矿建 7 队
中煤第一建设有限公司第三十一工程处矿建 8 队
中煤第一建设有限公司第三十一工程处矿建 11 队
中煤第一建设有限公司第三十一工程处矿建 12 队
中煤第一建设有限公司第三十一工程处矿建 19 队
中煤第一建设有限公司第三十一工程处矿建 20 队
中煤第一建设有限公司第三十一工程处矿建 26 队
中煤第一建设有限公司第三十一工程处矿建 28 队
中煤第一建设有限公司第三十一工程处矿建 30 队
中煤第一建设有限公司第三十一工程处矿建 36 队
中煤第一建设有限公司第三十一工程处矿建 38 队
中煤第一建设有限公司第三十一工程处司马 1 队
中煤第一建设有限公司第四十九工程处矿建

1 队

中煤第一建设有限公司第四十九工程处矿建 2 队

中煤第一建设有限公司第四十九工程处矿建 8 队

中煤第一建设有限公司第四十九工程处矿建 10 队

中煤第一建设有限公司第四十九工程处矿建 12 队

中煤第一建设有限公司第四十九工程处矿建 19 队

中煤第一建设有限公司第四十九工程处矿建 21 队

中煤第一建设有限公司第四十九工程处矿建 22 队

中煤第一建设有限公司第四十九工程处矿建 24 队

中煤第一建设有限公司第四十九工程处矿建 25 队

中煤第一建设有限公司第四十九工程处矿建 26 队

中煤第一建设有限公司第四十九工程处矿建 30 队

中煤第一建设有限公司第四十九工程处矿建 34 队

中煤第一建设有限公司第四十九工程处矿建 40 队

中煤第一建设有限公司特殊凿井处杨营煤矿项目部

中煤第一建设有限公司特殊凿井处霍州庞庞塔项目部

中煤第一建设有限公司特殊凿井处葫芦素冻结项目部

中煤第一建设有限公司机电安装工程处第一项目部

中煤第一建设有限公司机电安装工程处第二项目部

中煤第一建设有限公司机电安装工程处第四项目部

中煤第六十八工程处第四项目部

中煤第六十八工程处神木项目部

中煤第六十八工程处榆树井项目部

中煤第六十八工程处黄陵项目部

河北纵横工程有限公司机电安装分公司

铁法煤业集团建设工程有限责任公司铁岭市如意大厦项目部

山西宏厦第一建设有限责任公司建筑第一分公司

山西宏厦第一建设有限责任公司机电第二分公司

山西宏厦第一建设有限责任公司第二分公司 71 队

山西宏厦第一建设有限责任公司建筑四部

山西宏厦第一建设有限责任公司机电六部

大同煤矿集团宏泰矿山工程建设有限责任公司塔山第一项目部

大同煤矿集团宏泰矿山工程建设有限责任公司塔山第二项目部

大同煤矿集团宏泰矿山工程建设有限责任公司燕子山第一项目部

大同煤矿集团宏泰矿山工程建设有限责任公司四台项目部

大同煤矿集团宏泰矿山工程建设有限责任公司王村项目部

山东华新建筑工程集团有限责任公司建筑第二项目部

山东华新建筑工程集团有限责任公司建筑第三项目部

山东华新建筑工程集团有限责任公司建筑第七项目部

山东华新建筑工程集团有限责任公司建筑第八项目部

山东华新建筑工程集团有限责任公司建筑第十项目部

山东华新建筑工程集团有限责任公司安装一区

山东华新建筑工程集团有限责任公司安装二区

山东华新建筑工程集团有限责任公司轻钢结构分公司

山东华新建筑工程集团有限责任公司华恒副立井项目部

兖矿集团东华建设有限公司第三十七处第二项目公司

兖矿集团东华建设有限公司第三十七处第七项目公司

兖矿集团东华建设有限公司地矿建设分公司新疆工程部

河南省豫西建设工程有限责任公司第二机电安装分公司

河南省豫西建设工程有限责任公司矿山机电设备安装分公司

河南省豫西建设工程有限责任公司第二项目部

河南国龙矿业建设有限公司开1队

河南国龙矿业建设有限公司开2队

河南国龙矿业建设有限公司开3队

平煤建工集团有限公司建井一处综合4队

平煤建工集团有限公司建井一处综合5队

平煤建工集团有限公司建井一处第六项目部

平煤建工集团有限公司建井一处第八项目部

平煤建工集团有限公司建井一处十三矿项目部

平煤建工集团有限公司建井三处第一项目部

平煤建工集团有限公司建井三处第二项目部

平煤建工集团有限公司土建处第六项目部

平煤建工集团有限公司土建处第二安装工程部

平煤建工集团有限公司第六工程处第一安装项目部

平煤建工集团有限公司第六工程处第二安装项目部

义煤集团永兴工程有限责任公司第一项目部

义煤集团永兴工程有限责任公司第二项目部

义煤集团永兴工程有限责任公司义安项目部

义煤集团永兴工程有限责任公司新义项目部

河南煤炭建设集团有限责任公司112掘进队

河南煤炭建设集团有限责任公司116掘进队

河南煤炭建设集团有限责任公司建筑工程公司

河南煤炭建设集团有限责任公司安装工程公司

淮北矿业（集团）工程建设有限责任公司2队

淮北矿业（集团）工程建设有限责任公司13队

淮北矿业（集团）工程建设有限责任公司临涣矿建项目部

淮北矿业（集团）工程建设有限责任公司桃园矿建项目部

淮北矿业（集团）工程建设有限责任公司袁店矿建项目部

淮北矿业（集团）工程建设有限责任公司祁南矿建项目部

淮北矿业（集团）工程建设有限责任公司友谊项目部

淮南矿业（集团）有限责任公司矿业工程分公司101队

淮南矿业（集团）有限责任公司矿业工程分公司103队

淮南矿业（集团）有限责任公司矿业工程分公司115队

淮南矿业（集团）有限责任公司矿业工程分公司207队

淮南矿业（集团）有限责任公司矿业工程分公司305队

淮南矿业（集团）有限责任公司安装工程分公司拆装一工区

淮南矿业（集团）有限责任公司安装工程分公司拆装六工区

淮南矿业（集团）有限责任公司安装工程分公司第七项目部

中鼎国际矿山隧道建设分公司一公司黄陵项目部

中鼎国际矿山隧道建设分公司一公司永平项目部

中鼎国际矿山隧道建设分公司一公司同忻项目部

中鼎国际矿山隧道建设分公司二公司铁山垅施工队

中鼎国际矿山隧道建设分公司二公司罗河施工队

中鼎国际矿山隧道建设分公司三公司巨源项目部

四川芙蓉集团宜宾川南建设工程有限公司井巷4队

四川芙蓉集团宜宾川南建设工程有限公司井巷5队

四川芙蓉集团宜宾川南建设工程有限公司井巷8队

四川芙蓉集团宜宾川南建设工程有限公司井巷12队

四川芙蓉集团宜宾川南建设工程有限公司土建工程第一项目部

广州中煤江南基础工程公司佛山分公司

贵州盘江煤电建设工程有限公司第三公司

五、2010—2011 年度（中煤建协字〔2011〕116 号）

（一）煤炭行业（部级）优秀等级工程处（公司）名单（12 个）

中煤第三建设（集团）有限责任公司第三十工程处

中煤第三建设（集团）有限责任公司第二十九工程处

中煤第七十一工程处

中煤第五建设有限公司第三工程处

中煤第五建设有限公司第五工程处

中煤第五建设有限公司第三十一工程处

山东华新建筑工程集团有限责任公司机电安装处

山东华新建筑工程集团有限责任公司土建处

中鼎国际矿山隧道建设分公司一公司

中鼎国际矿山隧道建设分公司二公司

中平能化建工集团有限公司六处

中平能化建工集团有限公司安装处

（二）煤炭行业（部级）优秀等级施工队（项目部）名单（219 个）

中煤第五建设有限公司第一工程处 103 队

中煤第五建设有限公司第一工程处 104 队

中煤第五建设有限公司第一工程处 108 队

中煤第五建设有限公司第一工程处 111 队

中煤第五建设有限公司第一工程处 112 队

中煤第五建设有限公司第一工程处 113 队

中煤第五建设有限公司第一工程处 116 队

中煤第五建设有限公司第一工程处 118 队

中煤第五建设有限公司第一工程处 119 队

中煤第五建设有限公司第一工程处 122 队

中煤第五建设有限公司第一工程处综掘 1 队

中煤第五建设有限公司第一工程处综掘 5 队

中煤第五建设有限公司第一工程处综掘 6 队

中煤第五建设有限公司第一工程处综掘 10 队

中煤第五建设有限公司第三工程处李粮店煤矿主井矿建队

中煤第五建设有限公司第三工程处顺和煤矿副井矿建队

中煤第五建设有限公司第三工程处文家坡煤矿副井矿建队

中煤第五建设有限公司第三工程处小庄煤矿副井矿建队

中煤第五建设有限公司第三工程处刘塘坊铁矿北风井矿建队

中煤第五建设有限公司第三工程处马泰壕煤矿副井矿建队

中煤第五建设有限公司第五工程处第一项目部

中煤第五建设有限公司第五工程处第二项目部

中煤第五建设有限公司第五工程处第四项目部

中煤第五建设有限公司第五工程处葛铺项目部

中煤第五建设有限公司第五工程处汾西项目部

中煤第五建设有限公司第五工程处安装一工区

中煤第五建设有限公司第五工程处安装二工区

中煤第五建设有限公司第五工程处安装三工区

中煤第五建设有限公司第五工程处安装五工区

中煤第五建设有限公司第五工程处安装六工区

中煤第五建设有限公司第三十一工程处矿建 1 队

中煤第五建设有限公司第三十一工程处矿建 4 队

中煤第五建设有限公司第三十一工程处矿建 7 队

中煤第五建设有限公司第三十一工程处矿建 11 队

中煤第五建设有限公司第三十一工程处矿建 12 队

中煤第五建设有限公司第三十一工程处矿建 15 队

中煤第五建设有限公司第三十一工程处矿建 19 队

中煤第五建设有限公司第三十一工程处矿建 28 队

中煤第五建设有限公司第三十一工程处矿建 29 队

中煤第五建设有限公司第三十一工程处矿建 35 队

中煤第五建设有限公司第三十一工程处矿建 36 队

中煤第五建设有限公司第三十一工程处矿建 39 队

中煤第五建设有限公司第三十一工程处综掘

3 队

中煤邯郸第四十九矿山工程有限公司矿建 2 队

中煤邯郸第四十九矿山工程有限公司矿建 5 队

中煤邯郸第四十九矿山工程有限公司矿建 6 队

中煤邯郸第四十九矿山工程有限公司矿建 7 队

中煤邯郸第四十九矿山工程有限公司矿建 19 队

中煤邯郸第四十九矿山工程有限公司矿建 20 队

中煤邯郸第四十九矿山工程有限公司矿建 21 队

中煤邯郸第四十九矿山工程有限公司矿建 22 队

中煤邯郸第四十九矿山工程有限公司矿建 28 队

中煤邯郸第四十九矿山工程有限公司矿建 29 队

中煤邯郸第四十九矿山工程有限公司矿建 32 队

中煤邯郸第四十九矿山工程有限公司矿建综掘队

中煤邯郸特殊凿井有限公司红四煤矿项目部

中煤邯郸特殊凿井有限公司门克庆煤矿项目部

中煤第一建设有限公司第二工程处 203 队

中煤第一建设有限公司第二工程处 205 队

中煤第一建设有限公司第二工程处 206 队

中煤第一建设有限公司第二工程处 208 队

中煤第一建设有限公司第二工程处 209 队

中煤第一建设有限公司第二工程处 217 队

中煤第一建设有限公司第二工程处 220 队

中煤第一建设有限公司第二工程处 221 队

中煤第一建设有限公司第二工程处 222 队

中煤第一建设有限公司第二工程处 226 队

中煤第六十八工程有限公司柳巷项目部

中煤第六十八工程有限公司刘家口项目部

中煤第六十八工程有限公司满洲里项目部

中煤第六十八工程有限公司鄂尔多斯项目部

河北纵横工程有限公司机电安装分公司

中煤河北煤炭建设第四工程处 402 队

中煤河北煤炭建设第四工程处 408 队

中煤河北煤炭建设第四工程处机电安装二部

晋城宏圣建筑工程有限公司矿建安装分公司矿建第二项目部

晋城宏圣建筑工程有限公司矿建安装分公司土建第二项目部

晋城宏圣建筑工程有限公司矿建安装分公司土建第三项目部

大同煤矿集团宏泰矿山工程建设有限责任公司塔山第一项目部 3 队

大同煤矿集团宏泰矿山工程建设有限责任公司矿建一部 21 队

大同煤矿集团宏泰矿山工程建设有限责任公司青磁窑项目部 40 队

大同煤矿集团宏泰矿山工程建设有限责任公司燕子山第一项目部 8 队

大同煤矿集团宏泰矿山工程建设有限责任公司同忻项目部 24 队

山西宏厦第一建设有限责任公司建筑工程第一项目部

山西宏厦第一建设有限责任公司建筑工程第七项目部

中煤第三建设（集团）有限责任公司第三十工程处 3001 队

中煤第三建设（集团）有限责任公司第三十工程处 3002 队

中煤第三建设（集团）有限责任公司第三十工程处 3003 队

中煤第三建设（集团）有限责任公司第三十工程处 3004 队

中煤第三建设（集团）有限责任公司第三十工程处 3007 队

中煤第三建设（集团）有限责任公司第三十工程处 3008 队

中煤第三建设（集团）有限责任公司第三十工程处 3009 队

中煤第三建设（集团）有限责任公司第三十工程处 3010 队

中煤第三建设（集团）有限责任公司第三十工程处 3011 队

中煤第三建设（集团）有限责任公司第三十工程处 3012 队

中煤第三建设（集团）有限责任公司第三十工程处 3013 队

中煤第三建设（集团）有限责任公司第三十

工程处3015队

中煤第三建设（集团）有限责任公司第三十工程处3016队

中煤第三建设（集团）有限责任公司第三十工程处3017队

中煤第三建设（集团）有限责任公司第三十工程处3019队

中煤第三建设（集团）有限责任公司第三十工程处3025队

中煤第三建设（集团）有限责任公司第三十工程处3028队

中煤第三建设（集团）有限责任公司第三十工程处3029队

中煤第三建设（集团）有限责任公司第三十工程处3030队

中煤第三建设（集团）有限责任公司第三十工程处3033队

中煤第三建设（集团）有限责任公司第三十工程处3035队

中煤第三建设（集团）有限责任公司第三十工程处3037队

中煤第三建设（集团）有限责任公司第三十工程处3038队

中煤第三建设（集团）有限责任公司第三十工程处3040队

中煤第三建设（集团）有限责任公司第三十工程处3043队

中煤第三建设（集团）有限责任公司第三十工程处3049队

中煤第三建设（集团）有限责任公司第三十工程处3050队

中煤第三建设（集团）有限责任公司第三十工程处3051队

中煤第三建设（集团）有限责任公司第三十工程处3052队

中煤第三建设（集团）有限责任公司第三十工程处3053队

中煤第三建设（集团）有限责任公司第三十工程处3056队

中煤第三建设（集团）有限责任公司第三十工程处3065队

中煤第三建设（集团）有限责任公司第三十工程处3078队

中煤第三建设（集团）有限责任公司第三十工程处3120队

中煤第三建设（集团）有限责任公司第三十工程处3121队

中煤第三建设（集团）有限责任公司第三十工程处3122队

中煤第三建设（集团）有限责任公司第三十工程处3123队

中煤第三建设（集团）有限责任公司第三十工程处3126队

中煤第三建设（集团）有限责任公司第三十工程处3217队

中煤第三建设（集团）有限责任公司第三十工程处3215队

中煤第三建设（集团）有限责任公司第二十九工程处哈密项目部2901队

中煤第三建设（集团）有限责任公司第二十九工程处青东项目部2904队

中煤第三建设（集团）有限责任公司第二十九工程处灵东项目部2909队

中煤第三建设（集团）有限责任公司第二十九工程处杨家村项目部2920队

中煤第三建设（集团）有限责任公司第二十九工程处灵东项目部2925队

中煤第三建设（集团）有限责任公司第二十九工程处青东项目部2938队

中煤第三建设（集团）有限责任公司第二十九工程处彬长项目部2952队

中煤第三建设（集团）有限责任公司第二十九工程处杨家村项目部2956队

中煤第三建设（集团）有限责任公司第二十九工程处泊江海子项目部2966队

中煤第三建设（集团）有限责任公司第二十九工程处灵露项目部2967队

中煤第三建设（集团）有限责任公司第二十九工程处黄陵项目部2968队

中煤第三建设（集团）有限责任公司第二十九工程处敏东项目部2969队

中煤第三建设（集团）有限责任公司第二十九工程处胡家河项目部2971队

中煤第三建设（集团）有限责任公司第二十

九工程处黄陵项目部综掘 1 队

中煤第三建设（集团）有限责任公司第二十九工程处胡家河项目部综掘 2 队

中煤第三建设（集团）有限责任公司第二十九工程处黄陵项目部综掘 3 队

中煤第三建设（集团）有限责任公司第二十九工程处灵东项目部综掘 11 队

中煤第七十一工程处 7101 队

中煤第七十一工程处 7102 队

中煤第七十一工程处 7103 队

中煤第七十一工程处 7105 队

中煤第七十一工程处 7106 队

中煤第七十一工程处 7107 队

中煤第七十一工程处 7109 队

中煤第七十一工程处 7110 队

中煤第七十一工程处 7112 队

中煤第七十一工程处 7115 队

中煤第七十一工程处 7116 队

中煤第七十一工程处 7118 队

中煤第七十一工程处 7120 队

中煤第七十一工程处 7121 队

中煤第七十一工程处 7122 队

中煤第七十一工程处 7123 队

中煤第七十一工程处 7125 队

中煤第七十一工程处 7126 队

中煤第七十一工程处 7127 队

中煤第七十一工程处 7128 队

中煤第七十一工程处 7132 队

中煤第七十一工程处 7133 队

中煤第七十一工程处 7138 队

中煤第七十一工程处 7154 队

中煤第七十一工程处 7162 队

中煤第七十一工程处 7166 队

中煤第三建设（集团）有限责任公司冻结工程处孟村矿井项目部

中煤第三建设（集团）有限责任公司冻结工程处朱集西风井矿井项目部

淮北矿业（集团）工程建设有限责任公司桃园矿建项目部

淮北矿业（集团）工程建设有限责任公司安拓项目部

淮北矿业（集团）工程建设有限责任公司安创项目部

临沂华建工程有限责任公司二〇二项目部

临沂华建工程有限责任公司六〇六项目部

山东华新建筑工程集团有限责任公司建筑第二项目部

山东华新建筑工程集团有限责任公司建筑第七项目部

山东华新建筑工程集团有限责任公司建筑第八项目部

山东华新建筑工程集团有限责任公司机电工区

山东华新建筑工程集团有限责任公司轻钢结构分公司

山东华新建筑工程集团有限责任公司安装一区

山东华新建筑工程集团有限责任公司安装二区

中鼎国际矿山隧道建设分公司一公司永平项目部

中鼎国际矿山隧道建设分公司一公司黄陵项目部

中鼎国际矿山隧道建设分公司一公司同忻项目部

中鼎国际矿山隧道建设分公司一公司东周窑项目部

中鼎国际矿山隧道建设分公司一公司王家岭项目部

中鼎国际矿山隧道建设分公司二公司王家岭施工队

中鼎国际矿山隧道建设分公司二公司曲江施工队

中鼎国际矿山隧道建设分公司二公司东同施工队

河南省豫西建设工程有限责任公司第三建筑分公司

河南省豫西建设工程有限责任公司第四建筑分公司

河南省豫西建设工程有限责任公司第六建筑分公司

河南省豫西建设工程有限责任公司第一机电安装分公司

河南省豫西建设工程有限责任公司第二机电安装分公司

中平能化建工集团有限公司建井一处综合四队

中平能化建工集团有限公司建井一处第七项

目部

中平能化建工集团有限公司建井一处第八项目部

中平能化建工集团有限公司建井一处首山项目部

中平能化建工集团有限公司建井三处第一项目部

中平能化建工集团有限公司土建处第六项目部

中平能化建工集团有限公司土建处第七项目部

中平能化建工集团有限公司土建处第一安装工程部

中平能化建工集团有限公司六处第二项目部

中平能化建工集团有限公司六处第二安装项目部

中平能化建工集团有限公司安装处第二项目部

中平能化建工集团有限公司安装处第四项目部

河南国龙矿业建设有限公司开 1 队

河南国龙矿业建设有限公司开 2 队

河南国龙矿业建设有限公司开 3 队

河南国龙矿业建设有限公司土建队

河南国龙矿业建设有限公司安装队

义煤集团永兴工程有限责任公司耿村项目部

义煤集团永兴工程有限责任公司义安项目部

义煤集团永兴工程有限责任公司新义项目部

广州中煤江南基础工程公司特种工程分公司

广州中煤江南基础工程公司开发区分公司

陕西煤业化工建设集团有限公司矿建一公司山阳项目部

陕西煤业化工建设集团有限公司矿建一公司西卓项目部

优秀项目经理

一、煤炭行业荣获全国建筑业企业优秀项目经理名单

中国建筑业协会组织、评审、公布，煤炭行业建筑企业荣获全国建筑业企业优秀项目经理名单如下。

（一）2008 年度全国建筑业企业优秀项目经理名单（14 人）

山西宏厦建筑工程第三有限公司：王玉世

山西宏厦建筑工程第三有限公司：马瑞达

铁法煤业集团建设工程有限责任公司：王振平

中鼎国际工程有限责任公司：万国良

四川中成煤炭建设（集团）有限责任公司：陈文

四川中成煤炭建设（集团）有限责任公司：田义平

宁夏煤炭基本建设公司：穆迎信

中煤第三建设公司第三十三工程处：王鹏

中煤第三建设公司机电安装工程处：黄庆宏

中煤第七十一工程处：马景迅

中煤第一建设公司第四十九工程处：赵京虎

中煤第一建设公司第四十九工程处：韩晓东

中煤第五建设公司第三工程处：刘传申

中煤建安公司第七十二工程处：徐延海

（二）2009 年度全国建筑业企业优秀项目经理名单（18 人）

中煤第五建设有限公司第一工程处：占春到

中煤第五建设有限公司第二工程处：乔志

中煤第五建设有限公司第四工程处：付万贵

中煤第五建设有限公司第五工程处：周建

中煤建筑安装工程公司：杨胜

中煤建筑安装工程公司第六十八工程处：汤敬东

中煤建筑安装工程公司第六十八工程处：张茂春

中煤建筑安装工程公司第七十二工程处：章祖伟

山西宏厦建筑工程第三有限公司：吴海平

山西宏厦建筑工程第三有限公司：杨洪良

铁法煤业集团建设工程有限责任公司：尹晓明

中煤第三建设（集团）有限责任公司：易乃星

中煤第三建设（集团）有限责任公司第三十三工程处：袁斌

中煤第三建设（集团）有限责任公司天津分公司：潘太平

安徽开源路桥有限责任公司：管万忠

江西中煤建设工程有限公司：俞宽坤

平煤建工集团有限公司：吴建基

宁夏煤炭基本建设公司：李玉田

（三）2010 年度全国建筑业企业优秀项目经理名单（9 人）

中煤第三建设（集团）有限责任公司：俞家坤

中煤第三建设（集团）有限责任公司第三十三工程处：井志彬

中煤第三建设公司机电安装工程处：李青松

山西宏厦建筑工程第三有限公司：岳亮平

中煤第七十一工程处：赵斌

中平能化建工集团有限公司：陈颖杰

中平能化建工集团有限公司：李勤山

重庆巨能建设（集团）有限公司：程家书

宁夏煤炭基本建设公司：鱼智浩

二、煤炭建设行业优秀项目经理

中国煤炭建设协会组织、评审、公布，煤炭建设行业优秀项目经理名单如下。

（一）煤炭建设行业第六届（2006—2007 年度）优秀项目经理名单（108 人）

中煤建筑安装公司第六十八工程处：张茂春、封建国、揣立文

中煤建筑安装公司第六十九工程处：李树昆

中煤建筑安装公司第七十二工程处：张长安、杨胜

中煤建筑安装公司第七十三工程处：刘修刚

中煤第一建设公司特殊凿井处：郭永富

中煤第一建设公司第十工程处：郭林忠、程岩青

中煤第一建设公司第三十一工程处：王学勇、韩贵宝、尹洪太

中煤第一建设公司第四十九工程处：徐树岐、刘计寒、解志勇

中煤第一建设公司第六十三工程处：陈钉

中煤第三建设（集团）有限责任公司本部：朱淮、张传斌、陈正堂、易乃星、左培荣、鹿爱继、魏子英

中煤第三建设（集团）有限责任公司第二十九工程处：何所惧、王暻玥、陈志文、刘金林

中煤第三建设（集团）有限责任公司第三十工程处：徐建军、张全峰、李潘杰、李清、田自力、朱昊、李之兴、陈昊

中煤第三建设（集团）有限责任公司第三十三工程处：曹元成、李明、娄福义、夏献顺、王可云

中煤第三建设（集团）有限责任公司第七十一工程处：赵斌、崔建井、羊群山、颜大海、王友新、李世军

中煤第三建设（集团）有限责任公司第七十二工程处：陈杰

中煤第三建设（集团）有限责任公司机电安装处：杨卫东、杨念海、廖鸿志、林勇、彭辉

中煤第三建设（集团）有限责任公司开源路桥有限责任公司：马庆华、李志福、汪顺利

中煤第五建设公司第二工程处：王峰

中煤第五建设公司第三工程处：陈晓辉

中煤第五建设公司第五工程处：庄峰、周建

中煤第五建设公司长江建筑装饰工程有限公司：周庆河、林文柱

山西宏厦建筑第一公司：王佳宏

山西宏厦建筑第三公司：马瑞达、路建平、郝宪章

山西庆恒建筑集团公司：成够柱

山西金城建筑公司：王新太、白文明、朱晓丁、李吉生、张正贵

山西金信建筑公司：王振春

山西大同宏远工程公司：张东阳、王志华、张晋云、白煜、王杰、王旭、周日宏、费新立

西安中煤建筑工程公司：李牧漪、赵振宝、刘永军、王纪银、邓天健

陕西煤炭建设公司：周建柱、芦电

陕西煤炭建设公司第二矿建工程处：董敏琦

陕西龙源建筑安装公司：邵蛇娃

铜川煤矿建筑安装工程公司：刘建成、张礼奎

陕西华瑞建设有限公司：李小平、陈子敬

宁夏煤炭基本建设公司：赵宝金、孙建国、黄金彪、禹明、成筛章

平顶山煤业集团建筑安装公司：蔡前进、方会珍、宗进营、刘海彦、毛道伟、岳广义、李书坡、屈文生、鲁海涛

（二）煤炭建设行业第七届（2008—2009 年度）优秀项目经理名单（121 人）

中煤建设集团公司：史万红、王鹏翔、宋景龙、贾常兴、段国华

中煤建筑安装公司第六十八工程处：王华、白竹刚

中煤建筑安装公司第七十二工程处：李志中、李国祥

中煤建筑安装公司第九十二工程处：韩进

中煤第一建设公司第十工程处：李树兵、梁士昌

中煤第一建设公司第三十一工程处：王国元

中煤第一建设公司第四十九工程处：王向东

中煤第一建设公司第六十三工程处：李晓良

中煤第一建设公司特殊凿井处：陈占怀

中煤第一建设公司机电安装处：赵金富

中煤第三建设（集团）有限责任公司本部：毕怀新、陈广浩、王清春

中煤第三建设（集团）有限责任公司第二十九工程处：徐文艺、江登顺、白传军

中煤第三建设（集团）有限责任公司第三十工程处：朱昊、胡军、郑忠献

中煤第三建设（集团）有限责任公司第三十三工程处：韩磊、袁斌、王中和、刘銮成、崔怀胜

中煤第三建设（集团）有限责任公司第七十一工程处：张新友、李水明、李广、赵运生、王宁、陈伟

中煤第三建设（集团）有限责任公司机电安装处：王晗、高善华、纵飞、段新峰

中煤第三建设（集团）有限责任公司冻结处：刘杰忠、刘建国、黄启永、李志春、单兴华、刘帆、赵永、林桂皖、杨谢生

中煤第三建设（集团）有限责任公司安装处：周大卫

中煤第三建设（集团）有限责任公司淮南工程处：陆卫国

中煤第五建设公司第一工程处：谷立成

中煤第五建设公司第二工程处：孙晋薪、陈兆凤、卢海标、朱平青、白振平、乔志

中煤第五建设公司第三工程处：夏保海、柯建秋、杨传来、周海振、陈晓辉、蔡全成

中煤第五建设公司第四工程处：杨孝平

中煤第五建设公司第五工程处：杜荣超、杨凤生、王金才

中煤第五建设公司长江建筑装饰公司：周庆河、邓建华、林文柱

中煤第五建设公司现代钢结构厂：王传伦

山西焦煤西山煤电公司：任涛、李明生、范国良

大同集团宏远公司：张典、赵鹏、白煜、何贵、高凌翔、朱新芝、丁小新、荆如贵、王杰

陕西中煤建设有限责任公司：赵会秋、同建柱、华振龙、陈孝民、付涛、董江平、樊军恒、李兰峰

西安中煤建筑工程有限公司：徐卫星、李牧漪、邱天云

铁法煤业集团建设工程公司：伊晓明

平煤建工集团有限公司：屈文生、孟程、张昌顺、押朝伍、吴建基、张永申、朱惠生、郭士印、李洪亮

中鼎国际工程有限责任公司：邬德平

江西省矿山隧道建设总公司：易香保、彭小平、赵元福、钟勤

枣庄矿业集团有限责任公司：孙栋、于明德、蒋戈

宁夏煤炭基本建设公司：尚林明、贾前义、陈广义、鱼智浩

中煤地质总局水文地质局：刘金宝

广州中煤江南基础工程公司：刘特辉、巫东辉

（三）煤炭建设行业第八届（2010 年度）优秀项目经理名单（93 人）

中煤建筑安装工程公司：刘修刚、王宝瑞、王振辉、史守强、马志义、赵振伟、张文甫、张震、阎军、卢军

中煤矿山建设集团有限责任公司：孙晋锋、马士学、胡晓庆、戴金炉、李志春、王峰、林桂皖、白传军、江登顺、李玉海、王赞、孟献堂、李之兴、马强、王治超、李潘杰、朱昊、魏志强、马刚、兰付岭、冯周为、顾玉才

中煤第五建设有限公司：安有龙、孙连科、赵房成、徐金根、刘现攻、谷立成、赵俊阳、李刚、刘征、胡国保、闫华锋、谢明坤、任召明、邓建华、周庆河

山西金信建筑公司：李宏伟、樊世兵、文龙、解德强

山西宏厦建筑工程第三有限责任公司：王建国、王艳洁、任红升、郝宪章

山西宏厦建筑工程有限公司：胡玉清

山西晋城宏圣建筑工程有限公司：郭新年、原吉锋、李辉、范海潮、韩爱红

山西约翰芬雷华能设计工程有限责任公司：田英震

山西汾西工程建设有限责任公司：韩贵成、颜鹏、郭洪福、郭志宏、郭照恩

山西西山金城建筑有限公司：刘建、张海清、耿焕章

中煤西安设计工程有限责任公司：韩林平

唐山开滦建设（集团）有限责任公司：李凯、邢启风、李世存

山东华新建筑工程集团有限责任公司：王作军、董立彬、张鹏飞、袁绪胜、刘加军、高奎芝

中平能化建工集团有限责任公司：牛超群、李欣、孟程、勾峰

河南省豫西建设工程有限责任公司：符亚军、崔钦军、郭荣喜

宁夏煤炭基本建设公司：李炳山、余建伟、鲁涛、严旭升、包文贤、刘和国

中国施工企业管理协会科学技术奖技术创新先进企业及先进个人

由中国施工企业管理协会组织、评选，煤炭行业获科学技术奖技术创新先进企业及先进个人名单如下。

一、2006年度科学技术奖技术创新

（一）科学技术奖技术创新先进企业（1家）

中煤第一建设公司

（二）科学技术奖技术创新先进个人（1人）

中煤第一建设公司：张馨

二、2007年度科学技术奖技术创新先进企业及先进个人

（一）科学技术奖技术创新先进企业（8家）

中煤第一建设公司

中煤第一建设公司特殊凿井处

中煤第三建设（集团）有限责任公司

中煤第三建设（集团）有限责任公司第三十工程处

中煤第七十一工程处

中煤第三建设公司机电安装工程处

中煤特殊凿井（集团）有限责任公司

唐山开滦建设（集团）有限责任公司

（二）科学技术奖技术创新先进个人（10名）

中煤第一建设公司：蒲耀年

中煤第一建设公司特殊凿井处：郭永富

中煤第三建设（集团）有限责任公司：赵士兵

中煤第三建设（集团）有限责任公司第三十工程处：冯旭东

中煤第三建设集团第七十一工程处：徐辉东

中煤第三建设公司机电安装工程处：李惠民

中煤第五建设公司：程志彬

中煤特殊凿井（集团）有限责任公司：赵时运

唐山开滦建设（集团）有限责任公司：宋世宏

江苏华美工程建设集团有限公司建井工程处：万援朝

三、2008年度科学技术奖技术创新先进企业及先进个人

（一）科学技术奖技术创新先进企业（7家）

中煤第一建设公司

中煤第五建设公司

中煤第三建设（集团）有限责任工程第三十工程处

平煤建工集团有限公司

中煤特殊凿井（集团）有限责任公司

中煤第一建设公司第三十一工程处

华煤建设特殊工程技术有限公司

（二）科学技术奖技术创新先进个人（7人）

中煤特殊凿井（集团）有限责任公司：赵时运

平煤建工集团有限公司：仝洪昌

中煤第一建设公司：陈耀文

中煤第三建设（集团）有限责任公司第三十工程处：冯旭东

中煤第一建设公司：孙春祥

中煤第三建设（集团）有限责任公司第二十九工程处：王厚良

华煤建设特殊工程技术有限公司：廖卫勇

四、2009年度科学技术奖技术创新先进企业及先进个人

（一）科学技术奖科技创新先进企业（6家）

中煤矿山建设集团有限责任公司

中煤第五建设有限公司

平煤建工集团有限公司

中煤第一建设公司

中煤第三建设（集团）有限责任公司第三十

工程处

江西中煤建设工程有限公司

（二）科学技术奖科技创新先进个人（7人）

中煤第一建设公司：申建红

中煤第五建设有限公司：程志彬

中煤第三建设（集团）有限责任公司第三十工程处：冯旭东

平煤建工集团有限公司：赵春孝

中煤第五建设有限公司：袁兆宽

中煤矿山建设集团有限责任公司：赵士兵

江苏华美工程建设集团有限公司：樊九林

五、2010年度科学技术奖技术创新先进企业及先进个人

（一）科学技术奖科技创新先进企业（6家）

中煤第三建设（集团）有限责任公司第三十工程处

中煤第五建设有限公司

中煤矿山建设集团有限责任公司

中平能化建工集团有限公司

中煤第七十一工程处

中煤第三建设公司机电安装工程处

（二）科学技术奖科技创新先进个人（7人）

中煤第三建设（集团）有限责任公司第三十工程处：冯旭东

中煤第五建设有限公司：郭永富

江苏省矿业工程集团有限公司：王民中

中平能化建工集团有限公司：涂心彦

中煤特殊凿井（集团）有限责任公司：王宗金

中煤第七十一工程处：方体利

中煤第五建设有限公司：马传银

第六篇

信 息 资 料

煤炭施工生产、财务、劳资、质量及工作面利用

2006—2010 年煤炭施工生产、财务、劳资、质量及工作面利用情况见表 6 – 1、表 6 – 2、表 6 – 3、表 6 – 4、表 6 – 5。

表 6 – 1　2006—2010 年煤炭施工生产完成情况

指标名称	总 计	年 份				
		2006	2007	2008	2009	2010
企业个数/个		90	95	96	91	89
一、企业总产值/亿元	2895.36	352.49	456.34	548.55	683.99	853.99
其中：在境外完成的营业额/亿元	25.71	0.98	0.98	2.11	7.87	13.77
（一）施工产值/亿元	2646.96	319.51	416.93	498.94	623.8	787.78
其中：非煤炭行业产值/亿元	448.62	53.14	55.44	84.8	107.38	147.86
1. 矿建产值/亿元	987.32	123.81	144.45	184.24	233.3	301.52
2. 土建产值/亿元	1318.00	152.21	219.21	253.69	303.96	388.93
3. 安装产值/亿元	306.32	40.4	50.4	58.4	73.37	83.75
二、全部平均人员/万人	28.16	23.72	27.07	28.46	29.23	32.33
（一）施工人员/万人	23.92	19.16	21.62	23.60	25.55	29.66
1. 矿建工人/万人	8.54	6.40	6.61	8.22	10.25	11.20
其中：工作面工人/万人	5.96	4.16	4.45	5.88	7.24	8.07
2. 土建工人/万人	11.80	8.99	11.74	11.59	12.44	14.22
3. 安装工人/万人	2.40	2.21	2.22	2.46	2.39	2.72
（二）其他人员/万人	3.54	3.55	4.06	3.94	3.47	2.67
三、劳动生产率						
全部人员/元·（人·年）$^{-1}$	201655	148822	168565	192734	234002	264154
施工人员/元·（人·年）$^{-1}$	216116	166741	192871	211388	244116	265465

表 6－1（续）

指标名称	总计	年份				
		2006	2007	2008	2009	2010
矿建工人/元·（人·年）$^{-1}$	226613	193374	218586	224266	227656	269184
土建工人/元·（人·年）$^{-1}$	218502	169131	186661	218815	244371	273531
安装工人/元·（人·年）$^{-1}$	232284	182586	227111	237446	206389	307887
四、井巷总进尺/万米	575.9	73.88	83.2	112.77	146.2	159.85
其中：非煤炭行业/万米	47.69	5.89	5.10	11.13	12.16	13.41
成巷效率/米·（人·年）$^{-1}$	19.13	17.75	18.68	19.19	20.2	19.82
五、房屋建筑面积						
施工面积/万平方米	9731.34	1507.34	1850.07	1867.53	2135.04	2371.36
其中：本年新开工面积/万平方米	5170.7	786.45	1088.88	1112.51	964.07	1218.79
竣工面积/万平方米	3990.31	749.42	745.63	837.75	822.62	834.89
其中：非煤炭行业/万平方米	1199.61	176.24	278	230.81	221.85	292.71
其中：住宅/万平方米	2264.02	484.99	350.85	525.9	541.17	361.11
房屋竣工效率/平方米·（人·年）$^{-1}$	68.78	83.27	63.49	72.26	66.14	58.72
六、安全事故中的死亡人数/人	127	9	8	7	43	60

表 6－2　2006—2010 年煤炭施工财务状况

指标名称	总计	年份				
		2006	2007	2008	2009	2010
一、签订的合同额/亿元	3583.4	396.69	527.56	657.35	862.37	1139.43
1. 上年结转合同额/亿元	1198.4	132.62	164.84	239.42	274.17	387.35
2. 本年新签合同额/亿元	2451.39	264.08	358.13	488.89	588.2	752.09
二、所有者权益合计/亿元	532.36	83.61	108.22	94.35	101.99	144.19
其中：实收资本/亿元	434.35	80.29	98.46	74.1	83.1	98.4
1. 国家资本/亿元	151.6	29.48	28.4	23.09	32.82	37.81
2. 集体资本/亿元	9.46	1.66	0.95	2.61	1.85	2.39
3. 法人资本/亿元	252.1	46.16	69.11	45.38	41.4	50.05
4. 个人资本/亿元	28.26	2.99	4.11	6.06	6.96	8.14
三、损益及分配						
工程结算收入/亿元	2603.95	324.14	403.05	489.97	610.61	776.18
工程结算成本/亿元	2300.74	284.53	351.51	432.95	540.84	690.91
工程结算利润/亿元	212.71	29.17	35.39	40.57	49.54	58.04
其他业务收入/亿元	89.58	13.11	18.18	15.03	13.89	29.37
其他业务利润/亿元	11.37	1.79	3.2	2.08	1.22	3.08

表 6-2（续）

指标名称	总计	年份				
		2006	2007	2008	2009	2010
管理费用/亿元	152.92	26.54	25.78	32.86	30.69	37.05
财务费用/亿元	11.18	1.24	1.98	2.79	2.45	2.72
营业利润/亿元	46.75	3.19	4.46	7.76	15.48	15.86
利润总额/亿元	51.64	3.11	7.5	10.87	14.57	15.59
四、补充资料						
应收工程款/亿元	713.22	94.49	120.49	134.63	153.95	209.66
其中：竣工工程/亿元	283.03	38.45	52.91	58.08	62.3	71.29

表 6-3　2006—2010 年煤炭施工人员和劳动报酬情况

指标名称	总平均	年份				
		2006	2007	2008	2009	2010
期末总人数/万人	26.164	23.7	24.87	26.1	26.06	30.09
单位从业人数/万人	24.358	21.02	23.57	24.12	26.05	27.03
其中：使用的农民劳动工/万人	7.686	4.39	6.55	7.77	10.51	9.21
1. 在岗职工/万人	17.826	16.79	17.79	17.9	17.89	18.76
（1）工人/万人	12.122	11.38	11.93	12.79	11.99	12.52
矿建工人/万人	5.682	4.93	5.16	5.92	6.26	6.14
其中：井下工人/万人	4.098	3.28	3.7	4.18	4.54	4.79
土建工人/万人	4.708	4.33	5.1	5.11	4.16	4.84
安装工人/万人	1.544	1.61	1.62	1.53	1.39	1.57
（2）工程技术人员/万人	1.992	1.85	1.83	1.98	2.09	2.21
（3）管理人员/万人	2.392	2.19	2.33	2.26	2.56	2.62
（4）服务人员/万人	0.778	0.91	0.83	0.81	0.63	0.71
（5）其他人员/万人	0.518	0.4	0.42	0.45	0.61	0.71
2. 其他从业人员/万人	5.598	3.41	3.63	4.52	8.17	8.26
平均劳动报酬						
期末总人数平均工资/元·（人·年）$^{-1}$	26686.32	17577.5	22520.9	24822.6	28516.6	39994
单位从业人员平均工资/元·（人·年）$^{-1}$	28178.8	18452.7	23438.5	27281.2	30528.6	41193
在岗职工平均工资/元·（人·年）$^{-1}$	29501.54	19489.8	24013.8	29580.5	33247.6	41176

表 6－4　2006—2010 年煤炭施工工程质量情况

指标名称	总计	年份				
		2006	2007	2008	2009	2010
竣工验收鉴定的单位工程						
一、总个数/个	55821	10660	10792	12069	11460	10840
其中：矿建/个	10939	1921	1667	2488	2437	2426
土建/个	32986	6406	6885	7158	6443	6094
安装/个	11891	2333	2240	2423	2575	2320
二、优良个数/个	16024	2792	2637	3384	3708	3503
其中：矿建/个	7961	1278	1090	1768	1905	1920
安装/个	8063	1514	1547	1616	1803	1583
三、优良率合计/%	69.96	65.63	67.49	68.91	73.98	73.8
其中：矿建/%	72.06	66.53	65.39	71.06	78.17	79.13
安装/%	67.78	64.89	69.06	66.69	70.02	68.23
四、工程量验收鉴定的						
（一）成巷进尺/万米	492.53	62.09	76.54	85.97	108.22	159.71
其中：优良/万米	334.22	43.05	48.83	59.2	65.57	117.57
（二）房屋竣工面积/万平方米	3141.87	574.24	555.77	699.59	687.2	625.07
其中：优良/万平方米	1539.12	292.23	222.76	336.28	330.21	357.64

表 6－5　2006—2010 年井巷工作面利用情况

指标名称	计量单位	年份				
		2006	2007	2008	2009	2010
1. 合计：平均月进度	米/月/个	85.43	91.35	91.79	103.67	104.72
掘进工效率	立方米/工日	0.992	0.923	1.005	1.309	1.37
2. 立井：平均月进度	米/月/个	67.51	64.43	65.13	61.65	70.73
最高月进度	米/月/个	221	188	186	244	228
掘进工效率	立方米/工日	1.265	1.375	1.301	1.292	1.153
3. 斜井：平均月进度	米/月/个	77.15	84.58	83.21	84.83	79.99
最高月进度	米/月/个	203	268	280	613	312
掘进工效率	立方米/工日	1.09	1.169	1.064	1.173	1.196
4. 岩石平巷：平均月进度	米/月/个	79.24	88.36	87.7	85.99	91.49
最高月进度	米/月/个	393	370	554	379	342
掘进工效率	立方米/工日	1.022	0.993	1.03	1.129	1.331
5. 半煤岩巷：平均月进度	米/月/个	119.71	112.55	114.32	151.62	160.51
最高月进度	米/月/个	259	1458	680	686	920

表 6－5（续）

指 标 名 称	计量单位	年 份				
		2006	2007	2008	2009	2010
掘进工效率	立方米/工日	1.009	1.39	1.573	1.507	1.625
6. 煤平巷：平均月进度	米/月/个	146.76	158.37	156.57	213.98	201.65
最高月进度	米/月/个	753	1030	1000	1576	1342
掘进工效率	立方米/工日	1.644	1.151	1.481	1.938	2.055

五种井巷最高月进度

2006—2010 年五种井巷最高月进度情况见表 6－6、表 6－7、表 6－8、表 6－9、表 6－10。

表 6－6 2006—2010 年立井井筒最高月进度纪录

年 份	2006	2007	2008	2009	2010
最高月进尺/米	221	188	186	244	228.2
井巷断面/平方米	37.39	36.3	49.5	70.90	43
设计直径或宽度/米	5	6	6.5	8.6	5
设计深度或长度/米	683.5	404.5	765	769	525
支护方式	钢筋砼	砼	砼井壁	钢筋砼	钢筋砼
时 间	2006 年 6 月	2007 年 4 月	2008 年 7 月	2009 年 11 月	2010 年 8 月
所施工的单项工程名称	安徽阜阳刘店矿	山西霍州李雅庄矿	内蒙古扎赉灵东煤矿	河南永城顺和矿	刘塘坊矿（中钢集团刘塘坊矿业有限公司）
所施工的单位工程名称、段位	主井井筒冻结段	进风立井基岩段	风井井筒基岩段	副井井筒掘砌	北风井井筒掘砌表土段
施工单位名称	中煤第一建设公司第四十九处刘店项目部	中煤第一建设公司第十处矿三队	中煤第三建设集团公司二九三〇队	中煤第五建设公司三处	中煤第五建设公司三处刘塘坊项目部
掘进队人数	120	100	75	119	105
主要设备	提升机、伞钻、中心回转抓岩机	伞钻、中心回转抓岩机	伞钻、中心回转大抓岩机	大抓岩机、挖掘机	大抓岩机、挖掘机

表 6－7 2006—2010 年斜井最高月进度

年 份	2006	2007	2008	2009	2010
最高月进尺/米	203	268	280	613.45	312

表 6-7（续）

年　份	2006	2007	2008	2009	2010
井巷断面/平方米	12.7	17.4	18.38	15.38	20.66
设计直径或宽度/米					
设计深度或长度/米		13545		2672	2100.54
支护方式	锚网喷	锚杆钢梁	锚网喷	锚网喷+U型钢	锚网喷+U型钢
时　间	2006年6月	2007年9月	2008年9月	2009年6月	2010年7月
所施工的单项工程名称	许疃矿三水平	贵州松河煤矿	内蒙古不连沟煤矿	内蒙古准格尔旗麻地梁煤矿	大佛寺煤矿（陕西彬长大佛寺矿业有限责任公司）
所施工的单位工程名称、段位	输送带下山292~495米	中央采区副斜井回风、轨道石门	主斜井基岩段	回风斜井井筒642.2 ~ 1230.1米、避车硐、移变硐室	副斜井井筒1485~1779米、避车硐
施工单位名称	淮北矿业集团工程建设公司许疃矿项目部	重庆巨能建设集团公司第十工程处	中煤第三建设集团公司三〇〇九队	中煤矿山建设集团有限责任公司第二十九综掘一队	中煤矿山建设集团公司二九五二队
掘进队人数	71	109	63	76	85
主要设备	扒矸机、喷浆机	7655型气腿式凿岩机等	装载机、汽车	EBZ-160型掘进机、797型带式输送机	EBZ-160型掘进机、797型带式输送机

表 6-8　2006—2010 年岩石平巷最高月进度

年　份	2006	2007	2008	2009	2010
最高月进尺/米	393	370	554	379	342
井巷断面/平方米	12.4	17.2	23.3	12.6	18.4
设计直径或宽度/米					
设计深度或长度/米			3000	1580	
支护方式	锚网喷	锚喷	砌碹	锚杆	锚网喷
时　间	2006年3月	2007年4月	2008年9月	2009年7月	2010年1月
所施工的单项工程名称	淄博亭南	陕西彬长大佛寺煤矿	江西永平铜矿	辽阳灯塔红阳三矿	大南湖煤矿一号矿井（哈密鲁能煤电化开发有限公司）
所施工的单位工程名称、段位	一盘区回风巷130~5239米	运输平巷采区	露转坑-100米中段巷道	北二707运输平巷	三煤回风巷

表 6-8（续）

时 间	2006 年 3 月	2007 年 4 月	2008 年 9 月	2009 年 7 月	2010 年 1 月
施工单位名称	山东方大工程有限公司矿建公司	中煤第三建设公司二十九青年队	江西省矿山隧道建设总公司永平项目部	辽宁东煤基本建设有限责任公司矿建一处三矿项目部	中煤第一建设公司四十九处综掘队
掘进队人数/人	160	60	86	100	75
主要设备	耙装机、带式输送机	耙矸机	YT27 型凿岩机、绞车等	综掘机	综掘机、1.5 吨矿车

表 6-9　2006—2010 年半煤岩巷最高月进度纪录

年 份	2006	2007	2008	2009	2010
最高月进尺/米	259	1458	680	686	920
井巷断面/平方米	14.4	10.00	14.56	15.9	20.7
设计直径或宽度/米					
设计深度或长度/米			锚索网		
支护方式	锚网	锚喷	锚索网	29U 型架棚	锚网梁
时 间	2006 年 12 月	2007 年 7 月	2008 年 6 月	2009 年 9 月	2010 年 4 月
所施工的单项工程名称	新元矿	陕西黄陵一号煤矿	陕西三道沟煤矿	安徽淮北许疃矿	张家峁煤矿（陕煤集团神木张家峁矿业有限公司）
所施工的单位工程名称、段位	回风平巷	输送带巷采区	输送带运输大巷	7213 巷道	14203 综采工作面输送带平巷
施工单位名称	山西宏厦建筑工程第一公司矿建三项目部	中煤第三建设公司第二十九工程处二十队	中煤第三建设集团公司七一〇六队	淮北矿业（集团）工程建设有限责任公司许疃矿建项目部	中煤矿山建设集团公司第三十工程处七十队
掘进队人数/人	78	60	42	75	36
主要设备	S200 型掘进机	综掘机	160 型综掘机	综掘机、带式输送机	综掘机、带式输送机

表 6-10　2006—2010 年煤平巷最高月进度纪录

年 份	2006	2007	2008	2009	2010
最高月进尺/米	753	1030	1000	1576	1342
井巷断面/平方米	14.72	10.01	10.01	20.52	14.5
设计直径或宽度/米	4.6	4.4	4.4		4.4
设计深度或长度/米	4700	6300	6500	3352	3700
支护方式	锚杆	锚杆支护	锚杆支护	锚网喷	锚杆支护

表 6－10（续）

时　间	2006 年 10 月	2007 年 1 月	2008 年 5 月	2009 年 8 月	2010 年 3 月
所施工的单项工程名称	平朔安家岭矿一号井	黄陵一号煤矿 603 工作面	黄陵一号煤矿 605 工作面	山西吕兴斜沟矿	黄陵一号煤矿
所施工的单位工程名称、段位	辅助运输巷 1200～2215 米	进风平巷	进风平巷井身	11 采区辅助运输上山	开拓延伸工程西一进风巷 605 回风平巷 2200～3700 米
施工单位名称	吉林华煤建设有限责任公司	江西省矿山隧道建设总公司黄陵项目部	江西省矿山隧道建设总公司黄陵项目部	中煤第五建设公司一处	中鼎国际矿建分公司（一公司）
掘进队人数/人	65	67	63	128	78
主要设备	150 型综掘机	综合掘进机、电煤钻、B1200 型带式输送机、GBT40 刮板输送机等	综合掘进机、电煤钻等	EBZ－200 型掘进机	160 型综合掘进机、DS80 型带式输送机、GBT40 型刮板输送机

煤炭建筑施工企业综合实力及矿土安产值排名

一、2006 年度排名

2006 年度煤炭建设集团公司综合实力前 10 家企业

序号	单　位　名　称
1	中煤第三建设（集团）有限责任公司
2	中煤第五建设公司
3	中煤第一建设公司
4	中煤建筑安装工程公司
5	兖矿集团东华建设有限公司
6	中煤特殊凿井（集团）有限责任公司
7	神华宁夏煤业（集团）建设工程公司
8	大同煤矿集团宏远工程建设有限责任公司
9	重庆巨能建设（集团）有限公司
10	铁法煤业集团建设工程有限责任公司

2006 年度煤炭施工工程处综合实力前 30 家企业名单

序号	单　位　名　称
1	山西晋城宏圣建筑工程有限公司
2	中煤第三建设（集团）公司第七十一工程处
3	中煤第三建设（集团）公司第二十九工程处
4	中煤第五建设公司第三工程处
5	中煤第一建设公司第三十一工程处
6	中煤第三建设（集团）公司第三十工程处
7	淮北矿业集团工程建设公司
8	中煤第五建设公司第一工程处
9	中煤第一建设公司第四十九工程处
10	中煤第三建设公司机电安装工程处
11	山西宏厦建筑工程第一有限公司
12	中煤第一建设公司特殊凿井处
13	江苏华美工程建设集团有限公司

（续）

序号	单 位 名 称
14	山西宏厦建筑工程第三有限公司
15	兖矿集团东华建设有限公司第三十七工程处
16	山西潞安工程有限公司
17	山东方大工程有限公司
18	山东华新建筑工程集团有限公司
19	中煤第五建设公司第四工程处
20	中煤建筑安装工程（集团）公司第六十八工程处
21	兖矿集团东华建设有限公司新陆公司
22	河南煤炭建设集团有限公司
23	中煤建筑安装工程（集团）公司第七十二工程处
24	枣矿集团中兴建安工程有限公司第四工程处
25	吉林华煤建设有限责任公司
26	中煤建筑安装工程（集团）公司第七十三工程处
27	中煤建筑安装工程（集团）公司第六十九工程处
28	中煤第五建设公司第五工程处
29	中煤第一建设公司第十工程处
30	陕西铜川煤矿建筑安装工程公司

二、2007 年度排名

2007 年度煤炭建设集团公司
综合实力前 10 家企业

序号	单 位 名 称
1	中煤第三建设（集团）有限责任公司
2	中煤第五建设公司
3	中煤第一建设公司
4	平顶山煤业集团建筑安装工程公司
5	中煤建筑安装工程（集团）公司
6	重庆巨能建设（集团）有限公司
7	大同煤矿集团宏远工程建设有限责任公司
8	神华宁夏煤业（集团）建设工程公司
9	兖矿集团东华建设有限公司
10	铁法煤业集团建设工程有限责任公司

2007 年度中央及省属工程处（公司）
综合实力前 20 家企业名单

序号	单 位 名 称
1	中煤第三建设（集团）公司第二十九工程处
2	中煤第三建设（集团）公司第三十工程处
3	中煤第三建设（集团）公司第七十一工程处
4	中煤第五建设公司第三工程处
5	中煤第一建设公司第三十一工程处
6	中煤第五建设公司第一工程处
7	中煤第一建设公司第四十九工程处
8	河南煤炭建设集团有限公司
9	中煤第三建设（集团）公司安装处
10	中煤特殊凿井（集团）有限公司淮南工程处
11	吉林华煤建设有限责任公司
12	中煤第五建设公司第二工程处
13	中煤第一建设公司特殊凿井处
14	中煤特殊凿井（集团）有限公司钻井工程处
15	中煤第五建设公司第五工程处
16	中煤第五建设公司第四工程处
17	中煤第一建设公司第十工程处
18	中煤河北煤炭建设第四工程处
19	江西省矿山隧道建设总公司第二工程公司
20	湖南涟邵建设工程集团公司

2007 年度矿业集团(局)所属工程公司(处)
综合实力前 30 家企业名单

序号	单 位 名 称
1	淮北矿业集团工程建设公司
2	山西宏厦建筑工程第一有限公司
3	山西晋城宏圣建筑工程有限公司
4	山西潞安工程有限公司
5	山西焦煤西山金信建筑有限公司
6	山西宏厦建筑工程第三有限公司
7	山东华新建筑工程集团有限公司
8	江西中鼎国际工程有限责任公司
9	山东枣庄集团中兴建安公司四处
10	山西焦煤西山建筑（集团）有限公司
11	山东方大工程有限公司

（续）

序号	单 位 名 称
12	永城煤电集团龙宇能源公司矿业建设第三工程公司
13	山西宏夏建筑工程有限公司
14	霍州煤电集团云厦建筑工程有限公司
15	河南省豫西建设工程有限责任公司
16	北京矿建建筑安装有限责任公司
17	陕西铜川煤矿建筑安装工程公司
18	山西焦煤西山金城建筑有限公司
19	鸡西矿务局建设工程公司
20	河北邢台矿业工程有限责任公司
21	阜新开大建筑工程有限公司
22	鹤壁富昌建设工程有限责任公司
23	陕西天工建设有限公司
24	内蒙古大雁矿山建设工程有限公司
25	焦作市宏程工程建设有限责任公司
26	河北纵横工程有限公司
27	阜新矿业集团矿山建设工程有限公司
28	陕西韩城矿务局建筑安装工程公司
29	甘肃煤炭第一工程有限责任公司
30	河南郑煤矿业建设有限责任公司

三、2008年度排名

2008年度煤炭建设集团公司综合实力前10家企业

序号	单 位 名 称
1	中煤第三建设（集团）有限责任公司
2	中煤第五建设公司
3	平煤建工集团有限公司
4	中煤第一建设公司
5	中煤建筑安装工程（集团）公司
6	重庆巨能建设（集团）有限公司
7	山西宏远工程建设有限责任公司
8	神华宁夏煤业（集团）建设工程公司
9	铁法煤业集团建设工程有限责任公司
10	兖矿集团东华建设有限公司

2008年度煤炭建设工程处（公司）矿建产值前30家企业

序号	单 位 名 称
1	中煤第三建设（集团）有限责任公司第二十九工程处
2	中煤第三建设（集团）有限责任公司第三十工程处
3	中煤第三建设（集团）有限责任公司第七十一工程处
4	淮北矿业集团工程建设公司
5	山西宏厦建筑工程第一有限公司
6	中煤第五建设公司第一工程处
7	中煤第一建设公司第四十九工程处
8	中煤第五建设公司第三工程处
9	中煤第一建设公司第三十一工程处
10	中煤第五建设公司第二工程处
11	平煤建工集团有限公司第一工程处
12	河南煤炭建设集团有限公司
13	重庆川九建设有限责任公司
14	华煤集团有限公司
15	平煤建工集团有限公司第三工程处
16	中煤第一建设公司第十工程处
17	中煤第一建设公司特殊凿井处
18	山西晋城宏圣建筑工程有限公司
19	中煤第一建设公司第六十三工程处
20	湖南涟邵建设工程集团公司
21	甘肃煤炭第一工程有限责任公司
22	中煤第五建设公司第四工程处
23	重庆中环建设有限公司
24	焦作市宏程工程建设有限责任公司
25	中煤河北煤炭建设第四工程处
26	山西焦煤西山建筑（集团）有限公司
27	山东方大工程有限公司
28	内蒙古大雁矿山建设工程有限公司
29	中煤特殊凿井（集团）有限责任公司冻结工程处
30	永城煤电集团龙宇能源开发有限公司

2008 年度建设工程处（公司）土建产值前 30 家企业

序号	单 位 名 称
1	平煤建工集团有限公司土建处
2	山西宏厦建筑工程第三有限公司
3	兖矿集团东华建设有限公司第三十七工程处
4	广州中煤江南基础工程公司
5	山西潞安工程有限公司
6	山西金信建筑有限公司
7	霍州煤电集团云厦建筑工程有限公司
8	枣庄集团中兴建安工程有限公司第四工程处
9	山西汾西工程建设有限责任公司
10	淮北矿业集团工程建设公司
11	重庆中环建设有限公司
12	山西金城建筑有限公司
13	抚顺中煤建设（集团）有限责任公司
14	中煤建设集团工程公司
15	中煤建筑安装工程公司第七十三工程处
16	中煤第七十二工程处
17	山西晋城宏圣建筑工程有限公司
18	中煤第三建设（集团）有限责任公司第三十三工程处
19	中煤建筑安装工程公司第六十九工程处
20	华新建筑工程集团有限责任公司
21	焦作市宏程工程建设有限责任公司
22	山西宏厦建筑工程第一有限公司
23	北京矿建建筑安装有限责任公司
24	铜川煤矿建筑安装工程公司
25	鲁泰建筑工程集团有限公司
26	河南省豫西建设工程有限责任公司
27	七台河矿业精煤集团工程公司
28	中煤第六十八工程处
29	江西省丰城矿务局建筑安装公司
30	鹤壁富昌建设工程有限责任公司

2008 年度煤炭建设工程处（公司）安装产值前 20 家企业

序号	单 位 名 称
1	山西宏厦建筑工程第一有限公司
2	中煤第三建设（集团）公司机电安装公司
3	中煤第九十二工程处
4	中煤第五建设公司第五工程处
5	平煤建工集团有限公司安装处
6	华新建筑工程集团有限责任公司
7	淮北矿业集团工程建设公司
8	山东方大工程有限公司
9	中煤第一建设公司机电安装工程处
10	平煤建工集团有限公司第六工程处
11	兖矿集团东华建设有限公司第三十七工程处
12	辽宁东煤基本建设有限责任公司安装工程处
13	山西金信建筑有限公司
14	河南省豫西建设工程有限责任公司
15	河北纵横工程有限公司
16	鲁泰建筑工程集团有限公司
17	韩城矿务局建筑安装工程公司
18	霍州煤电集团云厦建筑工程有限公司
19	江西省丰城矿务局建筑安装公司
20	山西宏夏建筑工程有限公司

四、2009 年度排名

2009 年度煤炭建设集团公司综合实力前 10 强企业

序号	单 位 名 称
1	中煤矿山建设集团有限责任公司
2	中煤第五建设公司
3	中煤第一建设公司
4	中煤建筑安装工程（集团）公司
5	平煤建工集团有限公司
6	重庆巨能建设集团有限公司
7	中鼎国际工程有限责任公司
8	铁法煤业集团建设工程有限责任公司

（续）

序号	单　位　名　称
9	陕西煤业化工建设（集团）有限公司
10	江苏华美工程建设集团有限公司

2009年度煤炭建设工程处（公司）矿建施工前30强企业

序号	单　位　名　称
1	中煤矿山建设集团有限责任公司第二十九工程处
2	中煤矿山建设集团有限责任公司第三十工程处
3	中煤矿山建设集团有限责任公司第七十一工程处
4	淮北矿业集团工程建设公司
5	山西宏厦建筑工程第一有限公司
6	中煤第五建设公司第一工程处
7	中煤第五建设公司第三工程处
8	中煤第一建设公司第四十九工程处
9	中煤第一建设公司第三十一工程处
10	中煤第五建设公司第二工程处
11	龙煤矿山建设有限公司建井工程处
12	平煤建工集团有限公司建井一处
13	河南煤炭建设集团有限责任公司
14	华煤集团有限公司
15	中煤第一建设公司第六十三工程处
16	山西焦煤西山建筑（集团）有限公司
17	中鼎国际工程有限责任公司矿山隧道建设分公司
18	中煤第一建设公司第十工程处
19	重庆川九建设有限责任公司
20	平煤建工集团有限公司建井三处
21	河南国龙矿业建设有限公司
22	甘肃煤炭第一工程有限责任公司
23	河南富昌建设工程有限责任公司
24	中煤第一建设公司特殊凿井处
25	山西晋城宏圣建筑工程有限公司
26	中煤河北煤炭建设第四工程处
27	重庆千牛建设工程有限公司
28	湖南涟邵建设工程集团公司
29	华新建筑工程集团有限责任公司
30	中煤矿山建设集团有限责任公司冻结工程处

2009年度煤炭建设工程处（公司）土建施工前30强企业

序号	单　位　名　称
1	平煤建工集团有限公司土建处
2	山西宏厦建筑工程第三有限公司
3	兖矿集团东华建设有限公司第三十七处
4	重庆中环建设有限公司
5	中煤矿山开源路桥公司
6	广州中煤江南基础工程公司
7	山西潞安工程有限公司
8	山西金信建筑有限公司
9	枣庄集团中兴建安工程有限公司第四工程处
10	霍州煤电集团云厦建筑工程有限公司
11	中煤矿山建设集团公司第三十三工程处
12	中煤建安第七十三工程处
13	中煤建筑安装工程集团公司第六十八工程处
14	中煤建筑安装工程集团公司第七十二工程处
15	焦作市宏程工程建设有限责任公司
16	山西金城建筑有限公司
17	山西宏厦建筑工程第一有限公司
18	华新建筑工程集团有限责任公司
19	四川煤炭基本建设工程公司
20	山西晋城宏圣建筑工程有限公司
21	淮北矿业集团工程建设公司
22	中煤建设集团工程公司
23	中煤矿山建设集团有限责任公司工程公司
24	山西汾西工程建设有限责任公司
25	中煤第五建设公司第五工程处
26	中鼎国际工程有限责任公司国外项目部
27	北京矿建建筑安装有限责任公司
28	阜新开大建筑工程有限公司
29	陕煤化工陕西天工建设有限公司
30	平煤建工集团第六工程处

2009 年度煤炭建设工程处（公司）安装施工前 20 强企业

序号	单 位 名 称
1	中煤矿山建设集团有限责任公司机电安装公司
2	中煤第五建设公司第五工程处
3	中煤建筑安装工程集团公司第九十二工程处
4	中鼎国际工程有限责任公司矿山隧道建设分公司
5	山西宏厦建筑工程第一有限公司
6	平煤建工集团有限公司安装处
7	兖矿集团东华建设有限公司第三十七处
8	枣庄集团中兴建安工程有限公司第四工程处
9	中煤第一建设公司机电安装工程处
10	山东方大工程有限公司
11	山西金信建筑有限公司
12	平煤建工集团有限公司第六工程处
13	河南省豫西建设工程有限责任公司
14	山西金城建筑有限公司
15	淮北矿业集团工程建设公司
16	韩城矿务局建筑安装工程公司
17	河北纵横工程有限公司
18	中煤建筑安装工程公司第七十三工程处
19	华新建筑工程集团有限责任公司
20	中煤建筑安装工程公司第七十二工程处

五、2010 年度排名

2010 年度煤炭建设集团公司综合实力前 10 强企业

序号	单 位 名 称
1	中煤矿山建设集团有限责任公司
2	中煤第五建设有限公司
3	中煤建筑安装工程集团公司
4	中平能化建工集团有限公司
5	重庆巨能建设（集团）有限公司
6	陕西煤业化工建设（集团）有限公司
7	中鼎国际工程有限责任公司
8	中煤第一建设有限公司
9	河南煤化建设集团有限责任公司
10	兖矿集团东华建设有限公司

2010 年度煤炭建设工程处（公司）矿建施工前 30 强企业

序号	单 位 名 称
1	中煤第三建设（集团）有限责任公司第二十九工程处
2	中煤第三建设（集团）有限责任公司第三十工程处
3	淮北矿业（集团）工程建设有限责任公司
4	中煤第七十一工程处
5	山西宏厦第一建设有限责任公司
6	中煤第五建设有限公司第一工程处
7	中煤第五建设有限公司第三工程处
8	西山煤电建筑工程集团有限公司
9	中煤第五建设有限公司第二工程处
10	中煤第一建设有限公司第三十一工程处
11	中煤第一建设有限公司第四十九工程处
12	中平能化建工集团有限公司建井一处
13	华煤集团有限公司
14	湖南涟邵建设工程集团有限责任公司
15	中鼎国际工程有限责任公司矿山隧道建设分公司
16	中平能化建工集团有限公司建井三处
17	中煤河北煤炭建设第四工程处
18	河南煤炭建设集团有限责任公司
19	河南国龙矿业建设有限公司
20	中煤第五建设有限公司第四工程处
21	中煤第一建设有限公司第十工程处
22	阜新开大建筑工程有限公司
23	黑龙江龙煤矿山建设有限公司建井工程处
24	甘肃煤炭第一工程有限责任公司
25	中鼎国际工程有限责任公司国外项目部
26	重庆川九建设有限责任公司
27	重庆中环建设有限公司
28	中煤第一建设有限公司邯郸特殊凿井有限公司
29	山西潞安工程有限公司
30	山东方大工程有限责任公司

2010年度煤炭建设工程处（公司）土建施工前30强企业

序号	单 位 名 称
1	兖矿集团东华建设有限公司第三十七处
2	中平能化建工集团有限公司土建处
3	宁夏煤炭基本建设公司
4	广州中煤江南基础工程公司
5	大同煤矿集团宏远工程建设有限公司
6	山西宏厦建筑工程第三有限公司
7	重庆中环建设有限公司
8	焦作市宏程工程建设有限责任公司
9	山东华新建筑工程集团有限责任公司
10	中煤建设集团工程有限公司
11	中煤第三建设（集团）有限责任公司第三十三工程处
12	山西焦煤西山金信建筑有限公司
13	山西焦煤西山金城建筑有限公司
14	中煤第七十二工程处
15	山西潞安工程有限公司
16	中煤建筑安装工程公司第七十三工程处
17	陕西天工建设有限公司
18	中鼎国际工程有限责任公司国外项目部
19	四川煤炭基本建设工程公司
20	中煤第六十八工程处
21	淮北矿业（集团）工程建设有限责任公司
22	北京矿建建筑安装有限责任公司
23	中煤建筑安装工程公司第六十九工程处
24	霍州煤电集团云厦建筑工程有限公司
25	阜新开大建筑工程有限公司
26	山西宏厦第一建设有限责任公司
27	山西汾西工程建设有限责任公司
28	河南省豫西建设工程有限责任公司
29	河南国龙矿业建设有限公司
30	中煤第五建设有限公司第四工程处

2010年度煤炭建设工程处（公司）安装施工前30强企业

序号	单 位 名 称
1	中煤第三建设公司机电安装工程处
2	中煤第九十二工程处
3	中煤第五建设有限公司第五工程处
4	山西焦煤西山金城建筑有限公司
5	晋城宏圣建筑工程有限公司
6	山西焦煤西山金信建筑有限公司
7	中平能化建工集团有限公司安装处
8	兖矿集团东华建设有限公司第三十七处
9	山西宏厦第一建设有限责任公司
10	中煤第一建设有限公司机电安装工程处
11	山东华新建筑工程集团有限责任公司
12	河北纵横工程有限公司
13	山东方大工程有限责任公司
14	中煤第七十二工程处
15	中煤第三建设（集团）有限责任公司第二十九工程处
16	淮北矿业（集团）工程建设有限责任公司
17	中煤第六十八工程处
18	中平能化建工集团有限公司第六工程处
19	河南煤炭建设集团有限责任公司
20	辽宁东煤基本建设有限责任公司安装工程处
21	山西大川建设有限公司
22	山西潞安工程有限公司
23	陕西煤化工机电安装有限公司
24	中煤河北煤炭建设第四工程处
25	中煤建筑安装工程公司第六十九工程处
26	中煤建筑安装工程公司第七十三工程处
27	抚顺中煤建设（集团）有限责任公司
28	河南郑煤矿业建设有限责任公司
29	中煤第七十一工程处
30	陕西天工建设有限公司

全国煤矿立井井筒冻结法凿井情况

2006—2011年全国煤矿立井井筒冻结法凿井情况统计表

序号	立井井筒名称	井筒设计深度/米	井筒净直径/米	软弱含水层深度/米	井筒冻结深度/米	冻结孔开钻日期
一	冻结工程施工单位	中煤邯郸特殊凿井有限公司				
1	山西潞安高河小庄进风井	484	7.5	180.75	230	2006年12月
2	山西潞安高河小庄回风井	485	7.5	180.75	230	2007年1月
3	唐山东安主井	—	4.0	45	70.5	2006年5月
4	唐山东安风井	—	2.5	45	74	2006年7月
5	内蒙古黄岗梁主井	275	5.0	138.24	285	2006年7月
6	内蒙古黄岗梁副井	275	5.0	138.24	285	2006年7月
7	安徽钱营孜副井	—	6.5	218.15	270	2006年7月
8	山西万方主井	—	5.0	180	200	2006年8月
9	山西万方副井	—	6.5	180	190	2006年9月
10	新河二号主井	988	5.5	233.75	278	2006年8月
11	新河二号副井	1008	6.0	232.99	278	2006年8月
12	山西李村主井	567.5	6.5	120.16	265	2007年5月
13	山西李村副井	597.131	8.2	120.30	276	2007年5月
14	山西李村风井	565	7.0	109.26	225	2007年4月
15	陕西神木7号输水隧洞	119.264	2.6	19.23	124.26	2007年7月
16	陕西神木8号输水隧洞	123.644	2.6	11.44	128.64	2007年7月
17	陕西神木9号输水隧洞	134.534	2.6	21.81	139.53	2007年7月
18	陕西神木10号输水隧洞	136.76	2.6	18.96	141.76	2007年7月
19	陕西神木11号输水隧洞	141.735	3.0	31.93	146.74	2007年7月
20	陕西神木12号输水隧洞	143.907	3.0	49.41	148.91	2007年7月
21	河南城郊西风井	512.5	5.0	420.86	465	2007年4月
22	山西王庄煤矿副井	462	7.0	147.55	252	2007年8月
23	山西王庄煤矿回风井	426.3	5.5	151.00	251	2007年8月
24	陕西彬长胡家河煤矿风井	538.4	7.0	10.51	541	2007年10月
25	龙王庙主井	473.5	4.5	259.60	272	2008年7月
26	龙王庙副井	498.5	6.0	259.60	272	2008年9月
27	龙王庙风井	463.5	4.5	259.60	272	2008年7月

（续）

序号	立井井筒名称	井筒设计深度/米	井筒净直径/米	软弱含水层深度/米	井筒冻结深度/米	冻结孔开钻日期
28	山西朔州麻家梁主井	—	9.0	275.90	386	2008年8月
29	山西朔州麻家梁风井	—	8.0	250.60	350	2008年8月
30	陕西山东煤矿主井	100	5.0	66.84	75	2008年7月
31	陕西山东煤矿副井	100	4.7	66.84	75	2008年8月
32	山西古城副立井	551	8.5	74.58	170	2008年4月
33	山西古城回风井	516.5	8.0	79.41	178	2008年4月
34	安徽谢桥煤矿二副井	1011.2	8.2	294.18	355	2008年4月
35	安徽谢桥煤矿风井	986.2	7.5	271.90	335	2008年3月
36	新疆干沟主井	—	5.0	35.5	130	2007年9月
37	新疆干沟风井	—	3.0	35.5	130	2008年6月
38	山东杨营煤矿主井	645	5.5	496.10	540	2008年3月
39	黄岗梁六区主井	300	5.0	189.00	304	2008年6月
40	黄岗梁六区副井	300	5.0	189.00	302	2008年6月
41	双鸭山南翼风井	326	5.0	175.80	336	2008年5月
42	内蒙古姆杜柴登副井	711	9.4	124.67	721	2008年10月
43	山西屯留南进风井	547	7.5	76.82	193	2008年10月
44	山西屯留南回风井	526	7.5	76.71	207	2008年8月
45	山东省陈蛮庄煤矿	963	5.0	568.79	629	2008年9月
46	内蒙古虎豹湾煤矿主井	607.28	6.0	81.82	631	2008年8月
47	安徽杨村煤矿副井	1001.9	7.5	536.65	725	2008年12月
48	内蒙古塔然高勒矿副井	603.1	9.0	4.20	614	2009年1月
49	内蒙古塔然高勒矿风井	569	6.0	3.70	579	2009年1月
50	三元南翼风井	370	5.0	191.60	250	2009年2月
51	内蒙古泊江海子主井	—	9.5	7.03	558	2009年6月
52	葫芦素副井	—	10.0	41.05	525	2009年6月
53	常村矿王村副立井	511.8	7.5	33.58	130	2009年9月
54	常村矿王村回风立井	482.85	7.5	39.68	168	2009年7月
55	陕西彬长小庄矿主井	388	7.5	13.60	242	2009年11月
56	陕西彬长小庄矿副井	377.5	8.5	13.60	250	2009年12月
57	陕西彬长小庄矿风井	—	7.5	245.98	533	2010年9月
58	陕西彬长小庄2副井	—	6.5	245.98	533	2010年10月
59	宁夏红四煤矿副井	988	7.0	446.10	682	2010年4月
60	山西梵王寺副井	601.4	9.4	156.50	612	2011年2月

（续）

序号	立井井筒名称	井筒设计深度/米	井筒净直径/米	软弱含水层深度/米	井筒冻结深度/米	冻结孔开钻日期
61	内蒙古门克庆主井	785	9.6	67.29	802	2010年5月
62	内蒙古门克庆风井	735	8.0	69.00	747	2010年5月
63	山西三元中央回风井	378	6.0	253.51	270	2010年9月
64	高家堡主井冻结	859	7.50	26.50	791	2011年1月
65	丁家梁煤矿风井	—	5.5	270.25	626	2011年4月
66	榆树沟煤矿主井	363.7	5.5	156.76	254	2011年5月
67	榆树沟煤矿副井	346.7	7.0	156.76	254	2011年4月
68	新庄风井冻结工程	1025.3	7.5	210.61	910	2011年9月
69	安徽任楼煤矿风井	342	6.0	261.25	308	2011年7月
70	金鸡滩矿风井（钻孔）	241.1	7.0	6.00	252	2011年10月
二	冻结工程施工单位	中煤第五建设有限公司第三工程处				
1	河南神火煤电公司薛湖煤矿东风井	659	5.5	362.3	430	2005年3月3日
2	河南神火煤电公司泉店煤矿副井	650.6	6.5	385.59	500	2005年4月3日
3	河南神火煤电公司泉店煤矿主井	622.6	5.0	411.6	513	2005年4月5日
4	河南神火煤电公司泉店煤矿风井	547.6	5.0	411.6	523	2005年6月2日
5	山东里能集团郓城煤矿主井	916.8	7.0	467.97	590	2005年12月28日
6	枣庄矿务局付村煤业公司付村煤矿风井	454.3	5.0	76.15	185	2006年5月22日
7	河南焦煤集团赵固二矿主井	711.5	5.0	493.05	615	2006年6月13日
8	河南焦煤集团赵固二矿副井	739.5	6.9	465.25	628	2006年6月20日
9	河南焦煤集团赵固二矿风井	711.5	5.2	498.8	628	2006年6月19日
10	河南神火煤电公司新庄煤矿北进风井	783.9	6.5	181.53	225	2006年9月19日
11	山东里能集团新河二号煤矿主井	988	5.5	233.75	278	2006年9月25日
12	山东里能集团新河二号煤矿副井	1008	6.0	232.99	278	2006年10月25日
13	淮南矿业集团朱集煤矿副井	1015	8.2	318.3	375	2007年2月12日
14	河南神火煤电公司薛湖煤矿中央风井	738.5	5.5	321.58	450	2007年3月20日
15	淮南矿业集团朱集煤矿主井	984	7.6	320.3	387	2007年4月26日
16	河南永煤集团龙宇能源公司陈四楼煤矿北风井	462	5.0	315.81	410	2007年5月1日
17	上海大屯煤电公司孔庄混合主井	1088	8.1	153	347	2007年6月16日
18	焦煤集团有限责任公司九里山新风井	295.8	6.0	173.0	268	2007年8月9日
19	安徽开发矿业有限公司李楼1号副井	715	6.0	73.3	160	2007年11月9日
20	焦煤集团有限责任公司新河煤矿主井	591.3	4.0	214.1	292	2007年11月21日

（续）

序号	立井井筒名称	井筒设计深度/米	井筒净直径/米	软弱含水层深度/米	井筒冻结深度/米	冻结孔开钻日期
21	焦煤集团有限责任公司新河煤矿副井	616.3	6.0	218.1	292	2007年11月21日
22	焦煤集团有限责任公司新河煤矿风井	591.3	4.5	211.7	288	2007年11月21日
23	淮南矿业集团谢桥箕斗井	986.2	7.6	287.95	395	2008年5月23日
24	同煤浙能麻家梁矿井有限公司麻家梁煤矿副井	537.2	9.3	269	347	2008年8月14日
25	肥城矿业集团陈蛮庄煤矿副井	993	6.5	482.09	640	2008年9月5日
26	安徽开发矿业有限公司李楼铁矿南风井	600	5.5	95.0	200	2008年10月8日
27	蒙大矿业公司虎豹湾煤矿副井	582.38	7.0	69.39	600	2008年10月18日
28	安徽开发矿业有限公司李楼铁矿北风井	290	5.0	160	175	2008年12月28日
29	皖北煤电集团公司朱集西主井	993.2	6.0	451	529	2008年12月28日
30	河南永煤集团有限公司顺和煤矿副井	776.5	6.0	432.96	500	2009年5月1日
31	郑州华辕煤业有限公司李粮店煤矿副井	780.5	6.5	391.25	800	2009年6月1日
32	郑州华辕煤业有限公司李粮店煤矿主井	755.5	5.0	394.8	772	2009年6月6日
33	中天合创能源有限责任公司葫芦素主井	669.482	9.6	522.56	525	2009年7月3日
34	中天合创能源有限责任公司葫芦素回风井	681.286	8.0	525	672	2009年7月6日
35	河南许昌新龙矿业梁北煤矿北进风井	575	6.5	182.5	269	2009年10月27日
36	宁夏宝丰能源集团有限公司红四煤矿风井	963.0	6.0	395	630	2010年2月15日
37	中钢集团安徽刘塘坊矿业有限公司刘塘坊铁矿北风井	525	5.0	260.25	310	2010年3月18日
38	中天合创能源有限责任公司门克庆副井	755.5	10.0	760.23	765.5	2010年5月1日
39	内蒙古黄陶勒盖煤炭有限责任公司巴彦高勒副井	644.5	9.0	649.67	655	2010年5月12日
40	蒙大矿业有限责任公司纳林河二号矿井副井	588.45	10.5	76.74	521	2010年9月23日
41	宁夏宝丰能源集团有限公司丁家梁煤矿副井	920	6.8	278.2	651	2011年4月18日
42	淮南矿业（集团）有限责任公司潘三矿深部进风井	1004.2	8.6	273.6	380	2011年5月5日
43	中电投宁夏青铜峡能源铝业集团有限公司红墩子矿区红二煤矿主井	525	5.5	266.54	409	2011年6月24日
44	华能甘肃能源开发有限公司新庄煤矿副立井	990.3	9.0	890	908	2011年8月11日
三	冻结工程施工单位	中煤第三建设（集团）有限责任公司冻结工程处				

（续）

序号	立井井筒名称	井筒设计深度/米	井筒净直径/米	软弱含水层深度/米	井筒冻结深度/米	冻结孔开钻日期
1	桃园新副井冻结工程		6.5	289.65	340	2006年8月6日
2	钱营孜主井冻结工程	673.5	5.0	161.15	270	2006年10月3日
3	钱营孜风井冻结工程	673.5	6.0	161.15	270	2006年10月3日
4	李堂矿井主井冻结工程		5.0	427	468	2006年1月21日
5	李堂矿井副井冻结工程		5.0	430	475	2006年1月21日
6	胡家河煤矿主井冻结工程	539	6.5	220	548	2007年11月6日
7	胡家河煤矿副井冻结工程	568.3	8.5	200	578	2007年11月6日
8	杨营副井冻结工程	675	6.0	412	588	2008年11月21日
9	李粮店煤矿风井冻结	605.5	6.0		503	2009年6月21日
10	许昌主井冻结工程	592.5	4.5	90	207	2008年7月4日
11	潍坊万宝主井冻结工程		4.5	58	113	2008年9月1日
12	潍坊万宝副井冻结工程		4.5	58	95	2008年9月1日
13	潍坊万宝风井冻结工程		3.0	60	120	2008年11月16日
14	邹庄主井冻结工程	766	5.0	252.4	316	2009年9月29日
15	邹庄风井冻结工程	744	6.0	243.9	315	2009年8月21日
16	陈蛮庄矿风井冻结工程	890	5.5	572.45	644	2009年2月2日
17	朱集西矿风井冻结工程	893.2	7.5	471.95	532	2009年4月30日
18	刘塘坊措施井冻结工程	355	4.0	100	310	2008年4月9日
19	刘塘坊西风井冻结工程	355	4.5	100	310	2008年7月17日
20	马泰壕煤矿风井冻结工程	423	6.5	75	423	2009年2月27日
21	伊犁四矿风井冻结工程	217.2	6.0	98.65	207	2010年4月20日
22	塔然高勒主井冻结工程	645.1	8.2	114.6	658	2009年1月15日
23	雅店煤矿副井冻结工程		8.5	370	394.5	2009年11月27日
24	孟村矿主井冻结工程	570	6.5	90	580	2009年12月30日
25	孟村矿副井冻结工程	600	8.5	90	610	2009年11月18日
26	孟村矿风井冻结工程	610	7.5	90	620	2010年6月2日
27	巴彦高勒主井冻结工程	679.3	8.2	180	592	2010年5月11日
28	信湖煤矿副井冻结工程	1035	8.1	244.7	492	2010年10月31日
29	高家堡风井冻结工程	821.5	7.5	320	830	2011年1月12日
30	核桃峪回风井冻结工程	975	7.0	521	916	2011年3月16日
31	双合矿主井冻结工程	1002.5	5.5	135	305	2010年10月27日
32	双合矿副井冻结工程	1020	6.0	110	275	2010年11月1日
33	花草滩副井井筒冻结工程	549	6.5	250	460	2011年8月29日

（续）

序号	立井井筒名称	井筒设计深度/米	井筒净直径/米	软弱含水层深度/米	井筒冻结深度/米	冻结孔开钻日期
四	冻结工程施工单位	中煤第三建设（集团）有限责任公司淮南工程处				
1	朱集矿回风井	948	7.5	206	375	2007年1月26日
2	朱集矿矸石井	938	8.3	250.4	375	2007年2月6日
3	潘一矿东区主井	1033	7.6	23.5	278	2008年5月23日
4	潘一矿东区副井	1058	8.6	29.75	288	2008年6月15日
5	长城窝堡矿主井	1010	5.5	111.7	76	2008年4月26日
6	长城窝堡矿副井	1032	7	105	85	2008年5月6日
7	长城窝堡矿风井	1008.5	5.5	96.8	80	2008年5月18日
8	新集三矿西风井	456	5	160	355	2008年10月31日
9	和县铁矿措施井	345.5	4.7	15.55	72/50	2008年6月7日
10	和县铁矿南风井	125.8	3		80/51	2008年5月18日
11	内蒙古鲁新矿副井	340	7		278	2008年6月11日
12	内蒙古鲁新矿风井	310	6		187	2008年6月6日
13	母杜柴登矿风井	664.5	6.5		675	2008年10月28日
14	杨村矿主井	986.9	7.5	283	710	2009年6月11日
15	杨村矿风井	986.9	7.8	90.6	800	2010年2月3日
16	新集一矿西副井	762.5	7.2	41	190	2009年2月10日
17	泊江海子矿风井	548.5	7.6	389	556	2009年6月6日
18	查干淖尔副立井	210	9	19.8	220	2009年9月8日
19	查干淖尔回风井	210	6	21.7	220	2009年9月8日
20	红四矿主井	963	5.5	26.3	645	2010年4月25日
21	板集矿主井	795.3	6.2		660	2010年9月1日
22	板集矿副井	795.5	7.3		673	2010年7月11日
23	板集矿风井	777.8	6.5		666	2010年9月24日
24	丁家梁矿主井	904	5	187	653	2011年5月2日
25	祁南回风井	1024	7.5	98.7	389	2011年9月12日
26	张集矿第二副井	876.5	8.8	156.7	406	2011年12月22日
五	冻结工程施工单位	中煤第三建设（集团）有限责任公司钻井工程处				
1	李粮店煤矿风井井筒冻结工程	503	6.0	460.89	513	2009年7月
2	徐楼二期混合井冻结工程	418	5.0	67	81	2009年9月
3	赵家寨煤矿西风井井筒冻结工程	291.3	5.5	170.58	274	2010年4月
4	平煤股份一矿北三回风井井筒冻结工程	1075	6.5	91	660	2010年7月
5	徐楼二期风井冻结工程	341	4.0	88.85	115	2010年10月

（续）

序号	立井井筒名称	井筒设计深度/米	井筒净直径/米	软弱含水层深度/米	井筒冻结深度/米	冻结孔开钻日期
6	中平能化平禹九矿回风井立井井筒冻结工程	446	5.5	360.5	446	2011年4月
7	平煤股份一矿北三进风井井筒冻结工程	1100	7.5	91	672	2011年6月
六	冻结工程施工单位	北京中煤矿山工程有限公司				
1	江西丰龙矿井主	941.28	5	70.5	80	2006年9月
2	江西丰龙矿副井	930.28	6.5	70.5	80	2006年9月
3	安徽金黄庄矿井主井	973	5	117	166	2006年11月
4	安徽金黄庄矿井副井	925	6	117	166	2006年11月
5	安徽金黄庄矿井风井	695	5.5	119	166	2006年11月
6	山东赵官煤矿风井	370	5.5	267.7	315	2008年9月
7	北阳庄矿井风井	457.5	5	159.2	202	2008年11月
8	鲁新矿井主井	310	5	94.4	184	2008年9月
9	张集煤矿副井	671.2	6.5	449.69	619	2009年9月
10	泊江海子矿井副井	611.7	10.5	6.9	556	2009年7月
11	红墩子矿区红一煤矿主井	448	6	361.2	412	2009年9月
12	丰龙矿北翼风井	890	5.5	3.4	110	2010年2月
13	核桃峪副立井冻结工程		9	214	950	2011年3月
14	红墩子矿区红二煤矿副井	730	8	299.48	411	2011年9月
15	新汶伊犁一矿副立井井筒	473.5	7.2	168	430	2011年1月
七	冻结工程施工单位	唐山开滦建设（集团）有限责任公司				
1	安徽界沟煤矿风井	354	5.0	200	328	2006年4月
2	淮南顾桥矿南区回风井	827.6	7.2	305	350	2007年1月
3	淮南顾桥矿南区进风井	852.6	8.6	290.13	345	2007年2月
4	唐山孟家屯铁矿混合井	436.4	6.5	122.73	160	2007年6月
5	唐山孟家屯铁矿风井	201.25	5.0	111.83	160	2007年8月
6	祁东矿南区进风井	531.5	6.5	416	460	2008年5月
7	开滦北阳庄矿主井	458	5.5	150.51	190	2008年12月
8	开滦北阳庄矿副井	488	7.0	152	190	2008年11月
9	淮南潘一东矿第二副井	1034.2	8.6	184.9	276	2008年12月
10	皖北朱集西矿副井	1015.2	8.0	471.95	540	2008年11月
11	内蒙古察哈素矿副井	452.5	9.2	270.79	463	2009年4月
12	内蒙古察哈素矿风井	387	7.2	258.97	395	2009年4月
13	宁夏红一煤矿风井	447.18	6.0	333.87	450	2009年6月

（续）

序号	立井井筒名称	井筒设计深度/米	井筒净直径/米	软弱含水层深度/米	井筒冻结深度/米	冻结孔开钻日期
14	开滦林南仓矿新风井	650	6.5	169.9	248	2009年8月
15	宁夏红一煤矿副井	478.8	8	340.2	432	2009年10月
16	宁夏红一煤矿主井	478.5	7	345.2	412	2009年10月
17	唐钢司家营铁矿1号副井	705	6.0	126.7	180	2008年10月
18	唐钢司家营铁矿大贾副井	518.5	6.0	126.7	180	2008年10月
19	峰峰梧桐庄2号主井	668	6.0	126	150	2008年11月
20	山东星村煤矿西风井	1187.5	5.5	130.28	290	2009年5月
21	淮北金石矿业混合井	520	6	41.39	85	2009年1月
22	淮北金石矿业风井	480	4	41.85	85	2009年1月
23	峰峰矿业集团磁西矿主井	967	7	128	200	2010年11月
24	峰峰矿业集团磁西矿副井	1340	8	155.3	250	2011年4月
25	峰峰矿业集团磁西矿风井	1305	7	155.3	250	2011年1月
26	淮南矿业集团潘三矿新西风井	690.2	8	440.15	508	2010年9月
27	山东龙祥煤矿主井	486	5	337.4	410	2011年6月
28	山东龙祥煤矿副井	506	6	334.9	448	2011年6月
29	淮北祁南煤矿安全改建副井	1065	8.2	340.26	400	2011年11月
30	平煤八矿进风井	492	7.0	399.9	453	2011年10月
31	红二煤矿风井	717.5	6.0	253.6	374	2011年9月
32	淮北陶忽图煤矿副井	762	10.5	679.3	782	2012年4月
33	河南神火刘河煤矿中央风井	386.5	5	258.04	288	2012年4月
八	冻结工程施工单位	兖矿新陆建设发展有限公司				
1	济宁矿业集团霄云矿井主井冻结工程	790	5.0	420.35	470	2006年1月
2	济宁矿业集团霄云矿井副井冻结工程	790	5.5	403.9	470	2006年1月
3	临沂矿务局王楼二号矿主井冻结工程	462.5	5.0	262.5	355	2006年4月
4	临沂矿务局王楼二号矿副井冻结工程	492.5	6.0	261.5	355	2006年4月
5	扎赉诺尔煤业有限公司灵东煤矿主井冻结工程	469	6.5	21.5	474	2006年8月
6	扎赉诺尔煤业有限公司灵东煤矿副井冻结工程	425	7.0	21.5	397	2006年8月
7	扎赉诺尔煤业有限公司灵东煤矿风井冻结工程	410	6.0	21.5	315	2006年8月
8	扎赉诺尔煤业有限公司铁北矿风井冻结工程	365	4.5	18.8	341	2006年9月

（续）

序号	立井井筒名称	井筒设计深度/米	井筒净直径/米	软弱含水层深度/米	井筒冻结深度/米	冻结孔开钻日期
9	内蒙古阿根塔拉矿主井冻结工程	410	5.5	128.3	285	2006年10月
10	内蒙古阿根塔拉矿副井冻结工程	410	6.5	130.2	285	2006年10月
11	内蒙古阿根塔拉矿风井冻结工程	395	5.0	128.3	285	2006年10月
12	河南神火集团葛店煤矿双庙副井冻结工程	738.5	6.5	181.95	250.5	2007年2月
13	内蒙古黑城子矿主井冻结工程	428	5.5	162.37	235	2007年8月
14	内蒙古黑城子矿副井冻结工程	428	7.0	158.67	275	2007年8月
15	内蒙古黑城子矿风井冻结工程	410	6.5	160.25	215	2007年8月
16	临沂矿业集团新上海庙一号矿主井冻结工程	516	6.0	41.5	532	2008年1月
17	临沂矿业集团新上海庙一号矿副井冻结工程	546	8.0	42.47	554	2008年1月
18	临沂矿业集团新上海庙一号矿风井冻结工程	516	6.0	41.5	525	2008年1月
19	淮南矿业集团潘一东区风井冻结工程	1033	8.0	205.1	249	2008年2月
20	肥城矿业集团梁宝寺二号主井冻结工程	1100.5	5.0	448.94	510	2008年4月
21	肥城矿业集团梁宝寺二号副井冻结工程	1130.5	6.5	464.4	536	2008年4月
22	肥城矿业集团梁宝寺二号风井冻结工程	1028.5	5.5	453.85	526	2008年4月
23	内蒙古蒙大新能源化工公司虎豹湾矿井风井冻结	570	6.5	81.4	580	2008年6月
24	内蒙古伊敏河东矿区第一煤矿主井冻结工程	371	6.0	53.5	260	2008年7月
25	内蒙古伊敏河东矿区第一煤矿副井冻结工程	410.7	7.5	44.9	260	2008年7月
26	内蒙古伊敏河东矿区第一煤矿风井冻结工程	360.5	6.0	46.3	260	2008年7月
27	龙塘沿铁矿主井冻结工程	530	4.7	56.2	94	2008年7月
28	龙塘沿铁矿副井冻结工程	497	5.0	56.2	94	2008年7月
29	龙塘沿铁矿北风井冻结工程	485	4.0	145.65	159	2008年7月
30	吴集铁矿南风井冻结工程	425	4.0	135	152	2008年9月
31	吴集铁矿北风井冻结工程	416	4.0	75	142	2008年9月
32	伊化矿业资源公司母杜柴登矿主井冻结工程	762	6.5	124.67	777	2008年10月
33	内蒙古科尔沁左翼中旗宝龙山金田矿业有限公司主井冻结工程	251	5.0	178.45	195	2008年12月

（续）

序号	立井井筒名称	井筒设计深度/米	井筒净直径/米	软弱含水层深度/米	井筒冻结深度/米	冻结孔开钻日期
34	内蒙古科尔沁左翼中旗宝龙山金田矿业有限公司副井冻结工程	276	6.0	178.6	195	2008年12月
35	神华集团杭锦旗能源公司塔然高勒风井冻结	569	6.0	3.7	579	2009年2月
36	临沂矿业集团榆树井煤矿风井冻结工程	410	5.0	30	323	2009年4月
37	内蒙古五九集团白音查干煤矿主井冻结工程	145.3	5.0	73.8	83	2009年4月
38	内蒙古五九集团白音查干煤矿副井冻结工程	115.3	6.5	68	77	2009年4月
39	内蒙古五九集团白音查干煤矿风井冻结工程	91	4.5	68.5	77	2009年4月
40	山东省单县丰源实业公司张集矿主井冻结工程	810	5.5	456.66	583	2009年6月
41	内蒙古北方联合电力公司朝克乌拉矿主井冻结工程	408	8.2	42.5	415	2009年7月
42	内蒙古北方联合电力公司朝克乌拉矿副井冻结工程	384	7.5	42.5	390	2009年7月
43	内蒙古北方联合电力公司朝克乌拉矿风井冻结	362	6.0	42.5	368	2009年7月
44	神华宁煤集团麦垛山煤矿副立井冻结工程	578	9.4	50	492	2009年10月
45	神华宁煤集团麦垛山煤矿立风井冻结工程	568	6.5	50	518	2009年10月
46	神华神东集团锦界煤矿进风井冻结工程	120.7	5.5	20.81	90	2009年10月
47	神华神东集团锦界煤矿回风井冻结工程	120.375	5.5	20.81	90	2009年10月
48	宏河集团红旗矿主井冻结工程	453	5.0	333.77	380	2010年1月
49	宏河集团红旗矿副井冻结工程	409	5.0	333.77	380	2010年1月
50	中平能化平禹九矿主井冻结工程	803	5.5	358.1	541	2010年4月
51	安徽洪鑫源矿业有限公司马鞭山铁矿主井冻结工程	712	4.6	17.32	725	2010年4月
52	鄂托克前旗权辉商贸有限公司沙章图矿主井冻结工程	740	5.5	216	275	2010年5月
53	鄂托克前旗权辉商贸有限公司沙章图矿副井冻结工程	728	7.0	211.7	366	2010年5月
54	鄂托克前旗权辉商贸有限公司沙章图矿风井冻结工程	352	6.5	241.1	303	2010年5月

（续）

序号	立井井筒名称	井筒设计深度/米	井筒净直径/米	软弱含水层深度/米	井筒冻结深度/米	冻结孔开钻日期
55	华电煤业隆德煤矿回风立井冻结工程	230	6.0	67	102	2010年9月
56	陕西正通煤业高家堡矿副立井冻结工程	841.5	8.5	22.8	850	2010年12月
57	鄂托克前旗百汇商贸有限公司黑梁矿风井冻结工程	281	5.5	197.55	272	2010年12月
58	新巨龙能源有限责任公司龙固煤矿北风井冻结工程	746	6.0	675.6	730	2011年3月
59	恒源煤电刘桥一矿北回风井冻结工程	490	6.5	139.55	198	2011年7月
60	陕西未来能源化工有限公司金鸡滩煤矿风井冻结工程	240	6.5	230	245	2011年8月
61	河南天中煤业有限公司安里煤矿主井冻结工程	541.8	5.0	414.15	484.8	2011年8月
62	河南天中煤业有限公司安里煤矿副井冻结工程	566.8	5.5	414.2	483	2011年8月
63	张掖市宏能煤业有限公司花草滩煤矿主井冻结工程	530	5.5	400	460	2011年8月
64	陕西未来能源化工有限公司金鸡滩煤矿回风立井冻结工程	241.1	7.0	6	252	2011年8月
65	兖矿煤业鄂尔多斯能化公司转龙湾风井冻结工程	176.5	6.5	26.79	110	2011年11月
66	神华宁煤集团金家渠煤矿中部副立井冻结工程	548.3	9.0	14.55	482	2012年2月
67	神华宁煤集团金家渠煤矿中部回风立井冻结工程	528.5	6.0	25	497	2012年2月
九	**冻结工程施工单位**	**江苏省矿业工程集团有限公司**				
1	安徽省新集口孜东煤矿主井井筒	1010	7.5	700	737	2006年6月
2	徐州矿务集团夹河煤矿新风井井筒	1060	5.5	150	164	2007年8月
3	徐州矿务集团坨城煤矿新风井井筒	439	5.5	275	292	2008年9月
十	**冻结工程施工单位**	**辽宁东煤基本建设有限责任公司**				
1	辽阳灯塔市红祥煤矿风井	500	3.5	101	140	2008年9月
2	沈煤（集团）红阳煤矿南风井	980	6.5	171.8	210	2009年9月
3	沈煤（集团）盛隆公司碱场煤矿南风井	540	5.0	120	130	2010年12月
4	珲春矿业（集团）板石煤矿西风井	460	5.5	88.42	98.5	2011年1月

（以上统计数据由各相关施工单位提供）

第七篇

主要企事业单位风采

一 建设单位（矿业集团、公司、矿、厂等）

中国中煤能源集团有限公司

中国中煤能源集团有限公司（简称中煤集团）总部设在中国北京，是国务院国资委管理的国有重点骨干企业，前身是1982年7月成立的中国煤炭进出口总公司。中煤集团的主业包括煤炭生产及贸易、煤化工、坑口发电、煤机制造、煤矿建设、煤层气开发及相关工程技术服务，各产业均具有较强竞争优势，是中国第二大煤炭生产企业和最大的煤机制造企业、煤矿建设企业，在全国企业500强位居前列。中煤集团现有全资、控股和均股子公司45户、境外机构4户、参股企业8户。截至2010年12月31日，中煤集团资产总额1726亿元，在册职工12.1万人。

中煤集团是煤炭行业三家境内外上市企业之一。2006年8月22日，中煤集团重组主营业务资产，独家发起设立中国中煤能源股份有限公司（简称中煤能源）。2006年12月19日，中煤能源在香港证券交易所主板成功挂牌上市，募集资金151.2亿元。2008年2月1日，中煤能源在上海证券交易所挂牌上市，融资256.7亿元。中煤集团旗下上海能源股份有限公司于2001年8月在上海证券交易所上市。

中煤集团按照建立现代企业制度的要求，不断规范和完善公司治理与管理模式。2008年10月15日，国务院国资委在中煤集团进行国有独资公司建立董事会试点，成立了外部董事占多数的董事会，董事长由外部董事担任，中煤集团管理体制创新取得新突破。公司董事会按照职责定位，加强自身建设，积极发挥专门委员会的作用，推动了公司战略决策、资源储备、机制创新、风险管控等重点工作，提升了公司管理水平。经过探索和实践，逐步形成了董事会、党委会、经理层各负其责、协调运转、有效制衡的治理结构。

中煤能源集团有限公司董事长　吴耀文

煤炭生产与贸易。中煤集团煤炭产量从2007年起连续4年过亿吨。主要矿区有山西平朔矿区、乡宁矿区，江苏大屯矿区，内蒙古鄂尔多斯矿区，陕西榆林矿区，黑龙江依兰矿区，在建新疆哈密、

山西潞安矿业集团有限责任公司
董事长　李晋平

潞安矿业集团公司办公楼

战略管理，取得了经营绩效最好、发展速度最快、发展后劲最强、职工得到实惠最多的好成绩。

集团产业多元化发展情况。潞安集团始终把循环经济作为资源型企业可持续发展的最佳途径，坚持以煤为基础，延伸煤电化、煤焦化、煤油化三条主产业链，建设煤电、煤油、焦化、电化四大循环经济园区，发展煤、电、油、化、硅五大产业。目前，非煤产业销售收入占到集团总销售收入的一半左右，集团被确定为全国循环经济试点企业。2012 年将全面形成工业硅—聚氯乙烯—高纯度多晶硅—太阳能电池、具有循环经济特征的硅产业链条。潞安煤基合成油示范项目于 2008 年 12 月产出了我国第一桶煤基合成油，2009 年 21 万吨/年煤基合成油示范项目全部建成。潞安集团成为世界上唯一一个掌握钴基、铁基两种催化剂进行煤制油的企业。目前，潞安集团正在全力推进煤基合成油百万吨级产业化项目。

潞安集团坚持建设创新型企业，全面推进科技创新、金融创新、人才创新等，推进了企业由资源驱动型向创新驱动型、综合效益型转型。建成了国家级技术中心，创建了山西省首家企业研究院，被确定为全国创新型试点企业。“潞安环能”股票自 2006 年 9 月在沪市上市以来，在煤炭板块中一直表现良好；2007 年整合重组河北耀华玻璃集团财务公司，组建了全省首家企业财务公司——潞安集团财务公司；坚持“与能人携手，和巨人同行”，与美国博地能源公司、亚美大陆煤炭有限公司、泰国班普公司、加拿大西鹰公司、南非萨索尔公司等国际知名大公司在煤炭、电力、煤层气及煤制油等项目上进行了广泛合作。坚持把人才作为企业第一资源，紧紧围绕战略发展，构建了立体化的人才队伍。目前，潞安本科及以上学历员工占到员工总数的 10%，非煤产业技术人才占到人才总量的 41.2%，高级技能人才占到生产技能岗位人员的 50%，技术工人占职工总数的 74%。潞安荣获全省唯一的国家技能人才培育突出贡献奖。

潞安集团司马煤业有限公司

走好四条路径：发挥潞安煤炭资源丰富的优势，根据品种多样的特点，按照“煤炭不仅是能源资源，也是碳材料资源，更是发展新兴产业的重要资本”的理念和“全循环、抓高端、多联产”

的要求。一是把潞安的贫煤、贫瘦煤等优质动力煤进行深加工，大力发展喷吹煤产业；二是发挥潞安拥有焦煤、气煤、肥煤、焦化资源等优势，发展烯烃类现代煤化工；三是对弃采的高硫煤实施清洁利用，全力发展540万吨/年煤基合成油及化学品多联产项目；四是利用潞安中煤、煤泥、煤矸石及火力发电，加上煤气化联合循环发电（IGCC）电量，除利用晋东南—湖北荆门我国首条百万伏级特高压线路向外输电外，发挥富余电量及长治地区品位高、储量丰富的石英砂资源优势，发展高纯硅业、太阳能一体化高科技产业。

“十一五”期间经济指标完成情况。2010年煤炭产量达到7098万吨，同比增长29%；营业收入一年内增长93%，达到850亿元，翻了近一番；实现利润42亿元，同比增长20%；资产总额1000亿元，同比增长58.9%；主要经济指标全面超额完成“十一五”时期的“7654321”战略目标，与集团成立之初的2000年相比，相当于再造了6个潞安、62个潞安、133个潞安和21个潞安；集团公司在全国500强排名127位，比2000年前移了363位，在国资委考核中，潞安再次被评为A类企业，名列全省第一。

潞安集团成立10年来，杜绝了重特大事故，百万吨死亡率0.028，达到国际先进水平，其中5个年度实现事故为零，而且没有新增一例硅肺病，保证了职工生命安全和身体健康，成为全煤系统唯一荣获全国“安康杯”竞赛十一连冠企业，山西省唯一的“全国安康杯竞赛示范企业”，全国总工会特颁了“五一劳动奖状”。

潞安集团以建设亿吨级煤炭集团为目标，坚持“两条腿”走路，一是建设数字化矿井，巩固提升潞安集约高效优势。实现了“老矿井减人提效，新矿井集约高效”。二是实施跨疆域发展，为“百年潞安”储备资源基础。目前，已形成潞安本部、武夏、忻州、临汾、晋中、潞安新疆六大矿区，煤炭总储量达到435.6亿吨，按照亿吨级生产能力，可稳定生产200年以上，为打造“百年潞安”奠定了坚实基础。

山西潞安矿业集团余吾煤业有限责任公司全貌

国投新集能源股份有限公司

国投新集能源股份有限公司是以煤炭采选为主、煤电并举的国家大型一档企业。由国家开发投资公司、国华能源有限公司、安徽新集煤电（集团）有限公司发起设立，“国投新集”A股（股票代码：601918）于2007年上市。公司井田面积为1092平方公里，煤炭储量101.6亿吨，核定生产能力1555万吨。“十一五”期间，公司累计生产原煤5746万吨，资产规模从“十五”末的68亿元增加到“十一五”的195亿元。公司未来规划建设11对矿井，设计煤炭生产总量达到国家发展改革委批复的3590万吨/年的总规模，建设总装机

容量为600万千瓦的3
建设1个年产量40亿
公司位列全国纳税50

口

最新

件。2010年6月11日胜利东二矿一期工程通过国家发改委竣工验收，已形成1000万吨/年生产能力，2010年7月，二期工程被国家发改委列为2010年西部大开发新开工建设的23个重点工程之一。

胜利东二号露天煤矿一期工程已经达产，二期工程3000万吨/年正在紧张建设之中，预计2013年投产；三期工程设计规模6000万吨，届时将成为世界上最大的露天煤矿。

锡林浩特矿业公司现有管理人员226人，生产人员930人，其中研究生学历17人，本科学历222人，大专学历278人，具有中高级职称70人，中级工及以上452人。公司秉承中国大唐集团"大唐大舞台，尽责尽人才"的人才理念，坚持以人为本，广纳贤才，良好的人力资源保证了公司的

劳动节期间，公司党委副书记（主持工作）李金根慰问一线职工

快速、持续、稳定、健康发展。公司积极为地方解决就业难题，仅2010年，公司与当地劳动就业部门联合，为当地解决了69人就业，尤其是动迁牧民子弟就业问题，已录用牧民子弟23人到公司工作。公司及时与员工签订劳动用工合同，保障员工利益，规范用工管理，建立和谐劳动关系，至今未发生一起劳动纠纷。

公司注重人才培养和人才队伍建设，制定详细人才培养计划，使员工进行多部门、多岗位、多专业的锻炼，搭建起了促进员工全面发展的平台，力争使员工在短时间内成长为理论水平高、现场及管理经验丰富的一专多能型专业技术人才。坚持"谁主管、谁负责"的培训原则，层层落实，严格细化新员工、管理人员、生产人员的培训工作，打造一支素质高、战斗力强的专业队伍。

锡林浩特矿业公司以"一流统领、标准引导、精细管理、考核促进、文化保障、持续改进"的管理理念为指引，打造大唐煤炭产业旗舰，推动公司向"一流规模、一流管理、一流技术、一流团队、一流文化"的现代化煤炭企业迈进。公司坚持法制管理，依法治企；公司坚持科技创新，力争通过项目建设带动国内露天矿装备制造业的研发制造水平，填补国内大型采矿机械设备的空白；公司坚持管理创新，推行标准化、精细化管理，推进数字化矿山建设，提高公司的生产经营和管理决策水平。

锡林浩特矿业公司严格遵守国家相关安全法律法规，始终把"安全第一、预防为主、综合治理"的安全方针摆在各项工作的首位，实行全员、全过程、全面、全天候的安全教育与管理；公司始终坚持"以人为本、安全为天"的安全理念，层层制定落实各级安全生产责任制，与各部门签订安全生产责任状，将安全生产目标层层分解，落实到基层。明确四级责任主体责任，建立了科学完整严密有序的责任体系，有力地保障了安全生产。自建矿以来，取得了伤亡事故为零的优异成绩。

大型生产设备

2010年锡林浩特矿业公司积极总结安全生产实际经验，对公司各项安全管理制度进行全面梳理、完善和修订，新增安全生产规章制度20余项，修订完善10余项。建立健全安全生产三级应急管理体系，制定综合应急预案、专项应急预案、现场处置方案共58个，使安全管理工作走上标准化、规范化、精细化的良性运行轨道。同时，公司全面开展本质安全型企业建设工作，通过充分吸收国内

外安全管理经验，结合露天煤矿实际，依托独具大唐特色的“三讲一落实”班组安全管理法及安全质量标准化建设，将三者有机结合，建立一套以风险预控为核心，以过程控制为手段的全面系统的现代安全管理体系。

截至2010年12月31日，连续安全生产1217天，安全形势稳定，并荣获了自治区煤炭工业局“安全质量标准化达标矿井”称号。

锡林浩特矿业公司切实注重企业文化建设，以中国大唐的同心文化为底蕴，以煤炭行业的乌金铁军为本色，以草原文化的宽善为品质，以锡煤孕育的朝气为生机，塑造出“以人为本、追求卓越、务实和谐、同心跨越”的和谐文化，中国大唐的“同心文化之根”孕育出锡煤“和谐文化之花”，展现出了“魅力大唐，和谐锡煤”的美好形象。公司企业文化建设深入人心、得到了广大员工的认同，公司企业文化全面、系统，也备受行业内外的认可，先后荣获中国大唐集团“企业文化示范基地”、“全国电力行业企业文化特等奖”、“全国电力行业企业文化建设十大领军企业”等多项荣誉。公司企业文化良好的形成和入位，有效地激发了员工的积极性、主动性和创造性，成为公司健康向上发展的牵引和参与企业建设、行业竞争的软实力。公司文化硕果的取得，为优化内部管理和立足外部环境创造了条件，营造出了和谐的文化环境，树立了企业的良好形象，形成了“心气足、人气旺、风气正”的文化氛围和“务实和谐、同心跨越”的企业精神。

锡林浩特矿业公司秉承“发展大唐，造福一方”的发展理念，坚持企业发展与履行社会责任并重，把发展社会公益事业、履行社会责任、担负社会责任作为构建和谐社会的一个重要内容。公司弘扬“关心弱势群体，奉献企业爱心”精神，积极响应社会各界公益事业行动，参与了玉树地震救灾、舟曲泥石流灾害救助、锡林郭勒盟雪灾地区救援、自治区红博会、四个一帮扶、穷困家庭慰问等社会公益活动，至今，公司已累计向社会各界公益组织捐款捐物折合人民币356425元。

锡林浩特矿业公司在全社会广泛、深入、持久地开展公益事业，受到了社会各界的充分肯定和尊重。

锡林浩特矿业公司又好又快的快速发展广获赞誉，得到了地方政府、中国大唐集团公司、同行和社会各界的充分肯定，先后荣获中国大唐集团“文明单位”、中国大唐集团“企业文化示范基地”、中国电力企业联合会“企业文化特等奖”、中电联信息化标杆企业评选创新应用奖、内蒙古自治区“安康杯”竞赛优胜企业、内蒙古自治区“两个文明”建设经验交流会突出贡献奖等奖项。2010年，胜利东二号露天煤矿一期工程荣获煤炭行业“太阳杯”，一期工程、后勤基地二期公寓工程荣获煤炭行业优质工程，2011年，大唐国际发电股份有限公司胜利东二号露天煤矿一期工程荣获国家优质工程金质奖，这也是自国家优质工程奖创立30年来，首个煤矿工程获此殊荣。

胜利东二号露天煤矿鸟瞰图

公司档案目标管理被国家档案局晋升为国家二级，矿业公司获得自治区总工会颁发的2010年度全区五一劳动奖章，并受到了中央电视台、《人民日报》、《中国经济导报》等国内主流媒体的广泛关注。

锡林浩特矿业公司秉承“发展大唐，造福一方”的发展理念，坚持“建绿洲，护蓝天”的生态和谐使命，高度重视节能减排和生态恢复工作，积极履行社会责任，走出一条经济效益和社会效益统筹兼顾、企业与社会和谐发展之路；公司二期项目（3000万吨/年）已获得国家发改委核准，建设工作正全面展开。

大唐呼伦贝尔能源开发有限公司

大唐呼伦贝尔能源开发有限公司（以下简称公司）是大唐煤业公司为建设呼伦贝尔地区大型煤炭基地成立的项目公司，公司于2008年4月7日成立，注册资本1亿元，现有员工218人，主要从事煤炭产业的科研、开发、开采、销售、储存和加工等业务。

大唐呼伦贝尔能源开发有限公司总经理　蒋利

公司具有丰富的能源开发技术和运营管理经验，在做大、做强煤炭主导产业的同时，正在实施煤炭相关的多元化发展，具备开发建设大型矿井的条件，目前，正在稳步建设成为煤炭支撑的大型能源企业。公司以“成为蒙东地区一流的煤炭产品供应商”为远景，全体员工发扬“务实和谐，同心跨越”的企业精神，力求把企业建设成学习型、管理型、效益型，市场化、多元化、现代化的精英企业。

公司现有煤炭资源储量近20亿吨，正在开发建设谢尔塔拉露天煤矿项目、南屯—西索木煤矿项目及400万吨/年褐煤提质项目。目前，2个煤矿项目正在积极开展项目前期工作，400万吨/年褐煤提质项目已经进行工程建设。

谢尔塔拉露天煤矿位于内蒙古自治区呼伦贝尔市海拉尔区谢尔塔拉镇境内，井田面积约44.40平方公里。开采境界内可采原煤量3.94亿吨，平均剥采比为5.09立方米/吨，设计生产规模为年产原煤700万吨，服务年限为51年。

南屯—西索木项目位于内蒙古自治区呼伦贝尔市海拉尔区和鄂温克族自治旗境内。该项目资源面积约143平方公里，煤炭资源量15.26亿吨，大部分为褐煤，小部分为长焰煤，为特低～低灰，特低硫、低磷、中高热值褐煤。项目设计建设规模为600万吨/年，井工开采，采用斜立混合开拓方式，建设总投资估算为24.35亿元。

与煤矿配套的大唐18.30化肥项目（投产后，将达到年产18万吨合成氨、30万吨尿素）和400万吨/年的褐煤提质项目正在开发建设，配套该项目的4×600兆瓦大唐海拉尔电厂项目正在积极开展前期工作。

按照企业煤炭发展战略规划，中国大唐集团公司将以谢尔塔拉露天煤矿为起点，在呼伦贝尔地区重点打造大型煤炭产业基地、加工基地和物流基地。本着“科学发展、和谐共赢”的理念，在着力打造“蒙东能源基地”的同时，积极实施“清洁能源战略”，以高强度投入做保障，以安全环保为基础，快速建设，精细管理，同步跟进煤化工、煤电等配套项目，打造蒙东地区大型一流煤炭企业，全方位助力地方经济发展。

内蒙古伊泰集团有限公司

内蒙古伊泰集团有限公司总部位于内蒙古自治区鄂尔多斯市东胜区，产业主要分布在鄂尔多斯市准格尔旗、伊金霍洛旗等地。

1988年，创立伊克昭盟乡镇企业公司。1989年，公司更名为伊克昭盟煤炭公司，全面进入煤炭经营领域。1990年，公司自备运煤车达到200辆，成为内蒙古伊克昭盟（2001年改为鄂尔多斯市）两个利税过千万元的大户之一。1992年，伊克昭盟煤炭集团（简称“伊煤集团”）正式成立。1993年，公司开始建设年产120万吨出口煤基地——纳林庙煤矿，标志着公司开始大规模建设煤炭生产基

内蒙古伊泰集团有限公司董事长　张双旺

内蒙古伊泰集团有限公司党委书记、
总经理　张东海

地。1997年，伊煤集团子公司伊泰煤炭股份有限公司成立，并在上海证交所成功发行B股，成为当时中国第一家发行B股的煤炭企业。1999年，伊煤集团被列入520户国有重点企业名单。2001年，公司国有股全部退出并采取全员承债持股的办法，组建了内蒙古伊泰集团有限公司（简称“伊泰集团”），改制为全员持股的股份制企业。2003年，伊泰集团被内蒙古自治区确定为煤炭行业重点支持的20户企业之一，7个5000万吨以上煤炭骨干企业之一。2008年，公司率先完成煤矿“三年技改攻坚战”，并建成了年产1200万吨的酸刺沟煤矿。

经过23年的发展，公司现已成为以煤炭生产、经营为主业，以铁路运输、煤制油为产业延伸，以房地产开发、太阳能发电等非煤产业为互补的大型现代化能源企业。公司为中国企业500强（第227位）、全国煤炭企业百强（第18位）、铁道部确定的百家运输大客户和内蒙古自治区煤炭50强之首。公司总资产576亿元，下属内蒙古伊泰煤炭股份有限公司、伊泰准东铁路有限责任公司、呼准铁路有限责任公司、伊泰煤制油有限责任公司、中科合成油技术有限公司、伊泰置业有限责任公司等直接控股公司11家。

伊泰集团现有大中型生产矿井14座，筹建矿井2座，总生产能力超过5000万吨/年。煤矿全部实现了综合机械化开采，采区回采率达到80%以上。公司生产的煤炭具有低灰、特低磷、特低硫、中高发热量等特点，是天然的“环保型”优质动力煤。公司还不断加大安全投入，所有矿井都按要求完善了井下安全避险“六大系统”，安全生产得到了有效保障。2005年以来，公司连续生产原煤1.8亿吨，实现了零死亡，安全成绩处于世界领先水平。

内蒙古伊泰集团有限公司监事会主席　李文山

公司现已建成全长145公里的准东电气化铁路、124.18公里的呼准电气化铁路、26.8公里的酸刺沟煤矿电气化铁路专用线和122公里的曹羊公路。公司在秦皇岛、京唐港、曹妃甸港口设有货场和转运站，在北京、上海、广州、秦皇岛等地设有销售机构，形成了完整的产、运、销体系。

按照《中华人民共和国公司法》规定，集团公司组建了董事会、监事会、经理班子，按公司章程规定，定期召开股东大会。

集团公司设置职能部门，有党委办公室、纪检、团委、董事会办公室、工会、总经理办公室、生产、运销等19个。

按照多元发展的思路，伊泰集团不仅对主营产业进行了产业延伸，而且在非煤领域形成房地产开发、太阳能等互补产业。

内蒙古伊泰煤制油有限责任公司创立于2006年3月，由内蒙古伊泰集团有限公司和内蒙古伊泰煤炭股份有限公司联合组建，企业注册资本为15亿元人民币。2006年5月，经内蒙古自治区发改委核准，以集团公司与中科院山西煤化所合作完成的煤间接液化自主知识产权技术为依托的国内第一条（核准48万吨，一期工程年产16万吨）煤基合成油品示范生产线开工建设，2009年3月联动试车、投料出油。2010年6月，装置实现了安全、稳定、长周期、满负荷运行。这是我国煤炭间接液化完全自主技术产业化第一条生产线，填补了国内空白，是企业承担国家重大项目研发及产业化风险，加快推进国家煤变油能源战略实施的重要工程。

伊泰置业公司是伊泰集团旗下专业从事房地产投资、开发和经营的企业，具有国家房地产开发一级资质。成立于2006年5月9日。公司业务已从内蒙古拓展到海南、四川、北京、河北、新疆等省市，逐步形成以鄂尔多斯及内蒙古地区为重点，以内地中心城市为点状支撑辐射全国的战略版图。计划运作项目29个，累计投入资金91亿元，开发面积582万平方米，其中已竣工项目5个，竣工面积54.6万平方米，在建、拟建项目共24个。拥有6家房地产开发子公司，3家控股公司。

依托太阳能数倍聚光光伏发电技术，伊泰集团于2007年在鄂尔多斯市建成我国第一个205千瓦聚光光伏科研示范发电站。项目对开发可再生能源，保护环境，推动我国大规模开发利用太阳能具有重要的示范意义。

煤制油工程全景

“十一五”期间，伊泰集团投入巨资对原有矿井进行资源整合和技术改造，全部实现机械化生产，形成了以综采放顶煤技术为核心的煤炭生产技术体系，实现了煤炭生产的大型化、规模化和现代化，煤炭生产能力由“十一五”初的1183.31万吨增长到“十一五”末的5112.19万吨，成为国内较大且有影响力的煤炭企业。

“十一五”初，伊泰集团仅有72.65公里的准东一期铁路形成了运能，运输量为1336.55万吨；“十一五”末，公司自营铁路里程达到286.52公里，运输量增加到5592.45万吨，同时公司还参股建设了新包神、准朔、蒙冀、鄂尔多斯南部铁路。铁路运输能力的提升为公司煤炭产运销提供了强有力的保障，也为公司下一步向亿吨级煤炭企业迈进奠定了运输基础。

2006年，集团公司被中华全国总工会、劳动和社会保障部、全国工商联联合授予“全国就业与社会保障先进民营企业”。2007年，集团公司被中共内蒙古自治区委员会授予“全区民族团结进步模范集体”称号；集团公司被劳动和社会部保障部、中华全国总工会、中国企业联合会、中国企业家协会评为“全国模范劳动关系和谐企业”。

2008年，伊泰煤炭股份有限公司被内蒙古自治区委员会表彰“内蒙古工业二十强企业”；集团公司被内蒙古自治区人民政府金融工作办公室、内蒙古自治区财政厅评为“2008年内蒙古自治区诚信企业”；被内蒙古自治区职工文联评为“内蒙古职工文化先进单位”；被中华全国工商联合会授予“抗震救灾先进集体”称号。2009年，集团公司被中共内蒙古自治区委员会宣传部授予“公益之星”称号；被中华全国工商业联合会、中华全国总工会授予“全国双爱双评先进企业”称号；被内蒙古自治区总工会评为“全区工会促进就业示范企业”。2011年，集团公司被中国共产党内蒙古自治区委员会宣传部评委“2010年度内蒙古自治区诚信企业”；集团公司被中央精神文明建设指导委员会授予“全国文明单位”称号；集团公司被劳动和社会部保障部、中华全国总工会、中国企业联合会、中国企业家协会、中华全国工商业联合会评为“全国模范劳动关系和谐企业”。另外，集团公司连续十年被内蒙古自治区认定为“标兵文明单位”，四次荣获“中华慈善奖”。张双旺董事长于1995年被评为全国劳动模范，张东海总经理于2005年被评为全国劳动模范。

伊泰集团总资产由“十一五”初的78.88亿元增长到“十一五”末的417.6亿元，销售收入由47.53亿元增长到352.6亿元，销售的税后利润由8.7亿元增长到74.02亿元，上缴税费由8.7亿元增长到70.32亿元，公司正在向资产大而优、人员少而精、获利能力强而稳的方向发展。

二 施 工 企 业

中煤建设集团有限公司

中煤建设集团有限公司始建于1993年，其前身是在原中国统配煤矿总公司基建局基础上组建成立的中煤建设开发总公司。1997年，根据煤炭部决定，组建中煤建设集团，核心企业为中煤建设集团公司。2003年1月，根据原国家经贸委等3部委对中央企业实施战略性重组的安排，中煤建设集团公司整体并入中国煤炭进出口集团公司，并入后成立了中国中煤能源集团公司。2009年11月，中国中煤能源集团公司整合下属设计、施工、监理单位，成立了中煤建设集团有限公司。

中煤建设集团有限公司（以下简称中煤建设集团）总部位于北京市昌平区中东路，是中国中煤能源集团公司的全资子公司。重组后的下属企业有：中煤第一建设有限公司、中煤建筑安装工程集团有限公司、中煤第五建设有限公司、中煤西安设计工程有限责任公司、中煤邯郸设计工程有限公司、中煤建设集团工程有限公司、北京中煤正辰建设有限公司、北京康迪建设监理咨询有限公司。中煤建设集团集勘察设计、施工、监理、咨询和煤炭生产运营于一体，是具有国际竞争力的国内大型建筑企业集团。

中煤建设集团拥有矿山建设、煤炭生产运营及洗选、建筑安装、设计咨询四大核心业务。公司及下属企业具有矿山工程施工总承包特级资质，房屋建筑、市政公用、轨道交通、机电安装等一级总承包资质；特种专业工程（特殊凿井、地下治水）、地铁隧道、公路、铁路、化工石油、钢结构、装饰工程等一级专业承包资质；工程勘察综合类甲级、煤炭行业、建筑工程、测绘、环境评价、水土保持、市政、地质灾害勘察甲级设计证书；工程监理、工程咨询甲级证书以及智能建筑、环污防治专项甲级设计证书；火电、公路、铁路、建材、广电通信、市政（给水、排水）、城市规划、地质灾害治理、固废专项乙级设计证书；甲级工程监理资质，甲级工程地质及岩土工程勘察资质。

公司资产总额156亿元。现有各类工程机械及大中型装备2.3万台套，其中大型盾构机10台；在册职工2.7万人，其中，各类专业技术人员9197人，中高级职称人才3553人，国家注册建造师、注册建筑师、注册结构工程师、注册安全工程师等国家各类注册人员986人；拥有国家级、省部

中国中煤能源集团有限公司总经理助理，中煤建设集团有限公司执行董事、总经理、党委副书记　殷建国

公司保持着基岩段月成井 220.6 米、全井平均月成井 141.52 米的两项全国纪录

级工法 54 项，申请并受理专利 110 项，已授权专利 124 项，国家级设计金奖 5 项，省部级及以上科技进步奖 42 项，国家级、省部级以上优秀设计奖 370 项，主编和参编 26 部国家标准，获得国家建筑行业最高奖——鲁班金像奖 10 项，创造并保持了多项矿山建设行业施工纪录，矿山超深、超大直径立井施工及冻结施工等多项施工技术在国际上处于领先地位；承担了国内半数以上的千万吨级矿区、千万吨级高产高效矿井、百万吨级矿井和大型洗煤厂的设计建设任务。

中煤建设集团有限公司党委书记、副总经理　王锐锋

中煤建设集团四大核心业务：

1）矿山建设

中煤建设集团及所属企业先后参加了山西、河北、内蒙古、安徽、山东、江苏、新疆、河南、四川、云南等全国 20 余个省（区）大型煤炭基地和重点矿山建设；在国际工程矿山市场，先后承揽了摩洛哥、土耳其、孟加拉、蒙古、越南、印度等国家和地区近 20 项矿山建设项目。先后有 200 余项工程荣获“鲁班奖”、“太阳杯”、“国家优质工程奖”等省部级以上奖项，是煤炭行业、冶金行业多项施工国家纪录保持者。承建的孟加拉国巴拉普库利亚煤矿获得国家第一个境外项目工程“鲁班奖”，山西寺河煤矿、山东刘庄煤矿继获得鲁班奖后又获得“新中国成立 60 周年经典工程”荣誉。

坚持生产规模化、技术装备现代化、队伍专业化、管理手段信息化的“四化”发展方向，树立高起点、高目标、高质量、高效率、高效益的“五高”标准，大力加强标准化（模式化）建设，全面推进生产技术、经营管理等各项工作。参编了 4 部国家级标准，实施完成了 31 个施工模式的编制工作，编制了5部矿建施工企业标准，其中《立井井筒施工标准》和《井筒冻结施工标准》已经发布实施。“十一五”期间累计投入5亿元，用于装备提升，采购设备共计1621台套，淘汰落后设备，更新先进适用设备，提高了机械化作业水平。“十一五”期间科技投入达8亿元，有42项科研成果荣获省、部级科技进步奖，其中国家科技进步二等奖一项；45项工法获得部级以上工法，其中国家级12项，得到全国矿建以及相关行业的广泛采用；累计申请专利116项，其中发明专利19项，累计获得专利授权74项，其中发明专利5项。

2）建筑安装

中煤建设集团所属土建、安装企业拥有大中型设备1000余台套，承建了全国大部分大型选煤厂建筑安装工程。先后荣获鲁班奖、国家优质工程奖、中国煤炭工业“太阳杯”及省、市优质工程等奖项；荣获11项部级科技创新成果、3项国家级工法、8项部级施工工法和14项国家专利。完成了煤炭工程建设标准体系“选煤厂工程部分”和国家规范《煤矿选煤设备安装工程施工与验收规范》部分章节的编写，主编了《选煤厂管道安装工程施工与验收规范》的国家规范。

在大型工业与民用建筑施工技术的诸多领域积累了丰富经验，在大跨度栈桥施工、大型选煤厂施工、构（建）筑物滑模施工和超大型井塔、矿井成套设备、成套选煤设备等工程安装施工技术等方面处于国内领先地位，创造了多项国内、亚洲乃至世界第一。完成了蒙古国资源能源公司UHG煤矿500万吨/年选煤厂设备安装工程。承接了该公司1000万吨/年选煤厂的钢结构、设备、管道、低压电气的安装工程。

3）设计咨询

中煤建设集团所属中煤西安设计工程有限责任公司、中煤邯郸设计工程有限公司两家大型设计公司，主要从事勘察设计（含矿井、市政、铁路、公路、建筑、规划、给排水、暖通、选煤、电力）、工程总承包、工程技术咨询（含工程监理）等业务。技术力量雄厚，服务手段先进，内部管理规范，承担了国内大批千万吨级矿井的设计任务，完成国内外大中型设计项目1200多项，荣获国家设计金奖5项、银奖4项、国家级工程咨询一等奖7项，获国家及省部级优秀设计二等奖以上370项。同时，以设计为龙头，大力发展工程总承包业务，先后承揽了禾草沟矿井及选煤厂等37项工程总承包项目，总投资额达110亿元以上。

主编或参编国家和行业设计施工标准、规范13项，编制了中煤集团《安全高效现代化矿井标准》。启动了设计企业安全质量标准化编制工作，组织编制了勘察设计、工程承包、物业后勤服务、其他等4类标准。强化了对总承包项目的安全管理，明确了安全职责，落实了安全责任，推动了总承包项目标准化、模式化建设。

施工中的平朔东露天原煤仓

4）煤炭生产运营及洗选

中煤建设集团以中煤集团为依托，凭借在勘察、设计、施工、装备、生产等完整产业链优势，在山西、内蒙古、新疆等煤炭基地，为大型资源公司提供煤矿生产运营服务。

建立了运营项目生产安全保障体系，针对项目具体情况进行系统改造和完善，强化了专业人才的培养和专业化队伍的建设。设立了专业化的矿业公司，先后承包了新河、明珠、南阳坡、担水沟等煤矿的生产运营业务；注册成立了中煤煤炭洗选技术有限公司，承建运营了杨涧、沙咀子、禾草沟等5座选煤厂，年洗选能力达5000万吨以上。

2010年是中煤建设集团整合后第一年，完成营业收入124.08亿元，施工产值113.92亿元，完成井巷工程量20.04万米。

展望未来，中煤建设集团在总经理殷建国、党委书记王锐锋的带领下，正致力于标准化、专业化、模式化、机械化、信息化建设，不断优化产业结构，通过装备提升和技术进步，巩固在矿山超深、超大直径立井施工及冻结施工等技术上的领先地位，进一步提高核心竞争力，充分发挥产业链优势，努力把中煤建设集团打造成具有国际竞争力的大型工程集团和矿山建设总承包商。

设计的年洗选能力800万吨的屯留煤矿选煤厂，获煤炭工业“十佳选煤厂”荣誉称号

中煤第五建设有限公司

中煤第五建设有限公司位于江苏省徐州市淮海西路241号。1975年7月，为开发丰沛矿区，经江苏省革委会和煤炭部批准，从江西、湖南调入3个工程处（原煤炭部英岗岭工程处、原煤炭部四十五处、原煤炭部四十六处），吸纳南京煤建团、江苏生产建设兵团采煤团两个单位，组建了江苏省丰沛矿区建设指挥部。1984年3月更名为江苏煤炭基本建设公司。1993年9月经煤炭部批准为中煤建设开发总公司的归属单位。1997年5月加入中煤建设集团，更名为中煤第五建设公司。2003年7月，中煤建设集团公司整体并入中国中煤能源集团公司，公司也成为其全资子公司。2010年，中煤能源集团设立中煤建设集团有限公司，公司归属该集团公司管理，更名为中煤第五建设有限公司。

中煤第五建设有限公司（以下简称公司）具有矿山工程施工总承包特级资质，房屋建筑施工、机电设备安装工程总承包一级资质，市政工程总承包一级资质和14项专业承包资质。具有AAA级资信等级证书。1998年，公司率先通过了ISO 9001质量管理体系认证。2000年，取得了《中华人民共和国对外承包工程经营资格证书》和《中华人民共和国进出口企业资质证书》。2004年，公司通过了质量、环境和职业健康安全“一体化”管理体系认证。公司中心实验室获得国家认证。

公司以矿井建设为主业，兼营工业与民用建筑施工、各类机电设备安装、桥涵道路、市政工程、机械制造、环保工程、大型网架工程施工等，业务范围包括：土木工程、矿山工程、房屋建筑工程、土石方工程、隧道工程、公路工程、市政公用工程、机电设备安装工程、压力管道工程、钻探冷冻工程、矿井专用设备安装工程、防腐保温工程、钢结构工程、起重设备安装工程、化工石油工程等施

中煤第五建设有限公司总经理　李新宝

中煤第五建设有限公司党委书记　李建

工。矿山采掘机械及辅助设备的制造、修理，普通机械的制造、加工、修理，金属结构及其构件制造、安装，普通货运（限分支机构经营）；承包境外矿山建筑安装工程及境内国际招标工程。实施上述境外工程所需设备、材料出口、对外派遣境外工程所需的劳务人员。

公司先后参与国内20多个大型煤炭基地的项目建设，完成各类矿山立井和斜井328个。4个矿建工程处可同时施工立井60个，施工斜井15个，同时施工平斜巷月成井近万米。具有120万兆焦/小时制冷能力的冻结工程处，可同时进行15～20个井筒冻结施工，建筑安装工程处可施工大型或特种土建工程，可施工特大型井架整体起吊安装工程。

公司管理总部下设14个职能管理部门，下属13个基层单位，其中主要有6个施工工程处、1个生产厂、2个分公司、1个商场、1个宾馆等。现有正式职工9207人，拥有一批精通施工、生产、设计、管理等方面的专业技术人才。

公司全面创新管理体制，精心培育王牌施工队伍，矿井建设技术、能力和水平处于行业领先地位。在立井施工方面，公司拥有“立井机械化快速施工工法”、“立井冻结表土机械化快速施工工法”两个国家级施工工法，采用“五大、二自动、一深、一集中”以及小型挖掘机和中心回转抓岩机有机配套使用等施工工艺和施工方法，2009年11月在河南顺河副井井筒表土段施工中，创出月成井244米的冻结表土施工最高纪录；2011年9月在山东双合主井井筒基岩施工中，创出月成井204米基岩施工水平；2005年5—12月在山东滕东副井井筒基岩段施工中创出连续8个月成井超百米（综合月进112米）的全国稳产高产新纪录，该纪录2006年4月载入上海吉尼斯纪录。在斜井和平巷

公司承建的环境优美的花园式矿井——屯留煤矿

施工方面，公司拥有国家级“大断面斜井机械化作业线快速施工工法”和井下长距离输料技术，保持岩石平巷大断面单月掘砌进尺309米的全国最高纪录。在安装工程施工方面，拥有国家级“立井井筒机电安装工法”，具有安装大型井架及井筒装备的能力，安装的淮南顾桥煤矿主井井架（高73.3米，重853吨），创同类立井井架高度和重量安装新纪录。在土建施工方面，滑模施工享有较高知名度，完成了甘肃华亭煤矿高度达80米的亚洲最高最大的混凝土井塔施工任务。在冻结施工方面，公司冻结技术、工艺处于全国领先水平，在创出门克庆煤矿主立井802米国内冻深新纪录之后，施工新庄煤矿910米回立风井冻结项目，刷新了国内最深立井冻结纪录。成功冻结斜长505米的潞安矿业集团古城主斜井工程，成为斜井冻结施工的新纪录。公司承建和参建的山西晋城寺河矿井工程、山东新汶翟镇煤矿副井井塔工程、山东龙固矿井荣获中国建筑行业质量最高奖——“鲁班奖”；其中山西晋城寺河矿井工程荣获了2006年国家优质工程银质奖和“新中国成立60周年百项经典暨精品工程”；施工的我国第一个成套矿山设备、技术和劳务完整输出的交钥匙项目——孟加拉国巴拉普库利亚煤矿2009年获得“中国建设工程鲁班奖（境外工程）”。

公司持续推进科技进步，有21项科技成果分别获得国家和省部级科技进步奖、21项科技成果获得集团公司科技进步奖，2项成果达到国际领先水平，6项成果达到国内领先水平，其中《千米立井配套施工技术研究与应用》等7项成果获中国施工企业协会科技进步奖；取得9项国家级工法，拥有《千米立井井筒机械化配套施工工法》等22部煤炭行业级工法。完成专利申请92件，其中发明专利30件。公司被施工企业协会和建筑业协会评为“科技创新先进单位”。

“十一五”期间，公司共获得“新中国成立60周年百项经典暨精品工程”1项、中国建设工程“鲁班奖”2项、国家优质工程银质奖2项、中国安装工程优质奖（中国安装之星）1项、煤炭行业“太阳杯”工程34个、煤炭行业优质工程60个、煤炭行业（部级）等级处12个、煤炭行业（部级）等级队190队次、煤炭行业优秀施工企业15个、煤炭行业优秀施工企业家12人次。还多次获得全国优秀施工企业、全国用户满意施工企业、全国质量效益型先进企业、中国煤炭工业优秀企业、江苏省知名建设承包商等荣誉称号。多次被评为全国思想政治工作优先进单位、江苏省文明单位标兵、江苏省思想政治工作优秀企业、江苏省厂务公开民主管理先进单位等称号。

公司积极向国际矿建市场拓展，向非煤矿山及地铁、隧道建设市场转型。先后在摩洛哥、土耳其、蒙古、孟加拉国等国家承包煤矿施工工程项目，2010年以来，承揽中标海外工程项目5项，成功开辟了越南、土耳其、印度等国际工程市场，在取得了良好经济效益的同时，也为公司赢得了良好的国际声誉。公司组建了专业地铁施工的隧道分公司，将成熟的矿山施工技术运用到地铁施工行业，在地铁建设市场赢得了良好的信誉。目前，公司拥有5台盾构机，可以同时进行5条地铁线路的建设，已在天津、杭州、南京、上海等4个城市参与地铁施工建设，多次受到业主和监理单位的好评。公司采掘机械厂开发研制生产煤矿用挖掘式装载机（液压履带扒渣机）、耙斗装岩机、凿井井架、凿井绞车、吊桶、金属模板、伸缩带式输送机、梭式矿车等系列煤矿机械产品。具备各种大中型非标设备加工制造能力，2009年设计制造具有两项国家专利的适用于9米以上超大直径井筒施工的Ⅵ型凿井井架，为国内首创。公司五处现代钢结构厂采用中国建筑科学研究院PKPM、冶金建研总院PS2000及SFCAD2000等软件，具有一流的设计能力，为客户开发利用现代轻、重钢建筑和独特的网架结构型式，创造出良好的造型效果。现拥有3个加工基地，6万平方米的加工生产场地，5条轻型H型钢自动生产线、2条重钢自动生产线、1条聚氨酯夹芯板生产线、5条通过式连续抛丸型钢表面处理成套设备，年生产能力达7万余吨。不断完善的科学管理体制，自动化的生产设备，合理的制造、安装流程，先进的检测手段，使工程质量得到可靠保证。在钢结构件的焊接和消除焊接内应力、防止冷桥、确保建筑的使用寿命和安全方面，处于国内同类企业先进水平。

公司友谊宾馆是江苏省首家以特许经营方式加盟美国“Best Western”国际酒店管理公司的星级宾馆，也是淮海经济区唯一一家加盟酒店。总面积达16000多平方米，拥有包括总统套房在内的客房

160余间，大中小型会议室3个（其中大型会议室可容纳300余人）；餐饮部拥有装饰豪华的中餐包间21个及时尚前卫的西餐厅1个，共有餐位600余个。

“十一五”期间经济指标完成情况：2006年完成井巷进尺52294米，完成产值158415.27万元；2007年完成井巷进尺59731米，完成产值203754.54万元；2008年完成井巷进尺86345米，完成产值266335.19万元；2009年完成井巷进尺101206米，完成产值351594.55万元；2010年完成井巷进尺112319米，完成产值467859.89万元。

获得2009年度境外工程“鲁班奖”的孟加拉国巴拉普库利亚煤矿

兖矿集团东华建设有限公司

兖矿集团东华建设有限公司位于山东省邹城市东滩路1029号，紧靠京沪、兖石铁路，京福、京沪、日东高速公路和京杭大运河，铁路、公路、水路四通八达，地理位置十分优越。2001年，为适应大集团、大公司建设规划的要求，不断增强兖矿集团建筑施工企业在建筑市场的竞争能力，经兖矿集团研究并报经山东省国资委批复同意，将兖矿集团第二工程处、第三十二工程处、第三十七工程处、第七十工程处、建筑安装公司、地质工程公司、新陆冻结公司合并，组建成立兖矿集团东华建设有限公司，作为兖矿集团有限公司的一个国有控股子公司。

兖矿集团东华建设有限公司注册资本金2亿元，资产总额20.51亿元，各类工程机械设备8000余台，年施工产值近30亿元。公司现有房屋建筑工程施工总承包、矿山工程施工总承包、机电安装工程施工总承包、建筑装修装饰工程专业承包、钢结构工程专业承包、建筑业试验室一级资质；

兖矿东华建设有限公司执行董事、总经理　孙传运

具有化工石油工程施工总承包、铁路工程施工总承包、公路工程施工总承包、起重设备安装工程专业承包、电梯安装专业承包二级资质；具有电力工程施工总承包、通信工程施工总承包三级资质；具有

国际对外承包工程经营资格、房地产开发资质；具有建筑装饰工程设计乙级资质和承装（修、试）电力设施许可证、B级锅炉安装许可证、压力管道安装许可证；具有固体矿产勘查甲级、地质钻探甲级、水文地质/工程地质/环境地质调查乙级、地球物理勘查丙级，岩土工程勘察乙级、测绘资质乙级等资质。

兖矿集团东华建设有限公司可承担工业与民用建筑、矿山建设、地下隧道与硐室、机电安装、市政、铁路、公路、桥梁、石油化工、电力、通信、装修装饰及门窗、钢结构、锅炉、电梯安装与维修、起重设备安装与拆卸等各类工程的设计与施工，煤炭、石油、天然气、地热、地下水等矿藏的勘探，工程测量，房地产开发，建材制品的生产与销售，建筑产品的检测与试验，生产生活资料、机电产品的销售，货物仓储，设备租赁，以及住宿、餐饮等。并取得了对外工程承包，劳务输出、对外经济技术合作等资质。具有开发、设计、科研、施工、监理、租赁、物供“一条龙”总承包能力，各类经济技术指标居全国煤炭建筑施工同行业的前列。

兖矿集团东华建设有限公司下辖第三十七工程处、建筑安装分公司、地矿建设分公司、路桥工程分公司、钢结构工程分公司、上海分公司、济南分公司、日照分公司、淮安分公司、宁夏分公司、海阳分公司、东平分公司，海鲁房地产等，共计有22个分公司和2个子公司。公司现有员工2972人，其中工程技术经济管理人员1009人，高级专业技术人员132人，一、二级注册建造师181人。

第三十七工程处和建筑安装分公司可承担各类大中型工业建筑及民用建筑施工，各类型工业建设项目的设备、线路、管道、电器、仪表及整体生产装置的安装，非标准钢构件的制作、安装，水电通讯、输变电配电、装修装饰、钢结构等各类工程和各类公用、民用建筑项目的机电设备安装。具有施工高层建筑、大跨度建筑和城乡民用建筑群的能力，具备地下建筑、网架结构、薄壳结构、深基础、人工降水、沉井、滑模、大模板和各种预应力工程的施工工艺技术，还能独立承担电力、化工石油、轻纺等行业的大中型项目及各种电压等级的土建及输变电工程。

路桥工程分公司具有承担高速公路路基、一级标准及以下公路和独立大桥工程的施工资质，可承担大中型铁路包括路基、特大桥、隧道、编组站等综合性工程的施工。地矿建设分公司可承担煤炭、石油、天然气、地热、地下水等矿藏勘探、地下定向造孔、覆岩减沉注浆工程施工、井筒帷幕注浆工程施工、水文地质与工程地质工程，以及控制测量、地形测量、矿山、隧道测量，变形观测与形变测量等。拥有世界先进的施工技术和装备，在深井地面预注浆堵水、冻结凿井、深立井井筒液压滑模砌筑井壁、巷道工程掘进、光爆锚喷支护、井下大硐室优质快速施工、各类井筒装备的加工制作与防腐，特大型矿井配备进口设备的安装等工程项目施工中具有优势。

兖州煤业工伤抢救中心

公司先后在贵州、江苏、山东、江西、上海、深圳、山西、新疆、内蒙古、安徽、河北、福建、河南、广西、宁夏、陕西、北京等省区承担了大量的矿山、工业与民用建筑、铁路、公路、桥梁、市政、地下工程冻结、地热井等工程的施工，拥有先进的施工技术和装备，具有丰富的施工组织和管理经验，创造了令人瞩目的辉煌业绩。山东兖州矿区是公司在20世纪70年代以来承担的具有世界先进水平的最大一项综合性矿山建设工程。由于施工技术先进、建设工期短、工程质量好、投资省、信誉高，先后荣获了多项国家级大奖。

兖矿集团东华建设有限公司连续6年被国家统计局评为国家建筑业500强企业，是全国优秀施工企业，全国用户满意施工企业，全国“五一”劳动奖状，全国建筑业AAA级信用企业，全国思想政治工作优秀企业，中国质量效益型先进企业，中国煤炭行业优秀施工企业，省级“重合同、守信

兖矿游泳馆外景

用”企业，通过了质量、安全、环境三体系认证。精心建造了大批国家、省市重点工程，荣获新中国成立60周年精典工程，国家优质工程金质奖，国家优质工程银质奖2次，中国建筑最高荣誉奖——鲁班奖3次，山东省建筑业最高奖泰山杯3次，多次获得中国煤炭建筑工程质量奖——太阳杯，创60余项国家、省、部级以上样板及示范工程。

按照“十二五”发展规划，公司要在近几年发展成为国家500强大型企业集团，主要产业由原来的建筑施工，增加建筑工程设计、建筑工程监理、房地产开发、物业公司管理等业务，由原来单一经营变成以建筑施工为主的多元化大型企业集团。

“十一五”期间，通过“两个走出去”战略和“强严树创”工程以及“重人才、抓研发、搞革新、促发展”三大战略性措施的深入实施，公司在基础管理、品牌建设、企业形象等各方面都发生了根本性变化，多项工程获国家级、省部级等优质工程，公司各项经济指标实现了较快增长，经济规模持续扩张，经济效益逐步提高，综合实力不断增强。

“十一五”主要经济指标完成情况：“十一五”末资产总额为205089万元；所有者权益预计为19695万元；销售收入256657万元；利润总额预计4915万元。

宁夏煤炭基本建设公司

宁夏煤炭基本建设公司（中国煤炭第八建设公司）现为神华宁夏煤业集团下属国有建筑安装施工企业。具有国家房屋建筑工程总承包一级资质、机电安装工程施工总承包一级资质、钢结构工程专业承包一级、管道工程专业承包一级和防腐保温工程一级资质，以及多项二、三级资质。具有一级资质的建筑工程实验室；具有承包国际工程的B级资质和外经、外贸经营权。2000年通过了ISO 9001国际质量体系认证，后又相继取得职业健康安全管理体系和环境管理体系的认证。年施工能力40亿元。属全国500家最大建筑业企业之一，全国煤炭系统十大建筑企业之一（综合实力排名第8），2007年位列全国煤炭企业100强中的第79位，入围2010年度煤炭建设工程企业土建施工前30强第3名。

1956年1月24日，西安煤矿管理局根据煤炭部的决定，在西安成立了石嘴山煤矿筹建处。同年6月，筹建处从西安煤矿基本建设局直属土建队调入土建技术人员和土建工人共18名，是基建公司最初的施工力量。1957年石嘴山煤矿筹建处土建队成立，调入人员404名。1958年随着矿区开发

公司承建的神华黄骅港三期工程的 12 座储煤筒仓

建设的需要，职工人数从 7552 人一度达到 8000 余人。1960 年成立宁夏煤矿工业管理局建筑安装工程公司，基地设在大武口。1965 年根据煤炭部的决定，改编组建为部直属第七十九、第八十、第八十一工程处。1972 年合并成立煤炭部宁夏燃化局基本建设工程公司。1982 年更名为宁夏煤炭基本建设公司，按矿务局级别建制。1993 年经煤炭部批准同时启用“中煤第八建设公司”名称。2004 年整体加入宁夏煤业集团，2006 年随宁夏煤业集团整体并入中国神华集团。2011 年公司总部由石嘴山市大武口区迁住银川市德胜工业园区。

公司现在册员工 1021 人，一、二级建造师及注册安全工程师 156 人，各级各类专业技术职称者

宁夏煤炭基本建设公司总经理　李玉田

468 人；拥有施工大规模、大体量、高层级工程的现代化施工设备 1200 余台（件）。现下设土建公司、路桥公司、安装公司等施工生产及服务类公司 11 个，直属项目部 40 多个，设市场开发部、工程管理部、安全监察部等机关职能部室 9 个。

宁夏煤炭基本建设公司党委书记　陈广文

20 世纪 80 年代末，公司施工的山西大同燕子山煤矿洗煤厂直径 21 米，高 76 米的三联储煤圆筒仓，最大偏差移位仅 1 毫米、垂直度偏差 2 毫米，创造了当时国内采用滑模工艺施工圆筒仓容量最大、垂直度偏差最小等多项全国纪录。1993 年建成的采用滑模工艺施工、当时国内直径最大、20 世纪亚洲之最的山西大同云冈洗煤厂直径 40 米、高 52 米、容量 6.5 万立方米的储煤圆筒仓，获“全国煤炭系统优良工程”称号。2008 年，宁夏煤炭基本建设公司整体建成年产达 1000 万吨的神华宁煤集团羊场湾煤矿，荣获了中国建筑业工程质量最高奖“鲁班奖”（国家优质工程）。2009 年又被国家相关部委、全行业协会联合评选为“新中国成立 60 周年百项经典暨精品工程”。该工程 2004 年 8 月 1 日开工建设，2006 年 12 月 1 日通过了国家发改委组织的竣工验收。该工程在建设过程中克服了地质条件复杂、周边环境恶劣等困难，通过技术创新，利用丰富的施工经验，仅用 26 个月就建成了一座特大型现代化井工矿，创造了西北地区同类型煤矿建设工期最短和工程质量最优双纪录。公司承建的神华集团万利煤炭分公司设计年产 3100 万吨的布尔台特大型井工矿生产系统创下了生产能力、主运输系统提升能力、煤炭洗选加工能力三个世界第一，获国家煤炭行业工程质量最高奖“太阳

公司承建的神华布尔台煤矿生产系统获“太阳杯”奖

杯”奖。2011 年宁夏煤炭基本建设公司承建了神华集团黄骅港三期工程中 12 座高 42 米、直径 41 米的储煤筒仓，垂直误差小于 10 毫米。

公司按照建筑行业的有关标准、规范实施工程建设管理，形成了具有自身特色的体制、机制和完备的制度保证体系。内部管理实行的是以二级管理为主、三级管理并存的运作模式。在施工管理、安全、质量方面，实行公司、项目部、班组三级控制。在进度管理上，实行节点工期和总工期考核制度。在“四新”技术的推广应用方面，公司组织建立了专门的技术研发机构，专门负责将好的技术成果在全公司范围内推广应用。

公司成立 50 余年来，经历了数次重组整合及管理主体的变迁，经历了市场经济初期的经济低迷期和激烈的建筑市场竞争，三代员工在极其艰苦的条件下捍卫、坚守、发展着老字号煤炭建筑施工企业。整体加入煤业集团后，以大集团为依托，以为集团公司和社会提供优质高效的建筑产品为己任，着力在市场开拓、现场管理、经营方面做大、做强、做精，不但公司得到了长足发展，也为宁夏及周边省区煤炭建设事业的发展做出了贡献。

近年来公司先后荣获中国建筑业协会首批全国建筑业 AAA 级信用企业、AAA 级安全标准化诚信工地、国家工商总局“守合同重信用”企业、中国经济百佳诚信企业、全国建筑业先进企业、全国优秀施工企业、全国工程质量管理优秀企业、全国煤炭行业优秀施工企业、全国用户满意工程等荣誉称号。2008 年汶川大地震，在援建甘肃救灾工程时被国家住房和城乡建设部授予“抗震救灾先进集体”称号。公司施工的多项工程荣获全国煤炭系统“太阳杯”、宁夏建设系统“西夏杯”等。

在“十一五”期间，2008 年公司参加了国家政策性破产重组，2009 年实现利润总额 931.55 万元。2010 年公司实现总收入 15.7 亿元，是 2005 年的 3 倍，年均增长 25.2%，5 年累计实现总收入 68 亿元；“十一五”期间公司在中国煤炭建筑企业综合实力排名中位列第 7，中国百强煤炭企业排名第 79 位（2007 年）。内部改革纵深推进。实施了人事制度改革、薪酬制度改革、项目核算运行机制、物资设备统管模式等，两级管理和以工程项目

于一体的综合矿业工程集团。集团下属建井工程处、机电安装工程处、建筑工程处、第四工程处、地质勘探工程处、装潢分公司、爆破分公司、项目经营分公司8个分公司，徐州长城基础工程有限公司、徐州矿业有限公司、徐州鸿飞工贸有限责任公司、徐州正明地矿物资有限责任公司4个全资子公司以及徐州金彭矿泉饮料食品公司1个非公司制企业，总资产7.71亿元，2009年进入全国同类施工企业前十强，企业年产值突破20亿元。被中国工程建设信用管理委员会等多家资信评估机构和金融机构评为资信AAA等级企业。

承建的甘肃省平凉市新安煤矿主副井及地面生产、配套系统工程

产业链条完善。集团具有矿山工程、房屋建筑工程、机电安装工程施工总承包一级资质，地基与基础工程、工程测量、爆破与拆除、钢结构工程专业承包一级，地质灾害治理甲级，隧道、土石方、建筑装修装饰、混凝土预制构件工程专业承包二级，市政工程总承包三级以及煤矿采掘资质，形成了以煤炭（工程）勘探、矿建、土建、机电安装、地基与基础工程施工为主导，以工程施工总承包和煤矿开采为增长极，集技术开发与运用、爆破与拆除、钢结构、建材、物资供应、设备租赁为一体的综合性矿业工程集团。传统主导专业优势突出，支柱产业煤炭开采增长强劲，产业链条完整配套，企业功能健全科学，专业间相互依托、相互补充。

行业技术领先。集团坚持以自主创新为突破，不断推进科技创新与技术进步。先后参编或主编2项国家行业施工及验收规范，多部工法被评为煤炭行业部级工法或江苏省省级工法，2部工法被评为国家级工法，多项成果获国家专利和省部级优秀成果奖。千米立井大冻深快速凿井、深水平高应力区软岩巷道支护、矿井立井大型井架吊装、超深钻孔施工等关键技术处于国内领先水平，瓦斯抽放、群体建筑物爆破拆除、井筒（或井塔）施工液压滑升模板工艺、钢组合罐道加工等成熟技术也处于国内同行业前列。

人力资源丰富。集团拥有成熟、雄厚的技术资源和人才优势，现有员工8000余人，其中具有高级职称人员50余人，中级职称人员220余人，博士、硕士19人，国家一级注册建造师35人，国家二级注册建造师38人，采矿、机电、地质、通风和安全管理等各类专业技术人员740余名，中级以上专业技术工人比例占生产工人的60%以上。近年来，集团每年引进高校毕业生100余名，为企业加速发展积蓄了力量。

品牌形象良好。企业成立以来，凭着雄厚的资金、先进的技术装备、门类齐全的专业优势，承担了徐州矿区大部分矿建、土建、安装、勘探、通信等工程的施工，先后承建了上海、南京、安徽、福建、河北、山东、山西、新疆、贵州等省市的各类工程，同时参加了孟加拉、老挝、印度、马来西亚等国家的国际工程建设，多次创全国或省纪录，数十项工程被评为部、省、市级优质工程和“太阳杯”工程，连续多年被评为重合同守信用企业。近年来，集团充分发挥资金、技术、管理、装备、人才等优势，积极与华能集团、保利集团等大型央企合作，承建并承包生产了陕西铜川煤矿（年产量120万吨）、山西铁新煤矿（年产量120万吨）、山西忻隆煤矿（年产量60万吨）、甘肃青岗平煤矿（年产量180万吨），形成了矿井一、二、三期综合总承包的独特竞争力。

企业文化厚重。经过了半个多世纪的沉淀，集团积累了丰富的管理经验，建立了完善的制度体系和规范的业务工作流程。以市场为导向、以管理为核心、以质量为标准、以经营为龙头、以项目为基点的管理信念以及以“自强厚德”为核心的价值观，构成了企业基本价值理念体系。以品牌战略统一、管理标准统一为基础的优秀企业文化成为支撑和推动企业科学、和谐、可持续发展的软实力。秉承诚实守信、平等双赢之理念，愿与各界人士真诚合作。

2008 年 3 月被江苏省经贸委、江苏省安全生产管理局、江苏省煤矿安全监察局评为 2007 年度全省煤炭系统安全生产先进监察部（处/站）；2008 年 3 月被江苏省经贸委、江苏省安全生产管理局、江苏省煤矿安全监察局评为 2007 年度全省煤炭系统安全生产先进集体；2009 年度荣获全国煤炭建设集团公司综合实力前十强；2009 年 12 月被中国煤矿体育协会评为全国煤矿“与祖国同庆”健康同行活动先进单位；被评为 2010 年度煤炭行业优秀工程造价管理企业、江苏省建设工程质量诚信安全百强优秀企业、江苏省建筑业百强企业（基础设施类）。

“十一五”期间经济指标完成情况：2006 年主营业务收入 52017.59 万元，实现利润 940.65 万元；2007 年主营业务收入 73641.1 万元，实现利润 2288.32 万元；2008 年主营业务收入 115475.09 万元，实现利润 3017.06 万元；2009 年主营业务收入 146693.71 万元，实现利润 1482.16 万元；2010 年主营业务收入 189890.18 万元，实现利润 2207.06 万元。

建成后的南京市奥林匹克主体育场（基础工程为江苏省矿业工程集团公司施工）

中鼎国际矿山隧道建设分公司

中鼎国际矿山隧道建设分公司（以下简称公司）是中鼎国际工程有限责任公司的骨干企业，是江西省唯一的大型矿山工程施工企业，是在原华东煤炭基本建设 7 个工程处撤离江西北迁后，于 1973 年（国家“四五”计划中期）组建的国有煤炭施工企业，原名为江西省煤矿建设公司，2003 年 1 月 1 日更名为江西省矿山隧道建设总公司，隶属于江西省煤炭集团公司。2009 年 1 月根据江西省国资委的要求，江西省煤炭集团公司将旗下江西省矿山隧道建设总公司与中鼎国际工程有限责任公司进行联合重组，组建了新的中鼎国际，为江西省煤炭集团全资子公司。组建后，江西省矿山隧道建设总公司成为了中鼎国际工程有限责任公司的分公司，更名为中鼎国际工程有限责任公司矿山隧道建设分公司。

公司现已发展成为以矿山建设为主，集隧道、公路、铁路、桥梁、工民建、市政、城市轻轨、机

中鼎国际工程有限责任公司副总经理、中鼎国际矿山隧道建设分公司总经理　李尉进

电设备与压力容器安装等施工于一体的综合性大型施工企业。公司设立 13 部、1 室、5 个下属工程处、3 个直属项目部；现有员工 3300 人，各类专业技术人员 300 人，具备一、二级建造师资格人员 52 人，拥有各类机械设备近 1700 余台（套）。公司资产总额 4.1 亿元，具备房屋建筑工程施工总承包壹级、矿山工程施工总承包壹级、市政公用工程施工总承包壹级、隧道工程专业承包壹级、钢结构工程专业承包壹级、房地产开发壹级、公路工程总承包贰级、工程设计乙级、桥梁工程专业承包贰级、机电安装工程施工总承包贰级、电力工程总承包叁级、防腐保温工程专业承包叁级。通过了 ISO 9001：2000 质量管理体系认证、环境管理体系认证和职业健康体系认证。

中鼎国际矿山隧道建设分公司党委书记　贺学良

江西丰城曲江煤炭开发有限责任公司曲江矿主立井井筒

公司自成立以来，施工足迹遍及赣、晋、陕、闽、贵、蒙、吉、琼、浙、皖、湘、豫、鄂、新、粤等全国十几个省市。建成省内外重点煤矿 30 余对、大型有色金属矿井 10 余对、省内外城市燃气和液化气工程 10 多项、完成工业和民用建筑 200 多万平方米、各等级公路 300 余千米、各类隧道近万米。先后参加了京九、朔黄、横南等铁路，三峡水利，京福、赣定高速公路等国家重点工程建设。开拓了山西、陕西、内蒙古等国家资源大省市场，成绩卓著，基本形成了“7 省 8 地 1 海外”的经营格局，即以晋、陕、蒙、新为主，赣、贵、皖、印尼为辅的国内中西部和国外的一体化市场。尤其是进入 2009 年以来，公司生产规模快速增长，经营效益稳步攀升，市场开拓成绩显著，竞争能力进一步增强。“十一五”期间，公司企业总产值比 2005 年增加 2 倍，“十一五”末的 2010 年总产值达到 7.5 亿元，利润达 3500 余万元，企业总产值年均

增长率为40.63%。公司在体制、机制、市场开拓、产品结构、项目开发、施工装备、企业资质、生产技术水平等方面得到了很大改善和提高，公司进入了全面协调可持续发展的快车道。

江西赣定高速公路

公司多次获“全国煤炭先进施工企业”、“江西省先进施工企业”、“江西省煤炭优秀企业”等光荣称号。在各类工程施工中，曾获得“京九线优秀施工单位”、“机电设备管理先进单位”、“安全生产先进单位”等众多荣誉。江西省大吉山钨矿副立井等八项工程获全国煤炭系统优质工程，江西丰龙矿业公司石上矿井副立井井筒工程、山西霍州煤电集团干河煤矿副井井筒工程、山西省同煤国电同忻煤矿主副斜井井筒、主斜井胶带机及配电安装工程等多项工程被中国煤炭建设协会评为“太阳杯”工程。

2009年、2010年连续2年获得全国煤炭优秀施工企业；2005—2010年连续6年获得江西省煤炭优秀企业、江西省先进施工企业。2009年进入矿建施工全国煤炭建设工程处（公司）前二十强企业列第16位；2009年度安装施工，全国煤炭建设工程处（公司）第4名；2010年进入矿建施工全国煤炭建设工程处（公司）前二十强企业列第15位。中鼎国际工程有限责任公司矿山隧道建设分公司黄陵项目部、同忻项目部、铁山垅项目部、巨源项目部、罗河施工队获得2010年煤炭行业（部级）优秀等级队称号。2008年在江西永平铜矿露转坑 -100米中段巷道施工中和黄陵一号煤矿605工作面进风巷道施工中两次创岩石平巷和煤平巷施工月进度全国纪录。

“十一五”期间，公司实际完成工业总产值20亿元，实际完成利润1.3亿元；首次进入中国煤炭建设协会全国排名，荣获2009年度、2010年度全国煤炭建设施工前30强分别列第16位、15位，安装施工前20强列第4位，全国煤炭优秀施工企业；在岗员工年人均工资由2006年度的1.9万元上升至2010年度的3.7万元，增长97.96%。

“十一五”期间，公司在体制、机制、市场开拓、产品结构、项目开发、施工装备、企业资质、生产技术水平等方面取得了极大的改善和提高，向科学化、规范化、制度化的现代企业方面迈出了坚持的步伐，写下了奋力前行、蕴含希望的五年答卷。

晋城宏圣建筑工程有限公司

晋城宏圣建筑工程有限公司（以下简称宏圣公司）是山西晋城无烟煤矿业集团有限责任公司全资子公司，全国建筑施工企业100强之一，山西省建筑业综合实力10强，拥有8个控股子公司和6个分公司。

宏圣公司凭借独特的区位、资源、储运、品牌和信誉优势，涉足建筑工程、矿山工程、汽运物流、煤炭贸易、矿用材料、园林绿化等多个产业，拥有矿山工程施工总承包、房屋建筑工程施工总承包、土石方工程专业承包、井上井下机电设备安装、绿化施工等11个资质，形成了建筑安装、汽运物流、煤炭贸易、矿用材料“四大板块”齐头并进的发展格局，能够承建大中型矿井、工业与民用工程、机电安装、道路及大型土石方、钢结构和园林绿化等工程，生产锚杆、锚固剂、风筒等矿用材料，经营煤炭销售，提供汽运物流、劳务输出、旅游疗养等服务。2011年，宏圣公司抢抓机遇，完成了晋煤集团矿建井下劳务队伍、王台科工贸公司和凤凰实业公司运输队伍、王台科工贸公司锚杆

晋城宏圣建筑工程有限公司董事长　张晋峤

晋城宏圣建筑工程有限公司党委书记　秦启明

厂“三大整合”任务，成为晋煤集团为数不多的拥有万名员工的企业之一，全年完成营业收入67.4亿元。截至2011年底，公司拥有总资产28.9亿元，拥有各类工程专业技术人员500余人，一级、二级建造师150余人。

先后荣获中国建筑业领先企业，全国安全生产优秀施工企业，全国重质量、守诚信、讲信誉百家建筑优秀企业，全国质量、服务双十佳信誉示范单位，中国煤炭工业一级企业，中国工程建设企业社会信用评价AAA级信用企业、山西省重点建设先进单位、全煤系统文明单位、山西省省属企业文明单位等荣誉。多项工程荣获国家建筑行业最高奖“鲁班奖”和国家优质工程银质奖、中国煤炭建设协会“太阳杯”、山西省“汾水杯”等，参与承建的寺河矿荣获新中国成立60周年“百项经典暨精品工程”称号。生产的风筒荣获国家优质产品称号，顶点螺栓锚杆获得国家专利，第四代锚杆支护产品高强度左旋螺纹锚杆打入国际市场，以汽运物流为主的运盛公司荣获全国煤炭工业先进集体等荣誉称号。

晋城宏圣建筑工程有限公司总经理　邱光林

“十一五”期间，宏圣公司以不断增强企业核心竞争力、打造团队执行力、提高企业赢利能力为目标，内强素质，外塑形象，调整产业结构，按照“产业突出、优势明显、联动互补”的原则，采取重组、合并、联合或撤销等方式，对所属子分公司进行清理整顿，将21个精简为14个，清晰界定形成“建筑安装、汽运物流、矿用材料、煤炭贸易”四大产业格局；加大装备设入，投入数千万元，为建筑安装分公司添置混凝土搅拌站、塔吊等，为完成赵庄22层单身公寓、晋煤大道等重点工程提供了重要支撑；推动科技创新，与陕西汽车集团联合开发节能环保燃气自卸车，与国家煤炭科学研究院开采分院组建“矿用材料研发基地”，在晋城市司徒回迁高层建筑群项目建设中推行BT（建设—移交）代建模式，研制的锚固剂自动化线填补了国内锚固剂自动化设备生产制造的空白，在技术改造、产品发明、管理革新等方面取得重要进步；提升人员素质，实施“健脑、壮腰、强腿脚”全员素质提升工程，与江苏科技大学、河南理工大学等院校联合，持续开办中青年干部工商管理以及项目工程管理硕士、物流工程硕士等培训班，开设“管理创新大讲堂”，建立南村培训教育基地，通过内训外培，实现了员工素质的整体提升，助推企业实现了转型、跨越发展。

承建的寺河矿综合办公楼获“汾水杯”等多项荣誉

近年来，为实现“四大板块”的转型升级，宏圣公司依托科技创新和技术进步，精心培育“四大项目”：绿色可持续建筑项目，该工艺具备9度抗震、6倍节材、5倍节能、20倍净化、1%建筑垃圾等五大优势，目前已与长沙远大集团签订战略合作协议，并被授权为山西省唯一加盟商，拟建宏圣运盛公司T26调度楼示范建筑，加快该项目在山西省范围内的推广应用；高水膨胀充填采煤技术项目，该技术可有效解放“建筑物下、铁路下、水体下、承压水体上”压煤，延长矿井寿命，目前已与山东淄博地安煤业签订由宏圣公司作为山西省推广实施的唯一总代理技术转让协议，正以晋煤集团长平公司王台矿为试点积极推广应用；煤炭加工综合利用配送中心项目，已列入山西省、晋城市和晋煤集团重点工程，目前已启动泽州大东沟、阳城町店、沁水龙港、沁阳宏晋等子项目建设，同时通过物流信息平台的建设，正精心构筑现代煤炭贸易网，向极具市场竞争力的现代煤炭物流贸易企业迈进；科威矿用支护材料技改扩能项目，目标是要倾力打造“装备自动化、规模现代化、人力资源科学化、科技创新市场化”的三晋一流、全国领先的支护产业“旗舰”。

“十一五”期间，宏圣公司五年累计完成营业收入131.84亿元，实现利税总额11.24亿元，资产总额达21.37亿元。

握住宏圣手，永远是朋友。未来的宏圣公司，将努力夯实安全根基，突出效益优先，加强文化引领，积聚产业优势，以更好更快的发展回报社会、回报股东、回报员工。愿与社会各界朋友精诚合作，共创双赢！

承建的赵庄矿综合办公楼获“太阳杯”等多项荣誉

临沂华建工程有限责任公司

临沂华建工程有限责任公司（原山东临沂矿务局工程公司）位于山东省临沂市，公司始建于1972年9月7日；1986年9月，建井工程处更名为临沂矿务局工程处；1993年3月2日，经临沂矿务局批准，工程处和建筑安装工程公司合并成立临沂矿务局工程公司；2002年1月16日，工程公司改制成立临沂华建工程有限责任公司；2004年12月，经山东省煤炭工业管理局批准，按照全局统一要求，公司完成主辅分离改制分流工作。

临沂华建工程有限责任公司党委书记、董事长、总经理　魏延福

临沂华建工程有限责任公司是一家集矿井建设、工业与民用建筑、工业及机电设备安装、建筑装修装饰、建筑幕墙、建筑防水为一体的综合性施工企业。主项资质为房屋建筑工程总承包二级。公司拥有固定资产过亿元，注册资金2065万元。公司施工设备先进，技术力量雄厚，工种配套齐全，施工经验丰富，综合施工能力强，年完成施工产值过5亿元，年创利税过千万元。公司自成立以来，先后承建了临沂矿业集团公司褚墩煤矿、塘崖煤矿、株柏煤矿、古城煤矿、新驿煤矿、王楼煤矿、军城煤矿及内蒙古新上海一号煤矿、榆树井煤矿等多对矿井主副井井筒和井下主要巷道开拓工程及地面建筑工程，先后施工了临沂矿业集团公司综合办

华建公司办公楼全貌

承建的临沂杏坛文化家园高层住宅楼工程

公大楼、临沂杏坛文化家园高层住宅楼工程、煤苑小区、古城小区等多项房屋建筑工程，工程合格率100%，创省优、部优工程100余项。其中，所施工的内蒙古新上海一号煤矿主井立井井筒工程和会宝岭铁矿-340米水平斜坡道工程，掘进质量和速度均达到或超过部颁标准，曾创下立井最高月成井136米的全国先进水平。所承建的临沂矿业集团公司综合办公大楼工程及军城煤矿矿井工程获煤炭建设工程质量最高奖——“太阳杯”，施工的临沂矿业集团公司田庄煤矿工程获山东省工程最高奖——“泰山杯”，先后有20余队次登上全国部级等级队排行榜。自1997年以来，公司已连续10余年荣获“全国煤炭行业先进施工企业”等称号，连续10余年保持省级“重合同守信用企业”和临沂市“文明单位”称号，2002年1月被中国建筑业协会评为“第二届全国先进建筑施工企业”。

“十一五”期间经济指标完成情况：截至2010年底，公司“十一五”各项经济指标超额完成，均在2005年的基础上实现了翻番的目标，其中施工产值完成21280.2万元，经营收入实现20395万元，利税实现560万元，资产总额达到22336万元。

公司机构设置和人员情况：截至2011年底，公司共有员工1613人，各类专业技术人员163人，其中，高级6人，中级43人，工程类62人，经济类36人，一级建造师4人，二级建造师39人。公司机关下设党政办公室、总工办、工程部、安监处、财务部、劳动人事部、物资管理部、开发部、保卫部、政工部、工会、物业管理中心等12个部室。下辖12个矿建项目部、9个土建项目部、3个安装项目部及劳务派遣公司、建筑材料检测公司、设备租赁公司、装饰装潢公司、防水工程公司、机械化施工队、水泥预制厂等30个单位。

承建的临沂矿业集团公司军城煤矿全貌

山东华新建筑工程集团有限责任公司

山东华新建筑工程集团有限责任公司（以下简称公司）是世界500强企业山东能源下属新矿集团二级单位山东矿业管理技术服务集团全资子公司，位于山东省新泰市。公司前身——新汶矿务局建筑安装工程队，于1958年10月6日成立；1964年5月29日，更名为新汶矿务局工程处；1993年12月20日，更名为新汶矿务局工程公司；1998年

5月5日，在新汶矿业集团成立后，更名为新汶矿业集团工程有限责任公司；2000年5月，更名为泰安华新工程有限责任公司；同年11月28日，更名为山东华新建筑工程集团有限责任公司。

公司注册资金3亿元，具有国家矿山建设、房屋建筑一级总承包资质，拥有各类专业技术人员600余人，国内外先进综合配套设备2000多台套，固定资产3亿元，年施工能力达13亿元以上。企业通过了职业健康安全管理、质量管理体系、环境管理体系三项体系认证。

公司自成立50多年来，坚持以发展为己任，服从和服务于新汶矿务局的发展使命，承担建设了新汶矿区所有新建矿井和改扩建任务。其中，土建完成3000余项单位工程施工任务；矿建完成100余对立、斜井及延深工程施工任务；安装完成1000余项大型输变电工程、大型绞车、永久性大型井筒装备等施工任务，为新汶矿业集团的长足快速跨越式发展，跻身全国特大型企业行列做出了重要贡献。

近几年来，公司抓住国家煤炭形势大发展的有利时机，主动承担新矿集团新井建设和大项目建设重任，参与承建了年产120万吨翟镇煤矿、年产300万吨的泰山水泥项目；总承建了年产90万吨的山东济阳煤矿、赵官煤矿，年产90万吨的安徽金黄庄煤矿，年产500万吨的内蒙古鲁新煤矿以及内蒙古能源沙章图煤矿、黑梁煤矿、长城煤矿等多个煤矿建设任务，加上正在建设中的新疆伊犁一矿、伊犁四矿、秦华煤矿，发展地域涉及内蒙古、新疆、山西、宁夏、甘肃、安徽、贵州及山东省内等多个省区，形成了千里大开发的创业格局。

承建的赵官煤矿工程荣获“太阳杯”

公司坚持以科技兴企，广泛开展管理创新和技术创新，多项新技术、新工艺、新材料应用到施工中，在龙固煤矿建设中，面对平均涌水量达每小时97.6立方米、迎头水温高达46摄氏度的高温热害影响，采用“深立井井筒工作面探水预注浆治水工法”施工，被中国煤炭建设协会评为2007—2008年度煤炭行业工程建设工法；位于内蒙古锡林郭勒盟高寒地区的鲁新矿井井塔，建筑总高度81.6米，建筑面积5250平方米，一次滑模完成；垂深976米的孙村煤矿中央风井，创出了连续7个月成井过百米好成绩，仅用40天时间就完成井筒装备。“十一五”期间，公司矿建独立完成了一次开凿装备到底超过千米的立井4个，土建创出国内现浇水磨石防潮地面施工面积最大以及亚洲最大的纺织工业基地滨州魏桥工业园等一批大型项目，安装创出了井筒装备工期最短的全国同期新纪录，先后获得省优良工程近百项，部优工程30余项，施工的泰安市水利大厦、泰安市检察院办公楼等4项工程先后获山东省质量最高奖“泰山杯”奖，赵官矿井、济阳矿井、华恒矿井副立井井筒及相关硐室等8项工程获全国煤炭系统“太阳杯”奖，承建的翟镇煤矿工程、龙固矿井及选煤厂工程先后被评为全国建筑业最高奖“鲁班奖”。

公司坚持以矿井建设、工业民用建筑、大型机电设备安装三类施工为主，兼营建材生产、装饰装修、家具制作等配套服务项目，下设8个矿建项目部、10个土建项目部、4个安装项目部、1个轻钢结构安装公司、1个装饰装修公司、1个设备租赁公司、1个塑料制品公司、1个省级质量检测中心。公司本部设有9部1处1工会1中心，分别是规划发展部、生产技术部、经营管理部、市场开发部、资本运营部、财务部、人力资源部、行政部、党群工作部、安全监察处、工会和供应服务中心。公司现有在册职工2000余人，具有中专以上学历800余人，具有中级以上职称292人，高级称职的64人。

公司是全国“守合同重信用”企业、全国优秀建筑企业、全国煤炭行业先进施工企业、全国质量信用“AAA”级企业，曾获得“山东省省管企业先进基层党组织”、“山东省优秀管理企业”、“山东省创建学习型组织示范企业”、“山东省省管企业文明单位”等荣誉称号。

按照企业“十二五”战略规划设计，在未来几年内，公司将坚持以科学发展观为指导，以创新发展为主线，扩大矿土安三类工程施工规模，拓展配套工程业务范围，从进驻、到施工、到交工，形成完备的产业链条，为客户提供“一站式”服务、“交钥匙”工程。力争到“十二五”末，把企业打造成竞争能力、盈利能力和持续发展能力持续增强的新型建筑施工企业。

“十一五”期间经济指标完成情况：2006年完成产值4.68亿元，实现利润220万元；2007年完成产值4.99亿元，实现利润260万元；2008年完成产值5.6亿元，实现利润320万元；2009年完成产值10亿元，实现利润1520万元；2010年完成产值11.6亿元，实现利润2569万元。

承建的建筑面积48000平方米的泰安石膏板厂

重庆川九建设有限责任公司

重庆川九建设有限责任公司，始建于1966年2月，原为煤炭部第五十六工程处、四川煤矿建设第九工程处。2005年12月经重庆市国资委批准，改制成立重庆川九建设有限责任公司（简称重庆川九公司）。公司总部在重庆渝北，与重庆江北国际机场毗邻。

“十一五”（2006—2010年）期间，公司加强市场开拓，强化内部管理，积极调整工程产品结构，不断加快企业发展进程，实现了企业的持续快速发展。

产值：“十一五”施工产值为201403万元，为“十五”完成产值74594万元的2.7倍。

利润：“十一五”利润为2633万元，为“十五”完成利润661万元的3.98倍。

开发：“十一五”的开发为242523万元，为“十五”完成开发57225万元的4.24倍。

资产总额：“十一五”末资产总额为36303万元，为“十五”末资产总额13502万元的2.69倍。

重庆川九公司具有矿山工程施工总承包一级、

重庆川九建设有限责任公司董事长　刘英杰

承建的“钟渤快速通道”大岩双洞隧道

市政公用工程施工总承包一级、隧道工程专业承包一级，房屋建筑工程施工总承包二级，公路工程施工总承包二级，土石方工程专业承包二级，爆破与拆除工程专业承包二级，水工隧洞工程专业承包二级等资质。

40多年来，重庆川九公司坚持以“艰苦创业、开拓进取、优质快速、竞争求胜”的企业精神，以“诚实守信、优质高效、求实创新、以人为本、安全环保、和谐自然”为管理方针，以“干一项工程，立一面旗帜；创一流品牌，树一方信誉”的企业理念，发扬煤炭施工企业职工特别能吃苦、特别能战斗的优良传统，与时俱进，开拓创新，工程遍布全国十多个省市，先后承建了重庆松藻煤电、南桐煤电、天府矿业和山西西山煤电、晋煤集团、太原及陕西韩城、云南宣威、新疆乌鲁木齐、贵州水城等大中型煤矿建设工程；承建了伊朗萨格汗金属矿、贵州开阳磷矿、龙头山铝矿、中铝猫场矿等非煤矿山工程；承建了忠武输气管道山岭隧道，四川大竹龙潭水库水利工程，重庆北碚、黔江、云阳、忠县垃圾处理厂以及老成渝路改造，酉阳钟渤快速通道，涪陵至南川高速路等市政公路工程，创造了优异成绩，为企业发展奠定了坚实基础，也为企业树立了良好的形象，赢得了业主单位一致好评。

办公大楼

重庆川九公司曾被国家计划委员会、国家经济贸易委员会、中华全国总工会、煤炭工业部、重庆市授予“全国先进施工企业”、“施工管理优秀奖”、“最佳现场管理奖”、“经济效益最佳百强企业”、“文明工地”等多项荣誉称号，连续被工商行政管理局评为“守合同、重信用”企业，重庆市委、市人民政府命名为“百佳文明单位”，全国中华建筑业联合会、中国资信评价中心、中国工业设计协会认定为“中国建筑企业AAA信誉单位”，荣获了煤炭行业多项优质工程奖、“太阳杯”工程，参建的山西晋城寺河矿井荣获国家优质工程、中国建筑工程“鲁班奖”。

河南锦源建设有限公司

河南锦源建设有限公司始建于1972年4月，前身是郑州矿务局建筑工程处，隶属于中国企业500强、全国煤炭行业AAA级信用企业之一的郑州煤炭工业（集团）有限责任公司（以下简称郑煤集团），位于河南省郑州市中原区航海西路2号。是具有房屋建筑工程、矿山工程总承包壹级，装饰装修工程、机电安装工程施工总承包贰级，钢结构工程、建筑智能化工程、防腐保温工程、环保工程、外墙外保温工程专业承包贰级，铁路工程、市政公用工程专业承包叁级等多项资质的一级施工企业，注册资金5050万元，在册职工2271人，各类专业技术人员697人，教授级高级工程师5人，高级工程师25人，中级工程师90余人，一级、二级注册建造师76名，公司年施工能力逾15亿元，下设房屋建筑、矿山建设、机电安装、装饰装修等工程项目部32个，以及郑州金苑建设劳务公司、锦源新型节能材料公司、恒信达工程质量检测公司、商品混凝土搅拌站、建筑材料设备周转租赁站及天津办事处。

河南锦源建设有限公司董事长　祁亮山

40多年来，主要承担着国有煤炭重点矿区矿山工程的建设任务，2005年改制以来，在祁亮山董事长带领的企业领导团队管理下，公司依靠煤炭矿山建设将企业做大，先后承建了郑州矿区白坪煤业、赵家寨煤矿、李粮店煤矿、裴沟煤矿等多个煤矿主要工程施工；依靠房屋建筑施工将企业做强，先后承建了郑州阳光花苑、阳光港湾、阳光城、美景鸿城、解放军信息大学公寓住宅、沉陷治理、棚户区改造、安阳唐韵美城等大规模住宅小区，建筑面积近220万平方米，其他公共建筑60万平方米，公司以技术创新带领企业成长，施工技术水平、管理水平提升迅速。在“十一五”期间，累计完成总产值26亿元，同比“十五”期间每年以20%速度递增，完成利税1.3亿元。

工程创优：2008年度参建施工的郑煤总部办公楼荣获国家建设工程最高荣誉奖——“鲁班奖”，2007年以来荣获煤炭行业优质工程4项、“太阳杯”工程1项，荣获河南省优质工程“中州杯”、结构中州杯8项，郑州市优质工程“商鼎杯”12项。

施工技术：荣获住房和城乡建设部科技示范工程1项，河南省及煤炭行业省部级工法4项，河南省首批绿色施工示范工程1项，河南省工程建设优秀QC成果4项，郑州市建设工程QC成果8项。

承建的中都饭店

科技研究：荣获国家发明专利5项，国家实用新型专利6项，主编国家建设行业标准《选煤厂管道安装工程施工与验收规范》1项，主编河南省地方建设标准《内置保温混凝土结构工程施工质量验收规程》、《混凝土保温幕墙技术规程》2项，获得中国施工企业管理协会科学技术创新成果一等奖1项、河南省科技进步二等奖1项，河南省科技成果3项，河南省工业和信息化科技成果一等奖1项，河南省建设新产品新技术推广项目1项。

参建项目郑煤总部办公大楼获“鲁班奖”

可持续发展：注重保护生态环境，节能减排，2006年以来，主攻建筑外墙节能保温，公司自主研发的“内置保温混凝土结构工程”技术新成果，居国内领先水平，保温板内置，内、外侧混凝土同时浇筑，构建了一种建筑复合节能“三明治”式夹心保温墙体，达到与主体结构同寿命，耐久性好，耐火性能优异，有效地解决了传统保温系统冷热桥结露缺陷、保温开裂脱坠缺陷、防火性差的弊病，成功开展近300万平方米建筑面积的推广应用。

公司荣获了全国建筑业AAA级信用企业，河南省百强企业，河南省建筑业先进企业，“重合同、守信用”企业，河南省安全文明施工单位，河南质量管理先进企业，拥有全国建筑业企业优秀项目经理部，全国优秀建造师，全国建设工程优秀项目管理工作者，全国建筑业企业优秀项目经理，培养了卓越的技术管理团队。

时代在进步，社会在发展，锦源建设始终坚持“以人为本，科学发展”的企业战略，秉承精细管理、持续改进、务实创新、和谐共赢的理念，不断超越自我，树锦源品牌，建锦源人才，形成实力雄厚、核心竞争力强、具有较大影响力的现代特级建设企业集团公司。

湖南楚湘建设工程有限公司

湖南楚湘建设工程有限公司于2002年1月经湖南省人民政府批准，由湖南楚湘建设工程公司改制而成。公司注册资本金1.5亿，地址为长沙市天心区新梅路102号，隶属于湖南省煤业集团。

湖南楚湘建设工程有限公司董事长、总经理　王作成

湖南楚湘建设工程有限公司前身为原煤炭部第四十三、第四十五工程处，经过50多年的发展，已成为集矿山建设、建筑安装、地基与基础、地质勘探于一体的大型综合性施工企业。拥有矿山工程施工总承包一级、房屋建筑施工总承包一级、地基与基础工程专业承包一级等15项相关资质，并获

得 GB/T 19001—2008 质量管理体系，GB/T 24001—2004 环境管理体系和 GB/T 28001—2011 职业健康安全管理体系认证。公司施工力量雄厚，已发展 12 个分公司，现有从业人员 7000 多人，各类工程与经济专业技术人员 800 多人，拥有主要施工设备 500 多台套，总资产 3.5 亿元。公司注重技术改进和设备更新，近年来淘汰了旧有的施工设备，引进了先进的施工设备，实现施工现代化。

承建的岳阳金税荣城小区

在公司领导的正确领导下，经公司全体员工的不懈努力，传承“诚信经营、精益求精、开拓创新、和谐奉献”的企业精神，以“质量为本、科学管理、优质服务、持续发展”的经营宗旨去开拓市场。公司的施工业务已涉及全国大部分省份，已承接了煤炭、有色冶金等多个行业的矿山工程，建筑与安装工程，地质勘探工程，水利工程等，恪守“质量第一、顾客至上”的服务宗旨，“让业主为我们说话，让工程为我们代言”的理念，开创了一大批优质精品工程。成功地完成各类建筑施工 200 万平方米，完成矿井施工 156 处，完成高速公路等桥涵及基础、公路铁路隧道、城市隧道和矿山

湖南楚湘建设工程有限公司党委书记　兰志泉

承建的铜角湾立井工程

隧道工程 100 万余米以及多项水利建设工程，完成城市引水工程多项，完成 100 多项大型煤田及地矿地质勘探，完成总体规划涉及 46 部，矿井设计 158 对，各类单项工程设计 217 项，曾创矿井施工世界纪录 1 项，国家纪录 4 项，省纪录 3 项，省部优秀奖 20 多项。公司施工、设计的坦桑尼亚国基畏那煤矿和发电厂及配套工程，受到该国政府称赞。近年来公司正合着时代的步伐走向崛起，2010 年完成产值突破 10 亿大关，规划“十二五”末达到年产值 30 亿的目标，坚持以矿山工程、地勘服务为核心，发展成为具有“一流技术、一流人才、一流装备、一流效益”的现代化综合性施工企业。

入，在岗职工人均年收入增长15%以上，超过了12%的预定目标；内部退养人员每月增加50元生活津贴；离岗人员每月增加80%效益工资等均实现预定目标。二是投入1200万元，新建或改建矿建办公场所，改善办公条件。三是改善职工居住条件和环境，投入700多万元用于水电并网、改造生活设施和危旧房，184户职工家属喜迁新居。四是为困难职工和大病职工及家属发放救助款共计40余万元，并先后安排了83名有突出贡献的职工参加疗休养。

淮北市人民医院病房大楼

截至2010年12月末，资产、经营及人员状况：

（1）资产状况。截至2010年12月末，公司总资产112908.17万元、所有者权益41131.46万元、负债总额71776.71万元、实收资本5925万元、内行存款44788.47万元、资产负债率63.57%。

（2）经营状况。截至2010年12月末，公司营业收入228333.95万元、利润总额8154.74万元。

（3）人员状况。截至2010年12月末，公司各类用工17772人，其中，全民和集体在册5676人、劳务工9096人、外委煤巷队3000人。

“十一五”期间公司所获得荣誉：

2008年、2010年两次荣获“中国建筑业500强企业”称号；2010年被中国施工企业管理协会评为“企业信用评价AAA级信用企业”；2008年、2009年、2010年连续荣获“煤炭行业优秀施工企业”称号；2007年荣获煤炭行业矿业集团所属工程公司综合实力第一名、安徽省优秀建筑业企业称号。

2008年荣获矿建施工全国煤炭建设工程处（公司）排行榜前三强；土建施工全国煤炭建设工程处（公司）前三强；安装施工全国煤炭建设工程处（公司）前二十强。

2010年荣获矿建施工全国煤炭建设工程处（公司）排行榜前四强；土建施工全国煤炭建设工程处（公司）前十强；安装施工全国煤炭建设工程处（公司）前七强。

2009年“淮北市人民医院住院部病房大楼工程”荣获淮北市建设公司“相王杯”奖，“淮北临涣洗煤厂扩建原煤仓工程”荣获煤炭行业优质工程称号。

2006—2010年主要经济指标表

年度	工作量/万元	工程量		全员效率/（元·人$^{-1}$）	人均工资/（元·人$^{-1}$）	利润/万元	伤亡人数/人
		岩巷进尺/米	竣工面积/平方米				
2006	69146.88	23726	111296	124030	22310	2218.19	0
2007	105169.70	29741	145528	149410	27091	2017.12	1
2008	131962.28	31134	113293	151350	42168	3010.51	2
2009	158664.80	33635	142758	162259	44200	4027.63	0
2010	235590.99	40053	183085	194283	58000	8154.74	0

2010 年“青东煤矿联合办公楼、综合服务楼工程”、“桃园煤矿北部井工程”、“青东煤矿副井冻结、掘砌、井筒装备及提升系统安装工程”等荣获“煤炭行业优质工程”称号，“青东煤矿副井冻结、掘砌、井筒装备及提升系统安装工程”荣获煤炭行业工程质量“太阳杯”奖。

亚洲最大的炼焦煤选煤厂——临涣选煤厂特大型原煤仓

三　设计、科研单位

煤炭工业合肥设计研究院

煤炭工业合肥设计研究院（以下简称合肥设计院）位于安徽省合肥市。1953 年 3 月建院于上海市，院名为上海煤矿设计院，是当时华东地区第一家、全国仅有的三家煤矿设计单位之一。1964 年自上海迁至江苏省徐州，更名为华东煤矿设计研究院。1970 年，华东院撤销，以安徽队为主体的 178 名职工成建制调迁至安徽，组建成安徽省煤矿设计院。后更名为煤炭工业部合肥设计研究院，为原煤炭部直属院之一。1998 年煤炭部撤销合肥设计院划归安徽省。2004 年更名为煤炭工业合肥设计研究院至今。

合肥设计院系国家甲级综合性勘察设计单位，安徽省高新技术企业。院质量体系完善，1997 年通过 ISO 质量管理体系认证。持有煤炭行业（矿井、选煤厂）工程设计（甲级）、工程勘察（甲级）、工程测量（甲级）、建筑行业工程设计（甲级）、城市规划（乙级）、电力（乙级）、公路（乙级）、市政行业（乙级）、环境工程（甲级）、环境影响评价（甲级）、工程咨询（甲级）、工程造价（甲级）、工程监理（甲级）、矿山工程总承包（二级）、压力容器设计、煤矿以及非煤矿山生产能力核定、安全评价、水保方案、工程测绘、地基基础工程检测、地质灾害评估、固定资产投资项目节能评估等 20 余项国家和省部委厅局颁发的资质证书。面向国内外主要承担煤炭、建筑、城市规划、电力、公路、市政公用等行业的工程咨询、勘察、设计、环境影响评价、工程监理、工程承包、技术服务及与工程项目有关的材料、设备销售、信息服务等业务。

煤炭工业合肥设计研究院院长、
党委副书记　闫红新

煤炭工业合肥设计研究院
党委书记　李士杰

合肥设计院实行院长负责制的管理体制，院属二级生产经营和辅助生产单位为模拟法人的治理结构。设有办公室、党群工作部、总工程师办公室、人力资源部、财务部、经营计划部、科研技术部等7个管理部门；设有矿井设计研究所、西北矿井设计研究所、选煤设计研究所（安徽省水煤浆推广应用中心）、工程勘察所、市政工程设计研究所（公路设计研究所）、环境工程设计研究所（安徽省煤炭环境检测中心）、电厂设计研究所、工程造价咨询中心、工程公司、安徽现代建筑设计研究院、安徽华夏建设工程监理有限责任公司、合肥中合投资有限责任公司、安徽华泰安全评价有限责任公司、合肥合能计算机工程软件公司、合肥长江机电设备厂等15个生产经营单位及安徽现代物业管理有限责任公司、出版处2个辅助单位。

煤炭工业合肥设计研究院

合肥设计院技术力量雄厚，专业配套齐全。现有在职员工547人，国家工程设计大师1人、安徽省工程设计大师3人，教授级高工23人、高级工程师144人、工程师192人、助理工程师69人及各类专业技术员工119人，各类注册人员230余人。

“十一五”期间，合肥设计院经济发展继续保持良好态势，全院年均营业总收入23853万元，年均增长19%。

20世纪70年代，合肥设计院在国内率先设计了年产300万吨特大型矿井（两淮矿区），成功攻克了深厚表土层井壁结构设计、复杂条件开采等重大技术难题。冻结深度、钻井直径和深度为当时国内领先，为优质高效建设现代化矿井提供了有力的技术支撑，使得合肥设计院科技创新能力和市场竞争能力不断加强，在国内同行业中名列前茅。

21世纪建成投产的淮南张集矿井，是合肥设计院在国家基本建设管理体制转变阶段设计完成的一座现代化矿井，创新了设计理念，在开拓部署、合理集中生产、矿井自动化、安全高效等方面引领了国内煤矿技术，获全国优秀设计金奖。

“十一五”期间建成投产的国投新集刘庄矿井，在设计中积极创造条件，使设计与矿井开工准备合理交叉，平行作业。首创“冻、注、凿”主动三平衡快速建井新技术，节省冻结工期 15%，降低成本 20% ~30%；采用矿井规模按由小到大，滚动发展方式进行设计，既实现投资效益最大化、发挥矿井规模效应，又能使矿井建设稳妥可靠和节省初期建设投资；在国内首次采用国际先进的 Koepe Winder 塔式六绳摩擦轮提升机和德国西门子公司生产的内装式同步电动机，实现提升能力 1000 万吨/年。2009 年 10 月 28 日，在北京人民大会堂隆重的颁奖盛典上，“中国第一对数字化特大型现代化矿井——国投新集刘庄煤矿”荣获“新中国成立 60 周年百项经典暨精品工程”称号，与天安门广场建筑群，中国载人航天发射场等 100 项工程载入中国建筑史册。

合肥设计院设计和监理的刘庄矿井工程荣获新中国成立 60 周年百项经典暨精品工程、中国建设工程鲁班奖、煤炭行业优秀工程咨询一等奖、国家优秀工程咨询二等奖等荣誉

“十一五”期间建成投产淮南顾桥矿井是全国煤矿设计改革试点矿井，被国家列为高瓦斯、高地压、高地温复杂条件下瓦斯综合治理与利用示范矿井。矿井设计积极采用新技术、新工艺、新设备、新材料，努力打造设计起点高、技术面貌新、指标效益好的一流现代化高产高效大型矿井。矿井于 2007 年 4 月正式建成投产。矿井以 1 个分区 1 个水平 1 个、2 个回采工作面年生产能力分别达到 500 万吨、1000 万吨。投产当年生产原煤 683 万吨，2008 年 1055 万吨，2009 年 1220 万吨。创新煤与瓦斯共采技术，优先设置解放层首采面，布置

顾桥矿井荣获全国优秀工程设计银奖，设计年产量 500 万吨，主要生产系统具备年产 1000 万吨的生产能力；采用世界一流技术，堪称为“亚洲第一矿”，2007 年 4 月建成投产

无煤柱沿空留巷。打破常规布置长工作面减少回采面，装备规模化现代化综采面，创新在淮南复杂条件下建成一井一面特大型高产高效矿井的实践。该矿井设计获2009年度煤炭行业优秀设计一等奖，2011年度全国优秀工程设计银奖。

“十一五”期间矿井勘察设计迅速向省外拓展，先后在西北、东北、西南等地承接了一批矿井设计、监理项目。

“十一五”期间联合开发4项科技产品，合作研究2项国家科技支撑计划项目，自主开发6项实用新型专利产品和7项计算机软件；获得国家及省部级科技进步奖10项；国家及省部级优秀工程勘察、设计奖28项，其中：国家级金奖1项，银奖1项；新中国成立60周年百项经典暨精品工程1项；省部级优秀工程咨询成果奖32项；13项知识产权；在国家核心期刊发表技术论文近百篇；主编5项国家标准，参编多项国家及行业规范和标准。每年高新技术产品（服务）经营收入占全院总收入的70%以上。

“十一五”期间，合肥设计院十分注重企业精神文明建设，塑造内涵独特的企业文化。先后获得安徽省劳动竞赛先进单位、安徽省省属企业精神文明先进单位、安徽省省直单位绿化十佳单位、合肥市精神文明先进单位等荣誉称号。

进入新的历史发展阶段，合肥设计院将秉承技术领先、质量第一、用户至上的原则，竭诚为客户服务，为工程建设服务。

中国煤炭科工集团武汉设计研究院

中国煤炭科工集团武汉设计研究院成立于1954年，是原煤炭工业部直属设计研究院，现隶属于国务院国资委监管的中国煤炭科工集团有限公司，是具有辉煌历史的全国综合甲级勘察设计研究院。

中国煤炭科工集团武汉设计研究院院长　吴嘉林

现有员工720余人，各类专业技术人员630余人。拥有国家勘察大师、国务院特殊津贴专家、知名专家等众多的高级专业人才。教授级高工近80人，高级工程师200余人，一级注册建筑师、结构师、造价工程师、公用设备工程师、电气工程师、采矿工程师、矿物加工工程师、机械工程师、环评工程师、道路工程师、测量工程师、安全工程师和监理工程师等各类注册工程师达260余人，具有英国皇家特许测量师学会（MRICS）会员。拥有采矿工程等近20项甲级资质，业务范围涉及矿区、矿井、露天矿、选煤厂、煤化工配套工程、矿区机修厂、输变电及自动化工程、铁路、公路、市政道路及桥隧、长距离管道输煤、供

设计的神华万利布尔台煤矿

水、污水处理厂、工业与民用建筑设计及规划等领域，可提供工程设计、工程咨询、工程勘察、工程总承包及工程监理全方位优质服务。

近60年来，武汉设计院承担了全国20多个省、市、自治区的矿区总体发展规划100余部，矿井500余对，选煤厂设计50余项。500万吨/年以上的矿井及选煤厂29对（个），1000万吨/年及以上的矿井及选煤厂14对（个）。

设计的神华宁煤集团枣泉煤矿

拥有露天矿工程设计甲级资质，承担了多项大型露天煤矿和有色金属矿山设计，在新疆、云南、湖北等地区有露天矿设计代表工程，其中500万吨/年及以上规模6个，1000万吨/年及以上规模3个。

中国煤炭科工集团武汉设计研究院
党委书记　韩晓东

武汉设计院荣获国家、部、省级优秀勘察工程设计奖、科技进步奖及优秀工程咨询成果奖等260余项，以及全国工程勘察先进单位、湖北省文明单位、全国优秀勘察设计院、湖北省综合治理先进单位、湖北省企业改革开放三十年杰出贡献单位、武汉市“十佳”先进基层党组织等荣誉称号，2011年武汉设计院还分别被评为煤炭行业和武汉市AAA级信用企业。改革开放30多年来，武汉设计院先后有60余人次获得市级以上先进模范称号，其中有30余人为近5年所获得荣誉。

“十一五”期间武汉设计院主要取得了以下发展成就。

经济实力方面：

经过5年的发展，武汉设计院的市场得到快速的拓展，业务遍及全国20多个省市自治区，先后荣获国家、省部级科技进步奖、勘察设计奖、咨询奖和企业管理现代化创新成果奖及专利技术等100多项。同时取得了13项全国新纪录，居全国煤炭设计院之首，实现了矿井设计达到行业领先水平的战略目标，改变了煤炭勘察设计市场的竞争格局。企业净资产由2005年的4735万元，增长到2010年末的22000万元，净增加约17265万元，实现了国有资产大幅度保值增值。

“十一五”期间新签合同额302550万元，比“十五”新签合同额52348万元，同比增长478%；“十一五”营业收入199361万元，“十五”营业收入29143万元，同比增长584%；“十一五”共实现利润21591万元，“十五”利润总额为－154万元；“十一五”末净资产为22000万元，“十五”末净资产为4735万元，增长365%。

结构调整方面：

“十一五”期间武汉设计院工程总承包工作全面展开。相继签订了神华包头煤制烯烃项目卸储煤装置EPC总承包、神华宁夏煤基烯烃项目煤储运单元EPC总承包、河南赵家寨选煤厂总承包等项目，合同金额近11亿元，占全院总合同额的70%左右。其中神华包头煤制烯烃项目卸储煤装置EPG总承包项目是世界上最大的煤制烯烃项目卸储煤装置，合同金额达4.3亿元，奠定了武汉设计院在煤化工配套工程EPC总承包方面的龙头地位。

设计的昌汉沟矿

积极开展环境治理业务，承揽的环境治理的合同由过去每年几百万元到现在每年几千万元，业务量增长很快，为武汉设计院的业务拓展发挥了很好的作用。其中矿井水综合利用和污水处理多项工程被国家发改委定为重点示范工程，目前矿井水综合利用工程技术在国内处于领先水平。

“十一五”期间，武汉设计院获得了陕西煤化工集团长距离管道输煤工程设计委托书，标志着管道输煤技术已投入到生产实践中，随着管道输煤业务的开展，核心竞争力得到加强，武汉设计院的市场变得更加广阔。

科技创新方面：

科技创新是发展生产力的决定因素，是企业发展的重要基础。近年来武汉设计院在设计项目和总包工程中大胆使用新技术、新工艺、新设备，在设计技术上不断创新，加大科研资金投入，并且建立了一套科技创新机制。“十一五”期间武汉设计院获得实用专用技术和知识产权专利技术6项，提升了设计产品的科技含量。

煤炭工业郑州设计研究院有限公司

煤炭工业郑州设计研究院股份有限公司位于河南省郑州市，1971年9月在原煤炭工业部北京规划设计总院部分技术人员成建制调入河南省的基础上组建而成。1984年7月实行事业单位企业化管理；1986年1月，经国家计委首批核准，认定为甲级工业设计院；1992年8月，上划中国统配煤矿总公司管理，更名为郑州煤炭设计研究院；1994年6月，煤炭部恢复后，更名为煤炭工业部郑州设计研究院；1998年9月，根据国家体制改革的要求，下放河南省管理；2006年3月，根据国务院和河南省政府有关文件，改制为股份制企业，更名为煤炭工业郑州设计研究院有限公司。

煤炭工业郑州设计研究院有限公司
董事长、总经理　杨彬

煤炭工业郑州设计研究院股份有限公司为国家甲级工程设计机构、高新技术企业，持有矿井设计、选煤厂设计、建筑设计、建筑智能化、建筑装饰工程设计、建筑幕墙设计、建筑轻钢设计、照明工程设计、消防设施工程设计、煤炭工程咨询、公路工程咨询、铁路工程咨询、岩土工程咨询、工程测量咨询、建筑工程咨询、岩土工程、工程测量、矿山工程监理、房屋建筑工程监理、工程总承包、项目管理等20余项甲级资质，露天矿设计、小区规划、火力发电设计、市政热力设计、市政给水设计、市政排水设计、市政道路设计、环境工程设计、废水治理工程设计、环境影响评价、水土保持、招投标代理等10余项乙级资质以及安全评价、清洁生产审核等专项资质。可提供从项目前期咨询、可行性研究、工程勘测、工程设计、工程监理、工程总承包、项目管理、设备采购直至交钥匙全过程的优质服务。

公司郑东新区科研楼揭牌仪式

公司具有雄厚的技术实力、完善的质量控制、人本化的服务理念和丰富的专业经验。曾先后培养了包括设计大师在内的工程技术专家30余人，现有教授级高级工程师7人，中高级技术职称技术人员230余人，100余人次获得国家注册工程师资格。公司质量管理体系覆盖各专业生产服务全过程，并于2000年通过ISO 9001（2000版）质量管理体系认证。

公司设矿井设计一院、矿井设计二院、选煤设计院、建筑设计一院、建筑设计二院、建筑设计三院、建筑规划院、环境工程院、岩土工程院、工程监理部、工程承包部、国际工程部、研发中心、新疆办事处、贵州办事处15个业务分支机构和康飞机电设备有限公司、天泰矿冶安全工程咨询有限公司2个子公司。

河南煤业化工集团城郊矿井（生产能力为500万吨/年，荣获全国优秀设计铜奖、全国工程项目管理优秀奖）

建院以来，共完成矿区总体设计20余部；各种类型矿井、选煤厂设计2000余部；高层（超高层）建筑设计1000余部；电厂设计80余部；矿区、矿井及电厂环境影响评价报告1900余部；公路、铁路专用线及各类桥梁设计100余部；大型、复杂场地及高层建筑等项目的岩土工程勘察1800余项；其他单项工程设计及咨询5000余项，完成的工程总承包及监理项目总投资已超过200亿元。业务范围遍及河南、北京、上海、深圳、山西、

煤炭工业郑州设计研究院有限公司党委书记、副董事长　肖顺才

青海、新疆、内蒙古、贵州等20多个省区，并承担了印度、菲律宾、泰国、印尼、越南、几内亚等10余个国家的设计咨询项目。曾获得包括全国优秀工程设计奖、国家科技进步奖、全国总承包银钥匙奖、全国项目管理奖、全国优质工程奖在内的各类省部级以上奖励200余项，2006年被建设部授予全国优秀设计院称号。

公司在复杂地质条件矿井设计方面形成了具有自身鲜明特点的核心技术，现代化矿区规划、深井冻结井壁设计、深井巷道支护、倾斜大巷开拓、井下水处理等技术全国领先。特别是深井冻结井壁设计方面，先后承担了10余对大中型矿井的深井冻结井筒设计，最大表土厚度530米，最大冻结深度超过800米。

公司设计的永煤陈四楼矿井是当时穿过冲积层厚度最深的井筒，也是发现竖向附加力存在后施工的第一对井筒，井壁结构设计打破了传统的井壁按平面受力设计的观念，首次考虑了竖向附加力对井壁结构设计的影响，提出了“抗”与“让”相结合的井壁结构设计理念，获得国家科技进步二等奖；永煤新桥矿井刷新了当时全国煤炭冻结建井深度纪录，获省级优秀设计一等奖；辉县市程村矿井，刷新了当时全国煤炭冻结建井深度纪录，获部级科技进步一等奖；郑煤李粮店矿井冻结深度800米，设计规模240万吨/年，再次刷新了全国在建矿井冻结深度纪录。

公司设计的义马矿区耿村矿井是复杂地质条件下矿井设计的典范，在国内较早采用了综合机械化采煤工艺和一系列先进技术措施，建成当年即达到设计生产能力，并一直保持安全高产高效，于1984年被建设部评为全国优秀工程设计金质奖。

近年来，公司工程总承包和工程项目管理业务迅速发展，承担了河南省地税局直属分局综合楼总承包、郑东新区国龙大厦项目管理、青海盐湖工业集团股份有限公司青海盐湖金属镁一体化大型选煤厂EPC总承包和内蒙古准格尔旗力量煤业有限公司大饭铺煤矿大型选煤厂EPC总承包等任务，向科技型工程公司不断迈进。

近年来，完成生物质能电厂设计10余部，在全省乃至全国生物质能发电设计领域取得了先机；集中发展煤炭深加工和清洁能源技术，承揽了鄂尔多斯罕台川洗配中心、河南煤化焦煤赵固二矿选煤厂、河南煤化鹤煤四矿选煤厂、新能集团王行庄选煤厂等20多项选煤厂、煤炭物流中心设计任务，技术水平迅速提高。

公司民用建筑设计快速发展，承揽了郑州国家公路干线物流港综合服务楼、郑东新区中烟大厦、郑州金城服饰大厦、郑州市市委党校新校区工程、郑州黄河名胜风景区炎黄巨塑工程等100余项大型

河南煤业化工集团焦煤公司赵固一矿

建筑设计任务，任务量接近800万平方米。公司勘察专业迅速壮大，中标了新郑国际机场二期扩建、郑大新校区等重点工程，连续获得国家级优质工程奖。

公司立足河南煤炭设计市场，积极推动“走出去”战略，业务领域辐射到电力、建材、冶金、化工、市政等10余个行业和全国20多个省区。近年来，公司承担了总投资200多亿元的几内亚558矿区铝土矿工程和老挝东泰钾盐矿工程设计项目，境外业务也得到快速发展。

“十一五”期间，公司总产值、人均产值与合同额都翻了两番多，固定资产增加值超过了前30年的总和，经济效益跻身全国煤炭系统和全省设计院前列。2010年，尽管受国际金融危机的冲击，公司总产值达1.53亿元，合同额2.98亿元，均创历史新高。

平顶山沉陷区新城、新馨小区规划项目获中国建筑学会颁发的2011年度全国人居经典建筑规划设计方案规划、建筑双金奖。

煤炭工业济南设计研究院有限公司

煤炭工业济南设计研究院有限公司位于山东省济南市。前身为“上海煤矿设计院”，成立于1953年，是以煤炭工程设计咨询为主的跨行业、多专业

煤炭工业济南设计研究院有限公司董事长
秦瑞娟

综合性甲级勘察设计单位。整体改制完成后，成为国有控股、员工参股的股权多元化企业。公司目前从业人员598人，其中，中国工程设计大师1人、中国工程监理大师1人、山东省工程设计大师2人、享受国务院政府特殊津贴10人、山东省有突出贡献的中青年专家3人、省部级专业技术拔尖人才3人。具有工程师以上技术职称人员214人，工程技术人员中具备国家各类注册工程师资格人员137人。

公司持有工程咨询、煤炭行业矿井、选煤厂设计等17项甲级资质证书，市政公用行业、电力行业、测绘资格等16项乙级资质证书及煤矿生产能力核定等5项其他资质证书。拥有对外承包工程经营资格证书及进出口企业资格证书。

公司依靠技术创新，促进科技成果转化，完成了一大批国家重点煤矿工程的勘察设计咨询和科研任务，先后获得4项国家科技进步奖、6项国家优秀工程勘察设计金奖、6项国家优秀勘察设计银奖、3项国家优秀工程勘察设计铜奖、4项优质工程鲁班奖、8项煤炭行业优秀工程“太阳杯”奖。曾荣获“山东省十佳工程勘察设计单位”、“煤炭工程勘察设计‘十强’企业”、中国煤炭建设协会

煤炭工业济南设计研究院有限公司董事长、
党委书记、副总经理　郭小平

“先进监理企业”等称号。两次被评为煤炭行业“优秀设计院”、连续13年保持了山东省“省级文明单位”称号。2008年公司被审核认定为“高新

技术企业”，享受国家税收优惠政策。

公司结合勘察设计项目，依靠技术进步，实施设计创新。公司的快速高效建设新技术、特厚表土层冻结凿井关键技术、煤炭地下气化技术、井下降温技术、综采放顶煤开采技术、“三下”压煤开采研究、大型矿井快速建井综合技术等都达到国内外先进水平，在同行业中处于领先地位。

淄矿集团唐口矿井：2007 年获中国煤炭行业优秀工程设计一等奖；2009 年获国家第十三届优秀工程设计银奖

公司“十一五”期间主要经济指标完成情况：

2006 年，公司实现营业收入 10264 万元，年末总资产 7723 万元。

2007 年，公司实现营业收入 10042 万元，年末总资产 15630 万元。

2008 年，公司实现营业收入 11860 万元，同比增长 18%，年末总资产 16950 万元。

2009 年，公司实现营业收入 14129 万元，同比增长 19.10%，年末总资产 20020 万元。

煤炭工业济南设计研究院有限公司副董事长、总经理、党委副书记　戴良发

2010 年，公司实现营业收入 25050 万元，同比增长 77%，年末公司总资产 30665 万元。

2011 年，实现营业收入 37912 万元，同比增长 51%，年末公司总资产 33997 万元。

公司“十一五”期间主要业绩：

（1）新矿集团龙固矿井（600 万吨/年）设计。设计能力 600 万吨/年，实际生产能力 1000 万吨/年。2003 年 6 月开工建设，2009 年 12 月投产。该矿井井筒施工穿过的表土层达 530～570 米，井筒设计及施工均为世界性难题。设计采用了冻结和钻井特殊凿井施工方法，主井、风井采用钻井法施工，钻井深度达 573 米，副井采用冻结法施工，冻

淄矿集团唐口矿井选煤厂：2010 年获中国煤炭行业优秀工程设计一等奖

结深度达 650 米。该项目研究成果获山东煤炭科技进步一等奖、山东省科技进步二等奖、中国煤炭工业科技进步特等奖。2006 年，《龙固主井（双井筒）近 600 米钻井法凿井技术研究与应用》获得国家科学技术进步奖二等奖；2010 年，《600 米特厚表土层冻结法凿井关键技术》荣获国家科学技术进步奖二等奖。

（2）淮南矿业集团丁集矿井（500 万吨/年）设计。首次在550 米厚表土层大直径井筒群（主、副、风3 个井筒）冻结井壁设计采用高标号钢筋混凝土结构；在厚表土、高地温、高地压、三软地层、高瓦斯、“双突”条件下，成功设计 500 万吨/年现代化大型矿井。矿井设计获 2009 年度煤炭行业优秀设计一等奖。

（3）济北矿区唐口矿井（300 万吨/年）设计。我国设计的第一个超千米特大型新建矿井，井筒深度 1050 米（主井直径 7.5 米、副井直径 7 米、风井直径 6 米），井下布置一个综放工作面。该项目建设的成功经验，为我国开发深部资源提供了坚强的技术支持和深井建设经验。该矿井设计获 2007 年度煤炭行业优秀工程设计一等奖、2008 年度全国优秀工程设计银质奖。其选煤厂设计获 2009 年度煤炭行业优秀工程设计一等奖。

（4）孟加拉国巴拉普库利亚煤矿设计。我国第一座对外设计总承包建设的 100 万吨/年的大型现代化煤矿，也是孟加拉国第一座煤矿全井田地质储量为 30181.08 万吨，可采储量 8402.07 万吨，服务年限 64 年。设计成功解决了水文地质条件复杂、涌水量大、地温高等技术难题。矿井于 2005 年建成投产，2007 年获煤炭行业（部级）优秀工程设计二等奖。

（5）600 米特厚表土层冻结法凿井关键技术：该技术针对近 600 米深巨厚冲积层条件下井壁结构及工艺设计中的世界性技术难题，积极开展科研和技术创新。首次采用 650 米冻结法凿井井壁结构及工艺技术，是冻结法井壁结构设计的重大突破。

中国煤炭科工集团南京设计研究院

中国煤炭科工集团南京设计研究院（以下称南京设计院）位于江苏省南京市，始建于 1964 年，原名为煤炭工业部水城煤矿设计研究院。1973 年成建制迁至山东邹城，更名为煤炭工业部兖州煤矿设计研究院。1995 年 10 月成建制搬迁至江苏南京，更名为煤炭工业部南京设计研究院。2002 年 1 月更名为中煤国际工程集团南京设计研究院，成为国务院国资委管理的中央企业——中煤国际工程设计研究总院的全资子企业。2008 年 4 月，中煤国际工程设计研究总院与煤炭科学研究总院重组，成立中国煤炭科工集团有限公司，隶属于国务院国资委管辖，南京设计院成为其全资二级子企业。2011 年 6 月，与煤炭科学研究总院南京研究所联合重组，组建新的中国煤炭科工集团南京设计研究院，南京研究所成为南京设计院的二级子企业。

中煤科工集团南京设计研究院办公楼

中煤科工集团南京设计研究院院长　孔祥国

南京设计院是一个具有多种行业工程勘察能力的综合性设计院，曾被国家建设部评为勘察设计百强单位。专业齐全，设计力量雄厚，设有采矿、选煤、环保、电力、机械、煤化工、建筑、结构、给排水、暖通、公路、铁路、桥梁、勘察、测量、井巷支护、工程经济等30多个专业，拥有煤炭行业、建筑行业建筑工程、市政公用行业（燃气、地铁轻轨除外）、机械（重型矿山机械）设计，工程勘察综合类、工程监理、工程咨询、工程总承包、工程造价、智能建筑（系统工程设计）、环境污染防治等12项甲级资质和电力、环评、煤炭检测计量等多项乙级资质。1993年获国家外经贸部授予对外经营。2000年取得GB/T19000—ISO9001质量体系认证证书，2010年取得质量、环境与职业健康安全“三标”体系认证证书。

南京设计院承担的工程总承包项目——贵州老鹰山电厂

南京设计院设置矿山设计一分院、矿山设计二分院、选煤设计所、露天工程所、综合设计所、工程承包一部、工程承包二部、建筑设计分院、建筑设计工作室、市政工程所、环保设计所、电力设计所、岩土工程所、工程经济咨询所、煤化工所、地铁造价中心、工程建设监理中心（工程承包三部）、上海分院、地下设计所、瓦斯研究所等生产部门；设置院办公室、经营计划部、技术部（含全质办）、财务部、人力资源部、党群工作部、国际工程部等职能管理部门；设置信息中心、档案中心、物业中心等辅助生产部门。

中煤科工集团南京设计研究院党委书记　黄忠

全院员工730人（截至2010年12月底）。其中，全国勘察设计优秀院长3人，教授级高级工程师（含研究员）111人，副高职称（含副研究员）121人，中级职称111人，国家注册执业资格人员258人，享受政府特殊津贴人员26人。培养全国勘察设计大师2人。

南京设计院先后承担完成了涉及20多个省（市）、自治区的一大批国家重点工程建设任务。先后完成数百对矿井、选煤厂设计，以及一大批建筑、电力、交通、市政、环保、建筑智能、自动化及控制等勘察设计、咨询评估和工程监理任务。

20世纪80年代，南京设计院率先在煤炭勘察设计行业进行了矿区和矿井设计的改革与实践，建成我国第一批现代化矿区之一——山东兖州矿区；20世纪90年代南京院在国内率先采用“一矿一区一面”布置设计了高产高效的山东济宁北部矿区许厂矿井，并获全国优秀工程设计金质奖；20世纪90年代，率先在全国勘察设计系统开展工程总承包业务，工程总承包合同额超过20亿元。21世纪以来，从设计源头上贯彻可持续发展的理念，不断研究和推广新技术、新工艺，促进技术创新。在采矿工艺上，继续发挥在煤矿立井设计方面的优势，创出多项国内和世界立井开拓“第一”。2005年投产的山东巨野矿区梁宝寺矿井，井筒冻结深度

南京设计院承担的国外设计项目——
土耳其 TTK 库兹鲁煤矿 1 号井成套提升系统工程

476 米，为当时国内冻结深度最深矿井，获煤炭行业优秀工程设计一等奖；2006 年完成施工的山东巨野矿区郭屯矿井井筒，穿过表土层厚度 586.2 米，创造了新的世界纪录，井筒冻结深度 702 米、井筒基岩涌水量 3629.54 立方米/小时，均为国内第一；近期完成设计的内蒙古红庆河矿井，立井设计生产能力 1200 万吨/年，为世界第一，立井提煤箕斗 45 吨，为国内第一（前国内最高纪录为 42 吨），立井罐笼 7.8×3.9 米，为国内最大（前国内最高纪录为 7.6×3.7 米），采煤机采煤高度 6.2 米，世界第一。郭屯立井井筒、海南水煤浆、伊泰红庆河入围 2008 年中国企业新纪录名单。

在选煤工艺上，南京设计院因地制宜，积极利用中介分选、封密式风选、动筛跳汰选矸等新技术、新工艺，加强对型焦和水煤浆技术的设计研究，延伸煤炭深加工产业链，实现煤炭资源价值的最大化。本院型焦项目组研制的晋城三八煤矿 2.5 万吨/年型焦示范项目获得江苏省煤炭工业科技进步一等奖和煤炭工程勘察设计专有技术。利用矿山冻结技术承担完成了江苏润扬大桥南锚碇基础设计，尤其是运用水平与垂直冻结施工法承担的上海地铁明珠二线体育馆站和上海地铁四号线浦东南路站—南浦大桥站区间隧道修复工程的设计，产生了良好的社会效益；承担完成的广东南海水煤浆制备厂设计，年产 150 万吨水煤浆，供 2×200 兆瓦电厂用煤，规模居亚洲第一位。2004 年承担完成了全国 13 个煤炭基地中的 3 个（两淮、鲁西、云贵）煤炭基地规划编制任务，在通过国家规划评审中获得好评。

积极研究和推广瓦斯利用技术。2005 年，南京设计院在贵州省采用预抽放和随采随抽等综合抽放方式，使所设计项目瓦斯抽放率达到 60%；2006 年以来，先后在贵州、黑龙江、安徽、山西等地共签订瓦斯综合利用项目、电厂设计等项目 30 多个。积极推广循环经济理念，促进资源转化增值，提高综合利用水平。自 2005 年以来，南京设计院先后研究和编制了诸如贵州、内蒙古、黑龙江等省数十项综合利用规划，为传统的煤炭企业向符合循环经济模式的新型煤炭企业发展开展了有益的工作。实施完成了“综合管理信息系统工程”，实现了管理手段创新。

南京设计院先后被评为煤炭行业优秀设计院、山东省十佳设计院、中国勘察设计综合实力百强设计院、全国优秀监理单位六十五强、江苏省工程造价咨询信得过单位、全国煤炭环境保护先进单位、“AAA”资信等级企业、南京市文明诚信企业、江苏省质量管理优秀企业、全国勘察设计行业十佳自主技术创新企业等。院长孔祥国同志先后获得全国优秀设计院院长、十佳现代管理企业家荣誉称号。

南京设计院承担的矿井项目——山西上渝泉矿井

"十一五"期间，南京设计院共获得国家级和省部级科技进步、优秀工程设计勘察、咨询、总承包、安全生产科技成果等奖励60项，其中国家级奖励13项、省部级奖励47项。获国家专利8项。主编和参编国家及行业标准21部。

"十一五"期间，南京设计院新签合同额五年增长了171.69%，年平均增长22.13%；营业收入五年增长了76.89%，年平均增长12.08%；利润总额五年增长了172.46%，年平均增长22.2%；国有资本保值增值率由2005年的110.38%增长到2010年的119.68%；2006—2010年上缴国家各类税收共计1.1亿元。

中煤邯郸设计工程有限责任公司

中煤邯郸设计工程有限责任公司位于河北省邯郸市，是大型综合性甲级设计研究单位，是煤炭行业骨干设计研究单位之一，原名煤炭工业邯郸设计研究院，2006年8月改制更名为中煤邯郸设计工程有限责任公司。

阳泉煤业（集团）有限责任公司寺家庄矿井全景

中煤邯郸设计工程有限责任公司党委书记、副总经理　郭庆华

中煤邯郸设计工程有限责任公司执行董事、总经理　冯冠学

公司主要从事国内外工程勘察设计、工程总承包及工程技术咨询监理等业务。现拥有煤炭行业矿井、选煤厂、建筑行业建筑工程、工程造价咨询、工程监理、工程总承包、工程勘察专业类岩土工程、工程测量、煤炭及其他工程咨询等8项甲级资质；拥有市政公用行业、铁道行业、公路行业、电力行业、建设项目环境影响评价、工程监理、火电及其他工程咨询、人防工程施工图设计文件审查等

8 项乙级资质；并具有城市规划编制、电力行业送变电工程、压力管道设计、施工图设计文件审查一类等资质。公司于 1997 年顺利通过 ISO 9001 质量体系认证。

公司现有员工 800 余人，其中设计大师 2 人、享受国务院政府特殊津贴 6 人、教授级高工 40 余人、各类中高级技术人员 380 余人、注册职业资格认证 280 余人。

伊泰集团酸刺沟煤矿

“十一五”期间是公司快速发展的 5 年。在科学发展观的指导下，公司严格遵循“全员尽责，设计精品，竭诚服务，求实创新”的质量方针，恪守“图强、务实、协力、创新”的企业精神，企业经济效益有了较大的提高，2010 年公司完成主营业务收入 3.1 亿元，实现利润总额 2570 万元，创历史最高水平；主营业务收入和利润总额在“十一五”期间年均分别增长 19.55% 和 15.37%。

“十一五”期间公司获得全国优秀城乡规划设计灾后重建村镇规划设计一等奖 1 项；获得国家级优秀工程咨询成果奖 6 项，其中国家大型煤炭基地建设规划（冀中煤炭基地规划）、山西柴沟矿井可行性研究报告分别获得一等奖；获得省部级优秀咨询成果奖 29 项；获得国家级优秀工程勘察设计奖 2 项，其中，神华集团神东公司上湾矿井获得 2006 年度全国优秀工程设计金奖；获得省部级优秀工程勘察设计奖 24 项，其中一等奖 5 项；获得煤炭行业工程总承包奖 2 项；获得中国中煤能源集团有限公司科学技术进步奖 4 项。公司拥有“大运量螺旋溜槽”、“防窜仓电动装车闸门”、“圆锥型斜板沉淀池”等 20 余项国家专利技术。

公司多次荣获“文明单位”、“先进单位”称号”。2009 年，在河北省工程勘察设计咨询协会开展的河北省勘察设计“六个十佳和终身成就奖”评选活动中，公司荣获河北省勘察设计行业发展最好最快企业称号，公司总经理冯冠学同志荣获具有行业影响力人物奖；2010 年公司建筑环保所荣获“中央企业红旗班组（科室）”荣誉称号。

煤炭工业石家庄设计研究院

煤炭工业石家庄设计研究院（以下简称石家庄设计院）位于河北省石家庄市，其前身是经原煤炭工业部批准于 1955 年 12 月 26 日在唐山成立的北京煤矿设计院开滦分院。1976 年遭受唐山大地震，1978 年迁址石家庄市，1998 年煤炭部撤销，煤炭工业石家庄设计研究院下放河北省，2003 年 5 月更为现名，2003 年 8 月划归河北省国资委监管，2007 年 7 月由事业单位正式改制为企业单位。

煤炭工业石家庄设计研究院院长　聂光辉

石家庄设计院设有采矿、选煤、建筑、结构、机

内蒙古马泰壕煤矿井塔，断面为 22 米 ×20 米，井塔高 50 米，提升罐笼宽罐自重 61 吨、载重 59 吨

煤炭工业石家庄设计研究院党委书记　王国贞

械、机电、通信、暖通、给排水、铁路、公路、桥涵、环保、工程地质、测量、经济和情报档案等近 20 个专业。具有煤炭行业工程设计、环境污染防治专项工程设计、煤炭及环境工程工程咨询、工程造价咨询、工程监理、安全评价、工程招标代理等 7 项甲级资质，具有涉及建筑行业、市政公用行业、勘察专业、城市规划等类别的工程设计、工程

冀中能源邢东矿

勘察、工程咨询、城市规划等6项乙级资质，通过了ISO 9001质量管理体系认证。

院管辅部门设有：办公室、党委办公室、人事处、经营处、技术处、财务处、行政处、文印处、招待所等机构；设计生产部门设有：设计一所、设计二所、技术经济所、岩土公司等机构，其中设计一所、设计二所按专业，分别设置采矿、机电、土建、机制、水暖、选煤等专业设计处室；全资子公司设有：河北新希望工程造价咨询有限公司、石家庄新希望煤矿安全评价有限公司、河北大通工程咨询有限公司、石家庄瑞达地基检测有限公司。至2010年末，全院在职职工234人，其中专业技术人员209人，正高级、高级工程师75人。

石家庄设计院在国家煤炭建设的各个时期，从矿井的生产能力、现代化水平等多方面创造了多项全国之最。近60年来，共完成矿区总体规划80余项、矿井设计500余项以及电厂设计30余项、选煤厂设计90余项、水泥厂设计6项、焦化厂设计4项。设计项目遍及河北、内蒙古、山西、新疆、陕西、山东等多个省区，先后与德国、英国、波兰、瑞典、巴基斯坦、孟加拉国等多个国家开展了技术交流与合作。

多年来，石家庄设计院获国家级及省部级优秀设计、科技进步奖58项，拥有国家专利13项，2008年2项开发设计成果被批准为煤炭行业技术标准。

“十一五”期间，院生产经营情况总体较好，各项经济指标连年提升。2010年，净资产收益率4.93%，同比增加17.4%；总资产周转率0.97，同比提高115%；资产负债率82%，基本与上年持平；实现营业总收入6471万元（包括总承包收入2593万元），剔除总承包，同比增长36.7%；完成利润总额73.5万元，同比增长16.67%。

中煤西安设计工程有限责任公司

中煤西安设计工程有限责任公司（前身西安设计研究院成立于1954年）位于陕西省西安市，是国家甲级综合设计研究企业，隶属于中煤能源集团有限公司。2006年因集团公司在香港上市需要，改制更名为中煤西安设计工程有限责任公司。

中煤西安设计工程有限责任公司总经理　朱杰利

公司现持有国家颁发的工程勘察综合类甲级资质，煤炭行业（矿井、露天矿、选煤厂）、建筑工程、测绘、环境评价、水土保持、市政（燃气、热力、环境卫生）、地质灾害勘察甲级设计证书，工程总承包、工程监理、工程咨询甲级证书以及智能建筑、环污防治专项甲级设计证书；持有火电、公路、铁路、建材、广电通信、市政（给水、排水）、城市规划、地质灾害治理、固废专项乙级设计证书。此外，公司还持有对外贸易经营权和对外承包工程经营资格许可证。

公司现有在职员工1139人，其中包括：设计大师1人、监理大师1人、教授级高工58人、中高级以上技术人员736人、研究生以上学历80人；有一级注册建筑师、一级注册结构师、注册城市规划师、注册咨询工程师、注册监理工程师、注册造价工程师、一级注册建造师及注册电器、采矿、机械工程师等各类注册人员230余人。现有采矿、市政、铁路、公路、建筑、规划、给排水、暖通、选煤、机制、供电、热工、照明、经济、自动化等40多个专业，除可承担国内外煤炭行业的勘察设计任务外，还面向国内外承担民用建筑、城镇规划、铁路、公路、给排水、供热、煤气工程、小型火电厂、输变电工程、机械制造厂、通信工程、配套附属企业的工程勘察设计、监理及环境监测、评价等任务。

公司目前的三大主营业务为：“勘察设计”、“工程总承包”与“工程技术咨询服务”。公司是

炭行业甲级、房屋建筑工程乙级)、煤矿生产能力核定等多项资质证书。

院设有采矿、矿物、土建、机械、电气、水暖、总运、技术经济、综合等专业室，并另设有工程监理公司、岩土公司、安全评价中心、出版所等独立承包单位。职能部门有办公室（含人事科)、经营办、总工办（技术委员会)、档案事（含技术情报)、财务科等。

全院现有工程技术人员138人。其中：正高工4人、高级工程师64人、工程师30人。各类国家注册人员达45人。

在“十一五”期间长春设计院共完成的咨询、设计项目96项，完成矿区总体规划5部，完成安全评价项目110余项，完成建筑工程设计项目40余项，完成建设工程监理项目30余项。设计业务逐步从吉林省扩展到内蒙古、云南、贵州、黑龙江等省区。工程设计、工程咨询等成果获省部级优秀奖5项。

贵州省煤矿设计研究院

贵州省煤矿设计研究院党委书记、院长　杨正东

贵州省煤矿设计研究院（以下简称贵州院）始建于1964年，原名为煤炭工业部水城煤矿设计研究院，1987年由六盘水市迁至贵州省会贵阳市。1988年与成立于1978年的贵州省煤炭科学研究所合署办公，于2006年以原贵州省煤炭科学研究所为基础，完成了贵州省矿山安全科学研究院的组建工作。2008年6月获得国家人力资源和社会保障部及全国博士后管理委员会审查批准，成为国家博士后科研工作站建站单位，2009年10月28日正式挂牌，实现了国内煤矿设计单位博士后科研工作站零的突破。2010年6月23日煤炭工业建设工程质量监督总站正式下发文件，同意贵州院成立“煤炭工业贵州建设工程质量监督中心站直属站”。

贵州院持有工程勘察、工程设计、工程监理、工程咨询、地质灾害危险性评估、地质灾害治理工程设计、地质灾害治理工程监理、安全评价机构等9个国家甲级资质；持有工程造价咨询企业、建设项目环境影响评价、地质勘查、测绘等7个乙级资质；持有煤矿生产能力核定、贵州省内煤矿瓦斯等级鉴定、防雷工程专业设计施工、煤炭工业建设工程质量监督站、贵州省矿山安全科学研究院实验室资质认定（计量认证）等多项特许资质资格。

贵州省煤矿设计研究院

业务范围包括：煤炭行业（矿井、选煤厂）的工程设计、咨询、监理、安全评价、项目管理，建筑、公路、市政公用行业的设计、咨询、监理，生态建设和环境工程、火电、机械、工程造价的咨询，环境影响评价、环保竣工验收调查，土地复垦及开发整理，工程勘察、

工程测量，地质灾害的设计、评估、监理、施工，城镇规划等。

贵州院现有在职职工 365 人（含派遣及返聘），其中博士后 2 人、博士（在读）2 人、硕士研究生 43 人、在读研究生 24 人、工程硕士课程班结业 39 人、本科 160 人；按职称分：有正高级 5 人、副高级 63 人、中级 114 人；具有各类注册工程师 174 人次。

贵州院自 2006 年以来业务结构有大幅度优化：矿井设计、工程监理、勘察测量、环境影响评价、安全评价、煤与瓦斯突出危险性鉴定等传统业务领域的合同产值从 2006 年约占全年合同总产值的 83% 下降到了 2011 年的 50% 以内；总承包业务也在 2010 年通过金沙龙凤选煤厂和玉舍中井选煤车间的建设移交（BT）模式打开了局面。

贵州院在“引进、整合、创新、提升”技术路线指引下，近年来，与中国矿业大学、河南理工大学等院校合作的以煤矿瓦斯灾害防治为主要方向的博士后项目研究正常推进；申报的“西南（贵州）地区中小煤矿防突技术体系及示范”课题，被国家科学技术部列入国家科技支撑计划项目；申报开发建设的“贵州数字矿山安全生产信息系统”已于 2011 年 12 月 22 日通过省级验收；“煤矿瓦斯灾害防治创新能力建设”项目和“贵州省煤矿瓦斯防治工程技术研究中心”已获贵州省科技厅批准，目前正在建设中。

2001 年通过 GB/T 19001—2000（ISO 9001：2000）质量标准认证；2003 年获得国家工商行政管理总局首批“重合同、守信用”企业；2007 年跻身全国煤炭勘察设计十强单位；2007 年获得全国“煤炭工业先进集体”荣誉；2008—2009 年度获得省 A 级纳税信用企业；“十一五”期间获得国家专利 6 项、国家级软件著作权 1 项，荣获省部级各类优秀设计、咨询奖约 20 项。

贵州煤矿设计研究院设计年生产能力 240 万吨的松河矿井

宁夏煤矿设计研究院有限责任公司

宁夏煤矿设计研究院有限责任公司（以下称宁夏设计公司）位于宁夏回族自治区银川市。

宁夏设计公司成立于 1978 年，是宁夏煤炭行业唯一的综合勘察、设计、咨询单位。2007 年改制后为神华宁煤集团独资的有限责任公司，法定代表人李继平，注册资本 601 万元。

宁夏设计公司具有煤炭咨询、煤炭行业（矿井）专业、地质灾害治理工程设计等甲级资质，具有煤炭行业（露天矿）（选煤厂）专业、建筑行业（建筑工程）、测绘、工程勘察专业类（岩土工程、工程测量）等乙级资质，通过了 ISO 9001 质量管理体系认证和计量认证。

公司下设工业设计所、建筑设计所、矿井设计所、岩土测量工程所、造价咨询中心 5 个生产部门，同时设置生产经营部、技术质量部和综合办公室 3 个管辅部门。现有在职员工 173 人。

“十一五”期间，公司承担的《宁夏煤业集团磁窑堡煤矿技术改造》等约 20 项设计荣获省部级各类优秀设计、咨询奖。

宁夏煤矿设计研究院院长　李继平

宁夏煤矿设计研究院党委书记　肖占林

羊场湾煤矿二号井地面生产系统

石沟驿技改井联合福利建筑

近10年院计的已投产、在建或正设计的15万吨/年以上矿井项目业绩

项目名称		地点	设计能力/（兆吨·年$^{-1}$）	开工、竣工、投产时间	核定生产能力/（兆吨·年$^{-1}$）
已投产项目	神宁羊场湾煤矿技术改造	宁煤集团	1000	2005/2007	1500
	神华宁煤集团焦煤公司	宁煤集团	180	2008/2010	180
	王洼煤矿	发电集团	150	2006/2009/2009	150
	白芨沟煤矿技术改造	宁煤集团	180	2005/2008/2008	160（太西煤，限制开采规模）
	汝箕沟煤矿技术改造	宁煤集团	150	2005/2008/2008	135（太西煤，自治区限制开采规模）
	乌兰煤矿技术改造	宁煤集团	240	2004/2008/2008	180（焦煤，自治区限制开采规模）
	灵新煤矿五采区	宁煤集团	180	2004/2006/2006	200
	磁窑堡煤矿技术改造	宁煤集团	240	2002/2005/2005	500
	石沟驿煤矿技术改造	宁煤集团	150	2003/2005/2005	150
在建项目	神华宁煤集团灵新煤矿	宁煤集团	300	2010	
	神宁集团羊场湾煤矿	宁煤集团	1000	2009	
	神华宁煤集团红柳煤矿	宁煤集团	1000	2009	
	神华宁煤集团枣泉煤矿	宁煤集团	1000	2009	
	宁夏发电集团银洞沟矿方案设计	发电集团	300	2009	
	神宁集团红石湾煤矿及选煤厂	宁煤集团	150	2008	
	国电英力特沙巴台煤矿	国电集团	150	2008	
正在设计项目	浙江青年集团石嘴山青沟煤矿	浙江国马集团	150	2011	
	神华宁煤集团大峰煤矿下组煤露天开采	宁煤集团	180	2011	

“十一五”期间公司各项经济指标

年份	产值/万元	合同额/万元	收入/万元	备注
2006	3300	2650	3676	
2007	3620	2923	3407	
2008	3910	3180	3863	
2009	4547	4680	3904	
2010	4956	6975	4051	
2011	5234	6273	4166	

兰州煤矿设计研究院

兰州煤矿设计研究院（以下简称兰州设计院）位于甘肃省兰州市，成立于1969年11月11日，2011年9月29日整体划转甘肃省煤炭资源投资开发有限责任公司。

荣获甘肃省优秀设计一等奖的嘉峪关长城宾馆

兰州设计院是具有煤炭矿井专业、煤炭选煤厂专业、建筑工程专业、煤炭工程监理、房建工程监理、工程咨询等甲级资质及环评乙级证书、工程造价乙级证书、安全评价咨询机构乙级资质证书和煤矿生产能力核定资质证书的综合性设计院。2004年1月12日通过ISO 9000认证，取得质量体系认证证书。2004年2月16日进行工商登记，变更为企业。

全院在册职工267人，其中教授级高级工程师11人，高级工程师69人，工程师49人，各类注册人员72人。

甘肃省煤炭资源开发投资有限责任公司副总经理
兰州煤矿设计研究院党委书记、院长
杨存部

7个生产部门：矿井所、建筑所、勘察所、技术经济所、环评所、建筑二所、监理分院。

6个管理部门：院办公室、计划经营室、资金管理中心、总工办、电算站、老干科。

建院42年来，该院先后承担了窑街矿区、靖远矿区、华亭矿区、青海江沧木里矿区、甘肃红沙岗矿区、甘肃宁正矿区及其他矿区的设计任务。完成了煤炭总体规划12100万吨，其中甘肃华亭矿区总体规划2250万吨、青海木里总体规划2050万吨、甘肃宁正矿区总体规划2000万吨；甘肃省鄂尔多斯盆地能源开发利用总体（12000万吨/年）规划；矿井设计规模9650万吨。

华亭煤业集团砚北矿井（年产量400万吨）

“十一五”期间，是兰州设计院发展最快的5年，实现了国家增税、国资增值、院力增强、职工增收的整体利益目标。兰州设计院结合甘肃省煤炭资源实际和全国煤矿设计企业的状况，提出并制定实施了“东进西出、南扩北攻”的经营思路，取得了较好的成效。“十一五”期间完成总收入37668万元，与“十五”期间相比增长128.79%。职工人均年收入有了较大提高，增幅达133%。

兰州设计院以擅长高海拔地区、急倾斜煤层、超深大型矿井及多种自然灾害共存的复杂矿井的设计而驰名。在高海拔地区的煤矿矿井设计代表了国内行业的设计水平。如该院设计的青海省木里矿区江仓5个煤矿，海拔高度均在3860米以上，区内广赋多年冻土，冻土（岩）厚度约50~80米。

荣获省部级以上优秀勘察设计奖26项，获省部级以上优秀咨询成果奖23项，获国家优秀设计银质奖1项，国家优秀设计软件铜质奖1项。

中国煤炭科工集团太原研究院

中国煤炭科工集团太原研究院（以下简称太原研究院），位于山西省太原市，创建于1964年，1999年转制为中央直属的科技型企业。2006年以主要经营性资产出资成立了“煤炭科学研究总院山西煤机装备有限公司”（2011年5月名称变更为“山西天地煤机装备有限公司”），同年通过了ISO 9001：2008质量管理体系、ISO 14001：2004环境管理体系、GB/T 28001—2001职业健康安全管理体系认证。“十一五”以来，太原院紧密围绕中心工作，不断加大科技投入，着力提高科技创新水平，先后推出了多项符合市场需求、具有国际领先或先进水平的新产品，收入从2005年的4.6亿元增加到2010年的13.9亿元，增长了202%；净利润从2005年的1.1亿元增加到2010年的2.35亿元，实现了翻番。

太原研究院主要从事煤矿开采、掘进、运输、支护技术与装备的研究和开发，是我国煤炭行业掘进机械、输送机械、乳化液泵的专业技术归口单位，也是煤矿刮板输送机械标委会、煤矿掘进机械标委会、中国煤炭学会短壁机械化开采专业技术委员会挂靠单位。设有国家煤矿掘进机械质量监督检验中心、国家安全生产矿用设备检测检验中心。经国家发改委批准，建成了我国煤机行业唯一一个国家级的工程实验室——煤矿采掘机械装备国家工程实验室。

太原研究院注重产学研的全面结合，近年来与山西省重点高校、大型加工制造企业共同组建了山西省煤矿机械装备研发中心、山西省煤机行业技术中心、山西省煤矿采掘设备工程技术研究中心等研发机构；与山西省重点高校共同成立了山西省煤矿装备研究生教育创新中心、山西省煤机装备研究生培养基地。

太原研究院已形成年产各种设备20亿元的生产规模，成为我国主要的巷道掘进机、无轨胶轮车供应商（掘进机市场占有率20%，胶轮车60%左右），同时也是国内唯一一家具有生产短壁机械化开采成套装备能力的企业。

中煤科工集团太原研究院院长　张彦禄

太原研究院设有办公室、计划发展部、企业管理部、科技发展部、人力资源部、生产技术部、质量管理部等职能部门，负责制定和组织落实科研、生产、经营等方面的发展规划；设有短壁装备研发中心、特种车辆研发中心、科技产业中心、掘进机公司、胶轮车公司、电气公司、液压公司、矿山工

特别是国投新集刘庄煤矿工程2009年被评为“新中国成立60周年百项经典暨精品工程”。

“十一五”期间，公司抓住国家大发展的战略时机，大力拓展市场，监理产值逐年增长，其中2006年为1500万元、2007年为2000万元、2008年为2200万元、2009年为3000万元、2010年为3600万元，不但创造了社会效益，也为企业带来了较好的经济效益。

山西省煤炭建设监理有限公司

山西省煤炭建设监理有限公司，是山西省煤炭工业厅直属国有企业，成立于1996年4月。具有建设部矿山工程、房屋建筑工程甲级、机电安装、市政公用工程乙级监理资质；具有煤炭行业矿山建设、房屋建筑、市政及公路、地质勘探、焦化冶炼、矿山铁路、设备制造及安装工程的甲级监理资质。同时，还具有山西省煤炭工业厅生产能力核定资质，山西省环保厅环境工程监理资质。公司为中国建设监理协会副会长单位、山西省建设监理协会副会长单位、上海建设监理理事会副理事长单位、中国煤炭建设协会理事单位，中国设备监理协会、山西省煤炭工业协会的会员单位。

监理的潞安环能余吾煤矿年产600万吨矿建工程，荣获煤炭行业工程质量“太阳杯”奖

山西省煤炭建设监理有限公司
总经理　苏锁成

山西省煤炭建设监理有限公司
党支部书记　曹进忠

公司现有职工2289人。其中国家注册监理工程师58人，国家注册造价师5人，造价员20人，国家建造师15人，国家安全师15人，国家注册设备监埋师16人。行业监理工程师1125人，省级监理工程师66人。一级项目总监30人，二级项目总监230人，具有高级专业技术职称156人，中级职称1300人。2003年，公司已通过GB/T 19001—2008标准质量体系认证。

公司现有办公场所2200平方米，配备有现代化办公设施及监理装备。公司机关设有6部1办：财务部、综合事务部、市场开发部、项目管理部、党群工作部、计划部、总工程师办公室；12室：办

监理的山西煤炭大厦，荣获建设部“鲁班奖”

公室、人事劳资室、社会保险管理室、设备物品采购供应室、后勤服务室、投标办公室、监理合同管理室、项目管理室、档案资料管理室、技术安全质量服务室、职工培训室、信息化管理办公室。公司根据片区划分，山西省内设有8个项目管理处，内蒙古3个、新疆1个、海南1个。

2006—2010年度，公司营业收入分别为1016万元、1516万元、6756万元、5804万元、8318万元，累计收入23410万元（约2.3亿元人民币）。在企业做大的同时，公司也加强了对成本的控制，2006—2010年，公司年利润由最初的几百元、几千元上升到了55万元，累计利润83万元。

2002年以来，公司每年均被中国煤炭建设协会评为“煤炭行业工程建设先进监理企业”，被山西省建设监理协会评为“先进建设监理企业”，被山西省煤炭工业基本建设局评为“煤炭基本建设先进集体”。2007年以来，公司综合实力连年在全国煤炭行业监理企业排名榜首。

公司认真贯彻落实科学发展观，确立“以监理为主、多元化发展”的发展战略；恪守“诚信、创新永恒、精品、人品同在”的经营理念；以人为本，以法治企，以德兴企，以文强企，坚持“从质量中求精品，从管理中求效益，从服务中求市场，从创新中求发展”的工作宗旨，要求每一位员工从我做起，把公司的信誉放在首位，充分发挥优质监理特色服务的优势，力求做到干一个项目，树一面旗帜，交一方朋友，拓一方市场。

西安煤炭建设监理中心

西安煤炭建设监理中心成立于1991年1月，是承担工程监理和咨询的专业机构。1994年经建设部核定为全国首批甲级监理单位，1995年经国家计委核定为甲级咨询单位。2009年度经建设部核定，取得房屋建筑甲级和矿山工程甲级监理资质。监理工程范围包括：矿山、公路、铁路、地质勘查、工业与民用建筑、电力工程、环保工程、水利、水保工程、市政及公共配套设施、设备安装等。

中心现有员工418人，其中具有高级技术职称65人，中级技术职称225人，国家注册监理工程师27人，国家一级建造师1人，国家注册造价师3人，国家注册安全工程师3人，煤炭行业注册监理工程师398人，交通部注册监理工程师13人，

监理的红柳林矿工程

陕西省注册监理工程师38人。

中心试验检测设备精良，手段齐全，配备有全站仪等各种测量、检测设备和工器具，完全能满足各种建设工程监理工作需要。中心各部门和各项目监理部工作均实行计算机辅助自动化，已通过ISO 9001：2000国际质量体系认证。

截至2010年底中心已累计完成各类建设项目监理工程620多个，监理工程总投资约580亿元，主要有黄陵矿区一号井、红柳林煤矿、柠条塔煤矿等矿山工程项目，小纪汗等地质勘探项目，西安咸阳国际机场二期改扩建工程，西安西郊热电厂，西安至汉中高速公路，西安交通大学教学楼、图书馆、大会堂、宿舍楼及配套设施，紫薇花园、雅荷花园等大型住宅小区工程。目前正在监理的项目102个，总投资约210亿元，主要有彬长矿区大佛寺、胡家河等79处矿山工程，金泰假日花城、金泰丝路花城等23处大型住宅小区土建工程，大明宫遗址公园等市政工程。所监理的工程合格率100%，优良率97%；其中，荣获“鲁班奖”工程、“国家优质工程奖”、“国家级文明建设工地”工程各1项，荣获省部级优质工程和文明建设工地共37项。中心3次被评为全国先进监理单位，6次荣获煤炭行业先进监理单位，3次获陕西省先进监理单位，多次获得监理工程所在地市和建设单位的表彰奖励。自组建以来一直位居煤炭行业监理企业10强，全国监理企业百强，2010年荣获全国建筑企业联合会品牌50强。2010年被陕西省信用协会评为质量服务双满意单位。中心主任张晓宏2007年被评为陕西省十大诚信年度人物、2008年被评为陕西省创新陕西十大年度人物。先后有15人次获国家和行业先进工作者或优秀总监、优秀监理工程师称号。

近年来，中心监理的工程领域和地域不断扩大，分布在陕西、内蒙古、贵州、甘肃、山西、宁夏等6省区的矿山、电厂、公路、铁路等多个行业，签订合同额和收入大幅度增加。2009年、2010年连续两年合同额达到1亿元，2010年收入达到5400万元。

监理的三道沟煤矿工程

安徽国汉建设监理咨询有限公司

安徽国汉建设监理咨询有限公司（原淮南国汉监理公司），位于安徽省淮南市，成立于1997年5月，具有综合监理工程资质和安徽省招标代理乙级资质，是全国百强和安徽省10强监理企业之一，是中国建设监理协会理事、煤炭监理协会、安徽省监理协会常务理事单位。

公司技术力量雄厚，专业齐全、装备先进，主要从事矿山工程、加工冶炼工程、石油化工工程、水利水电工程、交通运输工程、工业与民用建筑、市政工程、农业林业工程等所有专业类别建设工程项目的工程监理及相应类别工程的项目管理、技术咨询等业务，公司于2001年6月通过GB/T 19001—2000质量管理体系认证。

公司现有监理人员1326人，分公司人员812人，拥有一支由取得国家注册监理工程师资格86

安徽国汉建设监理咨询有限公司董事长　吴毅

监理的丁集矿钢结构工程

人、煤炭行业监理工程师资格450人、安徽省监理师（员）资格207人、全国造价工程师资格10人，一级建造师16人、一级结构师1人、安全工程师12人、设备监理师8人（其中中级技术职称以上人员占总数的57%，高级技术职称人员占总人数的29%），组成的高素质的监理队伍。有4人被评为市优秀总监理工程师，2人获省优秀总监，3人获煤炭行业优秀总监，1人获国家“鲁班奖”优秀总监。

公司一贯坚持高起点、高标准的发展思路，在监理过程中严守合同，坚持以工程质量为中心，以业主的满意为关注焦点，把维护业主的合法利益放在首位，公平、公正、至诚服务，得到了建设单位的好评和信任，同时也得到了建筑管理部门的认可。监理的工程荣获“鲁班奖”、“黄山杯”、“太阳杯”、“舜耕杯”等国家级、省、部级及市级表彰，并评为市“AA级”信用企业、安徽省“重合同、守信用”先进单位、创新杯·2010中国建筑工程监理创新实力百强企业、“3·15”质量信誉双承诺单位，2010全国先进监理企业。

几年来，公司先后独立承担了淮南矿业集团张集煤矿（年产原煤400万吨，总投资19.7亿元，属一等大型工业建设项目），谢桥选煤厂工程（年洗选煤能力400万吨，属一等大型工业建设项目），张集选煤厂工程（年洗选煤能力400万吨，属一等大型工业建设项目），顾桥井筒检查钻，丁集矿井地质勘探工程，张北风井掘砌，谢桥矿矸石井井筒装备工程，鄂尔多斯市唐家会煤矿三类工程等一批大型矿山工业建设项目的监理；承担了安徽理工大学大学生公寓（一幢28层，一幢20层，一幢12层，总建筑面积4.9万平方米，属一等房屋建筑工程项目），安徽理工大学综合实验楼（14层，建筑面积13000平方米，属二等房屋建筑工程项目），

监理的顾桥矿工程

中煤邯郸中原建设监理咨询有限责任公司

中煤邯郸中原建设监理咨询有限责任公司是国务院国有资产管理委员会在香港联合交易所上市的中国中煤能源股份有限公司所属中煤邯郸设计工程有限责任公司的全资子公司。公司总部设在河北省邯郸市。

公司成立于1989年，是国内最早成立的监理公司之一。1994年首批获得建设部监理甲级资质，现为建设部甲级和煤炭行业甲级监理企业，拥有矿山工程、房屋建筑工程、市政公用工程（含地铁轻轨）、铁路隧道工程甲级，铁路综合工程乙级、机电安装工程乙级和电力工程乙级监理资质。公司成立20多年来，承揽监理业务300余项，涉足矿山工程、城市轨道交通工程、其他市政公用工程、房屋建筑工程、铁路工程、公路工程、电力工程、航空航天工程等，工程总造价已超过400亿元。

公司经过多年监理实践，已培养了一支专业水平高、管理能力强，专业配套、经验丰富的监理队伍。公司人员结构既有老、中、青相结合的年龄梯队特色，又有以年富力强为主的中年专业技术骨干。

中煤邯郸中原建设监理咨询有限责任公司总经理孙凤革

依托中煤邯郸设计工程有限责任公司这个综合甲级设计单位母体，有着齐全的专业设置、畅通的学术交流通道和丰富的人才资源。公司多数监理人员，均有多年从事设计工作的技术背景，熟悉专业技术知识和相关技术规范，工作实践经验丰富，有着严谨的学术态度和工作作风。

监理的广州珠江新城旅客自动输送系统——天河南一路站至体育中心站区间盾构成型隧道

公司注重监理经验的总结和交流，在已往项目监理中，曾多次根据工程需要，抽调相关专业的专家，组成课题组，针对工程中的技术难点，进行专题研究，解决了施工难题。公司各类科研课题小组，对完成的项目，及时进行技术总结，编写技术论文；对新工艺、新技术和新设备的推广使用都要由公司课题组专家进行培训，形成了浓厚的业务研究氛围，这些经验和教训都成为公司今后发展的宝贵财富。

多年来，公司十分注重内部管理，狠抓工程管理。本着承接一项工程，站稳一方市场的精神，高度重视企业管理和员工队伍建设，素以遵纪守法、诚信执业，严格履行合同，热忱服务著称，多次获得各级建设行政主管部门的表彰。其中2006年度获得国家“先进工程监理企业”和煤炭行业“先进监理企业”称号；公司所监理的广州地铁三号线广州东站和朔黄铁路获得中国建筑工程“鲁班奖”，还有多项工程荣获省、部、地市优质工程奖和“样板工地”称号；多个地铁监理项目监理部被天津、广州、深圳、南京、成都、西安、杭州等市地铁公司评为优秀监理部和先进集体。

在总经理孙凤革的带领下，公司的业务正在不断拓展，监理项目已分布到全国20多个省、市、自治区，成为跨行业、跨地区的优秀大型综合监理企业。

监理的晋城煤业集团成庄矿井选煤厂及电厂

赤峰蒙域建设监理有限责任公司

赤峰蒙域建设监理有限责任公司，位于内蒙古自治区赤峰市，企业资质为行业甲级。公司前身为1992年成立的平庄矿务局监理处，随着煤炭市场的不断发展，市场化进程不断深入，1999年平庄矿务局监理处实行了自主经营、自负盈亏的市场化经营模式，同年在赤峰市工商行政管理局元宝山分局注册为独立法人的监理企业。

监理的赤峰市元宝山区光明小区住宅工程

公司的主要人员是从设计院、施工单位及相关管理单位引进的技术骨干，经过10多年的监理工作实践，形成了既熟悉设计标准又有设计经验、既有建筑专业知识又有施工经验的专业监理人才队伍。公司现有职工129人，其中高级工程师24人，工程师65人，助理工程师40人，国家注册监理工程师16人，内蒙古自治区建设厅注册监理工程师12人，行业注册监理工程师（员）75人，国家注册造价师1人，国家注册设备监理工程师2人，国家注册一级建造师6人。

赤峰蒙域建设监理有限责任公司
党支部书记、经理　陶玉洋

公司工程技术人员专业齐全，涵盖了工业与民用建筑、结构工程、采矿工程、选矿工艺、机械工程、电气工程、通信工程、自动化控制、给排水工程、煤气工程、环保工程、采暖通风、热机热力、工程地质、工程测量、造价咨询及项目管理等，完全满足资质范围内的所有工程监理资格条件。

公司本着为业主提供一流高水平服务的宗旨，十几年来企业得到了不断发展和壮大。公司共承担了新建及改扩建煤矿工程10余座和选煤厂工程20余座、住宅工程近200万平方米及多项其他建设工程的监理。在“十一五”期间，完成监理工程总投资78亿元，监理工程合格率100%、优良率97%以上。并通过ISO 9001：2000标准质量管理体系。

经过10余年的发展，公司充分利用在煤炭行业以及在本地区建筑市场从事工程监理起步较早的优势，在工业及民用建筑工程、设备及管道安装监理上，积累了丰富的工程项目管理经验，形成了自己的特色，具备了承担大型项目工程监理的能力。公司始终以高起点、高标准、科学化、规范化为发展原则，历年来始终注重各种硬件和软件的投入，逐步建立系统的、科学的管理体系，技术装备配套齐全，检测设备和检测手段先进，监理项目全部实现计算机管理。

在公司党支部书记、经理陶玉洋和副书记文立举的领导下，公司始终坚持“高素质建设队伍、高起点承揽业务、高标准提供服务”的企业经营理念、“先做精做细、再做强做大”的企业发展方向和“发挥专业特长、创新工作方法、坚持实事求是、注意工作效果”的企业服务方式，不断拓展监理业务，增强市场竞争力，为业主提供优质、满意的服务。

宁夏灵州工程监理咨询有限公司

宁夏灵州工程监理咨询有限公司（原宁夏煤炭基本建设监理咨询公司）创建于1992年10月。1995年6月被原国家煤炭工业部批准为煤炭行业“甲”级监理单位，1998年10月经国家建设部审核验收批准为国家“甲”级（房屋建筑工程监理甲级、机电安装工程监理甲级、市政公用工程监理甲级、矿山工程监理甲级）监理单位，2008年10月经宁夏回族自治区国土资源厅批准为地质灾害治理工程乙级监理单位。公司总部位于宁夏银川市金凤区北京中路168号B座516室。

公司经理程怀哲深入现场指导工作

公司2005年5月通过了ISO 9001：2000质量体系认证，2011年6月通过了环境管理体系、职业健康安全管理体系认证，获得了“三标”认证证书。

公司专业技术配套设施完善，管理机制健全，下设5部1室，即计划发展部、经营部、土建工程部、机电安装部、矿建工程部、综合办公室，拥有多年从事监理工作、管理经验丰富的房屋建设、地下工程、建筑材料、机械电气、自动化、通讯、给排水、热控、机务、暖通、矿建工程、工程测量和项目管理等各类专业技术人员共计470人。其中：全国注册监理工程师48人，高级工程师19人，工程师61人，助理工程师131人，技术员89人，是各类专业技术人才集中、专业配套能力强、擅长大型、复杂、技术要求高的工程监理专业性企业。

公司一贯奉行质量第一，优质服务，监帮结合的经营宗旨，得到了业内及社会各界的好评，先后承接完成了300余项矿山、工业与民用建筑、市政、供水、公路、铁塔、机电安装等工程的监理任务，工程造价总额约300亿元（2010年实现监理收入4000万元）。在承揽监理的45个项目中有20多项工程获得省、部、市级优质工程称号。公司也因此被自治区建设厅、银川建设局、宁夏建设监理协会、中国煤炭建设监理协会等单位授予“先进监理单位”、“质量管理先进单位”、“优秀工程监理企业”等称号，并连续6年荣登全国煤炭建设监理企业20强。

公司经理程怀哲始终把“诚信科学、严格监

理、顾客满意、持续改进”作为企业宗旨，把“不断提升客户满意度”作为企业追寻的目标。在管理服务中严格遵守法律法规，秉承“守法、诚信、公正、科学”的职业准则和职业道德，本着一切经营活动以业主利益为主的出发点，通过一流的服务，一流的管理，保证施工安全，保证工程质量，保证施工工期，提高业主的投资效益。

五　建设工程质量监督单位

煤炭工业兖州矿区建设工程质量监督站

煤炭工业兖州矿区建设工程质量监督站1987年9月11日经山东煤炭工业局批准成立，行政隶属于兖矿集团有限公司，业务由煤炭工业建设工程质量监督总站和山东省煤矿工程质量监督站管理，是受委托行使建设工程质量监督职能的专门机构。煤炭工业兖州矿区建设工程质量监督站所在地为山东省邹城市凫山南路899号。

监督站目前在册人员13人，其中：高级工程师11人，高级经济师1人，工程师1人。所有监督人员均经培训考核取得监督工作执业资格，其中：一级监督工程师8人，二级监督工程师3人，监督员1人。监督站设有矿建科、土建科、机电安装科和综合科。配备有钢筋位置测定仪、混凝土回弹仪、贯入式砂浆强度检测仪、机械式微型贯入仪、裂缝测深仪、裂缝测宽仪、智能黏结强度检测仪、碳化深度仪、接地电阻测试仪、绝缘电阻测试仪、漏电开关测试仪、接地完整性测试仪等检测仪器。

煤炭工业兖州矿区建设工程质量监督站站长
杜洪林

监督站认真贯彻执行国家、地方和行业有关工程建设的法律、法规、规范、标准和办法，圆满完成了各项新建、改建、扩建、维简、大修等工程的质量监督和认证工作，报监工程质量监督覆盖率达100%。负责监督的多项工程荣获全国和省煤炭行业优质工程、“太阳杯”工程。其中：兴隆庄矿选煤厂主厂房工程获得1987年度鲁班奖；济宁二号矿井工程获得1998年度鲁班奖；济宁三号矿井工程获得2001年度鲁班奖，兖矿国泰化工有限公司20万吨醋酸和日处理1000吨煤新型汽化炉及配套项目工程于2007年获得“国家优质工程金奖”，并于2009年获得“新中国成立60周年百项经典暨精品工程”的殊荣，兖矿集团济宁三号矿井荣获新中国成立60周年山东省“精品建设工程”奖。监督站还多次获得全国和省煤炭行业先进工程质量监督站称号，特别是在2004年建设部组织的“工程质量监督制度实施20周年之际，开展评选表彰先进工程质量监督机构和先进工程质量监督工作者活动”的评选中，被评为“全国工程质量监督系统先进工程质量监督站”。

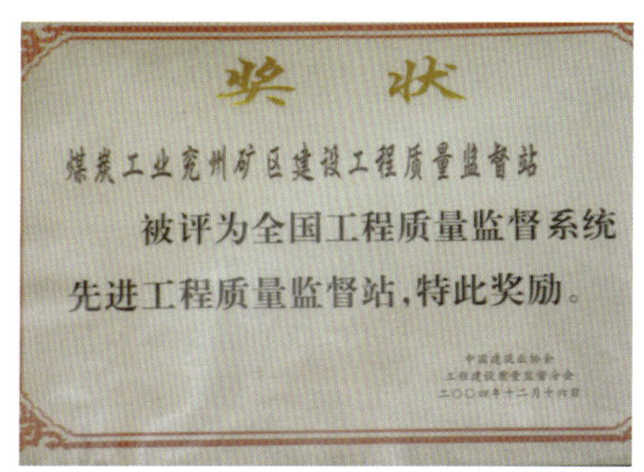
奖状

煤炭工业兖州矿区建设工程质量监督站

被评为全国工程质量监督系统

先进工程质量监督站，特此奖励。

获奖证书

煤炭工业四川建设工程质量监督站

煤炭工业四川建设工程质量监督站是经中国煤炭建设协会和国家煤炭工业建设工程质量监督总站批准成立的，受四川省建设厅、四川省安全生产监督管理局、四川煤矿安全监察局委托，对四川省范围内的煤矿和非煤矿山建设工程质量进行监督管理。煤炭工业四川建设工程质量监督站是2007年10月由四川煤监局创办，2007年12月中国煤炭建设协会和煤炭工业建设工程质量监督总站颁证，经四川省事业单位登记管理局登记注册的具有独立事业法人资格的工程质量监督机构，由四川省安全生产监督管理局（四川煤矿安全监察局）安全技术中心负责管理。监督站设在四川省成都市武侯区武兴四路16号。

煤炭工业四川建设工程质量监督站依据国家有关法律、法规和工程建设强制性标准，并根据批准的工程设计文件，对煤炭建设工程建设各方面质量责任主体及有关机构履行监督管理职责和对工程实体质量进行监督检查，代表政府对全省煤炭建设工程质量实施监督管理。自监督站成立以来，由监督站介入进行建设工程质量监督的国家矿山救援指挥中心芙蓉基地工程和四川川南煤业古叙煤电公司石屏一矿主平硐工程，获得了中国煤炭建设协会和煤炭工业建设工程质量监督总站评选的2010—2011年度煤炭行业优质工程。

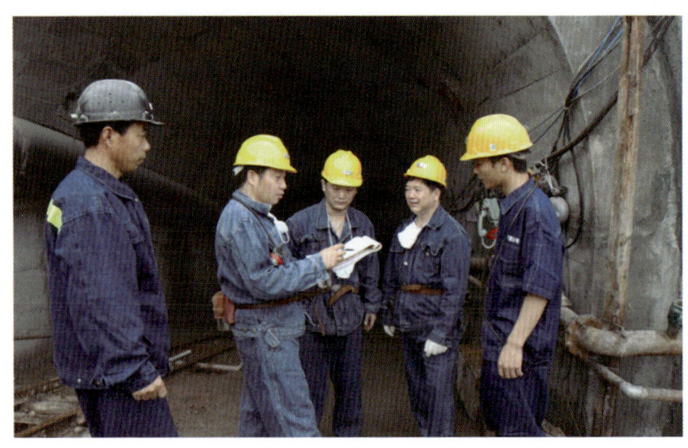

乐山和邦煤业两河口煤矿现场实体质量监督

两年多来，对全省近500家煤矿及非煤矿山建设工程实施了监督管理，共认证合格单位工程1351个，认证合格单项工程78个。在日常建设工程的质量监督过程中，对检查出的工程质量问题及安全隐患，随时发现问题，随时督促整改，避免和杜绝了因建设工程质量问题引发的各种生产安全事故，为四川省矿山建设工程的合法建设、依法有序管理发挥了积极有效作用，真正落实了国家安全生产监督管理总局“依法建设，合法施工”的要求。

煤炭工业神华建设工程质量监督站

煤炭工业神华建设工程质量监督站始建于1990年11月17日，位于内蒙古鄂尔多斯市伊旗乌兰木伦镇。主要承担神府东胜矿区、神华煤制油工程项目、神华神东电力公司、神华运销公司、神华包头办事处等单位的基本建设工程（含新建、改扩建、二次装修、多种经营项目）的工程质量监督和建筑材料、构配件及桩基的检测试验任务。具有土建、构件一级资质的试验室。能开展钢材、水泥、混凝土、喷浆、混凝土构件、粗细骨料、墙体材料、保温材料、装饰材料、防水材料等28种建材产品233项指标的检测。

监督站从1991年1月到2010年底，累计受监88个项目工程，监督工作量达440亿元人民币。其中矿建工程3273715米，工业与民用建筑10389815.87平方米，筒仓等构筑物98972175立方米，铁路、道路、河堤482.5公里，机电设备安装39601台（套）。期间完成了5987个单位工程认

神华建设工程质量监督站
党支部书记、站长　高康

保德电厂（荣获煤炭工业优质工程奖）

证，其中矿建781个，合格品率100%，优良品率66.89%；土建认证2985个，合格品率100%，优良品率72.29%。检测中心累计完成检测测试191328批次（组）。

监督站所监督的工程从1995年到2008年先后有8个单位工程被评为部优工程，8个单位工程被陕西省和内蒙古自治区授予省（区）级“优质样板工程”的光荣称号。矿区质监站多次被煤炭工业建设工程质量监督总站、陕西省建设厅、内蒙古自治区建设厅、神华集团和神东公司授予优秀监督站和先进集体的光荣称号，被鄂尔多斯市市委、市政府授予“市级标兵文明单位”，先后有7人被煤炭系统、陕西省、内蒙古自治区授予省部级优秀站长、优秀检测中心主任、优秀监督员和优秀检测员等光荣称号。质监站继1998—1999年度荣膺6项部级荣誉称号后，连续6年获得煤炭行业质监全部6项部级荣誉称号。2004年、2007年荣获全国优秀工程质量监督站称号。

补连塔煤矿洗煤厂（荣获煤炭工业优质工程奖）

山东润鲁建筑材料检测技术服务有限公司

山东润鲁建筑材料检测技术服务有限公司成立于1991年，2006年2月改制为独立法人机构，拥有煤炭行业综合壹级资质和山东省建工局颁发的有见证送检资质及桩基检测专项资质。公司总部位于山东省淄博市。

公司是一个集桩基检测、钢结构检测、主体结构检测、有见证送检检测、矿山支护材料检测、矿山高标号混凝土试配为一体的高科技专业化检测企业。公司现有试验室建筑面积3600平方米（其中

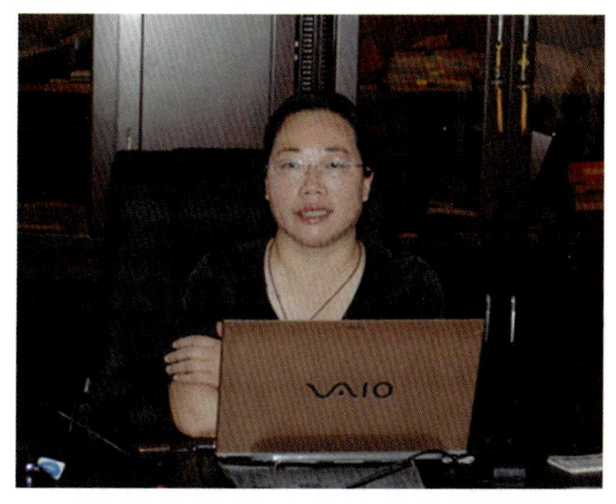

山东润鲁建筑材料检测技术服务有限公司
董事长　李凡飞

第一勘探局，水文地质局，航测遥感局，中煤地质工程总公司，第二勘探局，地球物理勘探研究院，中煤地质广东瑞丰建设集团，煤炭资源信息中心，中煤地质报社及干部学校（党校）等17个二级单位。

中国煤炭地质总局总部位于北京市丰台区靛厂路。总部设办公室（党委办公室）、政策研究室、规划发展部、企业改革部（法律事务部）、资产财务部、预算考核部、人事组织部、劳资社保部、科技信息部、地质矿业部、市场开发部、安全生产部（勘查工程部）、纪委办公室、监察部、宣传部、信访维稳办（工会）、经营管理部、项目部、投资管理部等部门，以及北京职工教育培训中心、机关老干部处、机关服务中心、上海办事处等机构。总局党政领导班子由局长、党委书记徐水师等7名成员组成。

历史贡献与主要成就：

（1）为我国国民经济建设提供了可靠的资源保障。累计提交各类地质报告10000多件；探明煤炭资源储量13000多亿吨，约占全国已探明煤炭储量的90%；先后发现了准格尔、兖州、神府等大型和特大型煤田100多处；探明可供设计建设的磷矿20多亿吨、硫铁矿8亿吨、硼矿600多万吨、重晶石7000多万吨、萤石500多万吨、芒硝43亿吨、化工灰岩14多亿吨；建成青海钾盐、云南昆阳、贵州开阳等近100家大中型化工矿山；为准格尔、潞安、晋城等几十个大型矿区提供了水源基地。

（2）为我国能源和煤炭工业决策提供了重要依据。组织完成了3次全国煤炭资源预测和新一轮全国煤炭资源潜力评价；开展了《全国煤层气资源评价》。向国务院呈报的《我国煤炭资源勘查存在的突出问题及建议》，得到了党和国家领导人的高度重视。承担和组织开展了《中国煤炭资源开发和利用研究》、《我国煤炭国家规划区、对国民经济具有重要价值矿区和稀缺特殊煤种矿区划分研究》、《国家大型煤炭基地资源综合评价》、《首批煤炭国家规划矿区资源评价》、《全国煤炭资源潜力评价》等一系列课题研究，为煤炭国家规划矿区划分和大型煤炭基地建设提供了重要地质依据。中国煤炭地质总局馆藏了50多年来全国煤炭、化工地质资料。

中国煤炭地质总局局长　徐水师

（3）建立了特色鲜明的中国煤田地质理论体系。组织编写出版了《中国煤田地质学》、《中国煤炭资源预测与评价》、《中国东部煤田滑脱构造与找煤研究》等10多部专著；编制完成了《煤、泥炭地质勘查规范》、《煤炭地质勘查报告编写规范》、《煤炭地质勘查钻孔质量标准》等10余项规范、规程。相继组织开展了华北、华南、鄂尔多斯盆地和东北中生代断陷盆地聚煤规律研究，从盆地整体高度，把握了我国主要聚煤盆地演化和煤炭资源聚集赋存规律；建立了聚煤作用系统和系统分析方法，并对我国聚煤作用进行了系统分析。

（4）煤炭资源综合勘探技术处于国际领先水平。根据我国煤田地形地质特点，合理选择地质填图、遥感、物探、钻探、测试等技术手段，充分利用各种地质信息，综合研究煤层赋存规律和开采技术条件，建立了国际一流的煤炭综合勘探技术体系。钻探技术不断得到突破，绳索取芯金刚石钻进、空气泡沫钻进、受控定向钻进、超大孔径钻进等钻探工艺的研制成功和应用，使我国煤田钻探技术跃为国际领先地位；煤田三维地震技术得到迅速发展，大幅度提高了勘探精度，并突破了复杂山区、沙漠、厚层黄土、水上、沼泽以及采空区等地

历经4年多的探索研究，中国煤炭地质总局所属青海煤炭地质局一〇五勘探队与中国地质调查局所属地科院矿产资源研究所、勘探技术研究合作，在海拔4062米的青海省天峻县木里煤田成功钻获天然气水合物“可燃冰”实物样品。2009年9月25日国土资源部向全世界正式发布了这一重大发现。

图为国务院参事、国土资源部总工程师张洪涛（右二），中国煤炭地质总局局长、党委书记徐水师（左一）在施工现场察看取出的岩芯样品

震勘探施工禁区；煤田测井解释精度处于国内外先进行列。在青藏高原成功钻获天然气水合物，使我国成为世界上首个在中低纬度冻土区钻获“可燃冰”的国家。在东海北部海域成功打出海上淡水井，创造了海上钻探技术和施工工艺等方面国内外3项纪录。

多年来，中国煤炭地质总局组织完成了数百个国家级和省部级科研项目，一批科研项目取得重大突破，多项科研技术成果填补了行业空白。《煤矿高分辨三维地震勘探技术体系及在煤炭工业中的应用》、《中国煤炭地质综合勘查关键技术与工程应用》、《中国北方煤火探测与监测》、《中国洁净煤地质研究》、《西部煤炭资源高精度三维地震勘探技术》、《大型煤炭资源基地资源评价》等40多项成果，荣获国家科技进步奖和全国科学大会奖；15人获李四光地质科学奖；11人获孙越琦优秀青年地质科学奖，3人获得青年地质科技奖，多人获得国家级有突出贡献的中青年科学技术专家称号和享受国家政府特贴。中国煤炭地质总局的专家学者，多次在国际学术界展示中国地质科学所取得的辉煌成就，确立了中国煤炭地质科学在世界地学领域中的重要地位。

“十一五”改革发展情况：

（1）主要经济指标完成情况。“十一五”时期，全局累计实现经营收入254亿元，较“十五”增长2.94倍；累计实现利润总额12.2亿元，较“十五”增长7.87倍；累计上缴税金9亿元，较“十五”增长2.8倍。2010年，国有资产保值增值率较“十五”末提高13.5个百分点；净资产收益率较“十五”末提高11.8个百分点；职工年人均工资收入较“十五”末增长124.8%。

（2）产业发展情况。地质找矿成果丰硕。“十一五”时期，组织实施国家地质勘查项目140项，承担省级地质勘查基金项目60多项；提交煤炭资源量794亿吨，磷矿46亿吨，多金属2834万吨，黄金35吨，岩盐71亿吨，煤层气242亿立方米，建材17.3万立方米，水资源量9万立方米/日，实现了由煤炭、化工矿产勘查向地热、石油、岩盐、金属、非金属等地质勘查领域拓展。

矿业开发实现突破。“十一五”时期，全局新增探矿权121个，面积6940多平方公里；其中，获取国外探矿权33个。同时，通过组建矿业开发公司或以探矿权入股等形式，参与矿产资源开发，推进了探一体化发展。目前，全局已拥有矿权170余个，涉及煤炭、金属、非金属等多矿种。

相关产业发展能力增强。依托专业技术优势，积极开展地质服务，实现了向工程地质、环境地质、灾害地质和为矿山安全高效生产提供地质保障拓展，并在抗震救灾和矿难救援中，发挥了积极作用；加强工程施工资质建设，使工程施工资质由单

图书在版编目（CIP）数据

中国煤炭建设年鉴／中国煤炭建设协会编．--北京：煤炭工业出版社，2013

ISBN 978-7-5020-4172-4

Ⅰ．①中… Ⅱ．①中… Ⅲ．①煤炭工业—中国—2006—2010—年鉴 Ⅳ．①F426.21-54

中国版本图书馆 CIP 数据核字（2013）第 007983 号

煤炭工业出版社　出版
（北京市朝阳区芍药居 35 号　100029）
网址：www.cciph.com.cn
煤炭工业出版社印刷厂　印刷
新华书店北京发行所　发行
*
开本 889mm×1194mm 1/16　　印张 37 3/4
字数 1088 千字　　印数 1—2 200
2013 年 6 月第 1 版　　2013 年 6 月第 1 次印刷
社内编号 6995　　定价 220.00 元